KB021520

만주
모던

지은이 한석정

동아대학교 사회학과 교수. 서울대학교 국문과를 졸업하고 미국 시카고 대학교에서 사회학 박사학위를 받았다. 풀브라이트 재단 지원으로 미국 캘리포니아 주립 어바인 대학교 강의교수, 교토 국제일본문화연구센터(日文硏)와 싱가포르 국립대학교 아시아연구소(ARI)의 외국인 연구원을 지냈다. 지은 책으로『만주국 건국의 재해석』『만주, 동아시아 융합의 공간』(공저) 등이, 옮긴 책으로『화려한 군주』『주권과 순수성』이 있다.

현대의 지성 163
만주 모던
60년대 한국 개발 체제의 기원

제1판 제 1쇄 2016년 3월 25일
제1판 제10쇄 2024년 1월 31일

지은이 한석정
펴낸이 이광호
펴낸곳 ㈜문학과지성사
등록번호 제1993-000098호
주소 04034 서울 마포구 잔다리로7길 18(서교동 377-20)
전화 02)338-7224
팩스 02)323-4180(편집) 02)338-7221(영업)
전자우편 moonji@moonji.com
홈페이지 www.moonji.com

* 이 책은 2009년 정부(교육부)의 재원으로 한국연구재단의 지원을 받아 수행된 연구입니다.
(NRF-812-2009-B0080)

이 도서의 국립중앙도서관 출판예정도서목록(CIP)은 서지정보유통지원시스템 홈페이지(http://seoji.nl.go.kr)와 국가자료공동목록시스템(http://www.nl.go.kr/kolisnet)에서 이용하실 수 있습니다.(CIP제어번호: CIP2016004988)

만주
모던

60년대
한국
개발체제의
기원

한석정 지음

문학과지성사

머리말

대학 연구년을 맞아 2015년 초, 싱가포르에서 몇 개월간 머무르게 되었다. 마침 이 도시국가는 건국 50주년을 맞아 갖가지 행사를 펼치는 중이었다. 국립박물관은 야심만만하게 '싱가포르 700년사' 특별 전시회를 열었고, TV 방송들도 지난 50년간 벌어진 각종 사건들, 즉 고난에서 번영까지의 시간을 다룬 특집들을 마련했다. 드라마의 피날레처럼, 이 축제가 치러지는 동안 리콴유李光耀 전 총리가 서거했다. 일주일의 장례 기간 동안 총리 관저, 국립대학과 빈소 열 곳에 애도의 물결이 이어졌다. 시신이 의회에 안치된 후 야간 조문을 하려면 평균 다섯 시간을 기다려야 했지만 국민들은 오열하며 그를 찾았다. 한국의 박근혜 대통령, 미국의 빌 클린턴Bill Clinton 전 대통령을 포함한 23개국 지도자들도 국장에 참석해 조문했다.

1960년대의 가난한 나라에서 동아시아의 호랑이 혹은 용으로 부상한 싱가포르와 한국. 두 국가는 닮은꼴 지도자인 리콴유와 박정희의 지도하에 눈부신 경제 발전과 민주주의의 희생을 경험했다는 공통점이 있다. 그러나 싱가포르는 민주주의 문제(장기 집권, 부자 총리 승계, 반세기의 일당 통치)에도 불구하고 여러 분야, 즉 경제 발전(국민소득이 한국의 2배), 국가의 효율성, 건강도, 신뢰도, 경쟁력, 치안, 반부패, 식량, 주택 분야에서 세계 최고의 위치를 자랑한다. 반면 한국은 경제 발전과 민주화를 성취한 저력 이 있지만 위 분야들에서는 싱가포르에 크게 뒤진다. 2014~15년은 두 국 가의 역사가 한 페이지 넘어간 해다. 싱가포르에서는 기록적인 번영을 견 인한 국부가 퇴장했고, 한국은 경제 발전에 중요한 계기가 된 한일 국교 정 상화의 반세기를 맞았다. 또한 한국은 싱가포르보다 훨씬 큰 경영 단위(싱 가포르 인구의 약 10배, 면적의 140배)에 다대한 농업 인구(1960년대 초 60퍼 센트)를 안고 앞을 향해 달렸던 '불도저 체제'의 한계를 드러낸 시점이기 도 하다. 300명이 넘는 사람들의 생명을 앗아간 세월호 사건은 여객선의 증축, 운항, 선급 검사, 해경의 구조, 인양 지휘, 재발 방지의 제도화나 교 육 등 다방면의 차원에서 부실하며 여전히 후진성이 가득하다는 사실을 드러냈다.

이 책은 좁게는 불도저 체제의 연원이 어디인지 고찰하는 글이다. 필자 는 이것을 식민주의, 특히 해방 전 만주의 경험에서 찾는다. 그리고 이를 통해 식민주의와 근대의 질긴 관계를 드러내고자 한다. 만주가 한국 사회 에 전한 흐름은 필자가 '만주 모던'이라 명명한 건설, 동원, 경쟁 등 압축 성장에 맞는 경직성 근대다. 이것은 1930~40년대 관동군에 의한 만주의 신속한 산업화와 도시계획 이면의 에토스인 하이 모던, 그리고 이 토양에 서 모방과 변형, 생존과 개척이 융합된 독특한 구성물이다. 만주 출신의 일부 인사들은 5·16 군사 쿠데타 이후 치열한 남북한 체제 경쟁을 치르며 속도전으로 도시와 공단을 만들어나갔다.

만주 모던은 다중적인 뜻을 지닌다. 최대한 농지를 확보해 기아를 면하 려는 생계형·추격형 동원과 기록적인 성취도는 자신감, 특히 자연을 변형 시킬 수 있다는 자신감으로 이어져, 뒷날 전 국토를 시멘트 숲으로 조성하고 대형 참사들을 일으키는 비극을 불렀다. 또한 냉전 경쟁은 숨 막히는 질곡이었지만 남한이 세계체제의 상위권으로 도약할 수 있게 한 동력이기도 했다. 남한은 경제력·군사력뿐 아니라 스포츠 등의 여러 분야에서 북한에 뒤졌는데 엄청난 노력으로 이를 추월했다. 마치 수십 년간 자국 시장에서 생존 경쟁을 벌이던 일본 자동차 업체들이 1980년대부터 국제 시장을 석권했듯이, 남한에게 장기간의 남북 경쟁은 국제 경쟁력으로 작용했다. 남한은 21세기 들어 옛 식민자인 일본을 일부 분야에 한해 따라잡았다. 그 경쟁의 마디마디에 바로 만주 모던의 요소가 배어 있다. 이 책은 친일 대 민족적 저항이라는 이분법이나 비극적 이산 등의 단순 화법을 넘어, 한국 사회의 인화성 주제인 식민주의와 대면해 객관적 평가를 시도한다. 요컨대 식민 경험은 오로지 고난의 시기였던 것만이 아니라 후일 옛 식민자를 능가할 모방, 차용, 상상, 번안, 변형의 계기가 되었음을 주장하고자 한다.

이 책은 만주를 매개로 1960년대 한국 사회에 다가가는 하나의 독법이다. 최근 『사상계』 연구 등에서 나타나는 이 시기에 대한 학계의 관심도 자극제가 됐다. 필자는 1960년대에 학창 시절을 보냈기 때문에 5·16의 새벽과 도쿄 올림픽에서 올린 한국 선수단의 성적은 물론 당대의 각종 사건, 영화, 노래 들까지 훤히 기억한다. 미성년자 관람불가 영화였던 만주 액션물(후일 만주 웨스턴으로 불렸다)도 꼬박꼬박 숨어서 관람했다. 그중에는 현재 프린트가 소실된 「대지여 말해다오」(1962)도 있다. 이런 사실만으로 독점적 주장을 펼 수는 없으나, 거의 경쟁적으로 이때를 폭압과 질식만이 난무했던 시대라고 규탄하는 현금의 언설들은 낯설다. 요즘은 사회과학자와 페미니스트 이외에 체육학자들도 국가가 스포츠를 정치적으로 악용했다고 입을 모으지 않으면 안 될 정도다.

1960년대 전반은 '폭압적 정치의 질식'이라는 규탄도 사치스러운, 국민소득 100달러 수준의 절대 빈곤 시대였다. 국민 상당수가 보릿고개를 겪었고 비누, 치약, 손톱깎이가 없어서 어린이들의 손발톱을 어른들이 큰 가위로 잘라주던 때였다. 필자의 고향인 남해안 후방 도시 마산도 한국전쟁이 할퀸 상처가 깊었다. 도처에 유기된 총과 포탄을 잘못 건드려 어린이들이 다치고 죽는 사고가 비일비재했고, 초등학교 인근에는 전후 20~30년 동안 '루핑집'(기름을 먹인 천 조각으로 지붕과 벽을 만든 집)이 다닥다닥 붙은 실향민촌이 있었다. 한 반의 몇몇은 고아원생이었고, 아이들의 얼굴에는 영양 부족으로 허연 버짐이 피던 시절이었다. 1964년 도쿄 올림픽에서 인천 콩나물 장수의 아들 장창선이 은메달을 땄을 때, 그것은 실로 가난한 국민들을 위안하는 사건이었다. 스포츠의 정치적 악용이 문제되기보다 그 후원이 보잘것없던 때였다. 동시에 군 출신 지도자들의 선창에 따라 대다수 국민이 허리띠를 졸라매고 매진하던 시대였다. 필자는 고난을 극복하는 방식이 역설적으로 만주의 식민 경험에서 유래된 것임을 주장하고자 한다.

이 책은 회임에서 출산까지 10여 년이 걸렸다. 연구의 연속성에 따라 필자의 옛 저작들을 부분적으로 언급할 것이다. 그중 일부는 만주학회, 서울대학교 일본연구소, 싱가포르 국립대학교 아시아연구소 등에서 발표되고 질정받았다. 한국연구재단의 인문 저술 지원(2009)에 감사드린다. 교토 국제일본문화연구센터日文硏(니치분켄)에서 2회 체류(2005, 2015)한 것은 자료 수집과 교류, 저술에 집중하기 좋은 절호의 기회였다. 먼저, 필자를 두 번이나 초청해주고 연구팀에서 수집한 귀중한 옛 만주, 조선의 지도와 엽서 들을 제공해준 류젠훼이劉建輝 교수에게 특별한 감사를 드린다. 또한 싱가포르 국립대학교 아시아연구소에 초대해주신 시카고 대학교 시절의 은사 프래신지트 두아라Prasenjit Duara 교수님, 이 연구에 큰 자극을 주신 브루스 커밍스Bruce Cumings 교수님, 그리고 오랜 벗인 코네티컷 대학교 알렉시스 더든Alexis Dudden 교수에게도 감사드린다. 그리고 여러 단계에서 도움을 준 니치분켄의 마쓰다 도시히코松田利彦, 교토 대학의 야마모토 유조山本有造, 야마무로 신이치山室信一, 미즈노 나오키水野直樹, 기시 도시히코貴志俊彦 교수, 국내외 만주학회 회원들(김기훈, 노기식, 윤휘탁, 김재용, 박선영, 이동진, 서재길, 한수영, 정안기, 신규섭, 다나카 류이치田中隆一 교수 등), 2015년 여름에 하얼빈의 러시안 타운을 안내해준 문철주 교수, 제자들인 이병규 교수, 이진아, 우정용, 강수훈, 이지윤, 그리고 문학과지성사 편집자 최대연 씨에게 따뜻한 감사를, 원고 전체를 읽고 비평해주신 연세대학교 임성모 교수에게 각별한 감사를 드린다.

대학의 중요 보직을 맡는 통에 수년간 주말을 반납하고 연구실에 나가 저술을 이어갔다. 주말 부부임에도 아내가 잘 감내해주었다. 미안한 마음을 이 책에 담았다. 연구자의 길을 밟는 아들 서호에게는 이 책이 작은 자극제가 되기를 바란다.

차례

1장

만주 모던으로의 길

불도저는 마구 파헤치고 힘으로 갈아엎고 흙을 퍼 나르는 거대한 기계다. 파헤치는 도구인 리퍼는 영화 「쥐라기 공원」에 등장한 공룡 티렉스의 앞 발톱을 연상케 한다. 불도저는 제1차 세계대전 이래 진화를 거듭해, 현재 4세대 모형인 일본 코마스 사의 자이언트 엑스커베이터 시리즈에 이르렀다. 이것은 몇 층짜리 빌딩 높이에 엄청난 힘으로 어떤 언덕이든 밀어붙이는 현대판 공룡이다. 어떤 기종은 1천 마력이 넘고 10여 미터의 길이를 자랑한다. 지난 1960~70년대 한국에서는 건설 분야뿐 아니라 사회 전반에 걸쳐 이러한 불도저 정신이 유감없이 추진되었다.[1] 이 시기에 뒷날 한국 재계의 정상에 등극하는, 불도저식 건설로 유명한 현대그룹과 이명박의 신화도 전개됐다. 이명박은 평생 5시간 넘게 자본 적이 없다는 일 중독

---

1) 이 책에서 남북한 체제를 비교하는 경우 한국 대신 '남한'을, 해방 전은 역사적 맥락을 살리기 위해 조선, 경성, 부산의 미도리마치緑町, 총후, 남양, 만몽 등 그 당시 용어들을 사용한다. 여기서 총후는 후방의 동원, 남양은 태평양전쟁 시 일본이 점령했던 동남아시아, 태평양 일대를 이르는 말이고, 만몽은 만주와 몽골을 함께 아우르는 말이다.

자로서 서울시장에 이어 대통령에까지 올랐다.

오늘날 세계 도처에서 느리고 한가하게 사는 사람들이 발견된다. 예컨대 중동, 지중해, 남미 등지에는 시에스타siesta라는 공식적인 낮잠 시간이 있다. 중동의 관공서는 무책임한 태도로 일 처리를 늦게 해놓고서 '인샬라 in shā' Allā'(알라의 뜻대로)라고 하고, 중국 최남단의 하이난 섬海南島에서는 '지션머急什么?'(뭐가 급해?), '메이요밍티엔러沒有明天了?'(내일이 없냐?)라는 말을 애용한다. 이에 비해 한국인은 참 급하다. 영국 등지의 승강기에는 닫힘 버튼이 없어 승객들은 문이 닫히기를 그저 기다리지만 한국인들은 그 버튼을 몇 번씩 누른다. 또 버스에서 내릴 때 일본인들은 버스가 선 뒤 좌석에서 일어나지만 한국인들은 버스가 서기도 전에 곡예하듯 출구로 걸어 나간다. 거리에서는 사람, 승용차, 버스, 화물차 모두가 질주한다. 결혼식도 30분 안에 해치운다. 거대 공단과 선박, 고속도로, 다리, 터널, 간척지, 그리고 두바이에 진출해 초고층 빌딩을 지을 정도의 우수한 건설기술은 이런 '빨리빨리 정신'의 소산이다. 한국은 인구 대비 인터넷과 휴대전화 보급률, 인터넷 품질, 인터넷 평균 속도 등에서도 세계 1위를 자랑하는 인터넷 강국이다.[2] 스마트폰 개통, 신용카드 발급, 인터넷에 보도되는 실시간 뉴스, 심지어 전화 한 통으로 3분 만에 대출이 가능하다는 대부업체의 광고까지, 한국의 속도는 가히 세계적이다.

이 빠른 속도는 어디에서 오는가? 흔히들 한국인의 급한 성격(이른바 '냄비 근성' '조급증')은 압축성장 과정에서 형성됐다고 지적한다.[3] 그런데 그 뿌리가 어디인지, 어떻게 전개되었는지에 대한 구체적인 설명은 없다.

---

2) 2011년 통계에 따르면 한국의 인터넷 사용자는 3,700만 명, 인구 대비 보급률은 세계 1위로 OECD 평균의 2배가 넘는다. 초고속 인터넷 품질(2009), 휴대진화 보급률(2010), 인터넷 평균 속도(2011), 정보통신 활용도(2011) 등도 세계 1위다. 86조 원에 달하는 전자 상거래 규모는 영국의 뒤를 이어 세계 2위다.『연합뉴스』, 2011년 7월 5일.
3) 『조선일보』, 2014년 4월 23일.

차머스 존슨Chalmers Johnson은 왕년의 경제 기적을 이룬 일본의 종신 고용 문화나 직장에 헌신하는 관행 등은 상호 협동이 두드러지는 국민성, 문화적 요인(예컨대 집단을 위한 희생, 사무라이 정신), 역사적 뿌리(예컨대 농촌의 근면 혁명)가 아니라 1920년대부터 일본 국가가 행한 적극적인 경제정책, 기업들에 대한 지도와 육성에서 유래했다고 주장한다.

본 연구는 한국인이 지닌 신속과 근면의 뿌리를 식민 경험에서 찾고자 한다. 특히 1960년대 한국의 '재건 체제' 혹은 불도저식 증산, 안보 체제, 나아가 그 원류인 만주국(1932~45) 체제에서 그 뿌리를 찾을 것이다. 러일전쟁에서 승리한 일본은 남만주에 철도(남만주철도, 이하 만철滿鐵)를 건설하고 이를 보호한다는 명목으로 관동군關東軍(전신은 만철 수비대)을 주둔시켰다. 관동군은 1931년 일본 정부 혹은 육군 본부의 명령 없이 군벌 장쉐량張學良 체제에 전쟁을 도발하고[4] 이듬해 만주에 나라를 세웠는데, 이 나라가 바로 만주국이다. 만주국은 결국 일본 제국의 팽창과 궁극적인 붕괴를 초래해 "메이지明治 국가의 자승자박적 조건"이 된다.[5]

근면 체제에 대하여

동서양을 막론하고 이상적인 삶이란 '신선의 세계' '젖과 꿀이 흐르는 에덴동산' 등의 이미지처럼 '무노동' 혹은 '유유자적'이었다. 로마 귀족이

---

4) 이것을 해방 전 영어권에서는 '묵덴 사건Mukden Incident,' 해방 전 조선과 일본에서는 '만주사변,' 현재 중국에서는 '9·18'이라고 부른다. 이 책에서는 해방 전 맥락을 살려 만주사변이라 부르기로 한다. 또한 이 책은 중국이 고수하는 '둥베이' 대신 한국 사회에서 통용되는 '만주'라는 용어를 사용한다.
5) 山室信一, 「アジアにおける滿洲國と日本人」, 『만주연구』 2집, 2005, p. 86. 여기서 '메이지 국가'는 좁은 의미의 메이지 천황 재임기(1868~1912)가 아니라 1868년 왕정복고에서 1945년 패망까지의 일본 근대를 지칭한다.

입던 헐렁한 토가와 조선 양반의 도포 자락에는 유한 계급의 무노동이 반영되어 있다. 반면 노예와 하층 계급에게 부과된 것은 고통스러운 노동이었다. "일하지 않는 자여, 먹지도 마라"라고 한 유랑 기술자journeyman 출신 사도 바울의 직업윤리가 고대 기독교 정신에도 배어 있으나, 근면이 사회적 규범으로 자리 잡고 나태가 죄악으로 공격받게 된 것은 근세의 일이다. 막스 베버는 서구 자본주의의 생성 요인으로 (신흥 상공업자들이 영주들에게서 경제적·군사적 자율성을 획득한) '자유도시,' 즉물적 타산의 수용, 합리적 국가의 등장, 결정적으로 현세 지향의 신교 윤리인 칼뱅주의Calvinism를 들어 설명했다.[6] 부자들이 천국에 가는 것보다 낙타가 바늘귀를 통과하는 것이 쉽다고 한 기독교의 부정적 재물관은 칼뱅주의에 의해 극적으로 전환됐다. 천국에 갈 수 있는지 없는지는 이미 결정돼 있다고 여겨 매우 불안해하던 칼뱅 교도들은 근면으로 일군 부가 신의 은총을 얻는 혹은 천국으로 가는 징표라고 믿게 됐다. 물론 근면이 칼뱅주의의 전유물은 아니다. 인류학자 기어츠에 의하면 칼뱅주의를 방불케 하는 (혹은 그에 영향받은 듯한) 무슬림 개혁이 1910년대부터 인도네시아 자바를 휩쓸었다고 한다. 상인들은 근면과, 세속에서 이룬 성공이 종교적 구원과 연결된다는 믿음으로 사업에 종사했으며, 과거 인도네시아의 힌두교나 미신, 관습을 떨치고 도덕적·경제적 자립을 중시했다. 이들은 일주일을 기도와 근면으로 꽉 채워 보내며 유력 계급으로 성장했다.[7]

근면이 특정 종파를 넘어서 광범위하게 제도화된 것은 국가와 교회의 결합에 의해서였다. 필립 고스키에 따르면 엄격한 노동은 16~17세기 유

---

6) Max Weber, *General Economic History*, F. Knight(trans.), New Brunswick: Transaction Publishers, 1992[1927], pp. 330~69.

7) Clifford Geertz, *Peddlers and Princes: Social Development and Economic Change in Two Indonesian Towns*, Chicago: University of Chicago Press, 1963, pp. 49~50.

럽을 뒤흔든 (흔히 종교개혁이라 부르는) 고해주의confessionalization와 관계가 있다. 고해주의란 보편적 기독교 세계의 분화, 즉 "특정 교리(가톨릭, 루터교, 칼뱅교)를 중심으로 해석이 다른 집단을 인정하지 않는 배타적 조직의 형성과 그 적대 관계"를 가리킨다. 이 세 종교집단은 수십 년간의 전쟁(예컨대 17세기 스페인에 맞선 네덜란드의 독립전쟁), 종교재판, 구빈사업 전파 등을 통해 격렬한 영토 경쟁을 벌였다. 칼뱅이 장악한 제네바에서는 신정神政이 출현해 교회가 엄격한 사회적·도덕적 기강을 세우고 구빈사업을 폈다. 장애인들에게 자비를 베풀고 비장애인에게는 자립과 자조 정신을 고취하며 강제 노동을 시켰다. 국가가 구빈사업을 맡은 루터교 지역이나 구걸에 관대한 가톨릭 지역에 비해 칼뱅교 지역은 사회적 기율이 무척 엄격한 편이었다. 네덜란드의 경우, 구빈 대상을 엄격히 구분해 사지 멀쩡한 빈자들에게 모멸감을 주고 감화원에 집어넣은 뒤 강제 노동을 시켰다. 다양한 수준의 교회와 관청 조직이 개인과 공동체를 관리하는 규율을 집행해 도시에서의 퇴출과 심지어 파문 여부까지 결정했다. 이 같은 '기강의 혁명'은 후일 네덜란드, 영국, 프러시아 등 서유럽의 중앙집권적 국가 형성에 기여했다.[8]

마르크스주의자들이 강조해왔듯 자본주의야말로 '근면하고 순종적인 신체'를 요구한다. 특히 시계의 발명과 보급은 고용주가 노동자를 장악하는 중요한 수단이 됐다. 14세기 영국 사회에 보급되기 시작한 시계는 16세기 말에 이르러 대부분의 교구에 비치됐고, 18세기 무렵에는 중산층 시민에게까지 널리 퍼졌다. 사람들의 시간관은 시계 종소리에 맞춰 산업사회 이전의 자연적인 것(농사, 목축, 어로 작업과 자연의 리듬에 맞춰진 시간)에서 기계적이고 표준화된 근대적 시간관으로 이행했다. 고용주들은 대단한 사

---

8) Philip Gorski, *The Disciplinary Revolution: Calvinism and Rise of the State in Early Modern Europe*, Chicago: University of Chicago Press, 2003, pp. 18~19, 61~65 참조.

명감으로 시간에 따라 '나태한 노동자들'을 감독하게 됐다. 18세기 영국의 어떤 공장은 오전 5시에 종을 울려 노동자들에게 작업 개시를 알리고, 오후 8시의 종소리로 작업을 마치게 했다.[9] 소년들마저 이 시간에 맞춰 하루 약 15시간씩 일을 하다 죽어나갔다.[10] 푸코Michel Foucault는 생체권력bio power—사회 기강과 중상주의적 관점에서 권력이 신체에 침투한다는 개념—이 자본주의 발전에 불가결한 요소라고 봤다. 자본주의는 인간의 신체를 통제해 생산 체제로 편입시키는 것을 발전의 조건으로 하기 때문이다.[11] 19세기 후반 미국에서는 자본주의 발전과 더불어 개신교의 소명 의식을 바탕으로 기술을 찬양하는 목소리가 높았다. 이때 작업 윤리가 등장해 "절제와 예술, 의무와 성공 간의 심리적 간극"을 해소했다.[12] 그리고 이런 작업 윤리가 뿌리내리는 데는 발달된 교통망, 산업화, 중산층과 상공업자들의 강력한 지지, 교회의 지원과 학교 교육, 문예와 출판 등을 통한 전파가 필요했다.

물론 근면이 자본주의의 전유물은 아니다. 구소련, 중국, 북한 등 20세기의 사회주의 체제들도 근면한 인간을 양산했다. 소비에트 혁명 직후 개혁가들은 규율, 시간 엄수, 근면, 엄밀한 과학을 고취하는 '기계적 인간'이 러시아의 나태함과 후진성을 해결해주리라 믿고 전국적인 노동규율 운동을 추진했다.[13] 1930년대 소련이 스타하노프 운동을 펼치자 1950년대부터 중국과 북한도 유사한 운동들을 이어나갔다. 소련 정부는 노동뿐 아니

---

9) E. P. Thompson, "Time, Work-discipline, and Industrial Capitalism," *Past and Present Society*, no. 38, 1967, pp. 81~82.

10) 18세기 웨스트요크셔 칼더 지방의 외딴 공장에서 소년들이 하루에 15~17시간씩 일하다 죽었다고 한다. E. P. Thompson, *The Making of the English Working Class*, New York: Vintage, 1966, p. 347.

11) 미셸 푸코, 『성의 역사 1』, 이규현 옮김, 나남, 2004, pp. 157~58.

12) Daniel Rodgers, *The Work Ethic in Industrial America 1850~1920*, Chicago: University of Chicago Press, 1978, p. 14.

13) Richard Stites, *Revolutionary Dreams: Utopian Vision and Experimental Life in the Russian Revolution*, Oxford: Oxford University Press, 1989, pp. 161~64.

라 경제와 문화 분야에서 탁월한 공을 세운 이들에게 '사회주의 노동영웅'이라는 칭호를 내렸으며, 중국과 북한도 노동영웅을 제정했다.

두아라는 '동아시아 모던East Asian Modern'이라는 개념을 사용해 지구적으로 순환된 근대의 실행과 담론이 19세기 말 동아시아에서 "지역적으로 조율"됐다고 주장한다. 즉 적절한 수입, 융합, 번안으로 서구의 문화 요소를 번역해 들여오는 것을 포함해 지적 교류, 담론, 실행 등이 동아시아에서 확산됐다는 것이다.[14] 이 시기에 일본인들의 주도로 서양의 근대에 관한 수백 개의 개념들이 고전 한자를 통해 번역되었다. 그리고 이것이 중국과 조선에 역수출됐다. 리디아 류가 일렀듯 번역을 통해 서양의 언어 이론, 보편적 역사관, 과학 담론, 물질문명, 국제법 등이 동아시아에 유통된 것이다.[15] 동아시아 모던은 16세기 혹은 그 이전부터 동아시아에서 진행된 해상경제 네트워크(주로 동남아시아, 인도, 중국, 일본 간의 교류)에 바탕을 둔, 자연스러운 문화 확산을 가정한 개념이다. 그러나 후술하겠지만 확산은 자연스러운 현상이 아니다. 확산을 가로막는 존재도 있고 수용자라는 요소도 있기 때문이다. 식민주의는 그 중요한 보기다. 20세기에 작업의 기강과 동원 등 권위주의 체제의 요소와 불도저식 건설을 한국에 전파한 것은 일본 식민주의다.

1960년대에 형성되어 20년간 이어진 한국의 불도저 체제는 만주에서 흘러들어 온 확산의 산물이다. 이는 건설 분야에만 국한되는 것이 아니라 생산, 안보, 위생 등 사회 전반에 걸친 국가적 정책 수행의 총체였다. 핵심은 소수의 지도자가 단기간에 결정해 밀어붙이는 속도다. 지도자들은 군

---

14) Prasenjit Duara, *Sovereignty and Authenticity: Manchukuo and the East Asian Modern*, New York: Rowman & Littlefield, 2003, pp. 3~4.

15) Lydia Liu, *Translingual Practice: Literature, National Culture, and Translated Modernity-China, 1900~1937*, Stanford: Stanford University Press, 1995, pp. 3~18.

사 작전을 수행하듯 부지런히 시찰하고 독려하며, 성과를 올리지 못한 관리자들을 문책하고 경질하는 등 전 관료 조직이 비상근무 태세로 목표 달성에 나섰다. 대다수 국민도 이에 호응을 보내고 근로 현장에 나서는, 다분히 위계적인 체제였다. 과거 1년의 3분의 2를 외국에서 보내며 사업을 진두지휘했던 대우그룹 창업자 김우중은 24시간이 모자라 출근하는 차 안에서 면도를 하고 아침 식사까지 해치웠다고 한다. 이런 문화는 현재까지 이어져 2014년 기준 한국 노동자의 연평균 근로시간은 2,124시간(독일의 경우 1,371시간)으로 OECD 회원국 중 노동 강도가 가장 높은 축에 속하는 것으로 나타났다.

동아시아의 확산

오늘날 세계화, 국가 체계, 내셔널리즘, 제국주의, 문명화 과정 등 여러 분야에서 확산에 관심을 보내고 있다. 세계화는 아파두라이가 일렀듯 원거리의 민족, 기술, 자본, 이미지 이동 등 여러 종류의 확산을 초래한다.[16] 내셔널리즘도 그렇다. 베네딕트 앤더슨은 인쇄 자본주의를 통해 서구 내셔널리즘의 모형이 라틴아메리카를 포함해 그 너머로까지 확산됐다고 본다.[17] 확산의 추동력인 세계화는 20세기 말에 국한된 현상이 아니다. 적어도 18세기부터 자본, 노동, 정보의 확산이 전 지구적이지는 않더라도 광역적으로 이루어져왔다. 그러므로 과거의 확산, 특히 서구 중심 기술記述에 가려진 비서구권의 것을 주목할 필요가 있다.

---

16) Arjun Appadurai, *Modernity at Large: Cultural Dimensions of Globalization*, Minneapolis: University of Minnesota Press, 1996, p. 33.

17) Benedict Anderson, *Imagined Communities*, London: Verso, 1983, pp. 13~14, 49.

최근 학계에서 근세early modern가 뜨거운 화두로 떠올랐다. 일단의 학자들은 과거 르네상스 시절의 인문주의자와 계몽주의자 들이 주창한 3단계 시대 구분, 즉 고대, 중세(인간이 집단에 종속된 시대), 근대(르네상스와 종교개혁이 개시한 인본주의와 개인주의의 시대)로 나누는 것을 지양하고 1500년에서 1800년까지를 근세라고 부른다. 이들은 근세에 봉건의 잔존, 종교와 상업의 결합, 상업 자본주의, 국가 형성, 종교개혁 등 근대를 여는 중요한 변혁들이 일어났다고 본다. 근세는 배타적 차별—혹은 두아라가 말하는 "극단적 초월," 즉 교리의 차이 때문에 벌어지는 전쟁, 그에 영향받은 국민국가 간 경쟁, 서양을 기준으로 한 보편주의의 강요 등[18]—과 함께 순환의 시대를 열었다. 이때 진행된 지구적인 교류에서 아시아인들은 중요한 행위자였다. 18세기 중반까지 아시아 상인들은 중국과 이슬람권에 축적된 해양기술을 바탕으로 가치나 총량 면에서 세계 무역의 상당 부분을 차지했다.[19]

쵸두리의 기념비적 연구에 의하면 이슬람 파워가 등장한 7세기에서 18세기까지 인도양은 3대 무역권[20]으로 구성된 역사상 최장기, 최장 거리 무역망이었다. 아랍인들이 해상을 석권해 주도적으로 이 무역망을 구축하고 인도 서해안의 구자라트Gujarat 상인들과 중국인들을 연결시켰다. 16세기

---

18) Prasenjit Duara, *The Crisis of Global Modernity: Asian Traditions and a Sustainable Future*, Cambridge: Cambridge University Press, 2015, pp. 6~7.

19) 중국, 동남아시아, 인도, 아메리카 생산품들의 유통 등 초기 자본주의 발전 또한 이루어졌다. 그 결과, 영양 상태 개선과 인구 증가, 기술 발달, 궁극적으로 근대적 국가 형성을 초래한 화약 혁명, 유럽인들의 신대륙 발견과 제국 건설이 파생됐다. Charles Parker, "Introduction: Individual and Community in the Early Modern World," Charles Parker & Jerry Bentley(eds.), *Between the Middle Ages and Modernity*, New York: Rowman & Littlefield, 2007, pp. 2~7, 22~27; Jerry Bentley, "Early Modern Europe and the Early Modern World," Charles Parker & Jerry Bentley(eds.), *Between the Middle Ages and Modernity*, pp. 257~62.

20) 홍해, 페르시아 만, 동부 아프리카, 인도의 서부와 남부를 잇는 것, 인도와 플라카 해협을 잇는 것, 동남아시아와 중국 남부, 일본을 잇는 것이다.

에 포르투갈이 마카오, 나가사키, 믈라카, 필리핀, 인도의 고아Goa 등을 무력으로 점령하고 인도양을 평정할 때까지 천년의 항로가 유지된 비결은 여러 문화권의 공유 의식, 외국 무역상에게 개입하지 않는 지역 통치자들의 전통, 끈질기게 지켜낸 항구의 중립성과 관용이었다. 이로써 교역항이자 외국 무역상이 현지인과 결혼해 정착한 공동체emporium가 무수하게 생겨났다. 유럽의 새로운 강자인 네덜란드와 영국의 동인도회사도 몬순 기후의 리듬과 기존의 연결망, 즉 인도양의 전통과 타협했다.[21]

아랍인, 유대인, 중국인, 인도인 들이 참여한 인도양의 무역·금융 네트워크(라잣 레이의 표현을 빌리자면 '바자 경제')는 19세기에 본격적으로 침투한 유럽 자본주의 때문에 잠시 흔들렸으나, 새 궤도에 적응하는 데 곧 성공했다. 이들은 싱가포르에서 잔지바르에 이르는 광대한 적도권과 동남아시아, 동부 아프리카 연안, 아라비아 반도, 인도 서해안의 토착 경제를 깊숙이 연결했다. 바자 혹은 전통시장의 상인들은 유럽인들이 결코 해낼 수 없는, 각지 토착민과의 오랜 신용을 토대로 한 세밀한 직접 상거래로 유럽식 근대 경제와 공존했다. 기어츠가 관찰한 것처럼 바자의 거래는 물이 한 방울씩 떨어져 지류에서 바다로 흘러들듯 수많은 상인의 손을 거치며 제조, 가공, 소비를 연결했다.[22] 중국인들도 대거 남하해 싱가포르, 네덜란드령 자바 해협, 타이 등에서 활기차게 무역, 금융, 곡물 사업을 벌였다. 인도인들의 노동력 조직과 이민 등이 영국 자본의 주도 아래 이루어진 데 비해 화교들은 유럽 자본과 별개로 발전 혹은 대항, 공존했다. 태평양전쟁 직전까지 화교들은 대부분의 동남아 자본을 소유했으며, 이 바자 경제의 맥박

---

21) K. N. Chaudhuri, *Trade and Civilization in the Indian Ocean: An Economic History from th Rise of Islam to 1750*, Cambridge: Cambridge University Press, 1985, pp. 66~90, 98~114.

22) 기어츠가 자바 근교와 발리를 관찰한 바에 의하면 바자 경제는 흥정이 잦고, 채무와 이윤을 여러 명에게 분산하며, 빚은 늘 30퍼센트만 갚는 특징이 있었다. Geertz, *Peddlers and Princes*, pp. 30~46.

속에서 근대 아시아 경제가 등장했다.[23]

동아시아 무역 네트워크도 오랜 전통이 있다. 하마시타 다케시浜下武志에 따르면 16~17세기 명청明淸 교체기에 두드러졌던, 중국을 중심으로 한 조공 무역은 다층위의 교류 체계였다. 이것은 중국과 조공국의 거래일 뿐 아니라, 조공국 사이의 수평적 교역을 만들고 유럽과 동아시아의 무역을 매개했다. 시기와 품목이 세밀하게 규정된 중국과 조공국(조선, 류큐, 라오스, 코친차이나, 샴 등) 사이의 대규모 교류(조공품과 하사품인 은銀의 수수) 이외에도 크고 작은 정크선 수백 척이 매년 중국과 일본, 동남아시아를 오갔다.[24] 스기하라杉原薫가 일렀듯 남미, 아프리카가 구미 제국들의 위성이 되었던 것과 달리 19세기 말의 아시아에서는 구미와의 무역 성장률보다 아시아 간 무역이 훨씬 빠르게 발전했다.[25]

이런 장구한 경제적 교류를 넘어 20세기 전후에 아시아의 교류를 본격적으로 확산시킨 것은 일본 식민주의다. 이것은 조선인의 일본과 만주로의 이주(각각 약 200만 명), 패망 후 일본인의 귀환(민간인과 군인 약 630만 명의 '인양자引揚者'), 만주와 조선 간 쌍방 이동을 합쳐 약 1천만 명의 이동을 초래한 대소용돌이의 역사다.[26] "모든 문화의 기원은 제국주의"[27]라는

23) Rajat Ray, "Asian Capital in the Age of European Domination: The Rise of the Bazaar, 1800~1914," *Modern Asian Studies*, vol. 29, no. 3, 1995, pp. 511~22, 550~54.

24) 정크선들은 평균 350~400톤으로 같은 무게인 유럽 선박의 정원보다 5배 많은 80명에서 최대 450명까지 선원들을 태웠다. Takeshi Hamashita, "The Tribute Trade System and Modern Asia," A. Laham & H. Kawakatsu(eds.), *Japanese Industrialization and the Asian Economy*, London: Routledge, 1994, pp. 95~99.

25) 스기하라 가오루, 『아시아 간 무역의 형성과 구조』, 박기주·안병직 옮김, 전통과현대, 2002, pp. 15~33; 안드레 군더 프랑크, 『리오리엔트』, 이희재 옮김, 이산, 2003, pp. 197~222 참조.

26) 蘭信三, 「日本帝國をめぐる人口移動の國際社會學をめざして」, 蘭信三 編, 『日本帝國をめぐる人口移動の國際社會學』, 不二出版, 2008, p. xv. 일본으로의 귀환자는 1946년까지 약 500만 명, 1995년까지 누적된 수는 약 630만 명이었다. Lori Watt, *When Empire Comes Home: Repatriation and Reintegration in Postwar Japan*, Cambridge: Harvard University East Asia Center, 2009, p. 77.

27) 김철, 『식민지를 안고서』, 역락, 2009, p. 41.

지적처럼 일본 식민주의는 근대적 아이디어와 제도를 광범위하게 확산했다는 점에서 중요한 의미를 갖는다. 이것은 위생행정을 포함해 건축과 영화, 노래에까지 광범하게 영향을 미쳤다. 요컨대 식민주의는 피식민자가 근대에 노출되는 계기를 마련했다.

근대란 무엇인가

1990년대 한국 학계에서 크게 유행한 포스트모던에 대한 논의는 현재시든 형편이다. 양은냄비처럼 끓었다 식는 한국 학계의 특성도 있지만, 한국의 근대를 충분히 논하지 못한 상황에서 탈근대로 이행한 탓이 크다. 근대는 원래 방대한 논제다. 국문학자 김윤식에게 이것은 "거대한 괴물"이었다.[28] 근대는 무엇인가?[29] 근대는 18세기 이래 과거와 단절된 채 진행된 서구의 생활양식, 즉 국민국가의 형성, 산업화, 개인성의 발현, 민족주의적 통합이나 출산율과 사망률의 감소로 빚어진 인구학적 전환, 여가·평등·이동의 증가와 농촌의 퇴조 등을 말한다.[30] 어떤 경제사가는 근대를 "18세기 중반 이래 유럽에서 등장한 공장제 산업, 입헌정부, 종교의 자유"로 한정하기도 한다.[31] 좌파 논객 샹탈 무페Chantal Mouffe도 서구 근대성

---

28) 김윤식에게 근대는 16년의 공부 뒤에나 윤곽을 드러낸 대상이었다. 김윤식, 『내가 읽고 만난 일본』, 그린비, 2012, pp. 25~26.

29) 근대(modern, modernity)와 '모더니즘'은 구별할 필요가 있다. 후자는 19세기 낭만주의를 감성적·표면적이라는 이유로 거부하는 예술 사조다. 진보에서 보수까지 다양한 스펙트럼이 있으나, 주로 20세기 대중문화의 천박성에서 전통을 지키려는 엘리트적 특징이 있다. Harold James, *Europe Reborn: A History, 1914~2000*, Princeton: Princeton University Press, 2003, p. 43.

30) Anthony Giddens, *The Consequences of Modernity*, Stanford: Stanford University Press, 1990, pp. 1~3, 22; 김동노, 「식민지 시기 인식의 새로운 방향 정립」, 김귀옥 외, 『한국사회사연구』, 나남, 2003, pp. 312~14; James, *Europe Reborn*, pp. 26~40 참조.

31) Jack Goldstone, "The Problem of the 'Early Modern' World," *Journal of the Economic and Social*

의 핵심을 베를린 장벽 붕괴 이후에도 간직해야 할 '민주주의 혁명,' 즉 민주주의와 자유주의의 공헌으로 탄생한 다원주의, 개인의 자유, 정교 분리, 시민사회의 발전 등이라고 봤다.[32] 즉 근대는 계몽과 진보다.

그런데 울리히 벡은 근대사회를 '세계 위험사회'로 규정하면서 근대의 낙관을 뒤흔든다. 그는 "예측하거나 통제할 수 없는 위험, 특히 생태와 국제 금융 문제는 개별 국가를 넘어선 지구적 쟁점"이라고 말한다.[33] 또한 현재 중국 경제가 보여주는 것처럼 비서구권이 서구를 추월하는 중이거나 이미 추월한 상황에서 서구의 성취와 관련된 평면적인 정의는 흔들린다. 과거의 후진 지역인 이른바 '남부'는 현재 세계 총생산 비율의 절반을 점한다.[34] 또한 아렌트Hannah Arendt에서 네그리Antonio Negri까지 일단의 학자들도 관료제, 합리성, 기술 발전, 자본주의에 내재한 폭력을 들며 근대의 낙관론을 질기게 비판해왔다.[35]

근대의 파괴력은 19세기의 거물 철학자 헤겔의 사상에 잠재해 있다. 그에게 근대는 눈먼 사람을 찾아온 빛처럼, 암흑·족쇄·전통으로부터의 해방 혹은 종교·법률·국가의 합리성에 구현된 '정신Spirit'과 주체의 자각이었다.[36] 헤겔은 유럽을 중심으로 세상을 전통(암흑, 불결, 미명, 결핍, 비서구, 빈곤한 '남부')과 근대(광명, 청결, 계명, 풍요, 서구, 선진적 '북부')라는 이분법

History of the Orient, vol. 41, 1998, pp. 249~57.

32) 샹탈 무페, 『정치적인 것의 귀환』, 이보경 옮김, 후마니타스, 2007, p. 102.

33) Ulrich Beck, *World Risk Society*, Cambridge: Polity Press, 2000, pp. 5~6.

34) 중국(세계 2위의 경제 대국), 인도, 브라질, 이른바 브릭Bric의 것은 서구 7개국과 맞먹고 2050년까지 세계의 절반을 차지할 것으로 전망된다. Khalid Malik, "The Rise of the South: Human Progress in a Diverse World," *Human Development Report 2013*, p. 11.

35) Michael Hardt & Antonio Negri, *Empire*, Cambridge: Harvard University Press, 2000, p. 46. 이 흐름에 대해서는 신진욱, 「근대와 폭력: 다원적 복합성과 역사적 불확정성의 사회이론」, 『한국사회학』 38집 4호, 2004, pp. 26~27 참조.

36) Georg Wilhelm Friedrich Hegel, *The Philosophy of History*, J. Sibree(trans.), Kitchener, Canada: Botoche Book, 2001, pp. 25~30, 121.

으로 나누었다. 아프리카는 거의 금수禽獸의 세계였다. 중국, 인도 등 아시아는 정신의 '빛'은 솟았으나 '주체성'까지는 아직 획득하지 못한 세계였다. 헤겔의 (자유) 정신, 이성, 변증법, 발전에 대한 신념과 인종적 위계[37]는 마르크스나 베버 같은 후세의 지성에게 지대한 영향을 미쳤다.[38] 마르크스는 인도를 너절하고 "정체된 동양적 전제專制와 미신"의 장소라고 여겼다.[39] 베버는 중국이 서양 자본주의 발흥의 제 요인이 결여된 곳이라고 봤고, 역작 『일반 경제사』 곳곳에 '장애물'이라는 표현과 더불어 서구적 의미의 시민정신과 경제적 발전이 '결핍'됐다고 지적했다.[40] 동서양의 식민주의자들도 식민지를 많은 것이 결핍된 미숙한 장소로 대했다.

　헤겔에게 자연은 중요한 비유였다. 그것은 쟁취·극복·통제의 대상, '정신'의 대립항, 각성·자유의 결핍, 동물 수준 등을 의미했다.[41] 그 영향으로 19세기 이후 이성과 과학기술에 대한 서구인들의 긍지는 자연을 기술의 대립항 혹은 대상으로 축소시켰다.[42] 헤겔의 근대관은 19세기 유럽을 휩쓴 진화론 가운데 가장 정교한 것으로서, 서구인들이 세계를 지배하는 데 합당한 이론을 제공했다. 발전과 해방이라는 목표를 향한 단선적 시간 혹은 보편적 '대역사' 속에서 '타자'는 정복당하거나 흡수될 운명에 처했다.[43] 냉전 시대에 구소련령 극지와 변방, 미국령 미크로네시아 산호섬,

---

37) 같은 책, pp. 22~23, 114~17, 129, 462.

38) Tishale Tibebu, *Hegel and the Third World: The Making of Eurocentrism in World History*, Syracuse: Syracuse University Press, 2011, pp. 134~61. 그러나 베버는 근대를 이성이라는 '철창'의 노예로 본 데서 차이가 있다.

39) Karl Marx, "On Imperialism in India," Robert Tucker(ed.), *The Marx-Engels Reader: Second Edition*, New York: W. W. Norton, 1978, p. 658.

40) Max Weber, *General Economic History*, pp. 176, 316~62.

41) Hegel, *The Philosophy of History*, p. 97; Tibebu, *Hegel and the Third World*, pp. 28~35.

42) Timothy Mitchell, *Rule of Experts: Egypt, Techno-Politics, Modernity*, Berkeley: University of California Press, 2002, p. 36.

43) Prasenjit Duara, *Rescuing History from the Nation: Questioning Narratives of Modern China*, Chicago: University of Chicago Press, 1995, pp. 19~20.

중국 위구르의 공동체들은 핵실험과 폐기의 장소가 됐다.[44] 영화 「스탈린의 선물」(2008)이 애절하게 그렸듯, 카자흐스탄인들이 1949년 스탈린Iosif Stalin의 70번째 생일을 맞아 바친 선물에 답으로 돌아온 것은 원폭 실험이었다. 근대적 자각은 미개하고 비위생적인 타자의 발견 혹은 차이의 재생산을 통해 구축됐다.

이런 진보관은 기실 미래의 불안을 해결하기 위한 개념이다. 폴 리쾨르는 "인간에게는 시간에 대한 철학적 불안이 있다"라고 말했다. 예컨대 "순간적 흐름으로서의 현재, 측정할 수 없는 현재, 끝없는 현재의 연속인 시간과 경험 대상으로서의 시간 사이에 존재하는 간극, 덧없는 현재, 유한한 슬픔" 등이다. 이 불안을 해결하는 방법에는 "회귀를 전제로 하는 전통적 시간관, 주기적 시간관, 헤겔식 단선적 시간관"이 있다.[45] 여러 국민국가의 구호인 '진군' '중단 없는 전진'은 시간에 대한 불안을 해결하고 발전적인 목표로 나아가는, 즉 확실한 미래를 제공하는 단선적 시간관의 보기다.

근대의 뿌리는 길다. 두아라는 자연을 점령한 근대의 연원을 자연 친화적, 순환적, 융합적, 공존적인 동양의 철학('대화적 초월주의')과 대비되는 서양의 배타적 철학('극단적 초월주의')에서 찾는다. 즉 기독교 선민의식, 절대적인 유일신 사상 아래 이단을 용납하지 않는 17세기의 종교전쟁과 그 연장선인 내셔널리즘 경쟁에 이르는 흐름이다. 그 줄기는 칸트Immanuel Kant와 헤겔에서 시작해 마르크스주의와 근대화 이론에까지 닿는 이성 보편주의—주체와 객체의 구분, 목표의 신성화, 변증법(전적인 부정인), 진

---

44) 미국은 1946~62년 사이에 마셜 제도의 비키니 환초 등지에서 110회의 핵실험을 했고, 영국과 프랑스도 대양주의 자국령 도서에서 핵실험을 수행하여 메가톤급 환경 재앙을 초래했다. Mark Merlin & Ricardo Gonzalez, "Environmental Impacts of Nuclear Testing in Remote Oceania, 1946~1996," J. R. McNeill & Corinna Unger(eds.), *Environmental Histories of the Cold War*, Cambridge: Cambridge University Press, 2013, pp. 170~72.

45) Paul Ricoeur, *Time and Narrative*, vol. 1, Chicago: University of Chicago Press, 1984, pp. 16~17, 61~62.

보를 향한 단선적 시간관 등—로 이어진다.[46] 근대에 대한 합의는 어렵다. 울리히 벡 등은 고전적인 근대('제1의 근대')를 성찰하고, 다양성을 특징으로 하는 현금의 세계를 '성찰적 근대화' '제2의 근대'라 부른다. 그의 성찰은 재난에 대한 예상 혹은 무지 등 주로 지식과 관련된 개념이다.[47] 그런데 이것은 아직 서구 선진국에 국한되는 현상이다. 또한 그의 '제2의 근대'는 동아시아의 '급속한 근대화'를 포함시키는 등 지나치게 포괄적이다.[48] 아처가 말한 대로 울리히 벡의 성찰이 "전통과의 영합zero-sum 관계를 가정"하는 문제도 있다.[49] 근대에 대한 극단적인 회의론도 존재한다. 라투르는 근대가 "과거/미래, 자연(과학)/문화, 자연/인간(정치·사회) 등의 끔찍한 구분에서 오는 믿음이나 투사에 지나지 않는다"라고 한다. 그는 세계가 결코 근대인 적이 없었다고 주장한다. 그는 "네트워크로서의 근대 세계는 예전에 비해 지식 순환, 믿음, 실행, 사회와 행위자의 수가 아주 미세하게 증가하거나 수정되었을 뿐"이라고 덧붙인다.[50]

근대의 한 특질은 속도다. 짐멜은 일찍부터 근대의 속도를 관찰했고, 근대를 "계산과 변화의 시대"라 일컬었다. 그는 화폐의 확산으로 "재산 가치 이상과 이면의 기존 사회관계, 이에 결합된 의무, 품위, 인격, 의미 등이 사라지며, 이해관계에 따라 매순간 서로 다른 수백 가지가 결합하고 내적·외적 자극들이 급속하게 변화한다"라고 했다. 이런 와중에 "유행은 강

---

46) Duara, *The Crisis of Global Modernity*, pp. 7~8, 20~23, 120~54.

47) Beck, *World Risk Society*, pp. 127~28.

48) Ulrich Beck & Edgar Grande, "Varieties of Second Modernity: The Cosmopolitan Turn in Social and Political Theory and Research," *The British Journal of Sociology*, vol. 61, no. 3, 2010, pp. 411~12.

49) 성찰은 근대에 국한되지 않는다. 아처는 성찰이 전통 시대 이래 맥락(구조)과 관심(행위자)이라는 상호 보강적인 행렬에서 여러 종류(교류적·독자적·메타·분열적 성찰)로 전개됐다고 본다. Margaret S. Archer, *The Reflexive Imperative in Late Modernity*, Cambridge: Cambridge University Press, 2012, pp. 13, 40~43.

50) Bruno Latour, *We Have Never Been Modern*, Catherine Porter(trans.), Cambridge: Harvard University Press, 1993, pp. 48, 71.

력히 전파되지만 신속하고 철저하게 소멸"한다.[51] 화폐는 "주관성에 대한 객관성의 우위, 추상화(사회관계와 법률), 타산, 마음의 객관화 등 광범위한 변화를 불러온 중요한 매개체"다.[52] 미첼의 언명대로 19세기 이후 "사람과 공간은 계산되는 단위"로 변환됐다.[53] 벤야민은 헤겔의 시간관을 진보에의 망상, 비현실적인 단선적 역사관으로 보고, 진보란 "파편들을 하늘로 날려버리고 미래로 우리의 등을 떠미는, 낙원으로부터의 광풍"이라 불렀다.[54]

근대는 자연을 신속하게, 지속 불가능한 수준으로 파괴했다. 오늘날 환경운동가들의 경전 격인 1960년대 린 화이트Lynn White의 주장——자연 파괴의 유래는 "열매를 맺어 대지를 채우고 복속시켜라"라고 명한 구약으로까지 거슬러 올라간다——은 초장기적인 전망이라 경험적 분석이 불가능하다.[55] 예외가 있기는 하지만, 자연의 체계적 파괴는 근대 혹은 문명의 사명과 밀접하게 연결된다. 19세기의 유명한 그림 「명백한 사명」에 표현됐듯, 미국은 서부 개척뿐 아니라 제2차 세계대전 후 동남아시아를 포함해 전 세계를 대상으로 패권 전쟁을 치렀다. 또 미국의 초대형 토목 사업들 이면에는 과학기술과 기계에 대한 자부심, 문명의 강요, 원시적 자연을 파헤치는 기술자와 반듯한 도로에 보내는 찬양이 있었다. 마이클 에이더스가 일렀듯 이것은 자연에 대한, 원대한 '디자인을 통한 지배'였다.[56]

문명은 빈곤과 공산군 퇴치, 복지라는 이름으로 "환경과 자기 자신을 파

---

51) 게오르그 짐멜, 『짐멜의 모더니티 읽기』, 김덕영·윤미애 옮김, 새물결, 2005, pp. 16~22, 65.

52) Georg Simmel, *The Philosophy of Money*, London: Routledge, 2011, pp. 470~82.

53) Mitchell, *Rule of Experts*, p. 80.

54) Walter Benjamin, *Illuminations*, Hannah Arendt(ed.), New York: Schocken Books, 1968, p. 249.

55) Joachim Radkau, *Nature and Power: A Global History of the Environment*, Thomas Dunlap(trans.), Cambridge: Cambridge University Press, 2008, pp. 15, 32.

56) Michael Adas, *Dominance by Design: Technological Imperatives and America's Civilizing Mission*, Cambridge: Belknap Press of Harvard University, 2006, pp. 83, 149~61.

사진 1-1. 존 개스트John Gast, 「명백한 사명American Progress」(1872). 미국을 의인화해 표현한 미스 컬럼비아가 운명의 여신처럼 왼쪽 태평양을 향해 공중에 떠 있다. 아래 오른쪽에는 기차와 역마차가 들어오고 왼쪽에는 인디언들이 쫓겨나는 모습이 묘사되어 있다(출처: 위키미디어).

괴하고 세계를 "위험사회로" 만들었다.[57] 환경운동가들의 용어를 빌리자면 완신세Holocene[58]를 산업혁명 이후 약 200년의 인류세Anthropocene가 요절내버린 것이다. 인류세에 지구는 기후 변화, 해양 산화, 오존층 파괴, 수자원 고갈, 생물학적 다양성 상실, 대기 연무질 축적, 화학적 오염에서 한계에 이르렀다.[59] 니체Friedrich Nietzsche가 "나는 역사의 모든 이름이다"라고 허무하게 외쳤을 때, 그것은 "근대 이전의 모든 시대가 이 변화의 전사前史 혹은 가면"임을 뜻했다.[60] 근대는 언젠가 도달할 궁극으로서 "초극이 불

57) 울리히 벡, 『지구화의 길』, 조만영 옮김, 거름, 2000, pp. 80~83.

58) 정착 농경, 문명, 도시가 등장한 지난 1만 년의 지질 시대를 일컫는다.

59) John Bellamy Foster & Richard York, *The Ecological Rift: Capitalism's War on the Earth*, New York: Monthly Review Press, 2010, p. 14.

60) Harry Harootunian, "preface," *Overcome by Modernity: History, Culture, and Community in Interwar*

가능하며 끊임없이 창조(금방 헌것으로 변하는)를 요구하는 운동"이었다.[61] 19세기 이래 서구인들의 전신電信과 기차로 미지의 세계였던 아시아와 아프리카가 유럽에 연결됐듯, 근대 역시 지구 구석구석에 도달할 예정이었다. 토지조사도 미지에 대한 환상을 깨트리는 수단이었다. 20세기 초 영국인들은 옛 오토만 제국과 프랑스 치하에서 실패로 끝났던 나일 강 유역 토지조사를 완수했다. 그러면서 이 일대의 토지 통제권을 확립했고, 이것은 후일 아스완 댐을 건설하는 데까지 이르렀다.[62] 근대가 도래하자 늪과 호수가 파헤쳐졌다. 화학비료와, 독성물질이 물에도 녹지 않고 100~200년은 간다는 'DDT'가 대량 살포됐다. 시베리아와 북만주 일대의 가장 큰 삼림 지대였던 타이가Taiga의 절반이 소멸했듯 숲과 강이 농경지로, 농경지가 공장이나 주택지로 바뀔 운명에 처했다.

전통과 모방

근대가 전통과 단절할 것이라던 헤겔의 예상과는 달리, 근대는 전통을 품었다. 이것은 근대의 속도에 대한 한 해결책이었다. 전통의 위력은 몇몇 서구 사회에서 두드러졌다. 배링턴 무어는 근대적 전환기에 영국 신흥 부르주아가 전통 귀족과 "대립하기보다 타협을 택해 수용과 경쟁의 길"로 나아갔다고 주장한다.[63] 또한 19세기 말, 모더니즘이 출현한 당시 유럽 부르주아 사이에서는 옛 문화 모델을 전유하려는 열기가 일었다.[64] 일본 메

    Japan, Princeton: Princeton University Press, 2000, p. ix.

61) Gianni Vattimo, *The End of Modernity: Nihilism and Hermeneutics in Post-modern Culture*, Jon Snyder(trans.), Cambridge: Polity Press, 1988, p. 166.

62) Mitchell, *Rule of Experts*, pp. 86~87.

63) Barrington Moore, *Social Origins of Dictatorship and Democracy*, Boston: Beacon, 1966, p. 39.

이지 시대의 지도자들은 불변의 '향토'와 전통, '신성한 황실' 혹은 절대적인 것에 기대면서 순식간에 급변하고 기화氣化하는 근대를 붙들고자 했다. 일본인들의 공식 기억의 창조는 이 불안에 대처하는 한 방식이라 할 수 있다. 이들은 새 천황제를 알리는 순행, 황실 행사의 무대인 제도帝都 건설, 역동하는 근대 수도 도쿄에 대한 억지력이라 할 수 있는 문화 수도 교토 건설, 황실 의례 제정 등 수십 년간 '전통 창조'에 매진했다.[65) 그 결과, 10대에 등극한 소년 메이지는 후일 가족국가관의 정점 혹은 신인神人의 위치에 올랐고 수십만 청년들이 그를 위해 전장에서 목숨을 던질 준비를 마쳤다. 한 일본 작가는 일본 근대의 핵심에 놓인 상이한 시간대의 충돌을 다음과 같이 묘사한다.

도쿄 시내 한복판에서 전차, 자동차, 트럭, 자전거 모두가 정지한다. 맹렬히 날아다니던 사이드카들까지도 멈춘다. 무슨 일일까? 창백한 11월의 태양이 마치 모래바람 속의 거친 옹이 같은 한 무리의 사람을 내비친다. 웅덩이 안의 물 덩어리 같은 인간 파도가 서로를 밀치고 흔들리기 시작한다. 무슨 일이란 황실 행차였다. 옴짝 못하고 선 군중들 앞뒤로 즉시 속삭임이 번진다. 자동차들은 소음을 멈추고, 사람들은 모자를 벗는다.[66)

이것은 1920년대에 화려한 근대를 맞은 도쿄 도심에서 황실이라는 강력한 옛 존재가 드러나는 순간이다. 일본의 새것은 옛것과 끝없이 부딪쳤

64) Arno Mayer, *The Persistence of the Old Regime: Europe to the Great War*, New York: Pantheon, 1981, pp. 3~13.

65) Tak Fujitani, *Splendid Monarchy: Power and Pageantry in Modern Japan*, Berkeley: University of California Press, 1996, pp. 145~54; Jun'ichi Isomae, *Religious Discourse in Modern Japan: Religion, State, and Shinto*, Galen Amstutz & Lynne Riggs(trans.), Boston: Brill, 2014, p. xxii 참조.

66) Harootunian, "preface," *Overcome by Modernity*, p. xxiv에서 재인용.

다. 일본 민속학의 개척자 야나기타 구니오柳田國男는 급속한 상업화와 근대의 침입으로부터 민중과 향토의 삶을 구하기 위해 향토 연구를 시작했다고 밝힌다. 그는 일본의 옛 풍습, 즉 "새로 생긴 것 때문에 잃어버린 소중한 것"을 찾아 나섰다.[67] 1930년대에 그와 동료들에게 "불가분의 향토"는 "불가분의 민족"으로 변성됐다.[68] 민속 연구의 목적은 잔존한 원시성을 탐사하는 것뿐 아니라, 제국의 팽창이라는 당대의 문제를 다루기 위한 것도 있었다. 1943년에 민족연구소를 설립한 오카 마사오岡正雄는 비엔나 대학교에서 유학하던 시절에 접한 나치의 민족학에 큰 영향을 받았다. 나치는 아리안족의 기원을 연구할 목적으로 수차례에 걸쳐 아시아, 아프리카, 중남미 등 광범위한 지역에 학술 원정대를 파견하고 20개 이상의 대학에 민족연구소를 설립했던 것이다. 오카 등의 노력으로 "대동아전쟁을 수행하고 대동아 공영권 주변의 민족 공작과 관련된 민족 연구"를 한다는 취지로 일본 문부성 직할의 민족연구소가 설립돼, 각 민족의 정보를 수집하고 정부에 세계정세를 보고했다.[69] 불변의 것을 품은 일본의 근대는 "가변성, 즉 자본주의적 변환에 대한 저항 혹은 옛것과 새것의 끝없는 혼합"이었다.[70]

이런 현상은 중일전쟁 발발 후 일본 지식인들에게서도 발견된다. 이들은 예상치 못한 초기의 승리에 도취돼 서양과 대결하자고 외쳤다. 지식인들은 동아협동체론[71]의 이론가 미키 기요시三木淸가 주장한 서양 근대 자

---

67) 야나기타 구니오, 『일본 명치·대정시대의 생활문화사』, 김정례·김용의 옮김, 소명출판, 2006, p. 142.

68) Duara, *Sovereignty and Authenticity*, p. 212.

69) 中生勝美, 「民族硏究所の構想と「民族學硏究講座」」, 神奈川大學 國際常民文化硏究叢書 講義錄 11, 2011, pp. 359~68.

70) Harootunian, "preface," *Overcome by Modernity*, p. xxx.

71) 동아협동체론은 동아시아에서 민족과 국가를 초월한 협동체 건설을 구상한 정치사상으로, 1930년대 말 고노에 후미마로近衛文麿 총리(1891~1945)의 쇼와 연구회를 거점으로 활성화됐다. 임성모, 「동아협동체론과 '신질서'의 임계」, 백영서 외, 『동아시아의 지역질서』, 창비, 2005.

본주의 비판 혹은 신문화 건설론을 발판으로, 1941년부터 이른바 '근대의 초극' 좌담회를 세 차례 벌였다. 문학, 철학, 역사, 예술 분야의 우파와 전향 좌파를 망라한 지식인들은 몇몇 잡지사가 주최한 좌담회에서 근대를 비판했다. 이들은 "휴머니즘의 위기를 초래한 근대의 기계문명과 르네상스 정신" 그리고 "우중을 사로잡는 아메리카니즘"을 극복해야 한다고 주장했다. 또한 메이지 이후에 닥친 일본의 근대가 "맹독, 지옥"이었음을 자성하며 이 전쟁이 서양 중심의 구질서를 대신하려는 "동아의 새 윤리 전쟁"임을 선언하고 "사상 보국"을 실천했다.[72] 하루투니언이 말한 대로 근대는 과거에 대한 초극이다. 따라서 그것을 새 질서로 대체하려는 이들의 주장은 역설적으로 "초극의 초극"이라 할 수 있다.[73] 전후에 이들은 중일전쟁을 합리화했던 천황제 파시즘의 대변자라고 비판받았으나,[74] 근대가 "끝없이 미지의 것을 강제받고 끝없이 새로운 것을 추구하는 일종의 정신상태"임을 간파했다고 할 수 있다. 그런데 '근대의 초극'이 가능할까? 니체나 하이데거Martin Heidegger는 급변하는 근대의 초극이 불가능하다는 것, 그리고 초극 자체가 근대적 범주라는 것을 인식하고 "부드러운 해법 혹은 화학적 용해"를 구사했다.[75] 이에 비해 일본 지식인들은 불변의 것, 일본적인 것, 일본의 고전에 기대면서 완전한 초극, 즉 변증법적 부정을 시도했다. 이들은 메이지유신도 복고 혹은 순수로의 회귀였음을 환기시키며, 아름다운 일본 역사와 고전에 시간이 정지돼 있음을 보고 "영원한 것을

---

72) 나카무라 미츠오·니시타니 게이지 외, 『태평양전쟁의 사상』, 이경훈·송태욱 외 옮김, 이매진, 2007, p. 71.

73) Harootunian, *Overcome by Modernity*, p. 45.

74) 廣松渉, 『近代の超克論: 昭和思想史への一視覺』, 講談社, 2004, pp. 104, 135, 271~72 참조.

75) 바티모에 의하면, 양자는 근대에 대해 '연결Verwindung'(초월적 극복, 왜곡, 수용, 심화, 치유, 희석, 연장 등을 뜻하는 복잡한 개념)과 '회상Andenken'(과거로의 회귀가 아닌 기억) 등을 통한 '부드러운 해법Weak thought' 혹은 화학적 용해(오늘날 포스트모던의 해체deconstruction의 원조 격)를 제시했다. Vattimo, *The End of Modernity*, pp. 165~70.

붙잡아야 한다"라고 주장했다.[76]

근대의 다른 특질은 모방이다. 비단 동아시아뿐 아니라 서구 자본주의 역사 또한 혁신의 모방이었다. 예컨대 "베니스를 암스테르담이, 암스테르담을 런던이, 런던을 뉴욕이 베끼는" 식이다.[77] 이런 특질은 19세기 말 이래 적자생존, 동서양 식민주의, 국제 경쟁에 노출된 동아시아 지도자들에게 두드러졌다. 이광수 등 조선의 선각자들을 흡인한 일본의 근대는 서양 모방의 역사다. 메이지 시대의 대표적인 사상가 후쿠자와 유키치福澤諭吉는 부국강병과 최대 다수의 최대 행복이라는 면에서 서양이 동양의 우위에 있으며, 그러므로 일본이 아시아 수준을 벗어나야 한다고(이른바 탈아론脫亞論) 역설했다. 그는 일본을 서양과 같은 문명 강국으로 만들기 위해 독학으로 번역과 양학洋學(즉, 난학蘭學과 영학英學)에 정진했다.[78] 한편, 일본에서는 이미 17~18세기에 서양의 의학·천문 서적들과 사전들이 번역됐다.[79] 1642년부터 218년간 나가사키 항구 바로 앞에 있는 부채꼴의 작은 섬 데지마에 체류한 '오란다'(네덜란드)인들은 설탕, 커피 등 기호품뿐 아니라 과학기술, 동식물, 풍속 조사 등 근대의 역동을 일본인들에게 전달했다. 도쿠가와 시대 전 기간에 걸쳐 일본 지도자들은 여러 경로를 통해 오란다의 각종 서적을 1만 권가량 수입했고, 19세기 후반에는 정보 수입의 목적으로 상하이 등지와 나가사키를 오가는 중국 무역선으로부터 서양과 중국 서적을 다량 구입했다.[80]

---

76) 나카무라 미츠오·니시타니 게이지 외, 『태평양전쟁의 사상』, p. 99.

77) Giovanni Arrighi, *The Long Twentieth Century: Money, Power, and the Origin of our Times*, London: Verso, 2010, p. 15.

78) 젊은 시절부터 종신토록 네덜란드의 축성, 물리학 서적을 포함해 서양 서적 베끼기에 매달렸다. 후쿠자와 유키치, 『후쿠자와 유키치 자서전』, 허호 옮김, 이산, 2006, p. 69.

79) 1774년에 스기타 겐파쿠杉田玄白 등에 의해 최초의 서양 해부학 서적인 『해체신서』가 5권에 걸쳐 번역되고, 일부 네덜란드 의술 서적의 번역은 1697년에 시작돼 약 40년의 작업 끝에 완성됐다. 모토키 료에이本木良永 부자는 천문지리서, 네덜란드어 사전, 영어 사전을 번역했다.

80) 劉健輝, 『魔都上海: 日本知識人の「近代」體驗』, 講談社, 2000, pp. 50~54 참조.

자연, 수리, 인간, 실용에 역점을 둔 후쿠자와의 생각은 오사카 상인들의 학당인 가이토쿠도懷德堂의 정신을 이은 것이었다. 가이토쿠도는 미신과 종교, 과거의 지식, 중국 유교 사상 등에 대한 회의론, 계급을 초월한 평민 철학, 경제가 정치의 기초라는 믿음, 상인의 사회적 공헌 등을 강조했는데, 도쿠가와 시대 상인들의 실용주의가 이 학당에서 본격적으로 정립됐다. 후쿠자와는 그 후신인 데키주쿠適塾[81] 출신이다. 데키주쿠에서는 전자의 학풍을 이어 보다 실용적인 의학, 난학 교육이 이루어졌다. 이 학당들은 농촌 지역에서 자생한 주체의식과 무관하다고 볼 수 없다. 농촌에서도 검약, 근면, 노동 숭배 이외에 중국의 형이상학에 대한 비판, 토속 혹은 '보이지 않는 세계'에 대한 예찬이 나타났다.[82]

메이지유신 직후 1871~73년 사이에 100명이 넘는 정부 시찰단, 이른바 '이와쿠라岩倉 사절단'이 미국과 유럽을 방문해 서양의 주택, 의복, 마차, 금혼식, 대관식, 제도, 의료행정 등 온갖 것을 본격적으로 수입했다. 장기 시찰단에는 신정부의 최고 지도자들인 오쿠보 도시미치大久保利通, 기도 고인木戶孝允, 이토 히로부미伊藤博文, 데키주쿠 출신이자 뒷날 의료계의 이토 히로부미라고 불린 나가요 센사이長與專齋 등이 포함돼 있었다. 1866~1914년 사이에 서구로 간 약 2만 5천 명의 일본 유학생은 후일 각계의 지도자가 됐다.[83] 헌법과 자유주의 등 서구의 여러 제도 중에서 특히 봉건적 요소가 짙은 독일의 방식이 선호됐다.[84] 일본의 황궁을 포함하

---

81) 이것은 가이토쿠도의 영향을 받아 1838년 오가타 고안緒方洪庵이 인근에 세운 학당으로 설립 후 1863년까지 후쿠자와를 포함해 633명이 수강했다.

82) Harry Harootunian, *Things Seen and Unseen*, Chicago: University of Chicago Press, 1988, pp. 31, 92, 268 참조.

83) Hoi-Eun Kim, *Doctors of Empire: Medical and Cultural Encounters between Imperial Germany and Meiji Japan*, Toronto: University of Toronto Press, 2014, p. 55.

84) Kenneth Pyle, "Advantage of Followship: German Economics and Japanese Bureaucrats, 1890~1925," *Journal of Japanese Studies*, vol. 1, no. 1, 1996, pp. 78~85 참조.

여 여러 곳의 건축 스타일까지 독일의 것을 모방했다.[85] 의학 분야에서 독일의 영향은 가히 절대적이었다. 의료행정의 선구자인 고토 신페이, 모리 오가이를 포함해[86] 40여 년간 1,150명의 유학생이 독일 의과대학에서 수학했다. 국비 유학생들은 대부분 독일로 갔다. 그리하여 이들의 스승이자 1905년에 노벨의학상을 받은 독일의 면역학자 로베르트 코흐Robert Koch가 1908년 일본을 방문했을 때, 그는 천황과 조야 의료인들에게 거의 교황 격으로 대우받았다.[87] 또한 일종의 계몽 사절단인 독일 의사들이 새로 설립된 도쿄 대학 의과대학을 약 30년간 이끌었다.

서양을 좇는 일본의 '문명개화' 운동은 압축적으로 벌어졌다. 문명개화라는 미명하에 민간 종교를 공격하고, 수많은 민간 생활양식을 사악한 것으로 규정하고 금지했다. 새로 정립된 국교인 신토神道 앞에서 1천 년이 넘는 역사를 자랑하던 불교마저 외래 종교라는 이유로 박해받아 메이지 초기에만 약 4만 개의 사찰이 문을 닫았다.[88] 주술사, 무당 등 여타 민간의 것들도 '사교'로 몰려 금지됐다. 불교, 기독교와의 경쟁에서 취약한 신토의 보호책으로서 종교(사적·비이성적 세계)와 세속(공적·이성적 세계)의 계몽주의적 구분, 전자에 대한 신토 혹은 철학의 우위가 만들어졌다. 전래의 민간신앙, 도덕, 출생신고, 불교가 일부 독점했던 장례 의식 등이 신토의 관할로 넘어갔다. 불교를 포함한 종교들은 유럽 개신교와 같은 근대적 체제를 갖추지 않으면 사교로 간주될 정도로, 이성이 종교를 판단하는 근

---

85) Fujitani, *Splendid Monarchy*, p. 79.
86) 고토 신페이後藤新平(1857~1929)는 일본 제국의 일급 행정가로서 타이완 총독부 민정장관과 초대 만철 총재를 지냈다. 모리 오가이森鷗外(1862~1922)는 군의로서 청일전쟁과 러일전쟁에 종군했고 육군 군의총감에 올랐다. 모리는 작가이기도 한데 나쓰메 소세키와 더불어 메이지 시대의 2대 문호로 일컬어진다.
87) Hoi-Eun Kim, *Doctors of Empire*, pp. 61, 124.
88) James Ketelaar, *Of Heretics and Martyrs in Meiji Japan: Buddhism and Its Persecution*, Princeton: Princeton University Press, 1990, p. 7.

거가 됐다. 불교는 국가의 시선 앞에서 기독교적 모델과 용어를 전유하며 근대화의 길(혹은 세계 종교 속에서 공간 찾기)로 나아갔고, 러일전쟁 이래 제국의 팽창에 협력했다.[89] 근대 일본에서 유럽을 모방한 혹은 '선진국 클럽'에 걸맞은 일련의 전통 창조, 식민지 소유, 강압적 위생 정책을 통한 일상의 통제, 아편 흡입 금지까지 급속도로 이루어졌다.

1920년대부터 일본 지식인들은 미국의 테일러주의Taylorism와 독일의 전시 동원, 소련의 급속한 산업화에 영향을 받아 합리성, 효율, 과학, 기술에 매료됐다. 특히 기술은 '흥아興亞 기술'이라는 용어에 반영되듯, '대동아 공영'과 '동아 신질서'를 내건 전시 동원과 식민 통치를 위한 이데올로기로 작용했다. 1930~40년대에 수백만 명을 강제 동원해 추진한 수력발전소, 댐, 다리, 도로 등의 건설 사업을 통해 기술과 기술자는 전시 파시즘의 핵심 요소가 됐다.[90] 그리고 이 책의 주된 논의 대상인, 1960년대 한국의 '재건 체제' 지도자들은 통제경제와 동원 등 경직된 일본의 모던을 만주국을 통해 모방하고 변용했다. 자연과 사회를 대상으로 한 한국의 관민 합동 총력전은 일본보다 더 신속하게 추진됐다. 이것은 역설적으로 누대의 가난을 극복하고, 옛 식민자를 넘보게 한 동력이었다. 한국에게 일본은 모방과 경쟁의 대상이었다.

하이 모던

모던은 자연을 지배하고 사회를 동원할 수 있다는 자신감이다. 보다 집

---

89) Isomae, *Religious Discourse in Modern Japan*, pp. 33, 37, 52~65, 110~18 참조.

90) Aaron Moore, *Constructing East Asia: Technology, Ideology, and Empire in Japan's Wartime Era, 1931~1945*, Stanford: Stanford University Press, 2013, pp. 60~62.

착적이고 강박적인 하이 모더니즘high modernism은 계몽사상에 연원을 두
는, 대략 1830년에서 제1차 세계대전까지 활발했던 "북미·유럽의 과학기
술적 발전에 대한 신념"이다.[91] 이것은 분류, 일반화, 통계적 지식의 대상
으로 물화物化된 자연과 사회에 대해 완벽한 사회질서를 지향하는 디자인
이다. 하이 모더니즘은 "자연의 변형, 미래 지향, 희생의 정당화, 과학기술
에 대한 숭배, 발전을 향한 지도자들의 역사적 사명" 등의 면모를 지닌다.
분석상의 문제가 다소 있으나[92] 이상적인 사회를 향한 생산의 찬미, 자연
의 단순화를 기하는 강박, 신념이 그 핵심이라 할 수 있다. 이것은 혁명과
식민주의처럼 강력한 국가가 등장하는 환경에서 재앙을 초래할 거대한 프
로젝트를 무리하게 추진하기도 한다. 나치의 유토피아주의, 소련의 집단
농장화, 인종차별 시대 남아프리카공화국의 사회공학, 제정 시대 이란의
근대화 프로젝트, 공산화 이후 베트남과 캄보디아의 촌락화 등이 그 예다.
레닌Vladimir Lenin에서 트로츠키Leon Trotsky, 스탈린, 네루Jawaharlal Nehru,
건축가 르코르뷔지에Le Corbusier에 이르기까지 좌우 이념을 초월해 수많
은 사람이 하이 모던을 지지했다.[93]

생산주의는 전통적 귀족에 대항하여 부르주아, 프롤레타리아, 농민 등
모든 생산·산업분자들의 단합을 주장한 생시몽Le Comte de Saint-Simon에
게로 거슬러 올라가나, 본격적인 것은 20세기 들어 등장한다. 좌파 언론인
출신인 이탈리아의 파시스트 지도자 무솔리니Benito Mussolini는 좌파와 결
별하고, 1914년에 신문 『이탈리아 인민Il Popolo d'Italia』을 창간하여 산업가

---

91) David Harvey, *The Condition of Postmodernity: An Enquiry into the Origins of Cultural Change*,
  Cambridge: Basil Blackwell, 1990, p. 35.
92) 하이 모던적 요소로만 가득 찬 사회는 존재하지 않는다. 그리고 산업사회의 생산 양식인 포드주의,
  테일러주의와 확연히 구분하기도 어렵다.
93) James Scott, *Seeing Like a State: How Certain Schemes to Improve the Human Condition Have Failed*,
  New Haven: Yale University Press, 1998, pp. 88~97 참조.

들을 옹호하기 시작했다. 그는 사회주의 정당을 흡혈 기생충, 노동자들의 기생충이라고 규탄하고, 산업가와 노동자가 조화롭게 협력해야 한다고 주장했다. 마이어가 일렀듯 "생시몽주의는 기업인을, 테일러주의는 기술자를, 파시즘은 지도자를 중시"한 편이었다.[94] 생산주의가 개화한 곳은 제1차 세계대전 중의 독일이다. 발터 라테나우Walther Rathenau가 이끄는 전시의 물자 동원, 즉 원자재의 계획적 배분과 수송은 독일군을 예상외로 오랫동안 버티게 도우며 계획경제Plan wirtschaft의 위력을 선보였다. 그를 포함한 지식인들은 인간의 노동을 열역학 에너지 보존의 장으로, 즉 신체를 기계motor로 간주했다. 그 당시 생산주의에는 획일적 생산을 표방하는 미국의 테일러주의와 유럽 고유의 노동과학, 두 흐름이 있었는데 전자는 소련을 포함해 유럽 전반에 영향을 주었다. 테일러주의에 대한 노동과학의 비판이 있었지만, 제1차 세계대전이 양자를 결합시켰다. 테일러주의는 독일, 프랑스에 영향을 미쳐 양국에 전쟁과 생리, 심리에 관한 연구소들이 들어서게 했다. 생산성을 강조하는 테일러주의와 인간성을 중시하는 유럽 노동과학은 서로 어우러져 산업 경영, 산업 생리학으로 발전했다.[95]

레닌을 포함한 소련 지도자들도 테일러주의와 독일의 전시 산업 동원, 직선의 규칙성 등에 매료됐다.[96] 프롤레타리아의 창의적 에너지를 중시했던 레닌은 혁명 후 생산성이 급격하게 하락하고 기아 상태가 극심해지는 등 전시의 경제적 현실에 직면하자 노동의 기강을 확립하는 데 경도됐다. 이 사상적 전환 속에서 몽상가 알렉세이 가스테프Aleksei Gastev 등이 테일러주의와 포드주의를 도입했다. 이들은 미국을 선진 모델로 삼고 1920년

94) Charles Maier, "Between Taylorism and Technocracy: European Ideologies and the Vision of Industrial Productivity in the 1920s," *Journal of Contemporary History*, vol. 5, no. 2, 1970, pp. 40~41.

95) Anson Rabinbach, *The Human Motor: Energy, Fatigue, and the Origins of Modernity*, Berkeley: University of California Press, 1990, pp. 246~80 참조.

96) Maier, "Between Taylorism and Technocracy," p. 36.

대에 산업의 기강, 과학 경영, (축제와 연대의 장소로서) 미래주의적·유토피아적 기계와 공장, 기계와 인간의 결합, 그리고 효율, 준비, 분석, 시간 엄수에 몰두하는 기계형 인간 등을 제창했다. 중앙노동연구소를 세운 가스테프는 특히 정확성, 속도, 표준화에 기초한 조립 라인과 대량생산을 성취한 포드 공장을 거대 훈련장으로 간주해 소련 사회에 적용하고자 했다.[97] 가스테프가 스탈린에게 숙청당할 때까지 그의 비전을 추종하는 수많은 연구소가 세워지는 등 소련식 테일러주의가 한 시절을 풍미했다. 1920년대 중반까지 소련 전역에 800개 이상의 소조小組, cell와 8곳의 연구소가 테일러식 과학 경영을 응용하는 데 열정을 쏟았다.[98]

초기 소련 사회주의의 상징인 세계적 규모의 마그니토고르스크Magnitogorsk 제철소도 인디애나 주 게리에 소재한 US 스틸을 모델로 삼았고, 미국 기술자들이 건립 초기에 이곳에 와서 공장 설비를 도와주기도 했다. 열정과 강제가 혼합된 1920년대 소련식 사회주의 건설, 이른바 전투적 공산주의에서 영웅적인 산업 전사들이 출현해 엄청난 속도로 댐과 공장 들을 만들었다. 이 열정은 스탈린 시대에 더욱 공격적인 스타하노프 운동으로 이어졌다. 이것은 1935년, 6시간 만에 주어진 작업량의 14배인 102톤의 석탄을 캤다는 노동영웅 알렉세이 스타하노프Alexei Stakhanov를 모델로 한 생산 배가 운동이었다.[99]

자연을 직선으로 재단해 20세기의 수많은 건축가, 도시계획가는 물론 레닌, 네루 등 정치 지도자들에게까지 영향을 미친 이는 건축가 르코르

---

97) Stites, *Revolutionary Dreams*, pp. 148~55.

98) Rainer Traub, "Lenin and Taylor: The Fate of "Scientific Management" in the (Early) Soviet Union," *Telos*, vol. 34, 1978, pp. 82~92; Tricia Starks, *The Body Soviet: Propaganda, Hygiene, and the Revolutionary State*, Madison: University of Wisconsin Press, 2008, p. 21.

99) Stephen Kotkin, *Magnetic Mountain: Stalinism as a Civilization*, Berkeley: University of California Press, 1995, pp. 37~46.

뷔지에다. 그는 옛 건축 양식과 과감히 결별하고 '거대한 것이 아름답다'고 외치며 새 시대를 열었다. 르코르뷔지에는 가히 혁명적 정열로 기하학적 단순성, 직각, 직선, 조정선, 거대 사각형, 기계적 은유, 대량생산 등을 건축에 적용하고자 했다. 유서 깊은 도시 파리를 '무질서와 공해 덩어리'라며 혐오하고, 격리된 거대한 빌딩과 쉼터로 이루어진 신도시를 구상했다.[100] 르코르뷔지에가 그린 '꿈의 도시radiant city'는 공원 내의 마천루로 이루어진 유토피아로서 많은 나라의 건축가들에게 영향을 미쳤다.[101] 직선을 이성으로 간주해 단순과 직선에 탐닉한 그는 건축의 표준화·산업화 혹은 테일러주의를 제창했다.

르코르뷔지에의 눈에는 혁명 후 트랙터와 대농장이 펼쳐진 소련이야말로 이상을 실현할 수 있는 곳으로 보였다. 하지만 무계급 사회에 적합한 모스크바의 재건설에 대한 그의 제안은 너무 과격하다는 이유로 거부됐다. 인도 찬디가르의 주지사 관저도 지나치게 권위적이라는 이유로 건축 계획이 지연됐다.[102] 르코르뷔지에가 디자인한 브라질의 행정 수도 브라질리아 등에서는 획일성이 반복되고, 군중이 들끓던 거리, 광장, 슬럼이 소멸했으며 그 대신 집단농장 같은 학교와 극장이 구획됐다.[103] 다원주의, 이질성, 다양성, 자연 친화, 복합적 메시지 등의 특징을 띤 건축의 포스트 모던은 르코르뷔지에식 대량생산과 복제와의 단절이라고 할 수 있다.[104] 르코르뷔지에의 영향은 만주국과 일본, 특히 1960년대 한국의 도시계획

---

100) Le Corbusier, *Towards a New Architecture*, New York: BN Publishing, 2008[1931], pp. 57~78.

101) 제인 제이콥스, 『미국 대도시의 죽음과 삶』, 유강은 옮김, 그린비, 2010, pp. 44~46.

102) 정인하, 『김중업 건축론: 시적 울림의 세계』, 산업도서출판공사, 2000, p. 27.

103) Scott, *Seeing Like a State*, pp. 114~25.

104) 많은 비판에도 불구하고 르코르뷔지에는 포스트모던 건축 양식에도 영향을 주었다고 평가된다. 다의적 비유를 제시하는 롱샹 성당은 포스트모던의 전조로 간주되며, 그가 추구한 '사회비평으로서의 건축관' '내부로부터의 저항' '새로운 어휘 발굴' 등은 일부 포스트모더니스트들에게 영향을 주었다. Charles Jencks, *The New Paradigm in Architecture: The Language of Post-Modernism*, New Haven: Yale University Press, 2002, pp. 31~40.

과 신도시 건설에 깊이 새겨졌다. 이 점은 5장에서 자세히 소개하겠다.

식민주의와 모던

동아시아에서 모던과 하이 모던을 확산시킨 것은 식민주의다. 저항 대
협력의 이분법은 계급, 젠더, 인종이 얽힌 식민주의의 역동성을 놓치게 만
든다. 그 당시 풍경을 "단색의 어두운 색깔로 동일하게 채색"하는 것은 실
재했던 양면성과 복잡성을 지워버린다.[105] 박정희 시대에 대한 근래의 연
구들은 서로 경쟁하듯 극단적 용어를 사용하며, 이 시대를 거의 전적인 비
판의 대상으로 삼아 저자들의 이념적 정향을 (재)확인하는 경향이 있다.
여기에 당시 절대다수의 지식인이 5·16을 지지했다는 사실은 들어설 자
리가 없다. 당대의 개발 체제와 식민주의의 관계에 대한 논구는 드물다.
필자는 역사학을 포함해 학문이란 도덕적이거나 인본주의적 판단을 내리
는 것이 아니라고 본다. 두아라가 일렀듯, 역사학은 '진실'을 추구하며 근
대 국민국가의 수단으로 복무해온 경향이 강하다.[106] 학문은 영속적인 '진
실'의 규명이 아니다. 푸코가 충고하듯 지식은 경쟁적으로 생산된다. 이것
은 종결되지 않는, 열려 있는 세계로서 분출, 불연속, 단절, 전치, 변형을
겪는다.[107] 식민주의 연구도 그렇다. 식민 시대의 실제 삶은 협력과 저항
사이의 드넓은 스펙트럼에 걸쳐 있다.

다양한 토착 집단의 존재와 이들 간의 갈등과 경쟁, 이들과 식민 당국

---

105) 김예림, 「전시기 오락 정책과 '문화'로서의 우생학」, 『역사비평』 73호, 2005, p. 330.

106) Prasenjit Duara, "Why Is History Antitheoretical?," *Modern China*, vol. 24, no. 2, 1998, pp.
   105~108.

107) Michel Foucault, *The Archaeology of Knowledge and the Discourse on Language*, R. Sawyer(trans.), New
   York: Pantheon Books, 1972, p. 3.

간의 불협화음, '약자들의 무기(비공식적이고 실제적이며 은밀한 일상의 저항),'[108] 태업, 회피 전술로 식민지의 현실은 영웅적 저항이나 동질적인 협력과 거리가 멀다. 항쟁은 지난한 일이다. 제국들은 토착 봉기가 발생할 때 특정 지역을 초토화시키며 피의 보복을 일삼았다. 예컨대 1919년, 인도 암리차르Amritsar에서 한낮에 벌어진 시위에 대한 영국군의 무차별 사격으로 약 1,500명의 사상자가 발생했다.[109] 이런 사정에서 후속 항쟁이 일어날 가능성은, 필연적으로 뒤따를 잔혹한 숙청 작업과의 저울질이라고 할 수 있다.[110] 그리고 피식민자에게는 의식주, 생산·재생산, 로맨스, 문화생활 등 절실한 일상이 있었다. 나치 치하 프랑스에서도 지식·문화 활동은 지속돼 유명 가수 에디트 피아프Edith Piaf, 모리스 슈발리에Maurice Chevalier 등이 독일 순회공연에 나섰다.[111]

중일전쟁 직후 난징 학살을 겪은 중국 남부 지역 주민들과 나치 침공 뒤 프랑스인들의 선택은 후일 부역 정권이라 불린 왕징웨이汪精衛 정부와 비시Vichy 정부의 구성이었다. 브룩에 의하면, 이 노선은 후일 '민족을 신격화, 물신화하는 세력(중국의 국민당과 공산당, 프랑스의 레지스탕스와 드골주의자)'과의 담론 경쟁에서 패배하나 인구의 절멸을 막으려는 일종의 내셔널리즘이었다.[112] 일부 적극적인 친나치 부역자를 제외한 비시 정부의 관료 조직체는 전후에 살아남았다. 팩스턴에 의하면, 독일의 압력과 주도하

---

108) James Scott, *Weapons of the Weak: Everyday Forms of Peasant Resistance*, New Haven: Yale University Press, 1985, pp. 33~34.

109) David Abernethy, *The Dynamics of Global Dominance: European Overseas Empires, 1415~1980*, New Haven: Yale University Press, 2000, p. 110.

110) Timothy Brook, "Collaboration in the History of Wartime East Asia," *The Asia-Pacific Journal: Japan Focus*, 2008. 7. 5, p. 14.

111) James, *Europe Reborn*, p. 208.

112) Timothy Brook, "Collaborationist Nationalism in Occupied Wartime China," Timothy Brook & Andre Schimid(eds.), *Nation Work: Asian Elites and National Identities*, Ann Arbor: University of Michigan Press, 2000, p. 186.

에 비시 정부 시절의 프랑스는 농업사회에서 기술, 효율, 경제계획, 생산, 도시화의 길로 이행했다.[113] 전후 많은 프랑스인이 혁명보다 질서를 희망했기 때문에 비시 정부의 거의 모든 관리와 대부분의 재계 인사가 소생했다. 1951년, 나치 부역자에 대한 사면법 제정에는 국민적 결속을 통해 "새로운 전쟁(냉전)에 대비"한다는 전력 재무장의 의미가 있었다.[114]

다행히 학계에서 강고한 이분법의 빗장이 열리고 있다. 윤해동은 식민 시대에 (근대적 법치국가와 시민사회를 전제로 한) 서양의 공공 영역과 구별되는 '식민지 공공성'이 존재했다고 말한다. 그는 식민지에도 식민 국가와 구별되는 '사회'가 있었다며, 그 근거로 (내셔널리스트들의 눈에 제국의 도구로 비친) 도회道會나 1920년대에 등장한 라디오나 초기 조선 영화 속에서 조선인들의 독자적 영역이 구축되었음을 제시한다. 또한 이것이 항시 정치적 저항운동으로 비화할 수 있었다고도 주장했다. 윤해동의 공헌은 이분법 너머 식민지의 실제 삶을 통찰하고 미래를 전망하는 데, 즉 국민국가가 약화되는 세계화 시대에 전통적 공공성 논의를 분해하는 데 있다.[115] 김민철의 분석도 주목할 만하다. 그는 일제 시기 조선의 촌락사회가 자본과 식민 권력의 침투에 저항, 대립, 타협, 협력 등 다양한 방식으로 대응했고, 일부 지역은 식민행정의 적극적인 지도와 주민들의 자발성이 결합하여 모범 부락으로 올라서는 성공을 거두었다고 본다. 행정력의 침투와 촌락 자치는 지도자들의 매개를 통해 상호 배타적이 아닌, 상호 보완적인 형태로 발전했다는 것이다.[116]

---

113) Robert Paxton, *Vichy France: Old Guard and New Order, 1940~1944*, New York: Columbia University Press, 2001, pp. 345~55.

114) 권헌익, 『또 하나의 냉전: 인류학으로 본 냉전의 역사』, 이한중 옮김, 민음사, 2013, p. 58.

115) 윤해동, 「식민지 근대와 공공성: 변용하는 공공성의 지평」, 윤해동·황병주 엮음, 『식민지 공공성: 실체와 은유의 거리』, 책과함께, 2010.

116) 김민철, 「일제하 식민 권력의 침투와 촌락 사회」, 『한국민족운동사연구』 64집, 2012, p. 208.

부분적으로 타당할지라도 내셔널리즘이나 마르크스주의 등 거대 담론에 입각한 기계적인 '친일' '파시즘' 등의 수식어나 주제는 한 시대를 동질적으로, 옳고 그름의 잣대로, 예측 가능한 방향으로 몰고 간다. 김동노가 적절히 지적했듯, 일제 시기와 관련된 연구에는 '선善으로서의 근대' '부정적인 식민지' '선험적 민족주의 이념' 등의 가치가 고착돼 있다.[117) 식민지 근대화 논쟁, 즉 식민지 반半봉건사회론과 식민지 자본주의 사회론의 대립도 일제 시기와 근대를 (절대로) 결부시키지 않으려는 측과 그 반대 측의 논쟁이라 할 수 있다. 근년 고종 황제가 개명 군주인가, 무능한 부패 군주인가 하는 논쟁도 그에게 근대 지향을 (절대로) 결부시키지 않으려는 측과 반대 진영의 것이다.[118)

식민주의나 파시즘은 한때 광대한 지역을 뒤덮었던 간단치 않은 역사다. 식민 시대의 내면, 제국 내부의 분절성, 후일에 유산으로 작용할 식민주의의 경험, 한국의 냉전과 파시즘의 특성과 공과가 무엇인지를 객관적으로 따져야 한다. 기존 연구들은 박정희 시대 전체를 권위주의 체제로, 5·16 이후를 '30년간 지속된 개발독재 정권,' 나아가 해방 후 수십 년을 묶어 '전후 냉전 체제,' 해방 전후를 통틀어 '면면한 국가지상주의' '국가주의의 연속' 등으로 간주해 넓은 시간대를 한 덩어리로 묶는 경향이 있다.[119) 하지만 역사는 동질적인 요소로 이루어지지 않는다. 알튀세르 등이 주장했듯 짧은 시간대도 특정한 자율적·이질적 요소들로 구성된다.[120) 차크라바티가 일렀듯, 자본주의도 자본의 재생산과 이에 저항하는 역사

117) 김동노, 「식민지시기 인식의 새로운 방향 정립」, pp. 316~18.
118) 이태진·김재호 외, 『고종황제 역사 청문회』, 푸른역사, 2005.
119) 임대식, 「1960년대 초반 지식인들의 현실 인식」, 『역사비평』 65호, 2003, p. 302; 박찬승, 「20세기 한국 국가주의의 기원」, 『한국사연구』, 2002년 6월호, pp. 200~201 등 참조.
120) Louis Althusser & Etienne Balibar, *Reading Capital*, London: Verso, 1979, p. 99.

로 전개된다.[121] 같은 시대에 한쪽(제국, 국가, 가족)에서 '대영제국의 영광' '대동아 공영' '태평성대(1980년대 전두환 정부 시절)' '백년해로'를 외칠 때 다른 한쪽에서는 학살, 연옥, 악몽에 몸서리쳤다.

박정희 시대도 동질적인 덩어리가 아니다. 1960년대와 1970년대는 차이가 있다. 후자는 군 출신의 대거 퇴장, 그리고 10월 유신이라는 '관료제적 권위주의 체제(오도넬이 일렀던 산업의 '심화'를 위한 민주주의의 유보)' 혹은 '관료제적 권위주의 산업 체제'라는 특징이 있다.[122] 이에 비해 1960년대에는 어떤 분출이 있다. 본 연구는 이것을 포착하는 1960년대 독법이다. 1960년대는 후일 민주화, 지구 최후의 냉전 경쟁, 세계 경제 10위권으로 부상하게 한 산업화, 생태계 파괴, 건설과 정보 강국을 견인한 속도 추구, 개발 체제에 대한 향수가 일조한 이명박·박근혜 정부의 탄생 등 한국의 현재와 밀접하게 연결된 시간대다. 이것은 한국 근세사에서 대원군의 개혁 이래 강력한 국가가 처음 등장하는, 제 문제를 쾌도난마로 해결하며 '사회 위에 우뚝 솟은 국가'가 나타난 불연속, 돌출의 시점,[123] 혹은 일제 시기, 한국전쟁, 자유당 정부의 시간대가 없힌 "중첩적 국면"이었다.[124] 이 국가는 신속과 "효율"의 존재였다.[125]

식민주의는 근대와 불가분의 관계를 맺는다. 우선, 식민자들의 근대적 주체 형성은 제국이나 국민국가 내외의 타자 설정(비교, 경멸, 정복, 동화, 조

---

121) Dipesh Chakrabarty, *Provincializing Europe: Postcolonial Thought and Historical Discourse*, Princeton: Princeton University Press, 2000, pp. 64~66.

122) Guillermo O'Donnell, "Reflections on the Patterns of Change in the Bureaucratic-Authoritarian State," *Latin American Research Review*, vol. 13, no. 1, 1978, p. 11; Bruce Cumings, "The Origins and Development of the Northeast Asian Political Economy: Industrial Sectors, Product Cycles, and Political Consequences," *International Organization*, vol. 38, no. 1, 1984, p. 28.

123) Foucault, *The Archaeology of Knowledge*, p. 9.

124) Harry Harootunian, *History's Disquiet: Modernity, Cultural Space, and Question of Everyday Life*, New York: Columbia University Press, 2000, p. 68.

125) Gorski, *The Disciplinary Revolution*, p. 67.

사, 분류 대상인)을 통해 형성된다.[126] 일본의 국민작가 나쓰메 소세키夏目漱石나 근대 시인 이시카와 다쿠보쿠石川啄木의 작품에 배어 있듯 일본의 근대적 자아 형성은 제국 내외의 타자에 대한 (성적) 차별, 지배, 분리, 정복, 혐오를 통해, 그리고 제국주의적 팽창의 삭제와 망각을 통해 이루어졌다.[127] 스톨러는 유럽의 근대성 혹은 (모범적인 도덕, 육아, 성생활, 출산의 주체로서) '백인, 부르주아적 자각'이 여러 종류의 타자——즉 식민지 토착민과 유럽 노동자 계급 이외에도 식민지의 부랑자 백인, 혼혈인, 식민지에서 출생한 백인 등 이른바 "백인 쓰레기white trash"——와의 비교를 통해 형성됐다고 주장한다. 특히 유럽인과 토착민 간의 혼혈은 유럽의 규범적 여성상을 뒤흔드는 문화적·도덕적 오염이었다.[128] 19세기 말의 프랑스 지식인들에게 무식하고 빈곤한 프랑스 농민은 식민지 알제리, 니제르 사람과 유사한 존재로 간주됐다. 농민들에게 프랑스 언어와 문명, 기술을 전하는 것보다는 도덕을 가르치는 것이 우선적인 사명으로 인식됐다. 프랑스 농촌의 문명화 사업 이후에 비로소 약 1천 명의 교사들이 알제리에 파견돼 제2단계의 계몽 사업, 즉 토착민들에게 "너무 멀어도, 너무 가까워도 안 되는 우수한 프랑스 문화"를 전하기 시작했다.[129]

인도 식민지도 19세기 영국 자유주의 사상가들에게 큰 상상력을 제공했다. 제임스 밀James Mill, 벤담Jeremy Bentham, 케인스John M. Keynes, 조지

---

126) Tani Barlow, "Introduction," Tani Barlow(ed.), *Formations of Colonial Modernity in East Asia*, Durham, N.C.: Duke University Press, 1997, p. 20.

127) James Fujii, "Writing Out Asia: Modernity, Canon, and Natsume Soseki's Kokoro," Tani Barlow(ed.), *Formations of Colonial Modernity*, p. 179; Charles Inouye, "In the Scopic Regime of Discovery," Tani Barlow(ed.), *Formations of Colonial Modernity*, p. 237.

128) Ann Laura Stoler, *Race and the Education of Desire: Foucault's History of Sexuality and the Colonial Order of Things*, Durham, N.C.: Duke University Press, 1995, p. 100.

129) Fanny Colona, "Educating Conformity in French Colonial Algeria," Frederick Cooper & Ann Laura Stoler(eds.), *Tensions of Empire: Colonial Cultures in a Bourgeois World*, Berkeley: University of California Press, 1997, p. 364.

오웰George Orwell, 파비안 협회 등 영국 지식인들에게 인도인들은 자유주의에 부적격하며 영국 문명과 대비되는 무질서, 무식, 나태, 침체, 불결, 오염을 특징으로 함으로써 배제, 제한 혹은 복속의 대상으로 표상됐다.[130] 제임스 밀, 존 스튜어트 밀John Stuart Mill, 맬서스Thomas R. Malthus, 케인스 등 거물 경제학자들은 동인도회사 혹은 그 후신인 인도청에서 근무했다. 미첼이 지적하듯, 오늘날 추상적·계량적·몰역사적 세계로 절연된 근대 경제학의 역사는 제국 경영 혹은 제국 몰락 후의 현상인 국민국가의 운용과 깊은 관련이 있다.[131]

틸리는 유럽의 근대적 국가 형성을 유럽 내부의 요인들——국내외 라이벌 세력 간의 무력 경쟁, 무력 독점, 전비 마련, 그에 따른 관료제화 등——로 설명한다.[132] 그런데 이런 설명은 유럽 바깥의 요인, 즉 제국주의적 팽창이 유럽의 국가 형성에 미친 영향을 간과하는 경향이 있다. 16세기 이래 스페인, 네덜란드, 영국, 프랑스 등 유럽 강국들은 국왕의 이름으로 신대륙과 아프리카에 앞다투어 주권을 천명했다. 이때의 주권 개념은 경쟁 국가나 토착민, 백인 거류민 들을 상대로 여러 곳(새로운 강어귀, 경계 지역, 내륙 수로, 도서, 항구, 항로 등)에 돌, 나무, 십자가 등으로 연고와 점유를 표시하고, 관할권의 증거를 제시하며 지형을 묘사하는, 현실적 지배의 의례와 담론을 요하는 능력이었다. 이것은 상호 인정을 획득하는 능력이기도 했다. 특히 18세기에 인도양의 무역을 안정시키기 위해 단행된 해적 단속과 처형은 유럽 각국과 무굴 제국이 동참한 상호 인정의 산물이었다. 18세기 이

130) Uday Mehta, "Liberal Strategies of Exclusion," Frederick Cooper & Ann Laura Stoler(eds.), *Tensions of Empire*; Dipesh Chakrabarty, "The Difference-Deferral of a Colonial Modernity: Public Debates on Domesticity in British Bengal," Frederick Cooper & Ann Laura Stoler(eds.), *Tensions of Empire*, pp. 71, 376.

131) Mitchell, *Rule of Experts*, pp. 80~84.

132) Charles Tilly, *Coercion, Capital, and European States, AD 990~1990*, Cambridge: Basil Blackwell, 1990, pp. 19~33.

래 유럽 국가들이 자국 범죄자를 격리시키기 위해 아메리카 동해안, 카리브해, 인도양, 태평양의 도서에 설치한 군 형무소presidio도 주권을 표시하는 중요한 시설이었다. 로런 벤턴이 이른 대로 유럽의 국가 형성은 "외부 세계에 대한 지식과 법적 실천의 결합"이었다.[133)

또한 식민주의는 피식민자들의 계몽과 근대화에도 큰 영향을 끼쳤다. 베트남 건국의 지도자 호찌민은 제국의 중심인 파리에서 애국심과 사회주의의 불가분성을 깨달았다.[134) 이광수, 김동인, 염상섭, 이효석, 유진오, 이상 등 조선의 일급 문인들이 마주쳤던 곳 혹은 "문명개화의 본고장이라고 착각한 곳"은 일본이고, 도쿄였다. 식민주의, 식민 국가를 부정하는 데 급급하면, "공식적인 세계와 숨겨진 것의 상호작용," 예컨대 탈식민 시대의 국가 형성이나, 진취적 토착 엘리트가 계승하는 부분을 놓치게 된다.[135) 일부 식민지에서 이미 진행되었던 세계 경제로의 편입과 정치적 헤게모니 수립은 탈식민 시대 '강한 국가'를 형성하는 기반이 됐다. 그리고 식민 체제를 통해 도입된 평등, 시민권 등의 담론은 식민 지배의 종식에도 기여했다.[136) 요컨대 식민주의는 근대의 거대한 실험장이다. 동서양의 식민지에서 새로운 플랜테이션 농장 조직, 노동자의 동원과 분류, 구금과 감시, 영어·프랑스어·일어 등 지배자의 언어, 의료와 과학기술 등이 실험·적용되다가 탈식민 시대로 이월됐다.[137)

---

133) 점증하는 노동력의 요구에 부응하여 수인들에게 잔혹한 노동을 시키는 군 형무소 혹은 군사기지를 건설했는데, 이는 제국의 행동 양식과 국가 형성에 이바지했다. Lauren Benton, *A Search for Sovereignty: Law and Geography in European Empire, 1400~1900*, Cambridge: Cambridge University Press, 2010, pp. 23~36, 158~61. 208~17.

134) Ho Chi Minh, "The Path that led me to Leninism," Prasenjit Duara(ed.), *Decolonization: Perspectives from now and then*, New York: Routledge, 2004, p. 30.

135) Frederick Cooper, "The Dialectics of Decolonization: Nationalism and Labor Movements in Postwar French Africa," Frederick Cooper & Ann Laura Stoler(eds.), *Tensions of Empire*, p. 409.

136) 강진연, 「탈식민 국가 형성 연구의 비판적 검토와 통합적 시각의 모색」, 『한국사회학』 46집 4호, 2012, pp. 239, 244.

1960년대의 한반도만큼 식민주의와 근대가 복잡하게 얽힌 곳도 드물다. 한국의 근대는 식민주의의 영향이 끝난 것이 아니라, 오히려 미국의 입김과 복합적으로 얽혔다. 제2차 세계대전의 종결 이래 세계를 뒤덮은 냉전 경쟁은 시장경제를 내세우는 자유주의와 그 대안인 사회주의라는 두 "서구 모더니즘의 대결 구조"라 할 수 있다.[138] 이것은 한반도에서 한 치 양보 없는 대립으로 심화됐다. 남북한이 채택한 모델은 바로 만주국의 총력전이다. 만주국은 만주사변, 중일전쟁, 태평양전쟁을 겪으며 전시와 준전시를 유지하고 사회적·경제적 자원을 전면적으로 동원했다. 총력전이나 국방국가 등의 용어는 중일전쟁 후 일본 제국 전체에서 사용되었지만, 그 개념들이 개화한 곳은 만주국이다. 이것은 만주국에서 젊은 날 중요한 경력을 시작했던 박정희, 김일성 등 후일 남북한 라이벌 체제의 지도자들에게 깊은 인상을 남겼다. 특히 극한의 냉전 경쟁을 치렀던 남한 재건 체제의 중요 지침이 됐다.

식민주의와 토착화

식민주의는 단순한 모방에 그치지 않는다. 이것은 고난과 유랑 너머 변형과 토착화, 도약의 계기이기도 하다. 예컨대 「애국가」를 작곡한 안익태는 일본 구니타치國立 음악학원과 미국 템플 대학교에서 수학한 뒤 1940년대 초 유럽에서 활동하며 국제적 명성을 얻었다. 그는 독일에서 거장 리

---

137) 이것을 포착한 개념이 타니 발로의 '식민지 근대성'이다. 이 개념은 자본주의의 지구적 팽창의 맥락에서 자아와 타자 간의 다원적·미완적이며 불안정한 시공간 관계를 설명한다. Barlow, "Introduction," pp. 6, 15.

138) Odd Westad, *The Global Cold War*, Cambridge: Cambridge University Press, 2005, p. 4.

하르트 슈트라우스Richard Georg Strauss의 인정을 받고 1943년에 베를린 필하모닉을 지휘해 '일본의 토스카니니'라 불리며 세계적 지휘자의 반열에 올랐다.[139] '중국의 피카소'라 불리는 한락연韓樂然은 옌볜延邊 룽징龍井 출신으로 블라디보스토크를 거쳐 상하이 미술전문대학을 우등으로 졸업했다. 그 후 파리 루브르 예술학원에서 수학한 뒤 중국으로 돌아와 '키질 석굴화' 등 불후의 작품을 남겼다.[140] 중국 군가의 아버지 정율성鄭律成은 조선-중국-북한-중국을 거친 연쇄 이민자다.[141] 전라남도 광주 출신으로 난징南京, 상하이, 중국공산당의 근거지 옌안 등지를 유전했던 그는 상하이에서 피아노, 성악 등 음악을 공부한 뒤 후일 러시아, 유럽, 중국풍 선율을 섞어 「인민해방군가」를 만들었다. 카자흐스탄의 공훈 예술인 정추도 비슷한 궤적을 보인다. 정추 역시 전남 광주 출신으로 해방 전 니혼 대학을 다녔고, 1950년대 초에는 모스크바의 차이콥스키 음악원에서 수학했다. 그런데 모스크바에 체류하던 시절 김일성 반대운동에 연루돼 카자흐스탄으로 망명하게 됐고, 여기서 국보급 작곡가로 성장했다.[142] 이외에도 만주를 경유한 연쇄 이주는 크리스천 아카데미를 운영한 1970년대의 대표적인 종교 지도자 강원용 목사를 비롯해 미주 태권도인들의 성공에 이바지했다.

프란츠 파농은 "식민주의가 식민 이전의 역사를 깡그리 파괴한다"라고 했지만,[143] 식민주의는 탈식민 이후까지 사로잡는 악몽이다. 예컨대 아프리카의 노예무역은 신생국의 사회 통합과 국가 형성을 심대하게 지체시켜

---

139) 이경분, 『잃어버린 시간: 1938~1944』, 휴머니스트, 2007, pp. 53, 189~227.

140) 정수일, 『실크로드 문명기행』, 한겨레출판, 2013, pp. 99~101.

141) 송한용, 「정율성의 사상 형성과 지향: 1945년 이전 중국에서의 활동을 중심으로」, 『역사학연구』 29호, 2007.

142) 구해우·송홍근, 『북한이 버린 천재 음악가 정추』, 시대정신, 2012.

143) Frantz Fanon, "On National Culture," Patrick Williams & Laura Chrisman(eds.), *Colonial Discourse and Post-colonial Theory: A Reader*, New York: Columbia University Press, 1994[1967], p. 37.

저발전을 초래했다. 16세기 포르투갈인의 내습으로 콩고 등지에서 벌어진 에스닉, 가문, 집단 간의 '노예 찍기'(자신들을 보호하기 위해 다른 집단을 노예로 고발해 송출하는 것)는 토착사회를 극도로 분열시켜 탈식민 후의 통합을 불가능하게 만들었다.[144] 오리엔탈리즘은 탈식민 시대에도 짙은 그림자를 드리운다. 제국의 문화 요소는 반식민 민족주의자들의 의식에까지 침투할 정도로 강렬하다. 채오병이 지적하듯, 제국의 문화는 헤게모니적 인각 과정인 '민족 형식'(국가·국민·국체·건국 등 지배자들의 민족 관련 범주의 존재론적 정당성을 의심하지 않고 수용하는 부분)과 그 형식 속에서 벌어지는 이데올로기적 저항이라는 두 과정을 통해 반식민 민족주의 내부에 들어온다.[145]

제국주의를 통한 확산에 관해 가장 영향력 있는 주장은 호미 바바의 모방론이다. 식민 지배자는 자신과 "비슷하나 꼭 같지는 않은" 인간형을 생산한다는 것이다. 이것은 분류상의 (불분명한 타자의 생산으로 인한) 혼란과 식민 권력의 복합적 전략(규제, 기율)이라는 양면성을 띤다.[146] 유럽적 사고에 고취된 토착 지식인들의 생산은 서양 제국주의의 사치품이 아니라 필수품이었다.[147]

그런데 이런 확산의 하향론에는 서구에서 비서구, 중심에서 주변으로의 일방적 흐름을 가정하는 문제가 있다. 차크라바티는 이것을 뿌리 깊은 서양의 '역사주의 정치'라 불렀다. 이것은 서양으로부터 계몽적 요소와 사상이 후일 비서구권으로 보편성을 띠고 확산된다는, 따라서 서구권과 접촉

---

144) Nathan Nunn, "The Long-term Effects of Africa's Slave Trades," *The Quarterly Journal of Economics*, 2008. 2, p. 142.

145) 채오병은 이 둘을 구별하면서 후자를 민족주의라 불렀다. 채오병, 「민족 형식과 민족주의: 제국 문화와 반식민 문화의 상동성」, 『한국사회학』 41집 4호, 2007, pp. 9, 26.

146) Homi Bhabha, *The Location of Culture*, New York: Routledge, 1994, pp. 86, 91.

147) Fanon, "On National Culture," pp. 37~38.

하기 전의 비서구권을 '모던의 결여 상태'로 보는 사고다. 즉 중심과 주변, 선후의 시공간적 요소로 구성되는 개념이다. '고대 그리스 이래 서구의 찬란한 지적 전통'이라는 강력한 담론은 엄연히 병존했던 비서구적 전통(산스크리트, 아랍 문화 등)을 무시함으로써 이루어진 근래 유럽인들의 조작에 불과하다.[148] 실크로드의 표상처럼 유라시아는 청동기 시대 이래 4천 년 이상 장거리 육·해상 무역을 비롯해 종교, 전쟁, 순례, 기술, 조직, 제도에 관한 아이디어의 확산과 이주로 서로 얽혀왔다. 인류학자 구디가 일렀듯, 유럽 지식인들은 이 교류의 역사적 맥락을 삭제했다. 그들은 중국, 페르시아, 이집트 등 이슬람권, 고대 지중해의 페니키아 상인들(특히 카르타고인)과의 교류 혹은 이들로부터 받은 심대한 영향을 은폐하고 서구를 아시아로부터 분리시켰다.[149]

　포머란츠가 강조하듯, 유럽은 석탄 에너지 사용과 증기기관 발명으로 19세기 들어 비로소 새 경제 체제로 입성했다.[150] 19세기 초까지 세계 경제는 서구와 중국, 두 핵심부로 구성돼 있었다. 중국 양쯔 강 하류에 있는 부유한 지역 장난江南의 사회적·경제적 발전은 유럽의 최선진 지역인 영국과 비슷한 수준이었다. 중국도 유럽과 더불어 원산업화proto-industrialization(산업화에 선행하거나 그 조건을 만든)의 수준에 도달했다.[151] 국가의 억압으로 인한 중국 경제의 쇠퇴, 동서양의 역전 혹은 서구의 우위는 과장된 것이다.[152]

　유럽의 산업화는 신대륙 발견, 무장 무역, 해외 식민화로 강탈한 광산

148) Chakrabarty, *Provincializing Europe*, pp. 5~11.

149) Jack Goody, *The Theft of History*, Cambridge: Cambridge University Press, 2006, pp. 19~21, 63~67.

150) Kenneth Pomeranz, *The Great Divergence: China, Europe, and the Making of the Modern World Economy*, Princeton: Princeton University Press, 2000, pp. 185~98.

151) 같은 책, pp. 107~65.

152) William McNeill, *The Pursuit of Power: Technology, Armed Force, and Society since A.D. 1000*, Chicago: University of Chicago Press, 1982, pp. 36~50 등 참조.

자원과 노동력을 통한 것이었다. 서구 자본주의는 일찍이 폭력에 토대를 두고 발달한 것이다. 근대적 위탁(척식) 회사의 효시인 영국, 네덜란드의 동인도회사들은 인도양, 태평양에서 토착 권력들에 대해 독자적인 개전, 협상, 식민지 확보, 축성 등을 벌인 사실상 '국가'였다. 라이벌이었던 포르투갈 상인들을 몰아낸 뒤 인도양 일대를 정기적으로 순시하고 세금을 거둬들인 이 회사들은 전쟁과 무역, 두 역할을 수행했던 무장 상인으로 모던과 중세적 특징을 동시에 지닌 존재였다.[153]

확산의 하향론은 19세기의 지성 헤겔, 마르크스, 베버에서 시작하여 1950~60년대 근대화 이론을 거쳐 역사사회학자 노르베르트 엘리아스를 관류하는 강력한 흐름이다. 엘리아스는 유럽 봉건 시대에서 절대주의로의 이행이 봉건 세력의 순치, 폭력의 억제, 문명화를 초래했다고 본다. 17~18세기 프랑스 궁정을 중심으로 귀족들의 극기, 예절, 우아함이 사회로 널리 확산됐다는 것이다.[154] 이런 서양 중심의 단선적 확산 속에는 동양이 보유한 예절과 세련미의 장구한 역사가 들어설 여지가 없다.

확산은 자동으로 일어나지 않는다. 확산에는 이것을 가로막는 문지기가 있다. 국가는 문화 요소를 수용, 여과, 제어하는 중요한 장치다.[155] 북한, 중국은 국내외 문화 요소의 유입과 전파를 통제해왔다. 중국 정부는 '죽竹의 장막'이라 불렸던 개방 이전은 말할 것도 없거니와 지금도 구글 검색을 제

---

153) 이슬람을 포함해 '이단'을 혐오한 네덜란드 동인도회사는 바타비아(오늘날의 자카르타)를 정복한 1621년 코엔 총독 시절, 향신료를 독점하기 위해 반다Banda 제도의 주민 1만 5천 명을 학살하기도 했다. Sanjay Subrahmanyam, "Forcing the Doors of Heathendom: Ethnography, Violence, and the Dutch East India Company," Charles Parker & Jerry Bentley(eds.), *Between the Middle Ages and Modernity*, pp. 135~42; Markus Vink, "Between Profit and Power: The Dutch East India Company and Institutional Early Modernities in the "Age of Mercantilism"," Charles Parker & Jerry Bentley(eds.), *Between the Middle Ages and Modernity*, pp. 292~300.

154) Norbert Elias, *Power and Civility: The Civilizing Process*, vol. 2, New York: Pantheon, 1982, pp. 258~80.

155) Appadurai, *Modernity at Large*, p. 307.

한하고 있고 톈안먼, 티베트, 위구르 사태, 각지의 농민 저항, 2014년 10월의 홍콩 민주화 시위 등 민감한 이슈의 보도를 검열한다. 냉전 시대 때 한국도 외국 문물 수입을 극력 제한했다. 사회주의 문건을 읽거나 소장하는 것은 천형받을 일이었다. '미풍양속'과 '국민 정서'를 해치는 서양과 일본 문화도 제한됐다. 일본 드라마, 영화, 노래 등 대중문화 개방은 1998년에야 비로소 시작되었다.

네그리 등은 베를린 장벽 붕괴 후 세계는 "유일제국 미국의 일방주의가 판치는, 그리고 이 일방주의가 밀어붙이는 세계화가 대다수 나라의 민족주의와 국민국가의 장벽을 분쇄하는" 시대로 들어갔다고 주장한다.[156] 그러나 개방과 무장벽의 언명과 달리 현금의 세계화는 '폐쇄적·배타적·감시적' 국가를 상대한다.[157] 세계화와 국민국가의 관계도 영합의 게임이 아니다. 국민국가가 세계화를 전술적 수단으로 취하기도 한다. 예컨대 현재 타이완 정부가 교과서에서 채택하는 세계화 담론은 중국 내셔널리즘에 대항하는 타이완 내셔널리즘의 소산이다.[158] 세계화 시대에 국가는 국내뿐 아니라 국경 밖의 다양한 세력과 목소리를 수렴하고 조정하는 "분열 가능한 중재자"다.[159]

문화의 세계에는 복수의 중심이 존재한다. 현재 영화 산업의 중심은 로

---

156) Michael Hardt & Antonio Negri, *Multitude: War and Democracy in the Age of Empire*, New York: The Penguin Press, 2005; Chalmers Johnson, *Blowback: The Costs and Consequences of American Empire*, New York: Owl Books, 2000; Michael Mann, *Incoherent Empire*, New York: Verso, 2003 등 참조.

157) Koichi Iwabuchi, "Useful Popular Culture: Beyond Brand Nationalism, into Cultural Citizenship," paper presented at a conference "Globalization, Localization, and Japanese Studies in the Asia-Pacific Region," Chinese University of Hong Kong, 2005.

158) Horng-luen Wang, "Educational Reform in Taiwan since the 1990s: Some Preliminary Observations and Reflections," paper presented at a conference "Globalization, Localization, and Japanese Studies in the Asia-Pacific Region," Chinese University of Hong Kong, 2005.

159) 최재훈, 「분열 가능한 중재자: 세계화 과정 속 국가의 지위와 역할에 관한 하나의 시각」, 『한국사회학』 47집 2호, 2013, p. 114.

58

스앤젤레스뿐 아니라 뭄바이, 홍콩 등 여러 곳이다. 그리고 동아시아 젊은이들 사이에서 인기 있는 대중음악은 팝송이 아니라 이른바 '케이팝 K-POP'과 '제이팝J-POP'이다. 1990년대 이래의 일류日流는 종전 후 오랫동안 아시아와 거리를 두었던 일본이 문화적으로 아시아에 복귀했음을 의미한다.[160] 일류는 한국 문화에서 오랫동안 힘을 발휘했지만 지금은 그 흐름이 역전되어 케이팝 등 한류가 일본을 침식하는 현상이 벌어지고 있다. 한류는 이제 아시아의 경계를 넘어 미국과 세계 무대로 진출했다. 현재 한류 제품의 수출은 약 48억 달러 규모를 자랑하고, 미국 대학들에서는 이에 대한 연구와 강의를 요구하는 목소리가 높다.[161] 이처럼 문화적 흐름은 일방적으로 이루어지지 않는다.

　주변부는 중심의 문화 요소가 이식되는 단순한 무대가 아니라 쌍방향적인 자극이 일어나는 실험장이다. 예컨대 19세기 후반에 인도인의 '몸'은 제국주의적 헤게모니와 정당성, 통제 등이 새겨지는 장소였지만, 그에 대한 의료 지도의 작성, 질병 분류 등 의료 정책들은 영국의 의학 발전에 기여했다.[162] 민속박물관으로 특화돼 전시뿐 아니라 강좌, 연주, 영화 상영, 과학교육 등이 펼쳐진 만주국 국립중앙박물관은 전후 일본 박물관들의 모델이 됐다.[163] 또한 19세기 말에서 20세기 초 인도차이나, 마다가스카르, 모로코 등 프랑스령 식민지는 프랑스 문명을 과시하는 무대만이 아니라 프랑스 건축 양식의 실험장이라는 의미를 지닌다. 식민지의 건축이 프

---

160) Koichi Iwabuchi, *Recentering globalization: Popular culture and Japanese transnationalism*, Durham, N.C.: Duke University Press, 2002, p. 5.

161) Kyung Hyun Kim, "Indexing Korean Popular Culture," Kyung Hyun Kim & Youngmin Choe(eds.), *The Korean Popular Culture Reader*, Durham, N.C.: Duke University Press, 2014, p. 12.

162) David Arnold, *Colonizing the Body: State Medicine and Epidemic Disease in Nineteenth-Century India*, Berkeley: University of California Press, 1993, p. 8.

163) Duara, *Sovereignty and Authenticity*, pp. 174~76; 犬塚康博, 「屹立する異貌の博物館: 滿洲國立中央博物館」, 『環』, vol. 10, 藤原書店, 2002, pp. 226~27.

랑스 국내의 가라앉은 사회적 분위기를 진작시키며 국내 건축을 자극했던 것이다.[164] 수도 신징新京(오늘날 창춘長春), 다롄大連, 하얼빈哈爾濱 등 만주 국의 대도시도 근대 건축의 실험장이 됐다.

무엇보다 문화적 하향론은 수용자라는 요인을 놓치는 한계가 있다. 식민자와 피식민자 사이에는 가변적이고 복잡한 대면(프랫이 말한 접촉면 혹은 초문화화trans-culturation)이 펼쳐진다. 이 경계면은 독점적 담론이 아니라 교섭, 즉흥성, 전술적 순진성 등으로 이루어진다. 수세기 동안 아프리카와 남미 대륙은 유럽인들에게 모험과 생존, 자연과학의 적용, 토착 여성과의 로맨스, 친교를 위한 전술적 순진성과 교환, 태초의 자연, 그리고 자본주의적 성취 대상으로 변화해왔다.[165] 이 경계면은 피식민자에게 모방, 선별, 토착화, 각색, 재창조의 단면이다. 거셴크론은 19세기 말 러시아의 산업화에 "유럽의 시행착오를 우회하는 후발주자의 유리함"이 있었다고 지적한다.[166] 이것은 기실 예전부터 있었던 일이다. 예컨대 1720년경, 후발국이었던 영국, 프랑스, 스칸디나비아 제국, 러시아, 프러시아, 오스트리아 등은 무역 강국이자 군사 강국인 네덜란드의 조선, 항해, 군사과학, 공업, 토지배수, 재정, 심지어는 식민화까지 모방해 추격했다. 18세기 후반에 이르러 영국과 프랑스는 드디어 네덜란드를 점령했다.[167]

후발주자론은 세계체제 내 중·후진국들의 노력뿐 아니라 식민 경험의 해석에도 시사점을 준다. 식민주의를 단순히 피식민자의 착취 혹은 식민자가 교육과 문명의 시혜를 내리는 장으로만 볼 수는 없다. 그것은 피식민

---

164) Gwendolyn Wright, *The Politics of Design in French Colonial Urbanism*, Chicago: University of Chicago Press, 1991, p. 3.

165) Mary Louise Pratt, *Imperial Eyes: Travel Writing and Transculturation*, London: Routledge, 2008 참조.

166) Alexander Gerschenkron, *Economic Backwardness in Historical Perspective*, Cambridge: Cambridge University Press, 1966, p. 151.

167) Julia Adams, *The Familial State: Ruling Families and Merchant Capitalism in Early Modern Europe*, Ithaca: Cornell University Press, 2005, p. 141.

자에게 변용의 기회이기도 하다. 채터지에 의하면, 인도 내셔널리즘은 '외부 영역(서구 문명, 물질주의)'을 축소시키는 동시에, 인도 고유의 '내부 정신 영역'을 구축하며 형성됐다.[168] 제국이 전달해준 공간적 아이디어도 전용됐다. 19세기 후반 인도 내셔널리스트들은 식민 국가의 경계 영역을 수용해 통합적 민족 공동체인 바라트Bharat의 범위를 상상했다. 이것은 약 600개에 달하던 영주rajah 치하의 개별 봉건국에 귀속되는 것이 아닌, 새로운 통합적 공간 개념이었다.[169] 르페브르의 말대로 "공간은 주어진 것이 아닌 (사회적으로 생산되는) 과정이다."[170] 한국의 1960년대 영화 장르인 만주 웨스턴은 역설적으로 1930년대 만주, 일본의 대륙물과 그 공간(제국의 팽창 영역)을 빌려 한국 내셔널리즘을 확산시켰다. 만주, 동남아, 태평양 등 식민자들이 내건 대동아 공영권은 한국의 대중예술인들에 의해 민족 저항의 무대로 차용됐다.[171]

따라서 바바의 모방론을 비판적으로 볼 필요가 있다. 스타인메츠에 의하면, 독일령 식민지(19세기 말에서 제1차 세계대전 종료까지의 서남아프리카, 사모아, 중국 칭다오青島 등)에서 모방은 일방적인 경로가 아니라 여러 경로로 이루어졌다. 우선 모방은 식민 이전 상황에서도 일어나는데, 주로 식민화 이전의 담론(예컨대 선교사들에 의해 축적된 토착민에 대한 고정적 이미지)에 의존하며 긍정적 동일시와 부정적 동일시로 나뉜다. 또한 라캉Jacques Lacan의 상상계the imaginary에서처럼 식민자와 피식민자 간에 지위를 초월한 쌍방향의 무의식적 동일시도 이루어진다. 식민자도 용맹한 피식민자를

---

168) Partha Chatterjee, *The Nation and Its Fragments: Colonial and Postcolonial Histories*, Princeton: Princeton University Press, 1993, pp. 48~49.

169) Manu Goswami, *Producing India: From Colonial Economy to National Space*, Chicago: University of Chicago Press, 2004, pp. 131, 279.

170) Henri Lefebvre, *The Production of Space*, D. Nicholson-Smith(trans.), Oxford: Basil Blackwell, 1991, p. 46.

171) 자세한 논의는 한석정, 「만주 웨스턴과 내셔널리즘의 공간」, 『사회와역사』, 2009년 겨울호 참조.

흠모한다. 모방은 토착민이 지배자의 통제에서 벗어나려는 수단이 되기도 하는데 이것은 식민자에게 위협적이다.[172] 스타인메츠의 관찰은 모방이 일방적인 것이 아님을, 또한 그 이면에 있는 토착민의 전략을 제시했다는 데 의의가 있다.

그런데 바바나 스타인메츠가 보지 못한 부분이 있다. 그것은 식민자와 '꼭 닮지 않은' 부분이 지닌 위력이다. 어설픈 모방은 바바의 눈에 소극笑劇 (예컨대 피식민자가 성경책을 휴지로 사용하는 우스꽝스러운 모습)으로 비치나[173] 일부 피식민자는 식민자들이 구사하는 담론이나 도구를 취사 선택하고 땜질한다. 일제 시기 라디오나 영화 등 대중매체를 수용한 조선인들은 지배적인 공공성 담론을 "비틀어 자신의 것으로" 만들었다.[174] 피식민자는 이러한 차용과 토착화를 기반으로 후일 식민자나 선두주자를 추월할 수 있다. 그것은 주로 완전한 복제형 피식민자(예컨대 지주 계급 등 토착 엘리트 출신으로 제국의 중심부에서 유학한 1류 피식민자)가 아닌 서자형 피식민자(평민 출신으로 상향 이동을 기도한 2류 피식민자)에 의해 이루어진다. 하동의 지주 집안 출신으로 일본에 유학을 간 작가 이병주가 전자의 보기다. 그는 일본 대학가에서 섭취한 자유주의와 사회주의 사상을 작품에 현학적으로 퍼부었다. 후자는 (이병주가 평생 범죄자 집단이라 비판했던) 박정희, 정일권, 이선근, 신기석, 김성태 등 만주 출신으로서 재건 체제의 여러 분야를 이끈 인물들이다.[175] 2~4장에서 이 인물들을 본격적으로 만나볼 것이다.

172) George Steinmetz, *The Devil's Handwriting: Precoloniality and the German Colonial State in Qingdao, Samoa, and Southwest Africa*, Chicago: University of Chicago Press, 2007, pp. 59~64, 102~104.

173) Bhabha, *The Location of Culture*, p. 92.

174) 윤해동, 「식민지 근대와 공공성」, p. 43.

175) 이병주, 『대통령들의 초상』, 서당, 1991, p. 106.

만주 모던

역사적으로 만주의 특이성은 융합이다. 이곳은 청 제국을 건설한 만주족 이외에 다우르족, 오로첸족, 골디족, 허저족 등 여러 민족이 섞여 살던 곳이다. 이런 전통은 만주국 시대에도 이어졌다. 만주국 통치자들이 고안한 국가 이념인 '오족협화五族協和'[176]는 이런 역사적 현실을 감안한 것이다. 만주의 문화 세계에는 일본, 러시아, 조선, 서양의 요소들이 뒤섞여 있었다. 조선과 일본의 많은 지식인과 예술가가 여행하거나 정착한 경험을 통해 만주를 형상화했다. 19세기 말과 20세기 초 이광수 등 조선 선각자들의 행선지가 도쿄였다면, 1930년대 지식인들의 행선지는 만주였다. 이때 만주 기행문도 크게 유행했다. 러시아혁명 후 하얼빈으로 피난한 '백계 러시아인,' 특히 유대계 음악인들은 일본 클래식 음악의 창달에 결정적으로 기여했다. 만주는 조선, 일본의 문학뿐 아니라 노래의 실험장이 됐다. 조선과 일본에서 만주에 관한 가요가 수백 곡이나 만들어졌다. 오늘날 창춘의 빠다부八大部, 옛 중심가에 거의 원형 그대로 남은 관공서 건축 양식은 동서의 혼합 디자인이다.

사진 1-2. '오족협화'를 주제로 한 만주국 우표(출처: 위키미디어).

1930년대 만주는 '오족협화'를 내걸고 조선인, 일본인, 중국인 지식인과 노동자를 포함해 수백만의 인구를 흡

---

176) 한족, 만주족, 몽골족, 일본인, 조선인의 다섯 민족이 협력, 공존해야 한다는 것이다. 이것을 포함한 만주국의 공식 이념에 관해서는 한석정, 『만주국 건국의 재해석: 괴뢰국의 국가 효과 1932~1936』, 동아대학교출판부, 2007, pp. 135~42 참조.

인한 동양의 신천지였다. 만주는 한때 다치바나 시라키橘撲 등 일본의 여러 농본적 이상주의자와 공동체 운동가가 꿈을 실현하려 한 공간이다. 여러 좌파 인사가 만주국 농촌에서 북만합작사北滿合作社 운동 등을 통해 가난한 중국 농민들과 같이 일하고자 했다. 일부는 러시아인들의 생태적 생활양식에 이끌리기도 했다.[177] 1930~40년대에 재만 문학가들은 여러 잡지를 통해 수백 편의 문학 서적을 출판하며 '만주 문예' '만주 낭만'이라는 장르를 탄생시켰다. 중국인 행세를 한 일본 배우 리샹란李香蘭(혹은 리코란)을 내세워 만주영화협회(이하 만영)가 제작한 일본판 오리엔탈리즘 영화들은 동북아 일대를 휩쓸었고,「지나支那의 밤」과 같은 일부 주제가는 뒷날 한국전쟁에 참전한 미군들에게까지 전해졌다.

또한 만주국은 백계 러시아인들을 통해 유라시아니즘Eurasianism, 즉 유럽·아시아 협력의 싹을 틔웠다. 독일과의 접점(파시스트 동맹)은 사회동원, 통제경제 등에 관한 지식과 문화적 교류를 마련해주었고 그 국제성은 동아시아를 초월했다. 이 맥락에서 1942년, 안익태가 베를린에서 열린 만주국 건국 10주년 기념음악회에서 자신이 작곡한 「만주환상곡」을 지휘했다.[178] 당시 '동아의 관문'이라 불렸던 부산은 매년 각각 대륙과 일본으로 가는 100만 명 이상의 사람들을 열차와 배로 실어 날랐다. 부산에서 출발하는 특급열차 노조미와 히카리는 매년 속도를 경신해 펑톈奉天, 신징, 하얼빈으로 향하며 동북아판 국제화 시대를 열었다. '동양의 파리' 하얼빈은 19세기 말 러시아인들의 동청 철도 건설에서 유래된 도시로, 여기에는 러시아인을 포함해 수십 개의 에스닉과 언어가 공존했다. 약 16만 명의 외국인이 살던 다오리道里 구역에는 수많은 바로크풍 건축물이 세워졌고 중국

---

177) Duara, *Sovereignty and Authenticity*, p. 213.
178) 노동은,「만주음악연구: 만주국의 근대 음악 정책을 중심으로」, 동국대학교 한국문학연구소, "근대의 문화지리: 동아시아 속의 만주/만슈" 발표문, 2007.

최초의 맥주, 백화점, 택시가 출현했다. 유대계 문화비평가 크라카우어가 1920년대 파리에서 관찰한──이디시어, 아랍어, 폴란드어 신문과 잡지가 함께 놓인 가판대 등──이질성의 공존[179]이 하얼빈 거리에도 숨 쉬고 있었다.

김일성의 만주 항일 게릴라 투쟁은 건국 신화 수준으로, 북한의 핵심적인 기억으로 관리됐다.[180] 그 신화는 "체제에 내화"돼 군사 국가화에 기여했다.[181] 1960년대부터 "유격대 국가" "생산도 학습도 생활도 항일 유격대 식으로"라는 구호가 펼쳐졌다. 김일성의 부인 김정숙 역시 항일 여전사의 모델이 돼 의복 문화에까지 영향을 미쳤다.[182] 이에 비해 남한에서 만주는 오랫동안 잊힌 전설의 공간이었다. 해방 후 분단과 남북한 대치, 만주의 공산화 등 냉전 상황은 만주에 대한 기억을 깡그리 삭제시켰다. 그래서 오랫동안 만주는 무엇이든 마구 그려 넣을 수 있는 백지였다. 1960년대까지 일부 만주 출신 귀환자들은 항일 투쟁가 출신임을 자처했다. 필자의 유년 시절, 경남지사였던 어떤 이는 출마 당시 선거 벽보에 한평생을 만주에서 독립운동을 하다가 귀국했노라고 장황하게 썼다.[183] 만주국군 장교 출신인 정일권 전 총리는 "장차의 조국을 위해 만주국군에 복무"했다고 주장했다.[184] 이른바 만군 인맥은 "대륙적인 기질의 호한"처럼 낭만

---

179) Siegfried Kracauer, *The Mass Ornament: Weimar Essays*, Thomas Levin(trans.), Cambridge: Harvard University Press, 1995, p. 43.

180) Charles Armstrong, *The North Korean Revolution, 1945~1950*, Ithaca: Cornell University Press, 2003, pp. 27~28.

181) 김용현, 「북한 군사국가화의 기원에 관한 연구」, 『한국정치학회보』 37집 1호, 2003, p. 184.

182) 강진웅, 「북한의 항일무장투쟁 전통과 민족 만들기: 민족주의와 권력, 담론, 주체」, 『한국사회학』 46집 1호, 2012, pp. 47~51.

183) 한석정, 「만주의 기억」, 한일, 연대21 엮음, 『한일 역사인식 논쟁의 메타히스토리』, 뿌리와이파리, 2009 참조.

184) 또한 그 기간에 "광복의 염원을 가슴에 묻고 살았고, 독립운동가들과 은밀히 줄을 대고 있었다"라고 말했다. 정일권, 『정일권 회고록』, 고려서적, 1996, pp. 67, 76, 82.

적으로 묘사되는[185] 경향이 있었던 것이다.

1960년대 중반, 비로소 만주가 남한 교과서에 등장했고, 곧이어 만주 웨스턴 등 대중예술의 지원을 통해 항일운동의 성지로 신비화됐다. 만주 근대사의 이질적인 시간대, 예컨대 러일전쟁 이전과 이후, 만주사변 이전과 이후 동안 수십 개 에스닉의 단층은 무시되고, 조선인 항일 투사와 관동군 양자만이 대결하는 세계로 지정된 것이다. 조선인들의 기회의 땅, 만주국의 내면은 가려져 있었다.[186] 나아가 만주국은 동북아 사회 전체에서 억제 대상이 됐다.[187] 동서양 학계에서 만주는 국민국가의 경계로 구획된 한국사, 중국사, 일본사 어디에도 속하지 않는 변방이었다. 특히 중국 내셔널리즘은 괴뢰국 만주국('僞滿洲國')에 대한 새로운 접근과 만주의 역사적인 혼합성을 용납하지 않았다. 예컨대 1998년 외국 학자들의 주도로 중국에서 하얼빈 창설 100주년을 기념하려던 국제학회는 중국 정부의 반대로 무산됐다. 중국 내셔널리즘의 입장에서 하얼빈은 중국인들이 만든 도시였다.[188] 하얼빈은 비극의 역사를 은닉한 채 황색의 테마 파크로 변성됐다.[189]

그럼에도 불구하고 만주국은 사멸을 거부하고 있다. 과거 식민지들과 다른 독립국 형식, 고도의 산업화, "좌파들까지 흡인한 유토피아적 비전

---

185) 서능욱, 「박정희의 만군 인맥」, 『월간조선』, 1986년 8월호.

186) 신주백, 「만주와 해방 후의 기억」, 『만주연구』 2집, 2005, p. 123.

187) Gavan McCormack, "Manchukuo: Constructing the Past," *East Asian History*, vol. 2, 1990, p. 106.

188) Thomas Lahusen, "Introduction," *South Atalantic Quarterly*, vol. 99, no. 1, 1999, p. 2.

189) 전후 대부분의 러시아인은 소련군에 의해 시베리아 유형지로 끌려갔다. 그리고 1900년 준공된 하얼빈 최고의 목조 건물이자 외국인 공동체의 상징인 성니콜라스 성당은 1966년 문화혁명 당시 홍위병들에 의해 파괴됐다. 현재 하얼빈 당국은 옛 외국인 거리 중앙따제中央大街와 시내의 건물들을 러시아 황실의 색인 노란색으로 칠하고, 파괴된 성니콜라스 성당의 모조품을 교외 공원에 세우는 등 이곳을 러시아풍 관광도시로 만들고 있다. Thomas Lahusen, "Foreign Past and the Construction of Local Identity: The Case of Harbin," "滿洲の記憶と表象』, 일본 소피아 대학 학회 발표문, 2015년 8월 8일; 紀風輝, 『哈爾濱尋根』, 哈爾濱: 哈爾濱出版社, 1996, p. 165.

등이 신기함"을 발했다. 철도와 도시계획은 만주국 근대의 상징이었다.[190]

일본은 1930년대 이곳의 풍부한 자원을 바탕으로 다이쇼와大昭和 제철소

(후일 안산鞍山 제철), 만주 화학, 평만豊滿 댐, 수풍水豊 댐 등 세계적인 중공

업단지를 건설했다. 그리고 이를 토대로 가공할 만한 경제적 자립체(엔 블

록)를 구상하고 결국 패망에 이르는, 서양과의 운명적인 대결로 나아갔다.

그 결과 만주국은 중국과 소련에 대단한 경제적 유산을 남겼다. 1939년 노

몬한 전투에서 패한 일본은,[191] 소련이 전후 동아시아의 미국 헤게모니를

견제할 세력이 될 것임을 의식하여 패망 전에 유화적 외교정책을 폈다.[192]

그러나 소련은 참전하자마자 관동군 모두를 억류하고 만주 공장들을 분해

했다. 1945~46년 동안 하루에 2만 명씩 동원해 만주 산업 자산의 50~70

퍼센트와 수풍 댐의 발전기 일부를 소련으로 옮겼다.[193] 이것은 소련의 비

약적인 공업화(전후 5년간 중공업 1.8배, 강철 2.2배, 전력 2.1배 증가)에 기여

했다. 만주국의 유산은 전후 중국의 중공업화 노선에도 공헌했다.[194] 패망

시 중국에 잔류한 약 1,600명의 일본인 기술자들은 파괴된 공장을 재건하

는 과정에 동참했고, 길게는 7년여 동안 중국 기술자들을 길러냈다. 이들

을 중심으로 만주에 공업기술 양성 학교가 세워져 다수의 기술 간부가 훈

---

190) Louise Young, *Japan's Total Empire: Manchuria and the Culture of Wartime Imperialism*, Berkeley: University of California Press, 1998, p. 245.

191) 1939년, 외몽골의 동쪽 끝과 만주국 서북쪽 경계의 하이라르 강 유역인 노몬한에서 러일전쟁 이래 최초의 대형 전투가 벌어졌다. 4개월 동안 계속된 이 '길고 작은 전쟁'은 전쟁 영웅 주코프Georgy Zhukov의 눈부신 작전으로 소련이 승리했으나, 이 같은 사실은 일본 군부의 검열로 수십 년간 외부에 알려지지 않았다. Alvin Coox, *Nomonhan: Japan against Russia, 1939*, Stanford: Stanford University Press, 1985, pp. 1075~94.

192) 그 보기가 1940년 외상 마쓰오카의 모스크바 방문과 이듬해 양국 간의 부전不戰조약 체결이다. Yukiko Koshiro, *Imperial Eclipse: Japan's Strategic Thinking about Continental Asia before August 1945*, Ithaca: Cornell University Press, 2013, pp. 42, 154, 206.

193) 정안기, 「1930년대 조선형특수회사, 「조선압록강수력발전(주)」의 연구」, 고려대학교 경제사학회 발표문, 2015년 6월, p. 40.

194) Kang Chao, *The Economic Development of Manchuria: The Rise of a Frontier Economy*, Ann Arbor: University of Michigan Press, 1982, p. 21.

련받았다.[195] 만주는 또한 오랫동안 지속된 중국 국공國共 내전 역사에 종지부를 찍고 중국공산당에 승리의 계기를 만들어준 곳이다. 1948년에 공산당 부대가 만주의 대도시 일대에서 이룬 결정적인 승리는 대륙의 전투에서 도미노 효과를 가져왔다.[196]

만주국은 인구 이동, 통제경제, 산업, 건축, 도시계획 등에서 전후의 일본, 나아가 동북아를 연결한다.[197] 만주국의 산업 개발 5개년계획은 전전 일본의 기획원 설립과 그 물자 동원 계획, 전후의 부흥에 큰 영향을 미쳤다. 만주를 경영했던 기시 노부스케岸信介 등 만주 인맥은 전후 일본 사회의 각 분야에 포진했고[198] 만주 개발에 기여한 '테크노 파시즘' '기술 제국주의'는 전후 일본의 부흥과 '테크노 내셔널리즘'으로 이어졌다.[199] 만주국은 전후 세계 질서를 세우는 데 야심을 드러낸 소련이 동아시아에 대한 영향력 행사의 거점으로 선택한 곳이자, 냉전 시대 미국과 소련 위성국가들의 원형이었다. 또한 첨단과 폭력이라는 근대의 기묘한 얼굴을 제시하며 동아시아형 '관료제적 권위주의 개발 체제'의 모델이 됐다.[200] 만주는 이렇듯 전후에 여러 가지 의미로 '폭발'했다.

항일 투쟁의 성지라는 민족주의 담론에 가려져 있지만 만주는 기실 1930년대의 많은 조선인에게 기회의 땅이 됐다. 해방 후 한국의 지도자들 상당수가 젊은 시절 만주국의 각급 기관—일류 지엔구어建國 대학과 다

195) 강진아, 「중국과 소련의 사회주의 공업화와 전후 만주의 유산」, 한석정·노기식 엮음, 『만주, 동아시아 융합의 공간』, 소명출판, 2008, pp. 166~72; 松本俊郎, 『滿洲國から新中國へ: 鞍山鐵鋼からみた中國東北の再編過程, 1940~1954』, 名古屋大學出版會, 2000, pp. 296~300.

196) Steven Levine, *Anvil of Victory: The Communist Revolution in Manchuria, 1945~1948*, New York: Columbia University Press, 1987, 4장 참조.

197) 山室信一, 「植民帝國·日本の構成と滿洲國: 治樣式の遷移と統治人才の周流」, ピータードウス·小林英夫 編, 『帝國という幻想』, 青木書店, 1998, pp. 94~96.

198) 小林英夫, 『滿洲と自民党』, 新潮社, 2005, pp. 46, 158.

199) Moore, *Constructing East Asia*, p. 226.

200) 만주국의 전후 영향에 대해서는 한석정, 『만주국 건국의 재해석』, pp. 30~31 참조.

퉁大同 학원, 선원 양성소──에서 수학했다. 이들은 하급 관료나 군인, 교사, 말단 관리직에서 의사 같은 전문직까지 널리 퍼져 있었다. 식민 시대 노무직 이외에 별 일자리를 얻지 못했던 재일 조선인들에 비해 다양한 취업과 사업 경험을 쌓고 근대성에 노출되었던 재만 조선인들이 해방 후 각계에서 도약하기 유리했다. 해방 당시 만주와 일본에 살았던 조선인들은 약 400만 명[201]으로 당시 한반도 인구의 약 5분의 1이 유전한 셈이다. 유랑과 이산은 20세기 전반 조선인들의 삶의 양식이었다.

일부 재만 조선인들은 총동원의 현장 혹은 혹독한 생태계인 만주에서 뛰어난 적응력을 발휘해 생존했고, 이 남다른 적응력은 해방 후 10여 년 동안 잠재돼 있다가 냉전 경쟁을 계기로 본격적으로 발현됐다. 이들을 통해 한국 사회에 전해진 흐름이 바로 '만주 모던,' 즉 건설과 동원, 경쟁 등 압축성장에 적절한 경직성 근대다. 두아라의 '동아시아 모던'이 19세기 말 전후 일본을 중심으로 서양 근대의 담론과 실행에 관한 동아시아의 지역적 조율이라면, '만주 모던'은 20세기 전후 만주를 통해 한국에 전달된 강박적 근대와 생존, 개척 등이 혼합된 이념적·실천적 구성물이다. 전자가 공시적이라면, 후자는 20세기 전후를 연결하는 통시적 개념이다.

본 연구를 위해 1930~40년대『만주국정부공보』등 정부 간행물,『성징셔바오盛京時報』『매일신보』『후산닛포釜山日報』등 만주, 조선, 일본의 신문을 살펴볼 것이다. 그리고 1960년대 한국의『정부 관보』(이하『관보』) 등 간행물과 신문, 5·16 직후 구청에서 행정을 맡았던 관료들과 만주에서 귀환한 자들의 인터뷰, 한국·중국·일본 및 영어권의 2차 자료들을 활용하려

---

201) 박경숙의 추계에 의하면 해방 당시 일본 거주 조선인들은 약 210만 명, 만주 거주자는 195만 명에 이른다. 박경숙,「식민지 시기 조선의 인구 동태와 구조」,『한국인구학』32권 2호, 2009, pp. 34~36.

한다. 『관보』는 "공무원은 반드시 읽어야 하며 공문서로서 효력이 있고 5년 이상 보관한다"라는 세 가지 원칙으로[202] 100만 공무원의 필독서가 됐다. 이것은 공식 자료로서 한계가 있으나 중앙과 지역 관청 간의 무수한 보고서 속에 군사정부 지도자들의 명령, 신속한 처리, 엄포와 실망, 현실적 수습 등 재건 체제가 형성되는 과정이 드러난다는 장점이 있다.

본 연구는 1960년대 한국 사회의 한 단면, 즉 재건 체제의 형성과 그 역사적 뿌리에 대한 고찰이다. 그 당시 역사를 총체적으로 기술하는 것은 능력 밖의 일이다. 특히 문서를 숭배하는 수준의 일부 역사학자들을 만족시킬 수 없을 것이다. 윌리엄 수월이 주장하듯 문서 자체가 권력의 산물이라 할 수 있다.[203] 일본 실증주의의 영향을 받은 한국 역사학계의 문서에 대한 집착도 심한 편이다. 모든 주장의 단계마다 문서적 뒷받침을 요구하거나 문서 이외의 사실은 일절 믿지 않을 경우, 영국의 위대한 사학자 콜링우드가 말한 "역사적 상상력"은 들어설 자리가 없다.[204] 그렇게 되면 1930~40년대 만주 모던에 노출된 한국인들의 심적 성향을 유추하거나 이론적으로 탐색하는 일은 불가능하다.

일본이 항복했을 때 일본의 군인과 관리 들이 한 즉각적인 조치는 2주 동안 광란적으로 군수물자를 약탈하고 문서를 폐기하는 것이었다.[205] 문서 파괴는 항복 1주 전, 히로시마広島에 원자폭탄이 투하된 다음 날부터 시작됐다. 외무성과 대본영大本營은 전후에 있을 전범재판을 의식해 중국과 소련 관련 문건을 필두로 대량의 문서를 소각했다.[206] 소련은 오랜 망

---

202) 『관보』, 1969년 2월 1일.

203) William Sewell Jr., "The Political Unconscious of Social and Cultural History, or Confession of a Former Quantitative Historian," George Steinmetz(ed.), *The Politics of Method in the Human Sciences*, Durham, N.C.: Duke University Press, 2005, p. 190.

204) Robin Collingwood, *The Idea of History*, Oxford: Clarendon Press, 1946, p. 243.

205) John Dower, *Embracing Defeat: Japan in the Wake of World War II*, New York: W. W. Norton, 1999, pp. 39, 114.

설임 끝에 히로시마에 원폭이 투하된 후, 1945년 8월 9일에 마침내 참전해 만주국의 급작스러운 패망을 초래했다.[206] 이에 비해 조선총독부는 권력 이양을 위해 민족 진영 지도자들과 회동하는 등 완만한 항복 과정을 겪었다. 조선총독부가 장기간 조직적으로 문서를 폐기했음은 분명하다. 중요한 사실(예컨대 위안부 동원)에 관한 문서가 발견되지 않았다고 해서 이를 부인할 수는 없다. 만주국이 패망할 때 소련군이 노획한 자료 중 일부가 1990년대에 반환된 적이 있다. 자료의 (일시적) 망실과 역사의 부재는 다르다.

또한 본 연구는 계량적·공시적 연구에 매달리는 일부 사회과학자들의 실증주의 역시 만족시킬 수 없다. 일찍이 알튀세르는 러시아혁명에 대해 '중첩 결정'이라는 개념을 제시했다.[208] 이것은 1930년대, 특히 제2차 세계대전 이래 장기간 구미 사회과학계에서 번성했던 실증주의 혹은 행태주의에 대한 비판적 제안이라고 할 수 있다. 실증주의는 "세계의 동일성을 가정하며 비교, 추상, 비가시적 세계, 심층(심리적 억제, 무의식, 물신, 판타지)의 분석을 거부하고 보편적 법칙성을 추구"하려는 신념이요, 방법론이라 할 수 있다.[209] 특히 계량 연구의 핵심인 인과론은 "과거의 수많은 사건, 원인, 요소를 무시하고, 결과만을 따지는" 행위라 할 수 있다.[210] 과학

---

206) Koshiro, *Imperial Eclipse*, p. 4.

207) Andrew Barshay, *The Gods Left First: The Captivity and Repatriation of Japanese POWs in Northeast Asia, 1945~1956*, Berkeley: University of California Press, p. 132.

208) 자본주의가 성숙한 서구가 아닌, 러시아에서 모든 이질적 요소가 축적돼 혁명이 폭발한다는 것으로 "전체적 사회 구조, 존재의 공식적 조건, 그리고 그것이 지배하는 경우들 간 모순의 불가분성, 사회 구성의 여러 차원과 경우에 대한 결정성, 동시에 그것에 의한 피결정성"을 의미하는 복잡한 개념이다. Louis Althusser, *For Marx*, London: Verso, 1990, pp. 95, 101.

209) George Steinmetz, "Introduction: Positivism and Its Others in the Social Sciences," *Politics of Method*, pp. 18~21; George Steinmetz, "The Epistemological Unconsciousness of U.S. Sociology and the Transition to Post-Fordism: The Case of Historical Sociology," Julia Adams, Elisabeth Clemens & Ann Shola Orloff(eds.), *Remaking Modernity: Politics, History, and Sociology*, Durham, N.C.: Duke University Press, 2005, pp. 112~14.

적 리얼리즘을 천명한 바스카가 일렀듯, 이런 믿음은 원자화된 혹은 실험실 속의 폐쇄적 체계 안에서나 가능하다. 현실, 역사 혹은 '개방적 체계'는 우리들이 세운 법칙──극단적으로 철학자 데이비드 흄David Hume식의 단순 인과론──과 무관하게 움직인다.[211]

"사회과학적 분석이 빛나던 20세기의 종언"[212]과 함께 학문적 경계 허물기, 지역·의미·맥락·과정·일상에 대한 관심, 심층적 사실주의, 탈중심·탈민족의 글쓰기, 그리고 부드러운 문법이 특징인 문화의 시대가 왔다.[213] 푸코는 일찍이 인과적 역사가 아닌 '효과적 역사'를 제창했다. 이것은 총체적이고 일관된 역사(역사의 안정성, 상수常數, 영속성 등)를 부인하고, 전망으로서의 지식, 수많은 사건의 뒤섞임, 수많은 외부 사건의 영향을 중시하는 역사관이다. 푸코의 계보학이 거룩한 진실의 규명이 아니라 다양한 해석, 하찮은 세부와 사건에 기대듯,[214] 필자의 글쓰기도 국가 형성에 초점을 맞추면서 여러 외력에 의한 사건, 패턴과 우연, 시차, 다양한 문화 장르를 넘나들 것이다. 그리고 경직된 인과성을 내려놓은 채 1930~40년대 만주와 1960년대 한국을 파노라마로 전개하고자 한다. 특혜받은 인식과 고정관념의 해체, 기존의 경계 허물기 등을 주창하는 근래의 학문적 조류인 탈구조주의의 관점에서 본다면, 기존 분야 어디에도 속하지 않았던 만주만큼 절묘한 연구 대상도 없다.

탈중심의 관점에서 이 글은 1930년대 만주의 자극이 전해진 지역 중 하

---

210) Andrew Abbott, "Process and Temporality in Sociology: The Idea of Outcome in U.S. Sociology," *Politics of Method*, p. 396.

211) Roy Bhaskar, *A Realist Theory of Science*, London: Verso, 1997, pp. 64~65.

212) James, *Europe Reborn*, p. 6.

213) 역사사회학, 사회사의 새 조류에 대해서는 Sewell, "The Political Unconscious," *Politics of Method*, pp. 182~93 참조.

214) 이것은 역사의 총체성을 반박한 니체의 영향을 술회한 것이다. Michel Foucault, "Nietzsche, Genealogy, History," Donald Bouchard(ed.), *Language, Counter-Memory, Practice: Selected Essays and Interviews*, Ithaca: Cornell University Press, 1977, pp. 144, 153~56.

나인 부산에서 시작해, 만주행 엑소더스의 출발지인 영남 지역을 거쳐 만주 평톈 등지로 갔다가 해방 후 귀환하는 기행 형식을 통해 재건 체제 형성의 역사를 추적한다. 1930~40년대 평톈은 "먼 곳의 기표"였다.[215] 실상과 무관하게, 평톈은 청운의 꿈을 싣고 한몫 잡으러 떠나는 곳, 이국적인 아편굴과 도박장에서 심신을 적시는 곳, 조선에서 사고 치고 튀는 곳, 김두한에게 패배한 조선 최고의 주먹 구마적을 포함해 체면이 구겨진 조선의 거물들이 몸을 숨기는 곳이었다. 이 책 2장에서는 만주의 충격을 가장 크게 받았던 부산을 통해 식민주의가 초래한 '확산'이라는 태풍에 접근한다. 만주가 부산에 미친 영향, 조선인의 만주 이주와 귀환, 조선과 만주의 관계, 조선인의 지위, 해방 후에 폭발한 2등 공민 담론의 진위, 예술 세계에서 발견되는 만주의 스펙트럼 등을 통해 1960년대 한국의 재건 체제에 이르는 개척의 흐름을 추적한다.

3장은 한국사 초유의 남성적 국가의 등장, 동아시아 발전국가의 계보에서 만주국이 차지하는 위치, 만주국을 소환한 배경인 냉전과 한일 수교 등을 짚어보고 1960년대 '재건'에 침윤된 만주국의 '건국' 에토스 등을 통해 한국 발전국가의 역사적 맥락을 젠더 관점에서 논의한다. 4장은 부정적 시각 일변도의 파시즘을 분해하고 파시즘과 근대와의 관계를 살핀 후 만주국 국방국가의 형성과 그에 영향을 받아 거국적 생산과 안보에 주력한 한국판 국방국가의 형성을 살펴본다. 5장은 자연을 통제하는 등 재건 체제가 자신의 존재를 드러내는 과정에 관한 것이다. 한국에서 개화한 만주국의 하이 모던은 온 국토를 뚫고 메우는 직선적 건설, 속도에 매몰된 건설 시대를 도래케 했는데, 이것이 미래 환경에 미친 재앙적 영향을 알아본다. 6장은 신체를 통한 재건 체제의 형성에 관한 것이다. 위생과 신체 단련

---

215) 김려실, 『투사하는 제국, 투영하는 식민지: 1901~1945년의 한국 영화사를 되짚다』, 삼인, 2006, p. 247.

의 동아시아적 계보로서 만주국의 특성과 영향, 신체의 각성을 논하면서 신체가 어떻게 제국·민족·냉전 경쟁에 헌신하고 재건 체제를 형성했는지에 대해 논한다. 7장은 1960년대 예술 세계에서의 남북 대결, 만주국에서 비롯된 예술 세계 등 문화 공작을 통한 재건 체제를 추적한다. 8장은 결론으로서 재건 체제 형성을 되짚어보고, 만주 모던이 21세기를 살아가는 우리에게 주는 함의를 생각해본다.

2장

만주와 조선

만주국의 자극은 한반도의 양극단에 가장 먼저 전해졌다. 하나는 한반도와 만주의 경계인 신의주였다. 만주국 건국 후 이곳에 만주국 화폐가 유입돼 국경 일대에 양국 화폐가 혼용되는 진풍경이 벌어졌다. 비공식적으로 만주국 화폐를 사용하며, 수수료를 받고 이것을 교환해주는 장사꾼도 생겼다. 만주국 성립으로 설탕 가격에 차이가 생기자 설탕 밀수가 성행했고 이에 아이들까지 동원되기도 했다. 이것은 통제경제하의 만주국 입장에서 "두통거리"였다.[1] 신의주와 안둥安東 일대는 오늘날 "국경이 허물어지는" 단둥丹東(1990년대 이래 번성한 북중 간 교역지로 북한인, 중국인, 조선족, 한국인이 어울려 사는 곳)의 원형이다.[2]

또 한 곳은 일본 거류민들이 가장 많이 살던 부산이었다. 2003년 2월 말, 노무현 전 대통령은 취임사에서 "부산에서 파리행 기차표를 사서 평양, 신의주, 중국, 몽골, 러시아를 거쳐서 유럽의 한복판에 도착하는 날"을

---

1) 『매일신보』, 1936년 7월 15일.
2) 강주원, 『나는 오늘도 국경을 만들고 허문다』, 글항아리, 2013.

사진 2-1. 1934년에 완공된 부산대교 모습이 실린 당시 엽서
(출처: 류젠훼이 교수 제공).

앞당기자고 말했다. 그런데 이미 1930년대에 조선 반도는 일본, 만주, 중국 대륙에 연결되어 있었다. 특히 부산은 일본과 대륙을 잇는 지점이었다. 1934년에 완공돼 하루 7회씩 위로 들어 올려져 배가 지나갈 수 있게 한 부산대교(오늘날 영도대교)는 '동아의 관문'이라고 찬사받는 동북아 연결의 상징이었다. 무수한 사람과 물자가 부산을 통해 대륙과 일본으로 건너갔다. 1930년대 부산 부두에서 만주의 제일 도시 펑톈과 신징, 하얼빈으로 가는 특급열차가 바로 출발했다. 만철이 러시아의 모스크바와 블라디보스토크를 잇는 시베리아 횡단 열차와 연결되면서 유럽행 기차표를 도쿄, 오사카, 부산, 평양, 다롄 등지에서 구입할 수 있었다.[3] 부산에서 파리까지는 약 14일이 걸렸다.[4]

항만 시설, 영주동 터널, 남포동, 광복동, 완월동 등 한국에서 부산만큼 일제 시대의 모습이 많이 남아 있는 곳도 드물다. 그중 상당 부분은 만주와의 연결을 위한 것이었다. 이 장에서는 부산에서 시작해서 1930~40년

---

3) Koshiro, *Imperial Eclipse*, p. 45.
4) 1940년 운행된 노선은 도쿄-시모노세키-부산-대구-경성-평양-안동-펑톈-신징-하얼빈-모스크바-파리를 경유했는데, 그 총거리는 1만 3,735킬로미터였다. 도쿄를 출발하여 약 15일이 소요됐다. 이용상, 「고속철도로 유라시아가 일일 생활권」(미발표문).

대의 국제화, 조선과 만주의 관계, 재만 조선인들의 지위, 사회 경험, 나아가 5·16 이후 재건 체제에 이르는 한국 개척의 흐름을 살펴볼 것이다.

주변부의 등장

페리 앤더슨은 연속적이고 균질한 시간이 아닌 특별한 시간대 혹은 "세계사적 의미를 지닌 시간대world time"[5]가 있다고 했다. 경제공황 뒤 파시즘이 흥기한 1930년대가 그런 시기다. 이 시점에 일본 제국에서도 큰 변화들, 즉 제국의 중심과 주변부 사이에 강한 흡인이 일어난다. 일본 사회는 1931년 만주사변의 승리를 계기로, 군국주의적 팽창과 징고이즘jingoism의 길로 들어섰다. 그로 인해 「만주 행진곡」「아세아 행진곡」 등이 담긴 레코드판의 폭발적인 판매와 라디오 보급이 이루어졌고, 척식박람회, 만몽관 설치, 만주사변의 육탄3용사(훗날 조작으로 밝혀졌다)를 기린 제3사단 박람회가 열렸고, 대륙으로 향하는 사람들이 많아져 대륙행 항공 경쟁이 치열해졌으며, 뉴스 영화관 건립, 전국 순회 영화 등 미디어와 이벤트 붐이 일어났다.[6] 조선에서도 만주의 등장은 대사건이었다. 특히 조선-일본의 최단 연결점인 부산을 질적으로 다른 시대로 이끌었다.[7]

만주는 시인 최남선과 그 동생인 최두선 전 총리, 김연수 경성방직(이하 경방) 사장과 그 아들 김상협 전 고려대 총장, 문재린·김재준·강원용 목사

5) Perry Anderson, *Lineages of the Absolutist State*, London: Verso, 1974, p. 10.
6) 永井良和, 「大衆文化のなかの滿州」; 竹山昭子, 「戰時期日本のメデイア·イベントとしてのニュース映畫」; 津金澤聰廣, 「『大阪朝日』『大阪毎日』による航空事業の競演」; 井川充雄, 「滿洲事變前後の『名古屋新聞』のイベント」, 津金澤聰廣·有山輝雄 編, 『戰時期日本のメデイア·イベント』, 世界思想社, 1998, pp. 41, 79, 102~103, 116~21.
7) 만주의 등장, 주변부의 흡인, 일본-조선-만주 관계를 통한 세계체제론의 검증 등 자세한 논의는 한석정, 「지역 체계의 허실: 1930년대 조선과 만주의 관계」, 『한국사회학』 37집 5호, 2003 참조.

뿐 아니라 유치진·유치환 형제, 백석, 이태준, 염상섭, 이효석, 안수길, 강경애 등 문인과 김성태, 임원식, 김동진, 조두남, 윤용하, 백병동, 황병덕 등 음악인, 한국 영화의 아버지인 나운규와 윤봉춘, 만화가 고우영, 작곡가 신중현 등 해방 후 정치, 교육, 예술, 종교계 지도자가 된 수많은 이들의 출생지이자 수학, 기행, 취업, 정착, 영감의 대상이었다. 만주는 지식인들 이외에 다수 농민에게도 기회의 땅으로 떠올랐다. 베를린 올림픽의 영웅 손기정도 1938년 만주국 체육협회의 초청으로 만주국을 방문했다.[8] 만주는 남북한-만주-(일본)-(북한)-남한 혹은 만주-북한-남한-베트남-미주로 이어지는 연쇄 이주의 중요 기착지였다.

만주국의 등장은 부산 시민(주로 일본 거류민)들을 대단히 흥분시켰다. 만몽 문제 강연, 만주박람회, 만주 방문 등이 줄을 이었다. 들뜬 시민들에게 만주는 기막힌 관광 코스였다. 연속적으로 황군위문단과 만주시찰단이 모집됐다. 일본 여러 도시의 만주시찰단도 부산에 쏟아져 들어왔다. 만주의 전적지와 위령지를 방문하는 일본인들의 여행은 러일전쟁 후 시작된 일종의 국민교육으로서, 당시에는 러일전쟁의 격전지이며 일본의 국민적 위령 공간인 뤼순旅順에 집중되었다. 그러다가 만주국 건국 이후에는 가히 폭발적인 수준으로 만주국 전역이 행선지로 선택됐다. 만주시찰단은 점차 일반인에게까지 확대됐다. 부산의 상공인들은 펑톈 등지를 둘러본 뒤 보고회나 좌담회를 가졌고, 만몽 투자, 수출무역 장려, 탄광 투자 등을 주제로 한 강연도 인기를 끌었다. 신문에는 '신만주국 건설 후의 실정'을 다루는 시리즈들이 연재됐다. 부산의 상공인들은 만주국 영사관 유치 운동을 벌이며 엄청난 기대에 부풀었다. 세계체제론적 용어로 말하자면 중심부가 값싼 원자재나 노동력 자원, 상품 시장으로 기대하는 주변부가 등장한 것

8) 김려실, 「인터/내셔널리즘과 만주」, 『상허학보』 13집, 2004, p. 408.

이다.

1932년 봄, 만주 붐의 절정은 보름간 예정됐다가 열흘이나 연장된 부산의 만몽박람회였다. 이 행사는 세계 최대 노천 탄광인 푸순撫順의 사진, 대두박 제조 실황 등 경제에 관한 것들과 함께 상하이 시가전 사진, 육·해군 신예 병기 같은 볼거리를 잔뜩 진열해 제국의 위용을 과시했다. 첫날에만 1만여 명의 인파가 들이닥친 뒤 각지에서 단체 관람객이 쇄도했다. 몇 달 뒤 펑톈에서, 이듬해에는 다롄에서 만주 대박람회가 열렸다. 후자는 35만 평에 마련된 초대형 행사였다. 만주시찰단은 점차 여러 종류로 확대돼 일본의 육군대학생, 부산 향군 대표, 일본의 재향군인단 등이 북상했다. 일본의 각 대학, 전문대학, 중등학교 생도들도 하기휴가를 이용해 '신흥 만주국 견학'을 줄지어 떠났다. 1932년 7월에 견학하기로 확정한 학교만 30개, 인원으로는 약 1,600명이었다. 각지의 만몽시찰단원은 그해 여름 1만 명에 다다랐다. 당시 일본-조선 간 최단 거리 노선인 관부關釜연락선(부산-시모노세키下關)은 만주국 건국의 달인 3월부터 만원이었다. 부산에는 만주 관광객을 유치하기 위한 관광안내소가 들어섰고 뒷날 관광지가 상하이 등지까지 확대됐다. 도보나 자전거로 만몽을 주파하려는 혹은 도쿄를 출발해 신징까지 자동차로 주파하려는 모험가도 있었다. 부산의 일본어판 신문 『후산닛포』는 이 자동차가 주요 도시에 도착할 때마다 보도했고, 신징 도착 예상 시각을 현상 모집하는 등 만주 열기는 식을 줄 몰랐다. "만몽 신천지를 동경"하거나 "마적을 지원하려는" 가출 소년 등 "만주병 환자"와 "모험왕"이 속출했다.

만주 열기는 여성들에게도 나타났다. 1932년 4월부터 매일 수십 명의 일본 "낭자군娘子軍"이 관부연락선을 타고 만주로 올라갔다. 한 신문은 "[펑톈은] 내지內地 여자들로 여관이 만원을 이루고, 이들은 급기야 외투, 시계를 팔고 기생, 여급, 점원으로 전락한다"라고 보도했다.[9] 같은 해 5월

관부연락선 승객 중 3분의 1이 여자였다. 일본의 유곽 주인들은 폐업계를 내고 예기藝妓와 창기娼妓 들을 이끌고 북진했다.[10] 부산에 있는 수백여 명의 여급, 예기, 창기 들에게도 만주행을 권하는 브로커들이 "유혹의 마수"를 뻗쳐 일부는 멀리 하얼빈까지 진출했다. 도쿄의 직업소개소에는 펑톈에 개업하는 백화점에서 일할 점원 20명을 모집한다는 공고를 보고 온 "미인 수백 명이 쇄도"했고, 이듬해 1월에는 "낭자군이 혹한을 뚫고 북만으로" 가기 위해 부산으로 왔다. 이것은 메이지 시대에 농촌 경제의 파탄으로 규슈 여성들이 블라디보스토크, 하얼빈 등지로 유출된 역사의 연장선에 있다. 그럼에도 불구하고 신문은 "에로(틱) 만주 행진곡" "시작된 여급 진군" "홍군의 에로 진군"과 같은 선정적 제목으로 이들의 자발성을 부각했다.[11] 이를 통해 만주 역시 정복의 대상이자 여성화된 이미지로 그려졌다. 1934년 말에 신설된 부산-펑톈 간의 특급열차 이름도 '노조미望み' (희망)였다.[12]

"조반을 부산에서, 석반을 안동에서"

한국 학계는 1930년대 부산을 포함하여 조선의 하부구조 건설을 "대륙 병참기지로의 재편과 전시경제 체제로의 이행"이라는 주제 일변도로 기술한다.[13] 만주가 부산에 준 자극은 경시되어왔다. 대륙에 병참기지를 건설할 의도였다 할지라도, 부산의 건설은 억제할 수 없는 힘으로 진행됐다.

9) 『후산닛포』, 1932년 4월 10일. 위에 쓰인 표현들은 이 신문에 나온 것들을 따랐다.

10) 『후산닛포』, 1932년 6월 3일, 7월 4일.

11) 『후산닛포』, 1932년 7월 14일, 7월 30일.

12) 『후산닛포』, 1934년 10월 14일.

13) 이해주, 「식민지하의 부산경제」, 부산상공회의소·부산경제연구원 엮음, 『부산경제사』, 1989, p. 669.

표 2-1. 식민 시기 5대 도시의 인구와 일본인의 비율

연도	도시	조선인	일본인	합계	일본인 비율 (단위: 퍼센트)
1925	경성	220,176	77,811	302,711	25.7
	평양	85,898	22,527	109,285	20.6
	부산	63,204	39,756	103,522	38.4
	대구	49,450	22,143	72,127	30.7
	인천	39,863	11,617	53,593	21.7
1935	경성	284,633	113,321	404,202(34)	28.0
	평양	149,363	21,696	172,746(58)	12.6
	부산	123,313	56,512	180,271(74)	31.3
	대구	79,013	26,150	105,716(47)	24.7
	인천	65,595	12,492	80,420(50)	15.5

(출처: 朝鮮總督府, 『統計年報』, 1925, pp. 34~41; 朝鮮總督府, 『統計年報』, 1937, pp. 23~29. 합계는 기타 외국인들을 포함한 수. 1935년 합계 수치 뒤의 괄호는 1925년 대비 증가율이다).

식민지에 투자하는 데 인색했던 서구 제국주의에 비해 일본 식민주의는 주변부에 막대한 투자를 하는 특성이 있었다. 만주국 건국으로 부산의 위상도 도약했다. 한일병합 직후까지 인천 다음가는 항구였던 부산은 1930년대에는 거대 관문으로 승격됐다. 1936년 3월 『후산닛포』가 지령 1만 호 기념사업인 '항港 릴레이,' 즉 동군과 서군 기자단이 부산을 출발하여 동해안과 서해안 끝인 웅기와 진남포 항구들을 거쳐 항해하는 릴레이는 부산이 반도의 중심이라는 것을 과시하는 행사였다. 『후산닛포』도 조선과 일본 각지, 만주, 상하이로 지사를 늘려가며 국제적 신문사로 부상했다. 각종 물자와 사람들이 부산을 통과했고, 부산항의 대만주국 수이출輸移出 가액과 중계무역 비중이 현저히 증가했다. 부산항 세관의 통관을 거치지 않는 통과무역도 별도로 존재했다. 1932년에 부산을 통과하는 만주행 화물은 전년도보다 9배나 뛰어올랐다. 1930년대 말 일본발 만주행 통과무역액

은 부산항 자체의 만주국 수출액보다 5배나 높았다.[14] 그리고 1925~35년 사이에 부산의 인구 증가율은 74퍼센트로 조선 최고를 기록했다(표 2-1 참조).

관동군 사령관 출신인 새 조선총독 미나미 지로南次郎는 1937년에 초도 순시차 부산에 와서 "만선일여滿鮮一如"와 "눈을 멀리 떠 대륙을 주시하자"라고 연설했다. 이 연설에 집약되어 있듯 부산의 시선은 만주를 향했다. 지역 유지들 이외에 북상객의 으뜸은 일본 군인들이었다. 만주로 파견된 보충 부대들이 상륙해 부산 시내를 행진하면 "수만 시민의 광기 어린" 환영이 뒤따랐다. 부두와 역전은 학생들이 흔드는 일장기와 악대 소리에 휩싸였고, 미나미하마南濱(오늘날 광복동, 중앙동 일대)와 미도리마치綠町(오늘날 완월동 일대) 유흥가의 예기와 여급 들이 성대하게 환영을 했다. 부산의 부두와 중심가는 만주 출정군을 환영하고 환송하는 무대가 됐다. 임무를 마친 군인들은 일본행 배를 타기 전 환송 색종이가 날리는 시내를 행진했다. 중일전쟁 발발 후 난징, 광둥廣東, 한커우漢口, 우한武漢 함락을 기념하는 성대한 축하회도 열렸다. 난징이 함락될 때 부청府廳 앞에 큰 축하 탑이 세워졌고, 용두산 신사에서는 자축의 연기가 피어올랐다. 일본군이 1939년 3월 야자수가 무성한 하이난 섬, 1941년 8월 프랑스령 사이공, 1942년 5월 필리핀 루손 섬에 진격하면서 만주와 중국 최남단, 태평양의 박동이 부산 시민들에게 전달됐다. 그로부터 약 30년 뒤, 부산 부두는 다시 한 번 파월 장병의 환송 무대가 돼 학생들이 태극기를 흔들며 미국 수송선에 오르는 맹호부대, 청룡부대 병사들의 장도를 빌었다.

'만주의 꿈' '만주병'이 있었는가 하면 '만주 퇴각'도 있었다. 봄철에 동경하던 만주에 갔다가 환상이 깨져 겨울철에 부산으로 내려와 보수정寶水町

---

14) 이해주,「식민지하의 부산경제」, pp. 686, 701, 703.

(오늘날 보수동) 공동 숙박소에서 새우잠을 자는 자들도 많았다. 부산발 일본행의 주된 과객은 만주 전선 전사자들의 유골과 부상병들이었다. 부산역 앞에서 엄숙한 통과 의식이 치러졌고, 그중 "백의의 용사"(상이병)들은 흰색 마스크와 목욕 가운 같은 환자복을 입고 시내를 행진했다. "산화한 부산 출신 용사들"의 합동 고별식과 출정 군인의 (유)가족을 위한 위안대회가 심심찮게 열렸다. 산 자와 죽은 자의 통과, 출정과 퇴각으로 부산항에는 "희열"과 "슬픔"이 교차했다.

양방향의 통과 때문에 부산은 국제적인 분위기를 물씬 풍겼다. 지나정支那町(오늘날 초량 상해거리)에서 중국인 아편굴이 단속되는가 하면 일본과 만주국의 왕족, 요인, 독일과 이탈리아 사절단, 미국 국적의 일본인 2세 학생 유도 견학단도 부산에 왔다. 1936년 상반기에 부산을 통과한 외국인들은 모두 30개국 출신으로 약 6천 명에 이르렀다.[15] 오사카쇼센大阪商船, 닛폰유센日本郵船, 다롄기센大連汽船, 가와사키기센川崎汽船 등 6천~9천 톤급의 유럽·미주 항로 대형선들이 입항해 부산을 "세계적인 항구 수준"으로 부상시켰다. 잔교棧橋에는 양산을 들고 모자와 원피스 차림을 한 여인들이 상륙하면서 유행의 관문이 되기도 했다.

후발 제국 일본의 집약적인 건설 방식은 부산의 하부구조에 반영됐다. 부산은 밀려드는 물자와 사람들로 하루가 다르게 변해갔다. 총독부는 20세기 초부터 30년간 줄곧 부산의 도로, 항만, 상수도 기반을 닦았지만,[16] 만주국 건국 후에 시작된 공사는 규모와 속도에서 그 수준을 능가했다. "명실공히 대륙의 현관의 면목을 일신"하기 위해 대형 연락선의 발착을 도모한 잔교 개조공사, 부산진 매립공사, 도로 포장공사, 가로 사업을 비롯해 전차 노선, 부산-해운대 간의 철로, 해운대-좌천 간의 동해 남부선, 부

---

15) 『후산닛포』, 1936년 7월 21일.
16) 김의환, 『부산 근대 도시 형성사 연구』, 연문출판사, 1973, pp. 57~87.

사진 2-2. 양장 차림으로 부산항에 상륙한 일본 여인들. 부산 잔교는 유행을 선도하는 장소였다
(출처: 『후산닛포』, 1933년 7월 14일).

산대교, 부산부청 건축 따위의 공사가 끝없이 이어졌고, 관부연락선 증선
이 추진됐다. 부산은 조선의 여타 도시와 다르게 총독부 소재지 경성을 우
회하고 도쿄, 오사카, 펑톈, 신징 같은 대도시와 직접 접촉하기를 꿈꾼 제
국 속의 "글로벌 시티"였다.[17] 부산의 본격적인 확장은 정확히 만주국 건
국과 시기가 일치했다. 부산항은 갑작스러운 팽창을 따라가지 못해 넘쳐
나는 승객들로 아비규환 상태였다. 여객들의 수는 기록을 계속 경신했다.
양방향 선박 여객은 1932년 70만 명에서 1939년 190만 명으로 증가했고,
철도 여객은 1930년대 초부터 줄곧 100만 명을 넘었으며 1939년에는 한
달에 20만 명을 돌파했다. 그리하여 "동양 제일을 과시하는 대부산항 건

---

17) 이것은 사회학자 사센이 오늘날 자본과 서비스의 집적, 세계적인 거대도시 간 상호 연결의 특징
   을 지니는 뉴욕, 런던, 도쿄 등을 명명한 개념이다. Saskia Sassen, *The Global City: New York, London,
   Tokyo*, Princeton: Princeton University Press, 1991, pp. 22~33.

설"의 관성으로 식민 당국은 "획기적 국책 사업들"을 밀어붙였다.

만주국 건국 이후 질적 가속이 있었다. 1930년대에 부산을 중심으로 일본 제국을 한 덩어리로 만들려는 노력이 해상, 육상, 해저, 상공에서 무서운 속도로 추진됐다. 수송혁명이 산업혁명 다음에 이루어진 영국에 비해 일본 제국은 수송혁명으로 산업혁명을 시도한 셈이고, 수운 다음으로 철도가 발달한 미국[18]과 달리 일본에서는 모든 교통수단의 혁신이 서로 경쟁하듯 거의 동시에 이루어졌다. 관부연락선의 운항 소요 시간은 1933년 4월경 9시간 반에서 9시간으로, 10월에는 7시간 남짓으로 단축됐다. 1936년 10월부터는 "현해玄海의 여왕"이라고 불린 6,500톤급의 대형 연락선 곤고마루金剛丸가, 이듬해 7천 톤급 고안마루興安丸(후일 1950년대 초 소련에 억류된 관동군을 태우고 일본에 돌아온 배)가 취항해 하루에 2천 명 이상을 부산항에 '토해냈고,' 연말에는 연락선 안에서 만주행 열차 급행권이 발매되기 시작해 대륙으로 가는 길이 한결 수월해졌다. 1939년 봄에는 하루에 약 3천 명씩 입항해 잔교에 "살인적 대혼란"이 일었다.

부산-시모노세키-히로시마 간, 그리고 경성-일본 간, 부산-후쿠오카 간의 해저 전화와 일만日滿 간의 무선전화가 개통돼, 1938년 말에는 부산과 만주 사이에서 "모시모시もしもし?"(여보세요?)로 시작하는 통화가 처음 이루어졌다. 공중에서도 일본과 만주의 거리를 좁히려는 노력이 있었다. 일본 육군비행학교 소속 비행기가 부산-신징 간 약 4,800킬로미터를 날았고, 나고야 신문사 주최로 민간 비행기 7대가 도쿄와 신징을 왕복하는 "일만 공중의 마라톤"을 벌였다. 50인승 대형 여객기가 신징-니가타新潟-도쿄 간을 10시간, 도쿄-다롄 간을 7시간 만에 주파하게 됐고, 내선만內鮮滿(오사카-경성-펑톈) 간 1,700킬로미터를 연결하는 항공로가 뚫렸으며, 도

---

18) Wolfgang Schivelbusch, *The Railway Journey*, Berkeley: University of California Press, 1986, pp. 90~93.

쿄-베이징 간 정기 항공 등이 꾸준하게 추진됐다. 1932년에 만주국 정부, 만철, 스미토모住友 합자회사가 자본금 300만 엔으로 설립한 (사실상 관동군 입김하에 있었던) 만주항공은 신의주-평톈-신징-하얼빈-치치하얼齊齊哈爾을 간선 항공로로 삼아 노선을 점차 경성, 후쿠오카, 도쿄로 넓혀갔다. 1933년에 직원 411명, 조종사와 기관사 46명으로 출발한 만주항공은 종전까지 40대의 항공기를 제조한 거대 회사로 성장했다. 또한 일본의 유명한 우익 인사 사사카와 료이치笹川良一가 '국수정의항공대國粹正義航空隊'라는 것을 만들어 만주의 항공(군사 작전)을 도왔다.[19] 1937년 여름에 만주를 여행하고 비행기로 귀국하는 일본인들은 신징에서 다롄까지 평톈을 경유해 3시간 40분, 다롄에서 오사카까지는 신의주-평양-경성-대구-울산-후쿠오카를 경유해 9시간 20분이 걸렸다.[20]

부산을 기점으로 하는 본격적인 스피드 혁신은 무엇보다 철로를 통해 이루어졌다. 일본 제국은 부산-만주 간 철도 시간을 집념으로 단축시켰다. 1930년대의 이 노력은 끝없이 경신되는 20세기 마라톤 기록을 방불케 했다. 부산에서 안둥까지 오갈 때 13시간 반 걸리던 것이 만주국 건국의 해(1932)에 12시간으로 줄어들었고, 2년 뒤 특급열차 노조미가 부산에서 평톈까지, 히카리는 신징까지 달렸다. 1934년 말에는 관부연락선에서 내린 승객을 바로 만주행 열차에 연결해 환승을 용이하게 만들었다. 즉 평톈과 신징으로 곧장 떠날 수 있도록 출발점이 잔교까지 연장된 것이다. 호화 전망차도 부산에서 선보였다. 부산-신징 간 직통인 히카리를 통해 도쿄-신징 간 소요 시간이 52시간으로 단축되었다.

특급열차 노조미는 운행 시간을 각각 도쿄-평톈 8~9시간, 도쿄-경성

19) 前間孝則, 『滿洲航空の全貌 1932~1945: 大陸を翔けた双貌の翼』, 草思社, 2013, pp. 183~86, 210~11.
20) 川村湊, 『滿洲鐵道まぼろし旅行』, 文藝春秋社, 1998, pp. 268~69.

3시간 반으로 단축시켰다. 만주 대도시 다롄-신징 구간에 최고 속력 130킬로미터로 달리는 유선형 기관차 아지아アジア호도 출현했다. 1936년 말 오후 6시, 잔교발 "탄환 열차" 아카츠키曉가 부산-경성을 8시간 만에 쾌주하는 데 성공했고, 1937년 초 "경이의 비연飛燕 열차" 쓰바메燕가 도쿄-시모노세키를 13시간 만에 주파했다. 곳곳에서 속도 경쟁이 벌어졌다. 중일전쟁 후 부산에서 베이징까지 1등 전망차가 딸린 호화판 "세기의 국제 열차"가 등장해 부산을 만주 너머 대륙까지 연결했다. 1938년 10월 1일 오전 8시 30분, 부산발 베이징행 다이리쿠大陸가 약 2,100킬로미터를 38시간 45분 만에 달려 "신생 지나에 첫발을 닿게" 됐다. 다이리쿠와 반대 방향인 베이징발 부산행 코아興亞는 이듬해 11월 발착이 부산 잔교로 연장돼 "탄환"처럼 달렸다. 신문은 만주행 철도의 쾌주를 환몽 상태로 전했다. 끝없는 운행 시간 단축을 "스피도 앗푸スピードアップ, speed-up" "조반을 부산에서, 석반을 안둥에서"라며 열광했다.[21] 열차는 달리면서 대륙과 조선, 일본을 무서운 속도로 붙여나갔다. 부산의 팽창과 속도의 소용돌이는 바로 만주가 불러일으킨 것이었다.

만주와 전시하 지역사회

본국과 식민 국가에 대해 자율성을 획득해나간 아프리카(케냐, 로디지아, 알제리, 튀니지, 남아프리카 등)의 유럽 거류민들colons에 비해, 조선에 살던 일본 거류민들은 식민행정에 의존적인 '제국의 브로커'였다. 뜨내기에서 벼락부자까지 잡다하게 구성된 일본 거류민들의 수는 주둔군 30만 명

---

21) 『후산닛포』, 1934년 11월 11일.

을 제외하고 해방 당시 약 70만 명이었다. 이들은 참정권이나 집회의 자유 등 시민권을 누리지 못하고 일정한 한계 안에서 이익을 추구한 식민행정의 유순한 동맹자이자 대리인 혹은 제국의 팽창과 경영의 전위였다. 이들은 본국이나 식민행정에 끈질긴 로비를 벌이며 산업 전반에 걸쳐 이익을 추구했다. 간혹 조선 경제인들과 공동의 보조를 취했으나, 식민행정의 일부 현안(내선일체, 창씨개명, 조선인 징집 등 조선인의 지위를 강화시키는 것)에 대해서는 이견, 불안, 이중성을 보였다.[22]

만주는 부산에 큰 자극을 주었으나 지역 관청과 주민들 간의 수직적 조화와 위계질서를 강화시켰다. 급기야 중일전쟁과 태평양전쟁은 주민들의 예속성을 극한으로 몰고 갔다.[23] 다소 세력화된 다렌의 일본 거류민들에 비해 부산 시민들, 특히 일본 거류민들은 '관민 합동'이라는 이름으로 식민행정과 긴밀한 협력 관계를 맺고 있었다. 다렌에는 만주국 건국 이전 만주청년연맹, 대웅봉회大雄峰會 등 만주 자치운동, (남만주철도회사 사원소비조합에 대항하는) 소매상들의 운동, 그리고 1936년 일본 거류민들의 치외법권 철폐에 항의하는 '다렌 이데올로기' 등이 있었다.[24] 이에 비해 부산 상공인들은 부산 부회府會, 상공회의소, 부산 번영회 등을 통해 친목을 도모하고 행정 당국과 협력하며 부산을 번영시키는 데 매진했다. 1930년대 초 부산의 일본 거류민들이 상공업과 교통업에 종사한 비율은 29.4퍼센트로 만주국 최대 상공업 도시인 펑톈의 28.8퍼센트를 상회하는, 식민 도시들 중 최고 수준이었다.[25]

22) Jun Uchida, *Brokers of Empire: Japanese Settler Colonialism in Korea, 1876~1945*, Cambridge: Harvard University Asia Center, 2011, pp. 20~24, 255~56, 382~84.

23) 부산의 일본 거류민에 대한 자세한 논의는 한석정, 「만주 지향과 종속성: 1930~40년대 부산 일본 거류민의 세계」, 『한국민족운동사연구』 48집, 2006 참조.

24) 건국 이후에 순화되었으므로 그 정체성을 '저항적'이라고 볼 필요는 없다. 山室信一, 『キメラ: 滿洲國の肖像』, 中公新書, 2004, p. 91; 柳澤遊, 『日本人の植民地經驗: 大連日本人商工業者の歷史』, 靑木書店, 1999, pp. 208~66.

대륙 팽창은 상공인들 이외에도 향군, 청년단 등 기존 사회조직을 활성화시키고, 상이군인회(1939), 부산 국방의회(1933) 등 새로운 조직을 만들어냈다. 여성단체도 있었다. 만주사변 후 일본 정부의 세 부서가 경쟁적으로 대일본연합부인회, 애국부인회, 국방부인회 등을 결성했다. 그중 국방부인회는 1938년까지 750만 명의 회원을 거느렸다.[26] 회원들은 '현처양모' 역할을 수행하며 징집 사업에 종사했다. 병원, 묘소, 청년 훈련장을 방문하고 위문대를 만들어 병사들의 전장 출전과 귀환을 축하했다. 애국부인회와 국방부인회가 부산에 진출해[27] 매년 유가족, 상이군인회, 귀환용사 연합청년단과 함께 출정병 가족을 초대해 위안회를 개최하거나 공장에서 노역 봉사 등을 합동으로 벌였다. 이들은 1942년에 대일본부인회 부산지부로 통폐합됐다.[28] 전시 체제에서 대일본부인회는 가정과 자기희생의 이상을 드러낸 평범한 흰색 유니폼을 지정했다.[29] 이 유니폼은 조선 여성들에게 강요된 투박한 작업복 '몸뻬'[30]에 비해 좀더 여성적이었다.

중일전쟁은 강연, 운동, 연습, 훈련 등으로 부산 주민을 묶어가기 시작했다. 만주국 건국 후의 국민사상 강습회, 소방 연습, 방공 연습, 민심 작흥 주간 등이 중일전쟁 후 방화防火의 날, 비상시국, 국민적 절약운동으로 바

---

25) 1930년대 초 부산의 상공업·교통업 비율은 22.9퍼센트로 인천 23.3퍼센트, 대구 23퍼센트와 비슷했으며 전국 평균은 6퍼센트였다. 그러나 부산에 있는 일본 거류민들의 상공업·교통업 종사 비율은 29.4퍼센트로 일본 제국에서 최고 수준이었다. 같은 분야에서 경성에 있는 일본 거류민들의 비율은 20.1퍼센트, 인천 26.2퍼센트, 평양 22.6퍼센트, 대구 22.8퍼센트, 전국 평균 22.6퍼센트였다. 滿洲國 國務院 總務廳 統計處, 『1次臨時人口調査報告書』, 1937, pp. 118~19; 홍순권, 「일제 시기 부산 지역 일본인 사회의 인구와 사회계층구조」, 『역사와경계』 51집, 2004, pp. 63~64.

26) Gregory Kasza, *The Conscription Society: Administered Mass Organizations*, New Haven: Yale University Press, 1995, p. 89.

27) 박철규, 「일제 시기 부산 지역 일본인 사회단체의 조직과 활동」, 부경역사연구소 엮음, 『일제 시기 부산 지역 일본인 사회 연구』, 2003, p. 54.

28) 『후산닛포』, 1942년 5월 8일.

29) 『후산닛포』, 1942년 5월 23일.

30) 공제욱, 「의복 통제와 국민 만들기」, 공제욱·정근식 엮음, 『식민지의 일상 지배와 균열』, 문화과학사, 2006, pp. 180~87.

꾸고, 화류계의 망년회가 전승 축하연으로 바뀌었다. 영화관에서 모자를 벗지 않은 사람들을 단속하는 등[31] 슬슬 '군국의 기운'이 일었다. 이를테면 군인들을 위한 위문대 사업을 비롯해 총후銃後 보국 강조 주간, 총후 후원 주간, 총후 강화 기간, 애국일, 항공일 등이 정해졌고, 학생들의 보국대(여름 노역)나 애국헌금 모집, 절약·저축 운동, 배영排英 대회 등이 벌어졌다. 또 그 일환으로 라디오 체조, 우량아 선발대회 등이 생겨났고 '군국의 처' 미담이 유행하면서 화류계는 자숙하는 분위기가 이어졌다. 혈서를 바쳐 군인들을 격려하는 유행도 생겼다. 전쟁 막바지인 1944년에는 항공 결전, 증산 결전, 결전 예산, 총돌격 운동(조기, 청소, 정돈), 결사 수송, 옥쇄의 각오, 저축 전사, 10억 전력화, 결승세, 증산 돌격, 결전 금속 회수 등 거의 모든 운동이 전투 용어로 뒤덮였다. 시민들에게 흥분을 안겨준 만주는 식민행정에 대한 협력 너머 절대적 종속을 요구했다.

식민 시대 부산의 문화적 맥락

식민행정과 부산 시민 간의 유기적 관계는 용두산 신사, 『후산닛포』, 화류계 등 문화적 자원을 매개로 이루어졌다. 경성의 남산 신사에서 거류민들의 축제 행렬(많은 거류민들의 출신지인 일본 간사이 지역에서 10월에 행해지는 하카타博多 축제 등)이 시작되듯,[32] 부산에서는 부산 상공제나 부산데이, 관광제, 명치절, 건국제, 육·해군 기념일 등 모든 행사가 용두산 신사에서 열리거나 출발함으로써 식민행정과 거류민 사회의 조화가 무의식적으로 보강됐다. 1933년 명치절의 경우, 용두산 신사에서 궁성요배(도쿄 천

31) 『후산닛포』, 1938년 3월 10일.
32) Uchida, *Brokers of Empire*, p. 82.

황의 궁성을 향한 인사)를 한 뒤 무역전람회와 국화대회가 열리는 등[33] 신사는 국가와 상공인의 결합을 도와주고, 1942년 동래의 편입을 고하는 봉고제奉告祭를 지내는 등[34] 온갖 행정상의 성취도 축원해주었다. 이런 문화적·유기적 관계를 강화시킨 것도 만주사변이다. 시내 중앙에 위치한 용두산 신사는 향군, 청년단, 경찰, 관리, 상공인, 학생 모두가 자주 참배하며 대륙의 승리를 기원하는 도장이었다. 만주국 건국 후 거류민들이 세운 불교 사찰들도 만몽사정 강연회, 만주위문단 모집, 황기 2600주년 봉찬회, 부산 불교봉공회 결성 등 대륙의 팽창을 축원했다.

용두산 신사가 상징의 세계에서 국가와 시민 간의 공동 운명관을 새겨주었다면, 『후산닛포』는 세속에서 적극적인 홍보로 그것을 지원했다. 『후산닛포』는 1904년에 창간된, 조선어와 일본어 신문을 망라해 영남 최대의 신문이었다.[35] 『후산닛포』는 1941년 부산과 마산의 일본어 신문 『조선시보』와 『남선일보』를 흡수한 것으로, 통합 전 부수는 조선인과 일본인 독자를 합쳐 1만 2천 부라고 추정된다. 이것은 경남판 조선어 전국지 『동아일보』『조선일보』『매일신보』의 부수를 훨씬 넘어서는 수치다.[36] 『후산닛포』는 문화생활의 창구와 국가의 충실한 대변인이라는 두 기능을 맡았다. 매년 우량아 선발대회, 유아 애호 주간(5, 6월), 관광·보건·납량 박람회(여름), 춘·추계 경마, 국화대회(11월), 음악회, 무용대회, 미술 전람회, 신춘문예, 공예·오토바이·사쿠라·스모(학생)·정구 대회, 무역전람회, 서커스 등

---

33) 『후산닛포』, 1933년 11월 5일.
34) 『후산닛포』, 1942년 9월 27일.
35) 『후산닛포』, 1941년 5월 29일.
36) 1939년에 조선인과 일본인 독자를 합쳐 발행 부수는 『후산닛포』 1만 2,374부, 『조선시보』 3,036부, 『남선일보』 1,584부였다. 경남 지역에서 『동아일보』는 3,602부, 『조선일보』 2,947부, 『매일신보』 6,451부였다. 이것은 1935년 서울의 중요 신문인 『조선일보』『동아일보』『조선중앙일보』의 부수가 각각 4만 3,118부, 5만 5,923부, 2만 5,505부였다는 것을 참작할 때 대단한 규모라 할 수 있다. 김대상, 『부산 경남 언론사 연구』, 대왕문화사, 1981, pp. 48, 54.

사진 2-3. 1941년 봄『후산닛포』가 주최한 조선철도 대 부산철도의 야구대회를 알리는 광고 (출처:『후산닛포』, 1941년 4월 26일).

과 수재 의연금 모금, 유가족 위안 대회 등 무수한 문화 행사를 주최했다. 4~7월에는 전국 도시 대항전 등 많은 야구 시합을 개최해 '야도(야구도시의 준말)' 부산을 과시했다. 오늘날 한국 최고의 열기를 자랑하는 부산 야구의 뿌리는 여기에 있다.

1936년 6, 7월에만『후산닛포』가 주최하는 일본 프로야구팀 세네타즈 대 부산철도 경기, 규슈 제국대학과 부산세관 실업야구 리그전, 경성의전 대 부산세관의 경기가 구덕운동장에서 줄을 이었다. 경성부청, 용산철도, 대전철도, 야하다 제철 등도 부산철도, 부산세관, 전소 부산팀 등과 경기를 가졌다. 1938년 4월에 일본의 프로야구 명문인 도쿄의 교진巨人과 오사카의 한큐阪急팀이 부산에서 시합을 벌여 모든 관중이 "황홀경"에 빠졌다.[37] 경성에서 배영 국민대회가 개최되고, 당국이 전시 체제와 대영미 성전聖戰을 강조하는 와중에도 부산에서는 야구대회가 꾸준히 열렸다. 1941년 봄,『후산닛포』가 주최한 '봄의 야구 축제' 프로그램이었던 조선철도 대 부산철도의 경기는 큰 광고로 고지돼 부산 시민들의 마음을 설레게 했다.[38]

---

37)『후산닛포』, 1938년 4월 8일.

38) 이외에도 1939년 4월 부산철도 대 용산철도, 9월 (일본 점령하의) 중국 대표 대 부산철도, 1940년 3월 용산철도 대 부산철도, 4월 두 차례의 경성부청 대 부산철도, 1941년 4월 조선철도 대 부산철도,

서면의 경마장에서 매년 4월 초 야구대회와 더불어 열리던 경마대회도 중요한 행사였다. 4월 5일 '부산 애마愛馬 데이'에 관민 공동의 승마 행진이 벌어지는 등 부산 문화에서 말은 중요한 요소였다. 영도는 그 당시 목마장으로 쓰이던 곳이었다. 1920년대에 군마 개량과 준마 사상이 보급되었고, 1930년대에 경마 사업을 통해 재원 확보와 군마 4만 필 조성을 목표로 하는 마정馬政 계획이 수립됐다.[39]

그러다가 태평양전쟁 막바지에 이르자 일본에서는 영어로 된 야구용어가 적성어로 규정되고, 시합도 금지될 운명에 처했다. 9개 팀으로 구성된 프로야구 경기는 1939년 각 팀당 84게임을 치렀지만 1944년 35게임으로 줄었고, 야구 배척운동에 부딪쳐 마침내 1945년에 전면 중단됐다.[40] 하지만 이런 후일의 운명에도 불구하고 1940년대 초까지 부산에는 야구대회, 남선 권투선수권대회, 동래의 밤 사쿠라(벚꽃) 놀이夜櫻, 도 대항 경부역전 마라톤대회, 유도대회, 부민 체육대회 등이 줄기차게 열리며 상대적인 평온함을 유지했다.[41] 이 평온함처럼 부산 거류민 사회는 식민행정의 충실한 동반자였다. 이런 특성이 식민행정에 맞서거나 그것을 좌지우지했던 아프리카의 유럽 거류민들과의 중요한 차이다.[42] 황실을 정점으로 하는 가족국가 이념이 학교 교육이나 신사를 통해 주입되며 식민행정과 거류민은 위계하의 유기적 조화를 이루었다.

정신적 중심인 용두산 신사, 관리와 상공인 들의 접점인 미나미하마와

5월 경성, 부산과 일본 모지門司 간 도시 대항전, 전全 대구팀(대구 올스타) 대 부산철도 정기전 등 수많은 야구대회가 열렸다.

39) 안미정, 「부산 미군 하야리아 부대의 공간적 변용과 의미」, 『지방사와 지방문화』 16권 1호, 2013, p. 279.

40) http://ja.wikipedia.org와 http://forum.axishistory.com 참조.

41) 이 행사들에 관해서는 『후산닛포』 최후의 자료(1932년에서 1942년 9월분과 1944년 1~3월분까지의 것)에 의거한다.

42) Caroline Elkins & Susan Pederson(eds.), "Introduction," *Settler Colonialism in the Twentieth Century*, New York: Routledge, 2005, p. 5.

미도리마치의 화류계, 유행의 입구이자 대륙과 일본을 잇는 자살의 명소 잔교, 경마꾼들의 집결지 서면 원두, 야구장인 대신동 공설운동장은 시민들의 문화생활과 낭만의 거점이었다. 봄철의 사쿠라를 즐기고, 여름이면 야구대회를, 가을에는 국화대회를 벌이던 부산의 거류민들은 패전 후 일본으로 귀환한 뒤 깡그리 파괴된 "낯선 일본 사회를 보고 충격에 빠지는" 역逆 컬처쇼크를 겪었다.[43] 이것은 일본 제국이 균질적인 공간이 아님을 뜻한다. 제국은 부산에서 국방국가 만주국까지 이질적인 부분들로 구성됐다. 부산은 평온한 공간이었다. 『후산닛포』는 조선이 낳은 유명한 무용가 최승희를 3회나 초청하고, 당시 동북아의 우상이었던 리샹란도 초청했다. 또한 『후산닛포』는 특별히 황제 푸이의 즉위,[44] 만수절, 건국기념일, (일본의) 승인 기념일, 만주사변 기념일, 징병제 실시 등 만주국의 중요 행사들과 만주에 관한 특집을 줄기차게 실으면서 부산의 만주 지향을 도왔다.

화류계도 식민행정의 후원자였다. 부산데이나 상공제 등은 관청, 시민, 화류계가 공동으로 벌이는 일대 행사였다. 상하이, 펑톈, 블라디보스토크를 따라갔듯 매춘부는 일본 제국의 동반자였다. 1905년 펑톈에 사는 일본 여성의 과반수, 창춘에 사는 일본인 64퍼센트가 매춘부였고[45] 1890년경 상하이에 사는 일본인의 3분의 2가 여성이었으며 그중 대다수는 매춘부였다. 1890년 블라디보스토크에 사는 일본인 392명 중 여성과 남성의 비율은 3.2 대 1이었고, 1900년경에는 일본인 1천 명 중 200명이 매춘부였다.[46]

43) 최인택, 「일제 시기 부산 지역 일본인 사회의 생활사」, 『역사와경계』 52집, 2004, p. 130.

44) 푸이溥儀(1906~1967)는 청조의 마지막 황제인 선통제宣統帝를 이른다. 2세에 즉위했다가 청조 붕괴 후 관동군의 공작으로 만주국 황제가 됐다. 종전 후 부역의 대표자로 복역하다 이후에는 정원사가 된 극적인 인생을 살았다. 영화 「마지막 황제」(1987)에서 그의 삶을 다루기도 했다. 만주국 시절 그의 지위, 역할 등에 대해서는 한석정, 『만주국 건국의 재해석』, 7장 참조.

45) 塚瀨進, 『滿洲の日本人』, 吉川弘文館, 2004, pp. 14~16.

46) Joshua Fogel, "Integrating Chinese Society: A Comparison of Shanghai and Harbin," Sharon Minichiello(ed.), *Japan's Competing Modernities*, Honolulu: University of Hawaii Press, 1998, pp. 47~48.

인근 지역과 규슈에서 흘러들어 온 창기들로 경남은 줄곧 창기가 가장 많은 지역이었다. 1930년 경남의 창기들 중에서 나가사키, 후쿠오카, 구마모토 출신이 일본인 창기의 55.3퍼센트를 차지했고, 조선인 창기 중에서는 경남 출신이 32.2퍼센트였다. 부산 미도리마치는 일본인 창기가 가장 많은 유곽 단지였다.[47)]

부산 예기들의 거동은 늘 지역적 관심사였다. 1936년 말에는 망년회로 온 시내가 떠들썩하게 흥청거렸고, 1937년 말에는 난징을 함락시키면서 3일간 전승 축연이 벌어지는 등 화류계는 오랫동안 흥성했다. 1939년까지 주요 극장들은 줄기차게 음악, 연극, 가부키 등을 공연하며 부산이 별천지임을 과시했다. 제국의 만주 진출로 이들의 공적 역할이 더욱 돋보이게 됐는데, 북상 혹은 귀환하는 일본 보충 부대들이 부산 시내를 행진할 때면 부두와 역전은 이들이 흔드는 일장기로 물결쳤다. 또한 이들은 권번연합방공단과 부인방공방첩단을 조직해 소방 연습, 방공·방첩 운동 대행진을 벌였다. 그리고 우한이 함락되자 시내 행진과 국민총력연맹이 주관하는 궁성요배와 묵도 등에 매일 참가하고 충령탑 건설 헌금, 수익금 헌금을 위한 합동 무용대회를 열기도 했다. 부산 예기들이 봄철에 번 수입 전부를 비행기 건조에 기부하자 미도리마치 영업조합은 1932년부터 매년 봄가을에 예·창기 위안대회(『후산닛포』가 후원하고 경찰서장이 참석해 격려한 행사)를 열었다.[48)] 이들은 제국의 사업에 헌신한 공인들이었다.

---

47) 송연옥의 연구에 의하면, 1940년 조선에서 일본인 매춘부는 4,273명, 조선인은 9,580명에 달했다. 경남은 1916년에 전국 유곽 지정지의 57퍼센트, 1930년에 30퍼센트, 1940년에 28퍼센트를 차지했고, 1929년 말 부산 미도리마치는 일본인 창기가 가장 많은 곳이었다. 宋連玉, 「日本の植民地支配と國家的 管理賣春」, 『朝鮮史研究會論文集』 32輯, 1994, pp. 62~67.

48) 『후산닛포』, 1932년 11월 6일.

만주행 엑소더스

만주사변 후 만주는 부산에 그치지 않고 조선 전체와 급속도로 가까워
졌다. 만주는 마치 국토의 한 부분처럼 조선 사회의 일상적 관심사가 됐
다. 조선 언론에는 만주에 관한 크고 작은 소식이 만주국에서 보도 통제된
것까지 실렸기 때문에 (일부) 조선의 독자들은 동북아 정세에 관해 국제적
인 안목을 기를 수 있었다. 또한 이들의 행동반경도 넓었다. 예컨대 1939
년에 시인 백석은 동거하던 기생 자야子夜를 두고 훌쩍 신징으로 떠났고,
그가 떠나기 전 이별을 예감한 그녀는 상하이에서 한 달을 지내다 돌아왔
다.[49] 만주국 내외의 안전 문제는 조선 초미의 관심사였다. 비적匪賊 관련
소식, 만주국군과 소련군의 교전 소식 등이 조선 언론에 대문짝만 하게 보
도됐다. 만주 비적들의 배후로 국민당 정권, 전 만주 군벌 장쉐량, 소련 등
이 지목됐다. 냉전 시대 한국 사회에서 굳어져 있던 소련에 대한 부정적인
이미지는 1930년대로 거슬러 올라가는 셈이다.

그리고 조선인의 대대적인 이민이 있었다. 기존 연구는 만주 이민의 시
발점을 주로 1910년대 조선총독부의 대토지조사사업과 만주 공업화와 관
련됐다고 본다. 토지조사 과정을 통해 일본인들이 땅을 차지하게 되자 땅
을 잃은 조선인들이 만주로 이주했고, 더불어 조선 북부와 만주의 공업화
가 남부의 유휴 노동력을 흡수했다는 주장이 그러하다.[50] 조선의 일본 거
류민 가구 하나가 조선 농민 2~5가구를 쫓아냈다는 연구도 있다.[51] 그

---

49) 김자야, 『내 사랑 백석』, 문학동네, 1995, pp. 153~70 참조.

50) Andrew Grajdanzev, *Modern Korea*, New York: Institute of Pacific Relations, 1944, p. 76; In-Teak
Chung, "The Korean Minority in Manchuria, 1900~1937," PhD diss., American University, 1966, p.
27; Bruce Cumings, *The Origins of the Korean War*, vol. 1, Princeton: Princeton University Press, 1981,
p. 55.

51) Hyung Gu Lynn, "Malthusian Dreams, Colonial Imaginary: The Oriental Development Company
and Japanese Emigration to Korea," Caroline Elkins & Susan Pederson (eds.), *Settler Colonialism in the*

러나 이런 구조적 설명들은 1930년대 후반에 이뤄진 대규모 이민을 온전히 설명하지 못한다. 조선인들의 만주 이주는 1910년대 이래 꾸준히 이어졌지만 만주국 건국 후 본격적으로 증가하기 시작했다. 또 1930년대 남부 지방의 상대적인 과잉인구를 신흥 공업지인 함경도로 보내는, 이른바 지역 간 노무 수급 조정책이 1934년에 시행됐으나, 열악한 산간벽지의 노동 조건을 견디지 못한 대부분의 노무자가 탈주하는 바람에 이 정책은 결국 실패로 끝났다.[52]

그런데 1936년 여름, 조선의 신문들이 만주에 관한 특집 기사를 돌연 수십 회나 연재하며 만주 이주를 독려하는 등 대규모 이주 붐이 벌어졌다. 조선총독부는 선만척식제령을 공포해 향후 15만 호를 만주로 이주시킨다는 원대한 계획을 세웠고, 만주국 정부도 조선 이주자를 지휘하고 통제하는 만선척식회사를 설립하기로 공포했다. 식민지로부터 제국 중심으로 이주하는 문제는 원래 제국주의자들에게 골칫거리 쟁점이다. 이들의 대량 이주는 식민 본국에 인구 증가와 실업 문제를 초래할 수 있기 때문이다. 그래서 조선인의 만주 이주책은 늘 과도한 일본행을 분산시키기 위한 방법으로 고려되어왔다. 관동군은 만주국 건국 초기에 조선 남부 지방의 과잉인구를 해결하기 위한 조선총독부의 이주 제안에 일본 무장이민을 우선시하고, 조선인 이주에 대해서는 방임 정책을 폈다. 그러다가 조선인의 일본 도항 문제가 심각해지자 1934년 들어 만주 이주 제안이 우세해지기 시작했다.[53] 1936년, 이 특정한 시점에 만주로의 대대적인 이주 정책이 추진된 배경은 무엇일까? 그것은 남부 지역에 연속으로 들이닥친 자연재해

Twentieth Century, p. 36.

52) 김민영, 『일제의 조선인 노동력 수탈 연구』, 한울아카데미, 1995, pp. 39~40.

53) 松村高夫, 「日本帝國主義下における滿洲への朝鮮人移動について」, 『三田學會雜誌』 63輯 6号, 1970, p. 82; 김기훈, 「만주의 코리안 디아스포라: 제국 내 이민 정책의 유산」, 한석정·노기식 엮음, 『만주, 동아시아 융합의 공간』, pp. 202~206.

였다.

장혁주가 일본어로 발표한 등단 소설 「아귀도餓鬼道」(1931)에서 묘사했듯, 1930년대 초 영남 농민들은 가뭄 속에서 풀뿌리와 좁쌀을 섞은 죽으로 연명했다.[54] 그 뒤 여름마다 조선 남부 지역에 수해가 발생했다. 1933년 7월, 남부 일대에 호우가 쏟아져 낙동강 부근이 위기를 맞았다. 영남 일대에서 모금운동이 벌어졌고, 일본 천황이 수해 구휼 '어하사금御下賜金'이라는 것을 보내왔다. 1934년 8월에는 더 큰 수재가 있었다. 8월 초 발생한 홍수로 경남의 이재민이 18만 명에 이른다고 보도됐다. 수재가 거듭되자 조선총독부는 수해 이재민을 황해도와 만주로 보내는 계획을 발표했다. 각지에서 이주 희망자가 속출했다. 드디어 경남 이재민 200호가 1934년 10월 20일에 만주로 떠났다. 신문은 "비장한 출발"이라는 제목으로 최초의 이민자들인 경남 진영의 이재민 52호가 밤 열차로 떠나는 것을 보도했다. 전북 이재민 123명도 같은 해 11월 초 잉커우營口로 떠났다. 그해 말, 조선총독부는 200만 호의 이주를 목표로 하는 이민 회사의 창설을 언급했다.

본격적인 이주는 1936년에 추진됐다. 1936년 8월에 들이닥친 수재는 초대형 규모였다. 6월에는 조선 전체에 한발이 엄습했다가 7, 8월에 호우가 쏟아졌다. 8월 말, 큰 비로 영남과 강원 일대가 침수돼 그야말로 '홍수 지옥'이 따로 없었다. 사상자는 경남 1,600여 명, 강원도 1천 명, 어선 피해는 1,200여 척에 이르렀다. 밀양의 피난민만 5천여 명, 대구의 사망자가 360명이었고 강원도 내의 교통은 거의 두절됐다. 팔도에서 사상자와 행방불명자가 약 6천 명, 가옥 피해 16만 4천여 호, 이재민은 모두 약 100만 명으로 집계됐다. 고령군의 경우 "부락이 전멸, 모두 초근목피로 살아간다"라고 전해졌다. "시정 이래 가장 큰 참사"[55]였던 이 물난리로 인해 우가키

---

54) 장혁주, 「아귀도」, 호테이 토시히로·시리카와 유타카 옮김, 『장혁주 소설선집』, 태학사, 2002.
55) 『후산닛포』, 1936년 9월 11일.

총독, 경북도지사와 경무국장이 경질됐다.

이 수재로 만주 이민이 "항구적인 복구책"으로 부상했다. 농민들에게 만주는 탈출구였다. 수해 지역을 답사한 기자들에게 밀양 농민들은 "푸른 한숨을 내쉬며, 만주에라도 갈 거요"라고 말했다고 한다.[56] 같은 해 11월 경북 지역에서 만주로 가는 이주자는 5천 명에 달했다. 대구 한 곳에서만 이주 희망자가 1,600호(약 8천 명)나 됐다. 이재민 구제 대책은 국가적 사업으로 떠올랐고, 총독부는 선만척식회사를 설립해 "15년간 매년 조선인 1만 호(5만 명) 자작농 창정"을 발표했다. 이 발표와 더불어 전국적으로 만주 이민 바람이 불었다. 경북도청은 갱생농원이라는 것을 세워 이주 희망자들에게 '만선일여 정신'을 주입하는 등, 이주자에게 필요한 훈련을 행하기로 했다. 봄이 되자 김천 기차역은 "낙토를 찾아가는" 이주자들로 대혼잡을 이루었다. 1937년 2월 한 달 동안 1,800명, 하루 평균 65명이 만주로 떠났다.[57] 만주행 엑소더스가 영남에서 시작된 것이다.

조선총독부는 1937년 봄에 강원도 일대의 이재민들도 본격적으로 만주로 이주시켰다. 이들을 수송하느라 객차가 부족한 지경에 이르렀다. 1차로 함경남도와 강원 등지의 2,700여 호가 만주 젠다오間島(간도) 성의 안투安圖, 옌지延吉(연길), 왕칭汪淸 현 등의 집단부락으로 "일만日滿 군경비대의 엄중 호위 아래" 수송됐다. 경북의 1차 농업 이민으로 책정된 호수는 430호였는데 도내 희망자가 격증하여 100호를 더 할당할 것이라 했다. 이때 이주 허가를 받지 않은 주민들이 가재도구를 들고 대구역으로 몰려가 혼잡을 빚기도 했다. 이재민들이 만주행을 경쟁적으로 지원하는 통에 당국은 이들을 선별하여 할당 호수를 채웠다. 3월에는 대구, 합천, 함양, 거창, 하

56) 『매일신보』, 1936년 8월 22일.
57) 『매일신보』, 1937년 3월 9일.

사진 2-4. 만주행 이민 행렬. 대구역에 밀어닥친 경북 농민들의 모습(출처: 『후산닛포』, 1937년 3월 16일).

동, 산청, 의령, 밀양 등지의 농민 약 3천 명이 출발했다.[58] 1938년 3월에 제1차 이민, 4월에는 '만주 자유 이민(만주 거주자의 연고자)' 등 3,500여 호가 이주했고, 1939년에는 추가로 3천 호가 각지에 배당돼 전국에서 이민단이 출발했다. 그리고 이주민, 이주지의 명칭도 '개척민' '개척지'로 바꾸어 긍지를 높였다. 5월에 조선총독부는 허가받지 않은 지역으로 이주하는 것을 불허하고, 각 도의 이주자 할당을 각 군에 배분해 엄선하기로 했으며, 이주 증명서가 없는 자는 송환될 것이라고 엄포를 놓았다. 이처럼 1930년대 후반의 조선은 이주 열풍으로 들끓었다. 그리고 그 물꼬는 대형 수재가 튼 것이었다. 그런데 조선-만주 간 이동은 간단하지 않았다. 만주국과 조선 사이에 굳은 경계가 있었다. 그 경계는 만주국 내부에도 그어져 있었다.

---

58) 『매일신보』, 1937년 3월 16일, 3월 30일.

만주국의 경계

제국은 기존의 자연적·토착적 경계를 무너뜨리지만, 그렇다고 평평하고 동질적인 공간은 아니다. 자신의 고유 영역을 주장하는 식민 국가들로 구성되기 때문이다. 오늘날 주권국만큼의 장벽은 아닐지라도 이들 사이에는 여러 지리적·행정적 경계가 존재했다. 일본 제국도 마찬가지로, 예컨대 일본 본국과 조선을 잇는 시모노세키와 부산 세관은 양방향의 탈주자나 불법 인사들을 단속하는 경계였다. 1930년대에 도항증이 없는 조선인들의 약 60퍼센트가 부산 혹은 고향에서 저지당했고, 일본에서 사고를 치고 조선으로 도망가려던 일본인들도 두 항구에서 쉽게 붙들렸다.[59]

제국주의는 본질적으로 경계를 지우고 다시 생성시키는 이중적 현상이다. 제국은 지리적·경제적 통합을 위한 하부구조를 마련하는 동시에 여러 경계를 통해 분절(혹은 독립적 단위)의 씨앗을 뿌린다. 그 결과, 제국은 내부에 여러 매끄럽지 않은 결절과 봉합선을 낳는다. 예컨대 18세기 남미에 건설된 스페인 제국의 여러 행정단위는 결국 민족적 의미를 획득해 독립운동을 거쳐 주권국가들로 발전했다.[60] 19세기에 영국인과 프랑스인 들에 의해 나뉜 아프리카 서부의 '하우사랜드Housaland'도 결국 영어권과 프랑스어권 국가(나이지리아와 니제르)로 분리돼 독립했다.[61]

만주국의 '독립국' 형식은 예기치 않은 일들을 초래했다. 예컨대 일본인 전문 관료들이 차관직 등에 앉아 중요 행정을 맡았으나, 총리와 대신을 위

---

59) 조선인들이 일본으로 대거 파송되기 시작했던 1925~39년까지, 조선인이 일본에 방문하려면 도항증이 필요했다. 그래서 조선 남부에는 도항증을 위조하는 행태가 오랫동안 존속했다. 김민영, 『일제의 조선인 노동력 수탈 연구』, pp. 36~37.

60) Anderson, *Imagined Communities*, p. 105.

61) William Miles, *Hausaland Divided: Colonialism and Independence in Nigeria and Niger*, Ithaca: Cornell University Press, 1994, p. 15.

시한 중앙과 지방 행정직에 중국인을 다수 임용하는 등 중국인들에게 관료 조직과 경찰의 상당 비율을 할애했다. 관료 임용 시 중국인·일본인의 묵시적 비율(1:1)은 경찰에서만큼은 예외로, 경찰의 90퍼센트 이상이 중국인이었다.[62] 독립국 형식은 재만 일본 거류민들의 치외법권 철폐를 통해 특권 행사에도 제동을 걸었다. 1936년 일본 정부와 만주국 정부 간의 치외법권 철폐 조약 체결로 전국 75개의 일본인 민회, 204개의 조선인 민회가 행정사무, 시설과 직원의 일부를 만주국 정부에 인계하고 해산됐다.[63] 식민 국가가 본국이나 외래 거류민들의 이익과 다른 고유의 행정 논리를 지닌 것도 흔히 간과되는 사실이다. 버만과 론즈데일이 일렀듯, 식민 국가도 "융합의 요인"—즉 원주민을 포함한 외래 거류민과 다양한 집단의 상충하는 이해를 조정하는 특징—을 보유한다.[64] 식민 국가는 루만이 말하는 사회 체계의 성격, 즉 잠재적인 자율성autopoiesis을 지닌다.[65] 초기 만주국은 자율성의 방향으로, 독립국 형식은 관동군 지도자들이 본국의 명령을 거부하는 명분으로 진행됐다.[66] 궁극적으로 식민 국가는 오직 본국 정부나 외래 거류민을 위해 존재하는 일관된 기구라기보다 임시변통, 즉흥, 예측 불가능의 "중고차" 신세였다.[67]

외양상 독립국을 표방한 만주국은 건국의 기원에서부터 본국과 충돌을

62) 만주국 초기인 1935, 1936년에 중국인과 일본인의 비율은 행정직 1.1 대 1, 경찰 17.5 대 1이었다. 1939년에는 경찰 11.4 대 1 정도에 이르렀다. 山室信一, 『キメラ』, pp. 114~15; 滿洲國 公安局, 『滿洲國警察槪要』, 新京, 1938, pp. 15~17; 幕內萬進, 『滿洲國警察外史』, 三一書房, 1996, p. 226.

63) 일본인 직원 206명 중 100명과 조선인 직원 395명 중 54명이 만주국에 흡수됐다. 滿洲國史 編纂刊行會, 『滿洲國史 總論』, 第一法規出版, 1970, pp. 487~88.

64) Bruce Berman & John Lonsdale, *Unhappy Valley: Conflict in Kenya and Africa*, Columbus: Ohio University Press, 1992, p. 94.

65) Niklas Luhmann, *Social Systems*, J. Bednarz(trans.), Stanford: Stanford University Press, 1995, p. 34.

66) 한석정, 『만주국 건국의 재해석』, pp. 201~203 참조.

67) Nicholas Thomas, *Colonialism's Culture: Anthropology, Travel and Government*, Princeton: Princeton University Press, 1994, p. 65; 한석정, 『만주국 건국의 재해석』, p. 37.

일삼았다. 만주사변은 일본의 지시와 무관한 관동군의 단독 거사였을 정도로, 만주국은 초기 형성 때부터 독자성을 가지고 나아간 유별남이 있었다. 1936년 외국인(일본인)의 치외법권 철폐에는 여러 배경이 있었으나, 만주국이 주권국임을 국제사회에 과시하는 제스처이기도 했다.[68] 1937년 4월, 만주국 장징훼이張景惠 총리가 조선을 방문했을 때 경성 시민들은 만주국과 일본의 국기를 나란히 게양하며 그를 독립국 대표로 맞았다. 만주국 정부는 조선인들의 무허가 월경, 특히 밀수에 엄격했다. 1935년 여름 신의주에서 만주국 세관 직원들이 조선 밀수선을 끝까지 추격해 전복시킨 뒤 범인을 곤봉으로 때려 죽인 사건이 발생하여 조선총독부가 이것을 문제삼기도 했다.[69] 이런 특성은 양국의 관세 문제, 주로 일본과 조선이 만주국으로 수출하는 상황에서 나타났다. 만주국이 세운 사실상의 국경인 관세 장벽은 일본과 조선 재계 지도자들의 끝없는 요구에도 아랑곳없이 굳건했다. 만주국은 노동력이나 상품을 값싸게 사고파는 시장이 되기를 거부한 것이다. 일본과 조선의 생산품에 매기는 높은 관세는 그것이 만주국의 중요 수입원이라는 점에서도 중요했지만, 국제사회의 시선을 의식한 '독립국' 행세와도 관련이 있었다. 그 결과, 값싼 노동력과 원자재를 얻기 위해 만주로 진출한 조선의 기업은 극소수였다.

부산의 상공업자들은 수산물을 만주에 판매할 때 드는 높은 철도 운임과 관세를 낮춰달라고 자주 요청했으나 만주국의 관세는 요지부동이었다. 부산의 '수산왕'이자 상공계 최고 거물인 가시이 겐타로香椎源太郎[70]가 조

---

68) 한석정, 『만주국 건국의 재해석』, pp. 201~203.

69) 『후산닛포』, 1935년 7월 16일.

70) 그는 만선어시장 연합회장이자 부산 상공회의소 회두會頭(소장)이기도 했다. 그는 한일병합을 측면에서 도운 유명한 우익 집단 겐요샤의 건달 출신으로, 이토 히로부미를 통해 조선 왕실이 소유했던 황금 어장의 경영권을 얻었다. Uchida, *Brokers of Empire*, p. 235. 겐요샤에 대한 이야기는 3장에서 자세히 다룬다.

선총독부에, 부산 상공회의소가 다롄 세관에 각각 수산물 관세를 인하해 달라고 거듭 진정했으나 별 진전이 없었다. 1933년, 만주국은 평양산 양말과 신의주산 목재에 20~70퍼센트까지 관세를 매겨 기업인들이 총독부에 관세 인하를 탄원하는 소동이 벌어졌다. 이에 맞서 조선총독부는 '조선 상품의 보호 견지에서' 만주산 조粟의 수입세를 100근당 50전에서 1원으로 인상하고, 사과의 수입은 허가제로 바꾸는 등 보복 조치를 취했다. 사실 만주산 사과의 수입량은 미미했으므로 이 조치는 상징적인 것이었다. 그런데 이것은 조선의 대만주 수출업자들 사이에서 만주국 측을 자극하고 만선 무역에 암영을 드리우는 것 아니냐는 우려를 낳았다. 1930년대에 조선 사과의 생산과 (일본, 타이완, 만주 및 중국, 남양, 인도 등지로의) 수출이 증가하는 추세였기 때문이다.[71] 만주국 관세는 일본 제국 전체의 현안이 됐다. 도쿄에서 열린 일본 상공회의소 총회에서 만주국 수입관세 개정의 건이 최우선적으로 논의됐다. 1934년 11월 총독부는 만주국 정부에 염건어, 술 등에 대한 관세 인하를 요망했고 만주국은 면제품, 소맥분 등 생활필수품과 건어물이나 어류 통조림 등에 대해 약간의 관세 인하를 단행했다.

1936년 관동군 사령관 출신 미나미가 조선총독에 부임한 이래 만선의 화해 분위기가 조성됐지만[72] 만주국은 무관세가 재정 파탄을 초래할 것이라는 입장을 고수했다. 또한 특혜 관세에 대해서도 그것이 구미 열강을 자극해 만주국을 독립국이 아닌 일본의 속국으로 간주하게 할까 봐 우려했다. 조선총독부와 만주국 정부 사이에 북선北鮮 5개소의 세관 공동검사 합의 등 물자 이동에 관한 조치가 있었으나 관세 개정은 일만, 만선 간의 이

---

71) 이호철, 『한국 능금의 역사, 그 기원과 발전』, 문학과지성사, 2002, p. 256.
72) 전임자 우가키 총독 시절에는 관동군 장교들과 갈등 관계에 있었다. 정안기, 「1936년 선만 수뇌의 도문회담과 만선일여」, 『만주연구』 12집, 2011, p. 187.

해 대립으로 지지부진했다. 1937년 12월까지 4차 개정에 이르러 만주국
은 조선의 수출품 9종에 대해, 조선은 만주국의 수출품 50여 종에 대해 관
세 인하를 단행했다. 그러나 만주국은 과거 무관세였던 농산품 중 몇 품목
에 새로 관세를 부과했고, 41개 품목에 대해 관세를 60퍼센트 이상 인상
시켰다.[73] 몇 차례의 개정에도 불구하고 상황은 크게 개선되지 않았다. 일
본, 조선과 만주국 간 관세가 실질적으로 폐지된 것은 전쟁 막바지인 1944
년에 이르러서였다.

만주의 인구 구성과 조선인의 사회적 지위

만주국 내부에도 민족적 위계에 따른 여러 경계가 있었다. 조선인들은
과거 동만주(동만) 지역 항일운동의 주축이었다.[74] 과거 오랜 항일운동의
역사와 특히 1930년까지 이어진 극좌 투쟁으로 재만 조선인들은 대량 검
속 혹은 밀착 감시를 당했다.[75] 1930년대 중반에 김동한이 조직한 젠다
오협조회는 항일 인사들을 상대로 대대적인 정보·귀순 공작을 펼치고,
1930년대 말에 만들어진 젠다오특설대는 동만과 러허熱河 지역에서 항일
세력 토벌 작전을 수행했다.[76] 그러나 1930년대 만주는 과거와는 판이한
세계였다. 만주가 기회의 장소로 떠오르면서 어디에서나 조선인을 볼 수
있을 정도로 수많은 조선인들이 정착했고, 이들은 하인, 막노동꾼, 가게 점

---

73) 田中隆一,「對立と統合の鮮滿關係: 內鮮一體, 五族協和, 滿鮮一如の諸相」,『ヒストリア』152輯,
   1996, pp. 124~25.
74) 1928년부터 해방까지 옌볜 지역에서 희생돼 항일 투쟁 열사로 공인된 3,125명 중 조선인은 3,026명
   으로 98퍼센트에 달했다. 김효순,『간도특설대』, 서해문집, 2014, p. 79.
75) 김성호,『1930년대 연변 민생단 사건 연구』, 백산자료원, 1999, p. 382.
76) 김효순,『간도특설대』, pp. 102~103, 146~59.

원, 장사꾼, 마약상, 포주 등 별별 직업을 다 가졌다.[77] 만주국 건국 이전에 창춘, 안둥, 펑톈의 조선인 10~20퍼센트와 하얼빈의 조선인 90퍼센트가 아편 밀매와 연관업煙管業에 종사했다는 추정이 있는데,[78] 만주국 시대에 그 사정이 크게 변하지는 않았을 것이다. 예컨대 1935년 조선인 접객업 종사자 비율(펑톈 2.4퍼센트, 신징 27.1퍼센트, 하얼빈 61.4퍼센트)은 중국인, 일본인보다 월등히 높았다. 펑톈에서 조선인이 운영하는 기생집이나 유흥업소 비중은 일본인 업소의 2배였다.[79]

만주의 산업 개발 5개년계획에 따라 노동력 수요가 많았음에도 불구하고, 조선인들은 심각한 취업난에 허덕였다. 만주에는 부랑자로 전락한 조선인들이 득실득실했다.[80] 만주에서 사고를 치고 도망치는 이들, 심지어는 처를 팔고 도망가는 이들도 있었다. 개성에서 만주행 여비를 얻으려고 강도 행각을 벌이거나, 평양에서 만주국 지폐와 수입 인지를 대규모로 위조한 자들이 검거되기도 했다. 부산에서는 펑톈, 하얼빈 등지로 수송되는 생선 상자 속에서 권총 60정이 발견돼 경찰이 발칵 뒤집히는가 하면, 조선과 만주에서 암약하는 금괴 밀수단이 적발되기도 했다.[81] 만주는 미국 개척 역사에 나오는 '황야의 엘도라도'였다.

재만 조선인들의 사회적 위치는 어땠을까? 그간의 인구 통계는 혼돈의 상태에 있었다.[82] 1940년에 시행된 만주국 센서스는 일본 제국 전체에서

---

77) Francis C. Jones, *Manchuria since 1931*, Oxford: Oxford University Press, 1949, pp. 69~71; 신규섭, 「재만 조선인의 만구국관 및 일본 제국관」, 『한국민족운동사연구』 36집, 2003, p. 316; 田中隆一, 『『滿洲國』と日本の帝國支配』, 東京: 有志舍, 2007, pp. 123~37.

78) 박강, 「만주사변 이전 일본과 재만 한인의 아편·마약 밀매 문제」, 『한국민족운동사연구』 35집, 2003, p. 325.

79) 윤휘탁, 「만주국 정부의 민족 구성과 운영상의 특징」, 『중국근현대사연구』 43집, 2009, pp. 303~305.

80) 윤휘탁, 「만주국의 '이등 국(공)민,' 그 실상과 허상」, 『역사학보』 169집, 2001, p. 160.

81) 『매일신보』, 1936년 10월 24일; 1937년 1월 21일; 1938년 5월 13일; 1939년 3월 21일.

82) 예컨대 한국과 일본 학계에서 자주 인용되는 마쓰무라 다카오의 1930년대 도만 인구수는 약 26만 명, 1940년 만주국 센서스의 것은 약 70만 명으로 무려 3배의 차이가 있다. 현규환의 해방 당시 조

타이완(1905), 일본(1920), 조선(1930, 1935, 1940)에 이어 네번째이자 만주국 최초의 본격적인 인구조사다.[83] 이에 따르면 재만 조선인은 전체 인구의 3.4퍼센트를 차지하며, 성비(119.5)는 만주국 평균(도시 168, 농촌 119.8)을 감안하면 안정적이었다. 또 16~30세에 해당하는 청년층 인구가 30.1퍼센트로 높다는 특징을 가지고 있었다.[84] 재만 조선인들은 1910년대 20만 명이던 것이 점점 늘어나 1916년에 28만 명, 1920년에 46만 명, 1930년에 60만 명, 1940년에 145만 명에 이르렀고 해방 당시에는 195만 명 정도에 이르렀다.[85] 한편 1915년부터 중일전쟁 발발 전인 1936년까지 재만 조선인은 농촌 지향적인 특성이 두드러졌다. 재만 일본인의 경우에는 관동저우關東州(1937년까지 만주국의 치외법권 지역이었던 다롄과 그 주변), 만철 부속지(만주국 내의 만철 연변), 상부지商埠地(자율적 개방지, 즉 상업 구역)에서 거주하는 비율이 꽤 높았고 일본 군경이 보호하는 안전한 지역에서 살았다고 판단된다. 지역별로 보아도 일본인들은 가장 도회적인 평톈과 관동저우에, 특히 다롄과 신징 같은 안전하고 쾌적한 도시들에 몰려 있었다. 재만 일본인 중 농업 인구는 4.5퍼센트(1940)에 불과했다. 이 사정은 조선의 일본 거류민들과 유사하다.[86] 재만 일본인들의 약 90퍼센트가 도회에 집중되어 있었는데 이 비율은 20세기 초 알제리 거주 유럽인들pied

---

선인 인구수(최소 216만 3,115명)는 박경숙의 추계와 10만 명 정도 차이가 난다. 그의 1940년 만주국 인구수(3,500만 명)도 센서스의 수치(4,323만 3,954명)와 무려 800만 명 이상 차이가 난다. 松村高夫,「日本帝國主義下における滿洲への朝鮮人移動について」, p. 87; 박경숙,「식민지 시기 조선의 인구 동태와 구조」, p. 47; 현규환,『한국유이민사 상』, 어문각, 1976, p. 3; 滿洲國 國務院 總務廳 統計處,『康德7年 臨時國勢調査: 全國編』, 新京, 1942, p. 7.

83) 安元稔,『近代統計制度の國際比較』, 東京: 日本經濟評論社, 2007, pp. 192, 223.

84) 재만 조선인의 인구, 1930년대 도만 인구, 기착지, 성별 분포, 산업 구성, 사회적 지위 등 전반적인 논의에 대해서는 한석정,「만주국 시기 조선인의 사회적 지위」,『동북아역사논총』 31호, 2011 참조.

85) 박경숙,「식민지 시기 조선의 인구 동태와 구조」, p. 47.

86) 1940년 조선의 일본 거류민들의 농축산업과 임업 종사율은 4.8퍼센트 정도였다. Uchida, *Brokers of Empire*, p. 68.

표 2-2. 1930년대 조선인과 일본인의 도만 인구 (단위: 명)

연도	조선인	일본인
1931년	11,383	5,888
1932년	16,876	19,122
1933년	19,937	30,213
1934년	49,145	37,071
1935년	57,757	41,047
1936년	66,497	37,478
1937년	84,071	50,542
1938년	87,718	106,850
1939년	141,284	142,899
1940년	169,726	193,025
1936~40년 합계	549,296	530,794
총합계	704,394	664,135

(출처: 滿洲國 國務院 總務廳 統計處, 『康德7年 臨時國勢調查: 全國編』, p. 422).

noirs(도시 거주율 70퍼센트)[87]과 비교해도 매우 높은 편이다. 이에 비해, 조선인들의 도회 지역 거주율은 매우 낮았으며 주로 젠다오 등의 농촌에 집중되어 있었다. 조선인 부락은 부랑하던 비적들이나 자경단의 표적이었다.[88]

1930년대에 만주로 건너간 조선인은 약 70만 명에 이르며, 그중 78퍼센트가 후반에 이주해 당시 조선 사회를 강타했던 만주 붐을 실감나게 한다. 1940년 한 해에만 무려 약 17만 명이 만주로 갔다. 1940년에 이르러 조선인들의 거주 지역도 다양해져 42.5퍼센트가 몰렸던 젠다오뿐 아니라 몽골 지역을 포함해 전 만주국으로 펼쳐졌다.[89] 1930년대 일본인들의 만주

---

87) Benjamin Stora, *Algeria: 1830~2000*, Ithaca: Cornell University Press, 2001, p. 22.
88) 만주국 초기 조선인 지위에 관해서는 한석정, 『만주국 건국의 재해석』, pp. 179~90 참조.

이주도 약 66만 명으로 상당한 규모였는데, 그 80퍼센트가 후반에 이주한 것으로 보아 비슷한 시기에 공통적으로 만주 바람이 일었음을 알 수 있다 (표 2-2 참조). 이 강력한 흐름은 만주국 후기, 조선인의 사회적 지위에 큰 영향을 미쳤다.

만주국 시대 조선인의 사회적 지위에 관해서는 그간 조선인이 일본인 다음의 위치에 있었다는 이른바 '2등 공민' 담론이 질기게 유포됐다. 2등 공민설은 조선인에 대한 일본인의 배려, 일부 조선인의 도취 등 여러 사정이 복합적으로 작용한 듯하며 그 근거로는 일본인, 조선인, 중국인 간에 임금과 양곡 배급 등 일상적 차별이 지적됐다.[90] 일부 외국학자들도 재만 조선인을 중간 소수자middleman minority(동남아시아의 화교처럼 부를 가진 소수자)로, 나아가 일본-조선-만주국의 삼자 관계를 지역체계(핵심-반주변부-주변부)로 간주했다.[91]

1930~40년대 재만 조선인들의 사회적 지위는 단순하지 않다. 요컨대 그들은 '미들맨'과 거리가 먼, 인구·산업 분포상 무력한 소수자의 위치에 있었다. 윤휘탁이 논구했듯, 양곡의 차등적 배급은 과장된 것으로서 특히 만주국 말기에 조선인과 중국인은 공통으로 곤경을 겪었다.[92] 노동자의 하루 임금에서는 조선인의 중간적 특성이 보인다. 그러나 1930년대 말 여러 지역과 부문에서의 하루 평균임금은 일본인과 기타 민족들 사이에서 극명하게 차이가 난다. 일본인의 하루 평균임금은 2.56위안으로 만주인(중국인) 0.7위안, 조선인 1.05위안의 2~3배를 상회한다. 조선인 남성의 임금은 만주인 남성보다 약 40퍼센트 정도 많았다(1.38위안 대 1위안). 그러나

---

89) 滿洲國 國務院 總務廳 統計處, 『康德7年 臨時國勢調査: 全國編』, pp. 174~97.

90) 山室信一, 『キメラ』, pp. 279~80.

91) Jones, *Manchuria since 1931*, pp. 69~72; Cumings, "The Origins and Development of the Northeast Asian Political Economy," p. 13.

92) 윤휘탁, 「만주국의 '이등 국(공)민,' 그 실상과 허상」, p. 143.

이 차이에 대해서는 20세기 초, 아시아에서 사상 최대로 많이 이주한 중국인들의 만주행 홍수(1890~1945년까지 2,500만 명이 이주했고 1920년대에는 2년간 연 100만 명 이상이 이주했다)를 고려할 필요가 있다. 만주국 건국으로 약간 주춤했으나, 공업화의 수요로 중국인 노동자가 1932~42년까지 한 해 평균 76만 명씩 유입돼 노동시장의 덤핑을 초래했다.[93]

총량적 통계를 볼 때 재만 조선인은 주변적인 위치에 있었다. 한 통계에 의하면, 1935년경 조선인이 2, 3차 산업에 종사한 비율은 11퍼센트에 불과했고 1차 산업에 전체 인구의 약 3분의 2가 몰려 있었다. 반면 자유업과 관공리官公吏, 교육 부문에서는 7퍼센트를 차지해 다소 약진한 편이었다.[94] 1935~36년 센서스(인구 1만 명이 넘는, 만주국 전체 인구의 약 11퍼센트를 차지하는 도회지를 대상으로 한 조사)에 의하면, 1차 산업에 종사하는 조선인의 비율은 10퍼센트 이하이며 상업과 교통 부문에서는 12퍼센트였지만 무직 비율은 굉장히 높다. 신징, 하얼빈, 펑톈 3대 도시에서는 세 민족 중 조선인이 1차 산업에 종사하는 비율이 가장 높은 대신 2, 3차 산업에서는 거의 최하위를 기록한다.[95] 무직 비율도 가장 높다. 예외는 펑톈으로, 다수가 상업에 종사했다.

1940년 센서스에 이르러 처음으로 조선인과 일본인의 개별적 산업 구성이 파악된다(표 2-3 참조). 조선인 중 1차 산업 종사자는 42퍼센트로 만주국 전체 비율인 37.6퍼센트에 비해 다소 높지만 일본인 1차 산업 종사

---

93) Thomas Gottschang & Diana Lary, *Swallows and Settlers: The Great Migration from North China to Manchuria*, Ann Arbor: Center for Chinese Studies, University of Michigan, 2000, pp. 2, 180.

94) 滿洲國 國務院 總務廳 統計處, 『滿洲帝國統計年鑑』, 1940, p. 25. 그런데 이 통계는 부인의 직업을 남편과 같다고 계산했기 때문에 '무업(무직)' 비율이 낮게 나왔다. 따라서 개인별로 직업을 물었던 만주국 1935~36년 센서스와 1940년 센서스 등과는 비교 불가능하다는 단점이 있다.

95) 예외도 있다. 1939년 김승만이 하얼빈의 오리엔탈맥주를 인수해 동양맥주라고 개명했다. 이 회사는 하얼빈에 있는 8개 맥주공장의 연간 생산량 1,400만 병 중 100만 병을 차지했다. 동양맥주는 해방 후 조선의용군에게 접수됐다. 徐明勳, 『哈爾濱市朝鮮族百年史話』, 北京: 民族出版社, 2007, p. 205. 이 자료를 구해준 동아대학교 문철주 교수에게 감사드린다.

자가 4.9퍼센트인 것에 비하면 매우 높다고 할 수 있다. 1935년과 대조하면 조선인의 2, 3차 산업 종사 비율은 현격히 늘었다. 그러나 2차 산업 종사자 비율은 3.9퍼센트로 만주국 평균인 3.6퍼센트에 비해 약간 높은 편에 그치고, 일본인 비율 13.4퍼센트와는 비교도 되지 않는다. 2, 3차 산업을 합해 조선인 종사자는 모두 9.5퍼센트로 만주국 전체 평균인 10.1퍼센트에 뒤진다.

'2등 공민' 혹은 '미들맨'으로서의 조선인은 내용상, 이념상은 물론 법

표 2-3. 1940년 만주국 센서스에 나타난 일본인과 조선인의 산업 분포

(단위: 명, 괄호 안: 퍼센트)

산업	일본인	조선인	만주국 전체
농업	37,290(4.5)	603,676(41.6)	16,248,000(37.6)
축산업·임업·수산업	3,568(0.4)	6,088(0.4)	
광업	20,309(2.5)	5,117(0.4)	355,000(0.8)
공업	89,232(10.9)	50,637(3.5)	1,230,000(2.8)
상업	75,344(9.2)	43,120(3.0)	1,508,000(3.5)
교통업	83,642(10.2)	17,944(1.2)	156,000(0.4)
공무·자유업	77,637(9.5)	20,504(1.4)	1,137,000(2.6)
관공리	46,246	10,339	
교육	7,261	3,062	
의료	7,249	2,314	
종교	892	427	
문예	1,995	344	
기타	13,996	4,018	
가사 사용인, 기타 유업	9,608(1.2)	16,306(1.1)	1,689,000(3.6)
무직	422,984(51.6)	687,015(47.4)	20,88,000(48.3)
합계	819,614	1,450,384	43,203,000

(출처: 滿洲國 國務院 總務廳 統計處, 『康德7年 臨時國勢調查: 日本編』, pp. 61~71, 281~87. 만주국 전체는 山中峰央, 「滿洲國人口統計の推計」, 『東京經大學會誌』 245호, 2005, p. 186 참조).

적으로도 유효하지 않았다. 일본인을 최고 지위에 두는 현실적인 위계질서 앞에서 '오족' '민족협화'는 공허한 구호였다. 타마노이가 일렀듯, 진정한 협화는 만주국이 패망하자 중국인들에게 목숨을 의탁하게 된 일본인들이 만주를 떠날 때 진정한 감사를 표하면서 이루어졌다.[96] 독립국을 표방한 만주국의 국가 형식 속에서 통치자들은 그 신민인 '만인滿人(중국인)'을 우선 고려해야 했다. 조선인은 이 만인 범주 바깥에 놓여 있었다. 국적법은 만주국 패망까지 제정되지 않았다. 그 결과, 재만 조선인 청년들은 (법률상으로) 만주국 병역 의무에서 제외된 유일한 집단이 됐다. 대신 지원병 형식으로 젠다오특설대가 조직됐다.[97] 종국까지 조선인들은 만주국 국적을 갖지 못한 애매한 존재로 남았다.

그러나 조선인들의 민족 정체성은 소리 없이 유지됐다. 그것은 스포츠와 깊은 관련이 있다. 1910년대 재만 조선인들은 나라를 구하기 위해 신체를 단련해야 한다는 생각으로 체육행사에 열심히 참가했다. 옌지의 단오절 운동회에서 경기 전에「광복가」를, 경기 중에는 "무쇠 골격 돌근육 소년 남아야, 황황한 조선의 넋을 발휘하여라"라는 응원가와 "한산도에서 왜적을 격파하던 충무공의 칼이 나의 손에 빛나네, 제국의 위업을 떨치누나"라는 가사의「한산도」 등을 불렀다. 운동회가 끝난 뒤 나팔수들이 앞장서고 학생과 학부형 들이 그 뒤를 따라 시가를 행진했다.[98] 만주국 건국 전후의 조선과 만주국 간의 시합인 조만朝滿 대항 경기대회도 '민족주의의 간접적인 시연장'이었다. 1924~40년까지 다롄, 신징, 경성 등을 오가며 진행된 육상, 축구, 농구, 탁구, 정구 등 경기(1939년부터 수구, 야구, 축구, 탁

---

96) Mariko Asano Tamanoi, *Memory Maps: The State and Manchuria in Postwar Japan*, Honolulu: University of Hawaii Press, 2009, p. 124.

97) 田中隆一,「滿洲國協和會の在滿朝鮮人政策と徵兵制」,『日本文學硏究』33輯, 2002, p. 27.

98) 金龍男 外,『延邊朝鮮族蹴球運動史』, 延吉: 東北朝鮮民族敎育出版社, 1992, pp. 18~19.

구, 럭비, 체조, 승마가 추가돼 명실공히 종합경기가 되었다)에 양국은 수십 명에서 200명가량의 선수를 파견했다. 조선인들은 축구, 농구, 육상, 마라톤에서 발군의 기량을 발휘해 양국의 대표로 참가했고 점차 그 수가 늘었다. 이동진이 말한 대로, 이것은 조선총독부와 만주국 정부가 벌인 국가 의례였으나, 그 틈새로 선수뿐 아니라 (소문과 보도를 통해) 잠재적 조선인 관중에게 전해진 민족 의례의 무대였다.[99]

야구가 부산의 일본 거류민 문화에 기여했듯 축구는 젠다오에 사는 조선인의 정체성에 중요 인자였다. 1910년대 이래 옌볜의 젠다오체육회, 옌지체육회 등 조선인의 정체성(혹은 항일 정서)을 유지했던 민간 체육 조직들이 만주국 시대에 해산되고 선수들은 공식 대회(젠다오 성 축구대회, 만주국 체육대회, 선만 국제 친선경기 등)에 흡수되었으나 젠다오의 축구 열기는 매우 높았다. 이들은 만주국 내의 시합뿐 아니라 조선 축구팀과도 교류했고, 조선의 선수들이 만주에 스카우트되기도 했다. 조선인들의 축구 실력은 조선인의 우수성과 체력, 항일 정서를 표상했다.[100] 젠다오 성 축구팀은 만주국 축구대회에서 9회나 우승하는 등 발군의 실력을 발휘했고, 일부는 1940년 만주국 축구 대표로 선발돼 일본 전국체육대회에 출전했다. 해방 후 옌볜의 체육 지도자가 된 박로석은 1942년 만주국 축구 대표로 두 차례 선만대회에 출전했던 인물이다. 옌볜 출신 김응서와 이종갑은 후일 남북한 축구계의 거물이 됐다. 김응서는 1966년 런던 월드컵에서 뛰어난 실적을 거두며 세계를 놀라게 한 북한 선수단을 이끌었고, 이종갑은 남한이 최초로 참가한 1954년 스위스 월드컵에 출전하고 1961년에 남한 축

---

99) 이동진, 「표상으로서의 스포츠: 조만 대항 경기대회를 사례로」, 『만주연구』 4집, 2006, p. 78.

100) 조선인 축구 선수들은 젠다오 성 대표로 만주국 축구대회에 참가하여 뛰어난 성적을 올렸다. 조선인들은 지린吉林 성, 무단장牧丹江 성, 신징 등의 대표로도 뽑혔다. 이동진, 「간도의 조선인 축구」, 『동북아역사논총』 40호, 2013, pp. 339~41.

구 국가대표팀 감독을 역임했다.[101]

그런데 만주국 후반기에 조선인의 지위에 관련된 미묘한 일들이 벌어졌다. 중일전쟁 후 조선총독 미나미가 내선일체 이념을 강조하면서 재만 조선인의 소속 문제, 즉 이들이 조선의 일원인지, 만주국의 일원인지 하는 문제가 쟁점으로 떠오른 것이다. 1936년 만주국 내 일본 거류민의 치외법권 철폐가 계기였다. 그 뒤 만주국 정부가 초등교육을 주관하게 되면서 조선인 아동들은 거주 지역에 따라 사용 언어와 교육 체계가 달라지는 불편함을 겪었다. 즉 만철 연선의 일본 학교에서 일본어와 일본식 교육이, 나머지 전국의 학교에서는 중국어와 만주국 교육이 시행되는 일이 벌어진 것이다. 그 와중에 젠다오의 조선인들이 일본어 교육을 위해 자녀들을 일본인이 경영하는 학교로 대거 옮기는 통에 이 지역의 초등교육에서는 중국인과 조선인이 분리됐다.[102] 교육 문제에 대한 조선인들의 불만이 점증하자 미나미 조선총독은 부임 직후 1936년 관동군 사령관과의 도문회담을 통해 이 문제를 포함한 양국 협력을 논의했다. 관동군 사령관 출신인 미나미는 조선과 만주국에 넓은 인맥을 가지고 있었으므로, 전임 조선총독 시절 심각했던 만선 간의 불화를 불식시킬 수 있는 적격자였다. 그는 관동군 시절부터 재만 조선인들(이주, 만주국 관리 임용 등)에 대한 관심을 견지했고, 투먼회담에서 처음으로 만선일여 이념을 사용했다. 그런데 이것은 일본 정계와 만주국 일본계 관리들의 반발을 샀다. 이들은 만선일여가 만주국 주권을 침해하며, 재만 조선인들이 만주를 조선의 예하로 오해할 수 있다고 보았다.[103] 이 우려는 현실로 나타났다.

---

101) 金龍男 外, 『延邊朝鮮族蹴球運動史』, pp. 51~67.
102) 조선 아동 중 일본 학교 재학생 수는 1931년 5,540명에서 1936년 1만 6,004명으로 격증한 데 비해, 중국 학교 재학생은 1931년 9,412명에서 1936년 2,913명으로 격감했다. 田中隆一, 「對立と統合の鮮滿關係」, p. 116.
103) 정안기, 「1936년 선만 수뇌의 도문회담과 만선일여」, pp. 201~203.

미나미의 후원에 힘입은 재만 조선인 단체와 조선 지도자들의 거센 반발과 진정으로 마침내 1941년 신징 회담에서 재만 조선인 교육의 경영 단일화(즉 조선총독부가 교육비의 상당액을 지원하는 방안)가 추진됐다. 이것은 재만 조선인이 만주국의 신민이 아니라, 일본과 조선의 신민임을 부분적·묵시적으로 인정하는 결정이었다. 이는 중일전쟁이 대다수 중국인의 민심 이반을 초래하자 재만 조선인의 협력(전시 동원)이 절실해진 식민 당국이 취했던 조치, 즉 '오족협화'에 대한 '내선일체'의 판정승이었다. 또한 오랫동안 만주국 당국이 강조해온 오족협화가 무색해진 순간이었다.[104] 재만 조선인들의 국적을 두고서도 식민행정 간에 논쟁이 이어졌다. 1939년 만주국 국적법 요강이 이중국적을 인정해 내선일체(이들이 일본·조선의 신민이라는 주장)가 오족협화(이들이 만주국의 신민이라는 주장)에 우세승을 거두었다.[105] 이것은 중국인 주민들에게 조선인이 2등 공민으로 보이는 조치들이었다.

1940년 센서스의 특기할 만한 점은 신징의 조선인 공무·자유업 종사자가 거의 2배로 증가한 사실이다. 이것은 조선인 관리들의 증가를 의미한다. 만주국 전체의 재만 조선인 중 공무·자유업 종사자는 1.4퍼센트로 만주국 전체 인구(2.6퍼센트)와 재만 일본인(9.5퍼센트)에 비해 낮지만 거기에는 대략 1만 명의 관공리, 3천 명의 교사와 2,300명의 의사 등 화이트칼라 혹은 전문직 조선인들이 포함되어 있었다(표 2-3 참조). 비록 대부분이 일용직이나 촉탁 등 하급직이었지만, 조선인 관공리는 만주국 전체 관리 17만 5,422명 중에서 5.9퍼센트를 차지하기에 이르렀다. 공무원 임용에서

104) 정안기, 「1930년대 재만 조선인, 이등국민론의 비판적 성찰」, 『동북아역사논총』 48호, 2015, pp. 29~34.
105) 淺野豊美, 『帝國日本の植民地法制: 地域統合と帝國秩序』, 名古屋大學出版會, 2008, pp. 462~63.

일본인과 중국인의 묵시적 비율 할당이 있었으므로 조선인 관공리의 증가는 일본인 관리들의 배려나 양보 차원에서 혹은 중일전쟁 후 징집된 일본인 관료들의 공백 속에서 이루어진 것이다. 중일전쟁 이후에는 고학력 조선인들에게 실로 새로운 취업 기회가 열렸다.[106] 일본 유학파 출신인 시인 백석도 1939년 신징으로 올라가 만주국 국무원 경제부와 안둥 세관에서 1942년부터 일했다.[107] 비록 관계·재계에 이렇다 할 거물은 없었으나, 조선인 관공리를 포함한 화이트칼라와 전문직 계층이 만주국 후반기에 막 성장하고 있었다. 중일전쟁 후 조선인들이 공적 분야와 일부 전문직 등 여러 방면에 진출하고, 조선인 화이트칼라가 두드러지게 성장한 일은 두말할 나위 없이 중국인들에게 불만거리가 되었을 것이다.

2등 공민 담론의 형성에 조선인들이 가담한 면도 있다. 일부 조선인들 사이에서 호가호위적인 태도가 있었음을 부인할 수 없다. 일본인·조선인과 중국인의 거주지가 분리된 지역들(특히 북만)이 있었고, 일부 조선인이 힘없는 러시아인이나 중국 소년들을 괴롭힌 사건들도 더러 포착된다.[108] 이런 것은 집합적 기억으로 형성돼 만주국 패망 당시 일부 지역에서 중국인들의 피의 보복을 불렀다.

106) Carter Eckert, "Total War, Industrialization, and Social Change in Late Colonial Korea," Peter Duus, Ramon Myers & Mark Peattie(eds.), *The Japanese Wartime Empire, 1931~1945*, Princeton: Princeton University Press, 1996, p. 33.
107) 김재용 엮음, 『백석 전집』, 실천문학사, 2011, p. 631.
108) 김석형 구술, 이항규 채록·정리, 『나는 조선노동당원이오!』, 선인, 2001, pp. 95~102; 한석정, 「근대 만주의 예비적 탐사: 영남 지역의 만주 귀환자, 국내 만주 자료, 그리고 문화 연구」, 한석정 외, 『근대 만주 자료의 탐색』, 동북아역사재단, 2009, p. 39.

만주국 후반기의 조선인 화이트칼라

재만 조선인에 대한 연구들은 대체로 1940년까지의 분석에 그친다.[109] 만주국 후반기 중일전쟁이 조선인들에게 미친 영향(즉 1940년 센서스에서 발견된 화이트칼라 조선인들의 이후 행보)을 추적하는 것은 지난한 작업이다. 제한적 자료를 통해 본다면 야심만만한 조선 청년들이 관공리, 변호사, 의사, 교사가 되어서 혹은 명문 국립 교육기관들을 포함해 틈새 인가증 획득에까지 꾸준히 만주국의 문을 두드린 사실이 드러난다.[110] 조선인 고위 관리는 1935년에 소수였으나, 1940년에는 지방법원 차장 판사 2명, 총영사 2명, 중앙·지방 부서 과장급 10명, 국장급 1명, 사무관급 16명(후일 부산대학교와 영남대학교 총장에 오른 신기석 포함), 기좌技佐 9명 등에 이르렀다.[111] 최남선의 매부이자 "일제 시기 최고의 조선인 엘리트"라는 박석윤은 조선인으로서는 유일하게 만주국 최고위 외교관(참사관)에 올랐다.[112] 최남선과의 교분으로 언론인 진학문도 만주국에 들어와 (선전과 대민 공작을 폈던 만주국 유일 정당 격의 거대 조직인) 協和會협화회 촉탁, 『만몽일보』(『만선일

---

109) 김경일 외, 『동아시아의 민족 이산과 도시』, 역사비평사, 2004 참조.

110) 1938~45년까지 『만주국정부공보』에 등재된 여러 인가증 취득자, 합격자들 중에서 조선인으로 추정되는 최소치를 헤아려보았다. 이 조선인들은 확실한 표시(선계鮮系, 조선 본적지 등)를 지닌 이들, 조선인 거주 지역 출신자들, 아무 단서가 없는 사람 등 세 종류가 존재한다. 조선에서 1940년대 초부터 본격적인 창씨개명 사업이 벌어져 이 시기 이후의 것은 추적이 어려우나 중국인·일본인과 구별되는 단서를 찾기 위해 노력했다. 예컨대 金成奎, 金海鶴烈, 金海光一 등은 조선인으로 추정된다.

111) 초기에는 젠다오 성 민정청장 김병태, 학무과장 윤태동, 시학관 김춘학 정도다. 윤휘탁, 「만주국 정부의 민족 구성과 운영상의 특징」, pp. 120, 124.

112) 한국에서 1급 친일분자로 규정된 박석윤은 교토 제3고등학교와 도쿄 제국대학 법학부를 졸업하고 케임브리지 대학교에서 유학한 인물이다. 귀국 후 『매일신문』 부사장을 지내던 중, 1931년 재만 조선인의 자치를 내걸고 민생단을 조직하려다 실패했다. 민족자치는 만주국의 공식 이념인 민족협화와 상충하는 것이었다. 그는 '리턴조사단'(국제연맹의 만주 사태 조사위원회)에 대항하는 일본의 외교단에 합류하고 만주국의 고위 외교관을 지낸 국제통이었다. 만주에 거대 기업 남만방적을 세운 경방 사장 김연수와 제3고 동기다. 水野直樹, 「朴錫胤: 植民地期最高の朝鮮人エリート」, 趙景達 外 編, 『東アジアの知識人』, 有志舎, 2013, pp. 327~31.

보』의 전신) 고문을 거쳐 내무국의 고위직 간임관簡任官을 지냈다.[113]

1935년 지린과 젠다오 성공서省公署에도 조선인들이 약간 존재했다. 1933~42년까지 젠다오 성을 거쳐간 천임관薦任官 이상의 관리 264명 중 조선인은 29명 정도로 파악된다.[114] 그리고 협화회에 약 6만 명의 조선인들이 가입했고, 펑톈을 비롯한 6개 지역에 조선인 보도분과위원회가 설치됐다.[115] 협화회에는 조선인 간부도 약간 있었다. 1941년에 중앙본부의 최소 6명, 지역 간부 24명이 협화회 사령장을 받았다.[116]

그리고 중앙·지방 공무원 시험에서도 조선인 합격자가 다수 나왔다. 전체 합격자 1만 9천 명 중 조선인은 최소 289명으로 1.5퍼센트를 점한다. 율사(변호사) 개업을 한 조선인도 4명이 파악된다. 조선인 의사들에게도 만주국은 기회의 땅이었다. 만주국 정부는 의사법(1936), 국민의료법(1943), 의료단체법(1944) 등을 제정해 전시의료를 강화했는데[117] 이런 수요가 조선인 의사들을 불러모았다. 조선족 의술의 아버지로 불리는 노기순도 1936년 부산에서 무단장으로 올라가 관동군의 신체검사나 치료를 위한 국제의원장을 맡았다. 그는 규슈 제국대학에서 의학박사를 받고 조선에서 의원을 하다 만주국으로 건너간 인물이다. 해방 후에는 중국에 남아 옌볜 대학 초대 의학부장으로서 후학을 길러냈다.[118] 1938년 말과

---

113) 김효순,『간도특설대』, p. 94. 만주국 관료 직제에 관해서는 한석정,『만주국 건국의 재해석』, pp. 98~100 참조.

114) 지린 성공서의 옌볜 담당 직원 31명 중 조선인은 7명, 젠다오 성공서 직원 169명 중 조선인은 51명이었다. 젠다오 성을 거친 조선인 중에 이범의 성장(1937년 11월~1940년 5월)과 유홍순 차장(후일 강원지사), 이인기 시학관(후일 숙명여자대학교와 영남대학교 총장)이 있다. 廣岡淨進,「滿洲國間島省の人官僚構成」, 松田利彦·やまだあつし 編,『日本の朝鮮·臺灣支配と植民地官僚』, 東京: 思文閣, 2009, pp. 678~81; 滿洲國 通信社 編,『滿洲國現勢』, クレス出判, 2000[1943], p. 240.

115) 滿洲帝國協和會,「國內における鮮系國民實態」, 1943, pp. 58~59.

116)『만주국정부공보』, 1941년 3월 31일~11월 26일 참조.

117) 沈潔,『「滿洲國」社會事業史』, 京都: ミネルヴァ書房, 1996, pp. 262~63.

118) 신영전·박세홍,「노기순의 생애: 한국 보건의료의 변경사」,『의사학』 18권 1호, 2009.

1939년 초, 만주국에는 의사 등록이 급증하는데 전체 등록자 2,155명 중 조선인이 11.8퍼센트(255명)였다. 여기에는 1953년에 한국 초대 헌병사령관으로 부임한 원용덕도 포함되는데, 이때가 거의 최초로 조선인 의사들을 받아들인 시점인 듯하다. 같은 시기 의사 시험에 합격한 중국인들의 미미한 수와는 비교가 되지 않는다. 중국인 의사는 1937년 6명, 1938년 13명, 1939년 17명 정도였다.[119]

1940년 센서스 이후에도 조선인 의사들은 꾸준히 증가해 만주국 패망 때까지 전체 의사 2,064명 중 261명으로 약 13퍼센트를 차지했다. 조선인 의사들은 식민 국가가 외면할 수 없는 일본인 무장이민촌과 조선인 집단 부락(항일운동, 공산 세력에 대항해 건설된 곳) 등이 포진한 변경 지역에 최소한의 의료진을 공급하기 위해 양성된 것으로 추측된다. 개척지 의사들을 속성으로 양성하기 위해 하얼빈, 치치하얼, 룽징에 개척의학원이 설립되었는데 조선인 합격자는 전체 합격자 213명 중 25명으로 11.7퍼센트였다. 이 비율은 만주국의 조선인 인구 비율(3.4퍼센트)과 비교한다면 매우 높은 편이다. 조선인 한의사 등록자 수(1939~44년까지 전체 3,602명 중 4명)가 미미한 것과는 대조적이다. 아마도 만주국 정부는 한의사 인가는 중국인을, 양의사 인가는 조선인을 배려한 듯하다.

조선인 교사들도 다수 존재했다. 1940년 만주국 센서스 이후 1945년 패망까지 교사 자격시험 합격자는 모두 2만 4천 명 정도인데 그중 조선인은 316명으로 1.4퍼센트로 파악된다. 1940년 말에서 1941년까지 초등교사 허가증을 획득한 조선인도 0.7퍼센트였다. 1945년에 중등교사 자격증을 획득한 사람은 무려 18퍼센트에 이른다. 만주국 유수의 정부 직할 고등교육기관과 유학 인가시험에도 조선인들이 지원해 약 155명 정도가 합격

---

119) 沈潔, 『「滿洲國」社會事業史』, p. 263.

했다.[120] 일부 조선인은 다퉁 학원, 지엔구어 대학, 군관학교 등 만주국 명문 교육기관을 졸업했다. 다퉁 학원은 만주국 건국부터 패망 때까지 고급 공무원을 선발해 훈련시킨 엘리트 기관이다.[121] 조선인들은 주로 조선이나 일본에서 대학을 졸업하고 만주국 관료가 된 뒤 이곳에 입학했다. 50명이 채 안 되는 다퉁 학원의 조선인 졸업자 중에서는 훗날 대통령, 장관, 차관, 국회의원, 총장, 교수 자리에 앉은 이들이 즐비하며, 박사학위 소지자는 20명이 넘는다.[122] 경성제국대학 법과 출신인 신기석은 1938년에 만주국 고등문관시험에 합격한 뒤 흥농부 개척 총국에서 근무했다. 그는 해방 후 연세대학교, 서울대학교에서 국제정치학을 가르치다가 부산대학교와 영남대학교에서 총장을 지냈다.[123] 1938년에 창설된 만주국 최고의 국립 대학인 지엔구어 대학은 1기부터 1945년에 입학한 8기까지 1,068명의 졸업생을 배출했는데, 그중 조선인은 최소 50명이었다.[124] 최남선은 1939년부터 이곳에서 교편을 잡았다.

만주국의 중앙육군훈련처(2년제 펑톈 군관학교)는 1932년에 개교한 이

---

120) 직할 기관들의 합격자는 연말 '만계'(원래 중국인을 가리키나 여기서는 조선인을 포함)와 3월 '일계'(일본인들)를 대상으로 하는 두 종류가 있었다. 예컨대 1941년의 경우 만계 약 730명과 이듬해 3월에 일계 935명, 도합 1,700명 정도를 뽑았다. 滿洲國 國務院 總務廳 統計處, 『康德7年 臨時國勢調査: 全國編』, p. 333.

121) 정규 코스 1기 96명(1932년 10월 졸업)을 비롯해 19기(1945년 8월 졸업) 졸업생 52명까지 포함한 2,629명과, 연구소 1기(1944년 7월), 2기(1945년 8월) 합계 66명, 중견 지도자 코스 1기(1938년 7월)에서 5기(1941년 9월)까지 241명 등 총 2,936명의 졸업자를 배출했다. 그중 조선인 졸업자는 신기석(9기), 이충환(13기), 최규하 전 대통령(15기), 서정귀(대구 사범 출신으로 5·16 후 국제신문사장 역임), 조기준(전 고려대학교 정경대학장)이 있으며 이충환(1960~70년대 신민당 중진), 정범석(1970~80년대 건국대학교 대학원장, 국민대학교 총장, 대한교련의장 역임), 백상건(전 중앙대학교 정외과 교수, 중앙선거관리위원) 등 최소 28명이다. 滿洲大同學院同窓會, 『物語大同學院』, 創林社, 2002, pp. 180~82.

122) 李允模, 「私の今昔」, 大同學院 同窓會 編, 『友情の架橋: 海外同窓の記録』, 1986, p. 176.

123) 조정우, 「선만척식회사와 식민지 개발주의」, 서울대학교 박사학위논문, 2014, p. 4.

124) 강영훈, 민기식 등을 포함한다. 강영훈은 군사영어학교 1기생으로 5·16 당시 육사교장이었다가 중장으로 예편한 뒤 노태우 정부 시절 총리와 국회의원을 지냈다. 민기식은 군사영어학교 1기생으로 1960년대 대한민국 육군참모총장과 7~9대 국회의원을 지냈다. 建國大學 同窓會 編, 『建國大學同窓會名簿』, 2003.

래 1938년까지 매년 200~300명을 뽑았고 조선인 87명이 이곳을 졸업했다.[125] 1939년에 출범한 본격적인 4년제 육군 군관학교인 신징 군관학교는 1945년까지 일계 1,086명과 만계 1,590명을 배출했는데 조선인 졸업자는 48명 정도였다.[126] 그중 24명은 1941년부터 일본 육군사관학교로 진학하여 교육받았다. 조선인 청년들을 위해 1939년에 창설돼 1945년 당시 7기까지 모집된 젠다오특설대 746명의 병력(일본 지휘관 포함) 중 조선인은 690명을 차지했다.[127] 다퉁 학원, 지엔구어 대학, 군관학교 등 만주국의 세 명문학교 출신 조선인들은 후일 한국 군부와 교육계의 중진이 된다.[128] 그런데 지엔구어 대학의 정신에는 만주사변의 핵심 인물 이시와라 간지 石原莞爾의 이상주의가 어느 정도 반영된 면이 있다. 대학 당국은 실용주의, 오족협화, 마르크스주의까지 교과에 수용하고 만주국 전역과 여러 민족에 걸쳐 입학생들을 배정했다.[129] 만주국 초반에 젠다오 지역과 1차 산업에 집중되었던 조선인들은 후반에 관료, 교육자, 의사, 군부 지도자 등 실로 광범위한 화이트칼라 세계로 진입했다.

---

125) 5기 졸업생으로 정일권, 신현준, 김백일, 송석하 등이 있다.

126) 1기 김동하, 박임항, 이주일과 2기 박정희 등이 포함된다.

127) 신주백, 「만주국군 속의 조선인 장교와 한국군」, 『역사문제연구』 9호, 2002, pp. 92, 98, 111. 여기에는 백선엽, 김백일, 송석하, 신현준 등 펑톈, 신징 군관학교 출신 조선인 장교가 10명 정도 있었다. 김효순, 『간도특설대』, pp. 168~69.

128) 일제 시기 조선인 징병자는 13~20만 명, 만주국 붕괴 후 소련군 포로가 된 관동군 출신 조선인은 1만~1만 5천 명, 장교를 포함해 만군에 복무한 조선인 중 남한으로 귀환한 인원은 120명 정도라는 추정이 있다. 이들 대부분이 해방 후 군장교가 되었고 41명이 장군으로 진급했다. 박민영, 「해방 후 만주국군 출신 한인의 귀환」, 『한국독립운동사연구』 22집, 2004, p. 143.

129) 志志田文明, 『武道の教育力: 滿洲國·建國大學における武道教育』, 東京: 日本圖書センター, 2005, pp. 122~28.

만주·노래 혹은 토착화의 실험

만주만큼 일본인들의 상상을 자극한 곳은 없다. 만주에 대한 향수는 오늘날 일본의 자랑인 초고속 열차 신칸센의 이름인 노조미와 히카리에도 배어 있다. 러일전쟁 후 면면히 이어오던 만주를 향한 일본인들의 동경과 감격은 만주사변 후 폭발했다. 평톈에서 태어난 일본의 세계적인 지휘자 오자와 세이지小澤征爾의 아버지는 아들의 이름을 만주사변의 주동자인 관동군 장교 이타가키 세이시로板垣征四郎와 이시와라 간지에서 한 자씩 따서 지었을 정도다.[130] 과거 군국주의에 비판적이었던 『아사히신문朝日新聞』을 포함한 모든 언론이 연일 만주의 중요성('일본의 생명선' '무한한 자원' '신천지' 등)을 일깨우고 중국인을 타자로 만드는 한편, 일본인 영웅담을 보도하며 군국주의에 불을 지폈다.[131] 이념의 좌우를 막론하고 거의 모든 지식인이 이 흐름에 가담했다. 여기에는 정부, 시장 메커니즘, 개인적 신념 등이 결합했다. 만주 벌판을 달리는 유랑 마차 이미지는 대중의 꿈을 자극했다.

일본 사회를 강타했던 만주 붐은 조선에도 상륙한다. 무수한 기사, 논평, 여행기, 정세 분석을 실은 신문과 잡지가 이 붐을 선도했다. 만주에 대한 수많은 영화와 노래가 제작되고 다수 예술인이 만주로 여행을 가거나 이주하기로 결심했다.[132] 만주에 대한 노래는 수백 곡(조선에서 약 110곡, 일본에서 약 400곡)이 만들어졌다. 특히 만주사변 후 1년 반 동안 일본에서 「만주 행진곡」을 포함해 무려 90곡이 만들어졌다.[133] 기회의 땅 만주는

---

130) McCormack, "Manchukuo: Constructing the Past," p. 107.

131) Young, *Japan's Total Empire*, pp. 81~104.

132) 김철, 「몰락하는 신생: '만주'의 오독과 『농군』의 오독」, 『상허학보』 9집, 2002, pp. 149~50.

133) 山內文登, 「植民地朝鮮の'滿洲メロデイ'」, 滿蒙開拓團 調査研究會 · 日本 法政大學 國際文化學部 國際 シンポジウム, '朝鮮人滿洲移民' 發表文, 2005; 貴志俊彦, 『東アジア流行歌アワー: 越境

가요 생산에도 큰 자극이 된 것이다.

1930~40년대 만주를 소재로 한 조선의 노래는 미답의 연구 영역이다. 일제 시기 대중가요에 대한 기존의 연구들은 이것을 식민 정책에 순응, 이식, 조작된 대상 혹은 식민 지배에 봉사한 도구로 간단히 처리한다. 또한 일본 창가를 번안한 노래들은 퇴영적 정서—실향, 무력감, 현실 도피, 체념, 자학, 패배주의, 애상적 분위기—를 가지고 있다고 지적한다.[134] 눈여겨볼 점은 조선의 음악인들이 외래 장르인 트로트를 우리 음악에 접목시킨 토착화다. 이들은 1930년대 초부터 트로트를 창작하기 시작했다. 장유정이 적절히 지적했듯, 기원으로 전체 모습을 재단하는 태도는 설득력이 없다. 즉 엔카演歌와의 유사성 혹은 이식론으로 트로트의 정체성을 문제 삼거나 사악하게 보는 경우가 있는데, 만약 그렇다면 엔카도 서양에서 시작되었으니 늘 서양의 아류라는 오명을 벗을 수 없을 것이다.[135]

일본 유행가는 1920~30년대에 구미, 필리핀, 유대계 음악인들의 활동으로 서양에서 전래된 블루스, 재즈 등과 깊숙이 섞였다.[136] 또한 다수 항일 가요도 일본 창가의 영향을 받았는데 트로트만을 문제 삼는 것은 보편적인 문화 접변 현상을 무시하는 셈이다. 야마우치 후미타카山内文登가 일렀듯, 이식과 대중적 수용은 별개의 것이다.[137] 창가에서 발견되는 체념의 정조는 민요의 전통적 정서인 한恨, 달관과 연속선에 있다. 기원이 어찌 되었든 1930년대는 매우 다양한 대중가요의 전성기였다. 이 융합력은 1960~70년대 한국의 예술 세계 전반에 계속된 현상이며, 나아가 21세기

する音 交錯する音樂人』, 岩波書店, 2013, p. 88.

134) 김창남, 「대중가요, 그 현실 순응의 이데올로기」, 백낙청 등 엮음, 『한국 문학의 현단계 3』, 창비, 1984, pp. 362~67; 이영미, 『한국대중가요사』, 민속원, 2006, pp. 91~95.

135) 장유정, 『오빠는 풍각쟁이야: 대중가요로 본 근대의 풍경』, 민음IN, 2006, pp. 84~85, 125~26.

136) 貴志俊彦, 『東アジア流行歌アワー』, pp. 36~45.

137) 야마우치 후미타카, 「일본 대중문화 수용의 사회사: 일제 강점기 창가와 유행가를 중심으로」, 『계간 낭만음악』, 2000년 겨울호, pp. 38, 76, 109.

에 세계 시장을 넘보는 자양분이 됐다. 이 점은 7장에서 자세히 소개하겠다.

만주를 소재로 한 노래들은 체념, 감정의 동요, 망향, 제국의 공식 담론의 틀을 유지하지만, 이국적 정서, 오리엔탈리즘의 시어(예컨대 만주 뒷골목, '꾸냥'의 귀걸이, '꾸냥'의 무릎, 하얼빈 아가씨 등)와 같이 풍부한 소재와 실험을 통해 한 단계 도약한다. 고복수, 황금심 부부가 통곡조로 부른 「타향살이」(1934)와 「만포선 천리길」(1939), (한국전쟁 후에 큰 인기를 얻은 「단장의 미아리고개」(1956)를 연상케 하는) 「꿈꾸는 타관역」(1941), 그리고 당시 엘레지의 여왕 이화자의 노래들은 분명 애상적이다. 그러나 김정구가 부른 「눈물 젖은 두만강」(1939)은 경쾌한 멜로디로, 해방 후 오랫동안 후배 가수들이 따라 부르고 국내외 수많은 장소에서 연주된 국민 애창곡이다. "흥안령, 송화강, 북국의 겨울, 눈썰매, 빼치카, 트로이카, 보헤미안, 열차, 철교, 자무쓰佳木斯, 춤추는 하르빈, 하르빈 다방, 시라무렌 찻집, 칼피스 향기, 워카(보드카) 술, 모스도와야(다리), 기타야스(중국), 카투사, 야루장鴨綠江, 오로라의 썰매, 만주의 달" 등 이국적 시어들을 패배주의와 자학으로만 볼 수 없다. 대륙 진출이라는 일본 제국의 공식 담론이 초래한 것이나, 다수 노래들은 수백 년 고착된 한반도의 경계를 확장하고 남성적인 유랑의 분위기와 낭만적 분위기를 뿜는다. 「울리는 만주선」(1938)은 "푹푹칙칙" 기적 소리와 함께 "고향에서 못 살 바엔 아 타향이 좋다"라고 외치며 미지의 세계로 나아간다. 「천리타향」(1937)은 슬픈 가사와 다르게 흥겨운 타악기, 취주악기를 통해 "오늘은 여기가 내 고향"이라 노래한다. 삶의 지평은 압록강을 넘어 동만, 북만, 황허黃河, 시베리아, 러시아, 사막으로까지 넘어간다.

만주 유랑은 실업자, 소작인 등 한반도의 무력한 정착형 가장에 비해 일을 찾아 나서면서 연인이나 가족과 생이별을 겪는 남성성의 단련일 수 있다. 이 유랑성은 후일 남성성이 복원되는 1960년대 영화 장르인 만주 웨스턴과 「마도로스 박」(1964) 등 해양성 가요로 이어진다. 「마도로스 박」은 "의리에 죽고 사는 바다의 사나이다" "풍랑이 사나우면 복수에 타는 물결" "바다를 주름잡아 떠돌아온 지 몇몇 해냐"라고 남성적 주제를 읊었다. 이런 해양성 가요는 애국심, 의협심, 이별, 낭만의 특징이 있다. 사랑, 이별, 고독 등 남성적인 소재는 "생존의 바다에서 우러난다."[138] 낭만과 고독에 관한 뛰어난 만주 노래를 작곡한 이재호는 해방 후 「귀국선」(1946) 등 걸출한 해양성 가요를 만들었다.

1930년대 말부터 1940년대까지 만주 노래들은 이민 정책과 제국의 확장에 호응한다. 「목단강 편지」(1937), 「어머님 안심하소서」(1943), 「아류산 천리」(1943) 등은 "사나이 가는 길에 [……] 만주 땅에 흙이 되소서" "적 군사 물리치러" 등을 읊으며 참전병의 장도를 기원하는 군가풍 노래다. 그러나 그에 그치지 않고 대지 개척의 열정 위에 고구려 복원에 대한 희망을 얹어 경쾌하게 뻗어나간다. 예컨대 「목단강 편지」는 해방 후의 히트곡인 「처녀 뱃사공」(1959)을 연상케 하는 경쾌한 민요풍이다. 「희망의 썰매」(1939)는 광명과 희망을, 「대지의 사나이」(1943)와 「복지만리」(1941), 「아리랑 만주」(1941) 등은 희망과 아세아의 풍운을 "꽃마차" "새 태양"에 비유하며 노래한다. 「만주 신랑」(1942)은 "흥안령" "흑룡강" "무궁한 벌판" 등 이국적인 분위기에 "새 역사" "새 신랑"을 읊는다. 이 노래들은 중국풍과 민요풍을 섞어 춤추듯 흥겹게 뻗는다. 「꽃피는 북만선」(1943)은 기적소리와 함께 "북만벌 개척지"를 "달리고 달려" "희망의 깃발"을 올린다. 「꽃마차」(1942)에 이르면 낙원의 건설을 노래하는 흥겨움이 극에 달한다. 「복지만리」는 행진곡 간주와 흥겨운 추임새 "헤이" 소리와 함께 "백마를 달리던 고구려 쌈터다" "파묻힌 성터 위에 청노새는 간다 간다"라며 옛

---

138) 박명규, 「해양 마케팅의 마도로스 대중가요에 대한 역사적 고찰」, 『연구논문집』 8집, 1999, p. 7.

고구려의 영광을 열띠게 노래한다.

멜로디들도 단순하지 않다. 「간도선」(1941)을 위시해 많은 노래의 구성진 가사 뒤에 이동성을 반영한 경쾌한 곡조가 흐른다. 그리고 여러 장르적 실험이 전개됐다. 청아한 이난영의 목소리를 앞세운 「오대강 타령」(1934)의 민요풍은 압권이다. 만주 노래들은 일제 시기 이래 한국 가요에 가장 큰 영향을 미친 일본 최고의 엔카 작곡가 고가 마사오古賀政男를 주로 참고했다.[139] 만주 노래에는 고가풍 이외에도 「부활」 등 찬송가풍, 「방랑가」 「북방 소식」 「애수의 압록강」(1940) 등 고가풍과 민요풍이 결합된 곡, 「천리타향」(1937) 등 재즈풍 전주와 간주가 돋보이는 곡, 「송화강 썰매」 등 러시아풍과 고가풍이 만난 곡, 「목단강 편지」 등 민요풍과 중국풍이 결합된 작품을 비롯해 여러 댄스곡, 행진곡이 등장한다. 「오동동 극단」(1940)은 망향 뒤의 북만주, 남만주, 자무쓰 등의 눈 천지를 흥겨운 중국풍으로 노래한다. 「유랑 마차」(1937), 「오로라의 눈썰매」(1939)는 빠른 템포의 휘파람, 썰매 소리, 아코디언, 피아노, 트럼펫 소리 등이 만주와 러시아의 지평선과 설원처럼 펼쳐지며 젊은 피를 끓게 한다. 「불멸의 눈길」(1936), 「북국 오천키로」(1939) 등도 러시아의 마차, 트로이카처럼 행진한다.

「국경 열차」도 망향의 형식 속에서 심벌과 기적 소리로 무언가 미지의 세계로 달리는 전율을 표현한다. 「국경의 부두」(1939)의 똑딱선, 갈매기 등 낭만적 시어에 맞춘 기타 간주와 고음으로 부르는 창법은 수준급이다. 「만주로 가는 님」(1940)의 피아노 간주는 오늘날에도 듣기 힘들 정도의 창

---

139) 고가의 노래에 대해서는 「永遠の古賀メロデイ」, Nippon Columbia, 2012; 「古賀政男の心ギター」, Nippon Columbia, 2013 등 참조. 고가 마사오는 전전 「열사의 맹세熱砂の誓い」 「언덕을 넘어丘を越えて」와 리샹란이 부른 「영춘화」의 주제가 등 여러 군가 혹은 군국주의 성향의 노래뿐 아니라, 엔카의 여왕 미소라 히바리를 포함한 유명 가수들에게 숱한 히트곡을 만들어준 일본의 국보급 엔카 작곡가이자 기타 연주자다. 전후 일본 최고의 문화훈장인 문화영예상을 수상했고, 도쿄 시부야에 그를 기리는 박물관이 세워졌다.

의적인 선율이며, 「만주의 달」은 아코디언과 기타가 어우러진 탱고풍 행진곡이다. 특히 7장에서 소개할 김해송은 「할빈 다방」(1942), 「희망의 썰매」 등에서 재즈풍 색소폰과 러시아풍 바이올린 선율을 구사하며 대단한 수준의 연주 실력을 과시했다.

만주의 개척을 노래한 것들도 있다. 「꽃피는 북만선」(1943)은 "나부끼는 검은 연기" 같은 시어, 기적 소리와 함께 역동적인 분위기를 담고 있다. 요컨대 1930~40년대 만주 노래들에는 망향과 개척 담론을 빌려 풍부한 소재를 통해 고가풍 음악의 수입과 번안, 장르의 혼성 등 왕성한 실험이 있었다. 판소리에 비극, 비장함, 골계미가 섞여 있듯 만주 노래의 공식(서글픈 가사와 경쾌한 곡조의 결합)은 후일의 고난(한국전쟁과 1950년대 빈곤의 시대)에도 적용돼 대중가요 히트곡의 기본 골격이 됐다. 예컨대 「울리는 만주선」, 「향수 열차」(1940)는 한국전쟁 당시의 히트곡 「경상도 아가씨」(1951), 「대전 블루스」(1959) 등의 원형이다. 그러나 북국의 정취를 노래한 이 거대한 장르는 냉전 시대에 친일 혹은 친북 마녀사냥 앞에서 깡그리 사라졌다. 실종·납북·월북의 경계가 불분명한 다수 예술가의 작품이 그러했듯 김해송의 노래들도 오랫동안 금기시됐다.

만주 문학의 스펙트럼

러일전쟁 후 만주는 대륙의 석양, 마적, 신천지, 대륙 웅비의 정신 등 일본인들에게 환상을 심어주었다.[140] 문학은 이런 환상의 장치였다. 나쓰메 소세키, 아쿠타가와 류노스케芥川龍之介, 아베 고보安部公房, 가와바타 야스

---

140) 劉建輝, 「滿洲幻想の成立とその射程」, 『アジア遊學』 44輯, 2002, pp. 5~10.

나리川端康成, 다니자키 준이치로谷崎潤一郎를 포함해 수많은 작가와 지식인이 만주에 방문하거나 거주했다. 일본의 대표적인 헌법학자요, 국방국가론을 세운 교토 대학의 구로다 가쿠黑田覺 교수도 지엔구어 대학에서 강의했다. 청일전쟁 직후인 1896년 효고兵庫 현립 도요오카豊岡 중학교의 조선 여행을 시초로 시작된 일본의 수학여행은 1906년 일본 문부성과 육군성이 후원한 만주 수학여행을 계기로 전국에 확산됐다. 수학여행단을 포함해 많은 일본인이 만주의 전적지를 순례하면서, 만주는 일본의 국민적 위령 공간으로 떠올랐다. 만주 각지에 위령탑, 충령탑 들이 대거 건립됐다.

그 감격 중에는 약간의 이질적인 관찰도 존재했다. 나쓰메 소세키는 "로스케露助" "칭크chinks" "아침부터 저녁까지 말없이 일하는 운명 같은 쿨리들coolies"같이 러시아인과 중국인에 대한 멸시적 표현을 쓰는 동시에 만주가 내뿜는 근대의 분위기에 혀를 내두르면서 만주를 위화감의 공간으로, 나아가 일본의 낙오자들이 새 삶을 개척할 수 있는 희망의 공간으로 보았다. 시인 요사노 아키코與謝野晶子는 만주의 무한한 자원을 상상하면서도 현지 일본인들의 잘못된 우월감과 중국에 대해 느끼는 공포를 기록했다.[141] 아베 고보는 만주를 모래, 건조한 바람, 황야와 같은 살풍경한 이미지와 함께 이질적이고 복수적인 혼효의 공간이자 탈출 불가능한 공간으로, 동시에 근원적인 생명력과 미래를 개척하는 힘을 가진 곳으로 묘사했다. 만주는 투영, 반전, 이질성이 병치된 장소였다.[142]

조선인들에게 만주는 어떻게 형상화되었을까? 우선 만주는 짓눌린 지

---

141) Natsume Soseki, *Travels in Manchuria and Korea: Rediscovering Natsume Soseki with the First English Translation*, Inger Brodey & Sammy Tsunematsu(trans.), Folkstone: Global Oriental, 2000, pp. 40, 65; 임성모, 「팽창하는 경계와 제국의 시선: 근대 일본의 만주 여행과 제국 의식」, 『일본역사연구』 23집, 2006, pp. 96~108; Akiko Yosano, *Travels in Manchuria and Mongolia*, Joshua Fogel(trans.), New York: Columbia University Press, 2001[1930], pp. 103~27.

142) 이영희, 「일본 소설 속의 헤테로화하는 공간, 만주」, 『인문연구』 70호, 2014, pp. 133~34.

식인들의 탈출구, 이방, 북방이었다. 집안의 강압으로 두 번이나 마음에 없는 결혼을 하는 등 인습에 신음하던 백석은 동거하던 기생 자야와 이별하고 "등 붙이고 편안히 누울 곳 없는 조선"을 떠나, 북만으로 가서 "흥안령을 음산을 아무우르를 숭가리를/범과 사슴과 너구리를 배반하고/송어와 메기와 개구리를 속이고/나는 떠났다"[143]라고 노래했다. 또한 안둥에서는 "머리채 츠렁츠렁 발굽을 차는 꾸냥과 가즈런히 쌍마차 몰아가고 싶었다"[144]라고 도피의 심사를 읊었다. 그런데 최서해의 『탈출기』에서 안수길의 『북간도』, 박경리의 『토지』에 이르기까지 만주는 주로 민족의 이름으로 겪은 가난과 억압, 이주와 개척, 독립과 귀환, 탈출과 고토故土의 욕망이 얽힌 서사적 무대, 즉 민족의 외연 혹은 민족 고난의 시험장이었다. 이용악과 이수형은 각각 「두만강 너 우리의 강아」「행색」 등에서 나라 없는 백성의 참담한 심정을 읊었다.[145] 한수영과 정종현이 적절히 지적하듯, 이민족 수난 서사에는 이주와 유랑을 "일시적인 사건으로 치부, 때가 되면 우연한 그 외재성을 청산하고 본토로 귀환"하는, "지금-여기를 결핍과 고통의 공간으로 제시하고, 해방된 고향, 고국을 빛과 삶의 유토피아적 공간으로 설정하는" 논리가 깔려 있다.[146]

뿌리를 잃고 방황하는 이산의 주인공들은 무력한, 거세된 남성이다. 마치 오늘날 호주, 캐나다의 아시아계 혹은 제2차 세계대전 중 강제 이주당한 일본계 미국인의 탈남성화된 이미지를 연상케 한다.[147] 만주 문학의 대

---

143) 백석, 「북방에서」, 김재용 엮음, 『백석 전집』.

144) 백석, 「안둥」, 김재용 엮음, 『백석 전집』.

145) 오양호, 『일제강점기 만주 조선인 문학 연구』, 문예출판사, 1996, pp. 218, 223.

146) 한수영, 「내부 망명자의 고독: 안수길 후기 소설에 나타난 '망명의식'의 문제를 중심으로」, 『한국문학논총』 61집, 2012, pp. 286~87; 정종현, 「해방기 소설에 나타난 '귀환'의 민족 서사: '지리적' 귀환을 중심으로」, 『비교문학』 40집, 2006, p. 148.

147) Tseen Khoo, "'Angry Yellow Men': Cultural Space for Diasporic Chinese Masculinities," Kam Louie & Morris Low(eds.), *Asian Masculinities: The Meaning and Practice of Manhood in China and Japan*, New York: Routledge Curzon, 2003, p. 221.

표작인 안수길의『북간도』에는 흰 옷을 입혀 묻어달라는 조선 농민의 유언, 청나라와 조선 아이들의 싸움, 룽징 장터에서 벌어진 여인들의 패싸움 등 조선인들이 겪은 고난이 눈물겹게 그려진다. 특히 조선인 죄수를 포박해 가던 일본인 순사를 청나라 순사가 쫓아가 관할권 싸움을 벌이는 통에 조선인 죄수가 달아나는 장면은 뿌리 없는 조선 역사의 단면을 보여준다.[148] 그런데 이것은 해방 후 1959년부터 쓰였다는 한계가 있다. 1967년에 덧붙인 4, 5부는 내셔널리즘에 영합해 독립운동 역사를 무리하게 나열하고 만주국 시대 조선인들의 실제 삶에 대해서는 침묵한다.

민족 서사의 다른 얼굴은 영웅적인 저항이다. 청산리전투의 승전보를 담은 대한민국 초대 총리 이범석의 자서전『우둥불』은 조국애와 항일운동의 상징적인 작품이다. 약 30년간의 망명 생활을 마치고 1945년 8월 17일 시안에서 탄 비행기가 "평생 그리워한 조국"의 서해안에 접근할 때, 그는 상공에서 "격추되더라도 여한이 없다"라고 했다. 이 작품은 북만주의 싱안링興安嶺 산맥, 외몽골의 하이얼허哈拉爾河, 시베리아의 톰스크, 중국 대륙을 무대로 군벌 장쉐량, 마잔산馬占山 등 역사적 인물들과 만몽 경계 삼림의 수렵인인 오로촌인들, 러시아 여인들의 삶이 펼쳐지는 항일 대서사시다.[149] 이 작품도 만주국 이전인 1920년의 청산리전투를 주된 줄거리로 하고 해방 후 출판됐다는 한계가 있으나, 유랑을 통해 단련되는 남성성을 그린 특이함이 있다. 이런 점은 1960년대의 만주 웨스턴 영화로 이어진다.

이들은 만주를 민족 항쟁의 성지로 만드는 데 크게 기여했다. 영화「황해」(2010)가 만주를 오늘날 황금의 열망이 이는 장소로 (다소 과도하게)

---

148) 안수길,『북간도』(안수길 전집 5), 글누림, 2011, pp. 296~97, 391~97.

149) 이범석,『우둥불』, 사상사, 1971, pp. 337~46. 마잔산은 이범석이 존경해 마지않은 만주의 군벌이다. 그는 만주국에 합류하여 초대 군정부장을 지냈지만 이탈해서 저항 세력을 이끌었다. 1933년 초에 러시아로 피신했고, 후일 장제스蔣介石의 난징 정부에 합류했다. 그의 경력과 신격화 등에 대해서는 한석정,『만주국 건국의 재해석』, p. 85 참조.

그린 것과 달리 한국 사회에서 만주는 해방 이래 항일운동의 무대로 오래 각인되어왔다.[150] 그 탓에 1992년 한중수교 이래 만주를 방문한 한국 관광객들은 항일운동의 기개를 담은 가곡 「선구자」 속에 등장한 장소들을 찾아 나서고, 조선족을 모두 항일운동가의 후예로 간주함으로써 그들을 당황하게 만들었다. 예컨대 우리에게는 너무 익숙한 한국의 대표적인 시인 윤동주는 만주에서 살았으며 룽징에 안장됐지만, 정작 만주에 사는 조선족에게는 장기간 미지의 인물이었다. 윤동주는 1985년 와세다 대학의 오무라 마쓰오大村益夫 교수의 주도로 그의 묘지가 발견된 뒤부터야 조선족 사회에 알려지기 시작했다.[151]

1930~40년대 만주국에서 저항적 문필 활동이란 불가능한 일이었다. 오늘날 중국의 공식 역사는 만주국 시대에 중국 작가들이 문예로써 저항운동을 펼쳤다고 기술하지만[152] 엄연한 검열이 있었다. 위에서 언급한 가곡 「선구자」는 만주가 항일운동의 성지라는 해방 후의 공식적·비공식적 교육에 힘입어 국민가요로 떠올랐지만 제작 연대는 불분명하다. 그 시기의 검열 현실에서 민족주의적·사회주의적 투쟁을 다룬 작품을 발표하는 것은 불가능한 일이었다. 저항과 영웅적 투쟁은 뒷날 내셔널리즘이 부과한 주제다. 만주의 현실은 기회의 땅, 경계 너머의 엘도라도였다. 재미 동포들의 구술 자료 속 만주는 (엘리트 의사가 전통, 가문, 토지에 구속되지 않고 선택한) 흐름의 공간, (좌익 전과자 남편을 감시하는 조선총독부 공안과 인텔리 부인을 구속하는 가부장적 질서가 부재하는) 탈출의 공간이었다.[153]

그 시대 조선인들의 수난을 리얼하게 그린 이는 안수길이 존경해 마지

150) 한석정, 「『황해』 혹은 만주 이미지의 역전」, 『만주연구』 11집, 2011 참조.

151) 이동진, 「요람에서 무덤까지: 간도 조선인 디아스포라 송몽규와 윤동주 죽음과 기억」, 만주학회·경북대학교 한중교류원 학회, "만주의 스펙트럼" 발표문, 2014.

152) 黃定天 編, 『二十世紀中國東北邊疆文化研究』, 哈爾濱: 黑龍江省人民出版社, 2003, p. 95.

153) 힐디 강, 『검은 우산 아래에서』, 정선태·김진옥 옮김, 산처럼, 2011, pp. 35, 159~60.

않았던, 그러나 우리 문학사에서는 오랫동안 묻혀 있었던 문인 강경애다. 노동자 계급의 눈으로 1930년대 조선 사회를 그려낸 그녀의 작품은 재만 조선인들의 실제 삶을 한 극단에서 묘사한다. 그것은 민족 대 민족이 아닌 계급적 구도하에 있다. 만주는 봉건적 계급 제도에 밀려 고향을 떠날 수밖에 없었던 조선 농민들에게 또 하나의 연옥이었다. 대부분의 주인공은 만주의 험한 여건—적빈, 아편, 비적과 비적 토벌대의 습격, 중국인 지주의 착취 등—에서 죽음을 맞는다. 강경애는 드물게 식민지 시대 하층 여성의 목소리를 끌어올린 대변자였다. 그녀의 작품들은 헐벗고 굶주린 민중에 대한 애정과 함께 제국주의적 질서나 역경에 저항하는 영웅을 등장시켜 계급 문제와 사회주의에 대한 공명으로 끝을 맺었다. 한국과 조선족 문인들은 1999년 "간악한 일제 치하의 비리에 저항한 우리 현대문학의 대표적 녀성 작가를 기려" 옌벤에 그녀의 문학비를 세웠다.[154]

항일, 민족 서사와 거리가 있다고 해서 친일 작품으로 모는 것은 단순한 시각이다. 태평양전쟁이 임박한 시점에 만주국 총무청 직속의 홍보처가 '문예지도요강文藝指導要綱'을 통해 검열을 강화할 때까지,[155] 만주국의 문학 세계는 다소 자유로운 분위기와 다양성을 구가했다. 일본인 작가들 사이에서 신징 이데올로기(수도 신징을 중심으로 한 국책 수용론)에 대항한 다롄 이데올로기(다롄을 본거지로 한 휴머니즘, 작가주의)가 있었다. 중국과 일본 작가들의 교류도 진행됐다. 중국의 대표적인 작가이자 '예문서방藝文書房'의 사장인 구딩古丁은 좌익 경력과 하직하고, 민족협화를 수용하며 일본 문인들과 '혼의 교류'를 위해 번역에 나섰다. 그는 이시카와 다쿠

---

154) 강경애, 『강경애 전집』, 이상경 엮음, 소명출판, 2002, pp. 874~75.
155) 중국에 문인들은 전국 작가 조직인 만주문예가협회에 가입해 '대동아 문학자 대회'에 참가하는 등 전시 체제에 끌려 들어가고 일부 좌익 농촌운동가들은 1940년대 초 반공 체제에 의해 구금돼 옥사했다. 西田勝 編, 『『滿洲國』文化細目』, 不二出版, 2005, pp. 12~13; 川村湊, 『滿洲崩壞: 大東亞文學と作家たち』, 文藝春秋, 1997, p. 85.

보쿠, 나쓰메 소세키 등 다수 일본 작가의 소설들을 번역했다.[156] 만영의 문예부장, 『만주평론』의 편집장을 역임한 문화계 거물 오우치 다카오大內 隆雄는 구딩의 『원야原野』, 샨딩山丁의 『녹색의 골짜기綠色的谷』 등을 포함 해 중국 작품들을 정력적으로 번역했다. 이 번역은 반일본적인 부분은 덮 고, 민족을 초월하는 방향으로 이루어졌다.[157] 오우치는 만주 문학을 중국 문학의 일부로 보는 시각을 비판하며 그것을 북방적 성격의 장르라고 정 의했다. 그는 북방 문예의 특징으로 웅대한 자연의 영향, 험난한 자연조건 하의 인간, 호방하고 끈끈한 성격, 개척민을 기초로 반反봉건 잔재가 다분 히 남은 사회 구조의 영향 등을 들었다.[158] 만주국 당국도 문학을 통한 민 족협화를 후원했다. 1940년과 1942년에 가와바타 야스나리 등 일본 작가 들이 편집한 중국·일본·러시아계 작가들의 창작 선집인 『일만로日滿露 재 만 작가 단편선집』과 『만주국 각민족 창작선집』이 출판됐다. 1931년 7월 부터 1945년 5월까지 여러 문학잡지가 존재했다. 현재 발견된 것만 해도 총 573권이다.[159] 일본인 작가들은 다롄문화회와 신징문화회 등을 통해, 구딩 등 중국인 작가들은 『예문지藝文志』를 매개로, 샨딩은 하얼빈 문단을 중심으로 활동했다.[160]

　이러한 공간에서 일본인, 중국인, 백계 러시아인, 조선인 작가들은 민족 협화, 민족문화의 공생, 일본 문학의 주도, 정치와 문학의 관계, 전향, 봉 건 등 각자의 배경과 고민, 지향점을 지닌 채 왕성한 작품 활동을 벌였다. 이들 사이에서 (제한적이나마) 사회주의, 낭만주의, 향토문학, 리얼리즘, 은

156) 梅定娥, 「古丁における飜譯: その思想的變遷をさくる」, 『日本硏究』 38輯, 2008, pp. 177~79.
157) 吉田凞生·曾根博義·鈴木貞美 編, 『日本文藝史 第七卷』, 河出書房新社, 2005, p. 258.
158) 大內隆雄, 「滿洲文學の特質」, 呂元明·鈴木貞美·劉建輝 編, 『滿洲浪漫 第五輯』, ゆまに書房, 2002[1940], p. 58.
159) 『街』 『彩』 『高粱』 『文學』 『滿洲浪漫』 『藝文』(일문판) 『藝文志』(중문판) 등이 있었다. 西田勝 編, 『「滿洲國」文化細目』, pp. 2~8.
160) 오카다 히데키, 『문학에서 본 '만주국'의 위상』, 최정옥 옮김, 역락, 2008, pp. 26~27, 87.

유(중국 민중의 원한), 협화어(중국어와 일본어가 섞인 표현)가 피어났다. 백계 러시아인들은 중국인 작가와 일본인 작가가 경쟁적으로 전유하려는 대상이었다. 일부 중국 작가들에게 그들의 곤궁은 피지배자인 일본 점령하 중국인의 은유이자 대리자였다. 예컨대 (오우치가 적당하게 삭제한 채 번역한) 소설 『알료샤』는 소년 알료샤가 거리의 부랑자로, 아버지는 알코올 중독자로, 누나와 어머니는 매춘부로 전락하는 러시아 가족의 비극을 다룬다.[161] 이에 비해, 일본인 작가들에게 백계 러시아인들은 소련을 마다하고 민족협화의 신천지 만주국에 정착한 존재였다.

이런 맥락에서 한설야는 특이한 방식으로 만주에 접근한 인물이다. 그는 식민 통치에 협력하기를 거절한 지식인 중 하나로서 월북 후 김일성 신격화와 남로당 숙청에 앞서다가 끝내 1962년에 자신도 숙청당했다.[162] 그의 일본어 소설 『대륙』은 친일 작품이라는 단순한 범주를 거부한다. 『대륙』은 검열 상황에서 일본 식민주의가 만주에 품었던 이미지를 차용한다. 즉 식민 현실을 억제하며 모험과 문명화의 사명이라는 낭만(서양과 일본 식민주의가 구사하는 전술)에 기댄다. 이 작품은 할리우드 웨스턴 영화를 방불케 하는 유괴, 몸값 요구, 전투, 최후의 승리 등 비적 관련 장면으로 가득 차 있다. 차이가 있다면 『대륙』의 비적들이 비무장 상태로 그려진다는 점이다. 만주는 동아시아인들에게 (비적과 같은) 자연적·인적 장애를 극복하고 "피를 적셔" 비옥하게 만들, 말하자면 문명화시킬 공통의 실험장이었다. 주인공들은 문명화를 기다리는 황량한 대륙을 변화시키기 위해 혹은 그것을 밝힐 "광명" "등불의 기름"이 되기 위해 자신들의 신명을 기꺼이

---

161) Ying Xiong, "Constraint Novelty: Literature and 'National Concordance' in Manchukuo," *The Journal of Northeast Asian History*, vol. 11, no 1, 2014, pp. 65, 74.

162) 그는 1950년대에 소설가 이태준과 작곡가 김순남을 공격하는 데 앞장섰다. Charles Armstrong, *Tyranny of the Weak: North Korea and the World, 1950~1992*, Ithaca: Cornell University Press, 2013, p. 81.

바치려 한다.[163]

이런 분위기는 조지프 콘래드Joseph Conrad가 묘사한 "감추어진 사악함, 깊은 암흑의 핵심"인 아프리카 식민지에 유럽 제국주의자들이 "빛을 가져 가려 한" 것과 크게 다르지 않다.[164] 차이라면, 암흑의 핵심에 다가가는 유럽인들에게 아프리카의 자연(특히 강)이 외계와의 조우, 모험, 소유, 정복, (다른 제국들과의) 경쟁의 상징인 데 비해,[165] 한설야에게 대륙은 협력과 실험의 장소였다는 것이다. 프레드릭 제임슨은 콘래드가 서구 제국주의와 자본주의적 팽창을 목도하면서도 이것을 비껴 '봉쇄의 전략'을 구사했다고 본다. 즉 이 제도들을 정면에서 비평하지 않고, 광기로 치닫는 '문명화의 사명'을 꼬집는 정도에서 모험, 로맨스, 해양 소설의 형식으로 시선을 전치했다는 것이다.[166] 한설야의 '봉쇄 전략'은 자연과 모험, 그리고 일본인 독자들에게 흥아의 진정한 협력의 의미를 묻는 반어법일 것이다.

『대륙』은 당시 만주 문단의 찬사를 받았던 중국인 작가 샨딩이 1942년에 발표한 『녹색의 골짜기』와 비슷한 맥락에 있다. 전후 중국에서 구딩과 샨딩은 우파로 몰려 장기간 탄압을 받았는데, 그것은 오우치가 그들의 대표작을 일부 내용을 삭제한 채 일본어로 번역한 데서 기인한다. 오우치는 샨딩의 향토문학에서 감상주의, 우수가 서린 분위기 이면의 좌파적·민족주의적 어조를 분명하게 인식하면서도 상당한 장점, 특히 강한 자연주의적 감각을 발견한 것이다.[167] 『녹색의 골짜기』는 비적에 대한 우호적인 태도(녹림호한綠林好漢의 세계)를 견지하며, 도시 문명을 거부하고 대자연에

---

163) 한설야, 「대륙」, 김재용 외 편역, 『식민주의와 비협력의 저항』, 역락, 2003. 한설야, 강경애, 백석의 만주 관련 작품들을 독보적으로 발굴한 김재용과 이상경 교수 내외에게 경의를 표한다.

164) 조지프 콘래드, 『암흑의 핵심』, 이상욱 옮김, 민음사, 2000, p. 158.

165) Benton, *A Search for Sovereignty*, pp. 40, 56.

166) Fredric Jameson, *The Political Unconscious: Narrative as a Socially Symbolic Act*, Ithaca: Cornell University Press, 1981, pp. 210~19.

167) Duara, *Sovereignty and Authenticity*, p. 225.

에워싸인 대지로의 회귀를 호소한다.[168] 『녹색의 골짜기』가 자연에 몰입, 삼림과 토착민들을 통해 만주의 원시적 순수성을 극화시키려고 한 데 비해 한설야의 『대륙』은 자연 세계에 머무르지 않는다. 『대륙』은 비적의 습격과 약탈로 인한 조선인들의 곤경에 대해 지면을 약간 할애하기는 하지만, 제목에서 드러나듯 조선 민족주의가 품기에는 너무나 광활한 국제주의로 다가간다. 흥미롭게도 여기에는 조선인 주인공은 등장하지 않는다. 오직 일본인과 중국인만 나온다. 조선인 부락에 살며 조선인 개척민들을 가르친 일본인 부자父子, (부유한 부친과 약혼녀 등 집안과 인연을 끊는) 일본인 청년, 청년의 중국인 애인과 그 애인의 아버지, 의협심이 강한 비적 두목 등이 주인공이다. 모두가 만주국 정부와 일정 거리를 유지한다. 김재용의 말을 빌리면, 작가는 친일적 인물을 배제함으로써 만주의 가능성을 찾으려 했는지도 모른다. 『대륙』은 만주국의 이상인 오족협화의 가능성에 대한 실험이다. 이것은 민족협화의 이름으로 일본인들의 교만을 교묘하게 공격한 것이거나 식민주의와 자민족 중심주의, 양자에 대한 비판일지도 모른다.[169] 김철이 일렀듯, 일제 말기 한설야, 김사량, 장혁주 등 조선 작가들의 (일본을 향한) 일본어 작품들은 암흑기 문학이 아니라 조선어와 조선 문학의 가능성이 시도되는, 전복의 가능성을 여는 것이라 할 수 있다.[170]

만주를 그린 글들은 대체로 중국인과의 갈등과 거리감을 유지한다. 정인택은 이들을 "남루하게 차린 만주 사람"이라 부르고,[171] 이효석은 노조미의 차창 밖으로 둑 아래에서 용변을 보는 '만주 사람(중국인)'을 한심한 시선으로 본다.[172] 일제 시대 가장 영향력 있는 모더니스트 이태준도 그런

168) 오카다 히데키, 『문학에서 본 '만주국'의 위상』, p. 131.
169) 김재용 외 편역, 『식민주의와 비협력의 저항』, p. 27.
170) 김철, 『복화술사들: 소설로 읽는 식민지 조선』, 문학과지성사, 2008, pp. 143, 167.
171) 정인택, 「검은 흙과 흰 얼굴」(1942), 민족문학사연구소 엮음, 『일제말기 문인들의 만주체험』, 역락, 2007.

편이다. 그는 「농군」 「이민 부락 견문기」 등에서 만주나 중국으로 북상하는 (아마도 조선인 술집 작부인 듯한) "젊은 계집들"로부터 "새삼스런 골육감"을 느낄 뿐 아니라 중국인을 '토민'이라 부르며 거리를 둔다. 김재용이 저항과 비협력의 영역이라 한 데 비해, 김철은 제국주의자의 시선이라 하는 등 「농군」에 대한 해석은 엇갈린다.[173] 한수영이 일렀듯 김재용은 농군을 과도하게 구출하는 경향이 있다.[174] 김철의 주장인 제국주의적 시선도 따져볼 필요가 있다.

개척과 생존

대륙에 대한 일본의 야심과 조선 지식인들의 민족(혹은 고토) 찾기는 만주에서 합쳐졌다고 할 수 있다.[175] 일본 제국의 팽창에 편승한 1930년대의 일부 조선 지식인들이 제국 내의 타자를 욕망하거나 멸시했음은 부인할 수 없다. 국제도시 하얼빈은 일본인 관광객들에게 (장쉐량 시대에는 금지했던) 백계 러시아 여인들의 밤무대 스트립쇼와 쑹화 강의 나체 수영 무대로 선전됐다.[176] 이곳은 19세기 유럽의 터키탕처럼 서양이 동양을 욕망

---

172) 이효석, 「벽공무한」(1940), 『새롭게 완성한 이효석 전집 5』, 창미사, 2003.

173) 김철, 「몰락하는 신생」; 김재용, 『협력과 저항』, 소명출판, 2004, pp. 66~68.

174) 한수영, 『친일문학의 재인식: 1937~1945간의 한국소설과 식민주의』, 소명출판, 2005, pp. 20~22.

175) 조선의 일본 언론인도 '장백산 일대에 출현해 압록강, 두만강 남쪽으로 문명을 펼친' '조선의 조상인 영웅적인 부여 민족'을 추적했다. Uchida, *Brokers of Empire*, p. 314.

176) 하얼빈에서 러시아 여인들의 스트립쇼는 1930년대에 비공식적으로 허용됐다. 러시아인들의 스트립쇼와 쑹화 강의 나체 수영이 관광 안내서에 소개돼 일본인들을 자극했다. 스트립쇼와 성매매는 하얼빈과 도쿄의 일본식 요릿집에서도 벌어졌다고 추정된다. 이것은 1947년 도쿄 신주쿠의 유흥 주점에서 재개돼 전국에 확산됐다. 井上章一, 「ハルビン紀行の日本人: 大日本帝國の慾望と裸になつたロシヤの女たち」, 井上章一 編, 『性慾の硏究』, 平凡社, 2013, pp. 126~36.

하는 공간177)이 아닌 동양이 서양을 욕망하는, 오리엔탈리즘이 역전된 공간이었다. 이효석 소설의 주인공도 이국적 분위기의 하얼빈에서 "일확천금을 꿈꾸고, 애수와 점유가 뒤섞인 시선으로" 러시아 여인들을 바라보았다.178) 이광수에게 '관광 낙토' 만주는 황군의 진로를 따라 옛 조상의 터전을 찾는 민족의 역사 기행이었다.179) 역사 기행은 '고구려 쌈터'를 환기하는 노래인 「복지만리」 등으로 이어진다.

만주에 체류하던 조선인 중 최고 거물이었던 최남선은 만주국 건국을 거대한 문화적 흐름—즉 중원 지역에 대한 북방(동방) 민족의 진출이라는 동양 역사의 전개 과정—으로 보았다. 20세기 초 신채호가 일본의 역사 기술(한반도 연고권)과 조선 식자들의 중국 중심 유교 사관에 대항해, 단군 중심의 민족 역사와 공간(만주와 한반도)을 제창한 이래180) 최남선도 '불함不咸문화론'을 통해 만주에 일찍부터 관심을 가졌다. 그는 한반도와 단군을 유라시아의 거대 샤머니즘 문화권인 불함(혹은 장백산에서 이름을 딴 태양, 하늘, 신을 뜻하는 고대어 '밝') 문화권의 중심에 놓았다.181) 그는 중국, 일본을 포함하는 거대 문화권의 중심에 조선을 놓으며 조선 역사를 전유하려는 일본 학계에 맞섰다고 할 수 있다. 최남선은 1939년에 지엔구어 대학 교수로 취임한 뒤 그 논지를 확대해 만몽문화론을 개진했다.

이것은 중국 문화에 대항하거나, 그것을 흡수한 북방 민족의 문화다.182)

177) 井上章一·劉健輝, 「上海モダンの風俗事情」, 井上章一 編, 『性愛の研究』, p. 37. 터키탕은 1930년대 상하이의 유럽 조계지에 전해졌다가 1952년 도쿄를 시작으로 일본 전역에 퍼졌다. 1990년대 한국에서도 번성했다.

178) 권명아, 「심미주의의 〈분열〉」, 『작가세계』 75집, 2007, p. 46; 이효석, 「벽공무한」 「하얼빈」, 『새롭게 완성한 이효석 전집 5』.

179) 이경훈, 「식민지와 관광지: 만주라는 근대 극장」, 『사이』 6권, 2009, p. 79.

180) 그의 주장은 박은식 등 당대의 지식인들뿐 아니라 대종교 창시자들에게도 호응을 받았다. Andre Schmid, *Korea between Empires, 1895~1919*, New York: Columbia University Press, pp. 16~19, 192~98.

181) 최남선, 「불함문화론」, 『육당 최남선 전집 2』, 현암사, 1974, pp. 44~50.

조현설은 제국주의의 논리를 재생산하는 동시에 조선을 그 문화권의 중심에 둔 최남선의 모순이 역사가 (민족 담론과 탈민족 담론 어디로든 전유될 수 있는) 신화에 종속된 데서 왔다고 본다.[183] 조선 중심이라고 하나, 그의 논리에 도쿠가와 시대 국학파——즉 외래 종교인 불교와 유교가 침식하기 전의 일본 순수 종교인 신토 찾기, 그리고 그 배타적 우월성 강조 등——와 나치즘, 일본의 팽창주의 용어(예컨대 '동화' '생활권Lebensraum의 확대' 등), 미국 기독교 사상(만주국을 '심대한 시련' 끝에 등장하는 '약속의 땅'이요, '민족의 용광로'로 보는 시선) 등이 섞여 있다.[184] 강해수는 이 만몽문화론에 이분법적 민족주의로 해독할 수 없는 다인종·다문화·다언어적 담론 공간이 교차한다고 본다. 거대한 타자인 중화 질서로부터 자신을 분리시키면서, 이 지역을 학문적으로 전유하려 한 제국주의적 담론 혹은 민족의 원형으로서의 만주를 향한 '우리들의 제국 의식'이 그 배경이라는 것이다.[185]

그런데 대다수 재만 조선인의 삶은 이런 제국 의식과 상당한 거리가 있었다. 우선, 만주행은 자신(나라를 잃은 조선)에 대한 혐오와 얽혀 있다. 김사량의 일본어 소설 「향수」의 주인공은 만주행 열차를 타고 가면서, "몇십만 고구려 병사가 광야를 질주"하고 "강대한 힘으로 만주를 평정"하고 "국위를 사해에 떨친" 것을 회상한다. 동시에 조선의 역사가 "청을 섬기고, 합방 직후 친청, 친러, 친미, 친일을 전전하며" "고매한 정치적 이상을 가진 적이 한 번이라도 있었단 말인가"라고 탄식한다. 그는 이런 자조 뒤에 제국의 공식적인 담론을 펼친다.[186] 이런 태도는 함형수, 김조규 등 여

---

182) 여기에서 그는 조선을 중심으로 한 만몽의 샤머니즘 문화('고신도古神道')와 일본 신토의 동질성을 내세웠고, (중국과 항쟁했던 북방계의 후예라는) 일본인들의 대륙 진출과 '도의 국가' 만주국 건국의 의의를 강조했다. 최남선, 「만몽문화」, 『육당 최남선 전집 10』, 현암사, 1974, pp. 343~44, 372~73, 385.

183) 조현설, 「민족과 제국의 동거: 최남선의 만몽문화론 읽기」, 『한국문학연구』 32집, 2007, p. 238.

184) 최남선, 「만몽문화」, pp. 342, 374, 378.

185) 강해수, 「최남선의 '만몽' 인식과 제국의 욕망」, 『역사비평』 76호, 2006, p. 86.

러 시인의 삶에 대한 비관과 유랑의 심사와 가까운 거리에 있다. 이들은 스스로를 추방자, 망명자로 설정하며 제국의 다른 타자들에 대한 동질감을 표현하기도 한다. 이들 작품 속에 나타나는 망명 지식인과 러시아 매춘부의 만남이 그런 보기다. 또한 검열의 현실에서 제국의 공식 담론을 펼칠지라도 무의식에서는 제국과 거리를 둔다. 근래 발견된 심연수, 방인근, 유치환의 시들은 하얼빈 외인 묘지 앞에서 관광객으로서 제국의 시선을 내면화하지 않고, 일정한 거리를 유지한다는 특징이 있다. 만주에서 가장 소외된 러시아인과 자신들을 동일시했던 것이다.[187]

대부분의 재만 조선인은 제국의 대행자라기보다 이런 연민 혹은 절실한 생존의 선상에 있었다고 봐야 한다. 제국의 욕망이 있었다 할지라도, 인구의 절대 다수를 차지하는 중국인 위에 군림하는 조선인 식민 대행자는 도시에서든 농촌에서든 거의 존재하지 않았다. 중일전쟁 발발 후 (중국이나 만주에 비해 다소 안전한) 조선 사회의 지식인들 사이에 퍼졌던 '지나(중국)의 적대시'[188]는 재만 조선인들에게 불가능한 일이었다. 이들은 2등 공민처럼 보이는, 그러나 그 지위에 오르지 못한 소수자였다. 경찰의 92퍼센트도 중국인이었다.[189] 태평양 전선에서 포로수용소 경비원으로서 연합군 포로들을 학대했다는 이유로 전후 군사재판에서 억울하게 처형된 조선인 군속들(23명)이 있었으나[190] 만주국에서 이런 악역을 맡은 조선인은 없었다.

186) 그는 "만주국과 북지北支를 평정한 황군 덕택에 만주국 거주 백 수십만의 동포의 생활이 향상되었고" "동아에 여명이 비치는 건설적인 시기에 완전한 일본 국민으로서" 만주국을 횡단하며 역사의 감상에 잠긴다. 김사량, 「향수」, 김재용·박형덕 편저, 『김사량, 작품과 연구 1』, 역락, 2008[1941], pp. 153~54.

187) 조은주, 『디아스포라 정체성과 탈식민주의의 시학』, 국학자료원, 2015, pp. 143, 210, 243~44; 조은주, 「묘지로의 산책: 심연수, 유치환의 시에 나타난 만주 이미지와 그 의미」, 만주학회·국민대학교 한국학연구소 주최 학술대회, "관전기貫戰期 동아시아와 만주" 발표문, 2014.

188) 김예림, 「전쟁 스펙타클과 전장 실감의 동력학」, 『동방학지』 147집, 2009, p. 175.

189) 1939년 만주국 경찰(8만 6,479명) 중 만계가 7만 9,507명으로 약 92퍼센트를 차지했다. 幕內滿進, 『滿洲國警察外史』, p. 226.

동서양 제국주의자들은 흔히 피식민자 간의 대립과 갈등을 유도한다. 재만 조선인은 1920년대 말 일본 제국주의의 전위로 인식돼 군벌 장쉐량에게 박해를 받았다. 그것은 일본의 만주 침식이 조선인을 통한, 박현옥이 말하는 '삼투적 팽창'의 측면이 있었기 때문이다.[191] 1920년대 하얼빈의 조선인 아편 밀매꾼들을 단속하는 군벌 경찰은 일본 영사 경찰(이들을 연행해가지만 사실상 보호하는 역할)과 충돌하기 일쑤였다.[192] 조선인들은 만주사변 직전인 1931년 여름의 비극, (평양과 인천의 화교 학살로 이어진) 완바오산萬寶山 사건[193]이나 만주사변 직후 만주의 여러 지역에서 벌어진 동북군 패잔병과 비적들의 조선인 공격,[194] 해방 후 자행된 중국인의 조선인 습격 등 일본 제국주의가 만든 틀, 즉 조선인과 중국인 간의 갈등 구도 속에 있었다. 이 갈등은 만주국 건국 이후 동만 지역의 항일(공산) 유격대에서도 재연돼, 구성원의 대부분이었던 조선인에 대한 무차별적인 피의 숙청이 3년간 계속됐다. 공산당 지도자들은 중국인이었고, 이들은 민생단(1931년 『매일신문』 부사장 박석윤이 조선인 자치를 내걸고 조직하려다 실패한 단체)을 활성 스파이 조직으로 간주하고 이것이 유격대 내부로 침투했다고 본 것이다. 지도자들은 조선인 민족주의자, 파쟁주의자(조선공산당원 출

---

190) 우쓰미 아이코, 『조선인, BC급 전범, 해방되지 못한 영혼』, 이호경 옮김, 동아시아, 2007, p. 8.

191) Hyun-Ok Park, *Two Dreams in One Bed: Empire, Social Life, and the Origins of the North Korean Revolution in Manchuria*, Durham, N.C.: Duke University Press, 2005, p. 43.

192) Miriam Kingsberg, *Moral Nation: Modern Japan and Narcotics in Global History*, Berkeley: University of California Press, 2014, p. 123.

193) 1931년 창춘 현 완바오산 부근 조선인들의 수로 공사가 중국인들의 농토에 피해를 입힘으로써 벌어진 중국인과 조선인 농부들의 충돌과, 중국과 일본 경찰 간의 대치가 조선에서 지나치게 크게 보도돼 반중국 정서를 불러일으킨 사건을 말한다. 당시 『조선일보』 『동아일보』의 과장 보도로 평양과 인천에서 분격한 조선인들이 화교들을 습격해 500여 명의 사상자가 났다. 이 사건 자체에서 일본의 역할이 무엇이었는지는 간단치 않은 수수께끼로 남았다. 어쨌든 이것은 '만몽 문제'의 강경 해결을 위해 일본의 여론을 불러일으키는 계기가 됐다. Hoon K. Lee, *Korean Immigrants in Manchuria*, Pyengyang: Union Christian College Press, 1932, p. 242; 김철, 「몰락하는 신생」, p. 131; 山室信一, 『キメラ』, p. 39.

194) 손춘일, 『滿洲國의 在滿韓人에 대한 土地政策 研究』, 백산자료원, 1999, p. 149.

신과 지식인 포함)와 민생단을 모두 동일시해 500명 이상의 조선인 항일 투쟁가를 처형시켜 이 지역의 항일 세력 80퍼센트 이상이 와해됐다.[195] 조선인 박해는 중국 건국 이후에도 계속됐다. 1958~60년 초 둥베이의 조선인 간부, 인텔리 2천 명이 "민족주의 분리주의자"로 "비판"받았고, 문화혁명 중에 조선족 간부 거의 전부가 '부정'된 채 군부에게 행정을 넘겨야 했다.[196]

수난당하는 조선인들에게 만주국 당국은 현실적인 보호자였다. 정종현의 연구에 의하면, 1930년대에 유행한 딱지본 대중소설도 이런 민족 수난사, 특히 여인 수난사 혹은 팔려가는 조선 여인 이야기의 연장선 위에 있다. 청나라 지주들은 조선 여인을 겁욕하려는 호색한으로, 일본 법률 제도는 조선인의 보호자이자 구원자, 나아가 근대적 합리주의와 문명으로 등장한다. 일본에 대한 과도한 기대가 착각이라 할지라도, 만주국 시대 조선 농민들에 대한 중국인 비적의 약탈, 만주국 패망 시에 벌어진 집단적 테러는 현실이었다. 흥미롭게도 이 딱지본들은 한국전쟁 때 재간돼 가해자, 야만인으로서의 중국인의 표상을 강화하는 데 일조했다.[197]

'만주광滿洲狂'으로 표현되던 1930년대 후반 만주의 열풍, "복권(채표) 탐닉, 일확천금에 대한 몽상"[198]은 주로 농민들 주변의 현상이었다. 이들은 토착민들 위에 군림하는 식민 대리인이 아닌, 적빈을 뚫고 이역에서 척박한 농토를 개척해 생존하려는 사람들이었다. 이들은 근대의 공간, 국제주의, 새로운 출발, 개발, 건설, 개척의 열정 등 만주국의 공식적 담론과 접

---

195) 김성호, 『1930년대 연변 민생단 사건 연구』, p. 453.

196) 李海燕, 「延邊の地域權力構造と朝鮮族の推移」, 만주학회·국민대학교 한국학연구소 학회, "관전기貫戰期 동아시아와 만주" 발표문, 2014. 이런 표현 이면의 구체적인 인명·재산 피해에 대한 연구는 아직 없다.

197) 정종현, 「딱지본 대중소설에 나타난 '만주' 표상」, 『한국문학연구』 33집, 2007, pp. 72~75, 90.

198) 곽은희, 「프로파간다화된 만주 표상과 욕망의 정치학」, 『만주연구』 16집, 2013, p. 189.

합할 수밖에 없다. 이들을 격려하려는 (식민 당국의 기획 방문 사업이자 검열 하에 있었던) 지식인 기행단도 만주국의 유토피아니즘에 공명하는 글들을 남겼다. 정인택은 만주의 시커먼 흙, 기름진 평야, 논에 물을 대는 소리에, 유치진은 만주의 굵은 콩과 백옥 같은 흰 쌀에 흥분했다. 유진오는 일본 계 백화점의 청결, 신선함, 그리고 신징의 거대한 건축물을 통해 만주에서 웅대한 근대가 벌어지기 시작했다고 적었다. 함대훈이나 최남선은 만주의 건설 정신에 감탄했고, 조선인의 이상을 어느 정도 실현할 수 있을까 진지 하게 고민했다.[199] 그런즉 이태준이 「농군」에서 그린 조선인들의 삶은 친 일과 저항이라는 단순 독법을 거부한다. 중국인과 거리를 유지하던 서사 는 곧장 중국인 주민들에게 대항하는 조선인들의 투쟁으로 이행해 이들의 개척 정신을 그린다. 안수길의 해방 전 몇몇 작품도 마찬가지다. 「벼」「토 성」의 마지막 대목에서 조선인들은 중국인 관헌의 탄압을 받을 때 자신들 이 일군 수전水田에 납작 엎드려 일본 영사관으로부터의 소식을 갈망하거 나, 비적과 맞서 싸우다 죽어가며, 장작에 불을 붙여 일본 영사 경찰에 습 격 소식을 알리는 등 일본인들의 보호에 기댄다.[200]

이 작품들의 중점은 중국 비적의 침공에 맞서 죽창을 들고 토성을 쌓으 며, 아침에 성문을 열고 농토로 향했다가 저녁에 돌아와 성문을 닫는 조선 인 집단부락민이 불굴의 의지로 만주에 뿌리를 내리는 과정에 있다. 한수 영이 말한 대로 이런 텍스트를 관류하는 생존의 문제는 친일 대 저항의 이 분법 혹은 민족주의의 강박을 넘어선다.[201] 만주는 개척의 장소였다. 일본

---

199) 함대훈의 「남북만주편답기」, 정인택의 「개척민 부락장 현지 좌담회」「검은 흙과 흰 얼굴」, 장혁주 의 「개척지의 과제」「개척지 시찰 보고」「어느 독농가의 술회」, 이태준의 「이민 부락 견문기」, 유진 오의 「신경」, 유치진의 「대추나무」 등이 있다. 민족문학사연구소 엮음, 『일제말기 문인들의 만주체 험』.

200) 안수길, 「토성」, 『20세기 중국조선족 문학사료전집 제6집』, 옌지: 중국조선민족문화예술출판사, 2004.

201) 한수영, 『친일문학의 재인식』, p. 123.

정부도 과잉 인구 대책으로 1932년 이래 10여 차례 개척이민을 만주로 보냈다.[202] 이들은 특권층이었다. 도시에서 만철과 만주국 정부에 깊이 의존했고 농촌에서는 지주화됐다.[203] 이에 비해 어떤 보호장치도 없는 조선인들의 개척은 맨주먹으로 황무지를 일구는 고난이었다.

이런 맥락에서 만주는 노동을 통한 갱생의 장소로 등장한다. 전시 체제에서 일부 문인의 생산 소설(1940년 전후 잠시 등장한 이슈)은 체제 협력의 형식을 갖춘 돌파구였다.[204] 예컨대 장혁주는 만주 개척지를 내선일체를 실현시키고 지난날의 불온 사상자, 우범자를 개과천선, 귀순, 입식시킬 기회로 보았다.[205] 박영준도 여성 공산유격대원의 귀순과 갱생을 통해 정신적 귀화와 교화를 그린다.[206] 안수길은 「목축기」에서 암흑시대를 걷는 만주의 아침 혹은 새로운 세상을, 「북향보」에서 북향 정신(만주 황무지의 개간, 계발, 실천)을 노래했다. 그는 후자에서 "아편 밀수, 부동성, 몰의리, 무신용, 불성실, 무책임" 등 조선인들의 결점을 꾸짖고 만주가 "우리 고향임"을, "선계(조선인)가 나라에 이바지하는 것은 오직 수전 개간과 경작을 통한 식량 생산"임을 환기시켰다.[207] 카프 문학의 거물 이기영도 해방 전 최후의 장편소설 『처녀지』에서 북만의 무의촌에 정착해 조선 농민들에게 인술과 야학을 펴다가 페스트에 희생되는 젊은 의사를 통해 개척의 피와

---

202) 재만 일본인 인구는 1933년에는 약 33만 명이었는데 1945년에 150만 명으로 증가했다. 塚瀬進, 『滿洲國: 民族協和の實像』, 吉川弘文館, 1998, pp. 200~10; 上田貴子, 「總說」, 蘭信三 編, 『日本帝國をめぐる人口移動の國際社會學』, p. 209.

203) 예컨대 1934년 재향군인, 독신 남자로 구성된 '제3차 시험이민단' 259명은 군대식으로 개척촌을 세우려는 의도로 모집돼 약 1개월의 훈련을 받고 북만으로 향했다. 이들은 영농자금 지원과 고용 노동력에 의존해 현지에서 지주화됐다. 今田良一, 「滿洲農業移民における地主化とその論理」, 蘭信三 編, 『日本帝國をめぐる人口移動の國際社會學』, pp. 220~36.

204) 이것을 일러준 한수영 교수에게 감사드린다.

205) 장혁주, 「개척지 시찰 보고」 「개척 정신」, 민족문학사연구소 엮음, 『일제말기 문인들의 만주체험』.

206) 박영준, 「밀림의 여인」, 『20세기 중국조선족 문학사료전집 제6집』.

207) 안수길, 「북향보」 「목축기」, 『20세기 중국조선족 문학사료전집 제6집』.

땀, 계몽의 위업을 그렸다.[208] 만주 개척을 꼭 친일 행위로 볼 필요는 없다. 이것은 심훈의 『상록수』의 배경이 된 1930년대 브나로드 운동의 연장이라 할 수 있다.

젊은 시절에 시베리아를 방랑했던 현경준은 『마음의 금선』에서 만주국 전국에 걸쳐 검거된 전과자들(밀수, 도박, 사기, 횡령 등)과 아편 중독자들의 집단부락 건설과 수용소 생활을 포착했다. 그는 탈주자나 중독자 사이에서 혹은 "어둠의 구렁텅이에서 솟아나서" "부락의 어린이들을 교육시키고 수전 경작에 나서는" 주인공을 통해 새 시대, 소생, 갱생의 가치를 그렸다.[209] 현경준에게 젠다오는 조선인이 피땀으로 개척한 삶의 터전이라는 대단한 자부심이 있었다.[210] 따라서 노상래가 지적하듯, 이것을 만주국 선전 국책문학으로만 보기보다는 '이민 개척사적 시선,' 즉 감시의 공간을 자율, 자생이 가능한 것으로 전환시킨 관점으로 볼 필요가 있다.[211]

'기독교 민족사회주의자' 김창준도 중일전쟁 후 만주에 가서 해방될 때까지 농장을 개척했다. 그는 3·1 운동 시 기독교 대표로 33인에 끼었고 1948년 김구, 김규식 등과 함께 평양에서 개최된 남북 협상에 참가한 뒤 북한에 잔류한 인물이다. 김창준은 만주에서 조선인을 위한 농장과 실업 중학교를 세웠다. 또 신징에서 동아공사, 북만산업개척주식회사를, 주허 珠河에서 전분공장을 차렸고, 나무를 베고 밭을 갈며 눈 덮인 광야를 손수 개척하고 수전을 만들었다.[212] 일제 시기 전향문학에 대한 연구에서, 김윤식은 조선인 전향자(옛 좌익 문인)들의 출옥 후 사회 적응 훈련은 조선 신

208) 이기영, 『처녀지』, 삼중당서점, 1944. 이 작품은 2015년에 역락출판사에서 새롭게 출판되었다. 그 원고를 미리 읽게 해주신 서재길 교수에게 감사드린다.
209) 현경준, 「마음의 금선」, 『20세기 중국조선족 문학사료전집 제6집』.
210) 천춘화, 「한국 근대소설에 나타난 만주 공간 연구」, 서울대학교 박사학위논문, 2014, p. 108.
211) 노상래, 「헤테로토피아, 제3의 눈으로 읽는 만주」, 『인문연구』 70권, 2014, pp. 24, 42.
212) 숭실대학교 한국기독교박물관 엮음, 『기독교 민족사회주의자 김창준 유고』, 숭실대학교 한국기독교박물관, 2011, pp. 26~27.

궁 참배나 시국강연 청취에 지나지 않았다고 했다. 이것은 부유한 집안 출신의 전향 지식인 백수들에게 걸맞은 노동 처분이었다.[213] 이에 비해 만주는 전과자들이나 아편 중독자들의 격리와 노동의 공간이었다. 이 혹독한 공간은 대다수 조선 농민에게 개척과 자립, 갱생이라는 의미를 띠었다.

귀환 시의 비극으로 일본인들의 만주 체류는 오랫동안 국민적 외상과 (피해자 의식으로도 연결되는) 그림자로 남았다. 약 155만 명 규모(군인들을 합치면 220만 명)에 이르렀던 이들은 패전 직후 중국인들의 습격, 강제적 집단 자살, 자녀 유기, 소련군에 의한 광란의 강탈·강간 등의 고초를 겪었으며,[214] 관동군은 모두 장기간 시베리아 등지에 억류됐던 경험 때문이다.[215] 이에 비해, 조선인들의 만주 개척 서사는 해방 후 간접적이나마 긍정적 형태로 부상한다. 예컨대 (해방 직후 주프랑스 공사, 농림부 장관 등을 지낸) 공진항은 만주의 농장 개척에 변치 않는 신념을 피력한 유별난 인물이다. 북만 라린허拉林河에 안가安家농장을 세운 뒤 조선인들을 이주시켜 개척 사업에 진력한 그에게 만주는 신념, 집중, 진취적 개척의 장소였다. 그 신념의 이면에는 "보수주의(옛 조선 사회의 안분지족 등 무위도식)에 대한

---

213) 김윤식, 『한일 학병 세대의 빛과 어둠』, 소명출판, 2012, p. 616.

214) 만주국 건국 이후 일본의 이민 정책으로 농민 약 32만 명이 만주로 건너갔는데, 그중 10퍼센트가 중부의 나가노 출신이었다. 나가노 출신 60퍼센트가 귀환 중 목숨을 잃었다. 1972년 중일 수교까지 약 3만 명이 중국에 잔류했다. 이 고통은 20년 뒤인 1990년대까지 '인양물' 장르로 떠돌라 일본인의 피해자 의식에 일조했으며, 1970년대 이래 실태 조사, 진혼, 기념비 제작 등의 사업이 벌어졌다. Tamanoi, *Memory Maps*, pp. 8, 55~59; 猪瀬祐介, 「滿洲體驗を語り直す」, 蘭信三 編, 『日本帝國をめぐる人口移動の國際社會學』, p. 296.

215) 1945년 8월, 150만 명의 소련군이 침공하자 일본군 약 8만 4천 명이 죽었고, 일본의 항복 후 야마다 오토조山田乙三 사령관을 포함해 약 60만 명이 소련 내 약 2천 개의 수용소에 분산돼 길게는 11년간 억류됐다. 이들은 공장, 탄광, 농장, 벌목, 시가지 건설 등 온갖 강제 노동에 동원됐다. 이 장기 억류에는 냉전 상황, 러일전쟁에 대한 소련의 구원舊怨 등이 작용했다. 8월 말 일본이 독일군의 침공으로 심각한 인력 손실을 겪은 소련에 관동군 포로들을 잠정적 노동력으로 제의했으므로 이것은 양국의 합동 작품이라 할 수 있다. 이 귀환 포로들의 존재는 전후 일본 사회에서 숨겨져왔다. 우파는 '북방 영토' 반환에 골몰했고, 좌파는 소련에 대한 비난을 자제했기 때문이다. 또한 이들에 대한 사회적 낙인도 있었다. Barshay, *The Gods Left First*, pp. 7, 31~43.

저항"이 있었다.[216] 또한 그에게는 만주의 조선인 유랑민들에게 안거 낙토를 마련한다는 명분이 있었다. 제국주의가 초래한 것이지만 바로 이 부분, 노동을 통한 갱생과 개척은 '만주 모던'의 요소로서 후일 1960년대 한국 재건 체제의 동력으로 등장한다.

귀환과 기억

1930~40년대 만주는 놀랍게도 조선 사회 바로 곁에 있었다. 1930년대 후반 만선일여의 구호처럼 양자는 불가분의 관계였다. 일본 제국주의는 주변부를 대단한 힘으로 흡인해 내부의 지리적 경계를 무너뜨리며 일종의 국제화 시대를 열었다. 압축적 수탈이라는 후발 제국의 특성을 반영하듯, 제국 팽창의 촉수로서 철도, 통신, 비행기는 과거의 폐쇄적인 지역들을 굉장한 속도로 열어젖혔다. 이 흡인력은 조선 내 도시들의 전통적 위계도 흔들었다. 예컨대 부산은 만주국 건국과 더불어 일본과 대륙을 잇는 '동아의 관문'으로 뛰어올라 조선조 500년의 수도이자 총독부 소재지인 경성을 제치고 바로 만주와 연결됐다. 당시 비행기, 열차, 연락선으로 이동할 때 부산에서 경성, 만주, 중국 대륙 방면의 북행선을 '하행(구다리下り)'이라 부르고, 그 반대로 만주나 대륙으로부터 부산으로의 남행선을 '상행(노보리上り)'이라 불렀다. 제국의 수도帝都 도쿄로의 방향을 상행, 그 반대 방향을 하행이라 불렀던 것이다. 이것은 조선조 500년과 해방 후 60년간 한양, 서울이 지닌 수도로서의 상징적인 의미를 약화시켰다.

이 흐름 속에서 만주는 조선인들에게 어떻게 다가왔을까? 우선 민족주

---

216) 공진항, 『이상향을 찾아서』, 탁암공진항희수기념문집간행위원회, 1970, p. 16.

의 담론, 즉 이산과 수난, 저항과 협력의 이항 대립은 만주국 건국 후 특히 1930년대 후반 이래 재만 조선인의 실제 삶을 포착하지 못한다. 이들은 만주국 관리와 아편 장수가 뒤섞인 복합적인 집단이었다. 그 속에는 일부 가 지적하듯, 중국인을 타자로 삼는 식민주의자로서의 욕망도 존재했다. 이산을 박해와 희생의 역사로 보는 '희생자 담론' 너머 새로운 가능성을 볼 필요가 있다.[217] 만주의 의미는 조선인들에게 지평의 확장, 그리고 (중·하급 수준이지만) 관리·경영의 체험에 있다. 특히 중일전쟁 후 일본인들의 공백으로 인한 조선인들의 공직·전문직 분야에서의 성장 등 많은 분야에 걸쳐 기회를 포착할 수 있었다는 점을 간과할 수 없다.

조선인들은 만주국 막바지에 이르러 공직 분야에 두루 지원했다.[218] 말 발굽에 박는 편자를 제작하는 장제사裝蹄士[219]와 형무소 집행관 자리에까 지 지원했다.[220] 이렇듯 다수의 고학력 조선인들이 만주국을 기회의 땅 으로 삼아 중·하급직 관료, 군인, 노무관리자, 기술자 등 화이트칼라로서 귀중한 현장 경험을 치렀다. 이것은 재일 조선인들과의 중요한 차이점이 다. 1940년을 기준으로, '유식 직업(화이트칼라 직군)'을 가진 재일 조선인 은 3,589명으로 나타나는데, 이는 같은 시기 '공무·자유업자'인 재만 조선 인이 1만 5천 명 이상이었던 것에 비하면 5분의 1도 되지 않는 것이다.[221]

---

217) 황혜성, 「왜 호모 미그란스Homo Migrans인가?: 이주사의 최근 연구 동향과 그 의미」, 『역사학보』 212집, 2011.

218) 예컨대 1940년 조선인 개척민을 위한 간부 후보 70명을 포함해 많은 조선인들이 공직 분야에 진출 했다. 1942년 번시후本溪湖 공업 실습소 입학자 30명 중 1명, 갑종 화약류 취급인 자격 취득자의 경우 1942년 15명 중 1명, 1944년 44명 중 2명이 조선인이었고, 교통부 고등선원양성소 합격자는 1941년 30명 중 3명, 1944년 62명 중 2명, 1945년 50명 중 4명, 국민체력검정지도원 합격자의 경 우 1943년 178명 중 4명, 국민체육연성소 합격자는 1945년 29명 중 4명이 조선인이었다. 『만주국 정부공보』, 1943년 5월 26일; 1945년 3월 29일.

219) 『만주국정부공보』, 1941년 3월 11일~1945년 7월 23일 참조.

220) 『만주국정부공보』, 1942년 1월 27일.

221) 김광열, 『한인의 일본 이주사 연구: 1910~1940년대』, 논형, 2010, p. 236.

일본에 유학했던 이들도 당시 일본에서 취업할 기회를 별로 얻지 못했다. 일본에서 조선 지식인들이 취직할 수 있는 곳은 희귀했다. 약 반세기의 일본 진출 역사에서 일본 주류 사회에 진출한 조선인은 극소수였다.[222]

대체로 전후 제3세계의 지도자들은 사회주의자라는 특징이 있으나[223] 한국의 경우는 달랐다. 박정희, 정일권 등 1960년대 재건 체제의 지도자들 상당수는 만주국 엘리트 교육기관에서 수학했다. 이들은 만주국 정부, 협화회 등에서 조선인 개척민들의 선무, 노무 경영 등 귀중한 현장 경험을 쌓았다.[224] 만주 귀환자 혹은 '귀환 동포'들은 현재 대부분 사망했거나 최소 80대로서, 그 기억 혹은 폴 톰슨이 말한 "민초들 주변에서 세워지는 역사"에 다가가기는 어렵다.[225] 만주 거주자들에 대한 구술 기록을 발간한 타이완에 비해[226] 한국 학계에는 이들에 대한 기록이 남아 있지 않다. 귀환자들의 기억은 현재 중국 둥베이 지역에 그대로 잔류했던 사람들의 기억과도 여러 차이를 보일 것이다. 기억은 개인의 것이라기보다는 집합적이라는 문제가 있다.[227] 중국의 조선족들은 대부분 "항일 혁명의 정신"으로 그 시대를 살았다고 회고한다.[228] 중국공산당의 공식 기억에 침윤된 것이다.

222) 중의원 박춘금, 육군 장성 홍사익, 교토 대학 강사 이승기李昇基, 이태규李泰圭, 박철재朴哲在 정도다. 이태규와 박철재는 해방 후 경성대학교 물리학과 교수가 돼 한국 핵물리학 연구를 개척했다. 水野直樹, 「京都帝國大學·第三高等學校の朝鮮人留學生」, 『京都大學大學文書館だより』, 2014, p. 3; 小林總名, 「南北朝鮮の原子力開發」, 加藤哲郎·井川充雄, 『原子力と冷戰: 日本とアジアの原發導入』, 花傳社, 2013, p. 173.

223) Prasenjit Duara, "Introduction: The decolonization of Asia and Africa in the twentieth century," Prasenjit Duara(ed.), *Decolonization*, p. 8.

224) 具鳳會, 「風濤 波濤」, 大同學院 同窓會 編, 『友情の架橋』, p. 76.

225) Paul Thompson, *The Voice of the Past: Oral History*, Oxford: Oxford University Press, 2000, p. 23.

226) 許雪姬 編, 『日治時期在滿洲的臺灣人』, 臺北: 中央研究院, 2001 참조.

227) 윤택림·함한희, 『새로운 역사 쓰기를 위한 구술사 연구방법론』, 아르케, 2006, p. 63.

228) 김왕배·이수철, 「구술사의 방법론적 의의와 과제: 재만 조선족 구술 사례를 중심으로」, 김도형 외 엮음, 『식민지 시기 재만 조선인의 삶과 기억』, 선인, 2009, p. 31.

부산, 경남 지역에 거주하는 소수의 만주 귀환자(부산의 80대 남성 2명, 거창의 80대 여성 1명)의 증언으로 중요한 점이 몇 가지 포착됐다. 첫째, 북만의 조선인 정착촌은 중국인 거주 지역과 분리되어 있었다. 조선인들은 조선인끼리 모여 살거나 일본인 주변에서 거주했다. 한 귀환자의 부친은 일본인의 보증으로 만철에 소, 말, 양 등을 납품하는 목축 판매업자였는데 귀환 후 부산에서 제분업으로 성공했다. 이 남성이 수십 년 뒤 무단장을 방문했을 때 "대체로 재주 좋고, 머리 트인 조선 상인들이 해방 후 떠나고, 농민들만 잔류했다"라는 친지들의 말을 들었다고 한다.[229] 특기할 것은 세 귀환자 중 두 명의 부친이 만주에서 상업에 종사했다가 해방 후 월남해 적수공권으로 부산에서 중견 기업인으로 성공했다는 점이다. 양자는 만주의 사업 경험이 한국에서의 성공을 이끌었던 보기라 할 수 있다.[230] 만주에서 교사를 했던 80대 여성의 남편도 귀국해 고향에서 원로 교육자로서 일생을 마쳤다고 한다. 그녀의 부친은 조선-만주 국경에서 가까운 통화通化에 있는 일본인 소유의 토목회사에서 사무직으로 근무했고, 남편은 대구사범을 졸업한 후 합천을 거쳐 통화로 와서 초등학교 교사로 재직했다. 일본인 교장을 제외하면 교사와 학생 전부가 조선인이었으나, 동네에서는 중국인들과 섞여 살았다. 그녀의 증언에 따르면 관공서에 다니는 조선인이 많았다고 한다.[231] 매우 제한적인 사례지만 이들의 만주 경험(비농업 분야)이 후일 한국 사회에서의 성공에 기여한 보기다.

---

229) 무단장 출신인 한 남성은 이곳(인구 7만 명 중 조선인 인구가 약 2만 명)이 신구 시가, 조선인 구역 西長安街 등 3개 구역으로 나뉘어 있었다고 한다. "1931년생 귀환자 김두현金斗鉉 옹과의 인터뷰"(2008년 10월 9일). 만주 귀환자들을 포함해 국내 만주 자료와 구술자의 소재, 한계 등 자세한 언급은 한석정, 「근대 만주의 예비적 탐사」 참조.

230) 한 귀환자의 부친은 헤이룽장 성 무단장 부근의 아이허愛河에서 일본인 소유의 중소기업에 취업한 뒤 정미소를 경영했다. 귀환 후에는 부산 초량에서 미군의 배급품을 줍고 분류하며 시멘트 포장지 장사를 하다가 지업사를 운영하게 됐다. "1935년생 귀환자 이윤식李允植 옹과의 인터뷰"(2008년 8월 20일).

231) "1925년생 귀환자 조원숙趙元淑 옹과의 인터뷰"(2008년 10월 19일).

만주국이 패망하자 재만 조선인과 일본인 수십만 명의 귀환이 시작됐다. 앞에서 지적한 대로 일본인들의 귀환은 아수라장이었다. 조선인들도 이 혼란에서 자유롭지 못했다. 강원용 목사는 해방 직후 회령발 서울행 열차를 타고 가다가 기차가 멈추면 소련군이 올라와 여자들을 끌고 가는 것을, 심지어 곱상하게 생긴 일행 남자를 여자로 착각해 끌고 가는 것을 목격했다. 그는 회령에 남겨둔 아내에게 "혹시 무슨 일이 생겨도 생명이 위태로운 때는 너무 세게 나가지 마시오"라며, 자살하지 말라는 뜻을 담아 충고하기도 했다.[232] 조선인들은 피해자인 동시에 가해자였다. 귀향을 포착한 김만선과 허준의 소설들은 만주에서 무슨 일을 했든 "아편 장수, 계집 장수로 인식되는" 만주 귀환자들이 압록강을 건너는 모습과 "일본인에게 벌을 준 가슴의 설렘" "죽은 신세인 일본인들"을 습격하는 소년의 무용담을 묘사한다.[233] 이들은 난생처음 일본인에게 벌을 주며 소련군의 약탈, 강간의 풍문 속에서 불안한 귀국길에 오른다. (소련군에게 옷을) 뺏기고 (일본인들의 물건을) 뺏으며 만주에서 보지 못했던 가을 햇빛, 파란 강물을 보면서 열차를 타고 귀환한다. 이것은 정종현이 말한 대로, 귀환이라는 제의祭儀와 압록강이라는 민족으로 향한 상징적 관문을 통과함으로써 "민족과 건국 주체의 자격을 획득"하는 과정이었다.[234]

해방 당시 중국인들에 의한 피해는 다대했다. 이때 2등 공민론이 중국인들 사이에 급속히 확산돼 창춘, 지린 등지에서 중국인들에 의한 조선인 학살이 벌어졌다.[235] 중국인들은 조선인이 일제의 앞잡이 노릇을 했고, 이

232) 강원용, 『역사의 언덕에서 1』, 한길사, 2003, pp. 188, 251.

233) 김만선, 「압록강」 「귀국자」, 『한국근대단편소설대계 4』, 태학사, 1988[1948]; 허준, 「잔등」, 『한국근대단편소설대계 32』, 태학사, 1988[1946].

234) 정종현, 「해방기 소설에 나타난 '귀환'의 민족 서사」, p. 143.

235) 李海燕, 「第二次世界大戰後における中國東北地區居住朝鮮人の引揚げの實態について」, 『一橋研究』 27輯 2号, 2002, pp. 43~45.

들의 만주 이주를 위해 중국인 사유지가 헐값으로 몰수당했으며, 도시에 거주한 조선인 대부분이 아편을 밀매(판매)하여 중국인을 타락시켰다고 인식했다.[236] 중국인들의 폭동과 파괴에 대해 소설가 김만선은 "조선인들이 폭도들에게 부지깽이 하나 남기지 않고 깡그리 살림살이를 약탈당하거나""패잔병(만주국군)에 의해 살해됐다"고 그렸다.[237]

현재 중국 측의 역사 기술은 해방 직후 중국공산당과 중국국민당의 행동을 극히 대조적으로 기술한다. 공산당이 조선인들을 보호해준 데 비해, 국민당은 조선인들의 재산을 일본 괴뢰의 유산으로 간주해 몰수하고 공격했다는 것이다. 국민당 군대가 점령한 지역에서는 "1947년까지 최소한 4천여 명이 맞아 죽거나 부상당했고, 300여 명이 강간당했으며, 1만 2천여 명이 구금당하고, 12만 8천여 명이 모욕당했다"고 한다.[238] 국민당 군대 점령지에 거주한 조선인들은 전체 조선인 인구의 6분의 1에 불과했으므로, 실제 피해는 훨씬 컸을 것이다. 이에 비해, 공산당은 조선인들에 대해 이중국적을 인정하고 토지 분배를 시행해 수십만 명의 조선인을 중국에 잔류케 했다는 것이다.[239] 1938년에 창설된 조선의용군은 해방 후 약 1천 명의 병사를 이끌고 공산당과 협력해 국민당 부대와 전투를 치르며 강력한 사단 규모의 전투부대로 성장했고, 그 후예(중국인민해방군 제164, 166사단)가 한국전쟁에 참여함으로써 전시의 북중 협력사가 쓰였다.[240]

1947년 7월까지 재만 조선인의 40퍼센트(약 80만 명)가 귀국했는데, 이것은 해방 이래 1950년까지 재일 조선인 귀환율이 70퍼센트(약 140만 명)

---

236) 김춘선, 「광복 후 중국 동북 지역 한인들의 정착과 국내 귀환」, 『한국근현대사연구』 28집, 2004, p. 201.

237) 김만선, 「이중국적」「한글강습회」, 『한국근대단편소설대계 4』.

238) 김춘선, 「광복 후 중국 동북 지역 한인들의 정착과 국내 귀환」, pp. 198, 212.

239) 윤휘탁, 「복합 민족 국가의 파탄: 만주국의 붕괴와 만주국인의 충돌·수난」, 『중국사연구』 78집, 2012, p. 187.

240) 염인호, 『조선의용군의 독립운동』, 나남, 2001, pp. 327, 351.

였던 것과 비교해볼 만하다.[241] 전자는 주로 농업에 종사하고 후자는 그보다 유동적인 산업 노동에 종사했다는 차이가 있다. 커밍스는 해방 후 대규모의 귀환 동포, 특히 토지를 잃고 고향을 떠나야 했던 농민들이 한국 내전으로 치닫게 될 변혁, 항쟁의 분위기를 조성하는 데 일조했다고 한다.[242]

그런데 귀환자 대부분이 항쟁 혹은 내전의 자원이 되지는 않았다. 이 중에서 식민주의가 초래한 근대성에 노출되고 현장 경영을 체험한 일부는 탈식민 시대의 국가 형성에 합류했다. 다음 장들에서 보겠지만 이 만추리언들Manchurians은 5·16 때 본격적으로 등장해 재건 체제를 이끌었다. 군부뿐 아니라 교육, 이념 부문에서도 중추적인 성분이 됐으며, 일부는 협화회식 조합주의, 반공·화랑 이데올로기를 전파하고, 국민교육헌장 제정에 관여하는 등 재건 체제의 전도사가 됐다.[243] 만주 출신이라 해도 관동군 장교 출신인 윤승선, 윤상필 등은 두각을 나타내지 못했다.[244] 이응준, 이종찬 등 일본육사 출신들[245]과 도쿄 대학, 교토 대학을 졸업한 조선총독부 관리 출신들도 마찬가지였다.[246]

그리하여 호미 바바가 일렀던 식민자와 "꼭 같지는 않으나 비슷한" 이들이 후일 재건 체제를 이끌었다. 식민 시절의 것에서 약간씩 바꾼 용어,

---

241) 李海燕, 「中國東北地區居住朝鮮人の引揚げの實態」, p. 58; 森田芳夫, 『數字が語る在日韓國, 朝鮮人の歷史』, 明石書店, 1996, pp. 71, 83~84.

242) Cumings, *The Origins of the Korean War*, vol. 1, pp. 61~67.

243) Fujitani, *Splendid Monarchy*, p. 11; Ketelaar, *Of Heretics and Martyrs*, p. 99; 山室信一, 『キメラ』, pp. 90~91.

244) 山室信一, 「植民帝國·日本の構成と滿洲國」, p. 191.

245) 정래혁(전 공군참모총장, 석유공사 사장), 신상철(전 공군소장, 주베트남 대사, 체신부 장관), 박원석(전 공군중장) 등 일부 젊은 일본육사 출신은 군정에 흡수됐다. 장창국, 『육사졸업생』, 중앙일보사, 1984.

246) 도쿄 대학, 교토 대학 출신으로 조선총독부나 도道의 과장, 국장 등을 지내다 해방 후 군정청과 자유당 정부의 국장, 심계원장, 민의원, 지사, 장관, 한전 사장 등에 오른 최하영, 최경열, 민한식, 임문석, 이해익, 한종건, 한동석 등이 그들이다. 濱口裕子, 『日本統治と東アジア社會』, 勁草書房, 1996, p. 48.

비슷한 부서, 때로는 아예 같은 것들이 속출했다. 예컨대 1942년 만주국 국책대강에 나오는 '서정쇄신'(여러 정치상의 폐단을 말끔히 고쳐 새롭게 한다는 뜻)이라는 용어는 후일 한국에서 재현됐다. 만군 출신으로 5·16 직후 국가재건최고회의의 재정경제위원장으로서 통화 개혁을 주도한 유원식은 협화실업을 세웠고, 만주에서 자란 유석창은 만주국의 지엔구어 대학과 동명의 대학(건국대학교)을 세웠다.[247] 사람들은 기억의 빈 공간 만주를 자유롭게 채워 넣었다. 지엔구어 대학은 사관학교를 방불케 하는 엄격한 기숙사 생활을 요했다.[248] 그 분위기를 딴 고등학교인 금오공고가 박정희의 고향 구미에 출현했다. 1972년에 개교한 이 학교는 국방부의 도움으로 한 육영재단에 의해 설립됐다. 학생들에게는 졸업 후 입영해 5년간 기술하사관으로 복무해야 한다는 의무가 부과됐다. 후일 전국에 확산된 주경야독의 기술학교들과는 다른 성격의 엘리트 기술학교였다. 전원 군대식 기숙사에서 생활하며, 속옷을 포함해 등록금 전액을 장학금으로 지원해주는 혜택이 있었다.[249]

247) 김대중 전 대통령은 1971년 대통령 선거에 출마했을 때 자신을 (실제로는 다닌 적이 없는) 만주 건국 대학 출신이라고 소개한 적이 있다.

248) 송한용, 「일본의 식민지대학 교육정책 비교연구: 경성제국대학과 만주건국대학을 중심으로」, 『중국사연구』 16집, 2001, pp. 278~79.

249) 이에 대해 알려주신 동아대학교 의대 정동근 교수에게 감사드린다.

3장

건국과 재건

1931년 9월 18일, 펑톈 근처에서 관동군의 선공으로 만주사변이 발발한다. 불과 1만 4천 명의 관동군이 장쉐량 휘하의 25만 동북군東北軍을 기습해 손쉽게 승리했다. 그리고 이듬해 2월까지 만주 전체를 석권했다. 동북군 상당수는 (만주와 중국 북부의 경계인) 산하이관山海關 이남에 주둔해 있었고, 결정적으로 장쉐량이 저항하지 않고 철수 명령을 내려 전면적 교전은 일어나지 않았다.[1] 만주사변은 종교적 이상주의에 물들고 정치화된 관동군 청년 장교들이 사령관이나 육군 본부의 명령 없이 감행한 단독 거사였다. 전쟁 도발과 건국 초기 과정에서 관동군은 일본 정부와 육군 본부의 지시에 저항해 사사건건 충돌했다. 일정 기간 관동군은 만주를 일본 본국이 관여할 수 없는 자신들의 영토로 간주한 것이다.[2] 관동군은 일본 제국에서 항명과 독단으로 이름을 널리 알렸다.

　　그로부터 꼭 30년 후인 1961년, 제2차 세계대전 이래로 동북아 초유의

---

1) 山室信一, 『キメラ』, p. 63.
2) 한석정, 『만주국 건국의 재해석』, pp. 51～53.

군사 쿠데타가 한국에서 발생했다. 박정희 육군 소장이 이끄는, 전군의 1퍼센트도 안 되는 불과 3천여 명의 병력이 단시간에 한강을 넘어 수도를 장악했다. 장면 총리가 수녀원에 피신하고 연락을 끊는 등 한국 정부는 우유부단하게 대처했다. 육군 본부와 미8군의 혼선, 휴전선에 주둔한 최대 병력인 제1군 사령관 이한림(공교롭게도 박정희의 만주 군관학교 동기생이었다)을 사전에 체포한 것도 쿠데타 성공에 한몫했다. 봉건 시대의 일본 사무라이 문화에 특유한 하극상과 기습으로 쿠데타를 성공시킨 것이다.

조선조 이래 청와대와 중앙청을 포함한 정부의 중추와 주요 언론사, 주미 대사관 등이 집중된 태평로 일대는 한국인들의 상징 세계에서 심장부에 속한다. 이곳을 장악한 세력이 국가권력을 차지한다. 약 20년 뒤 전두환 소장의 쿠데타도 이런 패턴을 밟았다. 이번에도 1개 사단밖에 안 되는 소수 병력을 신속히 태평로로 진주시키고 보안대 요원들이 삼군사령관, 특전사령관, 수도방위사령관을 기습적으로 체포함으로써 성공했다. 박정희는 만주국군 시절 상관이었던 간노 히로시菅野弘(2·26 사건에 가담했다가 관동군으로 좌천된 인물)에게 감화받았다고 한다.[3] 박정희는 정치화된 장교들, 즉 한국전쟁 후 장성 진급의 동결이 촉발한 '하극상 사건'[4]의 가담자들과 의기투합했다. 이들의 목숨을 건 거사의 본보기는 바로 항명의 무대, 만주였다. 그런데 관동군의 영향은 쿠데타에 그치지 않았다. 관동군이 주도한 급속한 산업화, 건설, 사회동원 역시 재건 체제의 모델이 됐다.

국가 형성은 역사사회학의 중요한 논제다. 한 시대를 풍미했던 테다 스

---

3) 조갑제, 『내 무덤에 침을 뱉어라』, 조선일보사, 1998, p. 126.
4) 1960년 9월 김종필 중령 등 주로 육사 8기생 소장 장교들이 장면 총리, 최영희 합참의장 등을 찾아가 부패 장성 척결과 청렴 참모총장의 임명을 요구하다가 군법에 회부돼 전역된 사건을 말한다. 그 여파로 합참의장이 사퇴했다. 한석태, 「한국 군부의 정치 개입」, 『경남대학교논문집』 4집, 1977, p. 36. 이 영관급들은 만주 출신은 아니나 사춘기 시절에 중일전쟁, 태평양전쟁을 겪고 20세 전후에 해방을 맞은 일본어 세대다. 그러므로 일본군의 전설이 된 관동군의 항명·위용, 만주국의 존재에 대해 숙지했으리라 추측된다.

카치폴의 구조주의적·리얼리스트적 접근[5]은 이제 여러 한계를 노정했다. 그녀의 주장은 국가와 사회의 경계를 지나치게 엄격히 구분했다는 문제가 있다. 여럿이 지적하듯 이 경계는 불분명하다. 국가는 제도화, 국민 형성(사회화, 규제, 동원 등), 강압, 협력과 포섭, 공식적 조직과 비공식적 조직, 비국가local, non-state 조직을 망라한다. 17세기 네덜란드의 국가 형성은 사회로부터의 단절이 아니라, 사회제도와 깊이 얽혀 진행됐다.[6] 또한 왕실, 도시 대무역상, 도시와 지역 협의회, 동인도회사 등에 힘이 분절돼 있었다. 이것은 엘리트 가문들이 혼맥, 매관, 엽관(정실)주의 등을 통해 대대로 이어간 거대한 카르텔 조직 혹은 유동적인 다중심 주권이었다.[7] 스카치폴이 전형적인 자율적 국가——즉 종속적인 자본가 계급 위에 군림하는 권위적인 국가——로 보는 프러시아에 대한 합의도 이루어지지 않는다. 스타인메츠에 의하면, 프러시아 국가는 기존 귀족 계급인 융커Junker의 기득권을 보장해주면서도 경제 번영, 재원 확보, 군사적 목표를 위해 산업자본주의를 증진시켜 친자본가적 노선으로 갔다.[8]

국가는 폭력이나 조직, 기구 등 어떤 실체로 한정시킬 수 없는, 실체적인 면과 관념적·환상적인 면을 모두 갖는 존재다. 국가는 스스로를 유토피아적 전망으로 포장하는 속성이 있다. '극장국가론'을 제시한 기어츠가 일렀듯, 국가권력은 의례와 장엄한 서사의 한 부분이다.[9] 또한 학교, 고

---

5) 국가의 힘이 경제적 자원, 관료 조직체, (강력한 사회계급으로부터의) 자율성 등에서 유래된다는 주장 혹은 국가의 힘이 사회를 새긴다는 주장이다. Theda Skocpol, "Bringing the State Back In: Strategies of Analysis in Current Research," Peter Evans, Dietrich Rueschemeyer & Theda Skocpol(eds.), *Bringing the State Back In*, Cambridge: Cambridge University Press, 1985, p. 21.

6) Gorski, *The Disciplinary Revolution*, p. 167.

7) Adams, *The Familial State*, pp. 67~74.

8) George Steinmetz, *Regulating the Social: The Welfare State and Local Politics in Imperial Germany*, Princeton: Princeton University Press, 1993, p. 107.

9) 극장국가란 19세기 발리의 네가라Negara라는 왕국의 특징을 나타낸 개념이다. 권력이 문화를 조작하거나 초래하는 것이 아니고, 거꾸로 문화(문화적 틀, 거대 스토리 등)가 지시하는 대로 작동함을 이

아원, 종교 재판소 등을 설립하며 교육적 성취를 독점적으로 재가하는 교육·교정矯正·이념 조직이다. 근대 국가는 세금 징수인, 징병관, 교사, 사회사업가, 버스 운전사, 환경 미화원 등 갖가지 얼굴로 국민에게 다가온다.[10] 예컨대 일본 메이지 국가는 자전거와 개를 비롯한 온갖 대상에 세금을 매기며 존재를 나타냈다.[11] 그 존재(국가 효과)는 흔히 수행 활동인 '국가사업'과 통치기구 안팎의 언설인 '국가 담론'으로 드러난다. 따라서 국가 형성은 권력의 구심 장치, 배열, 실행뿐 아니라 그 존재를 사회에 새겨나가는 과정을 뜻한다.[12] 이것은 영국, 프랑스, 프러시아, 러시아, 미국, 일본 등의 근대 관료제 성립에 나타나듯, 최소한 1세기 이상의 장구한 과정[13] 혹은 끝없는 재구성(예컨대 베를린 장벽 붕괴 후 구소련의 재편과 유럽연합EU 형성 등)을 겪는다.[14]

그런데 국가 형성에 관한 기존 논의에서 외부적 요인(모방, 이월, 확산 등 식민주의의 영향), 즉 후발주자의 관점은 결여돼 있다. 일찍이 오토 힌체가 국가 형성의 외부성을 지적한 바 있지만, 그것은 외부 위협에 대응한 국가 행정조직의 변화나 관계에 관한 것이다.[15] 마이어는 '세계정체world

른다. 즉 국가가 문화의 한 장치라는 주장이다. Clifford Geertz, *Negara: The Theatre State in Nineteenth Century Bali*, Princeton: Princeton University Press, 1980, p. 13.

10) Michael Mann, "Book Review on Charles Tilly," *American Journal of Sociology*, vol. 96, 1990, pp. 1260~61.

11) 야나기타 구니오, 『일본 명치·대정시대의 생활문화사』, p. 210.

12) Philip Abrams, "Notes on the Difficulty of Studying the State," *Journal of Historical Sociology*, vol. 1, 1988, p. 77; Geertz, *Negara*, p. 122; Steinmetz, *Regulating the Social*, p. 19; Bob Jessop, *State Theory: Putting States in their Place*, University Park, Pa.: Pennsylvania State University Press, 1990, p. 8.

13) Bernard Silberman, *Cages of Reason: The Rise of the Rational State in France, Japan, the United States, and Great Britain*, Chicago: University of Chicago Press, 1993; 한석정, 『만주국 건국의 재해석』, 1장 등 참조.

14) Bob Jessop, "Narrating the Future of the National Economy and the National State: Remarks on Remapping Regulation and Reinventing Governance," George Steinmetz(ed.), *State/Culture: State-formation after the Cultural Turn*, Ithaca: Cornell University Press, 1999 참조.

15) Otto Hintze, *The Historical Essays of Otto Hintze*, F. Gilbert(ed.), Oxford: Oxford University Press, 1975, p. 15; Theda Skocpol, *States and Revolution*, Cambridge: Cambridge University Press, 1979, pp.

polity'(국민국가들로 구성되는 일종의 문화적 연결망) 속에서, 전기 전압의 단위에서부터 국민국가와 관련된 아이디어(보통교육, 헌법 등)에 이르기까지 표준화된 관념과 제도가 전파된다고 했다.[16] 식민주의도 전파의 중요 메커니즘이다. 한국 등 동아시아의 국가 형성은 맨바닥에서가 아니라 여러 자원, 특히 식민주의적 족보의 도면과 재료, 실행을 통해서 이루어졌다. 그 결과, 후발주자의 이점을 살려 국가 형성이 신속하게 진행될 수 있었다. 만주국을 포함해 일본 제국 내 여러 식민 국가는 메이지 국가 형성의 경험을 살려, 조립형 주택이 만들어지듯 용이하게 세워졌고, 이것은 전후 한국 등 동아시아의 국가 형성에 유산으로 작용했다. 만주국은 이런 연쇄 과정의 중요한 고리였다. 1960년대 한국 재건 체제는 만주국식 군·관료 양성, 통제경제뿐 아니라 국토를 갈아엎는 역동, 강건한 신체, 대중예술, 남성성 등의 자원으로 형성됨을 보여준다. 그리고 그것은 엄청난 속도로 추진됐다. 만주국 형성 자체가 이월과 속도의 산물이었다. 이 장에서는 남성화의 관점에서 만주국과 재건 체제의 연결을 보기로 한다.

만주국 만들기

일본 식민주의의 유별난 점은 (식민) 국가 만들기 솜씨였다. 조선, 타이완, 만주, 중국 북부·중부·남부, 마침내 동남아시아와 태평양에까지 광대한 세력을 구축한 일본 제국의 통치자들은 1931~45년까지 만주국을 포함해 7개의 괴뢰국을 중국에 만들었다.[17] 이것은 일본의 '분치分治 공작,'

30~31.

16) John Meyer, "The Changing Cultural Content of the Nation-State," George Steinmetz(ed.), *State/Culture*, pp. 129~34.

즉 중국의 단일한 자주적 국민당 정부를 인정하지 않으려는 분열 방책이었다. 이들의 원형은 만주국이다. 예컨대, 1937년 8월 장자커우張家口 일대의 차하르 공작 혹은 (후일 몽골 연합자치정부에 편입된) 차난察南 자치정부 설립은 만주국 출신들이 맡았다. 젠다오 성장 출신인 가나이 쇼지金井章次가 이끄는 요원들은 금융, 치안, 정치 공작(기존의 중·하급 직원 흡수 등)을 맡았고, 만주국의 민족협화 이념을 적용해 피식민자들을 안정시켰다.[18]

만주국 국가 형성부터가 신속하게 이루어졌다. 서양에서는 몇 세기가 걸렸던 국가 형성이 만주국에서는 초스피드로 이루어졌다.[19] 여기에는 여러 요인이 작용했다. 우선 메이지 국가의 기술 이전이 있었다. 일본 제국주의자들 입장에서 보면 만주국은 타이완, 조선총독부 다음의 식민 국가 설립 사업이었다. 만주국은 후발주자의 이점을 충분히 살려 일본의 행정 조직을 상당 부분 그대로 가져왔다. 1930년대 양국의 중앙 부서를 비교하면, 만주국에 결여된 기구는 의회와 3개 부서(농림, 철도, 해외부)뿐이었다.[20] 만주국 민법 체계도 도쿄 대학 법학과의 와가즈마 사카에我妻榮 교수의 주도로 일본 민법을 베껴 사용했다.[21] 또한 일본 제국 전체에서 만주

---

17) 지둥冀東 정부(허베이 성을 근거로 1935년 수립 후 1938년 중화민국 임시정부에 병합), 중화민국 임시정부(베이징을 근거로 1937년 수립 후 해산돼 화베이華北 정무위원회로 개편), 몽장蒙疆 정권 혹은 몽골 연합자치정부(1939년 몽장 일대의 몽골 연맹자치정부, 차난 자치정부, 진베이晉北 자치정부를 통합), 상하이시 대도大道 정부(1937년 성립 후 이듬해 중화민국 유신정부에 편입돼 상하이 시공서市公署로 개칭), 중화민국 유신정부(1938년 난징 일대를 근거로 수립 후 1940년 수립된 중화민국 국민정부에 편입), 난징의 왕징웨이 정부 혹은 중화민국 국민정부(1940년 수립) 등이다. 阿莉塔,「蒙疆文學の全貌」, 日文研シンポジウム「近代東アジアと張家口」發表文, 京都, 2015. 7. 31~8. 1.

18) 이들은 이 지역(원래 한족과 몽골족이 섞여 살던 곳)의 대부분이 한족인 것을 감안해 몽골 군대가 이곳에 진주하는 것을 불허했다. 森久男,「チャハル作戰と金井章次の張家口接手工作」, 日文研シンポジウム「近代東アジアと張家口」發表文; 森久男,『日本陸軍と內蒙工作: 關東軍はなぜ獨走したか』, 講談社, 2009, p. 264.

19) 한석정,『만주국 건국의 재해석』, 3장 참조.

20) *Japan-Manchukuo Yearbook*, 1939, pp. 60~68.

21) 예컨대 "소유권은 법령의 제한 내에서 자유롭게 그 소유물의 사용, 수익 및 처분을 갖는다"라는 일본 민법 조항에서 "자유롭게"라는 부분이 삭제된 채 그대로 삽입됐다. 고구치 히코타,「만주국의

국 정부의 기간요원 일부를 공급해주었다. 예컨대 만주국 경찰 수천 명이 일본, 조선, 타이완의 경찰이나 헌병 출신이었다.[22] 1936년에 미나미 지로가 조선총독으로 부임할 때 그의 심복 시오바라 도키사부로鹽原時三郎가 동행했다. 시오바라는 이듬해 학무국장으로서 「황국신민서사」를 제정했다.[23]

그러나 제국 관리들의 환류는 조심스럽게 이루어졌다. 외부에 비칠 만주국 '독립성'의 훼손을 우려하여 조선총독부의 관리들은 다른 곳을 우회한 뒤 만주국에 부임했다.[24] 그리고 기존 국가(구 군벌 체제)의 이월이 있었다. 장쉐량 체제는 만주사변 직전 5개 성(펑톈, 지린, 헤이룽장 3개 성과 러허, 싱안興安), 172개 현, 각 성에 5개 청, 2개 처, 3개 감독 기관, 공안 부서와 약 6만 명의 상당한 규모를 이루는 공안 인력 등 근대적 면모를 보였다.[25] 만주사변 후 이 체제의 군대와 민간 관료(중앙·지방 행정 엘리트 약 1천 명), 군 지도자 들이 대거 만주국에 합류했다.[26] 만주국은 1933년에 러허 성을 침공한 후 그곳 289명의 관리들 중 3분의 2를 받아들이는 등 꾸준히 군벌 체제를 흡수했다.[27]

법」, 임상혁 옮김, 『법사연구』 27집, 2003, pp. 104~108.

22) 加藤豊隆, 『滿洲國警察小史 I』, 松山: 元在外公務員援護會, 1968, pp. 136~40.

23) 「황국신민서사」는 1937년 10월 이각종 총독부 사회과 촉탁이 문안을 만들고, 김대우 사회교육과장이 입안, 시오바라가 결재해 각 방면에 전파됐다. 1939년에 전국적으로 기념비가 세워지기도 했다. 水野直樹, 「'皇國臣民誓詞'·'皇國臣民誓詞之柱'について」, 日本 關西·植民地史勉强會 發表文, 2005.

24) 山室信一, 「植民帝國·日本の構成と滿洲國」, pp. 186~87.

25) 그중 비정규직으로 추정되는 보경步警, 역부 범주가 약 80퍼센트를 차지한다. 滿鐵調查課 編, 「事變前 東北四省行政機構」, 1932, pp. 80~87.

26) 東三省官臣錄 刊行局, 『東三省官臣錄』, 大連, 1924 참조.

27) 『만주국정부공보』, 1933년 5월 5일.

동아시아 발전국가의 계보

만주국의 통시적 유산은 지난 수십 년간 한국 국민이 귀가 따갑게 들어온 '국가 주도' 경제개발 방식이다. 아리기가 말한 대로, 자본주의 역사 자체가 봉건 시대에는 볼 수 없었던 "자본과 국가의 결합, 즉 자본 축적이 국가의 조직화나 국가 간 경쟁·균형에 기여하며, 국가도 자본 형성을 도와주는 데" 있다.[28] 19세기 중반, 독일은 자유방임으로 무장한 자본주의 선발국인 영국으로부터 수출 공세를 맞자 보호무역으로 대응한 바 있으나, 본격적인 국가 주도의 경제계획은 제1차 세계대전 중의 독일에서 선보였다. 이것은 혁명 후의 러시아, 전전 일본 등에 확산됐다. 1920년대 이래 일본 국가(특히 상공산업성, 후일 통산성)는 '산업 정책'으로 경제에 깊숙이 개입했다. 차머스 존슨은 이것을 영미권의 소극적 규제형 국가와 구별하여 '발전국가'라고 불렀다.[29] 그는 발전국가 개념을 전전 일본의 역사적 경험에 한정시키고 권위주의와의 필연적인 관계를 거부했으나, 학자들은 '(국내외의 조건과 사회경제적 연합을 고려한) 발전 체제' 혹은 '(경제개발을 위해 민주화를 희생한 점을 부각한) 관료제적·권위주의적 개발 체제' 등 변형된 개념을 한국, 타이완 등 전후 몇몇 동아시아 국가와 (개방 이후의) 중국에 두루 적용시켰다.[30]

한국의 경제 발전 요인에 대해 일찍이 웨이드는 보조금으로 수출을 이

---

28) Arrighi, *The Long Twentieth Century*, pp. 12~13.

29) Chalmers Johnson, *MITI and the Japanese Miracle: The Growth of Industrial Policy, 1925~1975*, Stanford: Stanford University Press, 1982, p. 19.

30) Meredith Woo-Cumings(ed.), *The Developmental State*, Ithaca: Cornell University Press, 1999, pp. 6~8, 40, 52, 69~70, 93~95, 138; 윤상우, 『동아시아 발전의 사회학』, 나남, 2005, pp. 79~99; 정일준, 「대만과 한국의 발전국가로의 전환 비교연구: 1950년대 미국의 아시아 냉전 전략을 중심으로」, 『사회와역사』, 2013년 겨울호, p. 447; 정재호, 『중국 개혁-개방의 정치경제: 1980~2000』, 까치, 2002, p. 30. 본서에서도 전후 동아시아 발전국가와 개발 체제를 혼용한다.

끌고, 자본 회임 기간이 긴 중공업을 선도한 발전국가의 면모를 강조했다.[31] 한국(성장 지상주의, 공업 우선, 정책금융, 해외 차관 선호)과 타이완(농공 균형, 분산적 성장, 점진적·안정적 투자와 금융정책)은 부분적으로 차이가 있으나 두 발전국가는 공통적으로 관료 기구의 개혁과 팽창, 그리고 절실한 의지로 진군했다는 공통점을 보여준다. 한국 군정은 민주주의 정통성이 부재하는 정권의 존립을 위해, 타이완은 중국 본토에서의 뼈저린 실패를 거울삼아 자본을 조성하고, 경제계획을 수립하고 집행하면서 자본가 계급을 육성했다.[32] 그 핵심 목표는 세계체제 내의 경쟁 혹은 생존에 있었다.[33]

동아시아 발전국가 혹은 개발 체제에 대한 기존의 논의가 놓친 것은 역사적 맥락, 즉 일본과 한국 사이에 있었던 만주국의 존재다. 뒤에서 자세히 설명하겠지만, 한국의 경제개발 모델은 만주국의 영향을 많이 받았다. 물론 14년간의 만주국 체제를 단일한 성격으로 볼 수는 없다. 초기에 내외의 적을 제압, 무력을 독점하고 건국정신과 오족협화 등 국가 이념을 벼리는 기본적 국가 형성 과정이 있었으나, 중일전쟁에 휘말리면서 만주국은 다대한 변성을 맞았다. 독일에서 기존의 바이마르 정부를 탈취하고 변형시킨 12년간의 히틀러 국가도 동질적인 것이 아닌, 변화무쌍한 체제였다. 혁명 후 국가 장치와 무력을 완전히 장악한 소련에 비해 1933년 출범한 나치 정부는 국가사회주의 대중운동과 보수 세력이 연합한 형태였다. 비록 그 과정에서 국가 대 정당, (질서를 선호하는) 권위주의적 세력 대 (정당에서 솟구치는) 정치 이념적 에너지의 갈등이 있었으나 체제의 적당한

31) Robert Wade, "East Asia's Economic Success: Conflicting Perspectives, Partial Insights, Shaky Evidence," *World Politics*, vol. 44, no. 2, 1992, pp. 286~87.

32) 윤상우, 『동아시아 발전의 사회학』, pp. 56, 78~98.

33) Meredith Woo-Cumings, "Introduction: Chalmers Johnson and the Politics of Nationalism and Development," Meredith Woo-Cumings(ed.), *The Developmental State*, p. 6.

균형과 합리성이 존재했다. 그러나 1938년 이후에 제국이 팽창하는 과정에서 초월적 지도자를 정점으로 임시변통이 조직을 뒤흔드는 국가의 무력화가 벌어졌다. 히틀러의 추종자들이 행정부, 군부, 외교 부처의 보수 동맹 세력들을 대체하면서 체계적인 원리보다는 외부의 충격이나 재량이 국가 조직을 움직였으며, 곳곳에서 라이벌 기관들의 불규칙적인 대립이 일어났다. 입법과 융통성이 개별적으로 위양돼 각 부서가 따로 움직이며 (엄청난 에너지의 분출을 결집할 수 없는) 분절이 일어났다.[34]

만주국과 한국의 재건 체제 형성에도 차이가 있다. 만주국 건립이 한국보다 신속했다. 또한 만주국의 경제개발계획(특히 1차 5개년계획) 입안에 만철 조사부 등 좌익의 입김이 닿은 것에 비해, 한국의 경제개발은 자본주의 경제관을 지닌 테크노크라트들이 맡았다.[35] 제국의 중심에 대해 만주국의 자율성이 함몰되어간 데 비해 한국은 패권국인 미국에 대해 꾸준히 자율성을 얻어나갔다. 한국의 냉전 환경도 차이점으로 작용했다. 한국은 민주주의 이식, 비전투 상황 등으로 인해 만주국처럼 실제로 '총력전 체제' 혹은 (고바야시 히데오, 가스자가 묘사한) '징발 사회'하에 있지 않았다.[36] 만주국이 외친 민족협화와 같은 다민족주의, 대규모 강제 노동, 반인륜적 폭력(예컨대 731부대)도 부재했다.

한국의 재건 체제 형성 재료가 모두 만주국에서 온 것도 아니다. 해방 후 한국의 국가 형성은 황무지에서 이루어진 것이 아니다. 거기에는 주요한 세 가지 자원이 있었다. 첫째는 메이지 국가 직속의 식민 국가, 조선총독부의 유산이다. 당시의 관리, 경찰 등 상당한 인력이 이월되고, '부국강

---

34) Martin Broszat, *The Hitler State: The Foundation and Development of the Internal Structure of the Third Reich*, John Hiden(trans.), New York: Longman, 1981, pp. 346~61.

35) 山本有造, 『『滿洲國』經濟史研究』, 名古屋大學出版會, 2003, p. 28.

36) 小林英夫, 『帝國日本と總力戰體制: 戰前・戰後の連續とアジア』, 有志舍, 2004; Kasza, *The Conscription Society* 등 참조.

병' 이념과 라디오 체조를 포함한 전시 사회동원, 규율화 등이 전해졌다. 그런데 내선일체, 대동아 공영 등 식민 국가의 이념은 한국의 탈식민 체제가 수용할 수 없는 것이었다. 둘째는 해방 직후 미군정의 도움이다. 미군정에 의해 국군이 창설되고 자본주의와 민주주의적 국가 형식이 도입되었으며 토지개혁, 경제개발 등의 과제가 제시됐다. 군정 기간 이후에도 미국의 영향은 아무리 강조해도 지나치지 않을 만큼 컸다. 한국은 미국의 교육·농업 정책 분야의 중심적 시찰국이었다. 1961년 5·16 이후 한국 군정도 통화 개혁에 실패하자 경제·군사 분야에서 미국의 크고 작은 충고를 따랐다. 한국의 경제 발전에는 미국의 핵우산 방위 체제, 한일 국교 정상화, 미국과 일본 기술 이전 등이 작용했다. 냉전 시대에 복싱 등 국위 선양 종목 육성에서부터 구호·복지·보건 사업에 이르기까지 미국은 큰 본보기요, 후원자였다. 재건운동에 합류한 유달영 등의 기독교계 운동, 나아가 한국 사회의 이스라엘 찬미 분위기도 세계에서 한국과 일본에서만 발견되는, 미국의 자장 안에서 벌어진 일이었다. 냉전 시대에 한국은 이슬람, 인도, 소비에트, 스페인 문화권이 아닌 반공 영미권 '자유세계,' 그중에서도 개신교 권력과 야구, 복싱, 농구, 좌측 운전, 커피, 재즈를 특징으로 하는 미국 문화권에 속했다. 무수한 청년이 미국으로 유학을 가 그 제도와 정신을 배워 오는 등 한국은 '자유 진영'의 모범 국가로 성장했다.

그럼에도 불구하고 과거 자유당 정부, 한국민주당 정부 시절 한국의 발전국가 형성은 지체됐다. 이 정권들에는 '국가 기반력'(국가가 결정을 실행할 수 있는 자율적·제도적·집합적 힘)과 '국가 역량'(국가가 사회에 침투하는 능력) 등이 결핍됐기 때문이다.[37] 동아시아 국가 중에서 미국의 원조를 가

---

37) 국가는 사회기반시설을 제공·통제하고 자원 동원을 통해 이런 힘을 갖춘다. 메이지 국가나 근래 신자유주의 국가(대처리즘 등)가 그 보기다. Michael Mann, "The Autonomous Power of the State: Its Origins, Mechanisms, and Results," John Hall(ed.), *States in History*, Oxford: Basil Blackwell, 1986, p.

장 많이 받은 데다(1945~59년 사이에 미국의 동아시아 원조 중 28.8퍼센트를 차지했다), 각종 정치적·경제적 자문까지 얻었던 자유당 정부는 비현실적인 북진통일을 국시로 내걸며 경제보다 안보를 우선시했다. '자유 진영의 최후 방위선'이라는 명분으로 미국의 원조를 당연시하거나 인상시키려는 사고 속에 경제 발전, 자본 투자 촉진 등에 대한 계획이나 제도는 마련될 수 없었다.[38] 한국 발전국가는 미국의 기획과 의지로 주조되거나 운행됐다고 할 수 없다.[39]

세계체제론자들은 자본주의 역사를 국가 중심이 아니라 삼원적 체계(핵심부, 반주변부, 주변부), 국가 체계(13세기 이탈리아 도시국가 체계에서 시작돼 17세기 웨스트팔리아 조약을 거쳐 현재에 이르는), 패권국(네덜란드, 영국, 미국) 등을 통해 고찰한다. 따라서 오늘날 익명의 '제3세계'는 미국의 시장과 환율에 의존하는 가련한 존재로 묘사된다.[40] 이런 관점에서 한국의 발전을 보는 견해들도 거대 체계와 핵심부(미국)의 의지와 원조를 중시하는 경향이 있다.[41] 그러나 미국은 한국 발전국가의 결정 인자라기보다 맥락과 환경 변수에 가깝다. 미국의 정치적 영향은 충고에서 잡아떼기에 이르는 '미묘한' 수준에서 이루어졌다.[42] 미국은 우방(한국, 필리핀, 남미의 권위주의 체제들)이 고분고분할 때는 군사원조, 군 간부 훈련, 정보 공유, CIA의 '충고' 등을 베푼다. 하지만 체제가 위기에 빠지면 과거의 밀월 관계를 망각한 듯 민주주의의 화신으로 돌변해 기존 체제를 대체할 민주 인사와

135; 김동노, 「국가와 사회의 권력 관계의 양면성: 국가 자율성과 국가 역량의 재검토」, 『사회와역사』, 2012년 겨울호, pp. 280~84.

38) 정일준, 「대만과 한국의 발전국가로의 전환 비교연구」, pp. 451~72; 신욱희, 『순응과 저항을 넘어서: 이승만과 박정희의 대미정책』, 서울대학교출판문화원, 2010, pp. 57~60.

39) 정일준, 「대만과 한국의 발전국가로의 전환 비교연구」, pp. 473~74.

40) Arrighi, *The Long Twentieth Century*, pp. 37~47, 334.

41) Cumings, "The Origins and Development of the Northeast Asian Political Economy," pp. 24~27.

42) Armstrong, *Tyranny of the Weak*, p. 5.

세력을 찾으며 '측면적' 영향력을 행사했다.[43] 미국의 위협과 간섭에 대해 한국은 이승만 정부 이래 반공 포로 석방 등으로 "순응에서 저항 혹은 그 중간 지대인 구성" 전술로 응했다.[44]

셋째 자원은 만주국이다. 거칠게 말하자면 미국이 1960년대 한국 발전 국가의 틀과 환경을 규정했고, 만주국식 에토스가 내부 동력이 됐다. 두 요소는 안팎으로 서로 중첩되며 여러 면에서 접합됐다. 그 잔혹사에도 불구하고 의외로 만주국은 시기상 재건 체제와 가까운, 모방할 것이 많은 건설 지향적 새 프로젝트였다. 일본 제국의 동원도 시기와 장소의 차이가 있었다. 조선에서도 '식량 증산' 등의 구호와 함께 국민총력운동, 전시 동원 체제가 강화되면서[45] 초등학생까지 연일 지긋지긋한 솔뿌리 캐기에 동원돼 온 산을 "붉은 산"으로 만들었고[46] 일본 산업 현장에서도 강도 높은 노무·물자 관리가 벌어졌으나,[47] 중일전쟁, 태평양전쟁의 보급 기지인 만주국의 인적·물적 동원은 훨씬 빨랐고 경직되어 있었다. 이곳은 극심하게 긴장된 공간이었다. 건국 초 최대 30만 명으로 추산된 만주국 '비적'(혹은 반국가 세력)은 약 10년간 줄기찬 숙정肅正으로 1939년 말 궤멸됐다. 그 과정에서 임진격살臨陣擊殺(정식 재판을 거치지 않는 즉결 처분)이 횡행했다.[48] 1937년 착공된 평만 댐 공사의 경우, 중국 노무자들이 영하 40도의 혹한

43) Bruce Cumings, "The Abortive Abertura: South Korea in the Light of Latin American Experience," *New Left Review*, no. 173, 1989, p. 13.

44) 신욱희, 『순응과 저항을 넘어서』, p. 27.

45) 최유리, 「일제 말기 식민지 지배 정책 연구」, 『역사비평』, 1998년 여름호, pp. 123~77.

46) 유종호, 『나의 해방 전후』, 민음사, 2004, p. 88.

47) 1940년 대일본산업보국회大日本産業報國會가 조직돼 거국적인 산업 전사, 생산 배가 운동을 벌였다. 「석탄증산강조기간의 성과」(1941), 「산업청소년불량화방지대책」(1943), 「산업 전사 결전의 서」(1943), 「결전근로관리필휴」(1944) 등의 문건이 양산됐다. 크게 간담회와 계몽 사업 등에 주력했다. 보국회는 패망 직전 지역 산업보국회 47개, 전국 산업보국회 8만 6천 개, 회원 580만 명을 조직했으나 활동은 3년 정도에 그쳤다. 櫻林誠, 『産業報國會の組織と機能』, 御茶の水書房, 1985, pp. 1~18.

48) 山室信一, 『キメラ』, p. 295.

에 동원돼 3일에 한 명씩 죽어나가는 등 희생자가 수천에서 1만 명에 이르렀다.[49] 만주와 러시아 접경 지역으로 파송된 일본의 이민도 무장이민이라 불리며 생산과 국방을 맡았고, 이들에게는 근로봉사대 등의 군사적 이름이 주어졌다.

경제개발 5개년계획, 국토개발, 반공대회, 대량 전단 살포, 표어 제작, 주민 점호 등 1960~70년대 한국인에게 너무도 익숙한 행사들은 만주국 시대에 행해진 것들이었다. 이런 동원이 남한에 국한되는 것은 아니다. 예컨대 북한의 민간 통제 방식인 5호 담당제는 만주국의 바오지아保甲 제도를 이은 것이다. 만주국 정부는 중국의 전통적인 농촌 통제 조직이었던 이것을 도시와 농촌에 활용했다.[50] 또한 2002년의 아리랑 축제를 포함해 매스 게임, 체육대회 등 북한의 명물로 간주되는 대형 페스티벌 이전에 만주국 시대의 연중무휴 시민대회들이 있었다. 북한 체제는 조합주의 국가로 인식되기도 한다.[51] 끝없이 혈통, 민족의 태양, 민족 지상의 과업 등을 반복해 '민족 만들기'를 추진하고[52] 옛 지도자 김일성을 국민들의 '어버이'로 부르는 등 자애와 충성이라는 전통적 유교 이념(천황제, 샤머니즘, 기독교적 요소가 뒤섞인 사상)을 전파했기 때문이다. 그런데 유교 이념을 거의 국교로 밀어붙인 곳도 만주국이다. 암스트롱이 일렀듯, 소비에트적 요소는 북한 국가 형성의 일부일 뿐이다.[53]

---

49) Moore, *Constructing East Asia*, p. 182.

50) 10가구가 1파이牌, 여러 파이가 1지아甲, 여러 지아가 모여 가장 큰 단위인 바오保가 된다. 한석정, 『만주국 건국의 재해석』, p. 78.

51) Bruce Cumings, "The Corporate State," Hagen Koo(ed.), *State and Society in Contemporary Korea*, Ithaca: Cornell University Press, 1993, pp. 202~10. 조합주의는 서구의 자유주의, 다원주의에 대한 극단적인 대항 사상으로서 전통적인 것에서 병적인 것까지 여러 얼굴이 있다. 요컨대, 강제적·비경쟁적 위계질서, 기능적 분화 범주 등으로 조직되는 이익 표출 체계다. Phillipe Schmitter, "Still the Century of Corporatism?," Phillipe Schmitter & Gerhard Lehmbruchin(eds.), *Trends toward Corporatist Intermediation*, London: Sage, 1979, pp. 8~9.

52) 강진웅, 「북한의 항일무장투쟁 전통과 민족 만들기」, p. 43.

한국 근대 국가의 골격은 자유당 정부를 거쳐 1960년대에 본격적으로 갖추어지기 시작한다. 자유당 정부는 군경 조직과 중앙집권의 기본 틀은 갖추었으나 국가 역량, 특히 기든스가 말하는 (사회로부터 정보를 수집하여 가공·분배하는) "정보 축적 능력"[54]은 현저히 떨어졌다. 자유당 정부의 관료 인력 약 30만 명은 조선총독부 시대의 약 12만 명과 미군정 시대의 약 15만 명에 비해 2배가량 늘었으나[55] 70만여 명을 보유한 1960년대와는 비교되지 않는다. 1960년대 국가는 중앙정보부, 군 보안대, 경찰 등 각종 정보 기구, 경제 발전 지휘부(경제기획원), 세계 4위 규모 병력, 66만 5천 명의 공무원과 4,300명의 경찰을 거느렸다.

자유당 정부는 자의적으로 관료를 선발할 수 있는 '전형' 제도를 통해 절대 다수를 뽑았다. 1949~59년까지 공개 채용에 합격한 고등고시 출신은 3.9퍼센트, 전형 출신은 96.1퍼센트였다.[56] 이에 비해 1960년대 군정은 당시 가장 선진화된 집단인 군 행정 시스템을 원용해 과감한 관료 개혁을 추진했다. 책임자 이석제는 자유당 정부의 기존 인력을 5단계에 걸쳐 대대적으로 축출했다. 그는 전통적인 연공 서열주의와 엽관주의를 뒤엎고, 국가공무원법을 정비함으로써 공정한 임용 제도를 정착시켰다. 또한 인사고과 제도, 연금 제도를 시행하고 경찰관제를 정비했다. 그는 군정 시기 재건최고회의 법사위원장을 지낸 뒤 12년간 총무처 장관, 5년간 감사원장을 역임했다. 군정은 지속적인 지도와 명령, 공무원 훈련, 규제, 기획, 경제

---

53) Armstrong, *The North Korean Revolution*, p. 3.

54) Anthony Giddens, *The Nation-State and Violence*, Berkeley: University of California Press, 1987, pp. 14~15; Michael Mann, "The Autonomous Power of the State," p. 113.

55) 朝鮮總督府, 『朝鮮總督府統計年報』, 1935~37, pp. 347, 593; 조기안, 「미군정기 정치행정체제의 구조분석: 조직, 법령 및 자원을 중심으로」, 성균관대학교 박사학위논문, 1997, p. 146; 경찰청 역사편찬위원회, 『한국경찰사 5』, 경찰청, 2006, p. 1773; 내무부 통계국, 『대한민국통계연감』, 1957; 내무부 치안국, 『국립경찰통계연보』 4호, 1957; 이현희, 『한국경찰사』, 덕현각, 1979, pp. 261, 268.

56) 이병량·주경일 외, 「관료의 충원방식을 통한 한국관료제의 형성과정에 대한 연구: 전 총무처장관 이석제의 역할을 중심으로」, 『한국행정논집』 16권 4호, 2004, p. 763.

발전 및 국토 계획과 조사, 시가지 구획, 개발, 불량 지구 개량, 부실 업체 정리, 근대화 촉진과 추진, 직제와 규정, (민원서류 처리, 문서 수발을 포함한) 세밀한 시행세칙 신설과 개편을 밀어붙였다. 그리고 중앙감사반, 민정반, 행정진단반 14인으로 구성된 중앙기강위원회를 통해 감사를 행하는 등[57] 침투적 규제 국가의 틀을 만들었다. 1960년대 후반 국민교육헌장, 가정의 례준칙 등의 발표와 함께 공무원의 복무 태세, 신조도 확립돼 '민족중흥의 길잡이, 창의, 근면, 성실, 친절, 솔선, 청렴결백, 기강 확립'을 내걸었다.[58] 이런 세밀한 규제와 활동을 통해 새 국가가 모습을 나타냈다. 군정은 영국, 러시아, 독일이 장구한 기간에 걸쳐 구축한 국가의 존재감을 단기간에 구축한 것이다.[59]

이 거대한 개발 체제는 1980년대에 전투적 노동 계급의 성장, 민간 자본의 힘, 자유주의 경제 관료의 등장, 관료 기구의 질 저하 등 내부적 문제로 약화되다가 1990년대 말 외환 위기에 이르러 한계를 드러내고 축소되었으나 여전히 그 원형을 유지하고 있다. 이것이 해체 수준에 이르렀다는 지적도 있으나[60] 수십 년간 지켜온 막강한 권한, 규제의 칼자루, 뿌리 깊은 간섭 관행, 마피아 수준의 (퇴임) 관료-기업 유착 등은 쉽사리 없어지지 않았다.[61] 자유주의가 강세인 한국 경제학계와 무관하게 관료들의 사명감, 지도, 권한에 바탕을 둔 대형[62] 발전국가 체제는 여전히 유지되고 있다.[63] 한국의 국가주도형 발전국가 모델에 대한 국제적인 질타가 쏟아

---

57) 『관보』, 1967년 9월 2일.

58) 『관보』, 1968년 2월 18일, 2월 26일.

59) 국가의 효과라는 개념에 대해서는 한석정, 『만주국 건국의 재해석』, 1장 참조.

60) 윤상우, 『동아시아 발전의 사회학』, p. 164.

61) 『중앙일보』, 2014년 4월 28일.

62) 지역 자치제의 공무원을 제외한 관료들의 숫자는 2013년 기준 약 99만 명, 경찰은 10만 명을 넘는다. 안전행정부, 『안전행정통계 연보』, 2013, p. 75.

63) 신장섭·장하준, 『주식회사 한국의 구조조정』, 장진호 옮김, 창비, 2004, p. 112.

지던 초기 김대중 정부 시절, 외환 위기 타개의 주요 방법인 이른바 빅딜과 노사정 협의회조차 국가 주도라는 고전적인 방식으로 이루어졌다.

이런 국가의 원형이 만주국이다. 소련의 계획경제가 만주국으로 전해져 만주국의 지배자인 관동군은 사회주의를 방불케 하는 (혹은 비사회주의권에서 가장 극단적인) 계획경제 체제를 밀어붙였다.[64] 1930년대에 일본에서 집약적인 산업화를 수행할 수 있는 존재는 미쓰이, 미쓰비시 등 이른바 자이바쓰財閥, 즉 재벌뿐이었기 때문에 일본 정부는 이들을 간단히 통제할 수 없는 처지였다.[65] 강력한 자이바쓰와 공존한 일본의 발전국가 체제에 비해 만주국은 관동군 수뇌부가 원하는 경제정책을 추진할 수 있는 그들만의 영토였다. 만주국 초기 경제 건설의 청사진에 해당되는 「만주국 경제 건설 강요滿洲國經濟建設綱要」(1933)는 관동군 특무부와 (좌익들이 포진한) 만철경제조사회가 입안한 것으로,[66] "무통제의 자본주의의 폐해"를 지적하는 등 관동군은 초기에 자이바쓰 중심의 일본 자본주의를 혐오했다.

군부와 산업 테크노크라트가 결합한 만주국과 1960년대 한국의 발전국가 앞에는 자본가, 토착 지주 세력 등 어떤 장애물도 존재하지 않았다. 만주국의 항명과 도발, 경제 발전과 사회동원 방식은 만주국 각계의 현장을 경험하고 귀국한, 한국의 경제 발전과 냉전 경쟁을 추진하게 될 일부 인사의 의식과 무의식에 전달되었으니, 만주국은 한반도 냉전 체제의 실마리에 해당한다. 드 세르토의 지적은 적실하다. 그는 과거와 현재가 분리된 서양 역사관에 비해 일부 인도인들의 시간관에는 과거가 현재에 "켜를 지

64) Ramon Myers, *The Japanese Economic Development of Manchuria, 1932 to 1945*, New York: Garland, 1982, p. 10.

65) Yongsok Choi, "War, State, and Big Business in Modern Japan: The Intercorporate Structure and Diversification of Mitsui and Mitsubishi, 1968~1945," Ph.D diss., University of Chicago, 1998, pp. 38~39.

66) 山本有造, 『「滿洲國」經濟史研究』, p. 28.

어 비축돼"있다고 했다.[67] 이와 마찬가지로 한국 발전국가 지도자들의 뇌리 속에 만주국에 대한 기억이 켜를 지어 존재했던 것이다. 메이지 국가 형성의 요소들이 만주국에 이월되고, 그것이 다시 20세기 남북한을 포함해 아시아 발전국가들에 전달되었으니, 만주국은 동아시아 국가 형성 역사에서 과거와 미래를 연결하는 중요한 고리라 하겠다.

만주와 남성성

만주는 한국과 일본에서 남성성의 발현과 진화를 돕는 긴요한 자원이었다. 전전 일본 사회의 사무라이 문화는 폭력과 원거리 탐험의 특징을 지닌 남성성의 결정이었다. 이것은 공식·비공식적인 모든 분야에서 표출됐다. 군사 침략이라는 강경 정책 입안, 민간 정치인들에 대한 군부의 철저한 무시, 1930년대에 연이은 청년 장교들의 하극상과 이에 대한 통제 불능, 실제 전쟁의 수행 방식, 천황을 위한 결사 정신, 부하들을 혹독히 훈련시키는 상관(특히 하사관)의 잔혹성,[68] 전쟁 동원을 위한 대중예술, 가정교육 등에서 특유의 남성성이 드러났다. 특히 하사관에 대한 병사의 증오심은 적에 대한 잔인성으로 전환됐다.[69] 태평양전쟁 당시 투항을 금지한 일본군의 무사도 정신, 패전 후 지휘관들의 할복자살, 과달카날 등지에서 있었던 군민의 옥쇄玉碎(집단 자살), '군국의 귀감' '영웅적인 죽음'으로 미화

67) Michel de Certeau, *The Writing of History*, Tom Conley(trans.), New York: Columbia University Press, 1988, p. 4.

68) 이런 폭력은 패전 후 시베리아 수용소에 억류된 관동군 포로들 사이에서 재연돼 대학생 출신 사병이 옛 상관에게 맞아 죽는 일이 벌어졌다. Barshay, *The Gods Left First*, pp. 90~91.

69) Saburo Ienaga, *The Pacific War, 1931~1945: A Critical Perspective on Japan's Role in World War II*, New York: Pantheon Books, 1978, pp. 39~54.

된 가미카제 자살특공대 등은 미군에게 한때 공포와 외경의 대상이었다. 1941년 1월, 총리 겸 육군 대신 도조 히데키東條英機는 전군에 하달한 전진훈戰陣訓에서 "살아서 포로가 되는 굴욕을 당하지 말고, 죽어서 죄과의 오명을 남기지 말라"라고 하며, 포로가 되어 생명을 보전하는 것을 군율 위반으로 삼고 귀환한 일본군 포로가 있다면 사형에 처할 것임을 공언했다.[70] 미군은 초기에 일본군을 인종차별적인 관점에서 왜소한 비인간, 해충 정도로 생각했다. 원자탄 투하는 이들을 '박멸'하기 위한 것이었다. 그러나 미군은 1942년 초부터 연속적인 패전을 겪은 뒤 일본군을 '슈퍼맨'으로 격상시켰다.[71]

만주는 이런 남성성이 전개된 장소였다. 전전에 아시아주의자 도야마 미쓰루頭山滿의 겐요샤玄洋社와 우치다 료헤이內田良平의 고쿠류카이黑龍會는 수만 명의 회원을 거느린 우익 세력이었다.[72] 이들은 1860년대에 중국으로 건너가 상하이, 한커우, 창사 등지에서 무역과 스파이 활동을 했던 기시다 긴코岸田吟香, 아라오 세이荒尾精 등 이른바 대륙낭인들[73]의 후예였다. 도야마는 중국의 국부 쑨원孫文 이외에도 조선의 김옥균, 인도의 찬드라 보스Chandra Bose 등 일본에 망명한 해외 정객들을 후원한 복잡한 인물이다. 우치다는 20대 초반에 러시아어를 배워 1897년 수개월간 "불굴의 정신으로" 혹한을 뚫고 정찰 목적으로 시베리아를 횡단해 일본 신문에 열

---

70) 오오누키 에미코, 『죽으라면 죽으리라: 가미카제 특공대의 사상과 행동』, 이향철 옮김, 우물이있는집, 2007, pp. 37, 380, 405.

71) John Dower, *War without Mercy: Race and Power in the Pacific War*, New York: Pantheon Books, 1986, pp. 93, 112~16.

72) Duara, *Sovereignty and Authenticity*, pp. 89~103. 아시아주의Pan-Asianism는 메이지 시대 일본에서 생성된, 서양에 대항하여 아시아 특유의 우수성과 아시아인의 단결을 천명한 사상이다. 일본인의 지배를 가정해 만주국 건국과 동남아 침공을 통한 대동아 공영권 구축의 이론적 배경이 됐다.

73) Douglas Reynolds, "Training Young China Hands: Toa Dobun Shoin and Its Precursors, 1886~1945," Peter Duus, Ramon Myers & Mark Peattie(eds.), *The Japanese Informal Empire in China, 1895~1937*, Princeton: Princeton University Press, 1989, pp. 213~15.

사로 소개되기도 했다.[74] 이들은 국수주의와 (조선, 만주, 중국으로의) 해외 팽창을 내걸고 정치인들의 암살을 일삼으며 막후의 정치적 영향력을 행사했다. 우치다의 조직 이름인 고쿠류카이는 북만주의 헤이룽장(아무르 강)에서 따온 것이었다.

일본군의 해외 탐사 혹은 첩보 공작은 만주, 몽골, 중국 대륙에 그치지 않고 동남아, 태평양에서까지 펼쳐졌다. 1940년대 초 타이, 말레이시아, 버마, 인도네시아 등지로 진출해 방콕에 후지와라藤原 기관, 버마에 미나미南 기관, 자바에 야나가와柳川 기관 등을 세워 동남아 민족주의를 부추겼다. 이 기관들은 토착민들로 군대를 조직하고 영국, 네덜란드 등 서양 제국으로부터 이 지역을 분리시키려 했다. 버마 독립의 영웅 아웅 산Aung San, 네 윈Ne Win, 인도네시아의 루비스Zulkifli Lubis 등이 일본군이 만든 동남아 민족부대, 즉 버마독립군BIA, 인도네시아 조국수호군PETA, 인도민족군INA 출신이었다. 민족군 지도자들은 일본과의 협력이 서양 열강으로부터 벗어나는 유일한 방도라 생각했다. 그러다가 전쟁 막바지에 이르러 일본의 야심에 환멸을 느껴 일본에도 저항하면서 전후 민족 지도자로 부상했다. 그러나 일본군 정보기관 출신들은 전후에도 이들과 친밀한 관계를 유지했다고 한다.[75]

태평양전쟁 직후 동남아와 중국 남부 일대의 '3천 리를 잠행'했던 쓰지 마사노부辻政信 대령은 '일본의 로렌스'라 불린 인물이다.[76] 그는 관동군 장교로 만몽 국경의 노몬한전쟁에 참전한 뒤 태평양 전선에 배치됐다가,

---

74) 頭山滿·犬養毅·杉山茂丸·內田良平, 『アジア主義者たちの聲, 上卷: 玄洋社と黑龍會』, 書肆心水, 2008, pp. 53~56, 284~99.

75) Joyce Lebra, *Japanese-Trained Armies in Southeast Asia*, New York: Columbia University Press, 1977, pp. 159~60.

76) 영국군 정보장교 T. E. 로렌스는 제1차 세계대전 중 아랍에서 오토만 제국에 대한 아랍인들의 항쟁을 돕는 등 여러 작전을 수행해 '아라비아의 로렌스'로 불렸다.

패전 후 연합국 지배하의 타이를 탈출했다.[77] 그 뒤 정보 수집을 위해 수년간 승려 복장으로 동남아와 중국 남부 등 수많은 곳을 돌아다녔다. 그는 1960년대 재차 동남아를 방문했다가 실종됐다.

그리고 만주의 지배자 관동군이 있었다. 이들도 대륙낭인의 후예였다. 만주사변 시 1만 명이었던 관동군 병력은 급팽창해 1936년 20만, 1943년에는 최대 76만 명에 달했고, 1936년에는 230대의 비행기와 150대의 탱크를 보유한, 한때 일본 최강 부대였다.[78] 관동군은 전체 인구 중 남성 비율이 매우 높고 저항 세력, 각종 비적, 부랑자 등 뿌리 없는 남성이 우글거리던 만주를 평정했다.[79] 군사화된 만주에 걸맞은 초超남성은 만영의 이사장 아마카스 마사히코甘粕正彦다. 그는 일본에서 어느 무정부주의자와 그 가족을 고문 끝에 죽인 헌병 출신으로 만주국에 들어와 중요 조직인 협화회와 만영을 움직였다. 중국인 배우들을 다수 양성하는 등 만영을 본궤도에 올렸으며, 만주국이 패망하자 도피하지 않고 직원들에게 퇴직금을 나눠준 뒤 자살했다.[80] 관동군 참모였던 세지마 류조瀬島龍三는 패전 후 아무르 강변의 소련군 수용소에 11년간 억류됐다가 풀려난 뒤 한일 관계의 막후 조정자이자 반공 블록의 책사로 오랫동안 활약했다.[81]

무사도 정신으로 군국주의의 길을 달리던 일본 사회는 전후에 큰 변화를 맞는다. 전쟁 막바지에 수구 세력 청산 등 강경한 전후 대책들이 제안

---

77) 辻政信, 『增補版 潛行三千里』, 每日ワンズ, 2010, pp. 68, 264.

78) Alvin Coox, "The Kwantung Army Dimension," Peter Duus, Ramon Myers & Mark Peattie(eds.), *The Japanese Informal Empire*, p. 423.

79) 한석정, 『만주국 건국의 재해석』, pp. 73~80.

80) 마사히코의 장례식에는 중국인을 포함한 3천 명의 조문객이 모여 애도했다고 한다. 山口猛, 『幻のキネマ滿映: 甘粕正彦と活動屋群像』, 平凡社, 1989, pp. 249~50.

81) 세지마는 한일회담 이래 양국 정부의 요청으로 비밀리에 한국을 수십 차례 방문하며 1970년대 무역 진흥 자문, 1980년대 차관 교섭, 나카소네 일본 총리의 방한과 전두환 전 대통령 방일의 사전 조정 등을 맡았던 최고의 밀사였다. 瀬島龍三, 『瀬島龍三回想錄: 幾山河』, 扶桑社, 1995, pp. 419~44.

되었으나,[82] 전후 미국 정부는 중국 공산화에 큰 충격을 받고 동아시아 반공 블록 구축이라는 새 방향으로 나아가는 데 매진했다. 그리하여 일본에 대한 기존의 강경론—즉 재벌 해체, 일본 산업의 동남아 이전, 자유주의적 대개혁에 대한 요구—에서 전환, '대공장 일본'을 재가동시키는 길로 나아갔다.[83] 그러나 최소한, 과거 군국주의와 관련된 일체의 기관, 협회, 기업, 즉 제국 육군과 해군, 내무성, 군부와 결탁했던 미쓰비시 등 자이바쓰의 가족 소유 체제 등은 해체·전환되고, 사무라이 문화 등 군국주의와 관련된 제도, 이미지(일장기, 기미 가요 등), 교육(무도 등)도 폐지됐다. 일본에서는 1939년 무도진흥위원회, 1942년 대일본무덕회大日本武德會(유도, 검도, 궁도, 총검술 등 무도 종합 단체)가 창립되는 등 '무도 국책'의 이름으로 무도 인구와 교육의 확충을 추진해 1942년에는 전국의 무도 유단자가 25만 명에 이를 정도였다. 그러다 전후의 조치로 무도 교원 약 2천 명, 무덕회 관계자 약 1,200명이 일자리를 잃게 되었다.[84]

일본 사회는 대동아전쟁을 '태평양전쟁'으로 개칭하는 등 미군정의 명령에 순응하며 소생하기 시작했다. 백마를 타고 전군을 지휘한, 따라서 일본 내외 수백만 명의 죽음에 대한 최종 책임자인 천황 히로히토는 순진한 식물학자 혹은 천진한 아이의 모습으로 탈바꿈하고[85] 군인들은 샐러리맨

---

82) 미국 사회에서 일본 천황을 처형시키자는 여론이 비등했고 노먼 등 일본 전문가들은 '정치적 문제의 해결,' 즉 수구 세력 몰락을 우선 과제로 꼽았다. E. H. Norman, "Japan and the Japanese Empire: General Consideration," a memoir to the U.S. Government, 22 September 1944. 이 문건을 소개해준 알렉시스 더든 교수에게 감사드린다.

83) Michael Schaller, *The American Occupation of Japan: The Origins of the Cold War in Asia*, Oxford: Oxford University Press, 1985, pp. 121~30.

84) 坂上康博, 「武道界の戰時體制化: 武道綜合團體「大日本武德會」の成立」, 坂上康博·高岡裕之 編, 『幻の東京オリンピックとその時代: 戰時期の都市·身體』, 靑弓社, 2009, pp. 244~47.

85) 히로히토는 전후 처음 맥아더 사령관을 만날 때는 보호자 앞에 선 아이로, 그리고 1975년에는 미국 디즈니랜드의 미키 마우스를 방문한 귀여운 이미지로 변신했다. Watanabe Morio, "Imagery and War in Japan: 1995," Tak Fujitani, Geoffrey White & Lisa Yoneyama(eds.), *Perilous Memories: The Asia-Pacific War(s)*, Durham, N.C.: Duke University Press, 2001, p. 138.

으로 전환되는 등 사회적 거세가 이루어졌다.[86] 군국주의의 손발톱은 뽑혀 남성성은 스포츠 세계에 겨우 잔존하고 폭력성은 지하 세계로 들어갔다. 징집 의무에서 해방된 청년들은 총도 쏠 줄 모르는 연약한 남성이 되어갔다. 인내, 집단 응집력, 반복 연습 등의 특징을 지닌 사무라이 문화가 배인 일본 스포츠(야구, 럭비, 무술 등)는 서구 스포츠에서 적당히 허용되는 폭력, 예컨대 아이스하키나 럭비에서 쓰이는 기술적인 주먹질조차 허용하지 않을 만큼 모범생 수준이 되었다. 라이트에 의하면, 일본 스포츠는 개인의 전략적 창의력을 떨어뜨리고, 여성들에게 외면당한다.[87] 1980년 즈음 '요리하는 남자'가 매체에 등장해 음식을 통한 남성성의 전환—즉 동양 음식에 담긴 반미, 반서양, 전쟁의 상처 달래기, 세계의 향토 음식을 순례하는 고독한 유랑, 생존, 용기(내장을 먹는 행위) 등—이 이루어졌다.[88] 이런 거세 혹은 순수를 과도하게 좇는 전후 일본 사회의 분위기는 침략의 망각, 가해자와 피해자의 모호한 경계와도 연결된다.[89]

이에 비해 한국 사회는 해방 후 무섭게 남성화되기 시작했다. 이것은 전쟁 경험을 통한 군부의 부상과 깊이 연결된다. 한국의 남성화는 일본적 특징(폭력과 원거리 탐험)을 빠른 시간에 학습했다. 한국전쟁은 "피난, 점령, 그리고 미군, 한국군, 인민군이 모두 저질렀던 학살"이 점철된 비극이었다.[90] 이것은 갓 해방된 한국 사회를 잿더미로 만든 악마요, 파괴의 천사였지만 역설적으로 "새로운 출발"이기도 했다.[91] 한국전쟁은 건국 이래

---

86) Morris Low, "The Emperor's Sons Go to War: Competing Masculinities in Modern Japan," Kam Louie & Morris Law(eds.), *Asian Masculinities*, pp. 93~96.
87) Richard Light, "Sport and the Construction of Masculinity in the Japanese Education System," Kam Louie & Morris Law(eds.), *Asian Masculinities*, p. 114.
88) Tomoko Aoyama, "The Cooking Man in Modern Japanese Literature," Kam Louie & Morris Law(eds.), *Asian Masculinities*, pp. 158~67.
89) Watanabe Morio, "Imagery and War in Japan," Kam Louie & Morris Law(eds.), *Asian Masculinities*, p. 146.
90) 김동춘, 『전쟁과 사회』, 돌베개, 2006, p. 294.

지지부진하게 진행되던 토지개혁을 마무리하여 수백 년간 조선 사회를 지배한 막강한 지주 세력의 몰락을 초래했고, 토지에 매여 있던 사람들을 대거 풀어놓았다.

이 소용돌이 속에 우뚝 솟은 것은 1953년경 60만 명 이상의 규모로 팽창한 군부였다. 이것은 한국 사회에서 가장 강력한 근대 조직이었다. 5·16 이후 새로 등장한 군정은 폭력의 독점을 통해 냉전 경쟁을 지휘하고 무질서와 자조의 사회를 기강의 사회로 변환시켰다. 군정은 정치활동 정화위원회의 심의를 통해 과거의 무질서, 무능과 관련된 자유당과 민주당 인사뿐 아니라 윤길중, 고정훈, 김철을 비롯한 혁신계 등 '구정치인'과 악명 높은 군 장성을 추방하고,[92] 자유당 시대 무소불위의 깡패 집단들을 척결해 한국을 세계에서 가장 안전한 나라로 만들었다. 깡패 보스들을 시내에 행진시키며 조리돌림하고 처형한 일은 후일 이들의 자의식에 깊은 영향을 주었다. 군은 내부의 무질서를 정리하며 사회의 남성성을 회복해나갔다.

성性은 프로이트 이래 긴 논쟁을 초래한 복잡한 개념이다. 성을 포함해 정체성 자체는 일관적·통합적·고정적인 것이 아니라 역사적인 개념이다. 주디스 버틀러에 의하면, 성sex은 자연적인 개념이 아닌 생산물, 대변 불가능한 언어적 공백, 타자, 복수, 부정 등 여러 뜻을 지니며, 젠더는 이분법적 대칭물이 아닌 개방적 총합 혹은 관계의 면을 지닌다. 남녀 이항 대립 자체가 남성 헤게모니의 산물이다.[93] 그런데 통상적으로 남성성의 요소란 지배나 공격성(혹은 강인함, 폭력, 정복, 경쟁, 용기, 모험, 권위 등)이라 일

91) Bruce Cumings, *Korea's Place in the Sun: A Modern History*, New York: Norton, 1997, p. 301.

92) 정치 활동 최종 자격 대상자 1,366명 중 262명을 제외한 자들은 이후 해금 조치를 받았다. 제외된 이들은 자유당계(이승만, 장경근, 홍진기, 손도심 등), 민주당계(장면, 이철승 등), 혁신계(김달호, 박기출, 윤길중, 김철 등), 부정축재자(이정림, 남궁련, 설경동 등), 신민당계(양일동) 인사들과 일부 군 장성(양국진, 백인엽, 엄홍섭)이었다. 한석태, 「한국 군부의 정치 개입」, pp. 65~66.

93) Judith Butler, *Gender Trouble*, New York: Routledge, 1990, pp. 10~26.

컬어진다.[94] 남성의 환유인 남근과 삽입은 고대 그리스 시대에 혈족 관계
와 사회 활동 등 모든 영역에서 우월성의 표현이었다.[95] 고대 그리스인들
은 절제와 의리를 그리스적이며 남성적이라 칭송했고, 그 반대 특질을 여
성적이고 야만적이라 비난했다.[96] 다소 간과되는 것은 희생과 헌신, 돌봄
등 가장의 책임감이다. 나치 문화 역시 발기(혹은 고양, 정상頂上)에 대한 찬
양을 중요 요소로 삼았으며,[97] 나치 남성성의 덕목은 자유와 쾌락을 좇는
대중과 거리 두기, 건설, 금욕 등이었다. 이것은 유대인과 사회주의자를 전
염성이 강한 쾌락과 방탕으로 배치한 것과 대척적인 관념이었다.[98] 제2차
세계대전 후 영국 노동 계급의 남성성에 대한 칭송도 전시의 백절불굴, 인
내, 강인함, 단결 같은 책임감의 요소와 결부됐다.[99]

요컨대 남성성은 폭력을 독점(보유, 연마)함으로써 내외의 적으로부터
가족을 지키고 먹여 살리는, 즉 보호(국방)와 생산(경제 발전)에 진력하는
가부장(국가)과 관련된다고 할 것이다. 남성성은 주어지고 고정적인 것이
라기보다 성취되고 형성되는, 특히 국가에 의해서 창조되고 진흥되는 것이
기도 하다. 뉴질랜드의 '용감한 마오리족'[100]이나 터번을 두른 인도의 '용
맹한 펀자브, 시크 사람들'은 영국 식민자들이 19세기 후반 이래 이들을 국
내 반란 진압과 해외 전쟁에 보내기 위해 만든 이미지였다.[101]

---

94) R. W. Connell, *Masculinities*, Berkeley: University of California Press, 2005, p. 18.
95) 미셸 푸코, 『성의 역사 3』, 이혜숙·이영목 옮김, 나남, 2004, p. 52.
96) 같은 책, p. 217.
97) Klaus Theweleit, *Male Bodies: Psychoanalyzing the White Terror*, Erica Carter & Chris Turner(eds.), Minneapolis: University of Minnesota Press, 1989, pp. 48~52.
98) 같은 책, pp. 6~12.
99) Geoff Eley, "Distant Voices, Still Lives," Robert Rosenstone(ed.), *Revisioning History: Film and the Construction of a New Past*, Princeton: Princeton University Press, 1995, p. 18.
100) Connell, *Masculinities*, p. 31.
101) Bernard Cohn, *Colonialism and Its Forms of Knowledge: The British in India*, Princeton: Princeton University Press, 1996, p. 32.

1960년대 한국 사회의 남성성도 국가에 의해 육성됐다. 이 시기에 국가는 폭력의 독점과 생산의 진작을 동시에 진행했다. 줄리아 아담스는 근세 유럽의 가산제 국가가 가부장제의 연장에서 통치자와 부하 간의 지배와 복종 관계로 얽힌 남성적 국가라고 규정했는데,[102] 1960년대 한국 군정에 의한 군사적 에토스와 그 정수인 상명하복, 충성의 확산도 남성성에 기여했다. 그 결과, 남성성은 나치의 파시스트 남성성까지는 아닐지라도 백전불굴의 독립운동, 추격전, 희생, 의리, 여성을 두고 떠나는 방랑 등 1960년대 만주 웨스턴의 요소들처럼 줄기차게 강화됐다.

군대는 일종의 헤테로토피아heterotopia ── 즉 반反공간, 특권화되거나 신성시된 곳 혹은 어떤 곳도 아닌 곳, 남성성을 처음 드러내는 '다른 곳' ──이다.[103] 한국군은 근대성과 남성화를 위한 거대한 학교였다. 1870~71년 프로이센-프랑스 전쟁(보불전쟁) 이후 프랑스 농민들이 프랑스군에서 '프랑스 민족'으로, 1917년 러시아혁명 후 러시아 인민들이 붉은 군대에서 '소비에트 혁명 전사'로 재탄생했듯,[104] 한국의 대다수 청년도 군대에서 근대 기술과 민족주의를 배우고, 여순사건과 빨치산 세력의 진압, 한국전쟁과 베트남전쟁 등 내외의 실전을 경험함으로써 남성화의 길을 걸었다. 그리하여 베트남 파병 시 국군 장병의 용맹이 "전 세계적으로 유명한 것"[105]이라는 자긍심이 생겼다. 1965~66년 부하를 구하고 죽은 맹호·청

---

102) Adams, *The Familial State*, p. 30. 세습적 가산제patrimonial state는 막스 베버가 전통 시대(근세 포함)의 통치 양식이라고 제시한 개념이다. 이에 따르면 정치적 권력과 행정은 통치자의 개인적 재산으로 간주되고, 그 정치적·경제적 특권이 부하들에게 일부 양도돼 후일 분권의 소지가 된다. Max Weber, *Economy and Society I*, G. Roth & C. Wittich(eds.), Berkeley: University of California Press, 1978[1922], pp. 231~33.

103) 미셸 푸코, 『헤테로토피아』, 이상길 옮김, 문학과지성사, 2014, p. 16.

104) 양국의 민족, 인민 형성에 관해서는 Eugen Weber, *Peasants into Frenchmen: The Modernization of Rural France, 1870~1914*, Stanford: Stanford University Press, 1976, pp. 292~302; Mark von Hagen, *Soldiers in the Proletarian Dictatorship: The Red Army and the Soviet Socialist State, 1917~1930*, Ithaca: Cornell University Press, 1990, p. 329 참조.

룡 부대의 강재구, 이인호 대위를 기리는 동상과 노래, 영화가 만들어지는 등 용기와 희생정신을 갖춘 군인이 국민적인 영웅이 됐다.[106]

2014년 여름, 한국 사회를 뜨겁게 달군 윤 일병 사건 등 영내에 만연했던 가학적이고 모멸적인 체벌은 일본군의 관행에서 유래된 것이다. 해방 후 한국 사회의 폭력 상당 부분이 일제 시기의 유산이라 할 수 있다. 뺨 때리기, 정강이 까기, 재떨이 날리기, 몽둥이찜질, (어린이를 향한) 물벼락 등 일본의 폭력은 한국의 '내무반 악몽' 너머 학원, 직장, 가정 등 사회 전반에 걸쳐 두루 퍼졌다.[107] '피스톨 박'이라 불린 박종규 전 청와대 경호실장은 재임 때나 퇴임하고 나서나, 지위 고하는 물론 민간인이든 군인이든 구분 없이 폭력을 휘두른 것으로 유명하다.[108] 정주영 전 현대그룹 회장, 박태준 전 포항제철 사장 등도 1960~70년대 건설 현장에서 부하 직원이나 하청 공사 책임자들의 정강이를 찼던 일화로 유명했다. 이런 관습은 오늘날에도 체육대학 신입생 오리엔테이션 등 학원가에 질기게 남아 있다. 폭력은 일부 중고생 사이에서 숭배의 대상이며, 818만 명의 관객을 모은 영화 「친구」(2001)처럼 한국 영화의 흥행 요소이기도 하다.

1세대 한국 군부 지도자들은 거의 일본군 출신으로 멀리 만주, 중국, 태평양 전선을 다녀왔고, 일본인 상관들로부터 구타 등 비인간적인 대우를 받았다. 박정희를 포함해 만주 군관학교의 조선인 생도들 사이에서도 구

---

105) 박정희가 1966년 10월에 베트남을 방문해 장병들에게 한 연설이다. 박정희, 『조국 근대화의 지표』, 고려서적, 1967.

106) 1965년 10월, 베트남 파병을 앞두고 홍천에서 훈련받던 맹호부대의 강재구 대위는 사병이 잘못 던진 수류탄에 몸을 날려 산화했다. 1966년에 참전한 청룡부대의 이인호 대위도 부하들을 살리기 위해 베트콩이 던진 수류탄에 몸을 던져 영웅의 반열에 올랐다.

107) 박노자, 『당신들의 대한민국』, 한겨레출판, 2006, p. 112.

108) 김형욱 전 중앙정보부장의 회고록에는 군 출신 권력자들의 폭언·폭행이 자주 언급된다. 박종규는 자기 부하를 체포했다는 이유로 청와대에 들어온 김형욱의 이마에 총을 겨누었다. 재떨이 던지기는 박정희의 장기였다. 김형욱·박사월, 『김형욱 회고록 2』, 문화광장, 1987, pp. 91, 191. 한편, 이 회고록은 자신을 옹호하기 위해 쓰인 것이므로 당연히 신빙성이 결여되어 있다.

타는 일상적이었다.[109] 일본 군영의 잔학한 폐습은 한국 군부에 그대로 대물림됐다. 해방 후 여순사건, 거창사건을 진압할 때 민간인들에게 즉결 처분을 남용하며 이승만의 총애를 받았던 김종원, 백인엽 등이 그런 보기다.[110] 한국 군부는 1930년대의 일본 군부와 시차를 두고 1960년의 하극상 사건을 거쳐, 마침내 1961년 목숨을 건 쿠데타를 감행했다. 군인들이 "생사를 건" 이 사건은 일제 시기나 1950년대의 허약한 가장들의 상과 질적으로 다른, 남성성의 극치였다.[111]

관동군의 독단적 거사인 만주사변과 만주국의 질긴 비적 토벌은 만군 출신들의 중요 모델이었다. 건국 직후의 여순사건은 갓 출범한 한국 정부가 건국 과정에서 겪은 중대 시련이지만, 잔혹한 진압을 통해 국가의 존재를 나타내는 기회이기도 했다. 이것은 임종명이 지적한 대로, 사건 참가자들을 민족의 경계 밖으로 추방하며, 인명을 보호하는 수호천사—혹은 좌익, 폭력, 폐허, 야만과 대비되는 이성, 수습, 위문, 온정의 화신 역할—로서의 국가를 재현하는 순간이기도 했다.[112] 1946년 1월, 미군 임시 고문단에 의해 2만 명 병력의 조선경비대로 출발한 한국군은 2년 뒤 8개 사단, 한국전쟁 직전에는 약 9만 5천 명으로 증강되었고, 미군을 모델로 각종 학교를 개설해 훈련을 실시했다. 미군 고문단이 한국 국방장관에게 어느 한국 장교가 비협조적이라고 통보하기만 하면 간단히 처리될 정도로 미군이 조직과 훈련 등 모든 것을 주도했다. 줄곧 경험 부족, 졸속 모병, 장비 및

---

109) 박정희도 만군 입학 후 1년 선배 방원철에게 통과의례로 얼굴에 주먹세례를 받았다. 방원철은 후일 대령으로 5·16에 가담하고 치안국 정보과장을 지내다가, 1963년 반혁명 사건으로 숙청됐다. 조갑제, 『내 무덤에 침을 뱉어라』, p. 110.

110) 진실·화해를위한과거사정리위원회, 『2010년 상반기 조사 보고서 6』, 2010, p. 509. 백인엽은 백선엽의 동생으로 한국전쟁 전선에서 부하들을 함부로 쏘아 죽였다는 소문이 무성했다.

111) 박정희는 1963년 8월 전역식에서 "생사의 극한에서 사를 초월하는 군인의 죽음은 정의와 진리를 위한 희생정신의 극치"라며 쿠데타의 소회를 밝혔다. 박정희, 『한국 국민에게 고함』, 동서문화사, 2005, p. 38.

112) 임종명, 「여순 '반란' 재현을 통한 대한민국의 형상화」, 『역사비평』 64호, 2003, p. 309.

훈련 부족, 사기 저하의 문제를 안고 있었던 한국군에게 여순사건 진압과 오대산, 지리산, 태백산 일대의 빨치산 진압, 그리고 후속 숙군 작업은 훈련과 조직 정비의 기회가 됐다.

이 진압 활동에 혁혁한 공을 세운 이들은 정일권, 백선엽, 김백일 등 만군 장교 출신이었다. 만주국의 '비적' 세력은 산적, 아편 밀매업자, 군벌, 중국국민당·중국공산당의 동조자, 실직한 전직 군인, 부랑자 등 일체의 반국가 분자를 총칭하는 말인데, 관동군과 만주국군의 끈질긴 숙정 사업으로 1939년 겨울쯤 거의 소멸됐다. 만주국 비적 토벌로 경험을 쌓은 만군 출신들은 겨울철에 생필품 보급을 차단하는 등의 전술로 건국 후 한국 빨치산 토벌에서 두각을 나타냈다. 특히 김백일은 초토화 작업의 전문가로서 1949년 말, 호남 지역을 숙정한 뒤 경북 지역 좌익 세력의 토벌을 위해 전출되기도 했다.[113] 그 결과, 1949년 10월 말부터 겨울 내내 진행된 군경 토벌 작전으로 오대산, 태백산 지구의 빨치산 제1, 3병단이 거의 궤멸되고, 지리산의 제2병단도 극도로 약화돼 이듬해 한국전쟁 시 인민군의 남진에 호응이 전무했다.[114]

이승만 대통령은 여순사건을 계기로 김석원, 이종찬 등 일본 정규 육사 출신의 고분고분하지 않은 엘리트보다는 적응력이 뛰어난 만군 출신을 중용하기 시작했다.[115] 창군에 깊숙이 관여한 하우스만James Hausman 등 미 고문단의 비호를 받고, 영어에 능통한 군사영어학교(육군사관학교의 전신) 출신들, 특히 북한과 만군 출신들—정일권, 백선엽, 김백일, 강문봉,

---

113) Bruce Cumings, *The Origins of the Korean War*, vol. 2, Princeton: Princeton University Press, 1990, pp. 286~87, 402.

114) 김남식, 「1948~50년 남한내 빨치산활동의 양상과 성격」, 송건호 외, 『해방전후사의 인식 4』, 한길사, 1989.

115) Se-Jin Kim, *The Politics of Military Revolution in Korea*, Chapel Hill: University of North Carolina Press, 1971, p. 48.

그리고 김창룡 특무부대장, 원용덕 헌병총사령관 등――이 출세가도를 달렸다.[116] 이승만은 일본 육사 출신 대 만군 출신, 남한 출신 대 (수적으로는 열세였으나 무서운 반공주의자였던) 북한 출신, 북한 출신 중에서도 함경도 출신 대 평안도 출신의 경쟁 구도를 유도하여 군을 수중에 넣고자 했다. 1956년에 좌익 척결의 최고 책임자로 이승만의 총애를 받던 김창룡 소장 암살 사건이 벌어지자 그 배후로 함경도 출신인 강문봉 중장이 지목돼 무기징역을 받았다. 이로 인해 정일권을 대표로 하는 함경도 파벌이 일시적으로 약화했다가 후일 5·16으로 되살아났다.[117]

만군 출신들은 만주국군 시절 일본군 고문 아래에서 교육과 훈련을 받았고, 일본 정규 육사 출신보다 진급과 보수 면에서 불리한 대우를 감수했던 터라 창군 이래 미군 고문관 제도에 쉽게 적응할 수 있었다. 이런 근성으로 이들은 일본 육사 출신들과 상당한 경쟁 관계에 섰다.[118] 대표 주자인 백선엽은 육군 참모총장을 두 번이나 지내며 최초로 4성 장군이 되었고, 여순사건 후 숙군 작업을 할 때 좌익 경력으로 처형을 앞둔 박정희를 살려냈다.[119] 만군 출신의 우두머리였던 정일권은 신징에서 만군 중위로 재직할 때 박정희 등 후배 조선인 생도들이 그의 관사에 자주 찾아왔다고 술회했다. 이런 인연으로 그를 포함한 만군 출신 다수가 5·16에 합류했다.[120]

---

116) 한용원, 『창군』, 박영사, 1984, pp. 208~11.
117) Se-Jin Kim, *The Politics of Military Revolution*, p. 48.
118) 한석태, 「한국 군부의 정치 개입」, pp. 188~89.
119) 군 내 남로당원이라는 혐의로 체포된 박정희 소령은 직책에 비해 활동한 흔적이 없다고 하여 수사 책임자 백선엽 대령(육군 본부 정보국장), 김안일 소령(정보국 특무과장으로 박정희와 육사 동기), 김창룡 대위(제1연대 정보주임)의 연대보증으로 살아났다. 백선엽은 자신이 박정희의 준장, 소장 진급에도 결정적인 후원자가 됐다고 술회했다. 조갑제, 「남로당과 박정희 소령 연구」, 『월간조선』, 1989년 12월호, p. 306; 백선엽, 『노병은 죽지 않는다 다만 사라질 뿐이다』, 책밭, 2012, p. 61.
120) 해병의 김윤근, 김동하, 육군의 이주일, 최주종, 윤태일 등이 5·16에 적극 가담했다. 정일권은 총리, 박임항과 이한림은 건설부 장관, 최주종은 주택공사장, 김석범은 관광공사 총재, 이주일은 감사원장, 강문봉은 대사와 국회의원, 김일환은 상공부 장관, 송석하는 국방대학원장 등으로 박정희 정부에서 고위직을 지냈다. 서능욱, 「박정희의 만군 인맥」, pp. 406~10.

국가와 폭력

해방 후 좌파의 공세, 군 내 좌파의 침투 등으로 한국 국가의 무력 독점은 지체됐다. 창군 이래 한국 군부는 투철한 사명감과 강력한 리더십이 결여된 상태였고, 미군 고문단의 눈치를 보는 기회주의가 만연했다. 급기야 청년 장교들에 의한 정군整軍 운동, 하극상 사건을 맞았다. 국방을 철저히 미군에게 의존한 친미 노선의 장면 정권하에서 숙군 작업은 지지부진했다. 남북학생회담 제창자들의 시위, 교원 노조의 단식 농성, 이에 대한 극우·반공 세력의 대응 등 빈번한 시위, 진보와 보수 세력의 첨예한 대립, 경찰의 소극적 진압과 사기 저하, 진보 세력의 내부 반목, 여당 내 신구 정파 간 갈등, 국가의 해결 능력 결여로 인한 무질서가 사회 전체에 만연했다.[121] 6·25의 상처로 거리에는 한쪽 팔이 잘린 채 쇠갈고리를 단 상이군인, 넝마주이('양아치'), 구두닦이가 득실했다. 양아치들은 시골에서 올라온 소년들을 포섭하다 실패하면 린치를 가하곤 했다.[122] 이들은 1960년 4·19 의거와 그 전조인 마산의 3·15 의거에서도 경찰서와 시가지 습격의 선두에 서는 등 맹활약을 했다.[123]

1950년대까지 테러, 폭력의 시대가 이어졌다. 1919년 김원봉 등이 중국 지린에서 창단한 의열단은 1925년까지 일본 천황을 포함해 도쿄, 상하이, 경성, 부산에 있는 일본과 조선 요인 암살과 시설물(만철, 조선총독부, 동양

---

121) Sung-Joo Han, *The Failure of Democracy in South Korea*, Berkeley: University of California Press, 1974, 2장 참조.

122) 1950~60년대 초 시골에서 대도시로 올라온 10대 소년들이 양아치의 칼에 찔리거나 맞아 죽는 사건들이 빈번했다. 『부산일보』, 1960년 11월 30일; 1961년 4월 22일.

123) 권보드래·천정환, 『1960년을 묻다』, 천년의상상, 2012, p. 32. 깨진 버스 유리창 넘어 날아오는 돌을 피해 부모 승객들은 자녀를 몸으로 감쌌다. 이 부분은 필자의 유년 시절 기억에 의거한다.

척식회사, 조선은행, 매일신보사 등) 파괴 등 '폭렬 투쟁'을 기도해 식민 당국의 간담을 서늘하게 만들었다. 일본인의 사주를 받은 세 명의 중국인 테러리스트가 김원봉을 암살하려다 상하이 공동조계 경찰에게 발각되기도 했다.[124) 1930~40년대에는 이런 명분과 거리가 먼, 상하이 암흑가에서 활약하는 조선인들도 있었다. 1930년대 상하이는 '중국의 그레타 가르보'로 불리는 무성영화의 여왕 롼링위阮玲玉가 활약하고, 약 2천 석을 갖춘 대극장을 포함해 36개의 영화관을 보유한 영화의 도시였다. 또한 마약, 도박, 매춘의 대환락가이자 고향에서 사고를 치고 잠입하는 치외법권이었다.[125) 터키탕은 첩보 공작의 장소이기도 했다.[126) 범죄가 1927년 5천 건에서 1930년 4만 건 이상으로 뛰어올랐는데, 프랑스 조계의 치안과 위생 상황이 특히 최악이었다.[127)

중일전쟁 후 상하이의 일본인 통제구역인 후시滬西는 왕징웨이 정부를 지원하는 일본의 특수공작대(이른바 76부대)와 중국국민당의 다이리戴笠가 이끄는 암살단 간에 테러가 빈발한 무법천지였다. 1941년경 이곳에 거주하는 약 8만 7천 명의 일본계 주민 중에 조선인은 5천 명이었다. 그중 일부는 도박장 이권 다툼에 고용됐다. 예컨대 1941년 2월, 후시 '카지

---

124) 김영범,『한국 근대 민족 운동과 의열단』, 창비, 1997, pp. 71~111.

125) 1870년대부터 상하이에는 수천 개의 3관, 즉 (아편을 피우는 장소인) 다관茶館, 기관妓館, 연관煙館이 출현했다. 유명 업소는 3층 건물에 1천 명의 손님을 수용할 정도였다. 1930년대 창기들의 숫자는 당시 여성 인구 150만 명 중 약 10만 명에 달했다. 댄스홀 약 40곳에서 프랑스, 러시아, 중국, 일본 출신 댄서가 1천 명 이상 일했다. 이 숫자는 1946년 1.5배인 1,622명으로 늘었다. 그리고 1920년대 중국에 수입된 향수의 약 83퍼센트가 상하이에서 소비됐다. 향락 사업과 데카당스의 분위기 때문에 일본 작가들은 상하이를 '마도魔都'라고 불렀다. 貴志俊彦,『東アジア流行歌アワー』, p. 41; 劉健輝,『魔都上海』, pp. 155~64; Huang Xuelei, "The Cosmetics Industry and Changing Smellscapes in Urban China, 1910s~1940s," paper presented at Asian Studies Conference Japan, Meiji Gakuin University, June 2015.

126) 전후 일본 최초의 터키탕을 경영한 인물은 전전 상하이에서도 같은 사업을 하며 첩보 공작에 종사했다. 井上章一·劉健輝,「上海モダンの風俗事情」, p. 34.

127) Frederic Wakeman Jr., *Policing Shanghai 1927~1937*, Berkeley: University of California Press, 1995, pp. 7~14.

노의 왕자'인 미국인 잭 라일리Jack Riley에게 고용된 조선인 건달 10명이 영국인 경영자의 도박장을 습격해 몇 명을 죽이고 어둠 속으로 사라졌다. 1937~41년 사이, 중국과 일본의 테러단들이 도합 150건의 암살을 저질 렀는데, 조선인은 이러한 상하이 지하 세계의 조연이었다.[128] 1950년대 한 국의 유명 폭력단인 동대문파를 상대로 자신이 상하이 암흑가 출신이라 며 권총을 휘둘렀던 '상하이 조'(조희창)라는 인물이 있었는데, 그 이후 전 국의 주먹들 중에 '상하이'가 들어가는 별명을 쓰는 사람이 많아졌다.[129] 그가 1941년 사건에 관련되었는지는 알 방도가 없지만, 항일 투사로 둔갑 한 이미지는 만주 웨스턴 영화 「떠나가는 왼손잡이」(1969)의 의적 '상하이 박'에게 전달된다.

　해방 직후 격화된 좌우익 갈등은 '빨갱이 주먹'과 '반공 주먹'의 총격 전으로 비화되면서 김구, 여운형, 송진우, 장덕수 등 정계 거물들이 암살 되었다. 여러 청년단체 중 북한 출신인 서북청년단과 1960~70년대의 야 당 지도자 유진산, 김두한 등이 이끈 대한민주청년동맹은 유명한 우익 테 러 조직이었다. 서북청년단은 군경에도 대거 편입됐다.[130] 1947~48년 의 총파업과 반란 등 좌익의 총공세로 한국은 사실상 내전 상태로 들어갔 다.[131] 한국전쟁 후 이승만과 우익 이론가들의 비호를 받으며 좌익을 때려 잡던 전학련全學聯(전국반탁학생연맹, 해방 후 이철승이 이끈 우익단체) 등 우

128) Frederic Wakeman Jr., *The Shanghai Badlands: Wartime Terrorism and Urban Crime, 1937~1941*, Cambridge: Cambridge University Press, 1996, pp. 100~107.
129) 유지광, 『대명 1』, 홍익출판사, 1984, p. 234. 이 작품은 유지광 자신의 보스였던 이정재와 동대문파 를 동정적인 어조로 서술하는 한계가 있으나 1950년대 암흑가에 대한 보기 드문 증언이다.
130) 류상영, 「8·15 이후 좌·우익 청년단체의 조직과 활동」, 송건호 외, 『해방전후사의 인식 4』, p. 98. 김두한이 저지른 유명한 테러는 1946년 10월 용산의 철도 총파업장에 난입해 파업 노동자들을 죽 창으로 죽이고 묻은 일이다. 오유석, 「야인시대 주인공 김두한은 협객이었나」, 『신동아』, 2002년 10 월호.
131) 양동주, 「해방 후 좌익운동과 민주주의민족전선」, 송건호 외, 『해방전후사의 인식 3』, 한길사, 1989; Cumings, *The Origins of the Korean War*, vol. 2, pp. 268~89.

익 청년들은 목표가 사라지자 분파하여 폭력단을 만들었다.[132] 교사를 구타하거나 총기를 소지하는 등 이들은 학원 내에서도 통제할 수 없는 세력이었다.[133] (이범석의 족청계를 숙청하며 자유당의 새 실력자로 부상한) 이기붕은 이른바 동대문파를 비호했는데, 이들은 1950년대에 가장 커다란 폭력단으로 군림했다. 폭력단이라는 '큰 폭력'은 소상인들을 괴롭히던 상이군인이나 양아치 같은 '작은 폭력'을 정리해주고 그 대가로 자릿세를 거두었다. 이 큰 폭력도 5·16 당시 군정에 의해 정리됐다. 자유당 정부에서 5·16에 이르는 과정은 찰스 틸리가 말한 유럽 국가 형성의 원리를 보여준다. 즉 국가가 국내외 라이벌들을 무력화하면서 세금을 걷을 때, 상공인을 포함한 주민들 입장에서는 작은 폭력들에 시달리는 것보다 이들을 제압해주는 더 큰 폭력에 규칙적인 세금을 바치는 게 효용성이 크다고 생각해 상호관계를 맺게 되는 것이다.[134]

기든스가 일렀듯, 서양의 국민국가는 폭력의 독점이 지난했던 전통국가, 절대국가 시대를 오래 거친 뒤 비로소 도달한 국가 형태다.[135] 이것은 용병제 너머 상비군과 국군으로 진화된 폭력의 관리 체제다. 용병제는 14세기 이탈리아 도시국가들이 시행한 이래 수세기 동안 존속된 제도로서, 용병 대장condottiere은 칼잡이들을 조직하고 폭력을 수출하는 일의 흥정을 맡았다.[136] 이들은 후일 국민국가가 국가 상비군을 조직하면서 소멸됐다. 1990년대 이래 여러 지역에 등장하는 용병들의 존재는 국민국가 시대 이

---

132) 동대문 사단의 행동대장 유지광은 전시에 정훈국장 이선근 준장을 따라다녔다고 한다. 유지광, 『대명 1』, p. 14.

133) 1950년대의 유명한 깡패 홍종철은 연세대학교 재학 시절 권총을 가지고 다니며 교수들을 겁박했다고 한다. 2009년 7월 14일에 고 장학식 전 인천대학교 총장과 직접 회견한 내용. 중학교의 학련 간부들은 교사를 구타하기도 했다. 유종호, 『나의 해방 전후』, p. 249.

134) Charles Tilly, "War making and State making as Organized Crime," Peter Evans, Dietrich Rueschemeyer & Theda Skocpol(eds.), *Bringing the State Back In*, p. 169.

135) Giddens, *The Nation-State and Violence*, pp. 56~57.

136) McNeill, *The Pursuit of Power*, pp. 74~75.

후의 세계화 현상—이슬람 근본주의, 동구권 붕괴, 분절적인 내셔널리즘, 국민국가의 불안정, 특히 영미가 주도하는 국방 외주 등을 배경으로 하는 현상—이다.[137]

1950년대 폭력단들이 미군 물자를 매각하는 입찰 경쟁에 조직적으로 개입하고, 김창룡 특무대장 등 군 간부들이 이들의 뒷배를 봐주는 등 유흥가, 학원, 정계가 온통 폭력으로 얼룩졌다. 사실상 폭력배들의 회사인 대한상이용사회의 정양원도 여러 이권에 개입하며 폭력을 휘둘렀다.[138] 깡패들은 백주 대로에서 칼, 몽둥이, 도끼를 휘두르고 수백 명씩 떼를 지어 라이벌 조직과 난투극을 벌이며 총질을 하기도 했다. 조봉암, 장면 등 야당 지도자들도 당대의 주먹 '시라소니'를 경호원으로 고용했다. 1910년대 청조 몰락 후 지역의 강자 혹은 군벌 시대가 열린 것처럼 1950년대 한국에는 도시, 시골을 막론하고 주먹들이 각 구역을 지배했다. 동대문파의 보스 이정재는 한국의 도야마 미쓰루를 꿈꿨다. 부하들은 그를 중심으로 좌우 두 줄로 앉아 깨끗한 옷차림으로 가족회의를 하는 등 일본 야쿠자 흉내를 냈다. 전시 부산에서 야당을 위협하던 어용 폭력단 땃벌레를 위시하여 한국 깡패들은 1950년대에 줄곧 관제 시위를 벌여주거나, 민주 세력을 탄압하는 등 국가의 일부 '치안' 업무를 맡았다.[139]

"반공을 국시의 제1위로" 삼고, "모든 부패와 구악을 일소"하고 "절망과 기아선상에 허덕이는 민생고를 시급히 해결할" 것을 공약으로 건 5·16 쿠데타는 장면 총리 시대 정군운동 추진자들에 의한 거사라 할 수 있다.

---

137) P. W. Singer, *Corporate Warriors: The Rise of Privatized Military Industry*, Ithaca: Cornell University Press, 2003, pp. 38~39, 67~69.

138) 유지광, 『대명 1』 참조.

139) 이들은 1950년대에 대구 매일신문사 난입, 진보당 대회 습격, (이기붕의 자유당 시당위원장 당선을 위한) 국회의사당 난입 이외에도, 1957년 장충단 공원 야당 집회를 방해하기 위해 전국에서 주먹 1천 명을 모아오는 등 정치 깡패로서 이름을 날렸다. 반공청년단은 이들을 모은 전국 조직의 화랑동지회를 흡수한 것인데 후일 1960년 4·18 고대생 습격 사건에 연루된다.

군정은 "구정권하의 적폐, 부정, 부패 일소, 구악 일소"를 천명하고 질서 정리에 나섰다.[140] 국가 기강은 시대의 과제였다. 장면 총리 시대 지지부진했던 '4·18 고려대학교 시위대 습격 사건'에 대한 처리가 5·16 이후 빠르게 진행됐다. 국가재건최고회의는 이 습격의 주범인 깡패들을 전격 체포해 중국 문화혁명 때의 공개적 린치를 방불케 하는 조리돌림을 시켰다. 또한 군정은 이정재를 비롯한 동대문파 지도자들을 처형해 정권의 명분을 쌓았다.[141]

동아시아 근대사에는 폭력이 국가의 성분이 된 사례가 종종 있어왔다. 1910~20년대 만주에서 비적과 민간인(광부, 나무꾼, 사냥꾼 등)의 경계는 불분명했다. 또한 비적과 정규 군인들 간에도 교환성이 있었다. 비적은 가끔 진압군에 편입됐다. 즉 어떤 비적 집단이 강성하면 지방 수령이 비적 두목과 협상해 비적들을 정규군으로 편입시켰다. 그런즉 진압군은 비적과 열심히 싸울 필요가 없었다. 언제 비적 지도자가 정규군 장교로 올지 모를 일이었다.[142] 또한 두웨성杜月笙이 이끌었던 1920~30년대 중국 양쯔 강 유역의 전통적인 폭력단 청방青幫은 중국국민당 정부와 공생관계였다. 청방은 아편 판매 수익을 국민당에 상납하고, 1927년에는 상하이의 좌파 인사 수천 명을 학살했으며 중일전쟁 시 항일 정보 공작과 테러 활동 등을 펼치며 국민당을 도왔다. 국민당의 특수공작대 란이셔藍衣社의 책임자이자 부패 분자들을 즉결처형한 것으로 악명 높은 다이리는 두웨성의 중요한 파트너였다.[143]

---

140) 박정희, 「재건최고회의장 취임사」, 『조국 근대화의 지표』.

141) 소설가 이병주는 군정이 민주당 시절 집행이 유예되었던 수백 명의 사형수를 처형했다고 주장하나 불확실하다. 이병주, 『대통령들의 초상』, p. 132.

142) Owen Lattimore, *Manchuria: Cradle of Conflict*, New York: MacMillan, 1932, p. 225; 한석정, 『만주국 건국의 재해석』, p. 75.

143) 賽格, 『杜月笙 發迹秘史』, 北京: 華文出版社, 2008, pp. 283~85; Wakeman, *The Shanghai Badlands*, p. 18; 辻政信, 『增補版 潛行三千里』, p. 177.

일본의 경우, 1992년 폭력단 대책법 제정을 계기로 근래 야쿠자 세력은 많이 약화됐다. 이들은 무수한 피해보상 소송에 시달리고 있고 기존 일자리인 파친코 경비직을 경찰 출신들에게 뺏기면서 곤궁한 조직원들의 탈퇴가 속출하는 중이다.[144] 그러나 야쿠자에게는 긴 전성기가 있었다. 미군정 시대 이래 경찰서 방어, 치안 유지를 비롯해 주로 좌파가 주도한 시위를 진압하는 등 경찰 역할을 대행하면서 국가와 공생관계를 맺어왔다. 예컨대 야쿠자는 패전 직후 (과장 보도된) 간사이 지역의 조선·타이완계 '제3국인' 무장단의 경찰서 습격을 방어해주는 보안관 역할을, 1960년 미일안보조약의 자동 연장에 반대하는 '안보투쟁'과 아이젠하워Dwight Eisenhower 미국 대통령의 일본 방문 반대 시위의 진압을 맡았다.[145] 중일전쟁 시 군부와 결탁하여 스파이 활동, 사실상 약탈 행위인 군수물자 조달, 마약 판매 등을 통해 막대한 부를 축적했던 고다마 요시오児玉誉士夫, 사사카와 료이치 등은 전후 제도권 내외에서 자민당 보수 세력과 야쿠자를 포함한 인맥들을 연결했다.[146] 조종사 견습생 출신인 사사카와는 전전 국수대중당 총재, (직접 비행기를 조종해 로마로 가서 한) 무솔리니와의 회동 등 파시스트로서 이름을 날렸다. 전후 A급 전범으로 구금됐다가 석방된 이래 그는 사사카와 재단을 통해 반공운동, 해양운동(모터보트 경주대회 주최) 등 각종 교류 활동을 폈다.[147] 경제 부흥기인 1960년대에 야쿠자는 최대 18만 명에 이르렀고, 야마구치구미山口組(고베 항만에서 시작해 간사이 지역을 본거지로 한 1980년대의 전국 최대 조직)는 제3대 두목인 다오카 가즈오

---

144) Andrew Rankin, "21st-Century Yakuza: Recent Trends in Organized Crime in Japan," *The Asia-Pacific Journal: Japan Focus*, 13 February 2012; 宮崎學, 『近代やくザ肯定論: 山口組の90年』, 筑摩書房, 2010, p. 402.

145) 宮崎學, 『近代やくザ肯定論』, p. 268.

146) David Kaplan & Alec Dubro, *Yakuza: The Explosive Account of Japan's Criminal Underworld*, New York: Macmillan, 1986, pp. 68~90, 163.

147) 前間孝則, 『滿洲航空の全貌』, p. 211.

田岡一雄 시절에 마약, 매춘, 고리대금 등 전통적인 업종을 넘어 스포츠, 연예, 부동산, 영어학원, 병원, 비디오게임, 슈퍼마켓 체인점, 건설, 경비, 공해 처리 등 광범위한 영역에 진출해 지하 세계를 근대화시켰다. 야쿠자는 1973년 김대중 전 대통령 납치 사건에 개입하는 등 국제적으로도 활동했다.[148]

이에 비해 1960년대 한국 군정은 폭력의 척결로 국가의 존재를 알렸다. 후일 1970년대에 기존의 동대문파, 명동파 등이 소멸한 공백을 신상사파, 호남파 따위의 새 집단이 파고들고, 1980년대에는 조양은파, 김태촌파 같은 전국적 규모의 깡패 집단이 등장했다. 이들은 21세기에 주식 투자가나 벤처 기업인으로 변신한다.[149] 그러나 한국의 깡패들은 1960년대 5·16 직후부터 1980년대 5·17 쿠데타, 1990년대 노태우 정부의 '범죄와의 전쟁'까지 늘 군부 혹은 군 출신 대통령의 정치 개입 등 명분을 위한 희생양이 됐다. 유신 선포 후에도 5·16 직후 상황이 흡사하게 반복됐다. 전국적인 깡패 소탕, 즉 조직 깡패뿐만 아니라 마약 사범, 카지노, 연예계 폭력배, 가짜 기자, 밀주 제조자, 환각제 및 아편 밀매자 등 '사회악' 정리가 전개돼 1개월 동안 하루에 수백 명씩 검거되면서 지역 경찰서별로 숫자 채우기 경쟁이 벌어졌다. 경찰서마다 20대 초반의 젊은이들이 '폭력배 아무개파' 등을 쓴 큰 종이를 가슴에 달고 고개 숙인 채 정렬했다. 신문도 "사회악 소탕 나흘째" 등의 제목으로 전국에 깡패가 이미 상수常數로 존재하며 그 숫자만큼 검거하겠다는 식의 분위기를 전달했다.[150]

---

148) 예컨대 재일동포 정건영(일본 이름 마치이 히사유키町井久之)이 이끄는 도쿄 긴자의 도세이카이 東聖會는 김대중 전 대통령 납치 사건에 관여했고 한일 간 항해업, 미국과의 합작 석유 사업에도 진출한 국제적 야쿠자 집단이었다. Kaplan & Dubro, *Yakuza*, pp. 191, 251. 정건영과 고다마는 일 찍이 한일회담 직후 한국의 요정에서 김형욱 중앙정보부장과 안면을 텄다. 김형욱·박사월, 『김형 욱 회고록 2』, p. 158.

149) 방성수, 『조폭의 계보』, 살림, 2003, pp. 54~56, 87.

150) 『조선일보』, 1972년 10월 26일.

사진 3-1. 이정재 등이 시내를 행진하는 모습(출처: 국가기록원, 관리번호: CET0040942).

　한국에서 일정한 숫자의 깡패와 양아치는 '사회악 정리'라는 명분으로 거리에서 솎아져 산으로 숨거나 강제 수용소로 갈 운명이었다. 이들이 실제로 깡패인지는 중요하지 않았다. 권력이 이들을 깡패라고 이름 붙여, 소탕해야 할 존재로 규정한 것이 중요했을 뿐이다. 신문은 지면을 온통 깡패 소탕으로 도배질했다. 이렇게 한국 현대사에서 몇 번이나, 마을에서 가장 험상궂게 생긴 사람들이 영문도 모른 채 군과 검경의 합동단속에 걸려 정식 재판 절차도 없이 사라졌다. 대다수가 강제 노동과 고문에 시달렸고 일부는 살아 돌아오지 못했다. 1990년대 범죄와의 전쟁도 결코 적지 않은 규모의 단속이었다. 전국적으로 약 5,400명이 처벌받았다.[151] 깡패들은 한국 군부에, 말하자면 작은 폭력은 더 큰 폭력에 맥을 추지 못했다. 김두한

---

151) 방성수, 『조폭의 계보』, p. 75.

등 전설적인 주먹도 예외는 아니었다.

깡패를 생산적으로 이용한 것은 5·16 직후 군정이 추진한 초법적 강제 노동이었다. 만주에서 이루어진 개척 사업, 갱생 사업 같은 것이 거국적으로 추진된 셈이다. 군이 비상시에 인적·물적 자원을 징발할 수 있는 법적 근거는 한국전쟁 막바지에 제정된 전시근로동원법이다. 이 법으로 한국 전쟁 후 수만 명의 노무자가 박봉으로 위험 지역에 투입됐다.[152] 장면 정부도 국토건설 사업을 입안한 적이 있다. 경제 제일주의를 천명하고 경제 개발 5개년계획의 목표에 따라 농촌의 유휴 노동력을 흡수하는 국토개발 계획을 세웠다. 그리고 장면 정부와 가까운 장준하 등 『사상계』의 지식인 들에게 약 2천 명의 요원들을 선발케 했다. 지식인들이 참고한 것은 이스 라엘이나 덴마크의 '국토 가꾸기'였다. 그러나 요원들이 어깨에 삽을 메고 행진하는 발대식만 했을 뿐 실질적인 성과는 없었다.[153]

쿠데타 직후 국토건설에 동원된 이들은 다른 종류였다. 5·16 직후 군정 은 서울, 강원도, 경기도, 전라남도의 '깡패들을 소탕'해 이들을 삼척의 탄 광 지대와 서울, 완도의 도로, 태백산 준령의 국도 공사 등에 동원했다.[154] 이듬해인 1962년 2월 군대식 노동 집단인 국토건설단이 조직돼 여러 곳 에 투입됐다. 당시 만연했던 병역 기피자 색출 선풍이 일었다. 걸인, 부랑 아도 단속해 국토건설 사업에 투입했다. 병역 기피자들을 경제개발에 동 참시켜 떳떳이 사회생활을 시킨다는 미명으로 국토건설청 산하에 각 지역 지단(진주, 춘천, 영주 등지), 분단, 건설대 및 근무대가 편성됐다. 유럽 국가 들은 16세기 이래 병역 기피자와 대역 죄인 들을 갤리선, 해외 형무소, 군

---

152) 1955년 1월 미8군에 종사하던 노무자는 3만 2천 명에 달했다. 이상의, 「한국전쟁 이후의 노무 동원 과 노동자 생활」, 『한국사연구』 145집, 2009, p. 313.

153) 유상수, 「제2공화국 시기 국토건설추진요원의 양성과 활동」, 『한국민족운동사연구』 78권, 2014.

154) 임송자, 「1961년 5·16 이후 국토건설사업과 국토건설단 운영 실태」, 『한국근현대사연구』, 2013년 겨울호, p. 908.

사기지 등에 보내 강제 노동을 부과했다. 그러나 한국의 국토건설단원 총 1만 6,224명은 국내 공사에 투입됐다.[155]

건설 공사는 국군의 '지원,' 사실상 명령으로 이루어졌다. 예비군 출신 기간요원은 1~8등까지의 계급장을 달아 군대 조직을 방불케 했다. 기간 요원 밑의 건설원에는 징병 부적격자나 거리에서 포획된 이들이 포함됐다. 군정은 폭력 행위 단속에 관한 특별법으로 각 지검과 지청에 '취역심사위원회'를 두어 '폭력 행위자'를 간단히 체포하여 취역 명령서를 발부한 뒤 근거리, 원거리의 국토건설 사업장에 투입했다.[156] 이는 사실상 강제 수용소 생활이었다.[157] 가혹한 규율과 노동으로 집단 발병과 반발이 이어져 연말에 해체를 발표했으나, 제주도 등지에서 꾸준히 유지됐다.[158] 1969년 봄에 강원도 도로 공사장 6곳에도 투입되는 등 국토건설단은 1960년대 한국 건설의 이면에 존재한 숨은 노동력이었다. 정부는 1969년 10월, 국토건설단의 완전한 해단을 선언했다.[159] 아감벤Giorgio Agamben에 의하면, 수용소는 생명 정치가 이루어지는—즉 벌거벗은 생명인 호모 사케르를 주권이 생산·관리하는—현장, 예외 상태가 규범적으로 실현되는 구조다.[160] 1960년대의 국토건설단원은 한국판 호모 사케르였다.

---

155) 4개 지단(진주 남강 댐과 섬진강 댐, 춘천 소양강 댐과 춘천 댐, 태백산 지구와 울산 공단, 영주-점촌간 경북선 철도 공사), 6개 분단, 39개 건설대로 조직됐다. 이상의, 「한국전쟁 이후의 노무 동원과 노동자 생활」, p. 318.

156) 『관보』, 1962년 2월 15일, 2월 27일.

157) 18개월의 과중한 의무 복무(집단 거주, 주 48시간 근무)와 무서운 처벌(도주하다 잡히면 3년 이하 징역)이 있었다. 『관보』, 1961년 12월 2일, 12월 18일; 1962년 3월 19일, 12월 17일.

158) 1968년에 전국 각지의 '폭력배' 5,800여 명이 검거돼 그중 일부가 제주도 어승생 댐 공사와 소양강 댐 공사에 투입됐다. 제주에서 검거된 39명을 포함해 700명 정도가 어승생 댐 공사장과 이른바 1100도로라고 하는 제주도 제2횡단도로 건설 현장에 투입됐지만 빈번한 집단 탈주 등으로 4개월 뒤 해체됐다. 『제주일보』, 2010년 3월 14일. 이것을 알려주신 제주도 민족예술총연합회 현혜경 선생님에게 감사드린다.

159) 내무부 치안본부, 『한국경찰사』, 1985, p. 525.

160) 아감벤은 고대 그리스의 생명관인 벌거벗은 생명zoe과 정치적 존재bios의 구분에 착안해 서양 정치의 근본적인 상대 범주는 동지와 적이 아니라 배제와 포함이라 보았다. 조르조 아감벤, 『호모 사

반^半강제적인 지역 정착도 추진됐다. 5·16 직후 귀농정착개간사업이 2,406헥타르의 24개 지구 개발과 1,228세대 입주를 목표로 시행됐다.[161] 예컨대 1961년 6월, '서울의 부랑 청소년들로 조직된' 대관령개척단 300명은 해발 1천 미터의 대관령 고원 지대에서 5천 평의 황무지를 개간했다. 이들은 1950년대의 '거지왕' 김춘삼이 부랑아, 걸인, 범법자 등을 모아 만든 한국합심자활개척단원의 일부였다.[162] 김춘삼은 깡패 소탕 시대에 살아남아 개척을 명분으로 군사정부의 도움을 받았다고 한다. 1966년 3월에 등록된 사단법인 한국자활개척단은 '도시의 실업자, 부랑인, 걸인, 영세민 정착' 사업을 맡았고[163] 여러 곳에서 비슷한 단체들이 출현했다.[164] 교도소장이 사업위원인 것으로 보아 귀농정착개간사업은 출소자들로 꾸려졌던 듯하다.[165] 교도소 및 소년원의 현역 재소자들도 군대식으로 조직돼 도로, 제방, 간척, 개간 공사, '국토녹화'에 투입됐다. 이것은 갱생건설단, 갱생건설소년단이라 명명됐다.[166] 이렇듯 만주국 시대의 갱생—전과자나 아편 중독자들의 격리, 귀순 이외에도 조선 농민들의 자립—을 방불케 하는 개척의 물결이 1960년대에 일었다. 여기에는 1950년대에 존재했던 길거리, 교도소 내외의 양아치들에 대한 정리도 포함됐다.

또한 국토녹화 촉진에 관한 임시 조치법을 통해 국토녹화사업위원회가

케르: 주권 권력과 벌거벗은 생명』, 박진우 옮김, 새물결, 2008, p. 45.

161) 안재숙, 「전천후 농업 용수원 개발과 한해 대책」, 농어촌진흥공사 엮음, 『국토개조 반세기 증언』, 1999, p. 93.

162) 『부산일보』, 1961년 6월 11일.

163) 『관보』, 1966년 3월 18일.

164) 옹진, 장흥, 강진 등지에서 난민정착사업장, 난민정착사업소, 난민정착사업연합회가 조직돼 이곳의 농지 조성을 맡았다. 강원도에서는 군 단위마다 귀농정착개간사업위원회가 만들어져 타지 출신들의 이주 사업을 맡았다. 『관보』, 1965년 8월 24일.

165) 『관보』, 1962년 1월 27일(강원도 훈령 238호); 1963년 11월 4일; 1964년 7월 4일.

166) 이들은 1개 단團 밑에 2개 조組, 1개 조 밑에 4개 반, 반은 하나당 10~15인으로 조직됐다. 『관보』, 1967년 8월 1일.

사진 3-2. 1960년대 서산청소년개척단 작업 광경(출처: 국가기록원, 관리번호: CET0068594).

시, 군 단위까지 전국적으로 조직됐다. 국가는 산림녹화 사업을 위해 실로 넓은 범위의 공공 영역 소속자들(공무원, 학생, 공공단체 종사자, 각종 기업체 종사자, 재건국민운동법률에 의해 설치된 단체 가입자 등)에게 5일에서 180일까지 부역 명령을 내릴 수 있었다.[167] 부역은 노임으로 대납이 가능하고 장애인, 상이군경, 전몰군경 유가족은 면제되었지만, 국토건설단과 같은 강제 노동의 성격을 띠었다. 이 사업은 후일 1980년 5·17 쿠데타 후의 군정(국가보위비상대책위원회)이 추진했던 악명 높은 '삼청교육' '녹화사업'(정식 재판 없이 구금, 수용하고 강제 노동을 실시했다)의 어원과 내용의 뿌리가 되었다. 땅의 계엄령인 그린벨트도 1971년에 실시돼 국토의 5퍼센트가 개발제한구역으로 묶였다.[168] 이것은 이듬해 2배로 확대됐다. 자연, 생명, 성

---

167) 『관보』, 1963년 2월 9일, 11월 30일.
168) 유대용·유영휘 외, 『땅의 혁명』, 한솜미디어, 2007, p. 368.

장을 뜻하는 녹색은 한국 현대사에서 폭력의 제도화로 전용됐다.

군정은 작은 폭력을 정리하며 국방의 명분으로 사회를 남성화시켜나갔다. 이 맥락에서 여성에게는 식민 시대 이래 구축된 '총후, 군국의 보국,' 즉 희생과 봉사의 역할이 주어졌다. 그리고 남성화된 국민국가는 과거 종군 위안부와 같은 치부의 역사를 외면한 채, 미군들을 상대하는 여성들에게 정기 검진을 받게 하는 등 기지촌을 관리했다.[169)]

냉전과 만주국의 영향

만주국이 1960년대 군정에 의해 소환된 배경은 냉전이다. 냉전은 통상 1947년 미국의 트루먼 독트린부터 1990년대 초 동구권 몰락까지, 패권을 장악한 미국과 소련의 대결 구조를 지칭한다. 이때 역사적 조건인 탈식민화뿐 아니라 비동맹권의 등장 등 실로 다양한 사건이 펼쳐졌다. 기록적인 환경 파괴도 자행됐다. 미국과 소련은 금속, 광업 등 거대한 전략산업단지 건설 이외에도 핵무기와 생화학무기를 개발했다. 동맹국들의 충성을 이끌어내기 위해 인공 강우를 제공하고 거대한 댐들을 지어주는 등 전 세계에 환경 재앙을 초래했다. 미군은 베트남전쟁에서 고엽제 7,200만 리터와 1억 5천만 톤의 폭탄을 투하했다. 냉전은 세계의 생태를 짓이긴 '금세기 가장 긴 전쟁'이었다.[170)]

20여 년의 냉전은 동질적인 시대가 아니다. 전쟁 직전까지 갔던 중소 분

---

169) Chung-moo Choi, "Guest Editor's Introduction," *positions: east asia cultures critique*, vol. 1, no. 1, 1997, p. xi; 박정미, 「한국 성매매 정책에 관한 연구: '묵인-관리 체제'의 변동과 성판매 여성의 역사적 구성, 1945~2005」, 서울대학교 박사학위논문, 2011, p. 296.

170) Greg Bankoff, "A Curtain of Silence: Asia's Fauna in the Cold War," J. R. McNeill & Corinna Unger(eds.), *Environmental Histories of the Cold War*, pp. 215~25.

쟁, 중국-베트남 전쟁 등 동맹 내부의 분열, 동아시아로부터 미군의 철수를 외친 닉슨 독트린, 주한미군과 미국 행정부 간의 갈등[171]은 각 진영의 구성원들에게 미묘한 굴곡을 초래했다. 두아라가 지적한 대로, 냉전은 역사적으로 내셔널리즘과 제국주의가 결합한 것이다.[172] 19세기 말 영국 제국주의에 대항한 후발 국가들—독일, 이탈리아, 러시아, 일본, 미국 등—은 민족주의적 기운을 동원하며 제국주의 사업에 동참했다. 제1차 세계대전 이래 이들에 의한 신제국주의는 민족자결의 세계적 흐름 속에서 먼로 선언[173] 등 내셔널리즘 혹은 민족의 권리를 후원하는 제스처를 통해 지배력을 확보했다. 일본 지배자들은 만주국의 독립국 형식과 에스닉들의 민족협화를 내세우며 그 자원을 차지했다. 영광스러운 외부적 팽창과 지배, 내부적 차이의 무시, 큰 명분에 대한 복속 등에서 제국주의는 내셔널리즘과 유사한 면이 많다.[174] 만주국은 냉전 시대 미소 진영 위성국가들의 모델이 됐다. 초강대국들은 과거 제국주의와 달리 동맹국들의 개발을 지원했고, 이 맥락에서 동맹국들에게 상향 이동의 경쟁 기회가 주어졌다.

냉전 시대에는 미소 간의 직접적인 충돌보다 위성국가의 내전이 훨씬 큰 문제였다. 냉전Cold War이라는 용어와 달리, 실제 냉랭한 정도의 대치는 유럽 북서부에 국한됐다. 신생국의 국가 형성 혹은 친미, 친소, 친중 정권의 수립 과정에서 수많은 곳이 피로 얼룩졌다. 유럽 근대 국가 형성이 전쟁 도발과 얽혔듯 신생국 형성에 내전, 군사주의, 숙청이 판쳤다. 예컨대

---

171) 예컨대 닉슨 독트린 천명의 맥락에서 주한미군과 한국 정부가 힘을 합쳐 '기지촌 정화운동'을 벌였다. 이것은 주한미군 사령부가 당시 (한국 정부에 비판적인) 카터 행정부의 미군 철수·감축을 반대하며 은근히 한국 정부를 편든 사건이다. Katharine H. S. Moon, Sex among Allies, New York: Columbia University Press, 1997, pp. 104~10.

172) Prasenjit Duara, "The Cold War as a Historical Period: An Interpretive Essay," Journal of Global History, vol. 6, 2011, p. 469.

173) '아메리카는 아메리카인에 의해'라는 구호로 유럽 세력의 중남미 침식을 막고, 이 지역에 대한 미국의 영향력 확보를 위한 것이었다.

174) Duara, Sovereignty and Authenticity, pp. 16~20.

소련 최초의 위성국가인 외몽골의 독재자 초이발산Khorlooginn Choibalsan
은 소련을 등에 업고 철권을 휘둘러 수만 명을 처단했다. 캄보디아 등 일
부 지역에서는 이상주의적 하이 모더니즘에 토대를 둔 대학살이 벌어졌
다.[175] 미국은 1965년 말, 인도네시아에서 수하르토Suharto의 쿠데타를 은
밀하게 지원했다. 쿠데타 직후 인도네시아에서 전국적으로 칼과 죽창을
든 자경단과 군부가 합작한 살육이 벌어져 수개월간 50~100만 명이 공산
분자로 몰려 죽었다. '윤회, 전통, 안정, 조화의 낙원'으로 칭송되던 발리에
도 피바람이 불어 도지사를 포함해 무려 8만 명이 살해됐다.[176]

소련은 아프가니스탄과 동유럽의 민족주의를 진압했고, 미국은 아시
아·아프리카·남미의 독재 정부들을 밀어주며 '더러운 전쟁'(독재 정부에
의한 민간인 학살)에 깊숙이 개입했다. 미국공보문화교류청USIA은 동맹국
들에서 잡지와 카탈로그 송부, 산업영화 상영 캠페인, '피플 투 피플' 프로
그램 등 각종 선전·교류·봉사 활동을 벌였고, CIA는 베트남전쟁에서 일
부 소수민족 수천 명을 무장시켜 공산군에 대항하게끔 만들었다.[177] 강
대국들은 잠재적인 분쟁 국가나 우방국에 대한 무기 수출에도 열을 올렸
다.[178] 남한과 북한, 중국, 타이완에서는 끝없이 '좌파'나 '우파'를 색출해

---

175) 크메르 루주Khmer Rouge 정권하(1975~79)의 캄보디아에서는 중국 집단농장을 모델로 한 사회공
학적 실험으로 교육, 집회, 음악, 라디오, 종교 활동 등이 금지되고 정치인, 학생, 종교인 등 모든 분
야의 엘리트와 소수민족이 처단됐다. 영양 부족과 위생 문제로 희생자가 도합 200만 명을 넘었다.
176) CIA는 쿠데타 당시 인도네시아공산당PKI의 당원 명부를 군부에 넘겼으나, 군부와 지역사회는 이
미 당원들을 파악하고 있었다. 인도네시아 전래의 지주 세력은 1960년대 전반 토지개혁을 요구하
던 공산당과 첨예하게 대립했는데 쿠데타를 계기로 이들을 잔인하게 소탕했다. Geoffrey Robinson,
The Dark Side of Paradise: Political Violence in Bali, Ithaca: Cornell University Press, 1995, pp.
283~98.
177) 예컨대 생필품 지원 등을 유인책으로 라오스 산악 지대의 소수민족인 몽족을 무장시켰다. 이들 수
십만 명은 뒷날 공산군의 조직적인 학살로 (미국 중서부가 주된 종착지가 된) 국제적 유랑을 시작
했다. 치아 유이 방, 「라오스에서 미국의 냉전정책과 몽족」, 기시 도시히코·쓰치야 유키 엮음, 『문
화냉전과 아시아』, 김려실 옮김, 소명출판, 2012, pp. 49~58, 289~302.
178) 장기적으로 유럽의 국방비 지출이 감소한 데 비해, 동아시아는 거꾸로 군비 경쟁이 갈수록 치열해
져 오늘날에도 수그러질 기미가 없다. 1990년대 말 타이완과 남한은 세계 7대 무기 수입국에 속했

공동체 밖으로 추방하는 일이 벌어졌다. 1960년대 남한은 어디에서든 불심 검문이 행해졌고, 거리는 '반공 사상 계몽' '간첩 자수' 등의 현수막으로 뒤덮여 있었다.[179] 타이완에서 좌파 인사는 변호사나 방청객도 없는 군사 법정에서 속전속결로 언도받아 처형되거나 군 감옥에 갇혔다.[180] 이들의 죽음은 '애도 불가능한 것'이었다.[181]

수백만의 인명을 앗아간 한국전쟁을 겪은 뒤 살벌한 군사적·경제적 경쟁을 벌인 남북한 체제가 채택한 것은 국방국가 만주국의 총력전이다. 관동군 지도부는 만주국 건설을 일본의 국방국가화와 총력전 체제의 기점으로 삼았다. 즉 일본의 모델이 될 고도의 국방국가를 구상하고, 국가 통제하에 물질적·정치적·과학적·문화적 자원의 효율적 동원을 꾀했다.[182] 1941년부터 '근대의 초극'에 참가한 일본 지식인들은 "서양 주도의 근대적 질서와 근대 세계관의 붕괴"를 맞아 "국방국가"를 경제·문화·무력이 모두 통일되는 어떤 힘으로 간주했다.[183] 고야마 이와오高山巖男는 이를 국가적인 목적을 위해 모든 사회자원을 일원적으로 통제하는 것, 즉 국가 자체의 질적 변화로 보았다. 그러면서 대동아전쟁이 경제적 측면의 번영이

다. Tim Huxley & Susan Willett, *Arming East Asia*, Oxford: Oxford University Press, 1999, p. 23.

179) 김중순, 『같은 공간, 다른 시간: 1960년대 한 법학도가 바라본 한국의 참모습』, 나남, 2015 참조.

180) 1940~50년대 타이완의 거리에는 "공비와 내통한 자에게 죽음을!"이라는 플래카드가 즐비하고, 영화 시작 전에 "간첩과 공비의 검거는 모두의 책임"이라는 뉴스가 방영됐다. 공공장소에는 당일 총살된 비첩匪諜의 성명, 연령, 본적 등이 게시됐다. 林書揚, 「臺灣50年代白色恐怖: 意義 實態」, 徐勝 編, 『東アジア冷戰と國家テロリズム: 米日中心の地域秩序と廢絶をめざして』, 御茶の水書房, 2004, pp. 77~78.

181) '애도 불가능성'은 2001년 9·11 테러 후 미국의 국가 폭력, 예컨대 이라크 아부그라이브Abu Ghraib 형무소의 미군들이 축제 분위기에서 벌인 알카에다 재소자들에 대한 고문, 나아가 미국 사회가 이슬람교 타자에 대해 보인 노골적 혐오에 버틀러가 붙인 용어다. 요컨대 죽음에 대한 비탄, 감정도 국가가 통제한다는 것이다. Judith Butler, *Frames of War: When Is Life Grievable?*, New York: Verso, 2009, pp. 38~41.

182) 임성모, 「만주국 협화회의 총력전 체제 구상 연구」 '국민운동' 노선의 모색과 그 성격」, 연세대학교 박사학위논문, 1997; 임성모, 「국방국가의 실험: 만주국과 일본 파시즘」, 『중국사연구』 16집, 2001, pp. 197~205; Moore, *Constructing East Asia*, p. 189.

183) 나카무라 미츠오·니시타니 게이지 외, 『태평양전쟁의 사상』, pp. 305, 314.

아닌, 환경과 주체의 호응을 바탕으로 한 도의적 영예(생명력, 에네르기)를 재생하기 위한 것이라 주장했다.[184]

국방국가론은 교토 대학 법학부의 유명한 헌법학자 구로다 사토루黑田覺의 이론적 뒷받침을 받았다. 그는 중일전쟁 후 의회주의의 한계를 논하고 자본주의를 비판하는 맥락에서, 자유주의의 대안으로서 새로운 국가 단계인 국방국가론——즉 강력한 국가를 통해 공익의 범위를 확대하고 국민적 동질성을 확보하여 사회적 격차를 해소하자는 주장——을 폈다. 그는 1940년 만주국의 간판 대학인 지엔구어 대학에서 강의하기도 했다.[185] 총력전은 제1차 세계대전의 경험을 통해 독일 지도자들이 미래 전쟁에 대해 밝힌 구상이다. 이를 주도한 루덴도르프Erich Ludendorff는 힌덴부르크Paul von Hindenburg와 더불어 제1차 세계대전 중 독일군과 민간 정치인들을 장악해 사회자원을 전쟁에 동원시켰다. 이로써 초기에, 특히 동부 전선의 승리를 이끌었다.[186] 제1차 세계대전 종료 후 일본군은 미래의 전쟁이 장기전이 될 것임을 예측했다. 따라서 전쟁 물자를 외국에 의존하지 않는 자급체제 형성의 필요성을 절감했다. 다수의 일본군이 유럽에 파견돼 전쟁을 총체적으로 파악하면서 "사상으로서의 총력전"이 1920년대 일본에 유입됐다.[187] 그리고 이 아이디어가 개화한 곳이 바로 만주국이었다.

아침 일찍 출근해 독회에 참석하고, 매주 두 번 강연회에 참석하며, 토요일마다 8시간의 정치 학습에 참석하는 북한 사회 간부(전 인구의 10퍼센트를 차지하는 노동당원)들의 지도나 지방 시찰은 놀라운 수준이다. 김일

184) 임성모, 「전시기 일본 식민정책학의 변용: 민족, 개발, 지정학」, 서정완·임성모 외 엮음, 『제국일본의 문화권력』, 소화, 2011, pp. 260~64.

185) 源川眞希, 『近衛新體制の思想と政治: 自由主義克服の時代』, 東京: 有志舍, 2009, pp. 100~101.

186) Gordon Craig, The Politics of the Prussian Army, 1640~1945, Oxford: Oxford University Press, 1964, pp. 299~307.

187) Michael Barnhart, Japan Prepares for Total War: the Search for Economic Security, 1919~1941, Ithaca: Cornell University Press, 1987, p. 9.

성도 1994년 지방 순시 중 사망했다. 이것은 연중무휴로 전국을 누빈 만주국 관료들의 왕성한 순시와 학습, 그리고 협화회원들의 왕성한 대민 활동과 견줄 만하다. 1938년 초 100만 명으로 시작한 협화회는 1943년에는 약 430만 명 규모가 된다. 이것은 전체 인구 약 4천만 명의 10퍼센트를 웃도는 수준으로, 전체 인구의 5퍼센트를 당원으로 가입시킨 중국공산당보다 높은 비율이다.[188] 1939년까지 협화회는 히틀러유겐트와 같은 2천 개의 청년단(38만 5천 명)과 1,200개의 소년단(20만 명)을 거느렸다. 협화회원들은 이 막강한 조직을 통해 호별 방문을 하며 후방의 근로 봉사를 독려했다. 또한 도시에 사는 20~35세 청년들로 의용봉공대가 조직돼 도시와 공업지대의 경비를 맡았고, 중학생 이상의 학생들에게 향토 건설 작업을 시키기 위한 학생근로봉공법이 제정됐다.[189] 이것은 일본에서도 없던 일이다. 그리고 1938년에 만주국방부인회가 결성돼 여성단체들도 조직적으로 전쟁을 후원했다. 흰색 앞치마를 두른 회원들은 주민들을 확신·진정시키고, 국토 방위의 목표를 설명하며 전상병과 유가족을 위무했다.[190] 만주국은 또한 어마어마한 양의 표어, 우표, 포스터를 제작한 문화 공작의 선구자였다. 만주국 정부의 시각적 홍보는 상상을 초월한다. 건국 초기의 것(건국기념 전단 17종, 일본의 만주국 승인 기념 전단 35종, 만주사변 기념 전단 및 포스터 10만여 장, 건국기념우표 수십만 장, 비적 토벌 전단과 포스터 등)을 필두로 대사건마다 수백 종의 선전물을 수백만 장씩, 14년간 수천만 장의 전단과 우표 등을 뿌린 프로파간다의 천국이었다.[191]

---

188) McCormack, "Manchukuo: Constructing the Past," p. 5.

189) Janis Mimura, *Planning for Empire: Reform Bureaucrats and the Japanese Wartime State*, Ithaca: Cornell University Press, 2011, p. 84; 滿洲國史 編纂刊行會, 『滿洲國史 各論』, 第一法規出版, 1971, p. 1173.

190) Duara, *Sovereignty and Authenticity*, p. 151.

191) 貴志俊彦, 『滿洲國のビジュアル·メデイア: ポスター·繪はがき·切手』, 吉川弘文館, 2010, pp. 160~221.

남북한 체제는 대규모의 정규군 이외에도 향토예비군과 노동적위대를 창설해 국민적 동원 체제, 전 국토의 요새화를 기했다. 임지현이 말한 대로, 양 체제는 장기 집권을 위해 적대 관계를 유지하고 증폭시키는 '적대적 공범' 관계였다.[192] 말하자면 상호 긴장을 유지해 장기 집권을 도모한 일종의 동반 관계였던 것이다. 카를 슈미트Carl Schmitt나 샹탈 무페는 적대는 필연적이며 그것이 없는 세계는 불가능하다고 본다. 외부의 적이 사라지면 내부에서 적을 찾음으로써, 적은 늘 다시 정의된다.[193] 남북한 체제는 체제의 오랜 안정을 위해 적을 소유한 셈이다. 무수한 간첩이 만들어지고 전시되는 등[194] 냉전은 남북한 국민, 특히 지식인들에게 질식의 시간이었다.

냉전과 세계체제의 외부적 환경은 남북한의 산업화 전략을 새겼다. 북한은 미국 주도의 세계체제와 단절된 채 토지개혁, 국영 기업화, 중화학 우선 정책 등 야심적인 '군중 노선,' 주체적 발전 전략인 자력갱생의 길로 나아갔다. 북한은 3개년계획(1954~56), 5개년계획(1957~60), 7개년계획(1961~70) 등 적극적인 사회적·경제적 동원을 추진했다.[195] 가까운 모델은 혈맹 중국이었다. 중국은 1950년대 말 대약진운동을 포함해 지금까지 5개년계획과 운동의 연속이었다. 개혁·개방 시대(1981~85)의 것은 6차 5개년계획에 해당된다.[196] 1958년, 북한은 곡물 총생산량을 전년도 실적 370만 톤에서 500만 톤으로 높이겠다는 목표를 내건 천리마운동을 시작

192) 임지현, 『적대적 공범자들』, 소나무, 2005.

193) 무페, 『정치적인 것의 귀환』, pp. 14~15.

194) 1960년대 「대한 늬우스」에는 간첩의 얼굴 외에도 첨단 장비, 간첩 체포 작전, 간첩 식별법 등이 소개됐다. 권보드래·천정환, 『1960년을 묻다』, pp. 191, 208.

195) 박종철, 「남북한의 산업화 전략: 냉전과 체제 경쟁의 정치경제, 1950~1960년대」, 『한국정치학회보』 29집 3호, 1996, pp. 238~42; 이태섭, 『김일성 리더십 연구』, 들녘, 2001, pp. 174, 238.

196) Samuel Ho & Ralph Huenemann, *China's Open Door Policy: The Quest for Foreign Technology and Capital*, Vancouver: University of British Columbia Press, 1984, p. 14.

했다. 이는 북한판 대약진운동이었다. 실패로 끝나 금방 폐지된 중국의 대약진운동에 비해 천리마는 영원한 운동이었다. 북한은 불가능한 목표가 초래한 주민들의 태업에 대해 대대적인 구금(10만여 명)과 처형으로 대응했으나, 320만 톤이라는 약소한 실적을 내는 데 그쳤다.[197] 중국공산당이 은거지인 옌안에서, 특히 1942년 말 일본군과 국민당 부대의 봉쇄에 직면해 위기 타개책으로 추진한 운동과 용어들――정풍운동에서 내건 군중 노선, 자립 갱생(생산운동), 노동영웅 등――은 북한에서 군중 노선, 자력갱생처럼 동일하거나 유사한 이름으로, 그리고 독특한 이념인 '주체'로 이어졌다.[198] 김일성의 항일 게릴라 경험에 뿌리를 둔 주체사상은 1950년대 중반에 다듬어지기 시작하여 1960년대 중반에 공식적인 정책이 됐다.[199] 1955~57년 사이에 소련의 스탈린 격하 운동이 초래한 동유럽의 위기를 틈타 김일성은 중국 및 소련과 등거리 외교에 나섰고, 소련파와 친중 옌안파를 추방했다. 북한과 중국의 관계가 악화되자 1958년, 40만 명의 중국인민지원군도 북한에서 철수했다.[200]

북한은 한국전쟁 시 미군의 폭격을 맞아 공장을 지하로 옮기고 농사일을 밤에 하는 등 처절한 동원을 통해 전후 복구에 총력을 쏟았다. 소련, 중국, 동독 등 동구권은 총 8억 7,900만 루블의 현금, 평양과 함흥 복구, 기술지원(수풍발전소, 흥남 화학공장, 성진제철소 등), 고아 입양, 중국군 잔류 등으로 북한을 도왔다. 그러나 북한은 동구권에서 받은 막대한 지원을 은폐한 채 자립과 주체의 모토를 1960년대에 이어갔다. 북한의 자립적 경제 발

197) Armstrong, *Tyranny of the Weak*, p. 105; 시모토마이 노부오, 『모스크바와 김일성: 냉전기의 북한 1945~1961』, 이종국 옮김, 논형, 2012, pp. 267~73.
198) Mark Selden, *The Yenan Way in Revolutionary China*, Cambridge: Harvard University Press, 1971, pp. 188~200.
199) Armstrong, *Tyranny of the Weak*, p. 53.
200) 시모토마이 노부오, 『모스크바와 김일성』, pp. 253~65.

전은 많은 신생국에게 매력적인 모범이 되었다. 전후 복구, 특히 '태양의 도시' 평양의 재건은 엄청나게 빠른 시간 안에 이루어졌는데 그 놀라운 속도를 '평양 속도'라 불렀다.[201] 조선 유교 사회에서 천시되었던 노동은 사회주의 건설 과정에서 신성한 영예로, 영웅적인 과업으로 강조됐다. 노동에 대한 의식 전환은 남한에서는 1960년대부터, 북한에서는 이보다 더 일찍인 1950년대부터 이루어졌다. 북한 경제 연구의 개척자인 조셉 정에 의하면, 북한은 7개년계획의 마지막 해인 1970년에 국민소득이 1946년 대비 14배, 산업 생산 71배, 선철 19배, 철강 22배, 공작 기계 123배, 화학비료 13배, 시멘트 40배, 농업 생산 2.6배, 특히 곡물 생산은 무려 50배를 달성했다고 발표했다.[202]

북한의 통계가 과장되고 남북한의 수평 비교가 불가능한 것을 감안하더라도, 1970년대 초까지 북한의 경제력은 남한을 앞섰다.[203] 이것은 인구 성장률에도 반영됐다. 박경숙의 추계에 의하면, 1953~70년까지 북한은 베이비붐을 맞아 높은 출산율을 유지했다. 1970년의 인구 성장률은 3.5퍼센트(당시 남한은 2.21퍼센트)로 60여 년 중 최고치를 기록했다. 아마 이

201) Armstrong, *Tyranny of the Weak*, pp. 57~70.

202) Joseph Chung, "Economic Planning in North Korea," Robert Scalapino & Jun-yop Kim(eds.), *North Korea Today: Strategic and Domestic Issues, Korea Research Monograph*, Berkeley: The University of California, 1983, p. 170.

203) 1960년 남북한의 국민소득은 남한 94달러, 북한 137달러였으며 1964년에는 남한 107달러, 북한 194달러, 1970년에는 남한 248달러, 북한 286달러로 이 당시 남한은 북한보다 열세했다. 전재호, 「군정기 쿠데타 주도 집단의 담론 분석」, 『역사비평』 55호, 2001, p. 123. 북한의 연평균 경제 성장률과 1인당 국민소득에 대한 가장 신뢰할 만한 통계는 김병연의 것으로, 북한의 발표를 기계적으로 수용한 CIA 등의 기존 통계와 상당한 차이가 있다. 그의 추정에 의하면, 1960년대 북한의 (숨겨진 인플레이션을 감안한) 경제 성장률은 3.3퍼센트 정도이며, 1인당 국민총소득은 구매력 평가를 기준으로 1960년 1,604달러에서 1968년 1,693달러로, 시장 환율 기준 1960년 548달러에서 1968년 581달러로 증가했다. Byung-Yeon Kim, Suk Jin Kim & Keun Lee, "Assessing the Economic Performance of North Korea, 1954~1989: Estimates and Growth Accounting Analysis," *Journal of Comparative Economics*, vol. 35, 2007, p. 572; 김병연, 「북한의 국민소득: 추정치와 평가」, 『수은북한경제』, 2008년 가을호, p. 34.

때 사회주의 건설(무상배급, 무상의료, 무상교육, 생산력 향상 등)로 생활 조건이 개선되면서 사람들의 사기가 크게 진작되었을 것이다. 북한의 도시 인구도 공업 구조의 확장과 함께 1950~70년 사이에 매우 빠르게 증가했다. 도시화 비율은 1960년 40.6퍼센트, 1970년 54.2퍼센트로 남한을 앞질렀다.[204] 이런 자신감은 1968년에 촬영차 도쿄를 방문한 남한의 유명 배우 신성일 일행에게 일본 주재 북한 공작원들이 퍼부은 막말에도 배어 있다.[205] 제2차 세계대전 이후 세계 최초의 인공위성인 스푸트니크 발사에서 나타났듯 공산 진영 전반이 과학과 경제 성장 등 여러 면에서 자유 진영보다 앞섰다. 동유럽 국가들은 소련식 계획경제를 통해 서구와 소련보다 빠른 성장을 이룩하여 1960년대 커다란 만족과 높은 자신감을 드러냈다.[206]

군사력도 북한이 남한에 앞섰다. 남한은 북한의 군사력을 따라잡기 위해 빈곤의 시대인 1948~72년 사이에 국민총생산의 24퍼센트를 국방 예산에 쏟았고 미일 체제의 안보 우산 밑에서 착실히 근대적 국방 체제를 꾸려나갔다.[207] 이승만 대통령이 한국전쟁 직후 북진통일을 내걸고, 대형 국군(20개 사단, 72만 명 규모) 유지와 7억 달러의 군사 원조를 요구하는 한미 상호방위조약[208]을 체결한 이래 1960년대 국군 규모는 62만 5천 명 수준으로 유지됐다.[209] 1971년경 남한의 병력(향토예비군 234만 명 포함)은 북

---

204) 박경숙, 『북한사회와 굴절된 근대: 인구, 국가, 주민의 삶』, 서울대학교출판문화원, 2013, pp. 60~69. 당시 남한의 도시화 비율은 1960년 39.1퍼센트, 1970년 50.1퍼센트였다. 이수행·정상은, 「한중 간 도시화 과정의 비교 연구」, 『한중사회과학연구』 9권 3호, 2011.

205) 신성일 일행이 호텔 근처 한식당을 지날 때 북한 공작원들은 "우리보다 못 사는 것들이 어디, 비싼 데 와서 촬영해, 간나 새끼야!"라고 퍼부었다고 한다. 신성일, 『청춘은 맨발이다』, 문학세계사, 2011, p. 162.

206) James, *Europe Reborn*, p. 294.

207) Cumings, "The Origins and Development of the Northeast Asian Political Economy," pp. 22~26.

208) 정일준, 「대만과 한국의 발전국가로의 전환 비교연구」, p. 464.

209) 이 수치를 알려주신 김기훈 전 육군사관학교 교수님에게 감사드린다.

한의 정규군 46만 8천 명(노농적위대 142만 명)에 비해 수적으로는 앞섰지만 전투력은 뒤졌다.[210] 그러나 남한은 집요한 노력으로 뒷날 역전에 성공하게 된다. 물론 베트남전쟁에 파병한 보답으로 미국이 현대적 장비를 제공한 것이 결정적 요인이었다.[211] 그러다가 1960년대 후반 1·21 사태와 푸에블로호 사건에 이어 1970년대 초 주한미군 1개 사단 철수를 겪고 미국에 불신을 품게 된 남한은 자주 국방 노선을 천명하고 향토예비군 창설, M-16 자동소총 공장 건설, 전략 무기 개발에 나섰다.[212]

1940년대에 다수의 조선 청년이 군인, 군속으로 태평양전쟁에 파송되었는데, 그로부터 20년 후인 1960년대에 30여 만 명이 재차 베트남에 파병됐다. 그전에도 이승만이 공산군과 싸우던 프랑스군을 지원하기 위해 베트남에 파병하겠다고 제안했으나, 그의 호전성(동남아시아의 전쟁 확산, 중국 본토 회복, 북진통일 희망)을 우려한 미국이 거절한 바 있다.[213] 이처럼 한국이 동남아와 맺은 첫 인연은 "악연"이었다.[214] 한국은 탈식민에 몸부림치는 "슬픈 아시아"로 진격했다.[215] 베트남전쟁 파병은 "국제적 반공 연대, 한국전쟁의 경험, 전쟁 수행 자원의 외부(미국) 의존, 미분화된 계급 지형(즉 과대 성장한 국가를 억제할 세력 부재), 높은 실업률과 가난(경제적 효과 기대)" 등이 배경으로 작용했다. 국무총리를 위원장으로 한 파월장병지

---

210) 남한은 전차 784대, 야포 1,850문, 함정 322척, 전투기 354대를 가졌고 북한은 전차 737대, 야포 2,725문, 함정 293척, 전투기 727대를 보유했다. 야포와 전투기의 보유 수에서 큰 차이가 났다. 한국행정연구원, 『한국행정60년 3』, 법문사, 2008, pp. 72~74.

211) 남한은 미국의 동맹국 중 베트남전쟁 파병 요청을 받아들인 유일한 나라다. 한국은 1964년부터 11년간에 걸쳐 도합 31만 3천 명을 베트남 전선에 보냈다. 베트남 파병에 대한 보상으로 한국은 1971년까지 상당한 군사 장비를 획득했다. Heon-ik Kwon, *After the Massacre: Commemoration and Consolidation in Ha My and My Lai*, Berkeley: University of California Press, 2006, p. 43; 한국행정연구원, 『한국행정60년 3』, pp. 74~75.

212) 신욱희, 『순응과 저항을 넘어서』, p. 79.

213) 정일준, 「대만과 한국의 발전국가로의 전환 비교연구」, p. 466.

214) 신윤환, 『동남아문화 산책: 신윤환의 동남아 깊게 읽기』, 창비, 2008, p. 185.

215) 장세진, 『슬픈 아시아: 한국 지식인들의 아시아 기행(1945~1966)』, 푸른역사, 2012, p. 219.

원위원회가 전국적으로 조직돼 위문 성금 모금, 위문편지 보내기 운동, 환송·환영 국민대회 등 정기적 의례를 벌였다. 아울러 정부는 남에게 도움만 받던 위치에서 도움을 주는 "주권 성년 국가로서의 발전"이라는 의식을 고취시켰다.[216] 베트남전쟁은 이렇게 한국인의 성년화 혹은 남성화에 기여했다. 이 전쟁은 남북 대리전이기도 했다. 북한은 공산국가 베트남에 87명의 비행기 조종사와 의약품, 의복을 지원했다. 남한 군대를 연구하고 이들에 대한 악선전을 유포하기 위해 군사 고문단도 보냈다.[217]

남한의 베트남전쟁 참전은 "가해자이면서 동시에 피해자"로서의 문제를 안고 있다.[218] 1968년 초 월맹군(베트민)의 이른바 구정 대공세Tet offensive에 맞서 미군 역시 민간인들의 공산군 지원을 중단시키기 위해 베트남 다낭의 꽝남 촌락들을 초토화시켰는데, 이 작전으로 악명 높은 미라이 마을, 하미 마을 집단학살이 벌어졌다. 미라이 마을에서 400~500명이, 하미 마을에서 135명이 희생됐다. 후자는 한국군인 청룡부대가 저지른 사건이었다.[219] 2000년 하미 마을에 월남참전전우복지회의 지원으로 위령비가 세워졌지만, 학살을 명기한 문구의 삭제 여부를 두고 양측 간 기억 투쟁이 벌어지면서 주민들에게 또 다른 상처를 주기도 했다.[220] 한편 한국군

---

216) 윤충로, 「베트남전쟁 시기 한국의 전쟁 동원과 일상」, 『사회와역사』, 2012년 가을호, p. 290.

217) Armstrong, *Tyranny of the Weak*, p. 147.

218) 박태균, 「한국군의 베트남 참전」, 『역사비평』 80호, 2007, p. 289.

219) 두 사건은 한국군과 미군이 합동으로 저질렀던 수많은 민간인 집단학살(최소 19건) 중 일부다. 그 배경에는 한국군과 미군을 괴롭힌 베트남 중남부의 특성, 즉 군인과 민간인의 구분이 힘들다는 특징이 있었다. 그 후 베트남에서 청룡부대는 공포의 대상이 되었고, 공산군에 대한 민간인들의 지원도 크게 약화됐다. 전투 방식도 정규전의 성격으로 바뀌었다. Kwon, *After the Massacre*, pp. 44~48.

220) 참전 군인들은 고엽제 피해보상 운동과, 가해자와 용병이라는 지위에 저항하는 기억 투쟁을 벌였다. 즉 '세계 평화와 민주주의 수호를 위해 참전한 용사들의 명예 회복'을 외치며 피해자로서, 자발적인 주체로서 자리매김하려 했다. 국내에는 1992년 충북 옥천군을 시작으로 50여 개의 베트남 참전 기념비가 세워졌다. 윤충로, 「한국의 베트남전쟁 기념과 기억의 정치」, 『사회와역사』, 2010년 여름호, p. 169; 강유인화, 「한국 사회의 베트남전쟁 기억과 참전 군인의 기억투쟁」, 『사회와역사』, 2013년 봄호, pp. 122~24.

은 미군이 뿌린 고엽제의 희생자이기도 했다.[221] 베트남전쟁 참전으로 흘러들어 온 미국의 원조와 달러는 건설 분야에 자극을 주는 등 경제 발전에 중요한 종잣돈이 됐다. 참전은 또한 한국군에게 실전 경험을 제공하고, 북한과의 군사 경쟁에서 앞서는 데 크게 기여했다. 그러나 이 번영은 권헌익이 일렀듯 "다른 사회의 파괴"를 통해 이루어진 것이었다.[222]

한일회담과 만주 인맥

남한이 만주국을 소환한 구체적인 계기는 1965년 한일 국교 정상화였다. 어떤 의미에서, 해방 이래 단교 상태였던 양국의 국교 수립이 이루어진 것은 만주 인사들의 연결을 통해서였다.[223] 한국의 만주 그룹이 5·16과 더불어 정치의 전면에 등장했을 때, 일본에서는 기시 노부스케[224] 전 총리를 중심으로 하는 만주 그룹이 막강한 인맥을 구축하고 있었다. 한일회담 성사 당시 일본 총리는 기시의 동생 사토 에이사쿠佐藤英作였고, 외상은 (전전 일본과 만주국 정부 시절부터) 기시의 오른팔인 시나 에쓰사부로

---

221) 고엽제는 일반 제초제보다 20~55배나 강력한 것으로서, 200만 헥타르의 경작지와 숲을 파괴시키고 100~480만 명의 베트남인들을 중독시켰다. 그간 미국 정부와 제조회사들은 미군 피해자들에게 수십억 달러씩 보상을 해주었지만, 한국군이나 베트남 피해자들은 외면해왔다. *The International Herald Tribune*, 2012. 8. 10.

222) Kwon, "Preface," *After the Massacre*.

223) 한국의 만주 그룹과 일본의 만주 인맥이 원래 잘 아는 사이는 아니었다. 기시 노부스케 그룹은 만주국의 경영자였고, 한국 지도자들은 만주국의 하급 관리나 장교로 지냈다. 신현확 전 총리가 1943년 일본 고등문관시험에 합격한 뒤 기시가 이끌던 일본 상무성에 근무했으나 지위가 달랐기에 만난 적은 없을 것이다.

224) 기시는 일본 정부와 만주국 정부에서 호시노의 후계자였다. 만주국 실업부 차장을 거쳐 1942년 도조 내각에서 상공상을 지냈다. 그는 만주국 경영에서 관동군과 거의 대등한 위치에 있었다. 종전 후 도쿄 전범재판에서 A급 전범으로 사형을 언도받았다가 풀려나 후일 일본 총리(1957~60)를 역임했다. 96대 총리 아베 신조의 외조부이기도 하다.

椎名悅三郎였다. 한일회담은 두 그룹의 공통적 욕구와 의지가 맞아떨어진 결과라고 할 수 있다. 박정희는 대외적으로 미국 중심의 냉전 체제에 순응하고, 대내적으로 절박한 경제 현실을 타개하기 위해 일본과의 경제 협력을 갈구했다. 5·16 직후 박정희는 경제 협력 너머 기시가 추진했던 만주국의 신속한 산업화, 통제경제의 방법론을 원했고 이를 얻기 위해 기시에게 접근 가능한 인사들을 찾았다. 반년 뒤 박정희는 케네디John F. Kennedy 대통령의 초청을 받아 미국을 방문하는 길에(5·16에 대한 미국의 승인을 의미했다) 일본에 가서 기시를 만났다.[225]

기시 그룹은 과거 제국주의적 팽창에 대해 반성보다는 향수를 느끼는, 특히 만주 건설의 이상만을 기억하는 인사들이다. 그들 또한 미국 주도의 냉전 체제를 수용하고, 한국과 협력을 도모하고자 했다. 장기간 교착 상태에 있었던 한일 간 교섭에 대해 1950년대 말 기시 내각은 이미 한국에 대폭 양보할 용의가 있었다. 북한은 급물살을 타던 한일 관계를 좌절시키고자 북송 카드를 꺼내기도 했다.[226] 미국은 태평양전쟁 처리를 위한 샌프란시스코 조약(1952)에서 냉전의 비전에 함몰돼 일본의 과거사 규명과 보상 책임을 눈감아줌으로써 후일 동북아 역사 분규의 단초를 제공했다.[227] 그럼에도 불구하고, 미국은 한국에 대한 원조와 베트남전쟁 수행의 부담으로 한일 화해의 여러 단계에 적극적으로 개입했다. 미국은 특히 한국군의 베트남 파병을 성사시키기 위해 한일 수교 타결을 지지했다.[228] 기시 그룹

---

225) 이원덕, 『한일 과거사 처리의 원점: 일본의 전후 처리 외교와 한일회담』, 서울대학교출판부, 1996, p. 150.
226) 북한 정부, 조총련, 국제적십자사, 일본적십자사, 일본 정부 등이 연루된 북송 사업으로 1959년 말부터 1984년까지 약 9만 3천 명의 재일 조선인들이 북한으로 간 뒤 거의 종적을 감추었다. 테사 모리스 스즈키, 『북한행 엑서더스: 그들은 왜 북송선을 타야만 했는가?』, 한철호 옮김, 책과함께, 2008.
227) Alexis Dudden, "Bullying and History don't mix," *The Asia-Pacific Journal: Japan Focus*, 17 February 2013.
228) 이원덕, 『한일 과거사 처리의 원점』, pp. 147, 247.

은 한국 지도자들의 욕구를 간파했다. 그는 북한을 무시하고 한국만을 배상 대상자로 삼아 과거 식민 지배에 대한 보상을 신속히 처리하고자 했다. 1950년대 말 기시 내각은 배상 외교를 펴며 동남아로 진출하고 있었다. 한일 수교는 이처럼 일본과 적대 관계에 있었던 동아시아를 연결한다는 의미가 있다.

기시 그룹은 언젠가 들어설 남한의 민간 정부보다는 군사정부를 협상 파트너로 삼는 것이 이롭다고 판단해 후임 이케다池田勇人 정부를 설득했다. 한국 정부는 그때나 그 뒤로나 '동북아 반공의 보루' 논리(한국이 반공 전선을 지키는 게 일본의 번영에 기여한다는 주장)로 일본 정부를 압박해 경제적 지원을 받아냈다.[229] 한일 국교 정상화, 특히 '대일 청구권 자금' 규모는 군정의 2인자 김종필이 비밀리에 일본을 방문해 담판을 지었다. 이처럼 유독 한일 간에 밀사들이 활약했다.[230] 양국 정부는 수년간의 줄다리기 끝에 (논란이 있겠으나 당시 한국과 일본의 경제 수준에서 대단한 규모인) 8억 달러의 지원, 즉 무상원조 3억 달러, 유상 정부차관 2억 달러, 상업차관 3억 달러에 합의했다.[231] 동시에 한국 정부는 개인에 대한 보상·청구권 소멸에 합의함으로써 일본 정부가 희생자 개인에게 해야 할 보상과 사죄에 면

---

229) 1980년대 전두환 정부가 일본 정부에 경제 협력을 요구할 때도 유사한 논리를 폈다. 瀨島龍三, 『幾山河』, p. 424.

230) 1961년부터 김종필 중앙정보부장이 이케다 하야토 총리, 오히라 마사요시 외상 등을 만나 그 유명한 김종필-오히라 메모를 통해 대일 청구권 자금 규모 협상에서 담판을 지었다. 그 이래 숱한 인사들이 여러 메모를 남기며 비공식 채널을 가동했다. 주한 일본 대사를 지낸 오구라 가즈오는 이 협상이 공식 회담에 임하는 한국 대표의 경직성(융통성을 보일 경우 친일파로 낙인 찍히는 풍토)에서 비롯됐다고 봤다. 「JP 증언록」, 『중앙일보』, 2015년 4월 29일; Kazuo Ogura, *Japan of the East, Japan of the West: Styles of International Negotiation and Japan's Response*, Mark Ealey(trans.), Christchurch, New Zealand: Christchurch of Polytechnie Institute of Technology Press, 2000, pp. 236~39.

231) 김종필의 증언에 의하면, 당시 일본의 외환 보유고는 14억 달러였다. '청구권 자금' 8억 달러는 그것의 57퍼센트, 1965년 일본 국민총생산의 2.8퍼센트, 한국 국민총생산의 26.7퍼센트에 해당한다. 三和良一 編, 『近現代日本經濟史要覽: 補訂版』, 東京大學出版會, 2010; 김낙년 외, 『한국의 장기 통계』, 서울대학교출판문화원, 2012, p. 415.

사진 3-3. 1965년 12월 박정희 대통령이 한일협정비준서에 서명하는 장면. 왼쪽부터 정일권 국무총리, 박정희 대통령, 이동원 외무장관, 김동조 초대 일본대사(출처: 경향신문 제공).

죄부를 부여했다.[232] 이에 대해 전국적인 학생들의 시위, 이른바 6·3 사태와 야당의 의원직 일괄 사퇴 등 한국 사회의 격렬한 반대가 있었으나, 정부는 계엄령을 선포하며 밀어붙였다. 한일 만주 그룹의 결합은 경제 원조에 국한되지 않았다. 만주국의 개발 방식, 즉 군부에 의한 신속한 건설, 공업화, 기시가 담당했던 통제경제, 전시 사회동원 등이 남한 재건 체제의 중요 요소로 재현됐다. 청구권 자금이 한국의 경제 발전에 중요한 계기가 되었음은 부인할 수 없다. 그러나 식민주의는 시혜가 아닌 것처럼 원조가 곧 발전을 의미하지는 않는다. 발전 여부는 재건 체제 구성원들의 몫이었다.

---

232) 高崎宗司, 『檢證 日韓會談』, 岩波新書, 1996, pp. 117, 170.

건국과 재건

해방 이래 '건국'이라는 말은 희귀한 일 혹은 엄청난 성취와 관련하여 오랫동안 폭넓게 사용되어왔다.[233] 해방 직후에는 임시정부의 인정, 평등, 자유민주주의, 청년 단결 등의 의미를 함유했다.[234] 1941년 대한민국 임시정부가 선언한 '건국강령'은 주권 행사, 조소앙의 3균 제도(정치·경제·교육 균등화), 보통교육 등 여러 희망을 담았다.[235] 또한 건국이라는 말은 1948년 남한의 단일 정부 수립을 전후하여 외국(주로 유엔)으로부터의 승인,[236] 1950년대에 전쟁을 견딘 국가 형성, 북진통일과 그것을 위한 희생,[237] 5·16 이후에는 학생 의거와 내셔널리즘의 포섭[238] 등과 관련되어 쓰였다. 그리고 1998년 김대중 대통령이 광복절을 맞아 제2의 건국 선언(혹은 21세기에 대한 설계를 담은 새로운 출발)을 할 때까지 '건국'은 대체로 김구의 임시정부 노선, 이승만의 단일 정부 수립, 북진통일 등 주로 우파의 사상과 연관되어 사용된 용어였다.

그런데 한국 사회에서 건국이 처음 언급된 것은 기묘하게도 만주국 건

---

233) 예컨대 "건국 후 첫 금메달(몬트리올 올림픽 우승자 양정모 선수)" "건국 후 첫 철도 파업" 그리고 "서울올림픽 개최를 위한 제2의 건국을 준비하자"라는 노태우 민정당 총재의 말 등에 나타난다. 『동아일보』, 1976년 8월 2일; 1987년 10월 6일; 1988년 7월 26일.

234) "임정은 건국의 공구工具" "건국은 청년의 단결에" "김구, 김규식을 따르는 여자 국민당 대의원들이 건국 대업 완수에 나서" 등 해방 후 보도에 나타난다. 『동아일보』, 1945년 12월 7일, 12월 22일; 1946년 6월 6일.

235) 『동아일보』, 1945년 12월 21일.

236) 미국의 한국 독립 축하, 정부 승인을 위한 유엔 대표 파견, 미국과 중국의 대한민국 정부 승인 등에 나타난다. 『동아일보』, 1948년 8월 10일, 8월 14일, 8월 16일, 9월 2일 등 참조.

237) 예컨대 한국전쟁 시에 "북진은 건국 대업을 위한 총진군"이라는 말이 등장했고, 세 전사자 아들을 둔 아버지에게 최초의 건국공로훈장이, 미국 맥아더 원수에게 최초의 1등 건국공로훈장이 수여됐다. 『동아일보』, 1950년 10월 10일; 1957년 5월 31일; 1959년 8월 12일.

238) 1962년 군사정부는 4·19 희생자 186명에게 건국포장을, 조국 광복 유공자 1만 명에게 건국공로장을 수여하기로 했다. 『동아일보』, 1962년 2월 5일, 4월 5일.

국을 통해서였다. 조선의 언론은 1932년 2월의 만주국 건국 준비와 3월 건국, 17개국에 건국 통고, 1939년의 성대한 건국기념일, 1940년 건국 신묘 창건 등 만주국의 건국과 관련된 여러 사건을 보도했다. 만주국 체제는 왕도낙토王道樂土, 민족협화, 건국정신을 공식 이념으로 내걸었는데, 왕도 낙토와 민족협화가 다소 추상적이고 국제사회를 의식한 대외적인 것이라면, 건국정신은 만주국 국가가 그 신민들에게 줄기차게 전파하려는 것이었다. 만주국의 '건국 선언'은 서양 제국주의와 군벌 체제를 패도覇道(무력에 의한 통치)의 세계로 규탄하며, 만주의 분리를 새 국가 건설이라는 이름으로 호소했다.[239] 만주국 정부는 쉼 없이 전국에 걸쳐 강연단을 보내 군벌의 학정과 건국 의의를 설명하고 시민들을 위한 건국체조, 학생·교사·관리 들을 위한 학과목인 '건국정신'도 개발했다. 건국기념일, 건국박람회, 건국운동, 건국기념 주간, 건국 메달, 건국 신묘神廟, 지엔구어 대학 등 '건국'은 10여 년간 만주국의 대표적인 구호요, 콘텐츠였다.

5·16 이후 군정 지도자들은 '국가재건'을 모토로 내걸었다. 거룩하고 참신한 단어인 '건국'은 이미 해방 후 사용돼 퇴색했으므로, 비슷한 뉘앙스를 풍기는 새로운 말이 필요했던 것이다. 재건은 해방 전후 일본 정치인, 한국의 좌우 세력이 간혹 사용하기도 했지만[240] 대체로 (한국전쟁의 참화로부터) 복구를 의미했다.[241] 하지만 5·16 이후의 것은 다른 종류였다. 이것은 만주국 정부가 엄청난 에너지로 펼친 건국 에토스를 변형시킨 것이다. 건국체조 대신 재건체조가 만들어지고, 경부간 고속열차의 이름도 재건호

239) 한석정, 『만주국 건국의 재해석』, pp. 136, 142 참조.

240) 예컨대 중일전쟁 중 일본 외상은 "동아 재건의 대이상을 완수하자"라고 역설했다. 『동아일보』, 1938년 12월 19일. 또한 해방 후 한국에서 우파는 "당파 고집 청산하고 주권 재건 협력하라"라고, 좌파는 전국 노동절 기념 행사에서 "조국 재건의 일로一路로"라고 외쳤다. 『동아일보』, 1946년 1월 28일, 5월 1일.

241) 예컨대 1950년대 초 한국 정부는 "유엔한국재건단의 한국 재건 자금" 등을 발표했다. 『동아일보』, 1953년 1월 24일, 2월 6일.

로 명명되었다. 전국적으로 재건 촉진 웅변대회도 열렸다. 재건체조는 억세고 군사적인 건국체조보다 유연한 것으로서, 1960년대 초반 매일 아침 재건국민운동본부 앞 광장에서 직원들의 모범 동작을 필두로 전국의 직장과 가정에서 행해졌다.[242] 이 체조는 라디오 방송에서 흘러나오는 음악과 "재건체조 시작"이라는 구령에 맞추어 시작됐다.

내셔널리즘 시대에는 많은 나라가 종교적 수준의 정서를 건국에 이입하고, 제정·왕정 시대의 장중한 의례 못지않은 행사를 치른다. 일명 '해방가'라고 불리는 해방 공간의 「독립행진곡」에서 배어 나오듯, 거기에는 압제의 굴레로부터 자유를 맞이한 감격이 담겨 있다.[243] 이스라엘의 건국 에토스는 과거의 결사 항전 정신을 담고 있다. 이스라엘 정부는 과거 항전의 흔적을 대대적으로 발굴해 성역화하며 순례, 문학, 교육, 집단 의례를 통해 공식 기억으로 채택했다.[244]

소련, 중국 등 사회주의 체제의 건국에는 깃발, 쇠스랑, 망치, 강렬한 붉은색, 새 세상을 알리는 새벽빛 등의 이미지처럼 아래로부터의 혁명의 감흥이 있었다. 소련의 경우 집권 볼셰비키 세력은 혁명 직후 (특히 문화재의) 파괴, 내전 등 대혼란을 통제한 뒤 어느 정도 혁명적 정열과 축제 분위기를 수렴했다.[245] 도시와 거리의 이름은 혁명가들의 이름을 따 개명되었고 새 국기, 국가, 문양, 달력도 제정됐다. 도시의 중심과 변방에는 유럽, 러시아의 사상가와 혁명가 들을 기린 50~60개의 기념비를 세워 모스크

---

242) 유달영, 『대추나무: 성천 유달영 교수 에세이 선집』, 성천문화재단, 2002, p. 348.

243) "어둡고 괴로워라 밤이 길더니 삼천리 이 강산에 먼동이 텄네. 동무여 자리차고 일어나거라 산 넘고 바다 건너 태평양까지, 아, 아, 자유의, 자유의 종이 울린다" "황막한 시베리아 벌판을 넘어 [……] 해방의 깃발 날린다 [……] 투쟁에 이 몸 바치리"라는 가사의 사회주의풍 노래다.

244) Yael Zerubavel, *Recovered Roots: Collective Memory and the Making of Israeli National Tradition*, Chicago: University of Chicago Press, 1997, pp. 42~68.

245) Catherine Merridale, *Night of Stone: Death and Memory in Twentieth-Century Russia*, New York: Penguin, 2000, p. 22.

바를 인민들의 산 교육장으로 만들었다. 권력은 상징을 독점하는 힘이다. 국기에는 농민·노동자의 단결과 승리를 뜻하는 쇠스랑과 망치, 새로운 세계를 알리는 붉은 별이 수놓아졌다. 이로써 19세기 유럽 노동운동에서 도발적으로 사용되었던 붉은색이 처음으로 국가의 정식 상징이 됐다.[246]

중국 건국의 경우, '내외의 적'(봉건지주, 매판 자본, 국민당 세력, 일본군)과 싸워 이긴 흥분은 여러 노래의 배급과 개국대전開國大典(1949년 10월 1일 텐안먼 광장에서 한 건국 선언)을 그린 대형 초상화,[247] 대회당 건설 등 강력한 시청각적 요소를 동반했다. 베이징과 그 인근에 혁명을 기념하는 10대 건물, 전국에 수천 개의 열사 묘가 세워졌다. 중국혁명박물관은 혁명 역사화——마오쩌둥毛澤東의 지도력, 결사적 전투, 붉은색 배경의 동트는 하늘 등이 주조를 이룬 그림들——로 채워졌다. 1950년대 텐안먼 광장에서는 소련을 모방해 철저히 기획하여 30~40만 명이 참가하는, 내셔널리즘을 고취하는 건국일과 국제성에 호소하는 노동절 기념 대형 퍼레이드를 벌였고 혁명 무용(양거秧歌)도 선보였다. 소련의 붉은광장과 (소련의 지도로 확장된) 중국의 텐안먼 광장은 혁명과 건국을 과시하는 초대형 무대였다. 미국에서도 건국에 대한 기억 만들기 사업이 줄기차게 이어졌다. 독립전쟁과 건국의 공로자, 즉 국부들에 대한 역사 기술 이외에도 18세기 후반 이래 메이플라워호를 타고 뉴잉글랜드에 상륙한 개신교 선조들에 대한 칭송, 전국적인 설교, 건국일 제정, 상륙지Plymouth Rock 순례 등이 이루어졌다.[248]

---

246) 모스크바와 페트로그라드의 혁명 1주기 기념식은 레닌 숭배를 정점으로 하는 대축제였다. Stites, *Revolutionary Dreams*, pp. 89~99.

247) 이 초대형 유화 제작을 위해 관계자들은 소련을 방문해 지도받았고, 중국공산당이 색조와 상징 등 온갖 것에 간섭했다. 1953년에 출품한 이래 원작의 인물 삭제 등으로 무려 세 번이나 수정될 만큼 국책 사업이 됐다. Chang-tai Hung, *Mao's New World: Political Culture in the Early People's Republic*, Ithaca: Cornell University Press, 2011, pp. 95~127.

248) Wesley Craven, *The Legend of the Founding Fathers*, Ithaca: Cornell University Press, 1965, pp. 35~37, 180.

1960년대 남한 군정의 국가 형성 혹은 재건이 기댈 명분과 정서적인 자원은 태부족이었다. 정통성을 결여했던 군정이 취한 방식은 어휘의 반복이었다. 만주국의 건국 선전 작업처럼 군정은 재건이라는 말을 반복해서 퍼뜨렸다. '건국'이 해방 이래 꾸준히 쓰이다 1990년대 후반에 최다로 사용된 것에 비해, '재건'은 1960년대 초반에 집중적으로 쓰였다. 해방 이래 한국 사회에서 재건 담론의 빈도수는 건국을 압도했다. 남한 군정의 재건 공작은 영화와 음악 등 대중예술을 통해서도 이루어졌다. 군정은 실용 노선에 진력했다. 그것은 군정의 7개 실천 요강(승공 민주 이념의 확립, 내핍 생활의 여행勵行, 근면정신의 고취, 생산 및 건설 의식의 증진, 국민 도의의 함양, 정서 관념의 순화, 국민 체위의 향상)에 잘 나타난다. 실전과 승부에 진력하는 군인들의 세계를 반영하듯 재건은 사회주의적 수사나 관념보다는 실용에 호소했다. 5·16 직후 국가재건비상조치법, 국가재건최고회의법 등에서 재건은 "부패한 민주당 정권 척결"을 위한 초법적인 처리의 명분이었다. 또한 재건은 "새 의욕과 애국정신의 분발로 혁명 과업 완수"를 기하는 정신적 운동이었다.

재건의 스펙트럼

건국과 마찬가지로 재건도 여러 경우에 사용됐다. 5·16 이후 매년 3·1 운동 기념식마다 민족 대표 33인 중 유일한 생존자 이갑성을 중심에 놓고 "조국 재건을 기약"하며 내셔널리즘을 흡수했다. 이갑성은 자유당 최고위원 출신으로서 1963년 김종필이 민주공화당을 창당할 때 발기위원으로 참여했다. 재건은 정신혁명·생활혁명을 핵심으로 하는 국민운동 7개 요강으로 정리되었으나 스펙트럼이 넓었다. 수해 복구, 반공 사상 고취, 건전

기풍 진작, 자조 정신, 표준의례 제정, 민주주의 재건, 군민 합심 통일 성취, 산림녹화, 방황하는 농어촌 청소년 계도, '윤락녀 갱생,' 군의 솔선, 지역사회 개발, 저축운동, 스포츠 중흥, 국토 방어, 국토건설, 간척, 사방 공사, 농촌 생활 향상, 불교 분규 해결 등 재건은 실로 다방면에 걸친, 1960년대의 만병통치 용어였다.

윤락녀 갱생을 위해 미용, 이발, 편물, 농예 등을 교육시키기로 한 단체 이름도 재건학교였다. 1962년 전남도청은 인사말을 "안녕하십니까?" 대신 "재건합시다"로 바꿨다.[249] 1970년대 후반 재건은 폭력을 일삼은, 공식과 비공식의 경계에 있는 청소부 단체의 이름이 되기도 했다. 그 당시, 폐품을 두고 재건대원들끼리 혹은 재건대와 구청 청소부들 간에 싸움이 붙어 각목전이나 살해에 이르는 폭력이 발생하기도 했다. (무허가) 재건대원의 폭력은 1980년대 후반까지 이어졌다. 이것은 1962년 발족된 (개척·갱생의 시대에 걸맞은) 근로재건대가 뿌리였다. 넝마주이 1,218명이 푸른 작업복을 단정히 입고 '폐품 수집으로 사회 재건'을 외쳤다.[250] 이것은 1980년대까지 관의 사각지대에 놓여 있었다.

재건은 역사적으로 동아시아의 전통적인 교화에 접맥되어 있다. 그것은 중국 전래의 문명화(이민족을 유교 문명에 포섭하는 문치교화文治教化, 덕치의 수단을 통한 도덕적 개조), 19세기 말 일본 메이지 정부가 여성 조직들을 창설할 때 주창한 교화 정신(도덕적 설득, 사회교육 전파, 정신적 동원),[251] 쑨원 이래 중국 근대 지도자들이 내건 각성과 신생활운동,[252] 1920년대 소

---

249) 『동아일보』, 1962년 6월 24일.

250) 『동아일보』, 1962년 5월 15일.

251) Sheldon Garon, "Women's Groups and the Japanese State: Contending Approaches to Political Integration, 1890~1945," *Journal of Japanese Studies*, vol. 19, 1993, p. 7.

252) John Fitzgerald, *Awakening China: Politics, Culture, and Class in the Nationalist Revolution*, Stanford: Stanford University Press, 1996, p. 11.

비에트 정부의 사회주의 이상을 향한 각성, 봉건주의 및 자본주의 잔재 정화,[253] 만주국 국가가 후원한 다오더회道德會 등 박애적 종교집단들의 교화(여성단체 후원과 극빈자 구호 등 사회봉사와 직업 훈련),[254] 그리고 중국공산당의 (혁명에 헌신하는 인물을 양성하기 위한) 인간 개조[255] 등의 맥락에 있다고 할 수 있다.

군정 지도자들의 재건은 만주국식 강제 노동, 갱생, 농촌 개척에 머무르지 않았다. 그 목표는 전 국민을 대상으로 한 정신운동을 통해 반공과 민족주의에 토대를 둔 근대 국가의 달성에 있었다.[256] 재건의 구체적인 목표는 세계 최극빈 상태였던 경제 문제의 시급한 해결, 자력갱생형 인간 생산, 그리고 이를 위한 국가 조직의 강력한 재편이었다. 이것은 "절망과 기아선상에서 허덕이는 민생고를 시급히 해결하고, 국가 자주 경제의 재건에 총력을 경주한다"라는 5·16 공약과 '국가재건, 인간 개조'를 외친 5·16 장학회의 취지문에 반영됐다.[257] 간명히 말해 재건은 냉전 체제하 경쟁을 위한 국가 형성, 즉 생산과 국방을 도모한 한국판 국방국가의 형성이었다. 그 방법론에 대해서는 다음 장에서 살펴본다.

---

253) Starks, *The Body Soviet*, p. 17.

254) Duara, *Sovereignty and Authenticity*, 4장 참조.

255) Wendy Larson, *From Ah Q to Lei Feng: Freud and Revolutionary Spirit in 20th Century China*, Stanford: Stanford University Press, 2009, pp. 100~101.

256) 허은, 「5·16 군정기 재건국민운동의 성격: '분단국가 국민운동' 노선의 결합과 분화」, 『역사문제연구』 11호, 2003, pp. 32~35.

257) 『동아일보』, 1962년 7월 11일.

4장

"싸우면서 건설하자"
: 한국판 국방국가

대한민국 초대 대통령 이승만은 독재자와 국부 이미지를 모두 가지고 있었다. 앞장에서 지적했듯, 그의 실각이나 장면 정부의 실패는 비유적으로 '가장의 무능' 혹은 '남성성의 결핍'—즉 북한의 위협, 깡패들의 발호 등 내외의 위협에서 가족을 보호하고 먹여 살리는 데 실패한 것—에 기인한다. 반면 1960년대 재건 체제는 안보와 생산을 통해 형성됐다. 혹은 양자에 성공하면서 지지를 구축해나갔다. 이것은 세계적으로 지탄받던 파시즘이라는 방식을 통해서였다. 산업 영웅, 남성들 간의 끈끈한 유대, 단결, 청년 조직 등 파시즘은 남성성의 결정이었다. 그 정서는 군정 지도자들에게 호소력이 있었다.

1940년 독일, 이탈리아, 일본의 3국 동맹 체결을 전후해 일본에서는 독일에 대한 연구 열기가 일었다. 세 나라의 끈끈한 유대는 1938년 독일의 히틀러유겐트 대표단 20명과 파시스트 이탈리아 친선 사절 12명이 일본을 방문한 일에서도 드러난다. 도쿄에 도착한 대표단은 도열한 일본청년단 2,500명과 각계의 환영을 받았다. 이들은 환영연에서 "천황 폐하 만세"

와 "아돌프 히틀러 만세"를 연호했다. 신문은 이 일을 대서특필하며 '독일과 이탈리아의 청소년 운동' 등을 연재했다. 1938년은 '외국 청년단과의 친선의 해'로 정해졌고, 「만세 히틀러유겐트」라는 노래가 제작됐다. 1940년에는 일본 대표 6명이 시베리아 철도를 타고 독일을 답방했다.[1]

제2차 세계대전은 독일, 일본 등 파시스트 추축국에 맞서 자유민주주의 연합국이 승리한 사건으로 정리되면서, 파시즘은 전 지구적인 규탄의 대상이 됐다. 전후 서구 지도자들은 이것을 과거의 악몽으로 치부하고, 역사학자들은 파시즘 세력이 "완전히 패배했다"고 기술했다.[2] 학계에서는 배링턴 무어의 주장—파시즘은 부르주아 계급의 미성숙으로 인한 지주 계급과 군부 엘리트의 연합 혹은 근대화의 왜곡이라는 주장—이 장기간 영향력을 발휘했다.[3] 히틀러와 같은 초월적 지도자는 없었지만, 전전 일본과 관동군 지배하의 만주국도 파시스트 체제, 군사적 파시스트 체제로 불렸다.[4] 일본 제국주의를 비판하는 과정에서 파시즘은 전후 한국과 일본 사회에서도 사악한 어휘가 됐다. 1960~70년대 한국 학원가의 반정부 시위에 곧잘 등장한 구호도 '파쇼 타도'였다. 그러나 파시즘만큼 다양하게 해석 가능한 개념도 드물 것이다. 이 장에서는 그 개념을 둘러싼 역사적 맥락을 짚어본 뒤 만주국의 파시즘적 요소가 1960년대 한국의 생산과 국방에 어떤 영향을 미쳤는지 살펴볼 것이다.

---

1) 佐藤卓己, "ヒトラー・ユーゲントの來日イベント," 津金澤聰廣・有山輝雄 編, 『戰時期日本のメディア・イベント』, 京都: 世界思想社, 1998, pp. 56~68.

2) James, *Europe Reborn*, p. 2.

3) Moore, *Social Origins of Dictatorship and Democracy*, pp. 433~52.

4) Mark Peattie, *Ishiwara Kanji and Japan's Confrontation with the West*, Princeton: Princeton University Press, 1975, pp. 253~54.

파시즘과 근대화

파시즘은 단순한 정적政敵(1920~30년대 유럽 좌파들이 사용한 용어), 일반적인 전체주의(우파들이 사용한 용어), 20세기 판 독재, 1950년대 공산주의, 침략자(1940년대 소련에서 사용한 용어) 등을 가리키는 실로 다의적인 개념이다. 유럽 너머로 확산시키기 힘든 협의의 유럽 파시즘은 세기말 문화적 위기에서 자신들이 피해자라는 인식을 지닌 채 근대 사상, 즉 자유주의, 보수주의, 공산주의로 입은 상처를 치유하려는 사상이다. 더불어 새로운 인간형과 사회의 창조를 갈구하고, 아래로부터의 혁명운동을 바탕으로 하는 대중 정치 현상이다.5) 그 조건은 제1차 세계대전 이전에 조직화된 내셔널리즘, 국제정치상의 위기와 모멸감, 패전에서 비롯된 경제 위기, 점증하는 정치적 분열, 정당정치에 대한 불신, 혹은 (의회가 대변할 수 없는) 노동자·농민·프티부르주아 세력, 노동 계급으로부터의 위협, 그리고 최소한의 산업화, 의회 민주주의, 중산층의 존재 등이다.6) 양차 세계대전 사이에 파시즘은 유럽적 조건을 결여한 채 독일, 이탈리아 너머 북구, 동구, 프랑스, 스페인 등 유럽 정치를 가장 잘 모방한 중남미, 남아프리카, 중동, 중국, 일본 등 수많은 나라로 확산됐다.

전광석화 같은 독일의 (비행기, 탱크, 기계화 부대를 앞세운) 대폴란드 선제공격blitzkrieg에서 나타나듯 제2차 세계대전은 기계·공장·과학을 앞세운 전쟁이요, 전 국민이 동원된 일종의 '총력전'이었다. 폴란드가 부질없이 한물간 기병대로 맞선 것은 상징적인 장면이었다. 다수 프랑스인들은 1940년의 대독일 패전을 '혼란을 초래한 기존의 제3공화국과 민주주의의

---

5) Robert Paxton, *The Anatomy of Fascism*, New York: Vintage, 2005, pp. 17, 31, 219.
6) Stanley Payne, *A History of Fascism, 1914~1945*, Madison: University of Wisconsin Press, 1995, pp. 487~95.

오염'에 대한 심판으로 받아들였다. 이 공간에서 가톨릭 보수주의와 전통주의가 힘을 얻었다.[7] 심지어 파시즘을 공적公敵으로 내걸었던 미국에서도 우생학, 인종주의에 물든 단체나 운동이 존재해왔다.[8] 제2차 세계대전을 수행하기 위한 미국의 국민적인 동원도 독일 등 추축국과 그렇게 큰 차이는 없었다. 미국의 거의 모든 산업이 전쟁 목표에 복무했다. 전국에 추축국의 3배에 달하는 수백 개의 군수공장이 건설돼, 1939년부터 종전까지 약 30만 대의 비행기를 포함한 압도적인 규모의 무력을 생산했다.[9] 미국 정부는 징집령을 통해 전국에 약 8천 개의 징집심사위원회를 세워 '빗질 하듯' 군 자원을 찾아 나서, 인구의 8퍼센트에 해당하는 약 1,300만 명의 군인을 모집·훈련·파병했다. 전쟁 앞에서는 백인들의 인종주의도 사치스러운 편견이었다. 1939년 17만 명 규모에서 개전 초 130만 명, 1945년에는 830만 명으로 팽창한 육군 중 흑인이 1944년을 기준으로 10퍼센트를 차지했다. 여기에는 죄수 1만 5천 명과 여군 10만여 명(간호부대 6만 명, 여성 항공사 1천 명 포함)도 포함됐다. 여군 중 최소 6천 명이 남태평양 전투에, 1만 명이 유럽 전선에 투입됐다.[10]

　　루스벨트Franklin Roosevelt는 4선 대통령이라는 전무후무한 기록을 세웠고, '전체주의적' 비상 대권을 휘둘러 물가 통제(농산물을 포함한 일용품 대부분에 상한가 지정, 집세와 임금 동결)와 배급제(고무, 가솔린, 사탕, 커피, 육류, 통조림 식품 등)를 실시했다. 군은 철도, 탄광 등 17개 분야를 수용하고, 군수공장(혹은 '몽고메리 워드'처럼 군수와 직결되지 않은 대형 소매점도) 파업

7) James, *Europe Reborn*, p. 205.

8) Payne, *A History of Fascism*, pp. 328~54.

9) 10만 대의 전투기와 폭격기를 포함해 비행기 약 30만 대, 항공모함 18척, 구축함 360척, 소총 650만 정을 제작하고 여성과 장애인을 포함한 약 500만 명이 평균 주 46시간 동안 작업하며 군수(혹은 필수) 산업에 종사했다. Maury Klein, *A Call to Arms: Mobilizing America for World War II*, New York: Bloomsbury, 2013, pp. 423, 511~15.

10) Mark Henry, *The US Army in World War II*, vol. 1, New York: Osprey, 2000, pp. 4~9.

시 경영권을 접수했다. 그리고 주로 서부 지역에 거주하던 일본계 약 11만 명을 강제로 내륙에 수용시켰다.[11] 물가 통제와 배급제는 필연적으로 암시장을 초래했는데 이것은 일본, 만주국의 전시 사정과 다르지 않았다. 만주국의 경우 만주생활필수품주식회사를 통한 배급제가 1940년에 농산물 생산·수매·배급 통제로 확대 강화돼, 농민들의 출하 거부를 낳고 암시장을 형성시켰다.[12]

　제2차 세계대전을 자유민주주의 대 파시스트 간의 대립으로 보는 것은 단순한 시각이다. 그보다는 영국, 프랑스 등 제국의 유지에 몰두한 구제국과 새롭게 식민지를 확보하려는 신제국 간의 대립으로 보는 편이 더 적절할 것이다. 영국, 프랑스에서도 전시 동원에는 예외가 없어 수십만 명의 식민지 토착민들을 무장시켜 전장에 내보내기도 했다.[13] 이런 전시 동원은 제국을 유지하기 위한 노력의 일환으로, 전후 중요 기업들의 국유화와 계획경제 돌입으로 이어졌다.[14] 두 나라는 탈식민 시대에도 미련을 버리지 못하고 1956년 수에즈 사태에 개입했다.[15] 프랑스는 베트남 재점령과 알제리 점유에 혈안이 됐다. 1954년 디엔비엔푸에서의 패전과 8년에 걸친

---

11)　강제 수용에 직면한 이들이 집을 헐값으로 급히 내다 팔아 2억 달러의 재산 손실이 발생했다. 과거 아메리카 원주민들을 사람이 살 수 없는 오지인 보호구역에 강제로 이주시킨 것과 유사한 이 조치는 오랫동안 미국의 공식·비공식 기억에서 억제됐다. Klein, *A Call to Arms*, pp. 346, 423, 705; Marita Sturken, "Absent Images of Memory: Remembering and Reenacting the Japanese Internment," Tak Fujitani, Geoffrey White & Lisa Yoneyama(eds.), *Perilous Memories*, pp. 42~46.

12)　山本有造, 『「滿洲國」經濟史硏究』, pp. 60~62.

13)　영국은 1871년에 약 12만 명을 인도양 전역에 보낸 것을 필두로 양차 세계대전과 포클랜드 전투에서도 인도인, 특히 구르카인들을 이용했다. 프랑스는 제1차 세계대전 때 식민지 역사상 최대인 19만 명의 세네갈인들을 유럽 전선에 파병해 약 3만 명의 전사자를 초래했다. Michael Doyle, *Empires*, Ithaca: Cornell University Press, 1986, p. 236; Myron Echenberg, *Colonial Conscripts: The Tirailleurs Senegalais in French West Africa, 1857~1960*, Portmouth: Heinemann, 1991, pp. 25~43.

14)　James, *Europe Reborn*, pp. 245~52.

15)　1956년 이집트의 나세르 대통령이 수에즈 운하의 국유화를 선포하자 이곳을 계속 통제하고 싶어 한 영국, 프랑스, 이스라엘이 이집트를 침공한 사건이다. 이들은 미국, 소련, 유엔의 압력으로 결국 철수했다. 영국과 프랑스의 영향력이 격감하고, 이슬람 민족주의가 대두하는 계기가 됐다.

알제리 독립운동으로 마침내 프랑스는 1962년에 두 곳에서 철수했다.

프랑스는 1940년, 독일에 6주 만에 패전하고 신속한 정전 협정을 맺었다. 그리고 페탱Philippe Pétain 장군을 중심으로 비시 정부를 수립하고 나치에게 협력했다. 프랑스공산당도 독일과 프랑스 노동자들이 화해해야 한다고 외쳤다. 망명정부를 이끌었던 드골Charles de Gaulle은 비망록에서 "단 한 명의 공적 인사도 정전을 반대하지 않았다"라고 개탄했다.[16] 그들에게는 인구 감소를 비롯한 생존 문제가 관건이었다. 다수가 안정적인 삶을 희구했고 나치하에서 대단한 자유를 누렸다. 격전지가 될 것이 두려워 연합군의 임박한 프랑스 상륙도 반대했다. 레지스탕스 운동은 1943년 초, 나치가 청년들을 대거 공장 노동자로 보내려 하자 본격화됐다.[17]

파시즘은 어떤 개혁이나 목표를 위해 서구 자유민주주의에 부수된 오랜 과정과 높은 비용을 우회하는 동원 방식이라고도 할 수 있다. 그렇다면 이것은 과거의 악몽이 아니라, 20세기 전 지구를 덮은 흐름이었다고 하겠다. 제2차 세계대전 시, 연합국 측에는 파시즘 요소를 다분히 내포한 중국 장제스 정권과 전체주의 스탈린 정권이 포함됐다. 부분적으로는 파시스트끼리의 쟁패였던 것이다. 둘 사이의 유의미한 차이란 추축국 측의 기습적인 선공과 연합국 측의 '명분'(즉 공세에 대한 국토 수호, 의회의 존재, 국민의 지지 등)이었다. 비상 대권, 노동, 물가 통제 등 기본권의 제약과 군부의 부상은 공통적인 현상이었다. 동원은 발전의 원동력이었다. 미국의 경우, 제2차 세계대전을 통해 지도자를 중심으로 한 국민의 단결, (내핍, 입영, 노동, 희생 등을 통한) 애국심의 확산, (레이더, 지프차, 합성고무, 페니실린 등) 신제품 개발, 복지를 위한 국가 기능 확대, 고용 증대, 고도의 소비, 베이비 붐, 서부의 흥기, 무명 농촌들의 공업화, (엄청난 저항을 뚫은) 여성과 소수인종

---

16) Paxton, *The Anatomy of Fascism*, p. 9.
17) 같은 책, pp. 292~303.

의 취업 확대가 이루어졌다.[18]

파시즘은 근대의 추동력이었다. 1933년 이탈리아 파시즘에 대한 관찰에서 '개발독재developmental dictatorship'라는 용어를 처음 사용한 프란츠 보르케나우Franz Borkenau는 파시즘을 개발에 내재한 것이라 보았다.[19] 블랙번과 일리는 '예외와 특이성Sonderweg'의 나라 독일에서 이루어진 근대적 성취——예컨대 비스마르크의 선구적인 사회복지, 부르주아 계급의 성장, 자본주의 발전 등——에 주목하며 독일에 대한 고정관념을 깨트렸다.[20] 이탈리아 파시스트들은 1930년대의 어려웠던 공황기에 노동자들의 복지를 밀어붙여 대기업의 절반이 사원 주택, 여가와 강좌 등 '방과 후 사업 dopolavoro'(혹은 '파시스트 복지 자본주의' '여가의 테일러주의')을 시행했다. 이것은 기존 사회주의 진영의 복지운동을 분쇄하고 도시와 농촌에 침투하려는, 1920년대 무솔리니의 전형적인 포퓰리즘 정책이었다. 농촌 공작은 어려웠으나 도시에서는 성과가 컸다. 강제와 설득으로 1930년대 중반 다수 기업(고용원 100명 이상인 대기업 중 43퍼센트)이 호응했다. 거대 자동차회사 피아트는 600명의 전담 직원을 두어 노동자들에게 주택을 제공하고, 호화판 레저 시설과 도서관 건립, 프로축구팀 유벤투스 운영, 신문 발행, 음악회 및 영화 감상 등을 시행하며 이 사업의 선두에 섰다.[21]

일본에서도 태평양전쟁 때 다대한 후생 예산으로 혁신적 공공의료가 출현했다. 1941년 새로운 후생 대신으로 취임한 육군 군의 고이즈미 지카히코小泉親彦 중장이 국방력과 생산력 향상을 위한 '용병건민傭兵健民'의 기

18) Klein, *A Call to Arms*, pp. 2~5.
19) Payne, *A History of Fascism*, p. 456.
20) David Blackbourn & Geoff Eley, *The Peculiarities of German History: Bourgeois Society and Politics in Nineteenth-Century Germany*, Oxford: Oxford University Press, 1985, pp. 176~90.
21) Victoria De Grazia, *The Culture of Consent: Mass Organization of Leisure in Fascist Italy*, Cambridge: Cambridge University Press, 1981, pp. 69~80.

치를 걸고 이를 주도했다. 이 공공의료 제도는 무의촌 폐지, 결핵 요양소 증설, 국민개보험의 확충, 도립·부립·현립 종합병원의 정비와 설립을 추진했다. 국민건강보험 조합 가입자는 1943년 말 4천만 명을 넘었고, 전체 도시와 농촌의 95퍼센트가 조합을 보유했다. 총력전 체제는 일본 복지 국가의 원류였다.[22] 하루투니언은 '근대의 초극' 논쟁에 참여한 일본 사상 가들로부터 문화로서의 파시즘이 일본 근대에 내재한 것임을, 즉 자본주의, 자유주의, 파시즘이 뒤엉킨 것임을 발견했다. 도사카 준戶坂潤, 곤 와지로今和次朗, 미키 기요시 등에게 근대성과 파시즘 요소는 혼재했다. 전자에는 일상성, 오락, 사적 세계, 현재성, 현장, 끝없는 가능성인 현재의 중요성, 대중의 욕구, 라디오, 필름 등 기술 문명의 예찬이, 후자에는 서양 자유주의·자본주의·물질주의·민주주의, 특히 아메리카니즘의 초극, 서양과의 대결, 무력 팽창에 대한 묵인, 협동체 구상, 불변의 일본 정신과 고대 찾기, 풍속 발견, 자아와 자연의 합치 등이 있었다.[23] 이것은 이탈리아의 간판 철학자요, 파시즘 이론가인 '철학적 모더니스트' 조반니 젠틸레Giovanni Gentile가 "물질에 대한 정신의 우위, 사회의 재생과 각성"을 주장한 것을 연상케 한다.[24]

파시즘은 과거와의 단절을 추구한다는 점에서 바로 근대 자체다. 파시즘의 일종인 나치즘은 초월, 신성화, 새 출발, (숙청과 인종청소를 통한) 대안적 역사의 집단적 구현이라 할 수 있다. 히틀러 체제는 진보와 기술의 힘을 통해 사회를 변형시키기 위한 정책들을 단호하게 수행했다. 그것은 (아리안족 보존이라는 명분으로) 강력한 금연·건강식 운동 이외에도 기차와

---

22) 高岡裕之,『總力戰體制と「福祉國家」: 戰時期日本の「社會改革」構想』, 岩波書店, 2011, pp. 14, 228~56.

23) Harootunian, *Overcome by Modernity*, 2, 3, 6장 참조.

24) Roger Griffin, *Modernism and Fascism: The Sense of a Beginning under Mussolini and Hitler*, New York: Palgrave Macmillan, 2007, pp. 191~92.

도로 등 수송 혁신, 최초의 컴퓨터 개발이 이루어진 기술 체제technocracy
였다. 민중Volk과 재건의 힘을 과시하는 조각, 건축, 도시계획, 미술, 음악
등이 히틀러 체제 밑에서 번성했다. 미국산 재즈는 금지되었으나 그 사촌
격인 스윙은 허용됐다.[25] 파시즘은 제2차 세계대전과 함께 종식된 것이
아니다. 파시즘과 근대화에 관한 유용한 길잡이는 월러스틴의 세계체제
론이다. 그는 간명하게 500년 세계체제의 역사에서 상향 이동을 염원하는
후발 국가들이 취할 수 있는 선택은 "내셔널리즘에 바탕을 둔 보호주의이
거나 파시스트, 권위주의적 개발"이라고 했다.[26]

파시즘과 근대화의 관계는 만주국과 1960년대 한국의 밀어붙이기식 개
발에 중요한 함의를 던진다. 물론, 만주국과 한국에는 유럽 모델을 그대
로 적용할 수 없다. 새 시대를 염원하는 유럽 파시즘이 보여준 아래로부터
의 혁명적 열기와 대중 정치(극적 무대 장치, 강렬한 수사, 내부의 타자 설정)
이 결핍되어 있었기 때문이다.[27] 그러나 비민주적 의사 결정, 국가 주도의
산업화, 근대적 개발, 생산 결집, 사회동원, 선전 공작 등의 공통점이 있다.
1960년대 초 한국의 1차 경제개발을 선전하는 우표의 디자인은 5개년계
획을 뜻하는 숫자 '5'와 굴착기를 멘 산업 전사, 탄차의 모습이 담겨 있는
데 그 이미지는 만주국에서 온 것이다. 1960년대 한국 군정이 외친 구호,
'조국 근대화'처럼 권위주의와 근대는 한 몸통이었다. 즉 권위주의는 근대
의 추동력이었다.

---

25) 같은 책, pp. 267~97.
26) Immanuel Wallerstein, "The Rise and Future Demise of the World Capitalist System: Concepts for
    Comparative Analysis," *Comparative Studies in Society and History*, vol. 16, no. 4, pp. 411~13.
27) Paxton, *The Anatomy of Fascism*, pp. 16, 219.

카키색 제복을 입은 파시스트 청년들

파시스트 청년단 조직은 20세기 전반의 세계적 유행이었다. 그 기원은 19세기 말 '자연과 신체의 발견' '기성세대 불신'을 걸고 출범한 독일의 산천 행군 단체인 반더포겔Wandervogel이다. 이것을 모체로 14~18세의 소년들로 구성된 나치의 외곽 선전단체 히틀러유겐트가 만들어졌다. 이 청년단체는 왕성한 정치 활동을 벌여 나치 집권의 공로자가 됐다. 단원들은 갈색 셔츠 차림으로 시내를 행진하고 거대한 횃불 대회를 열기도 했으며 공산주의 청년단 같은 라이벌 단체들과 시가전을 벌이는 등 폭력을 불사했다. 히틀러유겐트는 2~3만 명 규모였다가 나치 집권 후 약 600만 명의 전국청소년연맹을 흡수하면서 대형화됐고, 제2차 세계대전이 발발하자 약 80만 명의 단원이 참전할 정도로 나치의 열성 조직이었다.[28] 소비에트 혁명 직후 소련에서도 23세 이하의 청소년을 대상으로 한 조직이 만들어졌다. 이들은 혁명 이념에서 위생까지 군대식으로 훈련받았다.[29]

1930년대 중국국민당 정부의 장제스 총통도 공산주의자를 때려잡는 유럽 파시즘에 매료돼 비밀 청년단인 역행사力行社(정식 명칭은 삼민주의역행사三民主義力行社)를 조직했다. 역행사는 300명으로 시작해 50만 명으로 확대됐고, 전위 조직인 혁명군인동지회, 부흥회, 악명 높은 남의사藍衣社(약 1만 5천 명) 등을 거느렸다. 남의사는 무솔리니와 히틀러 추종자인 유럽 파시스트들이 입은 검정색, 갈색 제복을 모방해 남색 제복을 입은 데서 그 이름이 유래했다. 특수공작대 남의사는 중일전쟁 후 일본군의 공작으로 대부분 와해되지만 상하이, 양쯔 강 하류 유역 일대의 폭력단 청방과 손

---

28) H. W. Koch, *The Hitler Youth: Origins and Development 1922~1945*, New York: Cooper Square Press, 2000, pp. 24, 72, 233.
29) Starks, *The Body Soviet*, p. 68.

잡고 1937~41년 사이 상하이에서 150건의 친일 분자 암살 임무를 수행했다.[30] 남의사는 장제스가 1924년에 세운 황푸黃埔 군관학교 출신을 중심으로 한 철저한 비밀 조직이었다. 이들은 유일 영도자에 대한 충성, 쑨원의 삼민주의, 극렬한 반공, 항일 내셔널리즘, 군사주의가 섞인 '유교적 파시즘'을 좇았다. 1932년에 거행된 비밀 선서식에서 장제스는 예의염치禮義廉恥 성취를 위해 국민정신인 충, 효순, 덕성, 예, 화평을 복원해야 한다고 주장하며 파시즘과 유교를 결합했다. 이들은 군경과 국민당의 중추로서 군사교육, 선전, 사찰, 특수공작 등을 맡았다.[31] 1930년대 중국에서 파시즘은 일대 유행이 됐다. 많은 청년 장교가 독일과 이탈리아로 유학을 떠나기도 했다.

해방 후 한국의 중요 정치 세력인 조선민족청년단(이하 족청, 정부 수립 후 대한민족청년단으로 흡수되었다)은 초대 총리 이범석이 만든 단체다. 이범석은 1920년대 베를린 체류 시 나치즘 신봉자인 철학도 강세형을 만나 파시즘에 심취했다고 전해지며,[32] 1930년대에는 중국국민당 산하 중앙훈련단에 입소해 장제스의 유교적 파시즘의 영향을 받았다고 한다. 이범석은 당시 세계사를 민족주의 시대로 이해하고, 혈통을 숭배하고 타민족 침략도 불사하는 배타적 민족지상주의를 주창했다.[33] 족청은 장제스의 구호인 '국가지상, 민족지상'의 순서를 바꿔 민족지상, 국가지상 등 다섯 가지원칙을 내걸고, 18~30세 청년들을 대상으로 전국 조직을 구축했다. 이 청년들은 중앙훈련소에서 1개월간 훈련을 받았는데 이것도 장제스에게 배

---

30) Wakeman, *The Shanghai Badlands*, pp. 21~25.

31) Frederic Wakeman, "A Revisionist View of the Nanjing Decade: Confucian Fascism," *China Quarterly*, no. 150, 1997, pp. 395~97.

32) 강세형은 후일 족청의 강사로 초빙돼 히틀러유겐트, 민족의 생존권Lebensraum 등 나치즘을 강의했다. 후지이 다케시, 『파시즘과 제3세계주의 사이에서: 족청계의 형성과 몰락을 통해 본 해방8년사』, 역사비평사, 2012, pp. 48~49.

33) 박찬승, 「20세기 한국 국가주의의 기원」, p. 233.

운 방식이었다. 족청은 이념의 애매함(즉 민족지상론과 국가지상론 간의 우선순위, 이념과 현실의 간극 등)과 이승만의 견제 등으로 1948년 말에 해산되어 대한청년단으로 흡수됐다. 또한 파시즘의 청산을 중요 과제로 생각한 미군정의 명분에서도 버텨내지 못했다.[34]

   나라별로 차이가 있으나 파시스트 청년단은 합숙 훈련, 이념(국가, 혁명관) 주입 등 몸과 마음을 군대식으로 훈련시킨다는 공통점이 있다. 5·16 직후 한국의 재건국민운동도 이런 국제적인 조류와 무관하지 않다. 재건국민운동 중앙회는 매주 화요일에 시민 강좌를 열고, 순회 강사 181명이 시·군·구 간부 청년 6만 5천 명을 교육시킨다는 원대한 계획을 세웠다. 중앙회는 조직 결성 2년 만에 50만 명의 요원과 260만 명의 청년 및 부녀 회원을 확보했다고 선언했다.[35] 그러나 이것은 전 인구(약 2,500만)의 12퍼센트에 육박하는 숫자로서 전시의 만주국 협화회 회원 비율(1943년 기준 전 인구의 10.7퍼센트)보다 많은, 과장된 선전이었고, 실제로는 2~5급 공무원 대우의 본부 요원을 한 기수에 200~300명씩 2주간 훈련소에 입소시키는 데 그쳤다. 반공 의식 함양, 표준의례 제정과 같은 생활혁명을 전파할 요원들의 군대식 합숙 훈련은 만주국의 협화회에서 한 군대식 합숙 훈련과 비슷하다. 협화회 회원들은 군복풍 제복에 완장을 차고 영화 상영, 청소년 훈련, 집회 등 선전원 역할과 함께 태평양전쟁 중 감시, 노동력 동원, 내핍 계몽 등 후방 동원에도 관여했다. 1937년, 16~19세의 모든 청소년이 히틀러유겐트를 모방한 협화회 청년연맹에 강제로 가입됐다. 협화회 청년훈련소에서는 각종 군사훈련, 건국체조, 노동('노작勞作 실천')을 행했다.

---

34) 후지이 다케시, 『파시즘과 제3세계주의 사이에서』, pp. 134, 142~72; 임종명, 「해방 직후 이범석의 민족지상·국가지상론」, 『역사학연구』 45호, 2012, pp. 183~84.
35) 전재호, 「군정기 쿠데타 주도 집단의 담론 분석」, p. 49.

사진 4-1. 왼쪽은 만주국 임시 국세조사 포스터에 나타나는 협화회원의 제복, 오른쪽은 행진하는 만주국 협화회원들을 그린 그림(출처: 기시 도시히코 교수 제공).

한국에서는 5·16 이후 한 달 만인 1961년 6월 12일, 서울운동장에서 국가재건 범국민운동 촉진대회가 열렸다. 7만여 명의 시민, 학생, 군인이 모여 반공 의식 강화와 신생활운동을 제창하고, 광화문까지 시가행진을 벌였다. 재건운동은 국민 표준의례와 이상촌 건설, 생활문화 센터 설치, 농촌 부업 장려, 방첩운동 등을 전개했는데, 대부분의 활동이 협화회를 따라 한 것들이었다. 심지어 당시 표준 간소복 제정 패션쇼와 더불어 도입된 재건 국민운동 간부들의 제복마저 협화회 제복과 유사했다.

협화복은 1936년 군복과 비슷한 모양으로 만들어진 것이다.[36] 당시 협화복을 의미하는 카키색은 만주국, 특히 수도 신징을 휩쓸었다. 일본의 한

---

36) 협화복 사진을 찾아준 교토 대학 기시 도시히코 교수에게 감사드린다. 또한 협화회 제복 차림의 아마카스와 협화회원들이 등장하는 영화인 「滿映啓民映畵編 5, 協和靑年」(1994) 참조.

문인은 신징을 "카키색의 거리"라고 부를 정도였다.[37] 일본에서는 1940년 협화복을 참고해, 공모를 통해 제국 육군복과 유사한 옷을 제정했고 이는 1944년경 대부분의 남자가 착용하는 국민적 제복이 됐다. 당시 조선에서는 이 옷에서 허리띠만 없앤 것이 채택돼 널리 확산됐다.[38] 그런즉 "건설을 위해" 제정됐다는 협화복[39]은 일본 제국 복식사의 중요한 출발점인 것이다.

이렇듯 식민지는 의복의 융합장이자 실험장이기도 했다. 협화복은 목깃이 직립 깃이 아닌 나비 모양이었던 것을 제외하면, 카키색과 상의 호주머니 등 모양이 1920년대 중국을 휩쓸었던 중산복中山裝과 유사하다. 중산복은 20세기 전반 국민당의 군사적·정치적 통일운동과 더불어 유행했는데, 서양복에 치파오의 깃 모양을 더한 개량식이었다.[40] 중국의 국부 쑨원이 즐겨 입어 관리들과 시민들 사이에서 유행했다. 공사 막론하고 중산복을 착용하면서 이 옷에 평등주의적 사고가 배어, 후일 마오쩌둥 시대 중국 국민복의 원형이 됐다.[41] 중산복은 파격적으로 깎은 소매, 목 단추를 다는 직립 깃, 유교 이념인 예의염치를 상징하는 4개 주머니, 5권 분립을 상징하는 5개의 단추, 삼민주의를 상징하는 3개의 소매 단추로 특징된다.[42] 카키색 면으로 된 상·하의는 태평양전쟁 초기 미 육군의 제복이 되기도 했다. 치노chino라 불린 카키색 제복은 남태평양의 뜨거운 전쟁터를 감안해 도입됐다가 전투에 부적합하다고 판단돼, 1942년 초 필리핀 실함失陷 뒤

---

37) 오카다 히데키, 『문학에서 본 '만주국'의 위상』, p. 18.

38) 일본에서 국민복 결정이 더뎠던 데 비해 조선에서는 빠른 속도로 추진됐다. 공제욱, 「의복 통제와 국민 만들기」, pp. 170~71.

39) 井上雅人, 『洋服と日本人: 國民服というモード』, 廣濟堂出版, 2001, p. 47.

40) 조영란·이금희, 「서구 문화의 유입에 따른 중국 여성 복식의 변화와 그 유형에 대한 연구: 20세기 전반기를 중심으로」, 『복식문화연구』 16권 5호, 2008, p. 906.

41) Fitzgerald, *Awakening China*, p. 23.

42) 『黑龍江新聞』, 2010년 6월 1일 참조.

녹색 제복으로 대체됐다.[43]

협화복의 영향을 받았다고 추정되는[44] 1960년대 한국의 재건복은 일제 시대 일본과 조선의 국민복과는 달리, 가슴 쪽에 주머니가 하나만 달린 작업복풍이다. 재건운동 간부뿐 아니라 군정의 실력자 김종필도 재건복을 착용했다. 카키색 재건복은 작업복 이미지와 재질로 후일 1980년대 전경환을 비롯한 새마을운동 지도자들에게도 전해졌다. 이처럼 식민주의는 적응과 변용의 원천이다. 일본 동북 지방 농촌

사진 4-2. 위는 협화회 깃발, 아래는 재건운동 깃발이다(출처: 위키미디어).

의 노동복이었던 '몸빼'는 일제 시대 생활개선운동에서 조선의 전통적인 백의에 대한 탄압과 더불어 노동복(국민복)으로 확산됐다.[45] '몸빼'는 입으면 편하다는 점에서 해방 이후에도 한국 사회에서 오랫동안 살아남았고, 현재 패션 디자인에도 원용되고 있다.

한편, 협화회와 재건국민운동의 깃발은 유사하다고 할 수 없으나, 관변 단체들이 그것을 제정했다는 점에서 참고할 만하다. 협화회 깃발은 바탕 양 옆에 두 개의 줄, 그 사이에 협화協和라는 글자를 넣었다.[46] 재건국민운동의 깃발과 배지는 승리와 전진, 근로와 협동, 상록수 정신 등을 표상했다.[47] 녹색 바탕은 평화·성장·무성을, 흰 바탕은 생명체를 상징하고 로고

43) Henry, *The US Army in World War II*, p. 7.
44) 협화복을 그대로 베꼈다는 것은 아니다. 중산복 이래 동아시아에서 두루 유행한 작업복 스타일이 부지불식간에 침투한 것으로 보인다.
45) 공제욱, 「의복 통제와 국민 만들기」, pp. 142~53.
46) 영화 「滿映啓民映畵編 5, 協和青年」을 참조했다.
47) 채우공, 「재건국민운동의 사회교육활동에 대한 재조명」, 중앙대학교 석사학위논문, 2005, p. 109.

의 원은 단합·완성을 의미한다. 두 개의 V는 희망과 꿈을 머금고 솟아오르는 새싹과 재건국민운동의 핵심체인 청년회와 부녀회를 나타낸다. 두 개의 V가 형성하는 W는 근로와 협동을, 세모꼴은 큰 목표인 생동하는 상록수 정신을 표상한다.

재건국민운동

재건운동을 추진할 중앙회가 출범해 서울특별시와 각 도의 지부, 시·군·구와 읍·면·리·동 단위에 재건국민운동 촉진회를, 그 아래 반班에는 재건운동 국민반을, 학교에는 재건학생회를 두기로 했다. 각 시도 지부장을 현역 장성인 시장, 도지사가 맡고 군인들을 핵심 요원으로 채워 넣어 급속히 조직을 확장했다. 5·16 직후 마련된 재건운동 공약의 실천 방안 설명회에 여러 분야의 지도급 인사들이 참석했다.[48] 그해 말 정치색을 배제한 중앙위원 50명이 임명되었는데 면면이 다양했다. 이들의 사상적 배경은 과거 아래로부터의 민간운동과 접맥된 점이 있다. 허은의 연구에 의하면 재건운동은 1950년대의 신생활운동,[49] 덴마크를 모델로 하는 기독교농민운동, (자본주의와 공산주의를 거부한다는) 민족사상운동 등이 합쳐진 것이다.[50] 그것은 군정의 현직 장관, 전직 의원, 언론, 경제, 법조, 종교,

---

48) 그 명단은 변영태(전 총리), 이관구(『서울일일신문』 사장), 김팔봉(『경향신문』 주필), 부완혁(『사상계』 사장), 주석균(한국농업문제연구소장), 김기석(단국대학교 학장), 박종홍(서울대학교 문리대 교수), 이종의(고려대학교 대학원장), 정범모(서울대학교 사대 교수), 함석헌 등이다. 김팔봉, 이관구, 김기석, 함석헌은 연말 재건국민운동본부 중앙위원에 들어갔고, 박종홍은 1970년에 청와대 특별보좌관이 됐다. 『동아일보』, 1961년 6월 24일.

49) 전후 이승만 정부가 벌인 소비통제운동이다. 1930년대 중국국민당이 추진한 신생활운동에서 유래했다. 김은경, 「1950년대 신생활운동 연구: 가정개량론과 소비통제를 중심으로」, 『여성과 역사』 11집, 2009 참조.

50) 허은, 「5·16 군정기 재건국민운동의 성격」, pp. 19~30.

학계 등 여러 분야의 지도자들을 망라했으며, 항일 투사와 학생 대표를 세워 재건운동이 항일운동과 4·19 의거를 계승한 것임을 나타내고자 했다. 10여 년간 5·16 기념식마다 대통령의 (혹은 총리가 대신 읽은) 기념사는 늘 이를 강조했다. 중앙위원들도 대체로 후일 박정희 정부와 그 너머 전두환 정부 때까지 협력 관계를 맺었다.

재건국민운동 중앙위원장은 서울대학교 농대 교수 유달영이 맡아 열정적으로 활동했다. 그는 전국 38개 도시 순회에 나섰고, 도쿄를 방문해 재일거류민단의 동참을 요청했으며, 각계의 사회 지도자들을 초청해 실천 방안을 설명했다. 유달영은 해방 전 기독교농민운동의 맥을 잇는 존재다.[51] 기독교농민운동은 19세기 말 이래 꾸준히 내한해 서구 국가의 자선, 박애, 농촌 사업을 소개하고 실행한 외국인 선교단체(이른바 외원 단체)의 영향을 받은 것이다. 이 단체들은 일제 시기에 전개했던 농촌개발사업을 1950~60년대에 살려서 '지역사회 개발사업'—농민들의 자립 기반 조성을 위한 영농법과 지도력 훈련, 4-H,[52] 벽돌 생산, 주택 복구 사업, 취로 사업, 탁아, 자조 사업 등—을 전개했다.[53]

유달영이 물꼬를 틀자 기독교계의 농촌운동도 시대의 흐름에 합류했다. 여러 조직—가나안농군학교, 대전 복지농도원, 기독교연합봉사회, 캐나다 선교회의 이리 농장, 괴산 육우개발협회, 감리교 계통의 양곡 은행, 천

---

51) 유달영은 양정고등보통학교 시절 은사 김교신의 무교회주의 개척 정신에 깊은 감화를 받았다고 한다. 또한 (김교신이 흠모했던) 우치무라 간조內村鑑三가 엔리코 달가스Enriko Mylius Dalgas의 황무지 식림 사업에 대해 쓴 소책자를 읽고 감명을 받았다. 유달영은 이런 사업이 민족을 구할 원리라 보고 1950년대에 덴마크의 달가스 황무지 개척 기념 공원을 방문했다. 이스라엘에도 몇 번 방문한 뒤 이스라엘인들의 강인한 민족의식과 사막을 과수원으로 바꾼 근면, 녹화, 농업의 중요성을 인식했다. 유달영, 『대추나무』, pp. 43, 130~46.

52) 20세기 초 미국에서 시작되어 외국에 확산된 청년운동. 주로 농촌 개량에 역점을 두었다.

53) 한국전쟁 시에도 55개의 기독교계 외원 단체들이 각종 구호 사업을 벌였다. 최원규, 「외국민간원조단체의 활동과 한국 사회사업 발전에 미친 영향」, 서울대학교 박사학위논문, 1996, pp. 117, 159, 180.

주교 원주교구의 사회개발위원회, 전북 농촌개발원, YMCA의 농촌개발사업, 가톨릭농촌여성회 등——이 농촌 개발 및 교육에 헌신했다.[54] 후일 이들은 박정희 정부에 협조하거나 비판적인 두 부류로 분기했다. 결국 친체제(유달영), 반체제(강원용), 은둔(김용기)으로 나뉘었지만 기독교 지도자들에게는 개척과 건설의 사명, 이스라엘과 북유럽을 칭송한다는 공통점이 있었다. '한국의 칼뱅' 김용기 장로가 1962년 경기도 하남에 세운 가나안 농군학교는 대표적인 민간운동으로서 농촌 지도자를 위시해, 기업체·군인·공무원·학생을 대상으로 금욕적 정신운동을 폈다. 농군학교 입소자들은 15일간의 합숙을 통해 일제 시대 이래 기독교 지식인들의 농촌 계몽에 바탕을 둔 실천, 즉 김용기의 가족을 모델로 한 모범적인 생활을 교육받았다. 이들은 근면(오전 4시 기상), 검약(세면 시 비누를 한 번만 만지고 치약도 극소량만 사용), 금주, 금연, 청소, 당당한 걸음걸이, 가래침 함부로 뱉지 않기, 식사 예절, 효도와 우애, 토론 등을 실천했다. 김용기 스스로 새벽 4시 기상, 밤 11시 취침 등 근면한 생활을 평생 실천했다.[55] 그는 애국, 민족 사상, 반공을 강조하며 국가 공동체를 중시했다. 개척 정신으로 무장한 사람을 '농군農軍'이라 부르며 군대식 합숙 훈련을 시행한 김용기에게는 기독교 정신과 유교적·군사적 요소가 공존했다.[56] 김용기의 운동은 1960년대 계몽 사업의 신기원을 이루어 후일 새마을운동에 영향을 끼쳤다.[57]

'농군'은 1960년대에 농업 생산성을 올리기 위해 농경기술 보급에 전투적으로 진력한 한국 농민들의 잡지 이름이기도 했다. 거슬러 올라가면, 비

---

54) 한국농촌경제연구원 엮음, 『1945~2000 한국 농업·농촌 100년사 下』, 한국농촌경제연구원, 2003, pp. 1383, 1402.

55) 고재성, 「김용기 장로의 영성적 삶」, 『기독교사상』 504호, 2000, p. 82.

56) 최혜석, 「평생교육 관점에서의 가나안농군학교 사례 연구」, 아주대학교 석사학위논문, 2006, pp. 41~48.

57) 김병환, 「칼빈과 김용기 장로의 사회봉사활동 비교연구」, 『한국개혁신학회논문집』 33권, 2012, p. 187.

적의 위협 속에서 목숨을 걸고 개척촌을 만든 재만 조선인들에 대한 작가 이태준의 칭송이기도 했다. 변방을 개척할 목적으로 만주국 건국 초에 파견된 일본인 만주 개척단은 이름 그대로 '무장이민단'이었다. 1937년에 국책 이민 사업이 본격화되기 전, 1932년 9월 일본의 재향군인회가 전국 각지에서 불러 모은 향군 무장이민단이 하얼빈, 쑹화 강을 경유해 자무쓰 일대의 변경으로 파송돼 개척촌을 일궜다.[58] 북만의 일본 어린이들도 군복 차림으로 곡괭이를 들고 행진한 뒤 농사일에 동참했다.[59]

또한 재건국민운동은 5·16 이전 시기의 간헐적인 농촌 계몽운동을 계승한다. 원류는 심훈의 『상록수』에 영감을 준 1930년대 학생들의 농촌 봉사인 브나로드Vnarod 운동—'민중 속으로'라는 뜻으로서 원래 러시아 제정 말기 지식인들의 농촌 계몽운동을 지칭하는 말—이다. "아는 것이 힘이다"라는 구호와 함께 문맹 타파를 목적으로 『동아일보』가 1931~34년까지 주최한 이 운동에 5,757명의 학생들이 참여했다. 이 무렵 편집국장이던 이광수가 『동아일보』에 계몽소설 『흙』을 연재했다. 지수걸에 의하면, 농촌의 구조적인 문제가 아닌 농민의 개인적 무지에 초점을 맞춘 이 비정치적인 운동은 조선총독부가 추진한 농촌진흥운동과 같은 맥락의 것이다. 총독부는 학생들의 좌경화 경향을 근로 의식 고취로 해소하고자 했다. 이런 분위기에서 브나로드 운동이 출현했다.[60] 유달영도 이 시대에 『상록수』의 주인공 최용신의 일대기를 펴내기도 했다. 또한 후일 상이군 출신인 제자를 설득해 진도에서 7년간 저수지를 완공시키는 데 일조하게 했다.[61]

---

58) 1933년 2차 이민단과 1938년 "대륙의 신부"라 칭송된 여성들이 합류하자 이들은 경비, 농경, 건축을 병행하며 이야사카무라彌榮村라는 자치촌을 건설했다. 그 인구는 1938년 기준 1,091명에 이르렀다. 비적 습격 등 혹독한 환경에서 이들 중 다수가 퇴단하여 만주국 패망 시에는 최초의 입식자 492명 중 241명만이 남아 있었다. 爽島節郎, 『滿洲武裝移民』, 敎育社, 1979, pp. 233~46.

59) 일본 소피아 대학 학회(2015. 8. 8)에서 상영한 토마스 라후젠의 영상 「Manchurian Memories」 참조.

60) 지수걸, 「일제 시기 브나로드운동, 재평가해야」, 『역사비평』, 1990년 여름호, pp. 260~62.

김영미에 의하면, 1950년대에는 "애향촌 운동, 이상촌 건설운동, 협동조합운동 등 자율적인 농촌운동에 종사한 무명 운동가들이" 전국에 산재했다. 이들은 후일 "국가에 의해 공식적인 지도자('새마을 지도자')로 포섭"됐다.[62] 오늘날 일부 지역이 '1969년 새마을운동의 발상지'라 자처하지만[63] 농촌운동은 수십 년간 활동했던 무명 운동가 없이는 불가능한 것이었다.

유달영 등 민간 지도자들은 재건을 '농촌 개발'로 정의했다. 1962년 중앙회가 운동의 핵심과제로 향토 개발을 제시할 때 언론도 (빈곤과 구습에서의) 해방을 위한 지역사회 개발이 재건운동의 근간이어야 한다고 지지했다. 재건국민운동본부는 (1950년대 말에 시작되었던) 지역사회 개발을 표방하며, 100~200개의 시범 부락 숫자를 1962년에 2천 개 이상으로 늘리기로 했다.[64] 1965년에 시작된 농촌의 재건학교는 "배우며 일하자"라는 구호와 함께 방황하는 농촌 청소년들을 '근대화의 엘리트'로 만들어, 3개월 만에 전국 2만 6천 명에게 배움의 길을 터줬다고 한다.[65] 재건운동은 학생들이 농촌 현실을 인식하는 계기가 되어 농촌 계몽활동을 불러일으켰다. 서울대학교 향토개척단을 포함한 여러 대학이 농촌 봉사활동에 동참해 4-H 지도자에 대한 교양 지도, 문맹 퇴치, 농어촌 실태 조사, 노력 봉사 등의 활동을 폈다. 대학생들은 각 마을에 산재한 부녀회, 4-H회, 산림계, 방범계를 재건운동과 연계해 무의촌 진료, 영농 개선, 미신 타파 활동을 벌이며 근대화의 첨병이 됐다. 이들이 벌인 금주운동, 가정의례 간소화 활동을 통해 농촌에 새로운 기풍이 진작됐다.

---

61) 유달영, 『대추나무』, pp. 103, 183.

62) 김영미, 『그들의 새마을운동』, 푸른역사, 2009, pp. 271~95.

63) 경북 청도군은 1969년 신도 마을 주민들의 수해 복구 사업에 감명을 받은 것이 새마을운동을 구상한 계기라고 주장한다. 『동아일보』, 2011년 8월 29일.

64) 『동아일보』, 1962년 10월 5일.

65) 『동아일보』, 1965년 7월 28일.

사진 4-3. 1962년에 열린 재건국민운동 촉진대회(출처: 국가기록원, 관리번호: CET0064555).

재건국민운동은 행정기관장이 겸직하던 촉진회장을 민간인에게 맡기고
일선 조직으로 자연 부락 단위에 청년회와 부녀회를 두는 등 아래로부터
의 운동이 되도록 노력했다. 그러나 재건국민운동 중앙회는 여당의 외곽
단체라는 비판을 벗어나기 힘들었다. 강상욱이 1963년에 창립한, 정체가
애매한 5월동지회와의 반목도 생겼다.[66] 5월동지회는 16만 명을 단시간에
조직했는데 많은 회원이 재건국민운동 회원과 중복되었다. 이에 재건국민
운동 중앙회는 요원들에게 5월동지회 입회를 금지하는 등 두 조직이 충돌
했다. 강상욱이 "재건운동은 주로 농촌에, 동지회는 도시 지식인을 대상으
로 한다"라고 강변했으나 혼란은 막을 수 없었다.[67] 중앙선거관리위원회

---

66) 강상욱은 5·16 주동자 중 육사 9기의 선두주자요, 김종필의 라이벌로서 유달영을 재건국민운동 본
　　부장으로 모셔오기도 했다. 장창국, 『육사졸업생』, p. 315.

67) 『동아일보』, 1963년 6월 17일.

의 제동과 관제운동이라는 야당의 비판 앞에서 재건국민운동본부는 1964년 '사단법인 재건국민운동 중앙회'라는 이름으로 재출범하며 순수 민간 조직을 표방했으나 곧 힘을 잃었다. 민간 조직으로 바뀐 뒤 재정 기반이 미약해지자 결국 해체된 것이다.[68] 재건운동은 거창하게 시작했으나 결국 관제운동의 한계에서 벗어나지 못했다.[69]

청년단 운동의 한계와 명암

청년단에 대한 역사적 낙인도 부인할 수 없다. 일제 시대 조선, 일본, 만주국 청년단들은 전시 동원 활동을 벌인 것이다. 건국 후 이승만의 견제로 족청이 해산되자 한국 정치사에서 '청년단'은 무언가 부정적인 뜻을 내포하게 됐다. 청년단, 족청 이외에도 전학련을 비롯해 해방 후 제주도에서 테러를 자행한 서북청년단, 대한반공청년단(1959년 국민회 청년건설대에서 개명) 등이 그렇다. 반공청년단은 백골단과 더불어 1952년 이승만 대통령의 직선제 개헌을 위해 부산 정치 파동에 개입하는 등 자유당 실력자들의 비호하에 관제 데모를 벌이거나 민주화 시위대를 공격한 폭력 행동대였다. 이런 점을 고려하면 1974년 봄에 유신 정부가 학원가의 반정부 운동을 인민혁명 시도라고 조작·발표한 민청학련(전국민주청년학생총연맹) 사건은 일부러 '청년'이 들어가는 약칭을 선택한 것으로 추측된다.

유사 청년단의 조직화도 성공하지 못했다. 군정은 일제 시대 이래 존속했던 소년단을 포섭하고자 했으나 뜻을 이루지 못했다. 1922년에 창설된

---

68) 한국농촌경제연구원 엮음, 『1945~2000 한국 농업·농촌 100년사 下』, pp. 1, 382.
69) 이 좌절 때문에 군정과 협력한 기억을 삭제했는지, 유달영의 대표적인 에세이 『대추나무』에는 재건 운동 시절에 대한 회고가 드물다.

민족주의 계열의 조선소년군과 국제주의를 표방한 기독교계의 소년척후 단은 1924년에 통합됐다가 이상의 차이로 1937년에 해산됐다. 조선소년 군은 민족성 개조와 강건한 훈련 방식을 표방했다. 이것을 만든 조철호는 1913년 이응준, 지청천과 함께 일본 육사를 26기로 졸업하고 중앙고등보 통학교, 동아일보사 등에서 근무한 인물이다. 정성채가 만든 소년척후단 은 정직, 우의, 쾌활, 검약 등의 강령을 내걸었다. 해방 직후 조선소년군은 김구 등 임시정부 요인을 임원으로 보강해 부활하고자 했으나 미군정에 의해 해산됐다. 1946년 미군정하에서 새로운 통합 단체인 대한소년단 중 앙연합회가 발족해 수련회와 재난 구조 활동에 진력했다.

1962년에는 박정희를 명예 총재로 추대하면서, '나라 위한 충성, 겨레 위한 봉사'를 내건 한국소년단 3개년 전진운동이 벌어졌다. 3만 7천 명의 지도자와 18만 7천 명의 단원 확보를 목표로 한 것을 보아, 군정은 이것을 재건국민운동의 하위 조직으로 구상한 듯하다. 그러나 단원 수는 8천 명 에 그쳤다. 1960년대 후반에 재차 소년단 3개년 발전계획(1968~70)을 통 해 10만 단원 가입을 목표로 했으나, 1960년대를 통틀어 1만 명 이하를 모 으는 데 그쳤다. 1966년에 열린 1차 한국소년단 전진대회에서 "심신 단련 으로 산업 건설의 역군이 되는 능력을 기르도록 하라"라는 박정희의 치사 에 나타나듯, 이들에 대한 기대는 산업화의 기술 인력으로 좁혀졌다. 1969 년 사회체육계 지도자 김용우가 총재로 앉으면서 한국소년단은 확실하게 탈정치의 길로 갔다. 그는 최초로 가장 높은 지위인 범tiger 대원에 오른, 1920년대 이래 소년단의 산 역사이며 1950년대 이래로는 폭넓은 정치적· 사회적 경력을 쌓은 '민간인'이었다. 1971년 전국 소년소녀단 전진대회를 마친 단원들이 효창운동장에서 여의도까지 행진하며 '명랑하고 아름다운 사회 건설의 역군을 다짐'한 데서 볼 수 있듯, 이 조직은 히틀러유겐트식 단체 혹은 기강의 신체와는 한참 멀리 나아갔다.[70] 순수를 지향하는 이런

태도는 유럽 파시즘과 같은 아래로부터의 운동 결여, 소년단의 기독교적·
국제주의적 역사 등이 작용한 결과였다.

개발 욕구

1980년대에 문학평론가 김현은 정신의 나이가 "언제나 1960년의 18세
에 멈춰 있고, 거의 언제나 4·19 세대로서 사유, 분석한다"라고 술회했
다.[71] 이런 사후의 언명과 달리 5·16이 발발하자 (4·19에 참여했던 교수들
을 포함하여) 지식인의 절대다수가 이를 지지했다. 일부는 후일 박정희 정
부에 적극 참여했다. 당시 최고의 교양지 『사상계』 편집진과 논객들은 군
정의 명분─즉, '혁명 과업 성취 후 양심적인 정치인들에게 정권을 이양
하고 군 본연의 업무에 복귀할 것'이라는 약속─을 믿고 5·16을 수용했
다. 이들은 5·16의 혁명 공약을 매호 목차에 싣고, 군정의 구호들─예컨
대 "세계는 주시한다 한민족의 재생을" "피땀으로 이룩하자 새 살림의 터
전을" "모든 부패 일소하고 새 살림 이룩하자" 등─을 잡지 중간중간에
게재하는 등 적극 호응했다. 냉전 구도하에서 1950년대 이래 『사상계』의
지식인들은 수축된 공간 의식(분단), 반공 이념, 현실(친미)적인 국제정치
인식(즉 제3세계에 거리 두기, 약소 민족의 현실적 생존관), 자유주의, 근대성
('동양적 전제주의'와 유교 비판), 구미 지향(구미 저널과 논문 일변도의 번역)
등을 지녔다. 이들 역시 자유당, 민주당 시대의 무질서와 빈곤으로부터의

---

70) 한국보이스카우트60년사편찬위원회, 『한국보이스카우트 60년사』, 한국보이스카우트연맹, 1984, pp.
     49~63, 351~65, 428.
71) 김현, 『분석과 해석/보이는 심연과 안 보이는 역사 전망』(김현 문학전집 7), 문학과지성사, 1988, p.
     13.

탈피를 갈구했고,[72] 무엇보다 6·25의 체험이 이들을 순수 진보 노선(예컨대 4·19 이후 학원가의 중립통일론, 남북 학생 회담 제창 등)과 거리를 두게 했다. 그리하여 『사상계』는 "군사 혁명 새벽에 오다"라는 화보와 함께 권두언에서 5·16의 사명에 대한 기대를 표명했고, 이것을 4·19의 연장으로 간주하기까지 했다.[73]

이어 『사상계』는 지지와 기대를 담은 해외 언론의 논조,[74] 구정치인들—장면 정부 시절 민의원·참의원을 지낸 신상초, 박준규, 서태원, 엄민영 등—의 좌담을 실었다. 이들은 약체 리더십과 부패, 타락을 한탄하며 "자유민주주의의 의욕에 고무된 군부가 신속히 과단책을 펼 것"으로 기대했다.[75] 이들은 후일 내무부 장관(엄민영), 공화당 의장(박준규), 유신정우회 의원(신상초) 등 박정희 정부에서 요직에 올랐다. 도쿄 제국대학을 다니다 학병으로 중국 전선에 끌려갔던 신상초는 1950년대에 『사상계』를 통해 이승만 박사를 비판했던 당대의 대표적 지식인이었다. 1960년대에 그는 중소 분쟁을 통해 중국·일본의 지위 상승, 국제사회의 다원화 경향을 날카롭게 관찰했다.[76] 또한 "항일운동의 분산, 해방 후 좌우 대립, 매카시즘 등이 민족의 에너지를 소모"시켰으며 "맥아더의 북진 시 통일의 기회

---

72) 사상계연구팀, 『냉전과 혁명의 시대 그리고 『사상계』』, 소명출판, 2012; 권보드래·천정환, 『1960년을 묻다』, p. 338.

73) 이들은 "추잡한 파쟁과 이권 운동에 몰두해 절망, 사치, 퇴폐, 패배주의 풍조가 이 강산을 풍미하고, 이 틈을 타 북한의 공산도당이 내부 혼란의 조성과 붕괴를 획책"하게 만든 민주당 정권을 공격하고, 혁명 정권이 "불리한 지정학적 위치에서 국제공산제국주의자와 대결하면서 자유, 복지, 문화의 방향으로 국가를 재건해야 할 민족적 과업이 크며, 민족 백년의 운명을 짊어지고" 있다고 격려했다. 또한 "역사의 코스는 군사 혁명 지도자들에게 영광된 4·19 정신의 수호와 계승자임을 자인할 수 있는 총명과 과업을 수행할 수 있는 용기를 주어 실로 고무적"이라고 5·16을 칭송했다. 『사상계』, 1961년 6월호, 12월호 권두언.

74) 미국 언론은 "개혁, 성공을 기대," 독일 언론은 "파탄, 혼란을 피하는 유일한 길이자, 필연적인 패턴," 일본 언론은 "서민층의 지지" 등으로 소개됐다. 『사상계』, 1961년 7월호.

75) 「기성 정치인의 솔직한 발언」, 『사상계』, 1961년 8월호.

76) 신상초, 「최근 국제 정세와 한국의 장래」, 『법학논총』 5권 1호, 1965.

가 있었다"라고 주장하며 통일 논의를 선구적으로 제창하기도 했다.[77] 그를 위시한 지식인들은 국제정세에 현실주의적 입장을 견지했다.

『사상계』는 연속적으로 지식인, 자유 등 당시 예민한 주제를 다루는 특집 논단들을 마련했고, 논자들은 이것을 통해 5·16의 현실적 수용 혹은 적극 지지를 표하는 등 현실 지향의 면모를 보였다. 대부분이 그 불가피성을 인정하고 새 사회 건설에 대한 기대를 표명했다. 뒷날 박정희의 필생의 비판자가 되는 편집인 장준하도 "위기 극복 즉시 정상적 민간 정부로 환원돼야 할 것"이라는 전제하에 "군사 혁명 지도자들의 용기, 총명, 견식"을 높이 사고, 국가 위기를 극복할 수 있는 "유일, 최후의 수단"으로서 "행위의 불가피성을" 인정했다.[78] 함석헌 목사도 5·16을 "달라지려는 인간의 꿈틀거림, 민족 개조, 성의와 기술, 지식으로 신속히 이루어져야 할 복부 수술"이라 평가했다.[79] 아연 "복부 수술"이라는 비유가 등장했다. 그는 5·16 시점에 묘하게도 국토건설운동, 정신운동, 저수지, 황무지 개척, 조림을 비롯해 길을 뚫고 광산과 수산을 파내 개발하자는 비전을 제시함으로써 곧 추진될 군정의 불도저식 건설을 예견했다.[80] 『사상계』는 교착된 한일 문제의 해결을 촉구하며 새 정부가 직면할 현실(그러나 엄청난 저항이 예상되는)을 측면에서 도와주기도 했다.[81] 유일한 예외는 박정희 정부의 오랜 비판자가 될 고려대학교 사학과 교수 김성식이었다.[82]

지식인들도 당시의 낙후한 경제 현실을 외면할 수 없었다. 예컨대 동아

---

77) 『경향신문』, 1965년 8월 14일.

78) 『사상계』, 1961년 9월호 권두언.

79) 함석헌, 「5·16을 어떻게 볼까」, 『사상계』, 1961년 7월호.

80) 함석헌, 「새 나라를 어떻게 세울까」, 『사상계』, 1961년 6월호.

81) "허심탄회하게 상호 이해, 상호 협력하는 방향으로 역사의 코스를 돌린다면 가장 친근한 인방이 돼 각자의 번영과 세계평화에 막대한 공헌을 할 것"이라고 했다. 『사상계』, 1961년 9월호 권두언.

82) 김성식은 5·16으로 "자유가 제한되었는데도 침묵하는 지식인들의 도덕적 결의의 결핍"을 탓했다. 김성식, 「한국 지식인의 현재와 장래」, 『사상계』, 1961년 9월호. 김성식도 1961년 11월 재건국민운동본부 중앙위원 50인에 포함되었다.

대학교 설립자 정재환은 5·16 직전 3개월간 미국 국무성의 초청으로 구미 교육기관들을 방문한 뒤 당시 한국의 총체적인 후진성을 한탄했다.[83] 5·16 이후 『사상계』에는 인도의 사회개발운동, 덴마크 민중의 각성과 교육, 이스라엘 농업협동조합, 노력하는 농촌 개발 현장 등 군정의 방향과 공명하는 글들이 속속 실렸다.[84] 『사상계』의 시대정신은 "기아로부터의 자유는 국가권력에 의하지 않고는 불가능하다"라는 신범식의 글로 압축된다.[85] 『사상계』 경제팀은 1950년대 말부터 정부의 일정한 개입과 계획을 통한 급속한 산업화를 주장하며 개발 담론을 주도했다. 이들은 당시 동구권과 북한의 급속한 발전이 경제계획에 바탕을 둔 것이며, 따라서 계획경제가 자유경제를 능가하는 제도라 믿었다. 나아가 이들은 공업 중심의 불균형 성장론, 정부의 기간 산업 집중 육성, (미국 일변도에서 독일과 일본으로의) 원조 다각화, 저축 강행과 소비 절약, 수출 확대 등을 외쳤는데, 이런 주장은 군정의 정책에 모두 반영됐다.[86] 『사상계』 스스로 근대-성장-발전의 논리를 역설했던 터라 '개발 민족주의'를 저지하기는 어려웠다.[87] 후진국에서 탈피하려는 욕구는 지식인 사이에 널리 확산돼 있었다.

군정은 이들을 국가재건최고위원회의 고문·자문위원·기획위원, 재건운동본부, 중앙정보부의 정책연구실, 공화당 등에 대거 참여시켰다.[88] 군

---

83) 정재환은 일기장에 "한국인 연평균 수입 1인당 40달러, 농업 200~300년 전이나 같음, 의뢰依賴, 불로不勞, 독립성 결여, 나태, 관혼상제 등 허례, 실업자 다수, 산업 부진, 씨족 문별을 찾고, 불준법不遵法 [······] 역사적으로 4,200년 운운하지 마라, 나이 많은 것 결코 자랑거리 안 된다"라고 적었다. 정재환, 『석당 일기: 석당선생 구미교육 시찰일지』, 산지니, 2013, p. 240.

84) 현승종, 「현대적 사회개혁의 모델」, 유달영, 「덴마크를 구원한 교육」, 김규환, 「이스라엘의 농업협동조합」 등이 있다. 『사상계』, 1961년 8월호.

85) 신범식, 「시민적 자유와 사회적 자유」, 『사상계』, 1961년 10월호.

86) 정진아, 「1950년대 후반~1960년대 초반 '사상계 경제팀'의 개발 담론」, 사상계연구팀, 『냉전과 혁명의 시대 그리고 『사상계』』, p. 312.

87) 권보드래·천정환, 『1960년을 묻다』, pp. 50~51.

88) 임대식, 「1960년대 초반 지식인들의 현실 인식」, p. 318.

정의 근대화 행로를 막을 세력은 없었다. 쿠데타 직후 국가 기강을 강조하다가 1963년 12월 박정희의 대통령 취임 이래 정부는 경제 방면으로 목표를 집중했다. 박정희는 1964년 말에 서독을 방문해 독일인들의 근면함, 검소함, 인내, 그리고 번영을 이룬 단결에 큰 감명을 받고 귀국한 후 국가 재건에 "온 국민의 피눈물 나는 노력"을 요청했다. 이후 국가의 담론은 단결, 생산, 전진으로 모아졌다. 1965년 연두 교서 이래 자립, 증산, 수출, 건설, "올해는 일하는 해" "전진의 해" "건설의 해" "약진의 해" 등의 구호와 함께 국가의 목표는 온통 경제 발전에 집중됐다.[89] 여당인 공화당의 상징은 황소였다. 공화당은 1963년 대통령 선거에서 황소를 농가에 선물로 나눠주기도 했다. 박정희 스스로도 대단한 일 중독자였다. 1969년 7월에 『관보』는 놀라운 그의 활동—2년간 엄청난 거리의 국내외 출장(경부 간을 200여 회 왕복한 셈이었다), 도합 1만여 명의 접견(하루 평균 30명꼴)—을 소개했다.

계획경제

만주국의 지배자 관동군은 1930년대 중반에 이르러 일본 정부로부터 일단의 '혁신 관료'들을 초청해 권력을 나누었다. 호시노 나오키星野直樹, 기시 노부스케 등 일본 통산성 관리들은 관동군의 동반자로서 만주국에서 자신들이 신봉했던 통제경제를 펼쳤다. 좌익 출신인 오쿠무라 기사부로奧村喜三郎, 모리 히데오토毛里英於 등은 만주국의 전신, 전기 사업, '총합' 개발을 주도했다.[90] 이 관료들은 자유기업 정신과 사유재산에 바탕을 둔 자본

89) 전재호, 「박정희 체제의 민족주의: 담론의 변화와 그 원인」, 『한국정치학회보』 32권 4호, 1999, pp. 96~97.

주의는 거부했으나, 서양 문명의 일부인 과학기술, 전문성, 실용 노선 등은 수용했다. 제니스 미무라는 일본 파시즘을 전근대적·봉건적 체제로 규정한 기존 연구들을 비판하며, 이 전문 관료들의 근대성(경영의 전문성과 합리성 강조)에 주목해 만주국을 "테크노 파시즘 체제"라 불렀다.[91] 이들의 지휘로 소련의 과학기술 연구기관을 모델로 한 임시산업조사국과 대륙과학원이 출범해 왕성한 조사 활동을 벌였다.

초기 관동군의 사회주의적 경향과 기시의 산업 합리화 정책(즉 경쟁 지양, 국가 개입, 기업의 장점을 살린 보호와 감독 등)은 묘한 조화를 이루어 만주국을 사회주의식 계획경제가 아닌 자본주의적 통제경제로 나아가게 했다.[92] 기시를 포함해 만주를 거쳤던 일부 인사는 '만주 파벌'[93]로 불렸는데 1930년대 말에 귀국해 일본 정부의 중책을 맡았다. 이들은 중공업과 통제 정책의 초석을 깔아 전시뿐 아니라 전후의 경제 모델을 마련했다.[94] 기시에게 만주국은 전전 통제경제뿐 아니라 전후 행로의 실험장이었다. 그는 1950년대 말 일본 총리가 된 후 동남아시아 배상 외교를 시작으로 헌법 개정과 국가주의의 불을 지피게 된다.[95]

만주국 지도자들은 제1기 경제건설(1932~36), 제2기 경제건설(1937~41)에 이어 전면 총력전을 위한 제3기 경제건설(1941~45) 등 아시아 최

---

90) 古川隆久,「革新官僚の思想と行動」,『史學雜誌』 99編 4号, 1991, pp. 11~16.

91) Mimura, *Planning for Empire*, p. 3. 이 개념은 귀르비치의 기술 관료 파시즘을 모방한 듯하다. Georges Gurvitch, *The Social Framework of Knowledge*, Margaret Thompson & Kenneth Thompson(trans.), New York: Harper & Row, 1971, pp. 207~10.

92) Mimura, *Planning for Empire*, pp. 76~91.

93) '만주 파벌'은 마쓰오카 요스케松岡洋右(만철 사장, 1940~41년 외무대신으로 일본과 독일의 동맹을 체결한 인물), 호시노 나오키, 기시 노부스케, 도조 히데키, 아유카와 요시스케鮎川義介(닛산 회장) 등 발음상 두 명의 '키'와 세 명의 '스케'로 이뤄진 이른바 '5K'였다. Johnson, *MITI and the Japanese Miracle*, p. 132. 마쓰오카와 도조는 전후 처형됐다.

94) Mimura, *Planning for Empire*, p. 106.

95) 임성모,「전후 일본 보수 정치의 '만주' 표상: 기시 노부스케의 내정과 외교」,『일본학보』 78집, 2009, pp. 272~78.

초의 경제개발 5개년계획을 3회나 입안·추진했다. 제2기 경제건설 계획에는 혁신 관료들이 개입했다. 제1기, 2기 계획은 국가 관리의 '중요 사업'들을 지정했다. 제2기에 일업일사一業一社 원칙(한 분야를 한 기업이 맡는 정책)으로부터 만주중공업개발회사(당시 일본의 신흥 재벌 닛산의 만주국 법인) 중심의 종합 경영으로 전환됐다.[96] 제3기 경제건설 계획은 태평양전쟁을 위한 모든 노력을 경주하기 위해 광업을 극대화하고자 했다.[97] 또한 '마약 퇴치 10개년계획' '페스트 박멸 10개년계획' 등 숱한 5개년, 10개년계획이 추진됐다. 만주국의 경제개발과 동원 '5개년계획'이라는 용어와 선전물은 고스란히 1960년대 한국 군정으로 이어졌다.

계획경제는 방식과 성과 면에서 사회주의권과 자본주의권의 차이, 자본주의 내에서의 차이가 존재한다. 예컨대 소련은 일찍이 1차 5개년계획을 세우고, 대독일 전쟁과 대미 경쟁을 치르면서 광활한 지역에 걸쳐 광공업, 철강 등 전략 산업을 육성했다.[98] '나치'는 "국가주의, 독점과 카르텔 형성, 총통에게 종속된 중앙은행, 제도적 다원주의(무질서한 기구들의 권력 투쟁)" 등이 특징이고 '뉴딜'은 "계몽 행정, 과학적 관리, 계속적 실험, 공적 구호의 책임성, 연방 정부의 안정적 금융 관리" 등이 특징이다.[99] 한국 군정이 초기부터 역점을 둔 것은 만주국식 경제개발계획의 수립과 산업 전사 육성이었다. 산업 전사라는 용어는 5·16 이전에도 드물게 언급된 적이 있지만 군정 초기 1차 경제개발 5개년계획 출범과 함께 본격적으로 등장했고,[100] 1960년대 중반부터는 "산업 역군" "건설 역군" "무역 역군" "수

96) 山本有造, 『「滿洲國」經濟史研究』, pp. 28~46.

97) Myers, *The Japanese Economic Development of Manchuria*, 4장 참조.

98) Paul Josephson, "War on Nature as Part of the Cold War: The Strategic and Ideological Roots of Environmental Degradation in the Soviet Union," J. R. McNeil & Corinna Unger(eds.), *Environmental Histories of the Cold War*, pp. 29~30.

99) 박상현, 「20세기 자본주의 국가 형성의 두 가지 길: 나치와 뉴딜의 비교를 중심으로」, 『사회와역사』, 2010년 겨울호, pp. 459~60.

사진 4-4. 왼쪽은 생산증진에 관한 만주국 포스터이고, 오른쪽 위는 만주국 건국 5주년 기념우표(출처: 기시 도시히코 교수 제공), 아래는 한국 제1차 경제개발계획 기념우표다(출처: 필자 소장본).

출 역군"·"무역 전사" 등과 함께 빈번히 사용됐다.[101] 정부는 각종 교육과 선전 매체, 행사 등으로 국민들에게 산업 전사, 즉 군사적 에토스와 결합된 생산 의식을 고취시켰다.

군정은 정권의 명운을 걸고 산업화에 나섰다. 5·16 직후 1차 경제개발 5개년계획(1962~66)을 입안한 이래 2차 5개년계획(1967~71), 3차 5개년계획(1972~76)이 완성되고, 4차 5개년계획(1977~81)까지 추진 중이었으니, 박정희 시대 전체가 경제개발계획하에 있었다고 할 수 있다. 군정 지도자들은 1차 5개년계획을 그야말로 군대식으로 두 달 만에 입안했다. 속전속결은 군정의 '전가傳家의 보도寶刀'였다. 1970년대 중화학 부문에 대

---

100) 『동아일보』, 1962년 1월 1일.

101) 『동아일보』, 1965년 1월 19일, 1월 30일; 『매일경제』, 1967년 12월 4일.

한 투자도 극소수 인원이 엄청나게 짧은 기간 안에 내린 결정이었다.[102] 그 결과 1차 5개년계획의 초기는 시행착오의 연속이었다.[103] 내자 동원을 위한 통화 개혁이 실패하고 1963년에는 쌀 파동을 맞는 등 총체적 위기를 겪었다. 군정은 이 위기에서 미국의 개입으로 통화 개혁 주도자나 (미국의 눈에) 사회주의적 성향으로 간주된 인사들을 퇴진시키고 보완 계획을 수립했다.[104] 이후 재무·상공 분야의 테크노크라트들이 중용됐다. 1960년대 경제 발전의 견인차는 군인과 테크노크라트였다.[105] 군정은 토지 수용 등을 위한 '기간산업'을 지정했다.

정부는 집념의 공업화와 수출 지상 정책으로 10년 만에 괄목할 만한 성과를 올렸다. 외화 벌이를 위해 젊은이들이 서독의 광산과 병원, 라스팔마스의 어장으로 향하는 등 빈곤 탈출에 국민 전체가 호응했다. 그 결과 "한강의 기적"이라 세계가 찬탄한 경제 성장을 이루었다. 수출액과 국민총생산이 10년 사이에 놀랄 만한 수준에 이르렀고 산업 지형과 거주 형태가 질적으로 변화했다.[106] 이것을 토대로 2015년에 한국은 세계 6위의 수출 대국에 올랐다. 그러나 그 대가도 컸다. 기업이 공장 설립에 필요한 외자 도입을 정부의 지급 보증으로 해결했기 때문에 부실 차관이 쌓여갔다.

---

102) 김형아, 『박정희의 양날의 선택: 유신과 중화학공업』, 신명주 옮김, 일조각, 2005, p. 34.

103) 특히 철강(압연) 부문의 계획은 비현실적이어서 선진국에 30년 정도나 뒤진다는 자조와 함께 지연·수정·취소로 뒤범벅됐다. 이상철, 「1960년대 한국 철강 공업의 성장과 육성 정책: 압연 부문을 중심으로」, 『경제사학』 43호, 2007, pp. 122~23; 이기준, 「생산과 산업 구조」, 내각기획조정실 엮음, 『한국 경제 발전의 이론과 현실 2』, 1971, p. 77.

104) 박태균, 「1961~1964년 군사정부의 경제 개발 계획 수정」, 『사회와역사』, 2000년 여름호, pp. 123~33.

105) 김웅기는 이 테크노크라트들을 한국판 혁신 관료라 부르는데, 이들에게는 기시 등이 누린 권력은 없었다. 김웅기, 「일본의 만주형 발전 모델이 박정희 정부 산업화에 미친 영향」, p. 141.

106) 연평균 경제 성장률이 1차 5개년계획 기간에 8.5퍼센트, 2차 기간에 9.7퍼센트, 3차 기간에 10.1퍼센트, 4차 기간에 9.4퍼센트에 이르렀다. 또한 수출액은 1963년 8,600만 달러에서 1971년 10억 달러를 상회하게 되며 매년 37.6퍼센트의 성장률을 올렸다. 김웅기, 「일본의 만주형 발전 모델이 박정희 정부 산업화에 미친 영향」, 한국학중앙연구원 박사학위논문, 2007, pp. 135, 140.

"국가와 자본의 동맹, 강력한 자본의 힘"의 시대라는 비판이 줄기차게 제기됐다.[107] 1997년 외환 위기를 맞았을 때 한국의 강력한 국가, 정경 유착, "연줄 자본주의" "도덕적 해이" 등은 세계적인 비난과 조롱의 대상이 됐다.[108]

한국과 만주국의 5개년계획에는 몇 가지 차이도 있었다. 첫째는 한국의 관민 합작 열기였다. 그것은 세계 최빈국 상태를 벗어나려는, 특히 남북한 체제 경쟁에서 열세인 상황을 타개하려는 절박한 노력이었다. 농촌은 오랫동안 극심한 보릿고개를 겪었다. 거리에는 거지와 행려 사망자가 득실했고 그중 일부는 아사자들이었다. 1960년대 중반 한국의 자살률은 인구 10만 명당 29.9명으로 1960년대 이래 30년 중 가장 높았다. 치열한 체제 경쟁에서 한국 정부는 국가의 치부를 그린 영화[예컨대 1960년대의 가난을 묘사한 「휴일」(1968) 등]의 상영을 금하기도 했다. 정부는 1965~66년을 증산, 수출, 건설을 위해 "일하는 해"로 지정하는 등 온 국민의 자립 노력을 유도했다. 1, 2차 경제개발계획의 구호인 "자립 경제 기반 구축" "자립 경제 확립 촉진"에 나타나듯, 1960년대는 국가가 선도하고 다수 국민이 호응한 근면·검소·자립의 시대였다. 오늘날 한국 학계에서 자주 사용되는 "동원"이라는 용어는 오히려 이 시대에는 별로 사용되지 않았다. 1966년 국가동원체제 연구위원회라는 것이 설치되었으나 별로 진척이 없었다.[109]

둘째, 전시하 국방 자원 개발을 최우선으로 한 만주국의 경제계획에 비해 한국의 1, 2차 경제개발계획에는 농업 부문이 상당 부분 포함됐다. 세계를 놀라게 한 중화학 건설, 특히 (국가 전체가 테크노크라트들이 세운 뚜렷

---

107) 이덕재, 「박정희 정부의 경제 정책: 양날의 칼의 정치경제학」, 『역사와현실』 74집, 2009, p. 104.

108) Bruce Cumings, "The Asian Crisis, Democracy, and the End of "Late" Development," T. J. Pempel(ed.), *The Politics of the Asian Economic Crisis*, Ithaca: Cornell University Press, 1999, p. 17.

109) 유진순, 「한국 경제 성장의 현단계」, 내각기획조정실 엮음, 『한국 경제 발전의 이론과 현실 1』, 1969, p. 589; 『관보』, 1966년 5월 20일.

한 목표에 맞추어 움직인) "엔지니어링 어프로치engineering approach"는 1970
년대의 일이었다.[110] 1960년대의 1, 2차 5개년계획은 공업화와 수출 증대
가 기본적인 목표였으나 "농업 생산력의 증대로 농업 소득의 증대" "식량
의 자급 자립 달성" 등에도 중점을 두었다.[111] 2차 계획에 '사회 개발(사회
복지)' '제2경제(정신 계발)' 등의 개념이 등장했으나, 3차 계획에 가서야
입안됐다.[112] 1, 2차 5개년계획은 일종의 농공병진이었다. 보릿고개를 넘
어서려면 식량 자급 달성이 시급했다. 정부는 공업화에 대한 집중 투자로
농업 부문을 단기간에 끌어올리지는 못했지만 농민들의 자신감과 자립정
신을 고취시키는 데 진력했다. 이리하여 증산 체제가 발진했다. 이것은 정
부의 주도적 계획·지도와 관민 합동으로 전개된 농업 생산 관리 체제로서
특정 품종, 분야, 기술 개발의 범위를 넘어 의식 개혁을 포함한 포괄적 생
산운동이었다.[113]

식량 증산의 꿈

1960년대에 농업 진흥은 도그마 수준의 정치적 이슈였다.[114] 농촌은 한
국뿐 아니라 동아시아 여러 나라에서도 여당의 표밭이었기 때문이다. 한
국의 농업 진흥은 1931~36년까지 조선총독이었던 우가키 가즈시게宇垣

---

110) 김형아, 『박정희의 양날의 선택』, p. 24.
111) 이기준, 「생산과 산업 구조」, p. 46; 유진순, 「한국 경제 성장의 현단계」, pp. 9~11.
112) 인간 자원 개발, 기본적인 물질적 조건의 보장과 확대, 조직적 구호 사업 추진, 빈부 격차 감소, 사
   회정의 실현 등에 대한 구상이다. 이만갑, 「사회 개발의 구상」, 내각기획조정실 엮음, 『한국 경제
   발전의 이론과 현실 2』, p. 574.
113) 김태호는 1970년대의 통일벼 개발과 보급 기술 시스템을 증산 체제라 불렀다. 하지만 이 책에서는
   1960년대에 형성된 농업 생산을 독려하는 체제라는 뜻으로 사용한다. 김태호, 「"통일벼"와 증산
   체제의 성쇠: 1970년대 '녹색혁명'에 대한 과학기술사적 접근」, 『역사와현실』 74집, 2009, p. 117.
114) Radkau, *Nature and Power*, p. 212.

一成가 선도한 농촌진흥운동으로 거슬러 올라간다. 총독부 농촌진흥위원회 밑에 도·부·군·읍·면 단위 조직이 구성돼 농가 갱생, 자작농 창정, 영농 지도, 시범 사업(모범 부락 선정), 농지 개량 사업 등이 추진됐다. 총독부는 고리 부채 근절이 농촌 사회 안정화의 관건이라고 파악해, 농가들을 금융조합에 가입시켜 그 대부로 부채 정리를 꾀하게끔 했다. 그러나 지주제에 뿌리를 둔 영세농 경영을 해체하지는 못했다.[115]

5·16 당시 한국은 전 인구의 60퍼센트 이상이 농민인 전형적인 농촌 사회였다. 이것은 리콴유가 이끌었던 농업·농정 부재의 싱가포르와는 비교할 수 없이 큰 부담이었다. 그러나 조선조 이래 지탱되어온 강력한 지주제가 한국전쟁으로 약화된 것이 군정에게 행운으로 작용했다. 농촌 개혁에 큰 장애물은 존재하지 않게 된 것이다. 군정은 신속히 농촌을 안정시키고자 중농 제일의 구호와 함께 농산물 가격 유지법, 농어촌 고리채 정리 사업 등 의욕적인 정책을 폈다.[116] 농업진흥청과 산하 교육기관들은 수천 명에 이르는 지도 요원을 동원하여 시·군의 농촌 지도소를 중심으로 적극적인 농촌 지도·교육을 시작했다. '농촌 근대화'가 시작된 것이다. 각도의 농촌 교육원은 1회에 1천 명의 농민을 수용해 교육시켰다. 향토개발연구심의회는 증산을 집중적으로 연구했다.[117] 농촌 지도자 양성소인 농업고등학교도 꾸준히 증가해 1960년대 말 183개에 달했다. 이런 지원 속에서 청년 지도자와 이장 들이 전면에 등장해 씨족 갈등을 해소하고 도박을 퇴치하는 등 새 바람을 일으켰다.[118] 농촌을 향한 노력들은 1971년에 시작

---

115) 이경란, 『일제하 금융조합 연구』, 혜안, 2002, pp. 111~117, 342.

116) 전재호, 「5·16 군사정부의 사회개혁정책: 농어촌고리채정리사업과 재건국민운동을 중심으로」, 『사회과학연구』 34권 2호, 2010, p. 42.

117) 지도 요원은 1962년 약 3,200명에서 1972년 7,925명으로 증가했다. 농업진흥청은 산하에 여러 교육기관을 두었다. 그리고 1963년 경북의 새농민 수련장을 필두로 각 도에서 농민 교육원을 세웠다. 한국농촌경제연구원 엮음, 『1945~2000 한국 농업·농촌 100년사 下』, pp. 1349, 1354.

118) 김영미, 『그들의 새마을운동』, pp. 181~85.

된 새마을운동으로 연결됐다.[119] 빈농 출신 박정희는 농사 현장을 자주 방문해 농촌에 지대한 애정을 표명했다. 그는 바지를 걷은 채 모심기 행사를 한 뒤 촌로들과 막걸리를 나눠 마시기도 했다.

거국적인 증산운동에서 뛰어난 생산 실적을 올린 농민은 '증산왕' 칭호를 얻었고, 실적이 높은 관청은 크게 격려를 받았다.[120] '지역사회 자력개발상'도 제정됐다.[121] 농림부와 도·시·면의 농정 관리들이 농업기술 보급을 위해 직접 농민들과 접촉했고, 대학교수들도 기술 보급과 농촌 연구에 나섰다. 주요했던 방법은 우수 지역을 선정하고 지원해 생산 열기를 확산시키는 '모범 부락' 육성이었다. 모범 부락 육성 사업에는 1960년대의 증산운동뿐 아니라 1970년대 새마을 사업의 원형(즉 기술 개발에서 농로, 교량 건설, 행정력의 침투)이 망라됐다. 1970년대에는 외형 시설을 가꾸는 사업(지붕 개량, 울타리와 화단 설치, 도로 및 교량 사업 등)이 중요한 과제로 떠올랐다. 농가는 빈궁하다는 인상을 불식시키기 위한 것이었다.[122]

증산운동은 포괄적인 개념이다. '직접적인 증산법'은 구체적 영농(매립, 개간, 토양과 품종 개량, 병충해 방제 등)을, '간접적인 증산법'은 산아 제한, 이민, 식생활 개선, 저장·운반·가공으로 손실을 줄이는 것 등을 뜻했다.[123] 이렇듯 증산운동에는 농업 생산을 웃도는 인구 증가에 대한 우려가 짙게 드리워져 있었다. 과다 인구가 경제개발의 걸림돌이라는 인식이 학자나 농정 관리들 사이에 팽배했다.[124] 가족계획은 대한가족계획협회

---

119) 『중앙일보』, 2012년 7월 10일.

120) 예컨대 1965년 경남도청의 보리 배가 증산운동이 "일하는 해의 가장 성공적 업적"으로 격려받았다. 『관보』, 1965년 6월 19일.

121) 『관보』, 1968년 1월 5일.

122) 최창호, 「새마을 모범 부락 비교 연구」, 『지방행정』 22권 242호, 1973, p. 99; 강대용, 「[새마을운동 성공 사례] 전국 최우수 퇴비 증산왕이 되다」, 『지방행정』 24권 261호, 1975, p. 122.

123) 정일상, 「[투고] 협업농업의 문제점과 방향: '시범면단계 증산운동'과 관련하여」, 『지방행정』 15권 152호, 1966, p. 131.

124) 채관식, 「농업증산운동의 방향」, 『지방행정』 13권 126호, 1964, p. 78.

의 강연회와 교육·시술·홍보 등 "강력한 억압, 설득 기제를 통해" 추진
됐다.[125] 그 결과, 1960년대 인구 성장 억제 사업은 경이적인 기록을 낳았
다.[126] 이것이 성공할 수 있었던 이유는 특히 여성들에게 출산 통제 욕구
가 잠재했기 때문이다.[127] 싱가포르가 1960년대 후반부터 보건, 산아 제
한, 금연, 쓰레기와 담배꽁초 투척 금지, 장발 단속, 줄 서기, 양보, 미소 짓
기 등의 (건국 이래 50년간 약 200가지의) 운동을 줄기차게 폈던 '캠페인 국
가'라면, 1960년대 한국은 경제개발계획, 식량 증산계획, 국토계획, 도시
계획에서 인구 억제계획까지 망라한 '계획 국가'였다. 싱가포르가 정부 주
도로 교육과 매스컴을 통해 반세기 동안 점진적 생활혁명을 추진했다면,
한국은 입안 후 밀어붙이는 단판 승부의 세계였다.

　1960년대 증산왕들의 성공 이면에는 영농기술의 보급·지도, 우수한 마
을 지도자들의 존재, 행정 지도자들의 방문과 격려, 성공적인 영농 수기
탐독 등이 있었다. 화학비료 사용도 한몫했다. 화학비료 사용량은 10년 동
안 2.2배 늘었다.[128] 상당량의 화학비료와 살충제 살포를 불사하는 단기성
성과주의가 횡행했다.[129] 이것들을 안정적으로 확보하는 것이 농촌 당국
의 관건이었다.[130] 증산에 모든 것을 거는 시대였다. 지력 약화를 우려하
여 퇴비 증산에 나선 것은 1970년대의 일이었다.[131] 1960년대 초 일본에

---

125) 김명숙, 「국가동원과 '가족계획'」, 공제욱 엮음, 『국가와 일상: 박정희 시대』, 한울, 2008, pp.
　　286~93.
126) 1960년대 연평균 인구 성장률은 1955~60년 2.9퍼센트에서 1961~65년 2.6퍼센트로, 1966~70년
　　에는 2.0퍼센트로 하락했다. 각 연도별 센서스 자료를 기초로 추정치와 당시 인구 상황을 알려주신
　　최신 전 동아대학교 교수님에게 감사드린다.
127) 박경숙, 『북한사회와 굴절된 근대』, p. 116.
128) 1961년 1헥타르당 141킬로그램, 총 27만 9,424메트릭톤에서 1971년 1헥타르당 264킬로그램, 총
　　60만 5,137메트릭톤으로 증가했다.
129) 예컨대 한 수확왕은 엄청난 화학제품을 논에 쏟아 넣었다고 고백했다. 대한지방행정공제회, 「[모범
　　영농 사례] 벼 다수확 왕이 되기까지: 광주시 보촌동 양지부락 정춘식 씨의 경우」, 『지방행정』 18
　　권 193호, 1969, pp. 147~48.
130) 채관식, 「농업증산운동의 방향」, p. 79.

서 수입된 8마력 경운기 40대가 공급되면서 농촌 기계화도 개시됐다. 진주 대동공업은 경운기를 국내에서 조립·생산하고 농민들에게 일주일씩 숙식을 제공하며 조종기술을 전수하는 등 보급의 선두에 섰다. 경운기 보급은 1960년대 중반 4년 사이에 10배 이상으로 크게 늘었으나[132] 궁핍의 시대에 트랙터 보급은 지난한 일이었다. 1966년, 농사용 스웨덴제 볼보 트랙터 20대가 도입돼 서울과 제주를 제외한 8개 지역에 2~3대씩 배치되는 등 전체 보유 수가 두 자리 숫자에 머물렀다.[133] 1960년대 후반 연평균 미곡 366만 톤, 보리 181만 톤을 생산해 보릿고개를 탈피하고자 안간힘을 썼으나,[134] 농업 분야의 성장은 구조적으로 어려운 일이었다. 한일 국교 수립의 조건인 대일 청구권 자금은 농림수산업의 개발을 위해 사용하도록 되어 있었으나, 상당액이 포항제철 건설에 전용됐다.

　식량 증산의 꿈은 농지 개량 사업으로 확대됐다. 군정은 5·16 직후 배수 시설, 농업용 도로, 농지 보전, 매립, 간척에 관한 토지개량사업법을 발하며 관개 사업에 대한 의욕을 표명했다.[135] 1군 1조합 원칙으로 695개의 기존 토지개량조합은 198개로 정리됐다. 그러나 관개 기반시설의 정비 속도는 더뎠다. 농업진흥공사가 설립돼 전국의 조합을 127개로 통합하며 농

131) 지방국 새마을지도과, 「퇴비 증산에 관한 연구」, 『지방행정』 22권 240호, 1973, p. 125.

132) 1966년에 1,500대, 1970년에 1만 1,800대로 약 10배 늘었다. 조승철, 「기계화 농업이 이룩되기까지」, 농어촌진흥공사 엮음, 『국토개조 반세기 증언』, pp. 133~35.

133) 1967년에 34대, 1968년에 68대, 1970년에 61대였다. 한국농촌경제연구원 엮음, 『1945~2000 한국 농업·농촌 100년사 下』, p. 1236.

134) 농업 생산성이 향상되었으나 1968년 미곡 생산은 1955년의 108퍼센트에 머물렀다. 한국농촌경제연구원 엮음, 『1945~2000 한국 농업·농촌 100년사 下』, p. 1180. 그러나 농민들에게는 자조·개척 정신이 있었다. 예컨대 1960년대의 농업 관련 잡지들은 중앙정부와 지방 농정 관리들의 작물과 축산에 대한 지도와 농민들의 모범 영농 사례로 채워져 있다. 이것이 갖는 전시적 성격을 감안하더라도, "누대의 가난과 숙명인 양 자포자기의 나날을 떨치고" "수년간의 집념으로" "절망의 늪을 지나" "맨주먹으로 성공한" "가자, 산으로!" "사명감" 등을 토로하는 지도자들과 농민들의 집념을 부인할 수는 없다.

135) 『관보』, 1961년 12월 30일.

지 개량 사업을 추진했으나 실적은 크지 않았다. 공업 투자로 관개 사업에 쏟을 여력이 없었기 때문이다. 1960년대의 수리안전답 비율은 45퍼센트 수준으로 자연적인 장애를 거의 극복하지 못했다.[136]

정부의 구호, "식량의 자급 자립"은 거의 불가능한 목표로 보였다.[137] 많은 노력에도 곡물의 국내 자급률은 1965년 93.9퍼센트, 1970년 80.5퍼센트에 머물렀다.[138] 군·관수용 곡물 확보와 가격 조절을 목표로 한 적극적인 양곡 관리 정책이 추진되었으나 소비자 시장의 가격 조절은 거의 미곡 수입에 의존했다.[139] 이런 상황에서 쌀로 막걸리를 담그는 것은 중죄였다. 전국 방방곡곡에 밀주 단속 표어가 깔렸다. 밀가루와 카바이드를 섞어 만든 막걸리는 서민들의 술이었다. 주곡 자급 달성은 농촌진흥청이 1970년대 중반에 다수확이 가능한 새로운 품종인 통일벼를 보급하며 이루어졌다. 정부는 마침내 1976년을 식량 자급의 해로 선언했다.[140] 그 이후 쌀 막걸리가 등장했다.

136) 이중웅, 「농지 개량조합운영의 당면과제와 개선방안」, 『한국농촌경제연구원논집』 11집 3호, 1988, pp. 2, 4.

137) 조영탁, 「1960년대 이후 양곡관리정책의 변화와 그 성격에 관한 연구: 국가개입방식의 변화와 그 효과를 중심으로」, 서울대학교 박사학위논문, 1993, p. 16.

138) 한국농촌경제연구원 엮음, 『1945~2000 한국 농업·농촌 100년사 下』, p. 1173.

139) 조영탁, 「1960년대 이후 양곡관리정책의 변화와 그 성격에 관한 연구」, pp. 29, 37. 미곡은 꾸준히 수입됐다. 1962년 약 50만 톤으로 시작해 1963, 1967, 1968년에 100만 톤을 넘겼다. 가뭄이 심했던 1968년에는 무려 150만 톤으로 치솟았다. 최응상, 「식량 생산과 소비 구조」, 내각기획조정실 엮음, 『한국 경제 발전의 이론과 현실 2』, pp. 224~42.

140) 통일벼는 1970년대에 괄목할 만한 수확으로 식량 자급의 견인차가 되었으나 연속적인 병해로 농민들의 반발을 사 1979년에 보급이 중단되고, 1990년대 자취를 감추었다. 김태호, 「"통일벼"와 증산 체제의 성쇠」, pp. 115, 128.

재건을 위한 "피눈물"

전쟁의 참화에서 라인 강의 기적을 이룬 분단국가 독일은 다방면에서 1960년대 한국에 커다란 영향을 끼쳤다. 미국, 일본 등에서 차관 도입에 실패한 군정은 독일로 눈을 돌려 1961년 말 독일차관교섭단을 구성하여 끈질기게 지원을 요청했다. 독일은 "아프리카 최빈국 수준에다 쿠데타로 집권한" 한국 정부를 문전박대했으나, 박정희와 실무자들의 노력이 독일 조야를 움직였다. 이런 맥락에서 1963년 광부와 간호 여성이 그 당시 노동력이 부족했던 독일로 파견되었다. 박정희는 1964년 12월에 직접 독일을 방문해 "한국 국민의 40퍼센트가 실업자에, 절반이 굶고 있지만, 열심히 노력하여 꼭 돈을 갚겠다"라고 호소했다.[141] 마침내 정부 수립 후 최초의 상업차관 1억 5천만 마르크(당시 환율로 3천만 달러)를 얻는 데 성공했다.

독일 방문은 박정희에게 중요한 계기가 됐다. 박정희는 독일의 부흥, 아우토반, 중공업에 지대한 관심을 보였다. 그는 아우토반을 달리던 도중 몇 번이나 차를 세워 둘러볼 정도로 고속도로 건설에 대한 의지를 불태웠다. 또한 함보른 광산을 찾아 파독 광부들을 위로할 때는 극빈을 후대에 남기지 말자며 광부들과 더불어 눈물을 흘리기도 했다. 귀국 후 박정희는 근면·검소 등 국민들의 참여가 있어야 성공한다는 신념을 굳히고 "국가재건에 온 국민의 피눈물 나는 노력"을 요구했다.[142] "피눈물" "허리띠를 졸라매자"는 시대의 구호가 됐다. 정부가 벌인 절약·저축 운동 역시 피눈물 나는 노력이었다.

그런데 사실 이런 정부 주도의 절약·저축 운동은 일제 시대와 만주국에

141) 백영훈, 『아우토반에 뿌린 눈물: 잊어버린 경제 이야기』, 신리 옮김, 한국산업개발연구원, 1997, pp. 35~37.
142) 박정희, 「방독 소감」, 『조국 근대화의 지표』.

서 내려오는 족보를 갖고 있다. 그 원류는 제1차 세계대전 중의 유럽이다. 영국은 약 4만 개의 저축협회를 조직하여 세계의 모델이 됐는데, 일본은 1924년 밀라노의 세계저축대회에 대표를 파견하는 등 유럽의 정책과 계몽을 부지런히 학습했다. 일본의 저축운동은 시작부터 민족적·전투적 기운을 띠었다(예컨대 '사치'라는 적함에 아군 함정이 '근면과 저축' 포탄을 퍼붓는 포스터가 등장했다). 태평양전쟁 발발 후 일본에서는 저축액 80억 엔을 목표로 한 강력한 저축운동이 벌어졌다. 저축장려협회가 전국의 기업, 학교, 조합, 청년단체, 여성단체, 농촌의 하부 단위에까지 구성돼 거의 전 가구를 가입시켰다. 1944년 매월 1회의 정기적인 저축 이외에 아홉 종류의 저축(출생, 입학, 전쟁 승리 등을 기념하는 저축 등)이 생겼고, 일부 지역에서는 신생아 출생을 기념하는 저축의 증거가 없으면 출생신고를 해주지 않았다. 이런 강제 저축으로 1945년 종전 시 저축액이 1938년의 무려 8배에 이르렀다. 전시의 저축과 생활개선운동은 그동안 수동적인 위치에 머물러 있던 여성을 '낭비와 사치'에 맞서 가정 경제를 경영하는 '주부'로 격상시키고, 남성들의 여성 편력을 공격하게 만드는 등 여성 지위 향상의 계기가 되기도 했다.[143]

조선에서도 1938년부터 저축장려위원회를 통해 국민적 저축운동이 벌어졌다. 총독부는 "보국 저축"의 구호와 함께 전국적으로 식산계와 저축조합을 만들어 전 가구의 가입을 강요했다. 결전 저금, 축하 저금, 감사 저금 등 특별 예금들이 난무하고 봉급 10퍼센트 내외의 강제 저축이 부과됐다. 조선의 저축액은 1938년 2억 7,200만 원에서 1944년 말 약 17억 원으로 6.2배 늘어, 같은 기간 일본의 증가율(1938년 73억에서 1944년 말 350억 엔으로 4.9배)을 앞질렀다.[144]

---

143) Sheldon Garon, *Beyond Our Means: Why America Spends While the World Saves*, Princeton: Princeton University Press, 2012, pp. 226~50.

만주국에서는 산업 투자와 전비 마련을 위해 1939년 국민저축 5억 위안이라는 목표를 세워,[145] 국채와 강제 우편 저금으로 국내 자금을 쥐어짰다. 국채는 1937년 약 4억 5천만 위안, 1942년 약 29억 위안, 1943년 약 21억 위안이 발행되어 1943년 1인당 국채는 45.4위안으로 대략 노동자 월급의 2배에 해당됐다. 일본처럼 주로 우편 저금을 통한 저축액은 공채 규모를 능가해, 1939년 약 6억 4천만 위안에서 1944년 37억 위안으로 늘었다. 일본 엔과 만주국 위안은 일대일 등가였으므로 양국 인구를 고려하면 만주국 저축액이 일본에 뒤지지 않는다.[146] 또한 만주국에서는 관리들에게 강제성 의무 저금[147]과 직원 의무 저축을 부과하는 등 전 도시에서 공채 구입과 저축이 강제적으로 추진됐다. 의무 저축 비율(봉급 150위안 이하 2퍼센트, 150위안 이상 4퍼센트, 250위안 이상 6~8퍼센트)이 일본(1940년대 도쿄의 한 구역에서 가구당 1~10엔을 부과)보다 높았다. 1942년 만주국 전국에 약 4만 개의 저축회가 조직되고 건물 매매 시 국채 구입, 저축에 가입하지 않은 자에게 1만 위안의 벌금을 매기는 등 강압적인 방법이 동원됐다.[148] 1945년 목표액은 살인적인 수준인 60억 위안으로 잡혔으며, 종전 직전 저축액은 37억 3천만 위안(1939년의 5.8배)에 달했다.[149] 거국적 저축·절약 운동은 협화회의 업무 중 하나였다. 협화회는 국방부인회 등 여성단체와 긴밀하게 협력하여 보건, 생활 개선, 총후 후원(유가족의 보조 원호, 국방헌금, 병기 헌납, 상이군인 위문), 건전 생활(농촌 개혁), 국민 근로봉사(봉공대와 청소년 단원의 집단 근로봉사), 개척지 공작 등 폭넓은 후방 활

---

144) 권대웅, 「일제말기 조선저축운동의 실체」, 『민족문화논총』 7집, 1986, pp. 71, 76.

145) 滿洲國中央銀行史硏究會, 『滿洲國中央銀行史: 通貨金融政策の軌跡』, 東洋經濟新聞社, 1988, p. 145.

146) 解學詩, 『僞滿洲國史 新編, 4卷』, 北京: 人民出版社, 2005, p. 759.

147) 滿洲國史 編纂刊行會, 『滿洲國史 各論』, p. 920.

148) Garon, *Beyond Our Means*, p. 244.

149) 解學詩, 『僞滿洲國史 新編, 4卷』, pp. 760~62.

동을 벌였다. 아울러 소비 절약, 연회 자숙, 허례 폐지, 폐품 이용, 근검 저축 등 '부가강국富家强國'도 추진했다.[150]

패전 후 일본 정부는 영국, 소련, 프랑스, 벨기에, 네덜란드 등에서 벌인 전후 복구를 위한 긴축과 저축운동을 모방해 재차 저축운동에 나섰다. 학교 저축, 우편 저금 등 제국 시대의 관행들은 연합군 사령부에 의해 제동이 걸렸으나, 1951년 군정 철수 직후 복원됐다. 곧 저축증강 중앙위원회가 결성되고, 민족주의적 포스터들도 재등장했다. 현재 세계 최대의 저금고를 자랑하는 우체국 저금에 대한 면세 등 정부의 파격적인 지원과 각종 홍보를 통한 '자발적인' 저축운동이 벌어져 그 열기가 1970년대까지 이어졌다. 가계 저축률은 1959년 14퍼센트에서 1976년 23퍼센트로 세계적인 수준에 이르렀다. 1950년대에 주부연맹을 중심으로 여성단체들도 적극 협조해, 주부들의 절반 정도가 가계부를 매일 꼼꼼히 기록했다.[151]

한국 군정의 노력은 이런 공시적·통시적 흐름과 맞닿아 있다. 5·16 직후 재건국민운동본부는 예전 자유당 시기에 침체되었던 저축운동을 범국민운동으로 인수해 '푼돈 절약 저축운동'을 포함, 대대적인 저축운동을 시작했다. 몽당연필과 소금(농촌에서 치약 대신 썼다), 고무신이 두루 사용되던 시대였다. 농민들은 "끼닛거리도 없고 한겨울에 아이들이 입을 옷마저 없는 집에서 절약할 것도 없다"[152]라고 했으나, 군정은 국민저축조합법을 제정한 뒤 모든 국민이 직장, 신분, 단체, 지역별 저축조합에 가입해 일정액 이상을 저축하도록 했다. 1963년 6월 말 조합 수는 약 4만 5천 개, 조합원 수는 635만 명이었다.[153] 정부는 1960년대 내리 '증산과 저축운동' '농

---

150) 『大阪每日新聞』, 1939. 6. 18; 「協和會工作方針大綱」, 『滿洲日日新聞』, 1939. 2. 24. 이 자료를 찾아준 연세대학교 임성모 교수에게 감사드린다.

151) Garon, *Beyond Our Means*, pp. 263~71, 277.

152) 김중순, 『같은 공간, 다른 시간』, p. 128.

153) 직장인에게 월급의 1퍼센트, 학생에게 20~100환, 비농가 세대당 300환, 농가에 월 100환 이상의

민저축운동'·'저축조합운동'·'400억 원 목표 저축운동'·'1인 1통장 운동'·'여성저축운동'·'여성저축생활회' 등의 활동을 벌였다. 그리고 모든 예금의 이자 소득세를 비과세로 만들고 우체국 금리를 16.8퍼센트로 묶었다. 재무부 저축과 산하의 저축독려반이 전국을 상대로 저축조합 육성을 지도하고, 각종 홍보에 나섰다. 연 2회에 걸쳐 저축 강조 기간 1개월을 설정하고, 『국민 저축』이라는 잡지도 배포했다.[154]

　재무부는 '저축의 날'과 '저축의 달'을 제정해 범국민운동을 벌였고, 모범 학교, 기업, 개인을 대상으로 저축왕을 뽑아 시상했다. 1965년의 저축증강운동으로 초등학생들에게 돼지저금통에 저축하는 습관을 장려했다.[155] 학교에서는 저축에 관한 표어 짓기, 웅변대회, 논문 발표, 개인 통장 갖기 운동이 벌어졌다.[156] 한국은행에 저축장려위원회가 설치되고, 일본을 모방하여 1967년 여성저축장려위원회가 발족돼 '알뜰살뜰 주부상'을 제정했다. 이 단체는 가계부를 배부하며 절약운동에 일조했다. 소비자 운동의 대모 정광모와 YWCA도 저축운동에 동참해 1972년 제1회 '부지런한 손' 선발대회를 개최했다. 한때 20만 부의 발행 부수를 자랑한 『주부생활』을 포함해 『여원』 『여성동아』 『여성중앙』 등의 잡지도 근검절약의 미덕과 현모양처상을 제시하며 저축운동을 도왔다.[157] 동시에 사치와 낭비

　　저축액을 할당했다. 최선근,「국민저축운동의 회고와 저축조합 육성을 위한 행정상 제문제」, 서울대학교 석사학위논문, 1963, p. 26; 전경옥·유숙란 외, 『한국 근현대 여성사: 정치·사회 2』, 모티브북, 2011, p. 271.

154)　최선근,「국민저축운동의 회고와 저축조합 육성을 위한 행정상 제문제」, pp. 16~24.
155)　『관보』, 1965년 5월 31일.
156)　한 대학생은 논문에서 "번영을 누리기 위한 근면" "자립 경제 달성을 위해 분초를 다투는 노력" 등 전후 일본의 용어인 저축 증강을 외치며 근면·저축 운동을 지지했다. 더불어 일본의 저축 유인책인 예금 이자 소득에 관한 면세도 제안했다. 이철호,「저축 증강의 구체적 방안」, 『경상논집』 1집 1호, 1964, p. 131.
157)　장미경,「1960~70년대 가정주부(아내)의 형성과 젠더정치: 『여원』『주부생활』 잡지 담론을 중심으로」, 『사회과학연구』 15집 1호, 2007; 다니자키 아츠코,「현대 한국 중산층 주부 역할 형성 과정에 관한 분석: 6, 70년대 여성 잡지를 중심으로」, 서강대학교 석사학위논문, 2002.

의 상징 '복부인'을 알뜰 주부의 대립항으로 삼아 공격했다.[158] 1960년대의 담론은 1930년대와 크게 다르지 않았다.[159]

근검·저축 운동은 1970년대까지 계속된 생활양식이었다. 박정희는 상당한 경제 발전으로 "국력이 북한 공산 집단을 월등히 앞지른" 1978년에도 소비 욕구가 폭발할까 우려해 "자주 국방과 자립 경제의 조속한 완성"을 위해 "절약과 저축의 기풍"을 지키자고 호소했다.[160] 빈곤과 인플레이션의 사슬로 1960년대의 저축은 힘겨운 일이었으나, 국민적 운동과 유인책 등으로 1960년대 후반부터 저축률이 상승해 1967년 전 금융 기관의 저축성 예금고(약 1,600억 원)가 1964년(180억 원)의 8.8배에 이르렀다.[161] 저축운동의 효과는 1970년대에 본격적으로 나타났다. 평균 저축률이 1960년대 15.5퍼센트에서 1970년대에 22.6퍼센트로 올라 동아시아 최고 수준이 되었고, 1980년대 후반에는 전 세계에서 손가락에 꼽힐 정도가 되었다. 또한 1968년 2월에 『동아일보』와 한국반공연맹후원회가 '자주 방위성금 모으기 운동'을 전개하기 시작했다.[162] 방위성금 모금은 공무원, 기업, 학원가를 대상으로 사회 전반에 확대됐다. 이후 20년간 언론은 늘 개인과 기업의 방위성금 출연을 보도하며 모금 경쟁을 유도했다. 특히 주적 북한의 존재는 남한 사람들에게 고성장 시대에도 끝없는 내핍을 강요하는 원천이

---

158) 전경옥·유숙란 외, 『한국 근현대 여성사: 정치·사회 2』, p. 135.

159) 1930년대 잡지 『여성』에 드러나듯, 일제 시기 조선 여성들에게는 생산만이 부과되고 소비가 허용되지 않았다. 국가와 가부장제가 허용하는 한도의 취업 활동으로 생산력을 확충해 '총후 부인'으로서 역할을 다했으나, 사치품 소비는 죄악시된 것이다. 또한 여성은 전시를 반영해 합리적·과학적 지식의 소유자가 되어야 했다. 여성은 몸뻬를 입고 내핍에 몰두하며 "성적 주체로서의 욕망을 헌납"한 주체였다. 곽은희, 「전시 체제기 노동·소비 담론에 나타난 젠더 정치: 잡지 『여성』을 중심으로」, 『인문연구』 59호, 2010; 고미숙, 『한국의 근대성, 그 기원을 찾아서: 민족, 섹슈얼리티, 병리학』, 책세상, 2001, p. 122.

160) 박정희, 「범국민저축생활화운동에 즈음한 대통령 담화문」, 『동아일보』, 1978년 9월 1일.

161) 최명숙, 「우리나라 저축 구조의 특징에 관한 연구」, 경북대학교 석사학위논문, 1977, pp. 28~61.

162) 『동아일보』, 1968년 2월 10일, 3월 9일.

었다. 방위성금의 흔적은 오래갔다. 1988년에 비로소 '비자발적 준조세'가 폐지되었으나 자발적인 성금은 지금도 간혹 발생하고 있다.

절미운동도 비슷한 맥락에 놓여 있었다. 1962년 농림부가 쌀 80퍼센트에 잡곡 20퍼센트를 섞어 먹으라는 분식 요강을 발표한 이래[163] 혼식·분식 운동은 1960년대의 중요 사업이었다. '혼식의 날' '분식의 날'도 정해져 학교에서는 도시락 검사를 시행했다.[164] 도시락을 평소 싸지 못하던 가난한 초등학생들이 검사를 받기 위해 그날 도시락을 싸야만 하는 고통이 뒤따랐다. 1960년대 말에는 "고루와 낭비를 시정하고, 모든 국민이 한 덩어리가 되자"라는 가정의례가 선포됐다. 이 가정의례는 전통 대 근대의 전형적인 이분법을 사용해, "형식에 매몰된 전통" 극복과 생활의 합리화를 외치며 절미운동을 그 속에 포함시켰다.[165] 공무원들에게는 절약운동에 앞서는 등 긴장된 복무 태세가 요구되었고,[166] '밀가루가 쌀보다 훨씬 영양가가 높고, 많이 먹으면 키가 크고 머리가 좋아진다'는 계몽운동도 펼쳐졌다. 무미일無米日이 정해져 요식업자들은 매주 수요일과 토요일 점심에 쌀로 만든 음식을 일절 팔지 못하게 됐다.[167]

노동영웅

제2차 세계대전 후 동아시아 여러 나라가 산업화에 매진했다. 1940년대 중국 옌안의 방식은 일본군과 중국국민당 부대의 협공에 사면초가가

---

163) 『동아일보』, 1962년 12월 28일.
164) 전경옥·유숙란 외, 『한국 근현대 여성사: 정치·사회 2』, p. 110.
165) 『관보』, 1969년 3월 5일.
166) 『관보』, 1969년 2월 18일, 12월 19일.
167) 공제욱, 「'혼분식 장려운동'과 식생활의 변화」, 공제욱 엮음, 『국가와 일상』, pp. 150~55.

된 중국공산당의 절박한 위기 타개책으로, 자본이 전무한 상태에서 진행 됐기 때문에 다른 시간대와 장소에 적용하기 힘든 (마오쩌둥 스스로 특별한 조건의 산물이라 평가한) 노동 집약 프로그램이었다.[168] 그러나 이것은 전후에 면면히 이어졌다. '자립 갱생'은 문화혁명 때 외국 혐오와 단절의 맥락에서 재등장했다.[169] 전후 중국의 가장 유명한 노동영웅은 레이펑雷鋒이다. 그는 근대 중국의 혁명정신의 화신이었다.[170] 인민해방군 출신인 레이펑은 공산당과 마오쩌둥에 대한 충성으로 20세기 중국의 우상이 됐다. "레이펑으로부터 배우자"라는 마오쩌둥의 언명은 지금까지도 이어져, 레이펑의 삶은 다양한 출판물과 인터넷 매체로 재생산되고 있다. 마치 독실한 불교도가 부처님을 만나고 싶은 열망에서 선행을 하듯, 그는 마오쩌둥을 만나고자 하는 희망으로 매일 (일부 과장된) 노동의 선행을 하고 그것을 일기장에 남겨 중국인들을 감동시켰다. 레이펑의 일기는 해방군에 의해 연출·편집되고, 뒷날 정치적 상황에 따라 여러 번 첨삭됐다. 레이펑은 만들어진 영웅이었다.[171] 레이펑 이외에도 많은 노동영웅이 이때 탄생했다.[172]

북한의 천리마운동은 소련과 중국 노동운동의 용어와 정신을 이었다. 그런데 이 극심한 노동집약적, 양적 속도 경쟁은 자원의 비효율적 이용을 초래했다.[173] '주체' 정신은 우방 공산권의 충고에도 귀를 닫고 무리한 중

---

168) Selden, *The Yenan Way in Revolutionary China*, p. 265.

169) Ho & Huenemann, *China's Open Door Policy*, p. 6.

170) 문화혁명 때 혁명정신을 내건 베이징 대학 심리학과는 프로이트 이론을 공격했다. Larson, *From Ah Q to Lei Feng*, p. 102.

171) Xiaofei Tian, "The Making of a Hero: Lei Feng and Some Issues of Historiography," William Kirby(ed.), *The Peoples' Republic of China at 60: An International Assessment*, Cambridge: Harvard University Asia Center, 2011, pp. 296~303.

172) 조선족 등 소수민족도 중국 노동영웅에 두루 선정됐다. 1950년대 창바이 인민공사의 조선족 김시룡은 벼농사에서 탁월한 실적을 올려 "전국 수도水稻 농산 모범"이라는 노동영웅이 됐다. 李海燕, 「中國朝鮮族社會における土地改革と農業集團化の展開」, 『相關社會科學』 22号, 2012, p. 77.

173) 이태섭, 『김일성 리더십 연구』, pp. 174, 249.

공업화와 국방 투자로 나아갔다. 북한은 동구권의 영향마저 차단하기 위해 1950년대 말 동구권에 가 있던 유학생들을 갑자기 철수시켰다. 그러나 주체사상의 표방에 걸맞지 않게, 상호 불화 관계였던 중국과 소련 사이를 최대한 이용해 경제적·기술적 지원을 얻는 데 골몰했다. 1961년 북한의 7개년 경제계획이 표방한 '군민 병진'은 이후 30년간 이어지는 쇠퇴의 서막이었다.[174] 동구권도 1960년대 후반 서서히 구조적 문제를 노정시켰다. 사회주의 체제에 대한 환멸, 알코올 중독, 흡연 등으로 사망률이 증가했다. 체코슬로바키아 공산당의 알렉산드르 둡체크Alexander Dubcek 서기장이 이끌었던 1968년 '프라하의 봄'을 위시해 소련의 손아귀를 벗어나려는 자유주의 운동들이 일어났고, 소련은 탱크를 앞세워 이를 무자비하게 진압했다.[175]

이에 비해 남한은 서서히 중진국으로 부상하며 자유세계의 '기대주'로 등장했다. 독일로 간 2만여 명의 광부와 간호원은 외화 획득의 개척자였다.[176] 그들은 이역만리에서 험난한 막장 일과 온갖 간호 보조 일을 맡았는데 일부는 후일 동백림 사건[177]으로 곤욕을 치렀고 일부는 광산 사고로 숨지기도 했다. 이들 중 약 30퍼센트가 귀국하고 30퍼센트는 독일에 정착했으며, 나머지 40퍼센트는 미국이나 캐나다로 건너갔다.[178] 전 세계로 퍼져나간 광부와 간호원 들은 '용감한 한국인'의 전위 부대였다. 그 후예들 역시 놀라운 공격성을 발휘했다. 그들은 1960년대 베트남, 1970년대 미주,

174) Armstrong, *Tyranny of the Weak*, p. 130.
175) James, *Europe Reborn*, pp. 292~97.
176) 광부들은 1963년 처음으로 250명이 파견된 이래 1980년까지 약 8천 명, 간호원들은 1966년부터 1980년까지 약 1만 명이 독일로 향했다. 박찬경·클라우스 펠링, 『독일로 간 사람들』, 2003, 눈빛, p. 18; 『동아일보』, 1981년 5월 1일; 1993년 3월 14일.
177) 1967년 유럽에 거주하는 194명의 한국인 학자, 예술가, 유학생 등이 북한의 간첩이라 하여 중앙정보부에 연행된 사건이다.
178) 나혜심, 「한인 간호 여성의 독일 이주사와 그 역사적 의미」, 정성화 엮음, 『박정희 시대와 파독 한인들』, 선인, 2013, pp. 17, 133; 박찬경·클라우스 펠링, 『독일로 간 사람들』, p. 25.

중동 지역 등 사지死地에서의 건설·운송·생산·수출의 현장으로 퍼져나
갔다. 미주로 진출한 한인들은 탁월한 근면으로 마침내 흑인 거주 지역뿐
아니라 기존 에스닉들의 상권을 침투하고 장악했다. 한인 세탁업자들은
1990년대 초 미국 전역의 48퍼센트를, 시카고의 66퍼센트를 점유했다. 시
카고 한인들은 1970년대에 유대인들의 사업을 이어받고 위험한 흑인 지
역에 들어가 소매업을 거의 독점하다시피 했다. 이런 공격적인 활동은 결
국 1980년대 말부터 1990년대 초까지 시카고, 뉴욕, 로스앤젤레스 등지에
서 흑인들이 일으킨 보이콧과 폭동의 원인이 됐다.[179] 로스앤젤레스의 전
통적인 일본인 상가 '리틀 도쿄'에도 오늘날 한인 자본과 인구가 유입되고
있다.

독일 광부의 월급이 한국 장관 월급보다도 높다는 소문이 퍼지자 광부
선발 시험에 대졸자 등 가짜 광부들이 몰려 경쟁이 치열했다. 1967년 3월
하인리히 뤼브케Karl Heinrich Lübke 서독 대통령이 한국에 답방을 오자 3만
여 명의 환영 인파가 몰리는 등 독일은 한국인들에게 대단한 모델이었다.
그는 한국의 2차 경제개발 5개년계획과 농촌의 지원, 기계 공업 육성, 특
히 부산의 직업학교 건립을 약속했다. 독일인이 교장을 맡은 부산의 한독
기술학교는 1969년 개교해 주경야독하는 학교의 효시가 됐다. 박정희 대
통령은 이런 산업체 학교들을 자주 찾아 격려했다.

1960년대 일본 섬유업계의 '여공들'이 여가 시간에 열심히 배구를 한
것에 비해, 학력을 갈구한 한국 여공들은 야간에 졸음을 쫓으며 배움에 몰
두했다. 희생정신으로 충만했던 이들은 남자 형제들을 공부시키기 위해
억척스럽게 번 돈을 고향에 송금했다. 김해와 마산의 (한일합섬이 세운) 한
일여실(한일여자실업학교)이 한독기술학교의 뒤를 이어 만들어졌고 전국

---

179) In-Jin Yoon, *On My Own: Korean Businesses and Race Relations in America*, Chicago: University of
Chicago Press, 1997, pp. 130~31, 176~94.

적으로 '산업체 부설' 학교들이 개교하여 1990년대 초까지 수십 개의 학급을 운영했다. 주로 섬유 산업체들이 공장 내에 교육 시설을 만들어 자사 여공들에게 공부를 시켰다.[180] 교사와 학생 들의 사기는 높았다. 그 선구자 격인 한일여실은 고교 과정으로서 각 학년에 50명씩 30개 학급을 만들어 4~5천 명의 여공을 3교대로 교육시켰다. 고령자들도 입학했다. 학생들의 출신 지역은 광범위했으나 호남 지역이 압도적 다수였다. 이들은 반장직을 독차지할 만큼 적극적이었다. 교사들도 야간 수당을 받아 공립학교보다 대우가 좋았다.[181]

이런 직업 훈련의 분위기에서 한국은 국제기능올림픽에 참가해 뛰어난 성적을 올렸다. 한국은 1967년 제16회 대회에 처음으로 출전한 이래 1970년대 후반에 기술 강국 서독, 일본, 스위스를 꺾고 정상에 올랐다. 1977년 제23회 대회에서 1991년 제31회 대회까지 9연패의 위업을 달성했다. 오사카에서 열린 제28회 대회에서도 "'타도 한국'을 목표로 맹훈련"을 한 기술 선진국 일본을 눌렀다.[182] 한국은 전 분야에서 우수한 성적을 거뒀는데 특히 기계 분야에서 두각을 나타냈다.

1960년대 증산 체제의 또 다른 모델은 이스라엘이었다. 앞에서 일렀듯, 1940~50년대 한국의 기독교계 농업운동가들에게는 척박한 황무지를 개척한 덴마크가 이상향이었다. 그런데 1960년대 당시 "싸우며 건설하자"를 시대적 구호로 내건 정부의 취향은 분단국가 독일과 일종의 국방국가 이스라엘이었다. 시오니즘Zionism은 유대인들이 조상의 땅이라는 팔레스타인으로 귀향해 정착하려는 운동이다. 여기에는 쟁기와 무기로 표상되는

---

180) 한일합섬, 코오롱, 풍한방직, 충남방적, 쌍방울, 한국모방, 경방, 태광산업, 제일모직, 갑을방적, 동일방직, 충남방적 등이 해당된다.

181) 2014년 4월 25일에 한일여실 교사였던 한영희 씨와 한 인터뷰 내용을 참조했다.

182) 김도규, 「국제기능올림픽대회 6연패의 의의와 과제」, 『기계산업』 102권, 1985; 이계완, 「제16회 국제기능올림픽대회 참가기」, 『대한금속·재료학회지』 5집 2호, 1967.

노동과 희생(무장 항쟁)의 이념적 요소가 배어 있다. 이스라엘 사회주의자들은 노동을, 민족주의자들은 희생을 강조하는 차이가 있다.[183] 이것은 생산과 안보를 목표로 한 한국의 모델이 되기에 적당했다. 한국 지도자들은 1967년 6월, 제3차 중동전쟁에서 이집트 대군을 격퇴하고 시리아, 요르단, 이라크의 전투기 700여 대를 파괴해 세계를 놀라게 한 이스라엘의 위력에 매료됐다. 지방 농정 관리들을 포함해 각계각층에서 이스라엘의 협업 농업 형태인 키부츠, 모샤브에 뜨거운 관심을 보냈다.[184] 당시 한국 현실과 가까웠던 것은 사회주의식 키부츠보다 자작농을 허용하고 농기구의 공동 사용과 공동 구매·판매를 시행하는 모샤브였으나, 이스라엘의 전투 실력 탓인지 키부츠만 알려졌다. 1963년 1월에 한국 신문사 기자단이 최초로 이스라엘 키부츠를 방문한 이래 키부츠는 증산을 위한 협업 모델로 널리 알려졌다. 오늘날까지 키부츠와 모샤브는 한국 기독교 농업운동가들의 순례 대상이다.

만주, 덴마크, 이스라엘, 세 곳의 개척 사업을 연결한 사람은 건국대학교의 설립자 유석창이다. 건국대학교의 공식 역사에 의하면, 유석창은 부친을 따라 10대 때 만주로 이주했다가 귀국해 1931년 종로2가에 민중병원을 개업했다. 대부분의 만주 출신 인사들처럼 유석창 역시 만주의 경험을 직접 밝히지는 않았으나, 해방 후 지엔구어 대학의 이름을 딴 대학을 설립한 것으로 미루어 보아 만주 시절을 긍정적으로 여긴 듯하다. 그는 농업 입국, 낙농 한국의 기치를 내걸고 1949년 한국 유일의 축산대학을 만들어 산학 협력의 산물인 '건국우유'를 생산했다. 니콜라이 그룬트비Nikolai F. S. Grundtvig, 엔리코 달가스 등 "불타는 정열의 선구자들이 앞장서서 불모의 모래땅을 개척, 옥토로 만들고 농·축산 개발로 복지 문화 국가를 건

183) Zerubavel, *Recovered Roots*, pp. 29, 151.
184) 정일상, 「[투고] 협업농업의 문제점과 방향: '시범면단계 증산운동'과 관련하여」, p. 132.

설한" 덴마크도 그에게 중요한 모델이었다.[185] 초창기 건국대학교 축산대학 졸업생의 상당수가 덴마크로 유학을 갔다. 그러나 농업 입국을 꿈꾼 유석창의 시선은 진일보해 이스라엘의 개척촌으로 향한다.

1960년대에 건국대학교는 한국 최초로 이스라엘의 벤구리온 대학교와 자매결연을 맺고, 1990년대에 히브리학과를 설치했다. 건국대학교 출신들은 이스라엘로도 유학을 떠났다. 이들을 포함해 1960년대 이래 1천 명이 넘는 한국 청년이 이스라엘의 키부츠나 대학교로 유학을 갔다. 유석창은 농촌 문제 해결을 위해 "농촌 개발 5단계론"(노동, 토지, 자본, 기술, 경영, 생활상의 협동과 개발을 망라하는 이론이었다)을 외쳤다. 마지막 단계는 법인 농장, 농공병진과 기계화, 농민 자본, 농업 경영의 현대화로서 이스라엘 농촌 개발과 유사하다.[186] 그러나 유석창은 키부츠의 군사적 성격과 사회주의적 성격을 거부하고 운동가보다는 민간 교육자로 남았다.

이스라엘 배우기를 독려한 정부는 키부츠의 사회주의적·공동체적 성격을 삭제하고, 사막을 일군 근면과 사방의 적과 맞선 국방 태세, 즉 '싸우며 일하기' 부분만을 유포했다. (필연적으로 불평등을 초래할) 경제 발전에 매진하던 시대에 블랑쇼Maurice Blanchot가 말한 공동체 철학, 즉 한계 없는 희생, 권력의 배제, 육화肉化된 허무[187] 등은 적합하지 않았다. 이스라엘의 정치적·경제적 자립, 군사적 자위의 요소는 1970년대 새마을운동과 권위주의 체제의 교훈으로 이용됐다. 예컨대 1970년에 이스라엘을 방문한 김제원(신진자동차공업회사 회장, 8대 국회의원)은 이스라엘의 건설, 정신 무장, 국토 방위 등을 새마을운동, 나아가 10월 유신의 당위성과 연결시켰다.[188]

---

185) 유석창, 『조용한 혁명: 선도 농가를 위하여』, 건국대학교출판부, 1967, pp. 7~9.

186) 유석창, 『조용한 혁명』, pp. 179~84; 조재선, 「이스라엘의 농촌개발 운동을 통한 상허의 농촌개발 사상의 구현」, 『상허사상』 7집, 1996, p. 13.

187) 모리스 블랑쇼·장-뤽 낭시, 『밝힐 수 없는 공동체/마주한 공동체』, 박준상 옮김, 문학과지성사, 2005, pp. 31~35.

한국식 민족주의

1960년대 말부터 정부는 "일면 국방, 일면 건설" "싸우며 건설하자"를 새로운 구호로 내걸었다. "조국 근대화"와 "일하는 해" 등이 경제개발을 위한 개발도상국적 구호라면, "싸우며 건설하자"는 냉전의 특수성이 반영된 구호였다. 당시 남한은 군사적·경제적으로 우위에 있던 북한의 적극적인 대남 공세(1968년 1월 특수부대의 청와대 침투 등), 다수의 미군 철수(주둔하던 2개 사단 중 1개 사단 2만 2천 명 철수), 미 해군 정보수집함 푸에블로호 나포와 미국의 유화적 해결 방식, KAL기 납북 등 총체적인 안보 위기에 휩싸였다. 이 불안 혹은 "건설과 싸움을 병행해야 하는 어려운 과제"가 2차 경제개발 5개년계획에 담겨 있었다.[189] '주적' 북한의 존재는 거국적인 절약, 근면, 부흥뿐 아니라 '한국식 민족주의'의 형성에 일조했다.

한국 역사에는 20세기 초 부르주아 민족주의 우파, 부르주아 민족주의 좌파, 진보적 민족주의,[190] 해방 후 식민성의 극복, 한국전쟁 후 무력을 통한 북진통일론,[191] 흡수적 내셔널리즘, 문화민족주의(예컨대 이어령의 "한국인의 발견" 등), 신자유주의에 바탕을 둔 (1980년대 이래 작은 정부, 노동의 유연화 등을 주장하는) 현재 우파의 사상 등 여러 갈래의 내셔널리즘이 존재해왔다. 베네딕트 앤더슨 이래 학자들은 구성적 내셔널리즘, 국가 장치의 소프트웨어, 전략적 의미로서의 내셔널리즘 등을 강조한다.[192] 한국 지

---

188) 김제원, 『국난을 이겨낸 민족: 이스라엘 민족의 교훈』, 백록출판사, 1972.
189) 한기춘, 「조국 근대화와 제2차 경제개발 5개년계획」, 내각기획조정실 엮음, 『한국 경제 발전의 이론과 현실 1』, p. 419.
190) 박찬승, 「20세기 한국 국가주의의 기원」, p. 25.
191) 이것은 1991년 노태우 정부 시절 북한 핵 무장에 대한 선제공격을 주장한 이종구 국방장관의 언급으로 연결된다.
192) Eric Hobsbawm, *Nations and Nationalism since 1780: Programme, Myth, Reality*, Cambridge:

도자들은 지난 수십 년 동안 여러 종류의 내셔널리즘 담론을 적절히 구사했다. 김동노가 지적하듯, 식민지와 분단 등 "국가와 민족 단위의 불일치"는 "남북한의 배타적인 민족주의, 국가주의 형태의 민족주의(즉 같은 민족이라 하더라도 정치적 이념에 동조하는 일부만을 구성원으로 삼는 태도)를 초래"했다.[193] 남북한 대결 구도에서 남한 지도자들이 내건 민족주의는 적대적인 상대를 겨냥한 것이었다.

그 배타성은 쿠데타 직후 군정 세력이 내건, 특히 1963년 대통령 선거에서 논쟁을 야기한 '민족적 민주주의'에도 드러난다. 이것은 친미 장면 정부, 서구 자유주의, 재벌 등에 반발한 김종필 중령 등 청년 장교단의 사고가 반영된 것이라 할 수 있다. "이질적 민주주의와 자유민주주의의 대결"이라 주장한 야당의 윤보선 후보에 대해 박정희 후보는 "민족적 이념을 망각한 자유주의와 민족적 이념을 바탕으로 한 대결"이라 응수했다. 이것은 1920년대 일본 다이쇼 민주주의─제한적 수준의 서구식 자유주의가 진행되고 자본주의와 재벌이 활동하던 시대─를 혐오했던 일본의 국수주의적 청년 장교단이 보인 태도의 연장이라고 할 수 있다. 후자의 일부가 세운 만주국의 초기 정책에 반재벌 정서가 농후했던 것처럼 한국의 군정도 쿠데타 직후 재벌들을 부정 축재자로 몰아 체포했다.

그러나 '민족적 민주주의'는 이념의 빈곤, 즉 배타적 태도 이외에는 이렇다 할 내용이 없다는 문제점이 드러났다. 군정은 일본의 '근대의 초극'에 가담했던 미키 기요시 같은 거물 이론가들이나 낭만파(1930년대 도쿄

Cambridge University Press, 1990, p. 181; Homi Bhabha, "Dissemination: Time, Narrative, and the Margins of the Modern Nation," Homi Bhabha(ed.), *Nation and Narration*, London: Routledge, 1990, p. 292; Immanuel Wallerstein, "The Construction of Peoplehood: Racism, Nationalism, Ethnicity," Etienne Balibar & Immanuel Wallerstein(eds.), *Race, Nation, Class: Ambiguous Identities*, London: Verso, 1991, p. 82 등 참조.

193) 김동노, 「한국의 통치 전략으로서의 민족주의」, 『현상과인식』, 2010년 가을호, p. 210.

대학, 교토 대학 출신으로 정신의 혈통, 민족문화, 고전 창달 혹은 향토적 민족주의를 표방한 이들)[194]에 상응하는 인물을 찾지 못했다. 혹은 『만주평론』의 편집장으로서 아시아 민중의 해방과 농본주의를 만주국에 펴고자 했던 다치바나 시라키, 일본과 중국에서 만주의 분리라는 이상주의를 외친 청년연맹(1920년대 재만 일본 거류민 단체)의 지도자 야마구치 주지山口重次 등과 같은 아래로부터의 외침[195]도 결여되어 있었다. 이것은 한국에서 거대 담론을 구사할 만한 지식인들의 소멸과 관련이 있을 것이다. 조선의 지식인들은 일제 시기에 식민 당국의 엄혹한 단속, 예상외의 국제정세(중일전쟁 초 일본의 대승), 학문 재생산이 불가능한 구조[196] 등의 상황에서 체념해버렸다. 도쿄 대학 법학과를 졸업하고 케임브리지 대학교에서 유학한 박석윤도 일본인 교수가 독점한 경성제국대학 법학부를 뚫지 못했다.[197] 좌파 지식인들은 해방 후에도 미군정의 탄압을 받고 대량 전향하거나 월북하는 등[198] 존재감을 상실했다. 또한 원천적으로 지성계의 인적 풀pool이 좁았다. 백남운을 제외하면, 해방 전후 동서양 사상에 조예가 깊은 사상가가 태부족이었다. 메이지 시대 초기부터 대거 서양 유학길에 올랐던 일본 지식인들에 비해, 조선 지성인들에게는 도쿄 유학이 한계였다. 일본을 통한 수입에 그칠 뿐, 주체적인 입장에서 동서양 사상을 비교하거나 서양에 대한 비판적 해석을 내놓기를 기대하기는 어려웠다. 또한 해방 전후 활약했던 좌파는 문학 분야에 쏠려 있었다.

1962년 공화당 창당 시 김종필이 전국을 돌며 모은 인재들(재건동지회)

---

194) 조관자, 「제국일본의 낭만적 민족주의」, 서정완·임성모 외 엮음, 『제국일본의 문화권력』, pp. 328~29.
195) 山室信一, 『キメラ』, pp. 94~114.
196) 홍종욱, 「중일전쟁기(1937~1941) 조선 사회주의자들의 전향과 그 논리」, 『한국사론』 44집, 2000; 홍종욱, 「'식민지 아카데미즘'의 그늘, 지식인의 전향」, 『사이』 11호, 2011 참조.
197) 水野直樹, 「朴錫胤: 植民地期最高の朝鮮人エリート」, pp. 332~34.
198) 이봉범, 「단정수립 후 전향의 문화사적 연구」, 『대동문화연구』 64집, 2008 참조.

은 주로 실용형의 젊은 대학 강사급(동아대학교 예춘호, 박규상 등)이고, 훈련을 맡은 고려대학교 윤천주 교수는 방법론 전공자로서 사상과 거리가 멀었다.[199] 이들은 단지 조직 확대에 주력한 창당 요원들이었다. 이 중에서 유일한 이론가형 지식인은 독일 유학파로 사회민주주의의 세례를 받은 서울대학교 사회학과 황성모 교수였는데 군정의 생각과는 거리가 있었다. 동서양 근대화에 해박한 지식을 갖춘 그는 서양 민주주의 발달사의 관점(자율적인 상공 계급의 성장)에서 한국 근대화의 문제──즉 취약한 상공 계급, 비판적 지식인의 역할 미미, 농촌과 고등교육 졸업자의 소외, 고등교육의 불균형 등──를 짚었다. 그는 한국 군대의 긍정적인 면(공학기술 습득과 사회 통합 등)을 평가하면서도, 민감한 부분(수뇌부가 "외국군 출신" 일본군의 하급 장교로 구성된 역사)과 당시 터부시된 노조와 사회 갈등의 관계, 노조가 부재한 언론사의 공정성 문제 등을 건드리며 시대를 앞서갔다.[200] 황성모는 공화당 정부에 흡수된 다른 멤버들과 달리[201] 1967년 민비연(민족주의비교연구회) 사건, 1967년 동백림 사건 등 간첩단 조작 사건으로 옥고를 치렀다.

'민족적 민주주의' 담론은 미국의 따가운 시선 앞에서, 특히 황태성 사건[202]과 1963년 대통령 선거를 거치면서 수면 아래로 내려갔다.[203] 한국식

---

199) 면접 시 예춘호는 김종필로부터 어떻게 하면 한국이 잘살 수 있겠는가 하는 실용적 질문을 받았고 윤천주는 이들에게 정당론, 조직론 등을 강의했다. 「JP 증언록」, 『중앙일보』, 2015년 5월 15일.

200) 황성모, 「근대화의 제과제: 사회 구조와 민주주의의 관련에서」, 『동아문화』 3집, 1965, pp. 102~109.

201) 재건동지회의 각 지역 책임자들(김홍식, 이영호, 정태성, 정인권, 최정기, 김호칠, 박규상 등)은 대부분 국회의원이 되었고, 윤천주는 공화당 초대 사무총장, 문교부 장관, 서울대학교 총장을 지냈다.

202) 황태성은 박정희의 형 박상희(김종필의 장인)의 친구로서 쿠데타 직후 남파돼 박정희 주변을 포섭하려다 검거됐다. 그의 존재를 눈치 챈 미국 정보국이 직접 그를 조사하기도 했다. 군정은 박정희의 좌익 경력에 대한 미국의 의심을 의식하여 대통령 취임 직전에 그를 처형시켰다. 「JP 증언록」, 『중앙일보』, 2015년 5월 15일.

203) 임대식, 「1960년대 초반 지식인들의 현실 인식」, p. 328.

내셔널리즘이 성숙하기 시작한 것은 그 후 자립 경제를 위한 '민족의 단합'과 경제 성장을 통한 '민족중흥' 등 민족의 단결과 자신감을 경제 발전에 결부시키면서다. 이론상 내셔널리즘과 양립할 수 없는 좌파, 특히 월북한 거물 경제사가 백남운은 1930년대부터 단군, 홍익인간 등을 외친 민족진영을 공격한 적이 있다.[204] 좌파의 소멸 이후 우파 문화 주체들이 독점한 지식인 지형에서 '민족'은 언젠가 출현할 담론이었다. 한국전쟁 후 "민족의 수난을 넘어" "민족의 소명" 등 구호가 펼쳐지다가 1960년대 말, 이보다 공세적인 구호가 등장했다. "싸우면서 일하자" "일면 국방, 일면 건설" "총력안보" "국민총화" "통일" 등 국방을 연결하는 국가주의적 성격의 '한국식 민주주의'로 발전한 것이다.[205] "싸우면서 일하자"는 전시 동원을 환기시키는 운동으로서 이것을 정교하게 만든 이는 만주 출신의 사학자 이선근이다.[206]

이선근은 건국 직후 학문적 불모의 시대에 두꺼운 한국통사 『화랑도 연구』를 펴낸 뒤 여러 저작을 발표하는 등 양적인 학문적 저력을 과시했다. 국난 극복을 주제로 한 이 통사는 비록 일본학자들과 박은식의 영향을 받았다고는 하나,[207] 갑신정변 실패 등에 대한 분석에서 국민의 힘과 국제정세의 중요성을 강조하는 고유의 시각이 있다. 『화랑도 연구』는 신라의 화랑도 정신으로 국난을 극복한 한민족의 역사를 조망함으로써 그 후속작들

---

204) 방기중, 「백남운의 역사 이론과 한국사 인식」, 『역사비평』 11호, 1990, pp. 215, 245.

205) 전재호, 「박정희 체제의 민족주의」, pp. 96~97.

206) 허은, 「안보위기론의 주창자, 이선근」, 『내일을여는역사』 31집, 2008, p. 122; 손수범, 「이선근의 『한민족의 국난 극복사』와 국사 교과서」, 『역사와 역사교육』 19호, 2009, p. 88. 이선근은 해방 전 만주국 협화회 회원, 해방 후 학도호국단 창단, 자유당 시대 문교부 장관을 거쳐, 박정희 시대에 영남대학교 총장, 한국정신문화연구원 초대 원장을 역임했다. 후학들은 그를 "극우 논리를 전개하고, 전체주의를 강조한 유신 체제의 이데올로그" "곡학아세 하는 어용 지식인"이라며 원색적으로 비판했다.

207) 박찬승, 「이선근의 한국사 연구와 역사관」, 김용덕·미야지마 히로시 엮음, 『근대교류사와 상호인식 3』, 아연출판부, 2008, pp. 206~209.

의 원형이 됐다.[208] 이선근은 화랑도의 쇠퇴를 초래한 고려, 조선조의 '외래 사상' 유교에 대해서는 줄기차게 비판했다. '외래 종교'라는 부분은 일본 도쿠가와 시대의 국학파 사상가들이나 메이지 시대 초기 일본 지도자들이 유교와 불교를 공격할 때 사용하던 용어다. 예컨대 도쿠가와 시대의 상인 철학자 도미나가 나카모토富永仲基는 유교, 불교 등 모든 종교의 우상 파괴를 시도했고, 같은 시기 대표적인 국학자 모토오리 노리나가本居宣長는 순수한 일본 문화(자연, 신체, 물질, 육화된 의미 등) 대 외래의 인공적인 중국 문화(유교적 이성, 학습, 형이상학, 가시적 원리)라는 이분법을 구사했다.[209] 이선근은 이 영향을 받은 듯하다.

이선근이 찾아낸 화랑도의 세속오계는 충성과 효도를 강조하는데 이 부분은 유교 이념과 상당히 유사하다. 그는 책의 3분의 1을 이순신에 할애하는 등 해방 후 거의 최초로 이순신을 부각시켰다. 또한 만주국의 국가 이념인 '건국정신'을 연상시키는 용어 '건국 이념'도 가다듬었다. 그의 초기 저작은 뒷날 봇물처럼 쏟아진, 민족 주체성을 강조한 민족주의 연구들의 출발점이 됐다. 1970년대 민족주의 이론가인 최창규의 저술들도 온통 민족주의 용어—민족의 저항, 자주, 한민족의 주체의식, 한국 사상의 주체성 등—로 가득 차 있다. 최창규에게는 이선근이 비판했던 유교로부터 의리와 저항, 특히 조선 후기의 위정척사운동 등 한민족의 주체성을 무리하게 찾아내려 한다는 차이가 있다.[210] 그런데 민족정신, 민족 주체성이란 일본에서 1890년대 철학자 이노우에 데쓰지로井上哲次郎를 비롯해 1940년대 초 '근대의 초극' 참가자들에게서도 빈번하게 등장한 개념이다.[211]

---

208) 이선근, 『화랑도 연구』, 동국문화사, 1949, pp. 12~14.

209) Najita, *Visions of Virtue in Tokugawa Japan: The Kaitokudo, Merchant Academy of Osaka*, Chicago: University of Chicago Press, 1987, p. 119; Harootunian, *Things Seen and Unseen*, p. 92.

210) 최창규, 「한국 민족주의의 본질」, 『윤리연구』 2권 1호, 1974; 최창규, 『한민족 근대화 정치론』, 사문학회, 1975, pp. 179~210, 264~70.

이승만 정부 초기의 국시인 일민주의一民主義는 안호상, 이범석, 윤치영 등 거물 정치인·사상가가 다듬은 사상으로, 그 역시 뒷날 유신 시대의 한국적 민주주의론에 접맥되었다.[212] 일민주의는 서구 민주주의, 공산주의, 자본주의 모두를 비판하고, 민족적 정체성을 숭앙하는 혈통·가족 국가관이다. 하지만 1950년대에 민족과 건국은 큰 반향을 얻지 못했다. 이선근이 1950년대에 "건국 이념이 군인 정신의 정화精華"라고 하며 건국의 사명을 부르짖었으나[213] 메아리는 없었다. 그의 사상이 개화한 것은 1960년대 만주 출신 지도자들을 만나면서였다. 그는 냉전 시대 남북 경쟁에서 정부가 절실히 필요로 했던 아이디어들을 가다듬었다. 민족의 저력을 외친 그의 주장은 1960~70년대 국민교육헌장 제정과 학원의 국민정신 교육에 깊은 영향을 주었다. 그는 국사교육 강화위원회 위원장을 맡으며 국사교육을 주도하기도 했다.[214] 그로 인해, 후일 초·중등학교와 대학교 교육 과정에 국민윤리가 필수 과목으로 등장했다. 이선근의 어휘들은 국사교육이나 일상생활에서 시대의 용어가 됐다. 특히 육군사관학교는 화랑의 상징들로 뒤덮였다. 그는 경주에 화랑교육원을 설립해『화랑 정신』『화랑 교본』등 교재를 펴내며 학생, 교사, 공무원, 사관생도 들을 입소시켜 1970년대 말까지 약 10만 명의 교육생을 배출했다. 이들은 5박 6일간 군대식으로 화랑 정신을 훈련받았다.[215]

---

211) 이노우에 데쓰지로는 도쿄 대학에서 최초로 종교학 강좌를 맡은 일본 초기의 철학자다. 19세기 말 독일 유학 후 인도, 중국의 동양 철학 비교 연구와, 유교 연구에 매진하다가 종국에 '유일무이한 일본 철학'에 함몰됐다. 이소마에 준이치가 일렀듯, 일본의 종교학은 국민 도덕, 국민의식의 결집에 관한 종교의 잠재력을 국가가 인지한 뒤 시작됐다고 할 수 있다. Isomae, *Religious Discourse in Modern Japan*, pp. 61, 87~92.

212) 채오병,「지구화를 통한 지역화: 남한의 탈식민 국가 문화」,『경제와사회』80집, 2008, pp. 235~42.

213) 이선근,『건국 이념과 학생』, 신양사, 1954, p. 37.

214) 장영민,「국사교육 강화와 국가주의」, 공제욱 엮음,『국가와 일상』, p. 413.

215) 최광승,「유신 체제기 박정희 정권의 애국적 국민 생산 프로젝트: 화랑도와 화랑교육원을 중심으로」,『한국학연구』33집, 2014, pp. 73~79.

한국판 국방국가

다른 만주 출신 거물들과 마찬가지로 '국방 사학자' 이선근이 만주에 체류한 사실은 일반인들에게 잘 알려져 있지 않다. 그는 중일전쟁이 발발하자 언론인, 교육자 생활을 접고 돌연 만주행에 올랐다. 그는 이 책 2장에서 소개한 공진항이 북만 라린허에 세운 안가농장에서 전무를 지냈고, 그 시절 협화회 빈장성濱江省 대표로 활동했다. 이선근은 1940년 협화회 전국연합회 대표회의에서 식량 증산의 필요성을 발표하는 등 만주국의 전시 경영에 적극 참여했다.[216] 개척, 식량 증산, 그리고 관동군의 경제계획, 협화회의 대민 선전 활동, 반공대회 등 그가 만주에서 보고 느낀 거의 대부분이 1960년대 한국의 국가 경영 항목들로 거듭났다. 만주 출신 군부와 이데올로그의 절묘한 결합이 일어난 것이다. 1963년 박정희 정부의 첫 총리는 최두선, 그를 이은 최장기 총리는 정일권(1963~70)으로서 1960년대의 대통령과 총리가 모두 만주와 직간접적으로 관련을 맺은 인물들로 채워졌다. 최두선은 지엔구어 대학 교수로 있었던 문단의 거물 최남선의 동생이다. 최두선은 김성수와 인연을 맺어 그가 경영하던 중앙학교 교장을 역임했고 이후 경성방직의 간부로 만주의 자회사 남만방적을 관리하기도 했다.

양자 결합의 보기가 1968년 만주 출신 이선근, 신기석, 이인기 등이 기초·심의한 '국민교육헌장'이다. 박종홍, 안호상 등 원로 철학자들 이외에 만주 출신 거물들이 대거 기초 작업에 참가한 국민교육헌장은 반공주의, 국가주의—공익, 질서, "나라의 융성이 나의 발전의 근본임을 깨달아" 등

216) 박찬승, 「이선근의 한국사 연구와 역사관」, 김용덕·미야지마 히로시 엮음, 『근대교류사와 상호인식 3』, pp. 197~98.

에 나타나는 태도——를 담고 있었다. 공무원과 학생에게 강제 암송시켰던 탓에, 또한 일제 시대의 '황국신민서사'를 연상시킨 탓에 국민교육헌장은 후세 일부 인사들의 조롱거리가 됐다.[217] 그러나 이 둘은 다소 차이가 있다. 국민교육헌장은 전통("자주독립" "조상의 얼" "상부상조의 정신"), 인류애, 근대적 실용주의("능률과 실질 숭상" "소질 개발" "창조"), 빈곤의 탈피와 개척("부강을 후세에 물려주어야 하는 민족중흥의 사명")을 시대의 지향점으로 제시했다. 비판자들이 간과하는 부분이지만, 암송하기 쉽게 운율에도 공을 들였다.

"싸우면서 건설하자"라는 구호의 본격적인 모델은 바로 국방국가 만주국이다. 만주국은 충효를 부르짖으며 매년 효자절부를 표창하는 등, 유교를 국가 이데올로기 수준으로 삼았다. 이것은 신토를 국교로 삼고, 유교와 불교를 약화시키거나 탄압했던 초기 일본 메이지 정부와의 중요한 차이다. 메이지 지도자들은 유교를 (이들이 전복시킨) 도쿠가와 정부의 사회 철학이라고 간주해 공격했었다. 당시의 개방주의, 실용주의 사조도 이에 가담했다. 후쿠자와 유키치 같은 사상가들은 유교 경전이 상업 거래에 아무 도움이 되지 않으며, 새 나라의 경제에 무익하다고 매도했다. 제1차 세계대전 이후에야 비로소 유교가 일본의 식자나 지도자 사이에서 조용히 회복됐다.[218] 외래 종교라 규정된 불교의 운명은 훨씬 가혹했다. 18~19세기의 반불교 정서를 이어 메이지 지도자들은 중국과의 단절을 위해 불교 탄압 혹은 신토와의 분리에 나서 4만 개의 절을 폐쇄했다. 사쓰마 지역에서는 절을 파괴하고, 불상의 목을 자르는 일이 벌어졌다.[219]

---

217) 「황국신민서사」는 "충성으로 군국君國에 보답하련다" "천황 폐하에 충성하련다" "인고 단련하여 강한 국민이 되련다" 등의 맹세로 구성된다. 水野直樹, 「'皇國臣民誓詞' '皇國臣民誓詞之柱'について」.

218) Warren Smith, *Confucianism in Modern Japan: A Study of Conservatism in Japanese Intellectual History*, Tokyo: Hokuseido Press, 1973, pp. 41~43, 103.

배타적·호전적 유일신 사상으로 무장한 이슬람교, 기독교, 유대교 등과 달리 동아시아의 종교적 전통은 유교, 불교, 도교, 힌두교와 민간신앙이 어울리는 혼합성을 지닌다.[220] 어떤 의미에서 만주국은 이 전통을 이었다고도 할 수 있다. 만주국에서는 국가에 대한 충성이라는 목표 안에서 유교나 신토, (박애 봉사를 행하는) 민간 구세 종교, 추모제와 반공대회가 타협·공존했다.[221] 모든 현공서가 공자의 사당을 세워 춘추계 제사를 지내며 매년 효자·절부를 표창하고, 학교와 승진 시험 과목에 경학經學을 선정했다.[222] 국민들의 충성을 유도하기 위해 일본인 통치자들은 관띠關帝(『삼국지』에 등장하는 관우), 송대의 순교자 위에페이岳飛 등 중국 영웅들까지 흡수해 봄가을에 제사를 올렸고, '전몰 군경'들을 위한 무수한 추모식과 묵념을 치렀다. 관띠는 청대에 여러 왕조, 집단, 다양한 공동체의 해석 위에 만주족 지배자들의 것이 더해져 거국적으로 숭배의 대상이 된 존재다.[223] 일본이 전몰자들을 위한 단일 합동 제사를 지낼 장소로 야스쿠니 신사를 지은 데 비해, 만주국은 중앙정부 각 부서, 각 성, 현공서마다 충령비와 충혼탑 광장을 만들었다. 특히 중일전쟁 발발 후 만주국 공식 행사에 위령제는 필수 요소로 등장했다. 만주국 각지에 만든 충령탑과 위령제는 관리, 군인, 학생 들에게 건국을 전파하는 극장국가의 요소였다.

동아시아에서 국가와 유교의 관계는 복잡하다. 유교는 여러 번 죽었다

---

219) Ketelaar, *Of Heretics and Martyrs*, pp. 7, 57.

220) Duara, *The Crisis of Global Modernity*, pp. 125~43.

221) 토착 구세종교에 대한 만주국의 지원에 대해서는 Duara, *Sovereignty and Authenticity*, pp. 131~61 참조.

222) 유교를 포함한 만주국의 이념에 관해서는 Suk-Jung Han, "The Problem of Sovereignty: Manchukuo, 1932~1937," *positions: east asia cultures critique*, vol. 12, no. 2, 2004, pp. 461~73; 한석정, 「동아시아 국가 만들기의 연결 고리: 만주국, 1932~1940」, 『중국사연구』 16집, 2001, pp. 119~42 참조.

223) Prasenjit Duara, *Culture, Power, and the State: Rural North China, 1900~1942*, Stanford: Stanford University Press, 1988, pp. 139~42.

가 살아나는 기적을 보였다. 진시황제가 분서갱유 사건으로 유교를 탄압했으나, 중국의 여러 왕조가 다시 유교를 흡수해 국가 이념으로 만들었다. 두아라가 일렀듯, 유교는 불교와의 경쟁에서도 중국 왕실과 밀착했다.[224] 국가가 유교를 흡수한 중요한 보기는 과거시험 제도다. 국가는 어려서부터 유교 경전을 훈련받은 수많은 청년 중 일부를 관리로 채용했다. 과거 급제자는 상징적인 힘과 권력을 동시에 획득했다. 그러나 문호 루쉰魯迅, 바진巴金의 작품(『광인일기』 『가家』 등)에서 드러나듯, 개화기와 건국 후, 1960년대 문화혁명 시기에 유교(전통, 전통적 가족)는 맹비난의 대상이었다. 5·4 운동은 일종의 반종교, 반유교 운동이었다. 청일전쟁 후 조선의 식자들도 유교, 동양 문명을 "상실된 문명" 혹은 "과거"로 인식했다.[225] 이에 비해 만주국에서 유교는 거의 공식 이념으로 승격됐다.

한국에서 유교의 복원은 1960년대 박정희 정부에 의해 이루어졌다. 1장에서 일렀듯, 일본의 지식인들은 순식간에 급변하는 근대와 자본주의적 환경을 맞아 불변의 향토와 전통, 신성한 황실 등 옛 가치를 붙들고자 했다. 한국에서도 민족중흥, 정신문화, 전통, 민족 주체성 등 '한국적인 것'의 창안은 어느 정도 경제 발전 성과가 나타난 뒤, 급속도로 진행된 근대화 돌풍에 대한 속도 조절책 혹은 퇴폐 문화에 대한 대응으로서 등장했다고 할 수 있다.[226] 이것은 1960년대 말 '안보의 위기'와도 연결된다. 국사교육 강화와 더불어 경주 고도古都 개발 사업, 문예 진흥, 실학 연구 후원도 진행됐다.

핵심은 이순신 숭배였다. 이순신이라는 상징은 국방국가에서 요구되는

---

224) Duara, *The Crisis of Global Modernity*, p. 128.
225) Schmid, *Korea between Empires*, pp. 83~84.
226) 김원, 「'한국적인 것'의 전유를 둘러싼 경쟁: 민족중흥, 내재적 발전, 그리고 대중문화의 흔적」, 『사회와역사』, 2012년 봄호, pp. 191~209.

충의 요소와 결합됐다. 기묘하게도, 만주국이 건국된 해에 이광수가 신문에 기고한 「충무공 유적 순례」가 총독부의 검열을 통과했다. 그는 적장과의 전투사를 약술한 뒤 "민족의 은인"의 유적 표지의 부재를 통탄하며 조선조의 "창자 빠진 위정자의 무능"과 간신배를 질타했다.[227] 이것은 국방국가 만주국의 일본인 통치자들이 충절에 빛나는 토착 영웅 관띠와 위에 페이를 살려낸 맥락과 통할지 모른다. 또한 1955년, 해군 창설 10주년 기념식에서 이승만 대통령은 "풍신수길(도요토미 히데요시)이 이순신 장군에게 여지없이 패망"한 것을 지적하며, "백의종군, 지성지충至誠至忠의 충무공 정신이 해군의 정신"이라 치하하기도 했다.[228]

　박정희는 충무공을 해군의 정신이 아닌 민족정신의 화신으로 승격시켰다. 그는 1966년 충무공 탄신 421주년 기념식에 참석해 "민족의 얼을 상징화할 수 있는 성역을 이룩하라"라고 지시했다. 이로써 5개년계획의 현충사 성역화가 시작됐다. 박정희는 해마다 충무공 탄신제에 참석했다.[229] 1967년 정부는 4월 28일을 충무공 탄신기념일로 제정해 학생 대표들이 현충사를 참배하게 했다. 학생과 시민 들은 충무공의 전기를 읽고, 학자들은 충무공에 대한 세미나를 열었다. 중앙청 앞에 충무공 동상을 세우고 전국 곳곳에 충무공 비석을 건립하고, 통영 충열사(충무공 위패를 모신 곳)를 사적으로 지정하는 등 거국적인 충무공 숭배가 추진됐다. 일본에서 무려 2만 5천 개의 신사가 군신인 하치만 신八幡神을 모시며, 유명한 장군들이 신의 위치로 격상된 것에 비해,[230] 한국에서는 이순신만이 군신의 위치에

---

227) 『동아일보』, 1931년 6월 7일.

228) 『경향신문』, 1955년 11월 11일.

229) 박정희는 충무공 정신이 "국가 민족의 활로를 밝힌 민족의 봉화"이며 "우리 세대가 계승할 생활의 귀감, 신조"라고 강조했다. 『동아일보』, 1967년 4월 28일.

230) 노기 마레스케乃木希典는 1912년 일본 메이지 천황이 죽자 부인과 함께 할복했다. 그의 자살은 일본의 번영과 긍지를 열었던 메이지 시대의 종언을 알리는 가장 극적인 사건이었다. 고향과 교토에 그를 위한 신사가 만들어졌고 군신으로 추앙됐다. Carol Gluck, *Japan's Modern Myths: Ideology in the*

올라섰다. 박정희 정부는 '애국선열조상건립위원회' 등을 통해 역사적 사건과 인물에 대한 기념사업을 대규모로 진행했다. 이순신 장군을 필두로, 1968년부터 서울에 민족 영웅들의 동상이 세워졌다.[231]

그리고 만주국식 반공·멸공 대회가 있었다. 1960~70년대의 한국인에게 익숙한 시민대회나 웅변대회 등의 모델도 만주국이다. 1930~40년대의 일본에도 사회동원이 있었으나, 국가 단독에 의한 것이라기보다는 민간, 특히 언론의 자발적 호응에 따른 것이었으며,[232] 반공·멸공 대회라는 것은 존재하지 않았다. 시민대회의 밀도나 횟수도 만주국과 비교되지 않는다. 만주국에서는 건국 이래 정초부터 연말까지 수십 개의 행사와 시민대회가 열렸는데 대부분 만주국 패망 때까지 이어졌다. 중일전쟁 발발로 인해 그 숫자가 증대했으며, 각 지역에서 수시로 추도회가 열렸다.[233]

노몬한 전투 이후 만주국 후반기의 중요 행사는 러시아를 의식한 반공대회였다. 반공궐기대회, 반공섬멸국민대회가 전국을 휩쓸었다. 학생, 시민 들이 강제 동원되어 국기 게양, 황궁 요배, 건국 영령에 대한 묵도, 치사, 축사, 만세 삼창, 폐회 순서를 밟았다. 1960년대 한국 정부는 이런 만주국의 반공대회를 차용했다. 자유당 시대에도 관제 시민대회, 반공대회가 면면하게 있었지만 대체로 학생들 중심이었고, 주로 실내의 협소한 공간에서 벌어졌다는 차이가 있다. 규모가 승급된 것은 1968년 1월 무장 공비 사건, 이른바 '김신조 사건'을 맞은 뒤였다. 그 후 전국적인 시민궐기대회가 출현했다. 공비 사건의 충격에서 "공비 남침에 대비한 군관민의 유

Late Meiji Period, Princeton: Princeton University Press, 1985, pp. 221~22.

231) 세종대왕, 사명당, 이율곡, 원효, 김유신, 을지문덕, 유관순, 신사임당 등이 해당된다. 정호기, 「일상 공간 속의 영웅과 애국주의」, 공제욱 엮음, 『국가와 일상』, pp. 480~91.

232) Sheldon Garon, *Molding Japanese Minds: The State in Everyday Life*, Princeton: Princeton University Press, 1997, p. 6.

233) 만주국의 살인적인 시민대회에 대한 자세한 논의는 한석정, 「동아시아 국가 만들기의 연결 고리」, pp. 146~50 참조.

기적 승공체"가 강조되고[234] 비상기획위원회, 향토예비군, 대간첩작전원
호대책위원회, 태극훈련(오늘날 을지연습), 국방과학연구소 설립 등이 추진
되었으며, 민수 사업을 최대로 활용하는 방위 산업 육성 계획이 구상됐다.
"북한 남침에 대비한" 전투경찰이 1,500명 이상의 인원으로 설치되었고,
각 경찰서에 5분 타격대도 만들어졌다.[235] 실로 '안보 강화'의 시대였다.

　만주국의 반공·멸공 대회와 흡사한 동원이 한국에서 전개된 것은 1975
년의 이른바 '인도차이나 사태'를 겪으면서다. 베트남과 인근 라오스의 공
산화는 한국의 반공 체제에 위기를 초래했다. 이에 정부는 '총력 안보'를
위한 전국적인 궐기대회를 벌였다. 부산, 대구, 광주, 울산 등지에서 교수,
대학생, 중고생, 공원工員 등 수만 명이 모인 반공단합대회를 필두로 전국
에서 궐기대회가 물결쳤다. 재향경우회, 제헌동지회, 농민단체, 상공인단
체, 이북5도민, 재향군인회 등 38개 사회단체가 총력안보국민협의회를 결
성하고, 부산, 진주, 대구, 전주, 청주 등지에서 "150만 시민들이 모여" 시
민안보단합대회를 열었다. 지성인들도 동참했다. "대한금융단, 문인협회,
숭전대·성균관대·서강대·숙명여대 교수 일동, 아주대 공대 교수들과 총
학생회, 연세대 총학생회도 시국 결의문"을 냈고, "서울대, 연세대, 고려대
등 8개 대학에서 4만여 명의 학생들이 안보궐기대회를 열어 김일성 화형
식"을 가졌다. 그리고 (동별로 징발된) "140만 명의 서울 시민들"이 여의도
광장에서 혈서 쓰기, 김일성 화형식이 수반된 안보궐기대회를 여는 등 전
국에 "안보의 물결"이 일었다.[236] 이 물결 속에 헌법 비방, 헌법 개폐 논의
를 일절 금지하는 긴급조치 9호가 발동되었고 전국의 고등학교와 대학교
에 자유당 시대에 있던 학도호국단이 부활했다. 이 시점의 반공대회는

---

234) 『관보』, 1969년 12월 9일.
235) 한국행정연구원, 『한국행정60년 3』, pp. 131~34.
236) 『조선일보』, 1975년 5월 11일.

만주국의 것을 흡사하게 반복했다. 세계사에서 만주국의 반공대회와 한국의 반공대회만큼 유사한 것도 드물다.

그리하여 박정희는 무력의 독점과 단련, 국방, 빈곤 퇴치 등을 통해 한국을 세계에서 유례없는 경제 발전과 질서의 나라로 만들었다. 그리고 가부장제 남성주의 국가의 정점에서 엄부의 지위를 획득했다. 1979년 10월 26일 박정희가 암살되자 전국에 1,700개의 분향소가 마련돼 무수한 사람이 조문했다. 국장 당일, 중앙청에서 국립묘지에 이르는 길에 수십만 명의 애도 인파가 몰렸다. 노년, 중년 여성들은 통곡하며 그 뒤를 따랐다. 프랑스혁명 이전 국왕이 어버이였듯 박정희도 많은 한국인에게 어버이였다. 루이 16세의 처형은 곧 어버이의 처형이었다. 프랑스혁명 후 나폴레옹이 루이 16세가 지녔던 어버이상을 대체했던 것과 달리,[237] 박정희 사후 한국 사회는 오랫동안 그의 자리를 메우지 못했다. 그 이후는 베버가 말한 "카리스마적 권위"에서 "관료제적 권위"로 옮아간 시대였다. 프로이트식 해석으로는 "자식들이 합심해서 폭압적인 어버이를 죽인 뒤 아무도 그 자리에 올라갈 수 없다는 평등의 서약"을 한 시대였다.[238] 또한 사회 내부에 (카를 슈미트가 믿어 의심치 않았던) "상존하는 적대"가 종식되리라 착각한 시대였다.[239]

---

237) Lynn Hunt, *The Family Romance of the French Revolution*, Berkeley: University of California Press, 1992, pp. 71~73.

238) 인류 사회의 원초적 형성에 관한 프로이트의 가설에 의하면, 신에게 바친 태초의 제물로 신과 동격인, 존경의 대상이지만 포악한 아버지(가족 내 여성들을 독점하고 아들들을 내쫓는)가 선택됐다. 아들들은 합심하여 아버지를 죽이고 슬피 울며 단결하는 뜻에서 그의 사체를 나누어 먹은 뒤 가족 내에서 여성을 두고 벌이는 '만인에 대한 만인의 투쟁'을 지양하고, 근친상간 터부와 족외혼제를 통해 가부장제 사회를 형성해나갔다. 이후 죄의식으로 조상이라 여기는 토템 동물을 먹는 것을 금지(1년에 1회 제사 시에만 먹는 것을 허용)했다는 것이다. 이 살부殺父는 회한과 승리라는 이중적 의미를 지닌다. Sigmund Freud, *Totem and Taboo: Some Points of Agreement between the Mental Lives of Savages and Neurotics*, James Strachey(trans.), New York: W.W. Norton, 1989, pp. 164~81.

239) 샹탈 무페, 『정치적인 것의 귀환』, p. 15.

5장

건설 시대

1960년대 군정은 뭐든 신속하게 뚫고 파헤치고 메우고 덮어버리며 남성성을 과시한 체제였다. 재건 체제는 험난한 지형을 개척하며, 자연에 대한 장악력을 드높이고 단순, 직선, 사각형, 거대함으로 공간을 변형시키면서 자기 존재를 과시했다. 이 개발의 추진과 속도, 직선적 건설의 이면에는 만주국에서 흘러온 하이 모던 정신이 있었다. 1960년대 울산 공업단지 건설 등은 마치 만주국 대도시와 공단 건설이 그랬듯 신속하게 추진됐다. 울산 개발의 주무 기관(울산특별건설국)의 이름도 신징의 도시계획을 맡은 부서의 이름과 유사했다. 식민지는 일종의 "헤테로토피아"라고 할 수 있다. 즉 제국의 중심에 이의를 제기하는 곳, 완벽하고 주도면밀하고 정돈된 곳, 또 다른 현실 공간을 만들고 싶은 곳이다.[1] 일본에게 식민지는 "내지에서 할 수 없는 것,"[2] 예컨대 731부대의 세균전 실험을 추진하는 곳, 제

---

1) 미셸 푸코, 『헤테로토피아』, p. 24.
2) 이것은 731부대 소장 이시이 시로石井四郎가 1933년 만주에서 예비 조사를 할 때 주변의 질문에 한 대답이다. 靑木富貴子, 『731: 石井四郎と細菌戰部隊の闇を暴く』, 新潮社, 2012, p. 76.

사진 5-1. 1930년대 다롄 중앙대광장을 그린 엽서(출처: 류젠훼이 교수 제공).

국의 중심에서는 쉽게 할 수 없는 도시계획과 건축 양식을 실험할 수 있는 곳이었다.

일본인들은 러일전쟁 직후 수십만 평을 순차적으로 개척하고 공원과 광장을 정비해 다롄을 '모던' 도시로 만들어갔다. 만철 본사도 부지 10만 평을 구입해 이곳에 자리 잡았다.[3] 다롄에서는 러시아인들이 건설했던 유럽풍 원형 광장과 방사선 도로를 축으로, 기능에 따라 토지를 구획하는(군용지, 일본인·중국인 거주지, 혼합·상업·공장 지구) 등 일본 본토에서는 할 수 없는 왕성한 실험, 즉 유럽 건축 사조의 수입, 서양풍과 일본풍 절충 등이 이루어졌다.[4] 이 거대한 도시 공간의 창출은 다른 대도시로 이어졌다. 신징, 펑톈, 하얼빈 등도 아르누보, 바로크 등 근대 건축의 실험장이 됐다. 신징의 관공서 건물은 일본의 이른바 제관帝冠 양식과 구별되는 홍아식 디자인이다. 이것은 민족협화 이념을 살려 구미의 고전 양식과 근대적 국제

---

3) 劉建輝,「受け繼がれる帝國の記憶: 大連近代都市空間の成立とその變遷」, 國際日本文化研究センター 國際シンポジウム 21輯, 2004, pp. 290~91.

4) 정형아,「근대도시 건설과 국제정치의 영향: 중국 대련시를 중심으로」,『중국근현대사연구』45집, 2010, pp. 56~62.

양식, 동아시아식 등을 혼합한 연와煉瓦 건축으로 중후강인重厚強靭을 표현했다.[5] 만철에 일본인 건축기술자가 1909년부터 1940년까지 연간 약 40~110명, 만주국 정부에 1932년부터 1945년까지 연간 약 20~500명이 포진해 포부를 펼쳤다.[6]

만주국의 일사천리식 건설은 타의 추종을 불허했다. 우선, 만주국 자체가 새로운 건국, 즉 건설의 이미지를 지니고 있었다. 만철은 러시아로부터 북만 철도를 구입해 전국에 거미줄 같은 철도망을 깔았다. 대도시에서는 직선과 방사선 등 하이 모던적 디자인이 아무 저항 없이 구사됐다. 일본의 도시계획 역사에서 수도 신징은 근세 첫 식민 지역인 삿포로와 다롄 다음의 것이다.[7] 만주국 국도건설국은 일부 기존 주거지를 밀어버리고 허허벌판으로 만든 뒤 개미떼처럼 많은 노동자를 동원하여 바둑판같은 새 관공서와 주택 단지를 지었다. 전통 요소가 국가사업과 충돌할 경우에는 여지없이 분쇄했다. 예컨대 지안輯安의 고구려 고분 700기는 만철 철로 공사를 위해 고분제를 치른 뒤 파괴됐다.[8]

만주국은 거대한 변형의 장소였다. 건국 이래 일본인 관료들과 기술자들이 만주로 건너가 '국토계획'이라는 이름으로 만철, 국도건설국, 만주국 토목국, 수력전기건설국, 압록강수력전기회사, 대동大同 공사(노동력 확보를 위한 관동군의 대행 조직) 등 여러 기구를 통해 국유 철도 건설,[9] 대도시 계획, 신징-지린 간 도로 건설 등에 나섰다. 백미는 전장 1,345킬로미터의

---

5) 越澤明, 『滿洲國の首都計劃』, 東京: 日本經濟評論社, 1997, pp. 182~88; 西澤泰彦, 『海を渡つた日本人建築家』, 彰國社, 1996, p. 215.

6) 西澤泰彦, 『海を渡つた日本人建築家』, pp. 61, 113.

7) 園田英弘, 「札幌」, 『日本文明77の鍵』, 文藝春秋, 2005, pp. 167~68.

8) 『성경시보』, 1938년 11월 20일.

9) 만주국 이전에 건설된 만철 간선과 달리 국유 철도는 만주국 이후에 건설·정리된 것이다. 양자는 1936년 철도총국 설치로 운영이 일원화됐다. 竹内祐介, "滿鐵の貨物連絡輸送分析: 陸路經由から見る關東州·附屬地と滿洲國の經濟關係," 만주학회·국민대학교 한국학연구소 학회, "관전기 동아시아와 만주" 발표문, 2014.

사진 5-2. 완공 직전의 수풍 댐(출처: 아런 무어 교수 제공).

랴오허 강 개발을 비롯해 지린 북부 쑹화 강 유역에 건설한 세계적 규모의 평만 댐, 압록강 유역에 있는 세계 2위 규모의 수풍 댐이었다.[10] 전시 일본 제국 최대의 토목 사업이었던 두 댐의 건설은 부피 각 220만, 310만 세제곱미터에 이르는 규모로, 연인원 2,500만 명이 동원돼 완공됐다. 1941년 대대적인 송전식을 거행한 수풍 댐 건설을 통해 안둥 개발─주거지, 공장 부지, 도로 건설 등─을 포함해 고속도로, 철도 건설 등 "흥아의 압록 강 시대"를 열게 됐다. 무엇보다 그것은 만선일여(혹은 조선총독부와 만주국의 경제 협력), "제국의 위업" 혹은 테크노 제국주의의 상징이었다.[11] 김은 혜가 일렀듯, 댐은 압도적인 과학기술을 관리·주도하여 자연을 통제하는

---

10) 수풍 댐 사진들을 제공해준 애리조나 주립대학교 아런 무어Aaron Moore 교수에게 감사드린다.

11) 오랜 드잡이 끝에 만주압록강수력발전주식회사와 조선압록강수력발전주식회사가 설립되어 공동으로 수풍 댐을 건설하고 운영했다. 만주압록강(정부가 전액 출자)과 조선압록강(역내 자본 동원)의 경영 방식은 차이가 있었고 사실상 후자가 개발을 주도했다. 이것은 전용 철도, 국제 철교, 전용 시멘트공장을 세우고, 조선 북부와 만주국의 중·경공업을 지원한 세기의 사업이었다. 정안기, 「1930 년대 조선형특수회사」, pp. 41~42.

국가권력의 상징이다. 또한 수풍 댐은 전전, 전후를 관통하는 "아시아 개발주의"―즉 국가와 민족을 위해 물적·인적 자원의 집중적 동원과 관리를 도모하는 이데올로기―의 중요 상징이었다.[12] 이 대형 공사들은 전력 공급, 홍수 통제, 수자원 공급, 관개·도시·도로 건설, 관광, 강제 이주(평만 댐 건설로 약 5만 2천 명, 수풍 댐 건설로 7만 3천 명이 다른 곳으로 떠나야 했다)를 아우르는 '총합' 국토개발계획의 효시였다.[13] 1943년 평만 댐 건설에 맞추어 만주로 간 일본 이민단의 이름도 히로시마총합개척단(721가구, 약 1만 5천 명)이었다.[14]

댐 건설의 원조는 미국이다. 1820년대 이래 쌓아온 기술은 1930년대 공황기에 후버 댐, TVA 등의 건설로 연결됐다. 댐은 뉴딜 정책의 상징이었다. 수풍 댐의 기술진들도 1937년에 미국의 댐들을 시찰했다. 제2차 세계대전 후 벡텔Bechtel 등 미국의 거대 토목 기업들은 해외로 눈을 돌려 냉전 초기 20년간 소련과 경쟁적으로 제3세계의 거대 수자원 공사―이집트의 아스완 댐, 이란의 데즈 댐, 인도의 인더스 강 공사, 동남아시아의 메콩 강 공사 등―에 착수해 일종의 '봉쇄' 프로젝트(강으로 공산주의를 가둔다는 의미)를 추진했다. 이것은 1990년대 이라크 전후 복구 사업 수주로 이어진다.[15]

1960년대 한국의 도로, 도시, 댐, 공단을 망라하는 '종합' 국토개발과 '다

---

12) 김은혜, 「아시아 개발주의 원原 풍경: 수풍 댐 이미지」, 『한림일본학』 22집, 2013.

13) Moore, *Constructing East Asia*, pp. 150~53.

14) 小都晶子, 「滿洲國における開發と農業移民: 第二松花江開發と廣島總合開拓團」, 『日本帝國をめぐる人口移動』, p. 279.

15) Richard Tucker, "Containing Communism by Impounding Rivers: American Strategic Interests and the Global Spread of High Dams in the Early Cold War," J. R. McNeil & Corinna Unger(eds.), *Environmental Histories of the Cold War* 참조. 이 중 벡텔은 1970년대 중동 건설 붐에서 한국 기업들의 원청회사였다. 한국과도 인연이 깊어서 1990년대에는 영광 원전 1·2호기, 고리 원전 3·4호기의 설계와 서울―동대구 고속철 감리 등 대형 사업을 수주하기도 했다. 「이상백 전 벡텔 부사장 단독 인터뷰」, 『신동아』, 2008년 7월.

목적' 수자원 관리 계획에 영향을 미친 것은 만주국의 '총합 개발'이었다. 장진 강, 허천 강, 수풍 댐을 건설한 수력발전 전문가 구보타 유타카久保田豊는 전후에 니혼코에이日本工營를 세워 섬진강과 소양강 댐 등 한국의 다목적 댐 시공에 깊숙이 참여했다.[16) 그는 1950년대 일본 기시 총리의 동남아 노선에 합류하여 이 일대의 수력발전 프로젝트를 주도했다. 결국 1930년대 조선과 만주에서 활동했던 테크노 제국주의 세력은 1950년대 일본이 주도하는 해외 개발 사업의 중추로 복귀한 것이다.[17) 홋카이도 북쪽의 새 영토인 사할린을 개척하던 척식 엘리트들 일부도 전후 동남아시아 개발에 합류했다.[18)

만주국 스타일은 "중단 없는 건설"을 외친 1960년대 한국 건설의 기조가 됐다. 속도와 효율 앞에 전찻길 등 옛 생활양식들이 사라져갔다. 군 출신인 김현옥 서울시장은 산동네에 있던 판잣집을 모두 헐어 2천 동, 10만 호의 아파트 건설을 추진했고, 도시계획에 걸리적거리던 덕수궁 담장도 안으로 밀어버렸다. 김현옥은 부산시장 시절 단호한 부두 부지 정리와 매립 추진 성과를 인정받아 서울시장으로 발탁된 인물이다. 군인 정신으로 무장하여 추진한 불도저식 건설은 급속 성과주의로 이어졌다. 이런 태도는 필연적으로 와우아파트 사고 등 부실 공사나 환경 문제들을 초래했다.

---

16) 구보타는 전전에 일본 질소의 노구치 사장, 수력발전 전문가 아베 고로阿部孝郎와 더불어 수력발전 삼총사로 불렸다. 정안기, 「1930년대 조선형특수회사」, p. 6.

17) 임성모, 「전후 일본 보수 정치의 '만주' 표상」, p. 278.

18) 러일전쟁 후 일본의 새 영토가 된 사할린을 개척하던 기술자들은 대부분 홋카이도 대학 출신이자 북진주의로 무장한 척식 엘리트였다. 가라후토 중앙시험소를 세워 대용 화학, 대용품 공업 개발에 진력했다. 중심 인물 스가와라 미치타로菅原道太郎는 전후 미군정에 의해 소련 이중간첩 혐의를 받아 체포됐다가 1950년대 니혼코에이에 들어가 동남아시아 개발에 관여했다. 中山大將, 「總力戰體制と樺太廳中央試驗所: 1937年以降の樺太植民地社會における帝國の科學」, 『農業史硏究』 47号, 2013, p. 77.

'국토개발'의 계보

평톈에서 태어난 황석영의 소설 『강남몽』은 1995년에 일어난 삼풍백화점 붕괴 사건을 소재로 한다. 이것은 만주와 강남 건설을 연결한다. 소설은 만주국의 밀정이나 일본군 출신 들이 1960년대 말 이래 강남 투기 바람에 주도적인 역할을 했다고 묘사한다. 저자가 이들을 도매금으로 취급한 면이 있지만, 만주와 한국 건설사를 연결한 것은 틀리지 않았다. 한국의 '국토' '국토개발' 개념 자체가 소련과 나치 독일에서 출발해 만주국을 경유해 도달한 것이다.[19] 한국 국토의 의미는 국민들의 소중한 자연 유산, 향토애 등에 그치지 않는다. 이것은 국가의 추진력과 규제 또한 의미한다. 즉 국가가 각종 공단과 특정 지역, 특구를 지정·개발하고, 광활한 바다와 하천의 한 조각까지 매립과 점용을 허가·취소하고, 점용료 미납을 독촉하며, 시·읍·면 단위의 도시계획과 관련 인구계획에까지 관여한다는 뜻이다. 한국의 건축, 도시계획 분야의 선구자들은 대개 1950~60년대에 일본과 미국에서 유학했던, 즉 건축계의 하이 모던에 노출된 이들이었다.

건축의 하이 모더니스트인 르코르뷔지에는 1920년대 말 이래, 특히 전후에 "르코르뷔지에 신드롬"이라 불릴 정도로 일본 건축에 심대한 영향을 미쳤다.[20] 1920년대 말 일본 건축의 선구자인 마에카와 구니오前川國男, 사카쿠라 준조坂倉準三, 1950년대에는 요시자카 다카마사吉阪隆正 등이 그의 문하에서 수년간 수학했다. 이들을 통해 르코르뷔지에의 영향이 장기간 일본에 힘을 발했다. 그는 1959년에 직접 도쿄의 국립서양미술관을 짓

---

19) 「노융희·강병기 교수와의 인터뷰」, 대한국토·도시계획학회 엮음, 『이야기로 듣는 국토·도시계획 반백년』, 보성각, 2009, pp. 76, 161.

20) 槇文彦, 「ル·コルヴュジェシンドローム一日本の近代建築發展の過程において」, 高階秀爾·鈴木博之·三宅理一·太田泰人 編, 『ル·コルヴュジェと日本』, 廣島: 廣島出版會, 1999, p. 19.

기도 했다. 전후 일본의 대표적인 건축가 단게 겐조丹下健三는 두드러진 르코르뷔지에 계열의 인물로서 1949년 히로시마 평화기념당을, 1964년에는 도쿄 올림픽경기장 등을 건축했다.[21] 후일 일본건축학회장을 맡은 요시자카는 1960~70년대에 르코르뷔지에와 함께 국립서양미술관을 설계하고, 일본 전역의 각종 신시가지, 관광지, 상점가 개발과 재개발에 지속적으로 관여했다.

김수근과 함께 해방 후 한국의 대표적인 건축가로 일컬어지는 김중업도 일본 건축의 선구자들처럼 1950년대에 르코르뷔지에의 파리 사무실에서 몇 년간 일했다. 김중업의 파리 체류는 일본이라는 필터를 통해 이식되던 근대 건축을 직접 수입했다는, 나아가 서구 건축과 한국 건축을 직접 소통시켰다는 의의가 있다. 1960년대 초 주한 프랑스 대사관을 짓기 전까지, 그의 1950년대 작품들——명보극장, 부산대학교, 건국대학교, 서강대학교 건물 등——에는 르코르뷔지에의 영향이 강하게 나타난다.[22] 한국 건축계에서 일본 유학파 1세대는 단게 겐조의 문하생들이다. 이 유학파들은 대부분 학창 시절에 만주국 도시계획을 접했고, 한국 군정의 건설 모델이 만주국 신징이라고 증언했다.[23]

르코르뷔지에의 '신도시' 개념이 한국에서만큼 번성한 곳도 드물다.[24] 이 개념은 1970~80년대에 결실을 맺어 신도시들이 넘쳐나게 됐다.[25]

---

21) 佐佐木宏,「ル・コルヴュジェと日本の建築家たち」, 藤森照信,「ル・コルヴュジェと丹下健三」, 高階秀爾·鈴木博之·三宅理一·太田泰人 編,『ル・コルヴュジェと日本』, pp. 131, 191.

22) 김중업은 1962년 주한 프랑스 대사관 건축 이후 어느 정도 독자적인 세계로 갔다. 정인하,『김중업 건축론』, pp. 25~30. 제주도 정방 폭포 인근 절벽 위에 소재한 김중업의 작품 '소라의 성'(1969)은 르코르뷔지에풍과 토착적 요소가 모두 담겨 있다.

23) 「박병주·한정섭 교수와의 인터뷰」, 대한국토·도시계획학회 엮음,『이야기로 듣는 국토·도시계획 반백년』, pp. 102, 229.

24) 이것을 일깨워준 동아대학교 김기수 교수에게 감사드린다.

25) 반월 신공업 도시, 행정 타운 과천, 대전, 둔산, 군사 도시 계룡대, 신도시 분당, 일산, 이주 신도시 단양, 신공업 도시 안산과 여천, 창원 신도시 등이다.

2009년까지 특례법으로 34개의 산업단지가 지정되는 등 한국은 농공 단지, 첨단 단지, 출판 단지, 클러스터로 덮인 '단지 공화국'이 됐다.[26] 신도시란 자연 발생적인 도시가 아니라, 다양한 활동에 관한 계획을 수립하고 제반 시설들을 새로 건설한 도시를 뜻한다. 1960년대 초 울산 공업 도시를 시작으로, 이후 새 공단 조성과 배후 도시의 개발, 점차 과밀화되는 서울의 인구 문제와 주택난 해결 등을 목적으로 신시가지와 새로운 주택지 건설이 추진됐다. 그 결과 오늘날 여의도, 영동, 잠실, 성남 등 신시가지가 만들어졌다. 이 관성은 강남의 대규모 토지구획정리사업 등 1970~80년대까지 쭉 이어졌다.

만주국의 직선과 속도는 "군사 작전을 방불케 한" 한국의 국토건설계획 혹은 인구 분산 정책에 큰 영향을 주었다.[27] 여러모로 1960년대 한국은 만주국을 능가하는 건설 국가였다. 그로부터 적어도 20년간 한국은 건설 현장이 됐다. 5·16 일주일 뒤 군정은 국토건설본부를 신설하고 다시 10일 뒤 이것을 건설부로 승격시켜 "국민 경제의 효율적 운영을 위한 종합적 계획의 수립, 심사, 관리, 조정"의 일환으로 전국의 지형을 정리하기 시작했다. 이것은 군정 초기의 핵심과제였다. 두 달 뒤 건설부 산하에 "국토 및 자연 자원의 보전, 이용, 개발 및 개조"에 대한 장기 경제개발계획을 관장할 국토건설청이 조직됐다. 이 기관은 국토건설종합계획을 관장하는 전지전능한 기구로서 여러 연구소와 교육원을 산하에 두었다.[28]

서구에서 환경과 생존은 수세기 지속된 논쟁 대상이었다. 즉 강의 국제

---

26) 유대용 외, 『땅의 혁명』, pp. 319~45; 박봉규, 『다시, 산업단지에서 희망을 찾는다』, 박영사, 2010, p. 15.

27) 「강병기 교수와의 인터뷰」, 대한국토·도시계획학회 엮음, 『이야기로 듣는 국토·도시계획 반백년』, p. 161.

28) 수자원의 보전·이용·개발·개조를 비롯해 도시, 도로, 항만, 주택의 건설과 하천, 간척 등을 관장했다. 산하에 지방국토건설관서, 국토건설연구소(정원 92명), 건설공무원교육원(정원 18명) 등을 두었다. 『관보』, 1966년 11월 8일.

적 관리, 숲 보호, 숲-목초지(목축)-농토(농업) 간의 적정 비율, 휴한지의 단절, 퇴비 확보, 배설물과 문명의 관계, 숲 보호와 농민의 생존권, 화학비료 사용, 상하수도, 위생, 공해 대책, 도시행정과 중앙정부 간의 관할권 등 다양한 차원에서 환경과 생존 문제에 관한 논쟁이 이어졌다.[29] 1960년대 미국에서는 급속한 교외 확장 공사가 환경 문제를 초래해 환경운동을 불러일으켰다. 자연의 콘크리트화를 규탄하고 습지 확보를 요구하는 목소리가 커지기 시작한 것이다.[30]

한국에서는 이런 논의 과정이 대부분 생략된 채 무서운 속도로 자연을 파헤치기 시작했다. 5·16 쿠데타 직후 불과 몇 개월 사이에 전국 곳곳에서 도시계획과 토지구획정리 사업—도로망 확장, 공유수면 매립, 공유수면 점용 및 공작물 설치, 토지 개량, 토지 수용, 가도 지정, 도로 축조공사, 상수도 전용 도로 결정 등—이 국가의 관리하에 추진됐다. 과거 지지부진했던 공사들이 5·16 이후 역동적으로 확장되었고 1960년대 내내 "불도저 몇 대만 있으면 깎고 메우는" 열풍이 일어[31] 전 국토가 흔들리기 시작했다. 각종 법령들로 국토개발의 장기 계획이 설정됐고,[32] 이는 1970년대의 국토종합개발계획(10년에 걸친 균형발전)으로 이어졌다.[33] 만주국의 '총합 개발'이 대형 하천이나 댐 공사처럼 국지적 측면에 한정됐던 데 비해, 한국의 '종합개발'은 광역적·체계적·장기적 목표를 겨냥했다. 그리하여 거의 모든 관공서 업무에 건설의 관점과 용어가 사용되는 '착공'과 '준공'

29) Radkau, *Nature and Power*, pp. 13, 200~33.

30) Adam Rome, *The Bulldozer in the Countryside: Suburban Sprawl and the Rise of American Environmentalism*, Cambridge: Cambridge University Press, 2001, pp. 16, 19, 120.

31) 「박병주 교수와의 인터뷰」, 대한국토·도시계획학회 엮음, 『이야기로 듣는 국토·도시계획 반백년』, p. 116.

32) 초기 종합적인 수준의 계획인 국토건설종합계획법(1963), 4대강 개발, 고속도로, 중요 항구 건설을 위한 대국토건설계획(1967), 권역 설정에 관한 국토계획기본구상(1968) 등이 그런 보기다.

33) 신용옥, 「박정희 정권기 국토계획의 전개과정과 동해안 지역의 위상」, 『도서문화』 41집, 2013, pp. 77~94.

의 시대가 열렸다. 여기서 비롯된 관성은 이후 수십 년간 이어져 전국의 하천, 바다, 도시에서 매립, 개간, 복개, 토지구획사업 등이 끝없이 벌어졌다. 1967년 봄에는 대통령 선거를 앞두고 수많은 지역에서 선심성 공사가 인가됐다. 국가는 건설업이라는 거대 분야를 창출한 것이다.

국토종합개발계획에는 군사적 고려가 개재됐다. 예컨대 국토종합계획 협의관이 신설되어 국토건설과 군사 시설의 상호 저촉 여부에 관한 협의·조정 업무가 부여됐다.[34] 군정 초기에 전국의 지역 관청은 '광장과 가로의 위치 조서' 작성을 통해 광장, 광로, 대로, 중로, 소로 등에 번호를 매기며 지리를 확인했다. 그리고 새 공사들—시장, 공설운동장, 주택지, 상수도, 역전 지구 구획 등—을 고시하고 종합적 도시계획을 신속히 수립했다. 중소 도시들도 수십 쪽에 달하는 대로·중로·소로, 광장, 주거 구역에 대한 계획을 건설부에 제출했다. 도시계획은 수십만 평의 토지구획, 3년 이내의 대지 조성을 목표로 하는 등 거대한 규모와 속도를 목표로 삼았다.[35] 대도시들은 원대하고 표준화된 도시계획을 쫓기듯 건설부에 제출했다.[36] 개발 계획은 일단 도시 중심이었다. 도시 너머로는 어딜 가든 도로가 없거나 부실하여 자동차는커녕 자전거로도 다니기 어려웠다.[37] 군정의 초대 건설부 장관은 박정희 국가재건최고회의 의장의 만군 동기생 박임항이었다. 박임항의 회고에 의하면, "박 의장이 1963년 7월 말까지 전국국토계획을 완성하라"고 독촉했다고 한다.[38] 후임 건설부 장관은 박정희의 또 다른 만군

---

34) 『관보』, 1966년 11월 22일.

35) 1962년 벽두에 부산시는 용당에 60만 평의 토지구획정리사업을, 인천시는 3년 내 80만 평의 대지 조성 계획을 발표했다. 『관보』, 1962년 1월 4일, 1월 9일.

36) 예컨대 서울시는 총면적 약 7억 1,300만 제곱킬로미터(32개의 광장, 130개의 공원 지정, 아동 공원 신설, 고궁 번호 변경 포함), 부산시가 약 3억 6천 제곱킬로미터(주거 가능지 1억 3,900만 제곱킬로미터, 녹지 2억 2,150만 제곱킬로미터), 인천시가 상업지 5.6퍼센트, 공업지 20.8퍼센트, 주거지 35.1 퍼센트, 녹지 38.5퍼센트 조성 계획을 고시했다. 『관보』, 1965년 10월 19일.

37) 김종순, 『같은 공간, 다른 시간』, p. 274.

38) 「김의원 교수와의 인터뷰」, 대한국토·도시계획학회 엮음, 『이야기로 듣는 국토·도시계획 반백년』,

동기생 이한림(전 1군 사령관)이 맡았다.

1960년대 내내 군정은 하루에도 여러 건씩 건설 공사를 허가 혹은 변경하며, 세밀한 수준까지 지형을 아로새기기 시작했다. 1961년 말, 의회가 부재한 틈을 타서 건설 관련 법률들이 무더기로 제정됐다. 이것은 마치 의회가 존재하지 않아서 행정부의 결정에 어떤 저항도 지체도 없었던 만주국 초기 4개월을 연상케 한다. 당시 관동군은 정부 조직의 기본적 뼈대인 관료 조직체 규정, 미래 국가사업에 관한 규정을 한꺼번에 만들어 공포했다.[39] 1960년대 초 한국 군정의 건설 규정들은 후일 체계적인 국토건설종합계획법, 지방국토건설국 관서 직제 개정(크게 광역국토건설국과 축항사무소),[40] 국토계획과 도시 및 주택 계획에 관한 조사·계획·법제를 맡은 국토계획연구실[41] 등으로 진화했다. 국토건설종합계획법은 국토의 종합적 이용·개발·보전을 위한 장기 종합계획이었다. 이로써 국토 구석구석을 파악했으니 바둑판같은 거리와 농토, 공원과 공장이 만들어질 터였다. 군정은 대대적으로 건설업계를 정리하고[42] 지적 측량사, 건설기술자, 건설 전문 관리 들을 속성 양성했다. '국토건설'은 시대의 담론으로 부상했고, 건설업자와 건설기술자는 시대를 움직이는 윤활유가 되었다.

바다, 하천 등 이른바 공유수면도 국가 관리의 대상이 됐다. 군정 초기부터 전국적으로 일체의 공유수면 점용이 허가 대상이 됐다. 국가는 1.5평의 인수引水 파이프에서부터 4.4평의 헌병 검문소, 수십 평의 명태 덕장에 이르기까지 세밀하게 허가를 내렸다. 정부는 1960년대 중반까지 100정보

---

p. 275.

39) 한석정,『만주국 건국의 재해석』, p. 102.

40) 『관보』, 1963년 10월 14일; 1965년 5월 5일.

41) 『관보』, 1968년 10월 26일.

42) 1962년 2월 무려 38개 건설회사의 면허 취소와 14개의 폐업 신고, 4월에는 29개 회사의 면허 취소와 11개 폐업, 5월에 39개 취소, 6월에 13개 취소(동아건설, 대림산업이 포함되었으나 10월에 소생)가 있었다. 군정은 이 시기 규모와 실적을 바탕으로 면허 취소 혹은 유효 기간 3년 갱신을 부여했다.

308

(30만 평) 이하 작은 규모에 대한 허가는 시도 책임자에게 위임했으나, 중대 공사는 중앙정부의 관리하에 두었다. 그러나 현지 사정에 밝은 읍·면장들이 공유수면의 지정·전용 정보를 선점했으리라 추정된다. 대체로 이들과 그 후손들은 1960~70년대 이래 여당의 지지 기반이었다. 1970년대에 이르러 공유수면 점유의 장소, 목적, 종류, 면적, 기간, 관할 등의 소재가 예전보다 체계적으로 이루어졌다. 대규모 공유수면 점용 허가는 동명목재 등 1960년대 후반 굴지의 목재 회사들이 필요로 하는 저목장 시설을 위한 것이었다. 이보다 적극적인 수면의 사용은 전국을 파헤친 매립 사업을 통해 이루어졌다. 토지 관리의 백미는 실로 광범위하고 세밀한 권한을 국가에 부여한 토지수용법과 도시계획법이었다. 토지수용법은 국방과 제철, 비료 등 주요 산업을 위한 토지 수용과 사용에 관한 것이며, 도시계획법은 도시계획 전반에 관한 규정이다.

울산 콤비나트

1920년대 소련의 5개년 경제개발계획에서 등장한 '콤비나트kombinat'는 생산의 능률을 위해 기술 연관성이 있는 여러 기업을 근접 입지시켜 결합하는 것을 지칭한다. 이것은 제2차 세계대전 무렵 여러 나라로 확산되었다. 우즈베키스탄이 자랑하는 세계 10대 우라늄·금 광산인 나보이Navoi 콤비나트(1958년 설립)도 그런 보기다. 오늘날 광역도시 최초로 수출 1천억 달러를 돌파한, 개발도상국 관계자들의 필수 '산업 투어' 코스가 된 울산은 한국 최초의 콤비나트였다. 1962년 당시 부산의 절반쯤 되는 크기(총면적 약 1억 7,600만 제곱킬로미터)로 역사적인 울산 공단 건설이 시작됐다.[43] 이곳에 군정의 의지가 집약되어 울산특별건설국이 창설되었고, 경제기획원장을 위원장으로 한 울산개발위원회에 거의 모든 각료들이 위원으로 들어갔다. 1959년에 완공된 일본 최초의 욧카이치四日市 석유화학 콤비나트가 공해 문제의 상징으로 떠올랐던 시기[44]에 한국은 의욕적인 공단 건설에 나섰다. 공해, 환경 등의 개념이 전무하던, 번듯한 공장이 누대의 가난을 퇴치할 것이라고 믿던 때였다.

울산 공단은 자원 개발, 공업용수 공급 시설, 동력 공급 간선 시설에서 도시 건설(가로망 구성, 오수와 배수 처리 시설 등), 철도, 공항, 항만, 도로와 아울러 수산 개발 기지와 관광시설 건설까지 겨냥한 초대형 프로젝트였다. 울산은 뒷날 전국 각지에 등장할 숱한 임해·내륙 공단들의 효시였다. 울산특별건설국은 건설부 장관 직할의 막강한 부서였다. 국장은 미국 군사학교에서 유학한 엘리트 군인 출신 김병옥이 맡았는데 그는 후일 울산의 경험을 포항제철에 전했다.[45] 울산 공단은 광활한 울산 일대를 몽땅 갈아 엎어[46] 건설됐다. 2개 광로廣路, 3개 대로, 3개 중로를 갖추고, 5개 지구(주거지, 공업 지구, 상업 지구, 녹지, 풍치風致)로 구획되었으며, 공업 지구가 전체의 16.3퍼센트에 달하는 사상 초유의 계획 도시였다. 전체의 약 47퍼센트는 생태 공간으로 계획됐다(표 5-1 참조).

울산 공단의 건설은 일제 시대 개발업자 이케다 사다오池田佐忠의 도시·축항 계획—인구 50만 명에 300만 평의 임해 석유화학 공업단지를 조성하려는 계획—을 일부 참고했다.[47] 과거에 공사가 벌어졌던 곳(매암, 여

---

43) 이민주, 「울산 공업단지 개발에 관한 연구: 일제 강점기 후반부터 1960년대까지」, 울산대학교 석사학위논문, 2008, p. 10.

44) 「特輯, 戰後 70年」, 『NHK』, 2015. 7. 19.

45) 김병옥은 1968년 5월 포항 종합제철건설 사무소 개소식에 참석해 "울산 지구 공업단지 조성 공사를 통해 얻은 경험을 살려 포항 지구 공업단지를 좀더 효율적으로 시공하겠다"라고 다짐했다. 이후 그는 국토보존국장, 국립건설연구소장 등을 역임했다. 『매일경제』, 1968년 7월 6일, 8월 3일.

46) 울산군 울산읍, 방어진읍, 대현면, 하상면 전역, 청양면 두왕리, 범서면 부법리, 다운리, 농소면 화봉리, 송정리 지역이 모두 공단 부지로 수용됐다.

47) 이케다의 구상을 조선총독부가 허가해 1940년대에 대현면 개펄 123만 평의 매립이 추진됐다. 동양

표 5-1. 1967년 울산의 도시계획 (단위: 1천 제곱킬로미터)

구역	기존	변경	증감	비율(퍼센트)
주거	60,080	55,845	4,235-	34.3
상업	3,848	3,813	35-	2.3
공업	22,090	26,520	4,430+	16.3
풍치	2,687	2,747	60+	1.7
녹지	74,110	73,890	220-	45.4
합계	162,815	162,815		100

(출처: 『관보』, 1967년 7월 31일).

천, 고사, 장생포 등지)에서 계획인구 50만 명을 목표로 울산 개발이 시작되었고, 1차 경제개발 5개년계획에서 승인된 공장 13개 중 9개는 동양척식회사가 매입했던 부지를 공장 용지로 편입했다.[48] 울산특별건설국은 제1부두, 제2부두, 제3부두 등 항만·철도·용수 시설을 닦아서 정유·비료·화학 공장, 화력발전소 등을 건설하고, 수만 평에서 100만 평에 이르는 입주기업의 부지를 위해 지속적으로 토지구획사업을 벌였다.[49] 1차 경제개발계획 기간 중 총예산의 10.7퍼센트가 투입될 정도로 울산 공단 조성은 정권의 명운이 걸린 사업이었다. 연속적이고 급격한 토지구획사업으로 울산 지형은 계속 변경·조정·확장됐다. 예컨대 1968년 달신 지구의 토지구획사업이 갑자기 55만 6천 제곱미터로 확장됐다.

공업 도시 건설로 구시가지의 '난립'도 정리 대상이 됐다. "무질서, 무계획, 비합리적인 주택, 상가, 공원, 하수도 등의 건설을 방지·통제할" 목적으로 태화강 북쪽과 동천 서쪽의 200만 평이 계획인구 13만 명의 거주 구

척식주식회사도 여천, 고사, 매암동 일대의 부지 109만 평을 매입해 정유공장과 축항 공사의 일부 진척이 있었다. 이민주·한삼건, 「울산 공업단지 개발 과정에 관한 연구: 일제강점기 후반부터 1970년대까지」, 『대한건축학회 학술발표대회 논문집』 28권 1호, 2008, p. 513.

48) 이민주, 「울산 공업단지 개발에 관한 연구」, pp. 45, 63.
49) 박봉규, 『다시, 산업단지에서 희망을 찾는다』, p. 66.

역으로 구상됐다. 공장 부지로 선정되면 원주민들은 다른 곳으로 이동해 천막촌을 이루어 사는 신세가 됐다. 구시가지의 정리도 하이 모던 스타일로 이루어졌다. 5개년계획의 원조 격인 1920년대 소련의 경제개발 자체가 공동체의 파괴와 실향을 초래한 대역사였다. 주로 동부 시베리아 숲 지대와 북부 지역에 치우친 광공업, 철강공장 건설은 극심한 환경오염과 수십만 명의 수용소행을 동반했다.[50] 스콧이 일렀듯, 하이 모던의 핵심은 "광활한 지형의 신속한 변형, 무한한 야심, 주민들의 강제 이주 및 희생의 정당화"다.[51] 도시 빈민이나 이농 출신 철거민들은 반듯한 하이 모던 도시가 수용할 수 없는 타자들이었다.

뚫기

울산 건설의 규모, 무모함, 밀어붙임은 1960년대 전국 도시계획의 모델이 됐다. 또한 토지의 획일적 용도와 여러 종류의 도로 건설은 도시계획의 공식이 됐다. 이런 도시계획안 제출은 전국 시·군·읍·면 단위까지 의무 사항이었다. 나아가 도시 내외를 크게 직선으로 잘라 특정 기능별로 조성하는 토지구획정리사업이 대구의 3개 지구를 신호탄으로 추진됐다.[52] 이것은 속도전의 압축판이었다. 건설부 장관은 천재지변을 포함해 어떤 이유로든 '대지 효율 증진, 공공시설 정비, 설치, 변경'을 위해 '종합적인 사업'을 명할 수 있었다. 대도시들은 제1지구, 제2지구 등 번호를 붙여 무려 수십만

50) Josephson, "War on Nature as Part of the Cold War," J. R. McNeill & Corinna Ungers(eds.), *Environmental Histories of the Cold War*, pp. 29~31.
51) Scott, *Seeing Like a State*, pp. 93~95.
52) 『관보』, 1961년 7월 2일.

평에서 수백만 평의 네모반듯한 대단지 조성을 발표하기 시작했다.[53]

그 결과, 일부 도시는 단일 중심에서 훨씬 확장된 다중심 도시로 전환됐다. 옛 부산은 1930년대 이래의 구도심 혹은 일본인 타운——용두산 신사를 중심으로 북쪽 대신정大新町, 부민정富民町, 토성정土城町, 초장정草場町, 서쪽의 남부민정南富民町, 남쪽의 미나미하마南濱, 대교통大橋通, 부두, 동쪽의 수정정水晶町, 초량草梁 사이의 거대한 직사각형——을 중핵으로, 동서로 펼쳐진 약 1억 7천 제곱미터 정도의 크기였다. 그러던 것이 1960년대 중반 약 5억 제곱미터로 확장됐고, 그 뒤 250만 평의 사상 공단을 포함해 수백만 평의 토지구획 공사들로 끝없이 팽창됐다.[54] 도심도 옛 경마장 터인 서면으로 옮겨갔다. 이곳 3만 평을 차지한 미군 하야리아 부대는 부산항에서 들어오는 미군 보급품의 종착지요, 시중 유통의 시발점이었다. 미군 부대와 주변 지역 사이에는 비공식 경제가 크게 발달하여 미군 보급 트럭이 '황금 마차'로 불렸다.[55]

동서양 식민 도시는 대체로 다원성(식민자와 피식민자, 제3의 이민자로 구성), 단절, 위계(식민자와 피식민자 간 거주지 분리), 집중(정치적·사회적·경제적·공간적 힘이 식민자에게 쏠리는 현상), 기강과 협상 등의 면모를 지닌다. 예컨대 싱가포르에서 영국 식민행정이 추진했던 도시 구획, 위생, 환경 정책에 대해 영어에 능통한 엘리트 화교들은 질기게 협상하여 고유의 제례 전통, 매장지, 분뇨 사용 등을 확보했다.[56] 마산-창원-진해 지역도 일제 시대의 영향이 깊이 스며든 도시였다. 일제 시기 진해는 일본의 군항으로 개

---

53) 예컨대 1967~68년 대구는 대명·성당·신암·침산 지구 103만 9천 평, 인천은 용현·주안 지구 800만 평, 서울은 시흥·김포·중곡·수색 지구 950만 평, 부산은 사상 251만 평, 경기도 광주는 303만 평의 토지구획사업을 발표했다. 『관보』, 1967년 8월 11일 등 참조.

54) 『관보』, 1963년 5월 31일; 1965년 3월 25일.

55) 안미정, 「부산 미군 하야리아 부대의 공간적 변용과 의미」, pp. 286~87.

56) Brenda S. A. Yeoh, *Contesting Space in Colonial Singapore: Power Relations and the Urban Built Environment*, Singapore: National University of Singapore Press, 2013, pp. 313~14.

발되었고, 신마산이라 불리는 도심은 신사(오늘날 제일여고 자리) 밑에 자리
잡은 일본인 거리였다. 무학산舞鶴山이라는 이름은 진해만과 닮은 일본의
군항 마이즈루舞鶴에서 온 것이다. 1950년대 화력발전소 건립, 1960년대
매립과 토지구획 공사들로 마산의 도심은 동쪽 방향, 구마산으로 옮겨갔
다. 이후 한일합섬, 수출자유지역, 창원기계공단, 동방유량, 한양화학, 진
해화학, 진해조선공업 등 대공장들이 들어서며 도시 지형이 엄청나게 바
뀌었다.[57]

이런 맥락에서 이른바 '불량 지구' 정리 사업이 시행되어 서울의 '종삼
鐘三' 철폐가 이루어졌다.[58] 1966년 10월, 서울의 대표적 홍등가인 종삼
거리 1만 3천 평이 재개발 지구로 설정돼 정화 작업에 들어갔다. 이것을
시작으로 서울과 부산의 "불량 지구," 즉 성매매 지역이 정리됐다. 오늘날
도시행정의 중요 용어인 재개발, 개량 사업의 원류는 홍등가 폐쇄였다. 장
애가 되는 것들은 모두 철거됐다. 징발법이 시행되자 군사용으로 징발하
는 것이 수월해졌다.[59] 그 외 곳곳에서 주요 시설 조성을 위해 수천에서
수십만 평의 토지가 수용됐다. 수용 용도는 공단, 병원, 중앙정보부 시설
조성 등 다양했다(표 5-2 참조). 수백 건에서 수천 건의 '토지 정착 물건 혹
은 지장支障 물건 세목'이 고시됐다. 1962년 석유 정제, 시멘트 등 토지 수
용을 위한 '기간산업'의 범주가 정해졌고 연이은 법규 개정으로 토지 수용
과 징발에 대한 절차가 자세히 규정됐다. 1970년 토지수용법 시행 개정령
에 이르러 토지 수용의 목표인 산업 범주가 더욱 확대됐다.

---

57) 정호균, 「진해시 발달 과정 평가 및 정책 방향 제시」, 한양대학교 석사학위논문, 2007, pp. 49, 52.
58) 종삼은 종로 3, 4가 일대를 말한다. 『관보』, 1966년 10월 17일, 11월 30일.
59) 지휘관은 징발 신청서, 토지, 농지, 건물, 동산 등의 징발 인수증을 써주고 후일 보상하게 됐다. 『관
보』, 1964년 2월 22일, 8월 14일.

표 5-2. 1960년대의 대표적인 토지 수용 사례

연도	지역(용도)
1961	양주(군 사격장)
1962	부산(광로1호선), 대구(4지구 토지구획), 삼천포(도로), 제주도(도로), 익산(나환자 수용 기관), 광주(도로)
1963	서울(삼선중학교 운동장, 발산동 군 시설), 양주(군 시설), 가평(군 시설), 부산(이주민 택지, 광로1호), 울산(비료공장, 원유 저장고), 안양(교도소), 광주(육군병원), 화천(군 사격장), 대덕(연초공장), 제주도(도로)
1964	서울(미아동, 하월곡동 43만 3천 평 가로 축조, 향촌동 가로), 인천(간석동 나환자 수용 기관), 양주(흥한화학 섬유공장), 울산(공업 용지), 광주(도로), 밀양(가로)
1965	목포(가로), 파주(저수지), 서울(학교 운동장), 칠곡(보건소), 대구(상수도 취수장), 시흥(고령토광산), 울산(항구 배수로), 진해(제4비료공장), 부산(안락동 도로), 충무(상수동 여과지)
1966	정읍(관개용수로), 대구(상수도), 군산(하천 공사), 울산(선로 부설)
1968	서울(가양동, 중앙정보부 시설), 영일(포항제철)
1970	충북(임업시험장), 화성(방조제), 대구(협동 저탄장), 마산(수출자유지역), 울산(대한석유공사 송유관), 제주(교육대학), 금산-대전 도로 확장

(출처: 『관보』, 1962~70년).

메우기

군정의 추진력이 유감없이 드러난 분야는 하천과 바다 메우기였다. 이것은 강박적인 농지 확보와 관련이 있다. 군정은 세계 최빈국 상태를 타개하기 위해 농지 확보에 혈안이 됐고 그 관성으로 도시의 하천들도 마구 메운 것이다. 4장에서 지적한 대로 1, 2차 경제개발 5개년계획 모두 농업 생산력 증대와 식량 자급자족 달성이 목표였다.[60] "농업 분야의 조국 근대

---

60) 유진순, 「한국 경제 성장의 현단계」, 내각기획조정실 엮음, 『한국 경제 발전의 이론과 현실 1』, pp. 9~11.

화"의 관건은 "농가 소득 증대와 식량 증산"이었다.[61] '국토 확장'을 위해 서는 매립(혹은 간척), 개간, 보안림과 보호림 해제 등의 방법으로 농지 확보를 기했다. 기계화된 영농과 반듯한 농경지의 전개는 소련 사회주의자들을 포함한 하이 모던 지도자들의 꿈이었다.

가장 먼저 공유수면 매립법 제정을 통해 매립이 본격화됐다. 우리나라의 매립 역사는 고려 시대까지 거슬러 올라간다고 하나[62] 본격적인 것은 5·16 이후에 시작됐다. 1962년, 네덜란드 기술 용역단에게 의뢰한 간척 자원 조사에서 한국의 개발 가능 면적이 22만 5천 헥타르로 나오자 군정은 고무됐다. 1960년대에 네 차례 조사가 이루어졌는데, 조사단은 4차 조사 후 가능 면적을 25만 9천 헥타르로 상향 제시했다. 1960년대의 정력적인 간척으로 개발 면적(약 1만 8천 헥타르)이 1945~60년까지 만든 간척지 6천 헥타르의 3배에 이르렀다.[63] 군정은 토지개량사업법을 통해 답, 잡종지 등 농지 조성에 매진했다. 1961년 6월부터 여수 앞바다의 매립을 시발로 하루에도 여러 건의 매립이 시작됐고, 그 열기가 1970년까지 계속됐다.[64] 주로 서·남해안에서 연중무휴로 수십, 수만 평에 이르는 새 농토를 위해 바다와 하천이 줄기차게 메워졌다. 총리를 위원장으로 하는 간척지관리위원회가 조직되는 등 간척은 국가사업으로 진행됐다. 후일 시장과 도지사에 위임될 때까지[65] 매립 공사는 오랫동안 건설부 장관의 승인 대상이었다.

한해·수해 대책, 공업용수와 전원 개발, 토지 이용도를 높이기 위한 댐

---

61) 박진환, 「농업 근대화의 방향과 결정 요인」, 내각기획조정실 엮음, 『한국 경제 발전의 이론과 현실 1』, p. 338.
62) 안태영, 「한국 서남해역의 간척활동과 그 영향」, 목포대학교 석사학위논문, 2004, pp. 5~6.
63) 농어촌진흥공사, 『한국의 간척』, 1996, p. 45.
64) 『관보』, 1961~70년 참조.
65) 『관보』, 1970년 4월 2일.

건설, 하천 개수 등 이른바 수자원 개발도 적극 추진됐다. 한강, 낙동강, 금강, 섬진강 등 4대강의 개수改修 거리가 1, 2차 5개년계획으로 1969년 말까지 1,500킬로미터 늘었다.[66] 춘천 댐, 섬진강 댐, 그리고 (30년을 끌어온) 남강 댐 등이 1960년대에 완공됐다. 1960년대의 대표적 수리 간척 사업은 김해(간척지 260정보 확보)와 동진강(간척지 4,270정보 확보) 공사였다. 이 자신감으로 정부는 1960년대 말 경남 고리를 최초의 원자력발전소 부지로 정해 공사를 추진하기 시작했다.[67] 거대 댐과 원자력발전소가 생태에 미칠 수 있는 악영향과 재앙에 대한 관심은 근래의 것이다. 1960년대 한국의 대공사들은 오로지 농토 확장과 공업화라는 절대 목표에 복무했다.

서서히 농지 이외의 매립(염전, 선가대, 선착장, 잡종지, 택지, 대지 조성 등)도 나타났다. 여의도 88만 평, 서빙고 6만 평, 서부이촌동 7만 3천 평이 택지로 개발됐다. 공장 부지나 하역 시설, 저목장, 야적장, 보세 가공 부지의 조성을 위한 공업형 매립이 인천과 동남권인 울산, 부산, 마산, 진해 등에 출현했다. 40여 개의 대기업이 1960년대 중반부터 공장용 부지 매립에 본격 참여하여, 후일 1970년대 한국 "개펄의 신화" 혹은 임해 중화학 공업의 전조가 드리웠다.[68] 부산에는 조선소, 합판공장을 위한 매립이 많았다. 현재 세계적 규모의 공장들, 특히 조선소는 동·서·남해안의 약 60개 매립 지역에 들어서 있다.[69] 그 백미는 1970년 영일만에서 착공한 포항제철이었다.

험난한 매립 사업 앞에 국가의 주도와 민간의 호응이 결합했다. 당시 사

---

66) 이현재, 「국토 개발의 역사적 고찰」, 내각기획조정실 엮음, 『한국 경제 발전의 이론과 현실 8』, 1971, p. 25.
67) 홍성태, 「폭압적 근대화와 위험사회」, 이병천 엮음, 『개발독재와 박정희시대: 우리 시대의 정치경제적 기원』, 창비, 2003, p. 321.
68) 동국제강을 필두로 약 40여 개의 대기업들이 참여했다. 그중 동양화학은 47만 평을, 포항제철은 9만 4천 평을 희망했다. 『관보』, 1963~70년 참조.
69) 이헌, 「조선해양산업과 한국 사회」, 한국사회사학회 발표문, 2012.

상 최대 규모였던 동진강 간척 사업(방조제 길이 1만 2,810미터, 1일 평균 시공량 2천 세제곱미터)에서 덤프트럭 대신 기관차 5~6톤 급이 운반을 맡았다. 악조건하에서 필터 구조(토립자 유실을 막기 위해 2~3개 층을 설치하는 방식)라는 획기적 안전기술이 개발됐다. 매트리스 공법(토립자 유실을 막고 연약한 지반의 하중을 균등하게 분포시키는 기술)도 개발돼 아산, 삽교천 방조제, 영산강 하굿둑 공사에 적용되는 등 간척 과정에서 여러 토종 건설기술이 개발됐다. 또한 동아건설, 현대건설, 롯데건설이 동진강 간척, 영산강 하구언 공사, 삽교천 방조제 공사 등을 맡아 중동 진출 이전에 귀중한 경험을 쌓았다. 방조제 공사는 기술, 운반 장비, 총운반량, 1일 평균 시공량에서 끝없이 진화를 거듭한 종합 건설이었다.

정부는 면허 수수료 미납, 공사 부진, '면허 조건 위반' 등 여러 이유로 서·남해안 여러 지역의 매립 허가를 취소시키며 건설 규율을 잡았다.[70] 또한 여러 곳에서 농경지 조성을 위해 주민의 참여를 유도했다. 신상옥의 영화 「쌀」(1963)처럼 근면, 자조, 증산의 기운이 주민들 사이에서 일었다. 이 영화는 제대 후 빈촌으로 귀향한 상이군인을 중심으로 온 마을 주민이 갖은 난관을 극복하여, 수로를 확보하고 황무지를 옥토로 만든다는 내용이다. 논산의 방수제 공사를 자조난민사업단이라는 단체가 맡는 등 '자조'는 시대의 구호가 됐다. 수많은 곳에서 주민들과 향군, 종교집단이 수만 평에 이르는 매립을 신청하여 허가받았다. 1960년대 민간에서 시행한 매립 건수(1,078건)는 해방 이후 1980년대까지의 전체 매립 건수(1,609건)의 67퍼센트, 전체 민간 시행 건수(1,437건)의 95퍼센트를 기록했다(표 5-3 참조).

농지 확보를 위한 왕성한 간척 활동은 해안선의 심각한 훼손을 초래했다. 21세기에 일부 서·남해안의 해안선은 5·16 전보다 76킬로미터나 줄

---

70) 『관보』, 1963~65년 참조.

표 5-3. 시기별 간척 개발 면적 (단위: 헥타르)

연도	간척 지구 (건수)	면적	정부 시행 (건수)	면적	민간 시행 (건수)	면적
1946~60	177	6,329	39	3,777	138	2,552
1961~69	1,136	17,215	58	7,634	1,078	9,581
1970~89	233	19,372	50	8,245	183	11,127
1980~89	63	9,307	25	5,266	38	4,041

(출처: 농어촌진흥공사, 『한국의 간척』, p. 45).

었다.[71] 황금 알을 낳는 토석 채취(매립의 부산물로서 건설 자재로 사용되었다)도 허용돼 해안과 강가가 마구 파헤쳐졌다.[72] 이 사업을 한국준설공사가 1967년에 인수해 낙동강 하구, 섬진강 하구, 인천 등지에서 직접 대형 준설공사를 맡았다. 1970년 8월 4대강 유역 종합개발위원회가 출범해 수자원의 종합개발, 수문, 치수, 다목적 댐, 토지 이용을 기치로 전국을 누비며 본격적인 사업을 벌였다.

그리고 청계천 관철 지구 공사를 필두로 대도시의 하천들을 뒤덮는 복개의 시대가 열렸다. 하수 위생의 명분으로 1958년에 시작해 지지부진해 왔던 청계천 복개 사업이 재개돼 1967년경 완공됐다. 1960년대 후반 전국의 여러 대형 '개거開渠' 도시 하천이 지하로 사라졌다.[73] 도시 하천은 1960년대 후반의 불도저 정부와 양립할 수 없었다. 시 당국의 입장에서 복개 사업은 위생과 교통 속도의 승급이라는 명분 이외에도 거대한 상업

---

71) 정확한 측정은 어려우나 안태영에 의하면, 서·남해안의 해안선 길이가 1959년 1,833.7킬로미터에서 2000년 1,757.21킬로미터로, 즉 76.49킬로미터가 줄었다. 17세기 이전의 추정치에 비하면 무려 654.8킬로미터나 줄었다고 한다. 안태영, 「한국 서남해역의 간척활동과 그 영향」, p. 23.

72) 이것은 특히 제주, 부산, 울산 등지에 집중됐다. 『관보』, 1964년 10월 19일, 11월 14일, 12월 31일; 1965년 10월 18일, 10월 26일, 12월 13일.

73) 제주도 산지천(폭 21미터, 길이 734미터), 부산 범일천(폭 10미터, 길이 91.5미터), 서울 성북천(폭 20~26미터, 길이 515미터), 홍제천(폭 40미터, 길이 590미터, 면적 2만 3,600제곱미터), 동선천(면적 3만 4,656제곱미터), 마산 회원천(면적 7,234제곱미터) 등이 그 보기다. 『관보』, 1964년 8월 12일; 1965년 5월 8일; 1967년 6월 9일; 1969년 1월 22일; 1970년 9월 2일.

지역을 창출시켜주는 황금의 비즈니스였다. 건축가 김중업은 정권의 대사업인 청계천 복개에 반대하다가 1968년 망명길에 올라 10년이나 해외에 머물러야 했다.[74] 한국에 하이 모더니스트 르코르뷔지에를 소개한 그가 하이 모던 정권에 의해 핍박을 받은 것은 역설적이다. 한편 복개를 지지한 김수근의 삶은 김중업과 대조된다. 김수근은 설계사무소를 설립해 많은 사업을 수주하고 다수의 제자와 문화 인사를 길러냈다.

파헤치기

서구에서 공유지는 사회적 약자의 공간이었다. 공유지, 황무지, 늪은 공동체나 지역 영주의 소유로 여겨져 다소 방치되던 "자연의 마지막 보루이자 늑대와 호랑이의 보금자리"였다.[75] 그러나 18세기 이래 산업화가 진전되면서 이런 곳들에 농토나 도로, 공장 부지가 만들어지기 시작했다. 자연은 공동체의 피난처, 어머니 같은 존재지만 황량함, 변덕, 야성은 극복해야 할 대상이었다. 인도의 국부 네루는 딸에게 보낸 옥중 서간에서 인류사를 "자연에 대한 투쟁사"라고 쓰기도 했다.[76] 제국주의는 이런 추세를 가속시켰다. 아메리카를 침략한 유럽인들은 중남미에서 사탕수수 단일 재배를 밀어붙여 토양 생태를 최악으로 몰아갔다. 북미는 무제한의 목축, 무분별한 농경, 토지 방기 등으로 거의 전역을 고갈시키며 사상 최악으로 숲을 유린했다. 중부 대평원의 황폐, 특히 1930년대 오클라호마 등지에서 수많

---

74) 이것을 일러주신 김효일 전 경남대학교 교수님에게 감사드린다.

75) 피터 라인보우, 『마그나카르타 선언: 모두를 위한 자유권들과 커먼즈』, 정남영 옮김, 갈무리, 2012, pp. 67~72.

76) Radkau, *Nature and Power*, p. 170.

은 난민을 만든 모래 폭풍Dust Bowl도 이런 식민주의적인 카우보이식 농경과 관련이 있다.[77] 만주, 시베리아 일대에 있는 세계 최대의 삼림 지대 타이가도 19세기 말에서 1945년까지 중국인의 이주, 러시아·일본 제국주의의 침식 등으로 약 절반이 사라졌다. 이어 20세기에는 각종 철도 부설, 도시 건설, 탄광 개발, 만주 전역의 전신화, 공업화 등이 이 벌채를 가속시켜 세계 최후의 대삼림을 훼손했다. 압록강, 지린, 젠다오, 북만 등지의 만주 전체에서 목재 생산량은 1920년대 약 300만 석에서 1930년대에 500만 석으로 증가했다.[78]

이런 훼손은 탈식민 시대에도 자행된다. 아르헨티나의 카우보이인 가우초gaucho는 오늘날 전 세계 환경운동가들의 호소에도 아랑곳없이 목초지를 확보하기 위해 폭력적으로 인디오들을 제압하고 아마존의 삼림에 불을 지르고 있다. 타이, 네팔, 아이티, 에티오피아 정부도 숲과 옥토를 파괴하며 사막화시켰다. 특히 에티오피아 정부는 빈곤 퇴치를 내걸고 쟁기로 땅을 깊이 파는 우경 농법을 내세워, 원래부터 생태학적으로 취약했던 지역을 황폐화시켰다. 에티오피아의 독재자 멩기스투Mengistu Haile Mariam는 흉년이 거듭되자 1984년, 뒤늦게 자연보호를 내걸고 100만 명 이상을 타 지역으로 강제 이주시켰다. 이것은 희생자가 50~200만 명에 이르는 연옥(대기근, 내전, 아사)의 서곡이었다.[79]

이 회오리바람은 1960년대 초 한국에 도달했다. 5·16 이후 군정은 농촌에 만연했던 도벌을 단속했으나 산림 보호 정책은 명목상의 것이었다. 1960년대 초 새로운 보호림, 보안림 지정은 극히 드물었다.[80] 몇몇 법령

---

77) 같은 책, p. 161.

78) 永井リサ, 「タイガの喪失」, 安富步・深尾葉子 編, 『滿洲の成立: 森林の消盡と近代空間の形成』, 名古屋大學出版會, 2009, p. 46.

79) Radkau, *Nature and Power*, pp. 161~62.

80) 울진에서 483.2정(약 145만 평)을 보안림으로 지정한 것이 유일하다. 『관보』, 1962년 5월 31일.

이 제정되었지만 전국 산림 사업 구역의 설정, 기본 산림 계획 입안에 지나지 않았다. 대신 군정은 농지 확보를 위해 전국을 샅샅이 뒤지고 산하를 파헤쳤다. 유럽의 긴 산림 보호 역사——숲의 통제권을 둘러싼 영주와 농민 간의 오랜 분쟁, 그 결과물인 양자의 합의, 즉 숲에 대한 감시를 법제화한 '산림 규정' '목재 헌장,' 조림 사업 등——와 달리,[81] 1960년대 한국을 비롯한 비서구권에는 주민들의 투쟁사가 없었다. 한국 군정의 개간촉진법 제정으로 농토 확보를 위해 일체의 유휴지, 황무지가 추적됐다. 중앙 정부, 서울시, 각 도에 개간심의회가 설치돼 '개간 예정지의 조사, 심사, 결정, 매수' 등을 맡았다.[82] 각 도는 경쟁적으로 대규모 개간 예정지를 매수하고 고시했다. 농토 혹은 유실수 밭 조성을 목적으로 1962년부터 광활한 '황무지'가 사라지기 시작했다. 1965년 남제주의 13만 평, 1966년 북제주의 임야 15만 평을 포함,[83] 1960년대에 14만 3천 헥타르의 면적이 개간되고 전체 사업의 53퍼센트에 보조금이 지원됐다.[84]

농지 확보에 대한 강박은 보호림, 보안림 해제에서도 드러난다. 1960년대 초 서구(특히 중부 유럽) 주민들의 산림 감시[85]와 같은 장애물이 한국에는 없었다. 농업 생산력 증강과 식량 증산을 위해 안정 농가를 육성하고 미개간지를 농경지로 개척한다는 농경지 조성법은 황무지, 소택지, 초생지, 폐염전, 임야를 대상으로 제정됐다. 예정지 고시라는 요식 행위를 통해 10정보 미만의 경우는 시장, 군수가 결정할 수 있게 해 임야를 쉽게 개간할 수 있는 길이 열렸다.[86]

---

81) 요하임 라트카우, 『나무시대: 숲과 나무의 문화사』, 서정일 옮김. 자연과생태, 2013, pp. 70, 234.

82) 『관보』, 1962월 2월 22일, 3월 24일.

83) 『관보』, 1961~70년 참조.

84) 한국농촌경제연구원 엮음, 『1945~2000 한국 농업·농촌 100년사 下』, p. 1207.

85) Radkau, *Nature and Power*, p. 186.

86) 『관보』, 1967년 1월 16일.

표 5-4. 보호림, 보안림 해제 공시 면적 (단위: 정보)

연도	면적
1963	61,000
1964	1,496.5
1965	489,581.5
1966	63,843.2
1967	597.9
1968	339,303.8
1969	888.6
1970	658.6

* 1정보는 3천 평에 해당한다. 단, 고시 면적이므로 앞 연도의 것과 중복될 수 있고, 완전히 시행됐다고도 볼 수 없다(출처: 『관보』, 1963~70년).

1963년부터 "개간 적지適地로 토지 이용상 개간이 유익한" 혹은 "계속 존치할 필요가 없고 공익상의 이익을 위한" 등의 명분으로,[87] 상당한 면적의 보호림, 보안림이 해제되기 시작했다. "무질서하게 산재한 숲의 정리"라는 명분으로 보안림 정비 작업이 1차로 1964~66년까지, 2차로 1967~68년까지 진행됐다.[88] 1963년 도합 약 6만 1천 정보의 보호림, 보안림이 대량학살에 노출됐다.[89] 1960년대 말 1천 정보 이하로 잦아들 때까지 전국에 걸쳐 보호림, 보안림 해제는 꾸준히 공시됐다. 1965년과 1968년의 해제(고지) 규모는 최대에 이르렀다(표 5-4 참조). 1966년, 부산 연산동의 보안림 8정보가 해제돼 쌍미섬유의 공장 부지로 전용되는 등 보안림은 농지나 공장 부지로 변해갔다.[90]

---

87) 『관보』, 1963년 1월 5일, 2월 1일.
88) 산림청, 『한국 임정 50년사』, 1997, p. 338.
89) 경기, 전남, 전북, 충남, 경남 일대의 보안림 970정보와 전남, 경남, 제주, 강원, 충북의 보호림 약 3만 5천 정보가 해제됐다. 『관보』, 1963년 3월 11일, 3월 20일.
90) 『관보』, 1966년 8월 5일.

1967년에 늦게나마 이 모든 흐름을 역전시키는 정책이 발표됐다. 한국의 민둥산을 푸른 산으로 바꾸자는 산림 보호 정책이 시작된 것이다. 식량 자급과 산림녹화가 2차 경제개발 5개년계획의 중점 목표 중 하나로 포함됐다. 농림부에서 750명 정원의 산림청이 발족돼 장기적인 치산녹화를 맡았다.[91] 산림행정 현지 지도반이 산불, 도벌 예방과 지도를 맡았다. 이전에 산림은 땔감의 원천이었기 때문에 공무원들도 벌목에는 속수무책이었다. 정일권 총리가 전체 공무원을 대상으로 "산림녹화 없이 조국 근대화 작업은 없다"라는 특별 담화를 발표하는 등 일대 계몽운동이 벌어졌다.[92] 산림녹화가 시대의 구호인 '근대화'와 연결돼 동력을 받기 시작한 것이다. 산림 보호 요령이 전 공무원에게 시달되고, 일부 지역에서 시행되던 치산의 날Green Day 행사가 모든 시도에 확대됐다. 정부는 '임정林政 사상 최다 조림 사업의 해'인 1967년에 국유림, 민유림을 합해 총 45만 5천 헥타르에 식재했다고 발표했다.[93]

유럽에서는 산림 공무원이 하급 산지기 출신이었다가 18세기 후반에 접어들면서 특등 사수 퇴역 군인들로 전문화됐다.[94] 1968년 한국 산림청은 이런 유럽 산림 공무원의 오랜 역사를 간단히 압축해 산림 보호 직원 제도를 만들고 이들에게 모자, 제복, 외투, 단화를 지급했다. 제복은 이 직업의 사회적 지위를 높이고 직원들에게 자부심을 불어넣었다. 임업시험장, 임목육종연구소, 임업연구심의위원회 등도 속속 만들어졌다. 1969년 식목일 기념사에서 박정희는 "푸른 산은 국력과 경제력의 표시"이며 "벌거벗은 산을 만든 사람은 사이비 애국자"라는 웅장한 수사를 동원했다. 공업 육성

91) 산림청, 『한국 임정 50년사』, p. 285.
92) 『관보』, 1967년 8월 29일.
93) 산림청, 『한국 임정 50년사』, p. 297.
94) 요하임 라트카우, 『나무시대』, pp. 240~43.

에 집중해 앞만 바라보고 달려온 '재건 정부'가 산과 나무의 육성 혹은 종합적 개발을 시작한 순간이었다. 이후에는 산림법 시행 개정령을 통해 보호림의 설정과 해제가 예전보다 체계적으로 이루어지고, 10년간의 산림 장기 기본 계획, 영림서營林署의 확대(500명 규모) 등이 수립됐다.[95] 아울러 산림청이 통합되고, 수렵법, 사방 사업법, 영림 계획 등이 만들어졌으며 임업기술의 지도와 보급, 독립가篤林家 육성, 국유림 관리, 해외산림개발사업 같은 의욕적인 사업들이 추진되면서 산림 자원 조성이 국민들의 의식에 들어왔다. 나치의 경험—경제 자립 4개년계획 중 나무 관할 부서가 출범하여 합판 등 새 나무 제품을 개발한 일—을 연상시키듯[96] 1967년의 한국 산림운동은 경제개발과 국토종합개발계획의 한 부분이 됐다. 이것은 1970년대 산림 분야를 포함하는 종합적인 국토 이용 관리법, 정력적인 1, 2차 치산녹화 정책, 산림청의 내무부 이관 등으로 발전했다.

그러나 나치스트들처럼 숲을 숭배하는 이념("영원한 민족의 공간인 영원한 숲" 등)은 없었다. 한국에서는 도시계획이나 공단 조성 등의 개발 과제가 우선시됐다. 치산녹화를 내걸었던 시기에 제정된 국유림 매각 규칙에 의하면 "존치가 필요 없는 국유림"은 특정 용도로 해제할 수 있었다.[97] 국가 안보 역시 우선시되어 국방장관은 국방상의 필요에 따라 산림청장과 협의하여 임야를 수용·보상할 수 있었다.[98] 정부 통계에 의하면, 본격적인 산림 정책이 시작되기 이전인 1963년의 보안림 면적과 비교했을 때 1968년까지 약 30만 헥타르 이상이 사라졌다는 사실이 드러난다(표 5-5 참조).

1960년대의 일관된 현상은 공업 용지와 주택 단지의 수요에 밀린 공원

---

95) 『관보』, 1969년 6월 12일; 1970년 6월 9일, 6월 11일.
96) 요하임 라트카우, 『나무시대』, p. 304.
97) 『관보』, 1969년 6월 7일.
98) 『관보』, 1970년 4월 23일.

표 5-5. 연도별 보안림 면적 (단위: 헥타르)

연도	면적
1962	996,914
1963	1,047,449
1964	1,034,323
1965	1,024,779
1966	884,146
1967	863,512
1968	746,174
1969	742,422
1970	742,141

(출처: 산림청, 『한국 임정 50년사』, pp. 271, 336).

부지와 녹지·풍치 지구의 폐지 혹은 축소였다. 예컨대 1960년대 말 서울, 부산, 광주, 진주, 포항 등지의 녹지·풍치 지구가 주택지와 공업지로 간단히 변했다. 공원의 신설은 희귀한 일이었다. 수천, 수만 평의 공원 면적이 상업 지역이나 재개발 지구로 지정돼 하루아침에 간단히 폐지됐다. 주택, 도로 건설의 거센 수요 앞에서 (주로 서울의) 많은 공원이 대량 축소돼 삭막한 공간으로 변했다. 이 와중에 1968년 김대만 부산시장 시절, 삼나무로 울창했던 부산의 절경 수원지 공원 2만 3천 평이 파헤쳐져 고급 주택지로 변했다.[99]

---

99) 『관보』, 1968년 3월 21일.

스피드

1960년대 한국 건설의 속도는 철도와 고속도로에도 반영됐다. 이것은
공기(공사 기간) 단축이라는 군대식 에토스로 완수됐다. "철마가 간다"라
는 구호처럼 철도는 고속도로가 생기기 전까지 건설의 상징이었다. 군정
은 초기부터 황지 본선, 지선 등 산업철도들을 우선적으로, 그리고 일제
시대부터 필요성이 제기되었으나 난공사로 지지부진했던 노선들에 손대
기 시작했다. 군정은 5·16 직후 착공해 이듬해 완공한 산업철도 황지 지
선을 시작으로 경북선, 정선선, 동해 북부선 등 여러 난공사를 착착 완수
해나갔다(황지 본선은 노선의 40퍼센트 정도가 터널이었다). 황지 지선을 포
함해서 대부분의 철도 준공식에 박정희 국가재건최고회의 의장이 참석했
다. 1963년 철도청이 독립하여 철도행정과 안전, 철도 병원, 철도 고교 등
을 체계화했다.[100] 수많은 노선——능의선, 망우선, 진삼선, 경인 복선, 광주
선, 북평선, 영동선, 문경선, 광주 및 전주공단 인입선, 여천선, 포항제철선
등——이 1960년대에 건설됐다.

1966년이 '수송 전쟁의 해'로 정해져, 수송 능력 향상이 2차 경제개발
의 중요한 과제가 됐다. 1930년대 부산-펑톈 간 철도의 기록 단축을 연상
시키듯, 1950년대에 7~9시간 걸리던 경부 간 철도 운행 시간이 1960년
대 들어 6시간 10분(1962년 재건호), 5시간 45분(1966년 맹호), 4시간 50분
(1969년 관광호)으로 차차 단축됐다. 이후 1983년에 새마을호가 10분을 단
축할 때까지 오랫동안 관광호가 최고 기록을 유지했다. 군정은 철도 작업
중 터널을 뚫거나 교량을 세우는 등의 난제를 군인 정신으로 해치웠다. 해
방 이래 1985년까지 만들어진 600미터 이상의 터널 44퍼센트가 1960년

---

100) 그 결과 연평균 철도 사고가 1960년대 100건에서 10년 뒤 84건으로 떨어졌다.

대에 건설됐다. 비료를 호남 지방에 공급하기 위해 경상도와 전라도를 연결시키는 경전선은 일제 시대부터 제기된 난공사였다. 1964년에 정부는 경전선 착공에 들어가 연인원 28만 7천 명을 동원해 공기를 1년 단축시키며 1967년에 이를 완공했다. 철도 건설은 시련과 극복, 공기 단축의 자신감, 내·외자 동원, 레일·시멘트·침목·교량 등 각종 토종 기술 개발, 용지 매수와 철거, 노동자 대거 동원 등 여러 요소가 어우러진 사업이었다. 또한 현대건설과 대림건설이 일부 공사를 맡는 등 철도 공사는 일부 건설사들의 도약에도 기여했다.[101]

1965년 하반기, 정부는 고도 성장 정책이 초래한 심각한 수송난을 겪으면서 철도 수송이 포화 상태에 이르렀음을 인식했다. 그리고 대량 수송 등 유통 혁명의 시대 조류를 통감했다. 1차 경제개발 5개년계획 기간 중 수송 부문의 투자(철도 69.5퍼센트, 공로 14.7퍼센트, 해운 14.4퍼센트)는 철도에 편중되었으나, 1960년대 후반 공로 투자가 2배(철도 30.9퍼센트, 공로 30.1퍼센트, 해운 22.0퍼센트)로 늘었다.[102] 1960년대 후반 국토종합계획의 중점도 전반기의 수리 간척, 다목적 댐, 공업지 조성에서 도로, 항만 등 인프라 건설로 방향을 전환했다(표 5-6 참조). 정부는 한국전쟁 후 450만 톤으로 감소된 하역 능력의 향상을 위해 항만 시설에도 크게 투자했다.[103]

본격적인 산업화의 요구로 정부는 1960년대 후반 드디어 고속도로 건설에 나섰다. 이것은 나치즘 이미지를 물씬 풍기는 사업이었다. 고속도로 계획은 1960년대 초에 구상돼 기초 지반의 체계적인 토질 조사를 포함, 10개년계획으로 추진됐다. 1968년 경인고속도로(29.5킬로미터)를 필두로

---

101) 철도청, 『한국철도 100년사』, 한국철도공사, 1999, pp. 556~79, 663, 681, 781.
102) 안림, 「한국의 유통경제와 그 근대화」, 내각기획조정실 엮음, 『한국 경제 발전의 이론과 현실 1』, 1969, p. 368.
103) 1, 2차 5개년계획으로 1969년까지 약 160억 원의 공사비로 안벽과 물양장을 대폭 넓히게 됐다. 이현재, 「국토 개발의 역사적 고찰」, 내각기획조정실 엮음, 『한국 경제 발전의 이론과 현실 8』, p. 23.

표 5-6. 국토종합계획의 사업별 투자 비율 (단위: 퍼센트)

사업	1962~66년	1967~70년
수리 간척	9.5	1.5
다목적 댐	18.9	8.6
리수理水, 방재	8.3	3.9
도로	14.6	54.0
항만	10.6	16.4
도시 토목	6.1	0
주택	7.2	1.8
상하수도	6.7	8.4
공업지 조성	16.6	3.1
국토 조사	1.5	1.3
중기 도입	—	1.0
	100	100

(출처: 이현재, 「국토 개발의 역사적 고찰」, p. 20).

1970년에 428킬로미터의 경부고속도로가 개통됐다.[104] 이것은 단군 이래 최대 규모의 공사였다. 연인원 약 900만 명, 총공사비 약 430억 원, 16개의 건설회사와 3개 군 공병단, 건설 중장비 165만 대가 투입됐다. 한국 정부는 1970~80년대에도 여러 고속도로를 닦아 현재 총연장 거리 3천 킬로미터 이상으로 세계 7위의 고속도로 강국에 올랐다.[105]

교통의 세계는 철도, 자동차, 트럭 간의, 그리고 건설업자, 석유업자, 노동자 간의, 나아가 중앙정부와 지방정부 간의 정치 혹은 갈등의 세계다.[106]

---

104) 안림, 「한국의 유통경제와 그 근대화」, 내각기획조정실 엮음, 『한국 경제 발전의 이론과 현실 1』, p. 384.

105) 유대용 외, 『땅의 혁명』, pp. 411~14.

106) Glenn Yago, *The Decline of Transit: Urban transportation in German and U. S. Cities, 1900~1970*, Cambridge: Cambridge University Press, 1984, p. 47.

독일의 경우, 제1차 세계대전 후 등장한 바이마르 정권이 철도 중심 정책을 폈다. 지역 자치체들의 힘으로 철도 건립이 이루어지다가 비용 문제로 국가가 관리하게 됐다. 이에 비해, 1930년대 나치 정권은 과감하게 자동차 중심 정책으로 선회했다. 이른바 나치의 3M 정책(자동차화motorization, 동원mobilization, 군사화militarization)의 일환이었다. 1933년, 아우토반의 착공은 국가의 강력한 개입으로 전차와 철도가 자동차에 굴복했다는 의미를 띤다. 미국의 경우, 정부는 철도와 전차 건설 비용과 노임 비용의 부담, 파업을 겪으면서 자동차로 눈을 돌려 도로 건설에 나섰다. 1950년대 미국의 고속도로 건설에는 도시 혐오(유색인 빈곤층 혐오), 도시 탈출, 교외 전원주택의 꿈 등 중산층 의식뿐 아니라 자동차 재벌 제너럴 모터스의 혁신, 판매 전략, 로비가 작용했다.[107]

한국의 고속도로 건설은 미국보다 독일 모델(즉 국가의 과감한 결정과 지원)에 가깝다. 경부고속도로는 일본 최초의 고속도로(나고야-고베 간)가 완공된 1966년으로부터 몇 년 지나지 않아 이루어진 과감한 시도였다. 고속도로 건설은 유진오, 김영삼, 김대중 등 당시 야당 지도자들을 포함해 국회와 언론의 극심한 저항에 부딪혔다. 특히 유진오 신민당 당수는 "독재자 히틀러의 유명한 아우토반을 연상케 한다"라고 비판했다.[108] 이런 반대를 무릅쓰고 경부고속도로는 2년 5개월 만에 완공됨으로써 한국형 공기 단축의 신화를 낳았다.[109] 일본 최초의 고속도로가 9년이 걸려 완공된 것과 비교할 만하다. 경부고속도로 건설의 40퍼센트는 현대건설이 맡았는데 대미는 최대 난공사인 당재 터널의 공기를 3개월에서 25일로 단축한 일이었다.

107) Paul Fotsch, *Watching the Traffic Go By: Transportation and Isolation in Urban America*, Austin: University of Texas Press, 2007, pp. 47, 55; Yago, *The Decline of Transit*, p. 57.
108) 『중앙일보』, 2010년 7월 9일.
109) 이현재, 「국토 개발의 역사적 고찰」, 내각기획조정실 엮음, 『한국 경제 발전의 이론과 현실 8』, p. 22.

공사 기간 중 정주영 현대건설 사장은 공사장에서 살다시피 했다. 박정희 대통령도 "매일 전화로 공사를 확인했으며 때로는 불쑥 현장을 찾아와" 독려했다고 한다.[110] 두 사람은 건설 시대 최고의 파트너였다. 현대건설은 자동차, 조선소, 중동의 건설 등에서도 공기 단축 신화로 1970년대 한국 최대 재벌로 부상했다. 이후 울산-언양 간 고속도로(6개월 소요, 1969년 완공), 대전-전주 간 고속도로(8개월 소요, 1970년 완공), 1970년대 초 한국 사상 최대요, 세계에서 가장 큰 제철소 프로젝트인 포항제철 등 주요 공사들이 평균 2개월 이상 앞당겨 준공되는 등 공기 단축은 1960~70년대 한국의 시대정신이었다.

포항제철 건설의 대임은 불도저식 건설의 화신 정주영을 제치고, 사무라이의 풍모를 지닌 군 출신 박태준에게 떨어졌다. 그에게 공사는 전투였고 건설 현장은 치열한 전쟁터였다. "이것은 공사가 아니라 전투요, 전장에 나선 이상 반드시 이겨야 한다"라고 말한 그는 영일만 개펄의 공사장에서 수년간 막장의 탄부처럼 살았다. 공사장에서는 박태준을 포함해 모든 사람이 군복 같은 유니폼을 입고 다녔다. 박태준은 공기 단축을 지시하면서 상황판에 "돌격! 11월 30일 이전 개시" 등의 구호를 쓰곤 했으며, 부실 시공된 기초 공사들을 다이너마이트로 모두 폭파시킨 일화가 있다.[111] 1970년대 최대 간척 공사인 삽교호도 2년 10개월 만에 완공되는 등 1960~70년대의 공사는 전투 정신으로 충만했다. 공교롭게도 박정희는 삽교호 준공식에 참석한 그날 밤 암살당했다.

110) 정주영, 『이 땅에 태어나서: 나의 살아온 이야기』, 솔, 2011, pp. 120~26.
111) 서갑경, 『최고 기준을 고집하라: 철강왕 박태준의 경영 이야기』, 윤동진 옮김, 한국언론자료간행회, 1997, pp. 283, 303, 341, 421.

한국형 하이 모던

직선적인 공간 재배치 혹은 하이 모던은 만주국을 통해 1960년대 한국 군정에 전달돼, 신속하게 국토를 뚫고 파헤치는 열풍을 일으켰다. 공사 현장마다 공기 단축을 내건 건설 전사들이 탄생했다. 이것은 후일 두바이 등지에서 세계 최고의 건물들을 짓는 한국 건설 경쟁력의 뿌리였다. 농어촌 국토계획의 이면에는 계단식 농법을 도입하고 바다를 메우는 등 농지 확보의 사명이 개재돼 있었다. 매립 사업은 "국토 확장" "식량 증산"을 부르짖으며 바다를 직선으로 연결한 불도저 체제의 성과였다. 박정희는 "한 치의 땅이라도 개간해나가려는 정신적 혁신이 이루어져야 한다"라고 강조하며 면 단위의 통수식에도 참석했다.[112] 박정희나 이계순 농림부 장관[113] 등의 지도자들은 황무지를 옥토로 바꾸었다는 점에서 이스라엘을 귀감으로 삼았다.[114]

기아 탈출의 시대에 가뭄은 공적이었다. 가뭄이 생기면 도청에 가뭄대책본부가 설치됐다. 1967~68년에 영호남이 큰 가뭄을 맞자 관민이 총동원돼 대대적으로 땅속 물 찾기 운동을 벌였다. 일부 지역에서 증산을 위해 "한 포기의 모라도 심어보겠다는 성심으로 호미 모내기까지" 시도됐다. 철원의 가뭄 극복에는 전투용 탱크도 동원됐다.[115] 이런 성심으로 농촌 기계화와 매립이 추진됐다. 준설은 대일 청구권 자금으로 도입한 일본제 기

---

112) 신호철, 「활기차게 시작한 계단식 개간」, pp. 50, 69; 최선우, 「부여 남면 지구 전천후 사업 기전 공사를 돌아보며」, 농어촌진흥공사 엮음, 『국토개조 반세기 증언』.

113) 그는 박 대통령과 대구사범 동문으로서 경남지사 시절 경상남도가 전국 보리 증산 1위를 차지함으로써 농림부 장관으로 승진했다.

114) 송정덕, 「이계순 총재가 박 대통령에 보낸 밀서」, 농어촌진흥공사 엮음, 『국토개조 반세기 증언』, pp. 184~85.

115) 안재숙, 「전천후 농업 용수원 개발과 한해 대책」, 최선우, 「부여 남면 지구 전천후 사업 기전 공사를 돌아보며」, 농어촌진흥공사 엮음, 『국토개조 반세기 증언』, pp. 93, 115.

계 6대로 시작했지만[116] 1970년대에는 거대한 삽교천 방조제를 만드는 수준으로 올라갔다. 1980년대에는 국산 건설 장비를 본격적으로 생산하여 1990년대에 시화 방조제, 영산강 3지구, 새만금 방조제, 인천공항 등 국제적 규모의 준설 사업을 완료했다.[117] 국내 중공업 회사들의 준설선을 동원하여 국내외 어디든 파헤치는 한국은 세계적 준설 국가의 반열에 올랐다. 현재 방조제를 축조하여 종합적인 간척 사업을 벌이는 나라는 간척의 선구자 네덜란드, 그리고 인천공항과 간사이 공항을 만들어낸 한국과 일본뿐이다.

1960년대 한국의 건설 전사들은 숱한 실패에도 굴하지 않고 덤벼들었다. 수원 조사를 위해 제주도 산간에까지 지하수개발공사의 공무원들이 파견됐다.[118] 매립 등에서 등장한 자조 정신은 자연 지형이란 주어진 것이 아니라 변형시킬 수 있는 대상이라는 사고의 전환을 초래했다. 동진강 간척 사업은 한국 최초의 종합 간척 사업이었다. 이 사업에 기계는 고작 4톤 트럭, 흙 운반차, 불도저 정도만 이용되었고, 나머지 작업 수단은 오직 인력뿐이었다. 기존 사업들의 5~6배에 달하는 난공사였으나 모두 무모하게 달려들었다. 거듭된 실패 끝에 한국형 '끝막이 공법'을 도입됐다. 이 공법은 간척의 선진국인 네덜란드로부터 인정받았고, 1970년대의 삽교천 방조제 대공사에 적용됐다.[119]

토종 간척기술은 해외에서도 펼쳐졌다. 한국은 1960년대 베트남을 시

---

116) 한국 최초의 준설선으로 1968년 대일 청구권 자금으로 도입된 일제 6대를 이용해 김해 장유천, 평강천에서 공사를 벌였다. 최용택, 「김해 장유천에서 처음 시작된 준설 사업」, 농어촌진흥공사 엮음, 『국토개조 반세기 증언』, p. 164.

117) 한국지반공학회, 『준설매립』, 구미서관, 2005, pp. 4~6.

118) 이석우, 「전천후 농업 용수원 개발과 제주도 수문 조사」, 농어촌진흥공사 엮음, 『국토개조 반세기 증언』, p. 101.

119) 윤오섭, 「한국형 방조제 단면 및 끝막이 공법이 탄생되기까지」, 농어촌진흥공사 엮음, 『국토개조 반세기 증언』, p. 54.

작으로 1970년대에 인도네시아, 아르헨티나, 방글라데시, 1980년대에 가나, 요르단, 파키스탄 등 해외 간척 사업에 참여했다.[120] 자동차, 건설, 조선업을 세계적인 수준으로 올리고 북한 지원의 물꼬를 튼 현대건설의 정주영, 재임 때나 은퇴 후에도 주식 보유를 철저히 거부한 포항제철의 박태준 등 불도저 시대의 주인공들은 이 시기 너머 한국 사회의 우상이 됐다. 또한 '빨리빨리' 정신은 불도저식 건설에 국한되지 않고 사회 전반에 확산됐다. 이것은 후일 세계 정보통신 분야를 선도할 바탕이 됐으며, 외국인의 눈에 "무언가 일을 벌일 나라로" 인식되는 계기가 됐다.[121] 일부 환경운동가들은 산업 시대 이래 한국을 "토건 국가"——즉 일본의 정치인, 건설업자, 야쿠자가 유착해 끝없이 불필요한 건설 공사를 벌이는 체제——라 규탄한다.[122] 하지만 이런 비판을 1960년대의 한국에 적용하기는 힘들다. 그것은 국가의 주도, 기업의 참여, 민간의 호응이 결합된, 전사적 방식으로 추진된 관민 협력 프로젝트였다.

그러나 1960년대 건설의 대가는 스피드에 대한 강박, 자연 경관의 복개, 전통적 건물·시가지의 파괴, 그리고 졸속이었다. 이 시기에 서울과 부산의 전차들이 사라지고, 부산의 명물 영도대교의 도개가 중단됐다. 김현옥 전 서울시장은 취임하자마자 한 달 안에 서울시의 마스터 플랜을 완성하라고 명령해 남서울 계획을 일주일 만에 작성시켰다.[123] 부실 공사의 극치는 1970년에 붕괴돼 수십 명의 사상자를 낸 와우아파트 사고다. 이것은 김현옥이 주도해 1969년 한 해 동안 서울 전역에 406개 동(1만 5천여 가구

---

120) 김두식, 「농진공의 해외 사업은 이렇게 해서 시작됐다」, 농어촌진흥공사 엮음, 『국토개조 반세기 증언』, p. 402.

121) 에릭 슈미트 구글 회장의 서울대학교 강연, 『EBS』, 2013년 11월 17일.

122) 홍성태, 『개발공사와 토건국가』, 한울, 2005, p. 10; 개번 맥코맥, 『일본, 허울뿐인 풍요』, 한경구 외 옮김, 창비, 1998, p. 63; Rankin, "21st-Century Yakuza," p. 11.

123) 「한정섭 교수와의 인터뷰」, 대학국토·도시계획학회 엮음, 『이야기로 듣는 국토·도시계획 반백년』, p. 234.

분)의 공사를 벌인 결과였다. 그는 이 사고로 자리에서 물러났다. 김현옥 이외에도 김대만 부산시장, 김병옥 울산특별건설국장 등 건설 시대의 야전 사령관들은 뇌물 수수 혐의 등 여러 사건사고로 해임되었다.[124]

또한 수많은 공사의 착공·준공 연기, 폐지, 도로·부지의 변경·수정·취소, 위치 변경, 대폭 수정, 기존 도로 계획 전부 폐지, 토지구획공사 연기, 공원 부지 변경 등 이른바 '도시계획 변경'이 남발됐다. 예컨대 1960년대 말 농촌 근대화 시범 사업은 애매한 성격과 사업의 중복성으로 곧 중단됐다.[125] 그리고 거창한 이름의 단기적 도시계획들은 심각한 수도 인구 밀집을 초래했다.[126] 육군 대장 출신 장창국이 초대 사장을 맡았던 수자원개발공사는 그야말로 군인 정신으로 수많은 사업을 벌이며 전국을 파헤쳤다. 소양강을 위시하여 다목적 댐 15개, 낙동강 하굿둑, 다기능 보 5개, 상하수도, 공업용 수도에 이어 1970년부터는 국가산업단지, 안산 신도시, 서해안 거점 도시 건설 등이 그에 포함된다. 그리하여 가을이면 잠자리가 날던 서울의 모래내, 수색, 말죽거리, 왕십리, 부산 대신동 등 과거 녹지대였던 대도시 내부, 그리고 서울-인천, 서울-수원, 부산-마산 등 도시와 도시 사이는 도쿄와 요코하마처럼 온통 시멘트로 뒤덮였다. 이런 흐름을 타고 접안 시설이나 공장 부지를 만들기 위해 서·남해안의 도서나 꾸불꾸불한 해안선을 잘라 직선으로 연결해 네모반듯한 모양으로 디자인해주는 엔지니어링 회사들이 성업했다.

한국의 하이 모던은 무인도에서 삽질하듯 매끈하게 추진된 것이 아니

---

124) 『경향신문』, 1969년 4월 5일.

125) 이희영, 「실패로 돌아간 농촌 근대화 시범 사업」, 농어촌진흥공사 엮음, 『국토개조 반세기 증언』, pp. 128~30.

126) 1960년대 경인 특정지역 개발사업, 1967년 대국토계획, 국토계획기본구상, 1970년대 1차 국토종합개발계획 등이 있었다. 수도권의 인구 집중은 1960년에 비해 2배 이상 뛰어올라 현재 세계 상위 수준이다. 유대용 외, 『땅의 혁명』, pp. 263~64.

었다. 직선적 도시계획과 공단 건설은 공동체의 파괴와 저항을 수반했다. 1960년대 중반 서울의 판자촌, 무허가 주택—숭인동, 문배동, 한남동, 전농동, 천호동, 청계천 등지—의 철거민들이 구청이나 시청에 난입해 격렬한 데모를 벌이기 시작했다. 이런 저항은 광주 대단지 사건에서 정점에 올랐다. 오늘날 성남시가 된 광주는 1960년대 말부터 서울 도심의 무허가 건물에 살던 약 15만 명을 강제 이주시킨 곳이다. 주민들은 상하수도나 화장실 등 기반시설이 전혀 없는 곳에 격리돼 반강제적 실업과 투기 바람에 시달려야 했다. 그러다 1971년 8월, 3~6만 명의 주민들이 궐기해 성남출장소와 경찰지서 등을 파괴한, 박정희 정부 시대 최초이자 최대의 도시 봉기가 일어났다.[127] 이들은 빈민운동, 노동운동, 민주화운동 등 1970년대의 분출을 이끌며 한국 현대사의 주인공으로 우뚝 섰다.[128]

---

127) 윤흥길의 명작 『아홉 켤레의 구두로 남은 사내』가 이 사건을 간접적으로 묘사했다. 윤흥길, 『아홉 켤레의 구두로 남은 사내』, 문학과지성사, 1999 참고.

128) 김원, 「1971년 광주대단지 사건 연구」, 『기억과전망』 18호, 2008; 임미리, 「1971년 광주대단지 사건의 재해석: 투쟁 주체와 결과를 중심으로」, 『기억과전망』 26호, 2012; 민주화운동기념사업회연구소 엮음, 『한국민주화운동사 1』, 돌베개, 2008, pp. 634~39.

6장

신체의 각성

5·16 직후 헌정 사상 처음으로 현역 군인들이 중앙과 지역의 행정을 접수했다. 5·16의 주역인 육사 5기, 8기 출신 영관급과 간판급 장성 등 약 30명은 국가재건최고위원회의 위원, 장관, 도지사 등을 맡았다. 예컨대 양찬우 소장은 경남지사, 김현옥 준장은 부산시장, 박경원 소장은 경북지사에 취임했다. 그리고 기타 영관급은 특채로 대도시의 청장이나 경찰서장을 맡았다. 1963년까지 도합 120명의 대위급부터 준장급 군인들이 경찰로 갔다.[1] 부산 중구청의 경우, 현역 해병 소령 김정원이 구청장으로 부임했다. 그는 위풍당당하게 헌병들을 대동하고 중구청 사무실에 첫 출근을 했다. 필요시에는 지역경비사령부에서 군인들을 동원할 수 있었다. 김정원의 눈에 당시 유명했던 국제시장은 모든 것이 엉망이었다. 깡패, 상이군인, 탈세자 들이 우글거리고 상인들의 불법 점거로 인도와 도로의 구분이 무색했으며, 도로에는 연탄재가 날리는 등 위생 상태도 빵점이었다. 그는

---

[1] 경찰청 역사편찬위원회,『한국경찰사 5』, pp. 68~69.

6개월간 소탕 작전을 폈다. 병역 기피자, 세금 포탈자, '축첩' 공무원, 깡패들을 잡아들였다. 아울러 식당, 다방, 극장 등의 청결 상태를 점검하여 위생 불량 업소에 일주일씩 영업정지 처분을 내렸다. 일부 불량 업소들은 위생 개선의 증거로 쥐꼬리 한 묶음(10개)이나 큰 성냥갑 5~10통 분량의 죽은 왕파리를 제출해야 했다. 김정원은 상인들 사이에서 염라대왕으로 통했다.[2] 재건 체제는 오염, 불결에 대한 '정화' '소탕'과 함께 존재를 드러냈다. 새 국가는 새 국민, 강건한 신체를 필요로 했다.

오랫동안 절제를 강조하는 개인 중심의 위생관이 동서양을 지배했다. 군사화된 고대 그리스의 플라톤, 히포크라테스 등은 시민, 전사 들에게 필요한 신체 관리법, 운동 처방, 식이요법, 양생술에 기반을 둔 성행위 관리법을 상세하게 제시했다.[3] 중국에서도 건강은 개인의 문제였다. 오랫동안 음양오행에 기반을 둔 기의 순환, 시공간적 지각, 영양 섭취, 과도함을 경계하는 섹스의 경제학 등 이른바 섭생, 양생이 의약관을 지배했다.[4] 그러다가 19세기에 이르러 서양에서 환경 개선의 주체가 개인이 아닌 국가라는 사고의 전환이 이뤄졌다. 국부國富, 인구의 건강이 근대 국가의 관심 대상으로 떠올랐다. 19세기 말 사회 위생 개념으로 무장한 영국은 의료 경찰제, 인구조사, 특히 슬럼가의 위생 대책, 강제 방역을 시행한 일종의 '의료국가'였다. 중세적 사고(소수자, 이민자 등 타자에 대한 혐오나 우생학적 요소)가 이월되었으나, 외과 수술과 면역학의 발달, 전쟁 후 의료의 조직화, 제국 경영, 빈곤층과 식민지인들에 대한 점호, 분류의 요구 등이 의료 국가를 작동시켰다.[5]

---

2) 영관급 출신으로 당시 부산 중구청장에 부임한 김정원 씨와 2011년 4월 1일 회견한 내용. 그는 해병대 장교, 구청장, 경찰 간부, 중앙정보부의 고위직을 두루 역임한 한국 현대사의 중요 증언자다.

3) 미셸 푸코,『성의 역사 1』, pp. 132~49; 미셸 푸코,『성의 역사 3』, pp. 124~26.

4) Ruth Rogaski, *Hygienic Modernity: Meanings of Health and Disease in Treaty-Port China*, Berkeley: University of California Press, 2004, pp. 76~86.

소련에서도 신체에 대한 규율은 소비에트 혁명가들의 중요 과업이었다. 혁명 직후 기근과 온갖 전염병, 특히 티푸스와 콜레라로 약 1천만 명의 희생자가 생기자 레닌 등 지도자들은 보건 문제를 직시하기 시작했다. 인민보건위원회가 설립돼 개인 차원이 아닌 국가 차원의 '사회적 위생' 사업이 시행됐다. 소련 위생의 선구자 세마쉬코Nikolai Semashko는 혁명 전 유럽 망명 시절 유럽 국가들의 위생 정책에 큰 감명을 받았다. 이제 신체는 소비에트 혁명을 위해 헌신해야 할 장소로 인식됐다. 혁명의 담론은 순수성과 청결 대 오염과 불결의 이항 대립으로, 특히 진흙은 무질서의 기표로 여겨졌다. 혁명의 이상은 후자를 소제·정화시키는 것이며, 이 과정에서 이나 벼룩은 공적公敵이 됐다. 1920년대에 전시회, 영화, 드라마, 포스터, 표어 등을 통한 강력한 예방교육과 노동자들을 위한 진료소, 요양원, 휴양소 등이 잇따라 세워졌다.[6] 신체의 규율화는 동아시아적 근대의 항목이기도 하다. 그런데 한국의 것은 일본 식민주의, 특히 만주국의 것에서 큰 영향을 받았다.

동아시아 위생 정책의 계보

중국 근대 지도자들의 사명은 봉건으로부터 중국인들을 각성시키는 것이었다.[7] "깨어라, 일어나라!"라는 표어는 문호 루쉰의 것을 포함하여 여러 예술작품의 주제가 됐다. 그는 중국인을 쇠로 만든 방鐵屋子에서 죽을

---

5) Deborah Lupton, *The Imperative of Health: Public Health and the Regulated Body*, London: Sage, 1995, pp. 33, 49.

6) Starks, *The Body Soviet*, pp. 17, 22, 46.

7) Fitzgerald, *Awakening China*, p. 11.

때까지 잠에 취한 자로 비유하며, 이들을 각성시키려는 문학적 열정을 표출했다.[8] 중국의 국가 「의용군진행곡義勇軍進行曲」에도 "일어나!"라는 구절이 있다. 이 각성에는 외양과 에티켓의 혁신이 포함됐다. 쑨원은 1924년 3월, 그의 철학인 삼민주의에 대한 강연 말미에서 "신중국인"의 요소로 개인적 덕목을, 예컨대 공석에서 침 뱉기나 방귀 뀌기를 자제해야 한다고 말했다. 위생과 행동거지, 새 신발과 깨끗한 복장, 단정한 두발 손질 등도 포함됐다. 같은 맥락에서 1920년대에 중산복과 새 학생복이 널리 보급됐다.

쑨원의 후계자 장제스의 위생관은 강박적인 수준으로서 특히 양치질 등 공중위생을 국가의 집합적인 힘과 동격으로 간주했다.[9] 1930년대 국민당의 신생활운동에는 무려 96개의 수칙이 있었는데 상당수가 신체적 규율(위생, 해충 대책, 시간 엄수 등)에 관한 것이었다.[10] 이것은 원래 장시江西 소비에트 지역에서 공산주의자들을 쫓아낸 뒤 시작된, 장제스 부부가 펼친 위로부터의 운동이다. 신생활운동에는 미국 YMCA 운동, 기독교의 영향(즉 시련과 국난 극복 담론), 근대적 시민상, 유교적 이상(수치, 즉 국치의 부각)이 섞여 있다.[11] 장제스의 난징 정부 시절(1927~45) 베이징 당국은 수천 명을 동원한 위생운동대회, 위생오락대회, 위생 연극 등을 개최하고, 무료 우두 접종행사를 벌였다. 전염병 발병 시 가정 방문, 예방접종, 특히 1937년에 콜레라가 발병하자 시민들을 검역하고 단기적으로 위생 인력(통계 조사원과 조산사)을 양성했다. 그러나 구식 산파, 음양생陰陽生,[12] 독점적인 분뇨 처리업자들, 즉 분벌糞閥(분뇨 상인과 그 고용인인 인부)의 횡포 등 전통적 요소가 잔존했다.[13]

---

8) 루쉰의 대표작, 『납함吶喊』(1926)의 서문 참조.

9) Wakeman, "A Revisionist View of the Nanjing Decade," p. 425.

10) Fitzgerald, *Awakening China*, pp. 23~57, 105.

11) Duara, *The Crisis of Global Modernity*, p. 207.

12) 사망 시 발인 시간, 출관의 구체적 시간, 매장 위치 등을 주관하는 사람이다.

이보다 강력한 위생 정책은 19세기 말 일본으로 거슬러 올라간다. 메이지유신 직후 독일을 견학한 일본 의료행정의 아버지 나가요 센사이는 의료 감찰의 기술(푸코가 통치성governmentality이라 개념화한 것)과 신체의 국가편입이 구미 근대성의 핵심임을 포착했다. 그는 의학이 국가 활동을 정당화하는 수단임을 깨닫고 신체를 부국강병의 철학과 결합시켰다.[14] 그는 영어 'hygiene'을 도교 경전에서 유래한 '위생衛生'(중국어로 '웨이성,' 일본어로 '에이세이'라고 읽는다)이라 번역했다. 이것은 20세기에 중국과 조선에 역수출돼 인구의 생산력을 국가가 관리한다는 뜻으로 변용됐다.[15] 나가요는 이른바 76개조의 의제醫制——위생국 등 위생행정 기구, 의학교육, 병원·의사·약사의 면허시험제 정립 등——를 실행해 일본 근대 의료행정의 기틀을 닦았다.[16] 의료행정에는 평민들을 엄격히 규율화하고 타자를 억압하는 일본의 근대가 반영됐다. 도쿠가와 시대 사무라이 엘리트들이 우민의 순종에 만족했던 것에 비해, 국제적 경쟁에 직면한 메이지 지도자들은 평민들을 규율적·총체적 단일 공동체 문화 속으로 끌어들였다. 국가는 일본 민중의 삶 깊숙이 침투하여 혼욕, 노상 방뇨, 신체 노출 등에 대해서도 공격을 개시했다. 1876년 도쿄에서 약 7천 명이 노출과 방뇨로 체포됐다.[17] 신민과

---

13) 신규환에 의하면, 당시 베이징 당국은 기녀들에게 매월 1~4회씩 정기 검진을 받도록 의무화하고, 150만 명에게 접종과 전 방위적 예방조치를 취했으며, 콜레라 발병 시 45만 명에게 검역을 시행했다고 한다. 그러나 당시 인구나 방역 수준에 비춰보면 이 성과는 과장된 것으로 보인다. 신규환, 『국가, 도시, 위생: 1930년대 베이핑시정부의 위생행정과 국가의료』, 아카넷, 2008, pp. 158~90, 271.

14) Susan Burns, "Constructing the National Body: Public Health and the Nation in Nineteenth-Century Japan," Timothy Brook & Andre Schimid(eds.), *Nation Work*, p. 25; Hoi-Eun Kim, *Doctors of Empire*, p. 71.

15) Rogaski, *Hygienic Modernity*, p. 18.

16) 나가요는 도쿠가와 시대 말기 의가 집안에서 태어나 데키주쿠에서 난학을 배웠고, 네덜란드인들이 나가사키에 세운 해군 의학전습소에서 수학했다. 메이지유신 직후 이와쿠라 사절단에 끼어 서양을 방문했다. 후일 초대 위생국장, 중앙위생회장, 대일본사립위생회장 등을 역임했다. 外山幹夫, 『醫療福祉の祖 長与專齋』, pp. 34~96.

17) Fujitani, *Splendid Monarchy*, p. 19.

아동의 신체가 국가의 관리·감독 대상이 되고 의학은 국가의 업무로 편입돼 군사, 형사, 위생의 차원이 한 덩어리로 얽혔다. 위생은 신민을 점호하고 범주화하는 등 권력의 가시성을 제고하는 데 기여했다. 일본 근대 국가는 '불결'을 타자(즉 빈민 부락, 특정 지역, 조선인 등 에스닉)와 결부시키며 과민한 결벽증을 유지했다.[18]

일본의 위생 정책은 유럽의 진화론과 제도, 즉 성병 관리, 격리 시설인 요양소, 공창, 특히 독일 면역학의 영향을 받았다. 동양에 대한 계몽관으로 무장한 독일 군의들은 군복을 입은 채 도쿄 대학 의과대학에 부임했다.[19] 그리고 일본 학생들은 대거 독일로 유학을 가서 격리를 해결책으로 간주하는 면역학자 코흐의 세례를 받았다. 독일 유학파들은 귀국 후 도쿄 대학 의과대학과 육군 군의학교 교수직을 독점하며 의료계 최고의 엘리트로 군림했다. 이들은 일본인에게 만연했던 각기병을 전염병으로 간주해, 이 문제를 해결하고자 한 '이류 의사들'의 새로운 실험을 거부했다.[20] 또한 일본의 (일부) 의료계는 악명 높은 생체 실험에 참여할 정도로 국가와 유착했다.[21]

일본의 위생은 대규모 인명 피해를 낳은 전염병을 겪으며, 특히 1870년대 이래 이질, 장티푸스, 발진티푸스의 공격과 1879년 10만 5천 명, 1886년 10만 8천 명의 사망자를 낸 콜레라를 겪으며 한 단계 도약했다.[22] 중

---

18) 小林丈廣, 『近代日本と公衆衛生』, 雄山閣出版, 2001, pp. 170, 175.

19) Hoi-Eun Kim, *Doctors of Empire*, p. 31.

20) 이들은 각기병에 대한 해군의 성과(20세기 초에 식단을 바꾸어 사망자를 없앴다)와 비타민 연구 등을 수십 년간 외면했다. Alexander Ray, *Beriberi in Modern Japan: The Making of a National Disease*, New York: University of Rochester Press, 2012, pp. 47~50, 74~76.

21) 1938년부터 교토 대학 의과대학 등의 과학자들이 하얼빈의 731부대에 합류했다. Tsuneshi Keiichi, "Unit 731 and the Japanese Imperial Army's Biological Warfare Program," Jing-Bao Nie et al(ed.), *Japan's Wartime Medical Atrocities: Comparative Inquiries in Science, History, and Ethics*, London: Routledge, 2010, p. 25.

22) Burns, "Constructing the National Body," Timothy Brook & Andre Schimid(eds.), *Nation Work*, pp.

앙위생회를 필두로 시청과 지방에 위생과 등이 설치되었고, 전염병 발생 시 환자의 문패에 병명 표찰을 붙였다. 전염병 예방 규칙, 수도 조례, 검역과 콜레라에 관한 법령,[23] 제3대 위생국장 고토 신페이가 주도한 위생 경찰제, 위생조합 등 여러 제도가 시행됐다.[24] 일본 위생 정책의 특이성은 소각 처분, 타자 설정, 전통 요법과 결별하는 등의 조처다. 유럽에서 검역 quarantine은 원래 40일간의 선박 정류 기간을 의미했으나 일본에서는 전염 가옥을 소각 처분하는 것으로 발전했다. 이 과정에서 눈에 띄는 빈민 지역을 불결의 원천으로 지목해 차단했다. 타자 설정, 즉 빈민촌이나 불가촉천민인 에타 부락えた村을 배제하고 격리하는 것을 위생 정책의 한 수단으로 삼았다. 그리고 한의학이 여전히 강세를 누리는 중국, 타이완, 한국과는 달리 일본에서 한방은 국가 위생 사업에서 부적격 판정을 받아 폐기 대상이 됐다.[25] 또한 서구 열강의 이목 앞에 아편 수출 금지를 약속하기도 했다. 탈아편은 국가 형성의 도덕적 범주 혹은 메이지 지도자들이 외친 '탈아'의 표상이었다.[26]

20세기에 들어서 문부성에 학교 위생과가 신설돼 전염병의 예방, 체조 보급을 맡으며 아동의 신체를 국가의 관리 대상으로 삼았다. 새로 등장한 중간층이 국가정책에 호응해, 국가·학교·가정 삼자가 위생 협력 관계를 맺었다. 쇼와 시대 초기에는 아동도 국익 봉사라는 국가적 요청을 받았다. 준전시 체제가 강화되자 군부는 아동을 국력의 자원으로 인식하여 체력 향상을 북돋았다. 1920년대부터 문부성과 『아사히신문』은 어린이 박람회,

---

30~37.

23) 笠原英彦 · 小島和貴, 『明治期醫療衛生行政の研究: 長与専齋から後藤新平へ』, 京都: ミネルヴァ書房, 2011, pp. 59, 111, 161~66.

24) 이것 이외에도 정촌町村 소독청결법, 전염 지역 차단 등의 정책이 시행됐다. 小林丈廣, 『近代日本と公衆衛生』, pp. 17~19.

25) 宝月理恵, 『近代日本における衛生の展開と受容』, 東信堂, 2010, p. 68.

26) Kingsberg, *Moral Nation*, p. 10.

체육의 날 등을 통해 "문명으로서의 건강" "유순한" 신체를 후원했다.[27] 1930년에 『아사히신문』이 주최한 제1회 건강 우량아 표창대회에는 왕족들도 대거 참석했다. 1932년 때마침 열린 LA 올림픽은 일본인들의 체육에 대한 관심을 드높이는 계기가 됐다. 전회보다 네 배나 많은 선수단이 참가하고 신문은 "감격의 일장기와 기미가요가 울려 퍼지는" 뉴스들로 뒤덮였다.[28] 조침조기朝寢早起, 과식·편식 금지, 신체 단련 등을 적시한 위생 규범인 수신修身 교과서 도입, 그리고 교의校醫나 학교 간호원의 직무 규정 등을 통해 아동을 위한 위생 시스템이 구축됐다. 그 맥락에서 기생충 구제, 기생충 예방법 등이 학교에 강제됐다.[29]

1923년 간토 대지진이 일어나자 조선인에 대한 무차별 학살을 저지른 것처럼[30] 일본의 근대는 타자 설정, 제국의 불안, 불안의 차단 등과 밀접하게 얽혔다.[31] 전후에도 오랫동안 시민의 권리를 갖지 못했던 조선인들의[32] '불결한' 이미지는 외국인 범죄가 점증하는 21세기 일본 사회의 담론에까지 이어지고 있다.[33] 아파두라이가 일렀듯, 근대 국가 혹은 내셔널리즘의 산물인 소수(타자)는 비위생적인 이미지를 얻으며 주류의 "약탈적

---

27) 有山輝雄, 「健康優良兒: メデイアがつくった理想の少年少女」, 津金澤聰廣·有山輝雄 編, 『戰時期日本のメデイア·イベント』, pp. 5~13.

28) 吉見俊哉, 「幻の東京オリンピックをめぐって」, 津金澤聰廣·有山輝雄 編, 『戰時期日本のメデイア·イベント』, pp. 21~24.

29) 宝月理惠, 『近代日本における衛生の展開』, pp. 184, 201.

30) 진도 7.9의 간토 대지진 속에서 군경과 시민 자경단에 의한 조선인 학살이 벌어져 수천 명이 희생됐다. 포획된 이들이 조선인인지는 일본 표준어 발음을 잣대로 결정했다. 조선인 말씨는 즉결 처형을 의미했다. Sonia Ryang, "The Tongue That Divided Life and Death: The 1923 Tokyo Earthquake and the Massacre of Koreans," *The Asia-Pacific Journal: Japan Focus*, 3 September 2007.

31) 요시미 순야, 「국민의례로서의 운동회」, 요시미 순야 엮음, 『운동회: 근대의 신체』, 이태문 옮김, 논형, 2007, pp. 54~60.

32) 전후 일본에 잔류한 약 60만 명의 재일 조선인들에게 영주권과 해외여행 시 복수 비자가 주어진 것은 1980년경이었다. 그전까지 이들은 추방 대상인 무국적자였다. Sonia Ryang, "Introduction: Resident Koreans in Japan," Sonia Ryang(ed.), *Koreans in Japan: Critical Voices from the Margin*, London: RoutledgeCurzon, 2000, pp. 4~6.

33) Rankin, "21st-Century Yakuza," p. 21.

(다수결적) 정체성"에 기여한다. 동시에 소수는 편견, 혐오, 추방의 대상이 된다.[34] 아놀드가 일렀듯, 타자와 피식민자의 신체는 "문명이 토착의 세계를 정복하는 식민화 과정의 무대"였다. 이들에 대한 의학적 관찰과 경험, 담론은 '국가 의학' 혹은 식민 경영을 위한 지식에 기여했다.[35] 인도인들의 신체에 대한 조사, 분류, 문서화 등은 영국 근대 국가의 형성에 기여했다.[36] 그 현상은 일본 제국에서도 대동소이했다.

식민지 위생

타자 설정과 얽힌 식민지 위생의 보기는 의화단 사건 후 열강에 점령된 중국 텐진天津을 들 수 있다. 8개국의 연합군 중 일본군(주둔군 2만 명 중 절반을 차지)은 위생 사업을 우악스럽게 밀어붙였다. 거지나 죄수 출신 중에서 위생부를 선발해 일선에 투입했는데, 이들은 가슴에 '위생' 글자를 달고 방뇨, 방변 등 위생 규칙을 위반한 사람들을 다짜고짜 검거해 폭력을 휘두르곤 했다. 텐진은 20세기 초 청조에 반환됐다가 중일전쟁 후 다시 일본 통치하로 들어가면서 동아시아 사상 초유의 강력한 검역 체계를 갖추게 되었다. 일본군은 화장장, 검문소 등 기반시설을 구축하고 빈번한 검진과 행정 조치를 취했다. 1939년에 매춘부 3만 7천 명을 정기 검진한 것 외에도 콜레라가 발병하면 신속한 호별 검진을 벌여 텐진을 가장 밀도 높은 검역지로 만들었다. 일본 제국 내에서도 위생 정책에는 미묘한 차이가 있었다. 식민자들은 계몽과 교육을 통해 환경 개선을 낙관하는 지역(조선이

---

34) 아르준 아파두라이, 『소수에 대한 두려움』, 장희권 옮김, 에코리브르, 2011, pp. 64~65, 76.

35) Arnold, *Colonizing the Body*, p. 60.

36) Cohn, *Colonialism and Its Forms of Knowledge*, p. 4.

나 타이완)과 강압적으로 개선시킬 지역(중국)을 구별했다.[37]

조선총독부는 한일병합과 동시에 각 도에 도립 병원을 만들어 해방까지 60여 개를 유지했다. 이 병원들은 철도 교통의 요지에 설립됐다는 특징이 있다.[38] 일본 본토와 달리 위생 사업은 전적으로 경찰이 맡았다. 거의 모든 위생 사무를 경무총감부 위생과가 맡는, 이른바 '식민지 위생 경찰' 제도가 갖추어졌다. 이렇게 제도를 구비하게 된 계기는 1919~20년 동아시아를 휩쓴 콜레라였다. 조선에서도 2만 5천여 명의 사망자가 발생했다. 이 전염병으로 위생 경찰은 광범위한 영역에서 호구 조사, 검역, 의료 기관 보급, 상하수도 개선, 전염병원과 격리 병사 설치, 오물 소제, 교통 차단, 환자 격리, 시체 화장, 암매장 수색 등의 일을 수행했다. 정근식이 일렀듯, 병을 검사한다는 명분으로 한 호구 조사나 교통 차단은 주민들을 감시의 대상으로 만들었다는 의미를 지닌다. 공의公醫 제도 실시, 도립 의원 확장, 나환자 수용소 확장, 정신병자와 결핵에 대한 대책 등도 꾸준히 추진됐다.[39]

1930년대 중일전쟁 수행을 위한 당면 과제로 조선의 지식인들 사이에서도 건강한 인구 확보라는 우생학적 관심이 등장했다. 19세기 말 이래 실력양성론, 사회개조론 등은 전쟁을 거치면서 체제 안으로 서서히 흡수됐다. 주로 유학을 마치고 돌아온 이들이 이 운동을 주도했다. 유학파들은 일본이 아닌 서구의 의료 지식을 토대로 조선의 전통적인 결혼 풍습인 조혼과 다산 관행을 비판하며 '건강한 조선인 양성'을 외쳤다. 유학파들과 식민 당국은 경쟁적으로 임신, 출산, 초경 등 성교육을 통해 특히 여성

37) Rogaski, *Hygienic Modernity*, pp. 260~71.
38) 조병희, 「국가의 의료통제와 의료의 전문화: 한국 의료 체계의 갈등 구조의 역사적 배경」, 『한국사회학』 24집 1호, 1991, p. 137.
39) 정근식, 「식민지 위생 경찰의 형성과 변화, 그리고 유산」, 『사회와역사』, 2011년 여름호, pp. 228~45.

의 신체를 객관화하고 규제하기 시작했다.[40] 이런 흐름에서 1933년 조선 우생협회가 발족되어 이듬해부터 기관지 『우생』을 발행하기 시작했다. 나치와 일본의 우생학에 깊은 영향을 받은 이갑수가 중심 인물이었고, 그 밖에도 윤치호, 주요한, 최두선, 김성수, 이광수 등 85명이 발기인으로 참여했다.[41] 잡지는 세계 우생 운동의 동향, 화류병의 위험성, 성교육의 필요성 등을 다루었다. 김예림의 표현을 빌리면, 우생학이 일상과 풍속의 영역으로 들어온 시기에 신체 정치의 두 방식인 "경성硬性 우생학"(극단적인 열성 배제)과 "연성 우생학"(우성 장려)이 모두 작동하기 시작했다. 전쟁 자원으로서의 신체 만들기("경성 우생학") 외에도 장기전의 대비로서 건전 오락과 명랑("연성 우생학")이 함께 제시됐다.[42]

일본 식민자들에게 20여 년간 조선에서 한 경험은 만주국에서 더욱 공격적인 위생 정책을 펴는 밑천이 됐다. 만주국의 위생 정책은 일본 제국 위생사의 절정이었다. 일본인들에게 만주는 전염병의 온상이었다. 1910~45년 사이에 크고 작은 전염병이 14회나 발생했던 것이다. 의사 출신인 고토 신페이가 러일전쟁 후 만철 초대 총재를 맡아, 주로 만철 연선에 의료 시설을 만든 것이 만주 근대 의술의 시작이었다. 만주국 건국 후에는 경무사警務司가 본격적으로 위생 사업을 맡았다. 초기 7만 6천여 명에서 후기 8만 6천여 명으로 증대한 만주국 경찰은 만주국 국군이나 관동군에 맞먹는 대병력으로서 밀착 행정을 폈다.[43] 만주국 위생 당국은 건국

---

40) Theodore Jun Yoo, *The Politics of Gender in Colonial Korea: Education, Labor, and Health, 1910~1945*, Berkeley: University of California Press, 2008, pp. 172~91.

41) 신영전, 「식민지 조선에서 우생 운동의 전개와 성격: 1930년대 『우생』을 중심으로」, 『의사학』 15권 2호, 2006, pp. 134~35.

42) 김예림, 「전시기 오락 정책과 '문화'로서의 우생학」, pp. 333~42.

43) 1935년 말 만주국 경찰은 일본 경찰보다 1만 1천 명이 더 많았다. 일본 인구수가 만주국의 2배였음을 감안하면 대단한 숫자다. 만주국의 대 민간인 비율은 경찰 1명당 민간인 434명으로 조선(1,102명)과 일본(1,100명)보다 밀착 행정을 펼 수 있었다. 幕內滿進, 『滿洲國警察外史』, p. 226.

이래 조선 면적의 6배에 달하는 만주국(130만 제곱킬로미터)의 4천만 인구에 대한 신속한 방역 대책에 나서서 만주국 말기에는 괄목할 만한 업적을 세웠다.

만주국 위생 사업에는 건국 이래 8~9년간 수행된 '비적 토벌'이라는 군사적 은유가 짙게 드리워져 있다. 전염병 발생 시 정부 전체가 전투 조직으로 전환돼 총리를 위원장으로 하는 특별위원회를 결성하고, 방재 업무 지휘와 전염병 경로 지도 작성을 수행하며 즉각 경보를 발했다. 그날그날의 상황이 매일 본부에 보고됐다. 방역 본부는 비상사태를 선언하고 재해 지역을 공포했으며 사람들을 재빨리 격리시켰다. 격리소 설치, 방역 선전물 살포, 사망자 처리, 투약, 가옥 불태우기 등 방역 사업은 비적 토벌 작전을 방불케 했다. 만주국 정부는 지방 위생 기구 확충, 의료 보급, 전염병 예방 및 박멸이라는 3대 의료 정책을 세우고 교사와 사회교육자 들을 대상으로 질병 예방에 관한 강연을 무수하게 열었다.[44] 펑톈 성공서는 쥐꼬리를 제출하는 사람들에게 3위안을 지급했고,[45] 패찰이 없는 개는 도살했다. 이런 방식은 1960년대 한국 군정에 이어졌다.

또한 만주국에서는 5월, 9월 중 2주씩을 전국 청소 기간으로 정하고, 소제 규칙을 어긴 사람들은 30일간 구류를 살게 했다. 청년들의 장발도 단속했다.[46] 개척촌과 무의촌 등을 포함한 광범위한 지역에 투입할 의사 양성이 시급해지자, 만주국 정부는 의사고시와 공의고시 등을 통해 1930년대 후반부터 매년 속성으로 의사들을 배출했다. 그 결과, 1943년에는 의사 수가 약 2만 2천 명에 이르렀다. 만주국 정부는 다섯 종류의 시설(국립·공립 의원, 공의 진료소, 만철 의원, 적십자사 의료 기구)을 건립해나갔다. 복권 발행

---

44) 沈潔, 『「滿洲國」社會事業史』, p. 253.
45) 『만주국정부공보』, 1933년 11월 23일.
46) 한석정, 『만주국 건국의 재해석』, pp. 124~26.

을 통해 연차 계획으로 약 130개의 공의 진료소를 설립했다. 그리고 각종 의과대학——신징 의과대학을 포함한 의과대학 3개, 개척촌 의사 양성 기관인 개척의학원 3개, 몽골인을 위한 싱안興安 의학원, 치과대학 1개, 약학부 1개——을 착착 세워나갔다. 민정부 감독하에 '의료, 보건 국책'의 이름으로 각종 의료단체를 일원화하고 의사 전원을 가입시켰다.[47]

아편도 건국 이래 주요 정책 대상이었다. 중국의 공식 기술을 보면 일제가 "중국 인민들을 아편으로 중독시키고 폭리를 취했다"라고 하나[48] 일본 제국 내에 차이가 존재한다. 식민자들은 타이완에서 유럽식 점진 정책, 즉 아편 판매 등록제를 시행했다. 기실 이 정책은 거대한 재정 수입까지 겨냥한 것이었다.[49] 이에 비해, 1920년대 다롄은 정책 실패로 세계 최고의 아편 소비율(1935년 기준 전체 인구의 11퍼센트)과 세계 2위의 밀매율을 기록하는 오명을 썼다. 아편은 일본인에서 조선인, 중국인까지, 의사에서 쿨리에게까지 두루 확산돼 거리에 시체와 주삿바늘들이 널브러졌다. 이 와중에 관동군은 독점 상인이나 기관에 부여하는 인가증을 통해 수입을 올렸다.

만주국의 사정은 좀 달랐다. "구악 일소" "새 국가 건설"이라는 구호를 끊임없이 외친 만주국 정부는 구군벌을 아편의 표상으로 제시했다. 또한 협화회는 강연, 영화, 잡지 등 홍보물을 통해 전국적인 금연 운동을 폈다. 1939년, 성대하게 열린 아편전쟁 100주년 기념식에서 만주국은 서양 제국주의를 "아편을 아시아에 확산시킨 원흉"이라고 공격했다.[50] 이런 담론적 구속하에 만주국 정부는 타이완의 정책을 도입해 단금斷禁 10개년계획이라는 점진적인 대책을 시행했다. 아편법과 아편수매법을 통한 아편 판

---

47) 滿洲國史 編纂刊行會, 『滿洲國史 各論』, pp. 1189~91.

48) 姜念東 外, 『僞滿洲國史』, 吉林: 人民出版社, 1980, pp. 423~25.

49) 식민화 직후 타이완의 아편 수입은 타이완 총독부 경상세입 총액의 절반 이상을 차지했다. 山田豪一, 『滿洲國の阿片專賣: 「わが の滿蒙の特殊權益」の研究』, 汲古書院, 2002, p. 19.

50) Kingsberg, *Moral Nation*, pp. 21~39, 81~96, 111.

매,[51] 재배 면적 지정, 생산·배급·판매의 전매제, 아편 흡식증 발급, 전국 약 2천 개의 소매점 구비[52] 등의 방법이 어느 정도 성과를 보였다.[53] 이를 주관한 금연총국禁煙總局은 전국에 190개 정도의 계연소戒煙所를 세워 일부 중독자들을 강제 수용했다. 아편 흡연자는 1년에 1위안의 흡연비를 지불해야 했다. 그런데 이런 통제책은 명분이 무색하게도 오히려 아편 시장을 자극하는 결과를 초래했다. 만주국 정부는 여러 곳(지린, 헤이룽장, 조선 북부, 몽골 등)에 재배지를 늘려 수요를 맞췄다.[54] 중국 북부와 중부의 괴뢰 정부들도 아편을 수입원으로 삼았다. "아편에 중독된 중국 구제"를 명분으로 내걸었으나, 군사적 팽창은 아편 재배지의 확충을 수반했다. 만주국 당국은 점진적 금연 정책 덕분에 1930년대 중반에 70~80만 명이었던 중독자들이 1945년에는 36만 명으로 줄었다고 발표했다.[55] 어쨌거나 중독자들은 "보도補導 훈련"의 이름으로 태평양전쟁 말기에 도로, 농경지 건설, 탄광, 방적 회사의 취로 사업에 동원됐다. 이것은 이 책 2장에서 일렀듯, 5·16 직후 한국 군정이 추진한 국토개척단 사업에 시사점이 됐다.

성과의 진위를 막론하고, 전염병·풍토병 진압은 식민 국가 작동의 시금석이 됐다. 만주국 통치자들은 만주국으로 들어오는 길목인 항구와 역에 검역소를 세워 입국자들을 밀착 검진했다. 남성들이 우글거리던 동양의 엘도라도 만주는 늘 성매매와 성병 문제를 안고 있었다. 이들에 대한 정기적인 성병 검진도 중요한 사업이었다. 만주국 정부에 가장 큰 위협이

51) 『만주국정부공보』, 1932년 9월 16일.

52) 만주국 아편법 시행령 시행 수속 참조. 『만주국정부공보』, 1933년 5월 3일; 山田豪一, 『滿洲國の阿片專賣』, p. 619.

53) 『만주국정부공보』, 1934년 4월 9일.

54) 1937년 조선총독부의 아편 수납량(2만 7,608킬로그램)의 63퍼센트가 만주국으로 수출됐다. 山田豪一, 『滿洲國の阿片專賣』, p. 695.

55) 滿洲國史 編纂刊行會, 『滿洲國史 各論』, p. 1225. 그러나 중국은 만주국 전 기간 동안 아편 중독자가 200~400만 명, 사망자가 약 18만 명에 달했다고 주장한다. Kingsberg, Moral Nation, p. 114.

된 것은 주로 여름 시베리아로부터 시작되는 만주의 풍토병 페스트였다. 페스트는 19세기 말부터 수차례 창궐하여 수많은 희생자를 낳았다. 1910년에는 5만 명 이상이 사망했다. 만주국 정부는 건국 후 페스트의 발생 지구, 시기, 경로를 조사하여 발병 지도를 만들고 방역 지구를 심각성에 따라 구획했다. 국가 전체, 즉 중앙정부와 각 성장, 경찰로 이루어진 방역연합위원회가 방역에 매달렸다. 일본, 조선의 의료 지원도 받았다. 페스트 박멸 10개년계획을 세우고 끈질긴 예방, 계몽, 혈청 개발에 주력한 만주국 방역 체제의 활동은 국가 조직 정비로 이어졌다. 페스트 방역은 일본 본토에서 연마해온 강력한 격리 방식, 즉 발병지에 대한 소독, 차단, 시체·가옥 소각, 감시 등을 통해 이루어졌다. 페스트 빈발 지역인 소도시 능안農安에는 1940년 수천 명의 방역 직원과 군인이 들이닥쳐 환자 격리, 사망자 부검, 발병지 봉쇄, 감시를 행하며 흡사 전쟁터를 방불케 했다. 가족들이 보는 앞에서 사망자를 부검한 탓에 "일본 의사들은 장기 절도범, 사악한 흡혈귀"라는 소문이 중국인들 사이에 확산됐다.[56] 이 페스트에 대한 정보는 한국문학에서 거의 유일하게 이기영의 장편소설 『처녀지』에 담겨 있다.[57]

이런 방역 사업과 더불어 생화학무기 개발 사업도 발전했다. 일본 육군 본부와 직결된 731부대는 1939년 하얼빈 근교 핑팡平房에 설비를 완료하

---

56) 의사를 흡혈귀에 비유하는 것은 아프리카 등지에서도 발견되는, 방역학에 대한 토착민들의 일반적인 반응이다. Ruth Rogaski, "Vampires in Plagueland: The Multiple Meanings of Weisheng in Manchuria," Angela Ki Che Leung & Charlotte Furth(eds.), *Health and Hygiene in Chinese East Asia: Policies and Publics in the Long Twentieth Century*, Durham, N.C.: Duke University Press, 2010, pp. 139~48.

57) 서재길은 『처녀지』의 주인공이 종사한 북만의 개척 의학이 731부대의 세균(전) 연구 네트워크와 관련 있다고 지적한다. 또한 서이종은 중국 측 자료를 근거로 1940년 능안의 페스트가 사실은 731부대가 백신 개발을 위해 세균을 살포한 것이라 주장한다. 즉 731부대가 중국 중남부에서 벌인 세균전의 맥락에서 능안 페스트 발병을 보는 것이다. 서재길, 「식민지 개척 의학과 제국의료의 극복: 이기영의 처녀지론」, 김재용·이해영 엮음, 『만주, 경계에서 읽는 한국문학』, 소명출판, 2014, pp. 113~15; 서이종, 「일본 제국군의 세균전 과정에서 731부대의 농안·신징 지역 대규모 현장 세균 실험의 역사적 의의」, 『사회와역사』, 2014년 가을호, pp. 258~69.

고 생체 실험과 세균전 연구를 시작했다. 도쿄, 베이징, 난징, 광저우, 싱가포르 등지의 여러 자매기관을 포함, 총 324개 연구소로 구성된 일본 제국의 광역 연구 네트워크에는 약 1만 명이 종사했다. 731부대는 1940년에 닝보를 시작으로 중국 남부 전선에 페스트, 콜레라, 티푸스 등 배양 병원균이나 벼룩을 뿌렸는데 중국과 일본군 모두에게 피해를 주었다. 후일의 국제적 규탄과 달리 전후 전승국들의 태도는 관대했다. 미국은 연구 결과를 받는 조건으로 책임자 이시이 시로 소장을 방면했고, 소련은 1949년 하바롭스크의 전범재판에서 관동군 고위 관계자 12명에게 징역형을 선고했으나 모두 감형해주었다. 양국은 반인륜적 범죄를 처단하기보다는 731부대의 성과를 얻고자 경쟁했다. 중국도 일본과 우호적인 관계를 맺으려는 냉전 전략에 따라 이 사건을 부각시키지 않았다. 중국은 또한 731부대에 근무했던 일본 포로들을 통해 생화학연구소를 건립했다고 추정된다.[58]

외부의 적과 내부의 적

현대 한국의 보건의료 제도는 크게 국가와 민간의 분업, 그리고 전문의 제도를 특징으로 하는 미국식 모델을 따랐다고 할 수 있다.[59] 그런데 군정 시절의 것은 속전속결의 군사적 스타일인 만주국 전통과 가깝다. 만주국은 전염병 발병 시 격리와 차단을 일상적인 대책으로 삼았다. 그것은 군

---

58) 青木富貴子, 『731』, pp. 118~38; Tsuneshi Keiichi, "Unit 731 and the Japanese Imperial Army's Biological Warfare Program," Jing-Bao Nie et al(eds.), *Japan's Wartime Medical Atrocities*, pp. 27~28; Boris Yudin, "Research on Humans at the Khabarovsk Trial," Jing-Bao Nie et al(eds.), *Japan's Wartime Medical Atrocities*, pp. 62~70; Jing-Bao Nie, "On the Altar of Nationalism and the Nation-state: Japan's Wartime Medical Atrocities, the American Cover-up, and Postwar Chinese Responses," Jing-Bao Nie et al(eds.), *Japan's Wartime Medical Atrocities*, pp. 129~30.

59) 조병희, 「국가의 의료통제와 의료의 전문화」, p. 145.

경 등 국가 조직 전체를 가동하여 불결을 소탕하는, 숫제 군사 작전이었다. 한국에서는 군정 초기에 위생 관련 법규를 몽땅 정비했다. 이를 통해 전염병에 대한 전쟁이 시작됐다. 전염병 발병 시 병소·경계 지역의 설정, 방역관 급파, 보균자 색출, 추적, 교통 통제, 휴교 조치, 격리 수용, 소각 등이 시행됐다. 1961년 장티푸스 예방접종 시 접종증명서가 없는 이들의 여행이 사상 처음으로 제한됐다. 격리·차단은 여론을 통해서도 이루어졌다. 환자의 이름, 주소 및 차단 상태까지 보도함으로써 여론상의 격리가 이루어졌다.

군정은 전염병 발병 시 각 도와 항만에 방역대책본부를 세우고 공중 소독을 행했다. 그리고 19개 지역을 말라리아 병소 지역으로 설정해 환자 분포도를 만드는 등 기민하게 움직이며 방역 차원에서 새 국가의 존재감을 과시했다. 주로 수인성 전염병을 초래한 낙후된 위생 상태에 대한 소탕전, 즉 각 가정에 뚜껑 있는 쓰레기통 비치, 변소 수거구 개량, 접객업소의 위생 감찰, 수시 약품 소독, 하수구 점검, 그리고 '해충박멸시민운동' 등을 전개했다. 공수병 예방을 위해 5일간을 축견 사육 계몽 기간으로 정해 만주국 시대의 방견放犬 도살을 재현하기도 했다. 여러 역부가 한 조를 이뤄 방견이라고 간주되는 개를 발견하면 포위하여 쇠스랑 같은 도구를 개 목에 걸고 찔러 죽였다. 정식 재판 절차 없이 '폭력배'를 검거하여 건설 현장에 보낸 것과 같은 맥락에서, 방견의 판정과 처리는 간단하고 일방적이었다.

이처럼 군의 혁명 공약인 '구악의 일소'는 위생 분야에서 실감 나게 이루어졌다. 매년 여름 세 달을 하계 방역 사업 기간으로 정해 행정 구역별로 방역 대책 기구가 움직였다. 만주국의 '청소의 날'을 연상케 하는 '모기와 파리 없는 날'이 매월 1일과 15일로 지정됐고 7월에는 파리, 모기, 독나방 등 해충 구제를 위해 소독약을 10일 간격으로 살포했다. 장마철에는 수해 지구 방역 및 의료 대책이 수립돼 의료반이 파송됐으며, 장티푸스와 뇌염 등에 대한 예방책을 소개하고 전국적으로 예방접종을 실시했다. 상수도와 우물에 염소 멸균을 실시하는 등 위생 활동의 리듬은 비상시의 군사작전과 유사했다. 예컨대 1966년 6월에는 전국의 우물을 대청소하고, 전염병 발생 위험지에 염소 우물 소독기를 대량 공급했으며 600만 명에게 장티푸스 예방 주사를 맞게 했다.[60]

아울러 군정은 단속의 칼을 빼어 들었다. 과거 만연했던 무허가 의사, 부정 의약품, 부정 식품에 대한 규제가 그것이다. 5·16 다음 달에 의료 면허 실태를 조사하며 단속에 나섰다. 무허가 전문의 표방 광고나 과대 광고도 단속하고, 부정 조산원을 적발해 일부를 폐쇄시키는 등 부정 의료업자 단속은 1960년대 중반까지 이어졌다.[61] 1965년 합성 마약인 메사돈 사건은 약화藥禍를 인식하는 계기가 됐다. 부정 진통제인 메사돈이 대량 유통된 것은 낙도와 산간벽지의 의약품 구입난, 합성 마약을 검출할 수 있는 검정기능의 부재, 진통제 남발 등 여러 후진성에 기인했다. 메사돈 사건으로 부정약품 합동단속반이 전면적인 수사에 나서 1965~66년에 약 100개의 제약회사가 문을 닫았다. 1960년대는 제약업계뿐 아니라 건설업계, 영화업계 등 수많은 분야가 정리된 시대였다. 1966년 가짜 분유 사건으로 식품업체 77개가 영업정지를 당하고 10개가 폐쇄 조치됐다.

뒷날 보건의료가 지나치게 시장에 의존하거나 민간의료 주도로 이루어진 것에 비해[62] 1960년대는 국가 주도의 보건위생 기반 시스템이 구축된 시기였다. 이는 장기적으로 의사 조직의 순치에 기여했다.[63] 각종 단속과

---

60) 『동아일보』, 1966년 5월 25일.

61) 1966년에 공식적으로 처벌된 무허가 의사는 544명에 이른다. 조병희, 「국가의 의료통제와 의료의 전문화」, p. 144.

62) 1985~98년까지 13년간 한국의 실질 국내총생산 증가율 6.8퍼센트에 비해 국민 의료비는 연평균 10.4퍼센트씩 증가했다. 이 같은 비효율은 보건의료의 지나친 시장 의존, 민간의료 주도에 기인한다. 그 결과, 세계 최다 수준의 제왕절개 수술을 포함해 과잉 치료·투약 문제가 발생했다. 이상이, 「한국 보건의료체계의 진단과 과제」, 『보건과 사회과학』 12집, 2002, p. 131.

등록, 의료망의 확충 및 개선, 무의촌 해소, 기생충과 결핵 및 전염병에 대한 국가 관리가 행해졌다. 1963년 기생충으로 한 소녀가 사망하자 이듬해부터 전국적인 기생충 박멸운동이 벌어졌고, 1966년에 기생충 질환 예방법이 제정돼 성과를 올렸다.[64] 위생 문제가 언론에 보도되면 군대식 박멸작전이 벌어졌다. 농촌의 최소한의 의료 시설인 보건소는 1962년에 시, 군마다 설치돼 1960년 80개에서 1970년 198개로 늘었다. 그런데 보건 예산은 정부 예산의 1퍼센트 이하에 그쳐 총체적인 의료 시설, 농어촌 보건 시설 확충은 꿈도 꿀 수 없었다. 주로 수인성 전염병에나 보건의료의 중점을 두는 근원적인 한계가 있었다.[65]

대규모 인원의 집결지인 군대 자체가 전염병의 발생지였다. 때때로 육군 일부 부대에 장티푸스나 옴 환자가 발생하여, 전 장병에게 예방접종이 실시됐다. 동시에 군대는 전염병을 진압하는 위생 주체이기도 했다. 1964년 6월 공군은 서울 시내에, 육군은 7~9월까지 매주 화요일, 금요일 밤 10시부터 자정까지 서울·부산·대구·대전·전주·광주·논산 등지에 DDT를 살포하고, 콜레라 예방접종을 위해 군의관과 장비를 지원하는 등 지상과 공중에서 방역 사업을 실시했다. 1963년과 1964년 콜레라의 엄습에 미8군도 군용 저장 약품을 방출·지원했고, 미국 정부도 콜레라 백신 약 100만 시시와 콜레라 대처 전문가들을 보냈다.[66]

19세기 말 일본과 1920년 전후 조선을 강타하여 각각 10만여 명씩 희생자를 냈던 콜레라는 장티푸스 종류와는 다른 수준의 공포로 등장해 군

63) 한국 의사들은 일제 시대 이래 국가의 정책에 순치돼 조직화된 힘을 발휘할 수 없었다. 1990년대에 의사단체는 의약 분쟁을 거치며 전문가적·사회적 영향력이 약화됐고, 반대로 약사단체의 위상과 역량은 강화됐다. 조병희, 「국가의 의료통제와 의료의 전문화」, pp. 140~42; 최희경, 『한국의 의료 갈등과 의료정책』, 지식산업사, 2007, pp. 369~71.
64) 『중앙일보』, 2010년 10월 26일.
65) 한국행정연구원, 『한국행정60년 3』, pp. 554~55.
66) 『동아일보』, 1963년 9월 25일.

정의 능력을 시험하는 계기가 됐다. 19세기 중반 개항 시 미국의 미시시피 전함과 함께 일본에 상륙한 콜레라는 전국을 휩쓸며 수도인 에도에만 10만 명의 희생자를 냈다.[67] 한국 군정은 1963년 여름 동남아 일대에서 콜레라 가 유행하자 일본과 인접한 해안선 전 지역 주민 100만 명과 서울시 등에 예방접종을 실시하며 콜레라 상륙에 대비했다. 모든 학교가 콜레라 예방 에 대한 표어 짓기 행사를 벌였다. 정부는 시, 군 경계선에 방역반을 배치 하고 환자를 색출하는 한편 부산으로부터 반출되는 식품과 외항선 상륙을 금지했다. 전국이 콜레라 오염 지구로 선포돼 전국 각 시도의 보건소, 국 립 병원, 일반 병원 등에 설사 환자 상담부가 설치되고 환자에 대한 세균 검사를 실시했다. 전 공무원, 재건국민운동 요원, 의대생 들은 콜레라 발생 지역에 파견되어 방역활동을 도왔다.

그해 가을 대형 재난에 대한 대비는 국민들이 방역대책본부가 마련한 기본 위생수칙을 거의 처음으로, 그러나 충실히 실습하는 계기가 됐다. 군 관민의 노력으로 콜레라는 1개월 만에 물러났다.[68] 관민은 이듬해 5월 콜 레라의 재침을 맞아 비슷하게 거국적인 항전을 벌였다. 부산항에서 의심 선박의 식품을 소각하고 원목에 석회산을 살포했으며 선박 주변 바다를 소독했다. 150만 명에게 백신을 접종하고 거리에 연막 소독을 실시했다. 나아가 전국을 경계 지구로 정해 모든 외항 선원을 격리 수용하고 대변 검 사를 실시했으며 인접 해역 30마일 내 외항 선박의 화장실을 폐쇄하고 선 원들에게 예방접종을 실시했다. 그 결과, 2년에 걸쳐 발생한 콜레라는 모 두 약 1개월 만에 물러났다. 1963년의 사망자는 70명, 1964년의 보균자는 10여 명에 그쳤다.

또 다른 외부의 적은 일본뇌염과 필로폰이었다. 일본뇌염이 부산에 상

---

67) Hoi-Eun Kim, *Doctors of Empire*, pp. 19~20.
68) 『동아일보』, 1963년 10월 30일.

륙하자 마치 왜구를 퇴치하듯 관민은 합동 대처에 나섰다. 전전 중국에 만연했던 마약은 전후 일본의 국내 문제가 됐다. 패전 분위기에서 필로폰이 미군 기지를 중심으로 급속히 확산된 것이다. 『아사히신문』은 1954년 말 중독자를 150만 명으로 추정하는 등 일본의 1950년대는 '히로뽕(필로폰) 시대'였다.[69] 이 맥락에서 1960년대 후반 한국에서 제조된 필로폰이 일본에 전량 유입되면서 강력한 단속 대상이 됐다. 그 결과, 한국의 필로폰 사범은 (뒷날의 엄청난 숫자에 비해) 한 해 100명 미만에 그쳤다.[70]

1960년대 만주국 스타일의 한국 위생 대책에 냉전적 요소가 결합했다. 보건사회부는 1965년 1개월간 건국 후 처음으로 서울의 1천 가구에 한해 건강 실태를 조사했고, 이듬해에는 대한결핵협회, 세계보건기구, 국제아동구호기금과 공동으로 결핵 감염자를 조사했다. 그 결과 전체의 65퍼센트가 결핵 감염자이며, 그중 5.1퍼센트인 124만 명이 발병 환자로 집계됐다.[71] 또한 파독 광부 선발에 지원한 사람들의 절반이 각종 질병을 보유한 것으로 밝혀졌다. 체중 미달인 불합격자까지 합치면 지원자의 66퍼센트가 환자(폐·간 디스토마, 폐결핵, 성병, 고혈압 등)였다. 지원자가 청년층임을 감안하면 국민 보건 상태가 충격적인 수준이었다고 하겠다.[72] 도쿄 올림픽 출전을 앞두고 합동 훈련을 받던 선수 335명 중 5.7퍼센트가 결핵 감염자로 밝혀지기도 했다. 기생충 검사는 고사하고 국가 대표급 선수의 체력 조사 기록 자체가 없는 것이 당시 빈곤국의 현실이었다.[73] 이것은 미국의 첫 신체 조사에서 남북전쟁 제대 장병들의 빈약한 보건 상태가 드러났던 것

---

69) Kingsberg, *Moral Nation*, pp. 184~87.

70) 필로폰 마약 사범은 1980년대에 한 해 1천 명, 21세기에는 1만 명을 상회했다. 임상열, 「우리나라 히로뽕의 역사적 변천」, 『한국행정사학지』 14호, 2004, p. 133.

71) 『동아일보』, 1966년 5월 25일.

72) 『동아일보』, 1965년 10월 13일.

73) 『동아일보』, 1963년 4월 18일; 1966년 4월 1일.

[74)]과 마찬가지로, 한국의 보건 당국에 경종을 울렸다.

결핵은 이상, 김유정 등 유명 문인들을 포함해 궁핍한 시대에 인구의 상당수를 파멸시킨 만성 질환이다. 또한 1930년대에 여성들에게 소비를 막는 위협 담론("극도로 피곤한 여성이 유행에 날뛰면 발병한다")으로 작용하기도 했다.[75)] 실제로 당시 산업은 상당히 '여성화'됐다. 당시 등장한 '여공'들은 식품 가공, 섬유, 화공 영역까지 두루 걸쳐 있었고 그 비율은 1929년 전체 산업의 34퍼센트에 이르렀다. 일부 작가들은 과도한 노동과 저임금에 시달리던 여공들이 결핵으로 쓰러지는 것을 포착했다.[76)] 총독부는 조선에서 가장 사망률이 높았던 질병인 결핵을 퇴치하기 위해 결핵예방협회 조선지방본부를 세워 계몽 선전을 강화하고, 투베르쿨린 반응 검사를 3개년 사업으로 시행하는 등 대처 운동을 벌였다. 종군 자원에 차질을 빚을까 하는 우려에서였다.[77)] 한국전쟁 시에는 전 인구의 6.5퍼센트인 130만 명(그중 50만 명이 입원 치료를 요하는 중증 환자), 20세 이하 청소년의 7.7퍼센트가 감염자라는 보고가 있었다.[78)] 전시 이래 1950~60년대까지 수십 개의 외원 단체—세계보건기구, 국제아동구호기금, 유엔한국재건단, 한국기독교세계봉사회, 한미재단 등—가 약품 지원과 결핵원 설립을 도맡는 등 한국은 가련한 의료 후진국이었다.[79)]

---

74) 1910년, 65세 이상인 미국 제대 장병들을 1980년대 노인들과 비교해본 결과, 심장, 근골, 호흡기, 소화기 질환은 1.6~4.7배 높았으며 만성병이 나타나는 연령은 7~11세나 일렀다. Robert Fogel, *Explaining Long-Term Trends in Health and Longevity*, Cambridge: Cambridge University Press, 2012, p. 101.

75) 곽은희, 「전시 체제기 노동·소비 담론에 나타난 젠더 정치」, pp. 79~80.

76) 조선 여공들은 1929년에 섬유 산업의 78퍼센트, 식품 가공의 11퍼센트, 화공의 44퍼센트를 차지했다. 임금은 일본 여공의 3분의 1에서 4분의 1 수준이었다. Yoo, *The Politics of Gender in Colonial Korea*, pp. 95, 112, 158.

77) 김대규, 「민간항결핵단체의 발자취」, 『보건 세계』 43집 4호, 1996, p. 14.

78) 김대규, 「6·25 동란과 결핵」, 『보건 세계』 43집 3호, 1996, pp. 15, 17.

79) 김흥수, 「한국전쟁 시기 기독교 외원단체의 구호활동」, 『한국기독교와 역사』 23호, 2005, p. 103; 최원규, 「외국민간원조단체의 활동과 한국 사회사업 발전에 미친 영향」, pp. 165, 189.

뇌염과 콜레라가 한일 국교 수립 이전 반일본적 정서와 결합된 외부의 적이라면, 결핵은 내부의 적, 가까이 있으나 보이지 않는다는 간첩의 은유를 지녔다. 간첩 담론은 일찍이 식민 당국이 중일전쟁 후 적국에 대한 경계, 사회의 문란에 대한 공포, 즉 후방의 안전에 대한 염려로 조선 사회에 펼쳤던 것이다.[80] 이것은 냉전 시대에 심화돼 남북한은 간첩을 색출하고 사회에 경각심을 높이는 데 심혈을 기울였다. 남한에서는 적대적 긴장감을 유지하기 위해 조작된 '국내용' 간첩들이 정기적으로 적발·전시됐다.[81] 매독이 나치에게 남성성(금욕을 숭상하는)을 위협하는 부패 여성이나 유대인 취급을 받았듯,[82] 한국의 결핵도 적이나 간첩과 연결됐다. "내부의 적" "아들도 의심하자" 등 결핵협회의 표어나 "결핵 전쟁에서 승리"라는 이름의 신문 사설[83]처럼 결핵은 내부의 적이었다. 1964년 4월 세계 보건 주간에 정부는 "결핵은 당신을 노리고 있다"라는 표어로 국민들에게 결핵 예방 원칙을 교육시켰고 이동 검진 차가 전국 방방곡곡을 누볐다. 동시에 반공연맹은 서울 시내 각 초등학교에서 「간첩은 노린다」라는 공연을 했다. 중국 정부는 한국전쟁 때 미군의 세균전 획책을 규탄한 이래 1950년대에 해충 박멸운동을 통해 세균이 외부의 적이라는 인식을 대중들에게 확산시켰다.[84] 냉전 시대에 동서 양측에서 세균은 적의 은유였다.

성병 관리는 주한미군과 필수불가결한 관계였다. 미국은 해방 후 타이완의 보건 사업에 많은 지원을 쏟았다. 국공 내전 후 대륙의 미국 선교 의료 기관에 재직했던 의사들 상당수가 타이완으로 이주하고, 미국의 여러 기관이 말라리아 퇴치, 타이완 국립대학교에 보건학과 신설, 국방 의학원

---

80) 권명아, 『역사적 파시즘: 제국의 판타지와 젠더 정치』, 책세상, 2005, p. 176.
81) 권보드래·천정환, 『1960년을 묻다』, pp. 173~99.
82) Theweleit, *Male Bodies*, pp. 14~16.
83) 『동아일보』, 1965년 11월 13일.
84) Rogaski, *Hygienic Modernity*, p. 297.

의 간호사 양성 등을 지원하면서 타이완의 보건행정은 일본식에서 미국식으로 전환됐다.[85] 이에 비해 미군은 한국 보건에 대해서는 소극적이었다. 그러나 성병 퇴치 사업에 관해서는 예외였다. 미군의 대규모 해외 파병은 크레이머가 말한 (성적 욕구 배출, 성병 관리, 도덕적 명분이 얽힌) "군-성 복합military-sexual complex"을 형성한다. 20세기 초 미군은 새 점령지 마닐라에 매춘부들과 함께 입성했다. 일본, 러시아, 호주, 이탈리아, 미국, 필리핀 출신의 '직업여성'을 비롯해 지역의 농촌 여성들이 부대 근처로 모여들었고 성병이 창궐했다. 미군 당국은 도덕적·기독교적 명분과 현실 사이에서 고민하다가 강력한 계몽과 검진을 펼치기로 했다. "국제 평화 유지"라는 해외 주둔 사명이 현실을 최대한 은폐했다.[86]

해방 후 한국에서는 법적으로 공창제가 폐지되었으나 당국은 미군들의 성 구매를 묵인했다. 1950년대에 한국 정부와 식자들은 "동방예의지국"에서 "세류에 휩쓸린 매춘 여성들의 패륜 행동"이라며 성매매를 개인의 책임으로 돌리고 이들에게 도덕적 비난을 퍼부었다.[87] 그러다 1960년대 들어서는 정부가 성매매 여성들에 대한 정기적인 검진과 관리를 시작했다.[88] 검진은 미국의 원조로 전국 각지에 개설된 성병 진료소에서 행해졌고 감염자로 판명된 이들은 격리 수용됐다. 1970년대 초 동두천의 위안부와 흑인 병사 간의 충돌, 닉슨 독트린으로 인한 미군 철수 등을 맞아 한국 정부와 미군의 공조하에 적극적인 기지촌 정화 운동(검진뿐 아니라 환경 개선, 순시 강화 등)이 벌어졌다.[89] 미군은 고립된 지역에서 성적 욕구를 해결

---

85) Michael Shiyung Liu, "From Japanese Colonial Medicine to American-standard Medicine in Taiwan," Liping Bu, Darwin Stapleton & Ka-che Yip(eds.), *Science, Public Health and the State in Modern Asia*, London: Routledge, 2012. pp. 164~71.

86) Paul Kramer, "The Military-Sexual Complex: Prostitution, Disease, and the Boundaries of Empire during the Philippine-American War," *The Asia-Pacific Journal: Japan Focus*, 25 July 2011.

87) 강혜경, 「제1공화국시기 매춘여성과 성병관리」, 『한국민족운동사연구』 63집, 2010, p. 184.

88) 박정미, 「한국 성매매 정책에 관한 연구」, p. 296.

하는 동시에 민주주의와 자유의 수호자라는 이미지를 유지하고, 한국 정부는 경제와 안보를 담보하면서 기지촌과 "양공주"를 "지역화, 개인화, 종별화"시켰다.[90)]

박정미가 지적한 대로, 기지촌 여성의 몸도 "국가 안보의 제물로 바쳐진 호모 사케르"였다.[91)] 한국의 성매매는 일제 시대 일본인들의 수요, 해방 후 미군 주둔, 한국의 베트남전쟁 참전, 1970년대 일본인들의 이른바 '기생 관광' 등 줄곧 외부 요인과 결합해왔다. (강건 남성을 주체로 하는) 한국의 거대 내셔널리즘은 이와 관련된 사회의 밑바닥 약자에 대해 침묵했다. 오히려 매춘은 사회의 군사화·남성화 과정에서 자연스러운 오락적 화제요, 실행이었다. 사창가를 출입하는 휴가 장병들의 무용담이 전파되면서 매춘은 청소년들의 성장과 성인식 혹은 문학 작품의 요소가 되기도 했다.

마지막으로, 1960년대에 시작돼 1970년대까지 이어진 쥐 박멸운동은 식량 확보라는 경제적 측면이 강조된 위생운동이었다. 양곡의 20퍼센트를 쥐가 먹고 있다는 미국 연구원의 조사에 충격을 받은 한국 정부는 1960년대 말부터 대대적인 쥐잡기운동을 추진했다. 에도 시대 일본 농민들에게 친근했던 쥐[92)]는 1960년대 한국에서는 생산과 내핍을 뒤흔드는 존재였다. 또한 그것은 근대화 과정에서 (중산층에 부담스러운 분배 대상인) 빈곤층과 공산주의의 은유이기도 했다. "멸공" 구호처럼 쥐는 박멸 대상이었다. 쥐잡기사업추진본부가 설립돼 여러 정부 부처가 협조하고 모든 경찰, 공무원이 동원됐다. 학생, 국민을 상대로 대대적인 교육도 벌어졌다. 1969년

---

89) Moon, *Sex among Allies*, pp. 80~89.

90) 이나영, 「기지촌의 공고화 과정에 관한 연구(1950~60)」, 『한국여성학』 23권 4호, 2007, p. 40.

91) 박정미, 「한국 성매매 정책에 관한 연구」, p. 121.

92) 일본 농민들은 쥐를 죽이는 것을 꺼려했다. 설날만큼은 쥐라는 말을 쓰지 않고 쥐를 가리켜 '며느님' 이라 부르는 지방도 많다. 명절 음식을 그릇에 담아 쥐가 다니는 통로에 놓아두기도 했다. 야나기타 구니오, 『일본 명치·대정시대의 생활문화사』, p. 169.

개시된 연차적 쥐잡기운동에서 매해 "약 1천만 명이 교육을 받았"다. 그럼에도 불구하고 이 "생태적 약자"는 순식간에 불어나 총력전은 실패로 끝났다.[93]

제국과 신체

건강에 대한 군정의 관심은 위생이라는 소극적 수준에 그치지 않았다. 군정은 스포츠를 통한 한국의 재건을 희구했다. 이것도 동서, 특히 일본 식민주의의 족보를 잇는 것이다. 19세기 말 이래 야구, 복싱, 농구 등의 스포츠가 미군, 미국 기업과 함께 태평양(필리핀, 하와이, 괌, 사모아 등)과 중미(쿠바, 푸에르토리코, 도미니카 공화국, 니카라과, 파나마, 아이티 등) 지역에 도래했다. 스포츠는 '게으르고 퇴행적인' 원주민들을 건전하게 교화시키는 수단이었다. 예를 들어 과거에 스포츠가 회원제로 일부 특권층에게만 개방되었던 쿠바에서 야구는 평등의 상징이요, 민족적 긍지가 됐다. 쿠바 야구팀이 미국 프로야구팀들을 격파하면서 야구는 쿠바 내셔널리즘과 혁명의 전파와도 연결됐다. 지도자 피델 카스트로Fidel Castro는 투수 출신의 열렬한 야구 팬이기도 했다.[94]

20세기 초 미국 YMCA의 영향으로 동아시아에 도입되었던 자유로운 레크리에이션으로서의 스포츠는 곧장 정치적 성격으로 전환됐다. 20세기 전반 동아시아 스포츠는 극동선수권대회를 둘러싼 미국과 아시아(특히 일

93) 김근배, 「생태적 약자에 드리운 인간 권력의 자취: 박정희 시대의 쥐잡기운동」, 『사회와역사』, 2010 년 가을호, pp. 125~41.

94) Gerald Gems, *The Athletic Crusade: Sport and American Cultural Imperialism*, Lincoln: University of Nebraska Press, 2006, pp. 49, 85~97.

본) 간의, 그리고 중국과 일본 간의 힘겨루기,[95] 국방 자원으로서의 일본 체육 등으로 정치화됐다. 개화기 이래 중국의 스포츠에는 계몽과 국제화, 내셔널리즘 등의 의미가 담겨 있었다. 소수가 참가한 LA 올림픽(1932)과 베를린 올림픽(1936)은 국내에 큰 흥분을 가져온 국제적 경쟁이었다. 베를린 올림픽에서 일본에 패배했던 중국 농구팀은 자국에 국민적 수치심을 안겼다.[96] 신체는 동서양을 막론하고 거대한 제도, 권력, 이념이 침윤된 장소로 변성됐다. 20세기 초 영국에서도 출산율의 하락과 후발국인 독일, 미국의 추격을 맞아 강한 인종과 남아를 생산하는 새 모성상이 제시됐다. 특히 노동자 가정의 방문을 통해 국가가 어머니의 보건과 교육에 개입했다. 제1차 세계대전 중 어머니 학교가 확산돼 자녀는 제국의 자산이며 전업주부는 양육과 위생의 근원이라는 것을 교육·선전하며 생활 개선에 진력했다. 20세기 전반 국제 경쟁의 맥락에서 건강한 전쟁 자원을 확보하려는 우생학이 널리 확산됐다.[97]

1920년대 소련 지도자들도 알코올, 담배, 과도한 섹스를 자제하고 냉수마찰, 보디빌딩 등을 통해 근육질의 몸매를 가꿀 것을 제시하며 건강에 대한 계몽을 펼쳤다. 소비에트적 신체는 봉건 시대와의 이분법, 국가의 재생, 서구 제국주의 세력과의 대결, 전투력·생산성의 제고 등 혁명의 뜻이 새겨지는 일종의 전장이었다.[98] 1920년대 만주의 군벌 장쉐량도 강건한 체력 양성이 서양과 일본 제국주의에 대항하는 애국의 길이라 보았다. 그는 선양瀋陽에 둥베이 대학을 세워 체육관을 설립하고 선수 양성, 코치 초빙,

95) 高嶋航, 『帝國日本とスポーツ』, 塙書房, 2012, pp. 45~50.
96) Xu Guoqi, *Olympic Dreams: China and Sports, 1895~2008*, Cambridge: Harvard University Press, 2008, pp. 25~27, 45~47.
97) Anna Davin, "Imperialism and Motherhood," Frederick Cooper & Ann Laura Stoler(eds.), *Tensions of Empire*, pp. 98~99.
98) Starks, *The Body Soviet*, pp. 164, 185~92.

대회 유치 등의 일을 벌였다. 러일전쟁 후 만주를 침식해 각종 기관, 대회를 통해 왕성한 체육 활동을 하던 일본인들에게 맞서 일대 체육 운동을 전개한 것이다. 나아가 장쉐량은 공공 체육관 건설, 체육회 설립, 고교 필수 과목으로 체육을 지정하고 자격증을 소유한 체육 교사를 고용할 것 등을 촉구하는 체육법을 제정했다. 그는 한 강연에서 건강이 "강국강종强國强種의 기초"이며 "민족정신을 발양하는 국민 체격"을 기를 것을 역설하며 체육과 내셔널리즘을 연결했다.[99] 그를 포함한 20세기 동아시아 지도자들은 신체를 통한 적자생존 혹은 사회진화론에 깊이 빠졌다.

1930년대 독일에서는 히틀러를 정점으로 하는 일종의 세속 종교인 나치즘이 등장해, 국민의 충성을 이끌어내기 위한 여러 감성적 요소가 고안됐다. 남성미와 지배를 뜻하는 프로이센의 기념비 양식, 고전적 조화와 대칭을 의미하는 육면체, 영원한 재생을 뜻하는 불꽃과 참나무, 위엄과 내구성을 의미하는 이집트의 피라미드, 오벨리스크 양식 등이 고안됐다. 그리고 우생학을 바탕으로 한 그리스적 남성미가 강조돼 마침내 아리안 인종이라는 개념이 형성됐다. 지도자들은 참된 독일인은 아름답고 강인한 신체를 지녀야 한다고 시민들과 학생들에게 주입시켰다. 19세기 이래의 각종 체조 동호회, 체조단체, 체조 운동 등이 나치에 흡수됐다. 히틀러는 1993년 슈투트가르트의 체전에 참가하여 "체조가 민족의 생명력을 보여주는 가장 좋은 예"라고 치켜세웠다.[100] 일본에서도 1930년 창설된 전일본체조연맹이 집단 체조를 전국의 학교, 공장, 군대, 단체에 보급했는데 1932년 참가자가 2,600만 명에 이르렀다.[101] 시민들의 신사 참배 후 체조

99) 李錦華 編著, 『張學良与體育』, 沈陽: 遼寧大學出版社, 2007, pp. 57~61.

100) 조지 모스, 『대중의 국민화』, 임지현·김지혜 옮김, 소나무, 2008, pp. 56, 74, 77, 196.

101) 전일본체조연맹은 체조제, 체조 주간, 체조대회 등 숱한 대형 행사들을 벌였다. 도쿄 대회에 10만 8천 명이, 간사이 지역 전체에서 무려 200만 명이 참가했다. 흥아 기본 체조, 대일본 체조, 산업 체조, 공장 체조, 자교自校 체조 등 별별 종류가 다 있었다. 佐佐木浩雄, 「量産される集團體操: 國民

대회가 열리는 등 체조는 내셔널리즘 혹은 전체주의의 성분이었다.

일본의 체육은 근대 국가 형성과 맥을 같이했다. 운동회는 학교를 무대로 한 지역 공동체의 축제적 성격과 군사적 성격(깃발 뺏기, 줄다리기 등 단체 경기)이 어우러져 메이지 중기 전국에 확산됐다. 요시미 순야가 지적하듯, 이것은 "신체를 국민국가의 주체에 걸맞게 길러가는 장"이며, 동시에 "길들여진 신체를 국가의 시선 앞에 선보이는 행사"였다. 쇼와 시대의 운동회는 시국을 반영해 폭탄 릴레이와 같은 항목을 추가해 "체련·연성 대회"가 되었고, 1940년대에는 집단의 역투를 강조하며 온통 전시 분위기를 자아냈다.[102] 일본체육회의 기원은 군국주의와 깊은 관련을 맺는다. 청일전쟁 시 징병 검사 불합격자가 속출하고 청년들의 체격이 약소한 데 충격을 받은 예비군 지도자들이 1891년에 이것을 창립한 것이다. 메이지유신의 이념인 부국강병을 따라 "강장強壯한 체위, 체력"의 국민·군대 양성을 취지로 했다.[103] 일본체육회는 체육 계몽활동, 운동회 실시, 나아가 현모양처상 보급에 주력했고 검도, 궁술 등 군사적 기술과 체조를 학교 체육에 보급시켰다.[104]

1924년, 최초로 전국 규모의 근대적 이벤트인 제1회 메이지신궁대회(전국체육대회)가 개최돼 스포츠 대중화의 시대가 열렸다. 이것은 중산층의 대두와 미디어, 교통망의 발달에 기인했다. 1941년까지 거의 매년 열린 이

精神總動員と集團體操の國家的イベント化」, 坂上康博·高岡裕之 編, 『幻の東京オリンピックとその時代: 戰時期の都市·身體』, pp. 405~10.

102) 요시미 순야, 「국민의례로서의 운동회」, 요시미 순야 엮음, 『운동회』, pp. 20~42, 126.

103) 홋카이도 지부의 경우, 주둔군 사단장이 고문으로서 설립을 맡았고 군경이 호응해 월급의 일부를 기부하며 발족을 도왔다. 군은 강병을 위한 정신교육과 체조, 창검술·사격술 양성을, 교육계는 위생을 체육의 내용으로 제시했다. 三井登, 「日本體育會北海道支會の設立と軍人の關與: 1897年前後の分析を中心に」, 『北海道大學體育學部紀要』75輯, 1998, pp. 230~36.

104) 일본체육회는 황족을 총재로 추대하며 황실의 후원을 받았다. 또한 각종 강연회, 환등회幻燈會를 열고 계몽지인 『문무총지文武叢誌』를 발간했다. 學校法人日本體育會百年史 編纂刊行會, 『學校法人日本體育會百年史』, 日本體育會, 1991, pp. 16, 54, 100, 1069.

대회는 상이군인 및 출정 가족을 초대해 위로하고, 가무음곡 금지, 반자이萬歳와 기미가요 제창 등이 수반되는, 제국 시민 형성에 긴요한 과정이었다. 여기에는 식민지를 포함해 제국의 모든 대표가 참가했다. 1940년 메이지신궁대회는 "황기皇紀 2,600년 봉축대회"로 명명하고 황실의 영속성과 제국의 번영을 구가했다.[105] 1943년 대회에서는 스포츠가 적성국 서양의 것으로 규탄되는 대신 체조, 무도, 훈련 등의 새 종목이 생겼다. 이것은 전국 2만 5천여 개소에서 무려 "1,300만 명이 참가할"정도로 숫제 동원이라 할 수 있었다.[106] 육군 대신 출신인 강경파 문부 대신 아라키 사다오荒木貞夫가 야구를 미국의 스포츠로 규탄하자 막 인기를 얻어가던 야구는 폐지의 운명을 맞았다.[107]

라디오 체조도 국민 동원의 수단이었다. 미국에 기원을 둔 라디오 체조는 1928년 일본에서 개시됐다. 이것은 시간의 세분화, 근대적 리듬을 익히는 일종의 국민(농민) 교화 수단이었다. 1937년 문부성과 내무성의 후원하에 강제적 단체 청취를 통해 제국 전체에 보급돼 참가자가 1939년 1억 8,600만 명에 이르렀다.[108] 조선에서도 1932년 만주국 건국 시 라디오 체조가 방송되고 2년 뒤 체조회가 결성됐다. 총독부는 관청, 은행, 공장 등에서 점심시간에 라디오 체조를 실시하도록 지침을 내렸다. 윤대석이 이른 대로, 신민의 신체는 규칙성, 반복성을 특징으로 하는 라디오 체조의 시간 및 리듬에 말려들어 갔다.[109] 조선의 체육단체로는 조선체육협회와 조선

---

105) 만주국 대표 180명을 포함하여 무려 5만여 명의 선수가 참가했다. 이리에 가쓰미, 「근대 천황제와 메이지신궁 경기대회」, 요시미 순야 엮음, 『운동회』, pp. 176, 202.

106) 高嶋航, 『帝國日本とスポーツ』, p. 254.

107) 1942년 도쿄대학연맹이 최종전을 치렀고, 1943년 (중등)학생 야구계도 "야구 배격"을 결의했다. 中村哲也·功刀俊雄, 「學生野球の國家統制と自治: 戰時下の飛田穂洲」, 坂上康博·高岡裕之 編, 『幻の東京オリンピックとその時代: 戰時期の都市·身體』, pp. 368~69.

108) 黑田勇, 『ラジオ體操の誕生』, 東京: 靑弓社, 1999, pp. 99, 213.

109) 윤대석, 「1940년대 전반기 황국 신민화 운동과 국가의 시간·신체 관리」, 『한국현대문학연구』 13집, 2003, p. 43.

체육회가 있었는데, 이 중 조선 체육인들이 설립한 순수 민간 조직인 조선 체육회는 단명했다. 장덕수, 이승우, 김성수 등 민족 진영 인사들이 이사나 평의원으로 참가하고 『동아일보』가 후원한 조선체육회는 중일전쟁 발발 후 1938년 "체육을 통한 일본 정신의 함양"을 내걸고 전자에 통합됐다.[110]

태평양전쟁 시기에 일본의 체육은 총후 국민의 체력 강화를 도모한 시책이었다. 1942년 대일본체육회가 출범해 "국민연성國民鍊成"을 위한 체육을 시작했다. 최고 지도자들이 포진하며, 전국 30여 개 체육단체를 통괄하고, 각 도·부·현에 지부를 둔 막강한 단체였다.[111] 체육은 국방의 수단이었다.[112] 유사시 방공 시설을 겨냥하여 경제난 속에서도 집념으로 수많은 운동장과 국민 수련소를 세워 청년들을 훈련시켰다. 1940년 인구 2만 5천 명 이상의 도시 151곳 중 43퍼센트인 65곳에 운동장을 설치했고, 1943년부터 '국민 수련'이 실시돼 전국 2천 개의 장소에서 약 40만 명의 '약골 청년'들을 2개월간 훈련시켰다.[113]

만주국의 체육 진흥은 50여 년의 전전 일본 체육사를 압축한 것이었다. 전쟁 자원 양성을 위한 신체 단련은 제국 전체에서 가장 신속하게 진행됐다. 건국 직후에 재만 일본 경기 단체들을 합병해 대만주국체육협회가 발족됐다. 이것은 만주축구협회 등 10여 개를 하부 조직으로 두었고 숱한 국내 대회(만주국 체육대회, 종목별·도시별 선수권 대회 등)와 대외 경기(일본의 체육대회 참가), 국제 경기(만주에서 개최된 경기)를 벌였다.[114] 히틀러의 베

---

110) 鄭光植, 「日本植民地期朝鮮における民族派スポーツ統轄團體「朝鮮體育會」に關する硏究」, 『體育史硏究』 25輯, 2008, pp. 13, 18.

111) 中村祐司, 「大日本體育會の組織構成と事業について: 特に都道府縣支部を中心に」, 『人間科學硏究』 6輯 1号, 1993.

112) 高岡裕之, 「大日本體育會の成立: 總力戰體制とスポーツ界」, 坂上康博·高岡裕之 編, 『幻の東京オリンピックとその時代』, p. 200.

113) 坂上康博, 「標的としての都市: 厚生省による運動施設擴充政策の展開」, 坂上康博·高岡裕之 編, 『幻の東京オリンピックとその時代』, p. 299; 高岡裕之, 『總力戰體制と「福祉國家」』, p. 263.

114) 笹島恒輔, 「舊滿洲國の體育とスポーツ」, 『體育硏究紀要』 5輯 1号, 1965, pp. 19~25.

를린 올림픽을 모방하여 1939년 다롄에서 "흥아 청소년 대회"를 개최해 여러 "친선국"—일본, 만주국, 내몽골, 화베이華北, (당시 일본 치하의) 화난華南, 미국, 이탈리아, 독일, 타이 등—의 "대표"가 참가했다.[115] 또 중일 전쟁 후에는 남자 5천 미터 달리기, 30킬로그램 중량 운반, 건국체조, 여자 2,500미터 달리기, 14킬로그램 중량 운반을 요구하는 청소년 체력 검사가 실시됐다. 청소년들의 집단 훈련은 협화회 주관으로 1937년 초 시행돼 16세 이상, 19세 미만의 남자 청소년들이 2개월간 합숙 훈련을 받았다. 1942년에 학교는 오후 수업을 폐지하고 집단적 신체 단련을 시행했다. 같은 해 국민 체력 검정제와 산업체 종업원을 위한 산업체조도 제정됐다.[116] 지엔구어 대학에는 만주사변의 주동자 이시와라 간지의 지지자였던 일본 유도계의 거물 후쿠시마 세이사부로福島淸三郎가 대학의 무도 고문으로 취임했다.[117] 학생들은 5개의 무도 과목(유도, 검도, 합기도, 궁도, 스모)을 필수적으로 이수해야 했다.

만주국 체육은 건국정신과 결부된 만능 정치 행사였다. 건국 직후 31개 도시에서 '건국정신앙양' 체육대회(제1회 '건국기념연합대운동회' 혹은 만주국 전국체육대회)가 거행됐다. 이것은 만주사변이 초래한 '만몽 사태'를 조사하기 위해 국제연맹의 리턴Lytton 조사단이 만주국을 방문한 시점에 맞추어 벌어졌다.[118] 이들은 대도시를 방문할 때마다 건국정신을 과시하는 거국적인 운동회와 시민, 학생 들이 일본과 만주국의 국기를 들고 벌이는 가두 행진, 만세 삼창을 지켜봐야 했다.[119] 만주국체육협회는 각종 체육대

---

115) 『성경시보』, 1939년 9월 3일.
116) 전경선, 「만주국의 신체 동원과 국민 만들기: 체육 정책의 전개를 중심으로」, 『역사와세계』 39집, 2011, p. 57.
117) 志志田文明, 『武道の敎育力』, pp. 184~94, 269~74.
118) 전경선, 「리턴조사단의 來滿과 만주국의 대외 선전」, 『역사와경계』 92집, 2014, pp. 312~14.
119) 『만주국정부공보』, 1932년 5월 2일.

회, 강연회, 영화 시사회, 잡지 『만주 체육』 발간 등을 추진했다. 주요 도시마다 체육관을 건립하여 중요한 일이 있을 때마다 운동회를 열었다. 체육은 국민 형성과 직결됐다. 걸핏하면 전국 체육 주간이 정해져서 일주일간 국민 체육 운동, 즉 국민 건강에 대한 영화 상영, 전단·표어·소책자 배포, 강연회 등이 이어졌다.[120] 모든 성·현공서의 민중 교육관은 건국정신과 위생, 체육 진흥을 강습시키고 매월 그 실적을 보고했다. 만주국은 실로 체육 공화국이었다.

만주국의 체육 자체가 도발적인 정치 행위였다. 만주국은 1932년에 LA 올림픽 출전을 신청해 중국 난징 정부를 격분시켰다. 중국은 당초 재정난으로 올림픽 참전을 포기하려 했지만, 이 일로 올림픽에 단거리 선수 류창춘劉長春 한 명을 보냈다. 그는 당시 4억 인구를 대표한 선수였다.[121] 1934년 극동선수권경기대회에 만주국이 참가를 고집하자 회원국들이 반발하고, 이에 대응해 일본이 탈퇴하면서 대회는 종말을 고했다. 이 와중에 만주국체육협회는 일본체육협회에 절연장을 보내기도 했다. 결국 만주국 문제로 일본은 국제 스포츠계와 결별하고 1939년에 독자적인 일만화日滿華 대회(일본, 만주국, 점령 중국이 참가)를 신징에서 개최했다. 이 대회에서는 독일의 체육 지도자 카를 딤Carl Diem이 베를린 올림픽에서 선보인 성화 대신 신토식 신화神火를 채취하여 봉송했다.[122] 이것은 이듬해 "기원 2,600년제 봉축 동아경기대회"로 개명돼 도쿄, 오사카, 신징에서 개최됐으며 일본, 만주국, 일본 점령하의 중국, 필리핀, 하와이 선수단이 이 대회에 참가했다.[123] 1942년과 1943년 대회도 만주국에서 열려 서양과의 대결, 아시

---

120) 『성경시보』, 1935년 10월 5일.
121) Xu Guoqi, *Olympic Dreams*, p. 41.
122) 高嶋航, 『帝國日本とスポーツ』, pp. 36~54.
123) 入江克己, 「近代日本における植民地體育政策の研究: 大東亞競技大會の開催と僞滿洲國の崩壞」, 『教育科學』 38輯 2号, 1997.

아의 단결을 강조하는 등 노골적인 정치색을 띠었다. 만주국 체육은 국책을 선전하는 장이자 국제사회가 외면한 만주국의 건국정신을 시민들에게 고취시키는 수단이었다. 건국 기념 체육대회는 도시별로 5월 중 하루를 택해 전국에 걸쳐 열렸다. 제1회 대회에 전국 500개 학교의 아동 12만 명과 30만 명 이상의 관중이 동원되었고, 민족협화의 정신에 맞추어 각지의 각 민족(조선인들의 농악 공연 포함)이 참가했다.

만주국 체육대회는 늘 정치 행사와 더불어 거행됐다. 일본 천황의 동생인 치치부노미야秩父宮의 방문을 기념하는 운동회(1934), 일본의 만주국 승인을 기념하는 건국체조대회(1938), 건국 10주년 기념 제2회 동아경기대회(1942) 등이 열렸고[124] 제3회 동아경기대회(1943)는 황제 푸이의 등극을 경축하는 '경축대전대운동회'를 겸하여 거행됐다. 기원 2,600년제 대회로 명명된 1940년 대회에는 무려 370여 개 장소에서 "200만 명 이상"이 동원됐다.[125] 그리고 "체육 향상, 민족 융화"의 구호와 함께 군사풍의 건국체조가 제정됐다. 1936년부터 황제 푸이의 방일 기념일인 5월 2일을 건국체조일로 정해[126] 전국적으로 보급했다. 이때부터 건국기념일 등 국경일에 건국체조대회 순서가 필수적으로 자리 잡게 됐다. 1937년부터 매년 3월 1일(건국), 5월 2일(푸이 방일), 9월 18일(만주사변) 등 3일을 건국체조일로 정했다. 건국체조는 전 국민을 대상으로 매일 오전 6시 30분부터 20분간 라디오 호령을 따라 만주국 전체에서 실시됐다. 13개 동작으로 된 이 체조는 1960년대 한국 재건체조의 모델이었다.[127]

---

124) 전경선, 「만주국의 신체 동원과 국민 만들기」, pp. 42~47.

125) 滿洲國史 編纂刊行會, 『滿洲國史 各論』, p. 1186.

126) 『성경시보』, 1936년 4월 8일.

127) 만주국의 건국체조는 한국의 재건체조에 비해 다소 경직된 유격 총검술풍이다. 만주국 뉴스인 「他製作 滿洲映畵編 第1輯」, TEN SHARP Collection, 1994 참조.

민족의 신체

1960년대 한국의 스포츠[128]는 식민 시기의 강병론, 특히 만주국의 정치화된 체육의 특성을 강하게 이어받았다. 한국의 신체는 냉전 시대 남북한 경쟁, 나아가 세계체제 내 상위권 도약에 복무했다. 빈곤의 시대에 한국 정부는 단기간의 투자로 효과가 나타나는 엘리트 스포츠를 중시했다. 5·16 직후 군정은 수습위원회를 통해 체육 재건에 나섰다. 그것은 재건국민운동의 한 부분이었다. "국민의 체위 향상"은 "민족의 힘"이며, "체력은 국방력에 직결한다"라는 취지로 학교의 체육 시간을 늘리고, 중·고등학교와 대학교 입시 전형에 체능 검사 의무화, 체육상 제정 등을 추진했다.[129] 1962년에는 국민체육진흥법을 통해 체육 진흥에 시동을 걸었다.

한국의 스포츠는 크게 두 가지 점에서 만주국의 영향을 받았다. 첫째, 국민체육진흥법의 내용이 만주국의 실행과 유사하다. 즉 체육 주간과 체육의 날 지정, 학교·직장·지방 등 모든 단위의 체육 진흥, 국가와 지방자치단체의 경기장 건설 등이 그 예다. 또한 군정은 만주국의 '건국' 표어를 '재건'으로 바꾸어 경제 건설에 사용한 것 말고도 만주국의 '건국체조' 대신 '재건체조'를 만들어 전국에 보급했다. 이를 위해 재건국민운동회는 우선적으로 중앙요원과 각도 지부 요원을 훈련시켰다. 매일 아침 7시 55분 라디오에서 발뒤꿈치 들기부터 깊은 숨쉬기까지 10개 동작의 구령과 음악이 방송됐다.[130] 수년 동안 전 가정 라디오에서 흘러나오는 "재건체조 시

---

128) 이 책에서는 '스포츠'와 '체육'의 미세한 의미 차이를 무시하고 혼용하기로 한다.
129) 정동구, 「한국의 근대 올림픽 운동에 관한 연구 1948~1988」, 명지대학교 박사학위논문, 1991, p. 147.
130) 『동아일보』, 1961년 7월 11일; 『경향신문』, 1963년 6월 14일. 이 자료를 찾아준 홍가람에게 감사한다.

작"이라는 구령과 음악에 맞추어 온 식구가, 자녀들은 가장의 동작을 따라서 체조를 실시했다. 탈식민 시대에 군국풍의 이 운동은 오래가지 못했다. 1968년 정부는 그 대신 '신세기체조'라는 것을 보급했으나 큰 성과를 거두지 못했다.[131] 그러나 재건체조의 배경음악은 변주된 형태로 아직도 모든 군부대의 방송에서 사용되고 있다.

둘째, 한국 체육도 정치와 밀접하게 결합됐다. 만주국 체육이 건국정신이나 중요 정책의 선전장이라면 한국 체육은 냉전적 특성, 즉 남북한의 자존심 대결과 깊은 관련을 맺고 있다. 5·16 이전 대한체육회와 대한올림픽위원회의 회장은 여운형, 신익희, 조병옥, 이기붕, 이철승 등 민간 지도자들이 맡았다.[132] 자유당 시대의 체육교육은 문교부 산하의 체육과가 관장하는 소극적인 수준이었다. 그러다가 5·16 이후 문화국에 소속된 체육과가 체육국으로 승격돼 체조 보급 및 국내 체육대회 개최, 사회체육 시설관리, 직장 체육, 체육단체의 감독을 맡았다. 이때 만군 출신 김동하(해병 중장 예편), 이주일(육군 대장 예편, 감사원장 역임), 이호(육군 소장 예편) 등 군 장성들이 체육회장을 맡았다.

올림픽이나 월드컵은 조직위원회 설립 후 약 1세기 만에 200개국 이상이 회원으로 가입한 "세계화 과정"이다.[133] 토착 경제가 세계체제에 흡수되듯 양궁, 태권도 등 올림픽에 채택된 경기 종목들은 유래가 어떠했든 세계인들에게 "추상적 형태로 동질화"됐다. 경기는 경기장, 관중, 선수가 빚는 장관을 연출한다. 특히 원거리에서 봉송돼 "능陵에 안장되는 듯한" 성

131) 『경향신문』, 1968년 7월 17일; 『동아일보』, 1968년 12월 26일.

132) 대부분 재임 기간이 1년 이하인 데 비해 자유당 정권의 2인자 이기붕은 한국전쟁에서 4·19까지 약 8년간 2개 단체의 회장을 맡고 한국 최초의 IOC 위원이 됐다.

133) Alan Tomlinson & Christopher Young, "Culture, Politics and Spectacle in the Global Sports Event: An Introduction," Alan Tomlinson & Christopher Young(eds.), *National Identity and Global Sports Events: Culture, Politics, and Spectacle in the Olympics and the Football World Cup*, New York: State University of New York Press, 2006, p. 2.

화의 최종 점화 자체가 거대한 의식이다.[134] 존 켈리가 지적했듯, 올림픽은 "의례와 게임이 병존하는 사건"이다. 베이징 올림픽의 구호인 "하나의 세계, 하나의 꿈One World, One Dream"과 무관하게, 경기들은 막바지에 승패가 결정되는 내셔널리즘의 세계로 진입한다.[135] 한국이 이 장관에 본격 참여하기 시작한 것은 1964년 도쿄 올림픽이다. 이것은 한일 국교 수립이 코앞에 다가온 협소한 냉전 공간에 살던 남한 사람들이 최초로 외부 세계와 접속하려던 시점의 중요 사건이었다. 남한은 임원과 선수를 합쳐 224명, 사상 최대 규모로 참가했다.[136] 1948년 처음 런던 올림픽에 출전한 선수들이 서울에서 출발해 열차, 배, 비행기로 옮겨 다니며 9개국을 전전하다 18일 만에 초주검이 된 상태로 종착지에 도착한 것과 대조적으로, 이웃 도쿄에서 열린 올림픽에는 한국 선수단뿐 아니라 일부 유력 인사들도 쉽게 참석할 수 있었다. 세계 스포츠 축제 소식과 한국 선수들의 분발이 이때 사상 처음으로 안방 뉴스로 전해졌다.

도쿄(1964), 멕시코시티(1968), 서울(1988), 베이징(2008) 등 비서구권 국가들은 올림픽 개최에 상당한 경비 부담이 있었으나,[137] 민족의 드라마(역경의 극복, 강국의 표방 등) 혹은 과거와 미래를 융합한 정체성을 국내외에 외치는 신고식을 위해 모든 부담을 감수했다. 멕시코시티의 경우, 비동맹 운동을 업고 다양한 민속 행사를 통해 고대 아즈텍 문명과 자신감(신흥 경제 강국이자 제3세계의 대표), 평화적 이미지(베트남전쟁을 우회적으로 비판

---

134) John MacAloon, "The Theory of Spectacle: Reviewing Olympic Ethnography," Alan Tomlinson & Christopher Young(eds.), *National Identity and Global Sports Events*, pp. 20, 27.

135) John Kelly, "One World, Real World, Memory and Dream: Shadows of the Past and Images of the Future in Contemporary Asian Sports Internationalisms," *The International Journal of the History of Sport*, vol. 27, no. 14, 2010, p. 2616.

136) 1984년 LA 올림픽에 284명의 선수단이 출전하기 전까지 최대 규모였다. 정동구, 「한국의 근대 올림픽 운동에 관한 연구 1948~1988」, p. 160.

137) 서울올림픽의 순수 경비는 4억 6천만 달러로 추산되나 TV 중계료, 관광 수입, 입장료 수입 등으로 적자를 면했고, 베이징 올림픽 때는 수십 억 달러의 대형 공사들이 벌어졌다.

했다) 등을 표출했다.[138] 이 장소들 자체가 서구가 독점하다시피 했던 개최지의 이미지를 일신시켰다. 동아시아에서 열린 올림픽들은 장구한 역사와 문명("서울 5천 년" "베이징 3천 년" "도쿄 2,624년" 등)을 내걸었다. 베이징 올림픽은 서양의 근대가 중국 문명에 빚지고 있음을 혹은 양자가 대등함을 드러내고자 했다.[139] 중국은 수십 년 만의 올림픽 복귀에 대한 주변의 우려를 의식하여 평화와 공존, '하나의 꿈, 하나의 세계'를 내걸었으나 이 대회 이래 미국과 1위 싸움을 벌이는 라이벌이 됐다. 특히 야구 종목에서 양국은 실력과 점수 차이에도 불구하고 격렬하게 대립했다.[140] 미국·중국의 양강 구도는 올림픽에서 감지됐다. 올림픽뿐 아니라 세계야구대회에서도 한국, 일본, 쿠바 등이 우승하여 야구 종주국 미국의 체면이 심하게 손상됐다.[141]

이웃 도쿄 올림픽의 내용은 남한 체육에 대단한 자극을 주었다. 1930년대에 유치 후 포기의 역사[142]를 지닌 일본인들에게 도쿄 올림픽 개최는 감개무량한 사건이었다. 도쿄 올림픽은 "고도성장 닛뽕"을 상징하는 이벤트였다. 일본은 시설과 성적(미국과 소련에 이어 금메달 16개로 3위)을 통해 전

---

138) Claire Brewster & Keith Brewster, "Mexico City 1968: Sombreros and Skyscrapers," Alan Tomlinson & Christopher Young(eds.), *National Identity and Global Sports Events*, pp. 104~106.

139) Sandra Collins, "East Asian Olympic Desires: Identity on the Global Stage in the 1964 Tokyo, 1988 Seoul, and 2008 Beijing Games," *The International Journal of the History of Sport*, vol. 28, no. 16, 2011, p. 2250.

140) 양 팀은 도합 7개의 사구死球를 상대 타자에게 던졌다. 시합이 종료되자 미국의 마무리 투수가 공을 중국 벤치에 던졌다. Kelly, "One World, Real World," p. 2622.

141) 예컨대 1959년 설립된 일본 프로야구 명예의 전당에 최초로 헌정된 선수들은 모두 1920~30년대에 미국을 격파한 투수들이다. 야구 영웅 사와무라는 미국 프로팀 입단을 제의받았으나 미국에 대한 혐오로 거부했다. John D. Kelly, *The American Game: Capitalism, Decolonization, Global Domination, and Baseball*, Chicago: Prickly Paradigm Press, 2006, p. 14.

142) 일본은 무려 7년의 운동 끝에 1940년에 도쿄 올림픽을 유치했다. 일본은 이것을 오사카 만국박람회와 황기 2,600주년과 결합시키려 했다. 경기장 건설에 일부 진척이 있었으나, 중일전쟁이 초래한 국제사회의 반발과 재정난으로 이 기회를 반납해야 했다. 中村哲夫, 「IOC會長バイエ=ラトウールから見た東京オリンピック」, 坂上康博·高岡裕之 編, 『幻の東京オリンピックとその時代』, pp. 48~55.

후의 복구, 그러나 과거를 의식하며 올림픽의 보편주의와 평화주의를 선양했다. 경기장 밖에서는 사무라이 같은 봉건적인 이미지 대신 꽃, 다도, 가부키 전시가 진행됐다. 대표 종목도 무도가 아닌 여자 배구였다. 통상 올림픽의 마지막 일정인 마라톤을 제치고 최종 경기로 선정된 여자 배구 결승전에서 니치보日本紡績 가이즈카貝塚 공장 단일 팀으로 구성된, 체구가 작은 일본 선수들이 소련을 3 대 0으로 물리치는 기염을 토했다. 이것은 TV 시청률 면에서도 수십 년간 일본 최고 기록(66.8퍼센트)을 세운 장관이었다. 대표 선수들은 명감독 다이마쓰 히로후미大松博文 밑에서 스파르타식 훈련을 받고 1962년 유럽 원정에서 22연승을 기록해 "동양의 마녀"라 불렸다.

1960년대 일본 섬유업계에서 배구는 일대 유행이었다. 기업의 후원으로 배구는 여공들이 즐기는 최고의 오락이 됐다. 사실 이것은 업계 내부의 문제—최장 노동 시간과 최하의 대우—를 온정주의로 은폐한 것이었다. 기원이 어찌되었든 동양의 마녀들은 전후 일본의 영웅이 됐다.[143] 이들은 이른바 '마마상(부녀) 배구'뿐 아니라, 만화, 노래 등에서 미인 전사 붐을 불러일으켰다. 일본은 연출에서도 선두주자였다. 이치카와 곤市川崑이 제작한 「도쿄 올림픽」(1965)은 레니 리펜슈탈이 베를린 올림픽을 찍었던 역사적인 기록영화 「올림피아: 민족의 제전」(1938)에 버금가는 작품이다. 1988년 서울올림픽이 베를린 올림픽에서 일장기를 달고 우승했던 손기정에게 최종 성화 주자를 맡겨 민족 자존의 이미지를 내세웠다면, 도쿄 올림픽은 1945년 히로시마 원폭 투하 당시 태어난 인물을 최종 주자로 택해 전후 평화의 나라라는 이미지를 확산시키고자 했다.[144] 도쿄 올림픽은

---

143) 올림픽 이후 주장 가사이 마사에河西昌枝의 결혼식에 사토 총리가 참석하여 축배를 제의했고, 감독은 뒷날 참의원에 당선됐다. 新雅史, 『東洋の魔女論』, イースト新書, 2013, pp. 162~71, 204~205.

근대의 스피드와 진화한 신체, 넘기 힘든 세계 수준의 벽 등을 남한에 전해주었다. 남한은 복싱과 레슬링에서 은메달 2개, 유도에서 동메달 1개로 27위에 그쳤다. 유도의 동메달도 재일동포 김의태가 딴 것이었다. 세 메달리스트 모두 주최국 일본 선수와 마주치는 불운을 겪었다.[145] 남한은 후일의 올림픽들에서도 부진한 성적을 거두며 세계의 벽을 절감했다.[146]

냉전과 스포츠

1960년대 남한 정부의 엘리트 체육 진흥의 추동력은 올림픽에 반영된 동서 냉전이었다. 서구가 주도하는 올림픽의 장외에서도 냉전 대결이 벌어졌다. "하나의 중국"이라는 대표성 문제로 중국은 타이완과 수십 년간 치열한 경쟁을 벌였고, 국제올림픽위원회IOC와도 오랜 갈등을 겪었다.[147] 중국이 타이완을 인정하는 IOC와 결별하고 쿠바, 북한, 북베트남 등이 그 뒤를 따르면서 국제 스포츠계는 내분에 뒤덮였다. 이것은 1963년 자카르타의 가네포GANEFO 대회에서 절정에 달했다. 인도네시아 수카르노

---

144) 그러나 개막식에서 슬그머니 자위대의 공중 쇼와 올림픽 깃발의 운반, 군경 합동 취주 악대의 연주 등이 진행됐다. 그리고 기념 포스터는 불발된 1940년 도쿄 올림픽에 채택되었던 1930년대 유럽 모더니즘풍이었다. 이것은 나치 영향을 받은 국책 선전 사진 잡지 『닛폰*Nippon*』계열로, 전후 제국주의에 대한 비판 분위기에서 자취를 감췄던 것이었다. Collins, "East Asian Olympic desires," pp. 2244~45; 竹内孝繪, 「二つの東京オリンピック: 廣告グラフィズムの變容とプロパガンダ」, 坂上康博・高岡裕之 編, 『幻の東京オリンピックとその時代』, pp. 154~57.

145) 특히 복싱 반탐급 결승에 오른 정신조는 1962년 자카르타 아시아 올림픽 금메달리스트로서 건국 후 최초의 금메달이라는 거국적 기대를 받았으나, 일본의 사쿠라이 다카오櫻井孝雄에게 세 번 다운을 당하며 RSC패를 당했다.

146) 멕시코 올림픽에서 복싱으로 은메달 1개, 동메달 1개를 따서 32위, 뮌헨 올림픽에서는 33위에 그쳤다. 정동구, 「한국의 근대 올림픽 운동에 관한 연구 1948~1988」, p. 135.

147) 결국 1976년 몬트리올 올림픽에서 타이완 팀이 철수하면서 긴 대표성 경쟁이 끝났다. Xu Guoqi, *Olympic Dreams*, pp. 77~103, 185~96.

Achmed Sukarno 대통령이 주최한 이 대회는 비동맹 운동의 맥락에서 열린 대안적 올림픽으로서 IOC의 격렬한 비난과 제재를 받았다. 이것은 20세기 전반 일본인들이 내걸었던 (서양에 대항해 아시아는 하나라는) "아시아주의" 이래 여러 지향의 아시아 운동 중 하나로서 1955년 반둥 회의 이후의 AA운동(아시아·아프리카 지역에 기반을 둔 동맹 운동)과 비동맹 운동(1970년대 제3세계 운동의 전조) 간의 틈을 나타내는 사건이다. 1950~60년대 중국·타이완, 중국·인도, 중국·소련 간의 갈등이 표출되면서 중국이 주도한 비동맹 운동(인도네시아, 쿠바, 북한, 북베트남이 지지)이 또 다른 아시아인의 제전, 나아가 신종 올림픽을 모색한 것이다.[148] 수카르노의 실각과 중국의 과도한 헤게모니 장악으로 가네포 대회는 2회를 끝으로 사라졌다.

남한은 올림픽에 꾸준히 참가했다. 냉전 시대에 국제 대회는 선수들이 경험을 쌓고 민족의 의미를 되뇌며 산업화의 피로에 찌든 국민들에게 청량제를 선사하는 기회가 됐다. 북한이 1960년대에 적극적으로 국제 대회에 참가하면서 남북한은 숙명적인 대결을 벌이게 됐다. 최초의 남북한 대결(도쿄 올림픽 여자 배구 예선전)에서 남한이 패배했다. 북한 여자 배구는 1970년대 초반까지 세계적인 수준이었다. 북한은 1970년 세계선수권대회에서 소련, 일본에 이어 3위를 차지했고, 뮌헨 올림픽에서 남한을 3 대 0으로 꺾고 동메달을 차지했다. 이것은 남북한 합쳐 첫 올림픽 구기 종목 메달이요, 일본에 이어 아시아에서는 두번째 올림픽 메달이었다.[149]

북한은 정치적인 이유로 도쿄와 멕시코시티 올림픽 참가는 건너뛰었다. 가네포 대회에 참가해 도쿄 올림픽 출전 자격을 박탈당한 북한 선수단은

148) 이병한, 「냉전기 중국과 아시아(1): 가네포(GANEFO)를 중심으로」, 『대동문화연구』 78권, 2012, p. 396.
149) 신명철, 「신명철의 스포츠 뒤집기: 북한 여자 배구의 추억 기사 공유하기」, 『스포츠서울』, 2011년 9월 23일.

도쿄에 도착해서 대기하다가 철수했다. 이로써 북한의 세계적 육상 선수 신금단(가네포 대회 400미터, 800미터 우승자)과 하네다 공항에서 그녀를 기다리던 남한의 아버지와의 상봉은 단 몇 분으로 끝났다. 북한은 4년 뒤 멕시코시티 올림픽에도 호칭을 문제 삼아 출전하지 않았으나,[150] 경제력에서 남한에 앞섰듯 엘리트 체육도 한 수 위였다. 남한에 실내 빙상장이 흔하지 않았던 시절에 북한은 1964년 인스브루크 동계올림픽의 스피드 스케이팅 여자 3천 미터 경기에서 한필화가 은메달을 따는 등 겨울철 종목에서도 남한에 앞섰다.

북한은 1966년 런던 월드컵 축구대회에서 2회 우승팀인 이탈리아를 꺾고 8강에 진출해 파란을 일으켰다. 서구에 본격적으로 TV가 보급되던 시기에 축구 종주국 영국이 주최한 이 대회의 모든 경기를 BBC가 최초로 중계했다. 결승전은 당시 최대 규모인 4억 명이 시청할 정도로 세계적인 대회였다. 비동맹 운동의 흐름에서 아시아, 아프리카의 국가 대부분이 보이콧했으나 의외로 북한이 출전해 예선에서 전승한 후 영국에 상륙해 준결승까지 진출했다. 북한은 소련전과 칠레전에서 부진했으나 강호 이탈리아를 꺾자 1천 명의 런던 팬들이 리버풀의 준결승전까지 따라가 응원했다. 작은 체구로 축구 강국들과 맞서 싸운 북한의 출정사는 BBC의 기록영화로 제작됐다.[151] 5만 2천 명의 관중이 지켜본 준결승전은 북한이 3골을 넣어 앞서다 5골을 내줘 패배한, 당시 가장 열띤 경기였다.[152] 세계 언론이 동양의 진주라 격찬했던 이탈리아전 결승골의 주인공 박두익은 북한의 체육 영웅이 됐다. 마침내 북한이 출전한 1972년 뮌헨 올림픽에서 남북한이

---

150) 대한체육회, 『대한체육회 90년사 1부: 1920~1990』, 2010, pp. 218, 243.

151) BBC 기록영화 「The Game of Their Lives」(Daniel Gordon, 2002); Louise Taylor, "How Little Star From North Korea were Taken to Middlesborough's Heart," *Guardian*, 2010. 6. 8 등 참조.

152) Tony Mason, "England 1966: Traditional and Modern?," Alan Tomlinson & Christopher Young(eds.), *National Identity and Global Sports Events*, pp. 86~87.

본격 대결을 펼쳤는데 북한은 사격에서 우승을 거두어 남북한 사상 첫 금메달을 획득했다. 금메달리스트 이호준은 기자회견에서 "원쑤[미국 제국주의를 뜻하는 듯]를 향해 쏘듯 방아쇠를 당겼다"라고 하여 북한 체육에 배인 냉전 의식을 유감없이 표출했다. 런던 월드컵과 뮌헨 올림픽에서 북한은 남한의 자존심을 유린했다. 국제 대회에서 북한이 선전하자 남한의 체육계에 비상이 걸렸다. 뮌헨 올림픽(1972), 테헤란 아시안게임(1974), 몬트리올 올림픽(1976), 방콕 아시안게임(1978) 등 1970년대에 남북한은 한 치도 물러설 수 없는 치열한 싸움을 벌였다. 북한은 남한 스포츠의 큰 자극제였다.

근대 축구의 규칙을 제정한 영국에서 축구는 노동 계급을 기존 사회 구조 안에 끌어들여 사회적 통합을 이룩하는 데 중요한 역할을 한, 즉 대영 제국의 국민 만들기에 기여한 종목이다.[153] 제국의 확장과 더불어 전 세계로 수출된 축구는 특히 남미에서 무서울 만큼 뜨거운 열기를 내뿜었다. 그 열기는 시합 당사국들의 전쟁에까지 이어질 정도였다.[154] 1934년 로마 월드컵에서 무솔리니는 모든 경기를 참관했고 스탠드에는 파시스트들의 블랙 셔츠가 물결쳤다. 이탈리아 팀은 1934년과 1938년 월드컵에서 조국과 무솔리니를 위해 싸워 우승했다.[155] 오늘날 유럽 스포츠에서는 영국 국기인 유니언 잭 흔들기, "도이칠란트"라는 구호 외치기 등 영국과 독일 내 셔널리즘과 관련된 이미지는 억제되지만, 유일하게 축구장에서는 허용된다.[156]

---

153) 이영석, 「노동 계급, 축구, 국민 정체성: 19세기 영국 사회와 축구」, 『당대비평』 19권, 2002, p. 178.
154) 1969년 멕시코 월드컵 예선전이 발단이 돼 엘살바도르와 온두라스 간에 전쟁이 발발했다. 이 전쟁으로 2천 명 이상이 죽고 5만 명 이상의 난민이 발생했다.
155) Eduardo Galeno, *Soccer in Sun and Shadow*, Mark Fried(trans.), New York: Nation Books, 2013, p. 69.
156) 김원제, 『미디어스포츠 사회학』, 커뮤니케이션북스, 2005, p. 81.

축구는 남북한 경쟁과 남한의 사회적 통합에 크게 기여했다. 런던 월드 컵 직후 "음지에서 양지를 지향한다"는 중앙정보부의 정신이 반영된 축구 단 양지 팀이 창단돼 북한과의 대결을 준비했다. 당시 최고 기량을 갖추고 육·해·공군 복무 중인 최고의 선수들을 뽑아 수년간 군대식 합숙 훈련을 시키고, 파격적 대우와 해외 원정 등 지원을 아끼지 않았다. 이들은 1967 년 메르데카컵 국제축구대회에서 우승을 이끌었다. 김형욱의 실각으로 남 북한 대결은 성사되지 못하고 팀이 해체되었으나, 대부분은 1970년대에 국가 대표로 활약했다.[157] 뒤이어 장덕진이 축구협회장을 맡아 박스컵 개 최 등 여러 사업으로 축구를 진흥시키고 저변을 넓혔다. 남미의 광기— 극빈 가정에서 태어난 물라토mulato가 출세할 수 있는 유일한 등용문, 패 자를 절대로 용서하지 않는 사회의 열기, 비정한 프로축구 시스템, 축구 스타가 부호에서 거지로 추락하는 극적인 상황[158]—와 비교할 수는 없 지만, 한국에도 축구 애호가 뿌리 내리기 시작했다. 박스컵은 비교적 약체 인 동남아 국가들을 초청해 한국에 우승을 몰아줬다.[159] "고국에 계신 동 포 여러분"으로 시작하는 국제 경기에 "국민을 일체화시키는 메커니즘" 이 작동했고, 특히 한일전은 "화랑도 정신으로, 사력을 다해 싸우는" 경기 였다.[160]

남북한 대결이 벌어진 또 다른 종목은 태권도였다. 1966년 국제태권도 연맹ITF을 창단했던 최홍희가 캐나다로 망명해 반체제 인사로 돌아선 뒤, 대한태권도협회장 김운용이 1973년 세계태권도연맹WTF을 만들었다. 그

---

157) 1950년대 아시아 최고의 스트라이커 최정민이 초대 감독을 맡고 허윤정, 정병탁, 이회택, 박이천, 정규풍, 김호, 김정남, 이세연 등이 선수로서 1970년대 한국과 동남아의 그라운드를 누볐다. 권오 상, 「그라운드의 풍운아 스포츠인 이회택」, 『한겨레신문』, 2009년 8월 26일.

158) Galeno, *Soccer in Sun and Shadow*, pp. 2∼15.

159) 김원제, 『미디어스포츠 사회학』, p. 95.

160) 황병주, 「박정희 시대 축구와 민족주의: 국가주의적 동원과 국민 형성」, 『당대비평』 19집, 2002, pp. 147, 158.

후 남북한은 해외에서 치열한 헤게모니 쟁탈을 벌였다. 일부 태권도계 인사들이 "태권도의 아버지"라 부르는 최홍희는 5·16을 지지하여 1961년 6군 단장을 지냈으나, 이듬해 말레이시아 대사로 나가며 5·16 세력과 소원해졌다. 그는 후일 태권도 시범단을 이끌고 북한을 방문해 태권도 종주국론에 기여하며 북한의 영웅이 됐다. 1980년대 초 최홍희와 최덕신의 북한 망명은 국내외에 엄청난 파장과 태권도계의 결정적인 분열을 몰고 왔다.[161] 최덕신은 1950년대에 육사 교장, 3사단장, 5·16 직후 외무부 장관과 서독 대사 등을 역임하고, 천도교령에 오른 군 원로다. 최홍희가 이끌었던 ITF는 전 세계 3천만 명의 회원이 있다고 주장하나, 남한이 주도한 WTF의 물량 공세에는 상대가 되지 못했다.

특히 1950년 말 이래 남한의 태권도 사범들이 미국에 진출하며 광범위하게 세를 불렸다. 서울, 오산 등지에서 주둔 미군들을 지도하던 이들은 주로 미국 중부에 모였다가 오클라호마시티, 오마하, 디트로이트, 캘리포니아, 애틀랜타, 조지아, 콜로라도, 텍사스, 워싱턴 등지로 퍼져나갔다. 이들뿐 아니라 베트남, 타이 등지의 해외 사범들도 아메리칸 드림을 꿈꾸며 미국행에 동참했다. 이들은 미주 무술 시장을 선점했던 일본 가라테의 인기에 편승하여 "코리안 가라테"라고 이름을 지어 파고들었다. 남한 태권도인들은 일본 무도인들로부터 온갖 차별을 받았으나 화려한 발 기술과 신비감, 영문 잡지 발간 등 적극적인 홍보를 통해 마침내 1970년대 후반부터 일본 무도인들을 누르고 그 바닥을 석권한 일종의 항일 투사였다.

미 대륙을 누비며 광역 인터뷰를 행했던 이호성에 의하면, 이들은 미주 사회에서 부동의 명사가 됐다.[162] 미주에서 첫 태권도형型을 만든 캘리포

---

161) 최홍희는 북한 망명 후 쓸쓸히 평양에 머무르다 2002년에 사망했다. 장례식은 북한에서 국장으로 치러졌고 평양 혁명열사릉에 안장됐다. 안성규, 「아래로 보던 박정희, 쿠데타 성공 뒤 껄끄러운 관계로: 최홍희 편」, 『중앙선데이』, 2008년 9월 7일.

니아의 강명규, 전 세계 35만 명의 회원이 가입한 미주태권도연맹ATA을 거느린 이행웅은 만주 출신이다. 이들은 어려서 중일전쟁, 비적 습격 등 큰일을 겪으며 어른들로부터 살아남기 위한 무술을 배웠다. 이 생존 본능 덕분에 월남 후 피난살이의 고통과 미국에서 가라테의 텃세를 이겨내고 성공한 것이다.[163] 이들은 만주-서울-미주라는 연쇄 이주 혹은 중일전쟁, 한국전쟁, 베트남전쟁에서의 생존이라는 이중, 삼중의 난관을 극복한 주인공들이었다.

최홍희의 ITF에 대항한 남한 태권도인들의 노력은 결과적으로 국내외 태권도의 중흥에 기여했다. 영어에 능통하며 장교, 외교관, 청와대 비서관 등을 지낸 김운용은 중앙 도장인 국기원(1972)과 태권도진흥재단(2005)을 설립하고 WTF(2012년 말 204개의 회원국을 보유)를 통솔하며 태권도를 국제화시켰다. 그는 해외 스포츠계에서 눈부신 활약을 벌이며 IOC 부위원장에 올랐다. 국내외 태권도인들의 오랜 노력으로 태권도는 마침내 2004년 아테네 올림픽에서 정식 종목으로 채택됐다.[164] 남한은 2012년 런던 올림픽 때까지 금메달 9개를 획득하는 등 태권도 종주국의 저력을 과시했다. 2012년을 기준으로 국내 대학과 대학원에 태권도 관련 학과가 40여 개에 이르는 등 태권도는 연구와 해외 지도자 양성을 통해 세계화의 선두에 섰다.

---

162) 워싱턴 정치인들의 스승이 된 이준구, 미주 태권도연맹을 거느린 이행웅, 50개의 도장을 운영한 유병용, 장애인을 위한 태권도 기구를 개발한 한차교, 미국 태권도선수단의 헤드코치가 된 박동근 등이 그들이다.

163) 이호성, 『한국무술 미 대륙 정복하다』, 한국학술정보, 2007, pp. 136~82.

164) 김운용, 『현명한 사람은 선배에게 길을 찾는다』, 중앙북스, 2009, p. 265.

스포츠 강국의 길

냉전 시대에 동구권의 스포츠 육성은 대단한 수준이었다. 미국도 이에 자극을 받아 여러 곳에 대형 훈련 센터를 만들어 올림픽 출전 선수들을 훈련시켰다. 그 결과, 도쿄 올림픽에서 금메달 36개로 소련(금메달 30개)을 누르고 1위를 차지했다.[165] 동구권의 엘리트 체육인 양성의 전통은 현재에도 남아 있다. 남한은 메달리스트들에게 병역 면제 혜택을 준다. 중국은 미국의 편을 들어 1980년 모스크바 올림픽을 보이콧한 뒤, 소련이 보이콧한 1984년 LA 올림픽에 참가해 무려 52년 만에 국제 스포츠계에 복귀했다. 이를 시작으로 중국은 2004년 아테네 올림픽에서 미국(금메달 35개)에 이어 2위(금메달 32개)를 차지하면서 세를 과시했다. 개혁·개방 이래 스포츠는 중국의 외교 관계(특히 미국과 남한의 관계) 개선, 내셔널리즘과 국위 선양, 승부의식 고양에 절묘한 수단이 됐다. 중국의 선수 육성 강도는 구동독을 뺨치는 수준으로, 어린 유망주들을 올림픽 기계로 만들 정도다. 2008년 베이징 올림픽 때는 금메달이 많이 걸려 있는 조정 경기 하나를 위해 상하이 부근에 훈련장을 짓고 세계적인 코치들을 초청하는 등 수억 달러 이상을 쏟아부었다. 2004년의 한 보고서에 의하면, 중국 다이빙 선수들 중 24퍼센트가 망막을 다쳤으며 오랫동안 약물 복용 스캔들을 떨치지 못했다고 한다.[166] 이런 노력 끝에 베이징 올림픽에서 중국은 51개의 금메달로 우승(미국 36개, 소련 23개)을, 런던 올림픽에서 38개로 2위(미국 46개, 소련 24개)를 차지해 미국과 함께 스포츠계의 양강 구도를 열었다.

남한 체육은 민간 지도자 민관식이 체육회장에 취임한 후 1960년대 후반에 본격 시동이 걸렸다. 그는 7년간 대한체육회를 이끌며 체육 중흥의

---

165) 대한체육회, 『대한체육회 90년사 1부』, pp. 221, 248.
166) *The International Herald Tribune*, 2008. 6. 2.

기틀을 닦은 "한국의 카를 딤"이었다.[167] 민관식은 대한체육회와 올림픽위원회를 통합하고 올림픽위원장을 3년간 겸직했다. 또한 사회학자 이상백과 『한국일보』 사장 장기영이 IOC 위원에 선출되어 한국올림픽위원회를 각 2년씩 맡아 한국 체육의 국제화에 진력했다. 이상백은 일제 시기에 갓 창설된 와세다 대학 농구부의 센터를 맡아 활약했고 일본농구협회와 일본체육협회의 이사를 지낸 일본 스포츠계의 기린아였다. 그는 조선인 선수들의 국제무대 진출을 후원했고 IOC 위원장 브런디지Avery Brundage 와도 절친한 사이였다. 민관식은 체육회관을 완공하고 경제 발전 5개년 계획을 모방한 체육 진흥 1차, 2차 5개년계획을 세워 체계적인 체육 진흥, 즉 체력 측정, 우수 선수 발굴, 태릉선수촌 건립, 코치 강습, 스포츠 과학 육성, 체육진흥기금을 통한 장기적인 시설 투자 등에 나섰다.[168] 아울러 학생들을 대상으로 매년 체격·체질·체능 검사를 실시하는 학교보건법 (1967)을 제정했으며 체육학교를 설립했다. 1969년부터 대학에 체육학과를 대량 신설하고, 우수 선수 양성을 위한 총리실 산하의 종합체육진흥심의위원회 설치, 박스컵 신설, 체육 특기자 보충역 편입, 경기인 연금재단 설립, 메달리스트에 대한 종신연금제, 한국체육대학 신설 등의 정책을 줄줄이 내놓았다.

그 결과, 한국은 1966년 방콕 아시안게임에서 주최국 타이를 간발의 차이로 따돌리며 종합순위 2위에 오르는 등 1960년대 후반부터 아시아 스포츠의 강자로 부상했다. 김기수의 프로복싱 첫 세계챔피언(1966), 세계여자농구선수권 준우승(1967), 아시아탁구선수권 여자단체전 우승(1968), 킹스컵 축구 우승(1969), 아시안게임 준우승(1970), 아시아 아마추어복싱 우

---

167) 허진석, 『스포츠 공화국의 탄생: 제3공화국 스포츠-체육 정책과 대한체육회장 민관식』, 동국대학교출판부, 2010, p. 129.
168) 정동구, 「한국의 근대 올림픽 운동에 관한 연구 1948~1988」, pp. 145~50.

승(1970), 메르데카배 축구 우승(1970) 등이 줄을 이었다. 마침내 1976년 몬트리올 올림픽에서 숙원하던 첫 금메달(레슬링의 양정모)이 나왔다. 민관식은 1964년 도쿄 올림픽에 대표단장으로 참가했을 때 일본의 엄청난 기반시설, 스포츠 과학, 선수와 지도자 양성 등 정부의 스포츠 지원에 큰 감명을 받았다. 박정희는 단기간 집중적인 노력으로 효과를 거둘 수 있는 엘리트 체육을 통해 국위 선양, 체제의 우월성, 국민 통합이라는 목표를 실현하고자 민관식을 전폭적으로 밀어주었다. 이런 분위기에서 "민족주의적이고 전체주의적 성격"의 전국체육대회가 화려하게 부활했다.[169] 1967년 48회 대회에 카드 섹션이, 1969년 50회 대회에 성화 봉송, 매스 게임 등 나치 독일과 동구권의 전체주의적 예술이 도입됐다. 또한 "굳센 체력, 알찬 단결, 빛나는 전진"이라는 구호를 제정하여 현재까지 전국체전의 모토로 사용하고 있다. 1971년 박정희는 전국체육대회에 참석하여 이 대회가 "실로 민족의 단합된 힘을 과시하는 제전"이자 "내일의 번영을 기약하는 축전"이며 "국민들의 사기와 훈련의 결실을 높여 진정한 고도 국방국가의 요청에 즉각 응할 수 있는 거국적인 체육의 대제전"이 돼야 한다고 연설했다.[170] 그는 아마 무의식 중에 만주국 용어인 "국방국가"를 언급했을 것이다.

이어 공화당 중진 김택수, 전 경호실장 박종규 등 실력자들이 체육협회장을 맡아 민관식의 유산을 바탕으로 체육 진흥에 애썼다. 군 출신 지도자들과 체육은 정서상 친화력이 있었다. 양자는 민족을 위해 난관을 이겨내고 결실을 얻는 드라마적 요소를 지니고 있었다. 이는 뒷날 엘리트 스포츠를 군사정권의 우민화 정책으로 보고 축소시킨 문민정부와 대조적인 부분이다.[171] 그러나 빈곤의 시대에 엘리트 스포츠는 국민들을 실제로 위안하

---

169) 허진석, 『스포츠 공화국의 탄생』, pp. 115, 172.
170) 대한체육회, 『대한체육회 90년사 1부』, pp. 241, 252, 261.

고 단합시킨 중요한 원천이었다. 특히 투기 종목이 그러했다. 복싱은 런던 (1948), 헬싱키(1952), 멜버른(1956), 세 올림픽에서 빠짐없이 입상했고, 사상 최초의 은메달도 런던 올림픽 때 복싱(플라이급 송순천)에서 나왔다. 뒷날 LA 올림픽과 서울올림픽에서도 복싱, 유도, 레슬링에서 입상하며 한국은 '투기 종목의 강국'으로 이름을 알렸다. 도쿄 올림픽의 레슬링 은메달리스트 장창선이 인천 시장에서 콩나물 장사를 하는 홀어머니 밑에서 컸다는 소식이 전해지자 그는 일약 헝그리 정신의 표상으로 떠올랐다. 그는 1966년 세계선수권대회에서 우승하여 해방 후 첫 세계 제패의 주인공이 됐다. 장창선은 1969년 말 『경향신문』이 선정한 '1960년대 스타 플레이어 4인'(나머지는 축구 스타 최정민, 홈런 112개를 친 야구선수 박현식, 첫 세계 프로복싱 챔피언 김기수)에 끼었다. 신문은 이들이 "혈투의 10년 1960년대"에 "어려운 역경을 극복하고 코리아의 이름을 세계에 떨치며 젊은이에게 투지와 희망을 주었다"라고 기렸다.[172] 1960년대는 헝그리 정신의 시대였다.

이것을 바탕으로 남한은 스포츠가 국책이던 시절이 한참 지난 2012년 런던 올림픽에서 세계 5위를 차지하며 스포츠 강국에 올랐다. 왕년에 아득했던 스포츠 선진국 일본은 한국의 적수가 되지 못했다.[173] 북한도 이제 상대가 되지 못했다. 북한에 완패했던 남한 여자 배구는 1974년 멕시코의 세계선수권대회에서 북한을 누르고 3위에 오르며 전성기를 누렸다.[174] 1980년대를 기점으로 북한은 전 종목에서 뒤처졌다. 북한은 LA 올림픽

---

171) 문민정부 이전인 1970년대에 정부는 경제적 생산성 향상과 건강 유지를 뒷받침하기 위해, 어느 정도 경제 성장의 자신감을 바탕으로 새로운 개념인 사회체육을 도입했다. 주동진·장익란 외, 「대한 체육회의 변천 과정과 지향 방안」, 『한국스포츠리서치』 16권 2호, 2005, p. 204.

172) 『경향신문』, 1969년 12월 16일.

173) 1980년대에 체육부가 신설되고 현대그룹 정주영 회장 등이 체육회장을 맡아 지원을 아끼지 않으면서 한국은 올림픽에서 부동의 아시아 2위 자리를 굳히고 세계 10위권을 겨냥했다. 런던 올림픽에서 일본은 13위(금메달 7개)에 그쳤다.

174) 남한 여자 배구팀은 2011년 타이완에서 열린 16회 아시아선수권대회 8강전에서도 북한을 3 대 1로 가볍게 물리쳤다.

(1984), 서울올림픽(1988)에 정치적인 이유로 재차 불참하며 세계적인 흐름에 뒤떨어졌다. 1980년대부터 시작된 남한의 프로스포츠도 올림픽 성적을 향상시키는 데 기여했다. 베이징 올림픽에 프로선수로 구성돼 출전한 한국 야구팀은 9전 전승으로 우승했다.

복싱과 세계체제

유럽에서 평화주의와 국제주의를 표방한 IOC가 출범하고, 비공식적 체육단체의 오랜 전통이 있었지만, 정치와 체육은 제1차 세계대전 이후 운명적으로 결합했다. 여기에는 독일과 프랑스의 라이벌 의식, 철도 발달, 매체 경쟁 등이 요소로 작용했다.[175] 1930년대 후반부터는 영국도 스포츠가 영국의 문화적 자원을 진흥시키는 수단임을 인식했다. 유럽 신문의 표현대로 올림픽은 전쟁이었다.[176] 스포츠 정치화의 대표적인 보기는 1936년 베를린 올림픽이다. 독일은 1920년대 이래 뛰어난 체육 지도자 카를 딤의 주도로 본격적인 스포츠 과학과 교육, 조직화에 힘썼다. 나치는 베를린 올림픽을 우수한 아리안 인종을 선전하는 장으로 삼고자 했다. 나치 독일은 유대인 선수들을 대표팀에서 배척하여 미국(특히 다수 유대인의 거주지인 뉴욕)의 보이콧을 초래하기도 했다. 나치는 어마어마한 시설(10만 명을 수용할 수 있는 경기장, 100동의 선수촌 등)을 마련했고 화려한 개막식을 열었다. 개막식에서 올림픽 유겐트 1천 명의 합창, 140명의 군무, 횃불 릴레이

---

175) Pierre Arnaud, "Sport and International Relations before 1918," Pierre Arnaud & James Riordan(eds.), *Sport and International Politics: Impact of Facism and Communism on Sport*, New York: E & FN SPON, 1998, pp. 24~26.

176) Richard Holt, "The Foreign Office and the Football Association: British Sport and Appeasement, 1935~1938," Pierre Arnaud & James Riordan(eds.), *Sport and International Politics*, p. 63.

와 점화를 선보였다. 그러나 외국의 보이콧 운동에 직면하여 히틀러는 개막 선언에만 참여하는 등 모습을 감추었다.[177] 제2차 세계대전 중에도 독일군은 전력 증강 취지에서 왕성한 체육 활동을 벌였다.[178] 소비에트 혁명후 소련도 서구의 올림픽에 대항해 스포츠로 프롤레타리아 국제주의를 진흥시키고자 1928년에 제1차 노동자체전Sportakiad을 개최했다. 또한 소련은 스포츠가 외교적 수단임을 인식하여 (그들이 가장 자신 있는) 축구대회를 인근 발트 3국, 중동 국가들과 빈번히 개최하여(일부러 저주기도 했다) 국제적 고립을 탈피하고자 했다.[179]

올림픽은 국제 경쟁, 나아가 발전과 변화라는 강박에 사로잡힌 근대의 축소판이다. 속도에 중독된 현대인들은 극한의 스펙터클을 구경하는 스피드광이 됐다. 그것도 목숨이 걸린 속도 경쟁이다. 이 속도는 신속하게 임무를 수행할 것을 명령받는 군사형 인간 혹은 파시스트형 신체를 만들어낸다. 1960년대 일본의 대표적인 마라토너 쓰부라야 고키치円谷幸吉는 멕시코 올림픽을 앞두고 "이미 탈진해버렸다"라는 유서를 남긴 채 자살했다.[180] 1960년대 남한 스포츠는 이 모든 것의 결정판이었다. 올림픽 메달 획득은 세계체제의 상위권에 진입하려는 한국 경제의 상징이었다. 오늘날 인기를 끄는 이종격투기는 국가적 이데올로기나 정치적 정체성이 결여된 혼성적·포스트모던적 스포츠라 일컬어진다.[181] 이에 비해 1960년대 스

---

177) Allen Guttman, "Berlin 1936: The Most Controversial Olympics," Alan Tomlinson & Christopher Young(eds.), *National Identity and Global Sports Events*, pp. 43~44, 70~71.

178) Arnd Krüger, "The Role of Sport in German International Politics," Pierre Arnaud & James Riordan(eds.), *Sport and International Politics*, pp. 79, 90.

179) James Riordan, "The Sports Policy of the Soviet Union, 1917~1941," Pierre Arnaud & James Riordan(eds.), *Sport and International Politics*, pp. 74~76.

180) 쓰부라야 고키치는 도쿄 올림픽 마라톤 경기에서 최후의 여정인 주경기장에, 마라톤 2연패 주자인 에티오피아의 비킬라 아베베Bikila Abebe의 뒤를 이어 2위로 들어섰다가 영국 선수에게 추월당해 동메달에 그친 비운의 선수였다.

181) 김원제, 『미디어스포츠 사회학』, p. 123.

포츠, 특히 복싱은 내셔널리즘의 화신이었다. 고개를 수그려 적을 응시하며 두 주먹을 쥔 깡마른 복싱 선수는 고난을 뚫고 전진하는 한민족의 표상이었다. 복싱은 1960~70년대에 거의 국기國技 수준이었다. 월러스틴에 의하면, 내셔널리즘이란 "세계체제 내 국가의 위치를 정당화시키는 표현이나 이념"을 의미한다.[182] 이것은 불평등한 세계체제 속에서 상향 이동을 꾀하는 수많은 나라의 전략이다. 남한 복싱의 전성기는 세계체제의 상위권으로 힘겹게 나아가던 한국 경제, 권위주의 체제의 독려로 지역, 계층, 남녀, 노사 등 일체의 불균형을 무시하고 전진하던 시대와 일치한다. 복싱 선수의 몸은 산업화 혹은 남성 중심의 민족의 제단에 바쳐진 공물이었다. TV가 본격적으로 보급된 1970년대, 매주 일요일 저녁 수많은 남성이 TV 앞에 모여 앉아 복싱에 열광했다.

1960년대 초 외국 뉴스의 전령사는 미국의 복싱이었다. 미국인들이 애호하는 복싱은 한국을 포함한 미국의 영향권 지역에 두루 퍼져 인기 종목이 됐다. 한국 복싱이 기지개를 켠 1960년대 전반은 복싱 영웅 무하마드 알리Muhammad Ali가 헤비급 챔피언에 등극해 활약하기 시작한 시점이다. 그 후 한국 언론은 늘 알리를 포함해 미국 복싱 스타들의 연습과 시합에 큰 지면을 할애하여 전 국민의 화젯거리를 제공했다. 알리가 1976년 한국을 방문했을 때 "세계 최대의 환영 인파"(경찰 추산 45만 명)가 몰려 그의 인기를 실감케 했다.[183] 1960년대 한국 프로복싱에 미친 일본 복싱의 영향도 간과할 수 없다. 한일 라이벌전은 한국에서 가장 인기 있는 시합이었다. 일본에서 한일전의 인기는 한국보다 덜했으나, 일본 선수들 역시 한국 선수와 가장 많은 대결을 벌였다. 일본의 세계 타이틀전 상대도 한국 선수

---

182) Immanuel Wallerstein, "The Construction of Peoplehood," Etienne Balibar & Immanuel Wallerstein(eds.), *Race, Nation, Class*, p. 82.
183) 『동아일보』, 1976년 6월 29일.

가 으뜸이었다. 1975년 한국의 유제두와 일본의 복싱 영웅 와지마 고이치 輪島功一의 세계 주니어 미들급 타이틀전의 시청률은 42.5퍼센트를 기록했다.[184] 1960년대 전반부터 매년 수십 명의 한국 프로복서들이 비교적 높은 대전료를 받고 일본 원정 게임에서 일본 복서들의 제물이 되거나, 더러 이들을 때려눕히고 영웅으로 개선했다. 또한 일본 야쿠자 출신 서순종이 한국 중진 선수들의 매니저로 활동하고[185] 유제두의 방어전이 약물 중독설에 휩싸이는 등 프로복싱계에는 '한일 커넥션'이 있었다.[186]

일제 시대에 활동한 한국 복싱의 개척자들은 우국지사였다. 운동복에 "KOREA"라는 글자를 새긴 성의경, 일본 복싱계를 휩쓴 "조선의 호랑이" 정복수, 일본의 복싱 스타 피스톤 호리구치堀口와 명승부를 펼친 뒤 한복을 입고 사진을 찍은 현해남, 류명국 등에 관중들은 열광했다. 1933년 서울에서 김창엽이 일본 선수와 싸웠을 때 관중은 "그에게 죽여버리라고 고함을 질렀고, 김창엽이 일본 선수를 2회 만에 KO시키자 관중들이 기쁨에 겨워 방석을 하늘로 던져 올렸다"고 한다.[187] 조선의 민족주의가 복싱에 심하게 표출되자 1943년 조선총독부는 복싱을 적성 스포츠라 하여 금지시켰다.[188] 일제 시기 부산 최초의 복싱 도장에서도 주로 조선인들이 수련했고, 이들이 일본인들을 때려눕히는 일들이 생기자 일본 경찰이 폐관

---

184) ボクシングマガジン 編輯部,『世界フロボクシング史』, 2002, pp. 290~91.

185) 서순종은 일본에서 쫓기는 몸이 돼 한국으로 밀항한 뒤 김기수와의 인연으로 한국 프로복싱계에 투신해 박찬희, 최충일, 염동균, 김현치 등 기라성 같은 선수들의 매니저로 지냈다. 이것을 일러주신 박성화 전 부산 한성체육관장님에게 감사드린다.

186) 유제두가 이듬해 방어전에서 와지마에게 패한 뒤 자신이 약물에 중독되었을지도 모른다고 폭로했을 때, 유제두의 매니저 강석운은 예상외로 이것을 반박했다. 유제두는 시합 직전 트레이너 김덕팔로부터 건네받은 딸기를 먹고 힘을 쓸 수 없게 됐다고 주장했다. 중앙정보부 개입설, 일본프로복싱협회의 농간설 등이 꼬리를 물었으나 이 사건은 강석운의 잠적(혹은 일본 귀환)과 김덕팔의 사망으로 미궁에 빠졌다.

187) 노병엽,『한국 복싱 80년 인물사』, 월드타임즈, 1997, pp. 273, 313, 581.

188) 노기창,『사각 링에 펼쳐진 인생들』, 국민체육진흥공단, 2002, p. 77.

시켰다고 한다.[189] 해방 후 정복수, 박형권, 송방헌 트로이카와 강세철 등이 이끄는 좁은 복싱 시장이 있었지만 본격적 중흥은 1960년대에 이루어졌다. 자유당 시대에는 신문에 스포츠 기사 자체가 가뭄에 콩 나듯 실렸고 복싱 이야기는 전무하다시피 했다. 1956년 멜버른 올림픽에서 탄생한 한국 최초의 올림픽 은메달리스트 송순천의 쾌거도 보도 순위에서 마라톤 4위 이창훈에게 밀렸다.[190] 1975년 킬러닌 IOC 위원장이 "올림픽에 민족주의가 팽배하다"라고 개탄했지만,[191] 1950년대의 한국 스포츠에는 아직 국책 수준의 지원이 도래하지 않은 상태였다. 이 시절 한국에서 정치와 스포츠의 관계는 상극이었다. KAL기 피랍, 부정 선거, 진보당 사건, 정치 깡패, 여야 대치 등 파국으로 치닫던 상황에서 스포츠는 실종됐다.

1960년대에 국제 교류를 통해 선진국을 추격하는 개방적 내셔널리즘이 한국 복싱에 번지기 시작했다. 국가와 복싱은 '선택적 친화력'에서 시작해 나중에는 국가가 복싱을 적극 돕는 관계로 발전했다. 복싱, 축구, 프로레슬링 등 1960년대 인기 스포츠 중에서 국가가 특별히 지원한 종목은 복싱이었다. 일본에서 귀국한 김일이 주도한 프로레슬링 붐은 롤랑 바르트Roland Barthes가 프랑스 캐치 레슬링catch wrestling에서 관찰한 스펙터클의 요소를 지녔으나[192] 부정 담합 의혹으로 끝장났다. 캐치 레슬링은 승부와 무관한 신체 노출, 과도한 고통과 잔인성을 연기하면서 악인을 응징하고 정의를 실현하는 일종의 드라마인데 한국 관객들은 이런 드라마적 요소를 수용하지 않았다. 강박적인 근대 한국인들은 정식 사투를 원했다. 1960년대에 국가는 거의 유일한 스포츠 지원자였다. 복싱에 대한 국가의 애정은 유

---

189) 2004년 11월 1일에 한 박성화 관장 인터뷰 참조.
190) 『동아일보』, 1956년 12월 3일.
191) 『동아일보』, 1975년 11월 25일.
192) 롤랑 바르트, 『신화론』, 정현 옮김, 현대미학사, 1995, pp. 100~105.

별났다. 그것은 올림픽이나 아시아 올림픽, 각종 해외 대회에서 복싱의 실적이 일찍부터, 1948년 런던 올림픽 때부터 월등히 좋았기 때문이다. 방콕 아시안게임에서 금메달 5개, 은메달 3개, 동메달 1개의 성적을 올리는 등 한국은 아시아의 복싱 왕국이었다. 각종 대회의 승전보는 근대화 작업, 산업화가 급속히 추진되며 힘겨운 시절을 보낸 한국인들에게 큰 위안과 긍지가 됐다. 축구 등 단체 경기에 비해 복싱은 투자 효과가 훨씬 컸다. 1970년대에 한국화약이 선구적으로 스포츠(복싱) 후원에 나섰다.[193]

민관식에 이어 대한체육회를 8년간 이끌었던 여당의 중진 김택수는 한국복싱협회장을 겸임하며 메달 획득에 진력했다. 그는 획기적인 후원책인 세계 대회 메달리스트들을 위한 종신연금제를 만들었다. 메달리스트는 해방 후 17명이었는데 그중 복서들이 6명으로 단연 선두였다. 프로복싱도 국가의 감독하에 있었다. 문교부는 국위 선양을 고려, 해외 전적이 좋지 않은 프로복서들의 해외 원정 시합을 불허했다. 1969년에는 저조한 실적을 문제 삼아 해외 체류 복서들을 다짜고짜 소환하는 일도 있었다.[194] 한국프로복싱위원회KBC도 선수들이 해외에서 연패하면 징계 조치를 내리는 등 지엄한 존재로 군림했다.

1960년대 국가의 총애를 받은 프로복서는 초대 세계 챔피언 김기수였다. 박종규 등 권력자들이 일본인 킬러로 떠오른 김기수를 정권 차원에서 후원했다.[195] 박태준은 김기수의 세계 도전을 위해 도장을 지어주었다.[196]

---

193) 1970년대에 한국화약 김종희 회장이 천안 북일고 야구단과 아마추어복싱단을 창단했고, 그의 아들 김승연이 1980년대에 복싱협회장을 맡아 복싱 중흥을 이끌었다. 대한체육회장 김택수가 한일합섬 김한수 회장의 동생이었으나 한일합섬이 배구 지원에 나선 것은 1980년대였다. 비슷한 시기에 정주영 현대그룹 회장이 체육회장에 취임하면서 대기업들이 프로야구 창단과 비인기 종목 지원에 나섰다. 한진은 탁구와 배구, 현대는 양궁, SK는 핸드볼 등을 맡아 후원했다. 그 전통으로 현재 10대 그룹은 4,300억 원 규모로 스포츠를 지원하고 있다. 김성수, 「현암 김종희 회장의 생애와 경영 이념 연구」, 『경영사학』 52호, 2009, p. 299; 전경련 보도자료, 2012년 6월 14일.

194) 『동아일보』, 1970년 1월 30일.

195) 김기수는 전성기에 의외로 복싱계의 풍운아 김득봉(1960년 로마 올림픽 라이트웰터급 출전)과 유

김기수는 미들급 동양 챔피언이던 일본의 가이즈 후미오海津文雄를 1965년 1월 도쿄에서 KO로 누른 뒤 한국의 영웅, 산업화의 상징이 됐다. 그의 승리는 당시 중량급 복싱에서 한국이 일본을 누른 최초의 승전보였다. 김기수는 5개월 후 리턴 매치에서도 승리해 동양 챔피언 자리를 오래도록 지켰다. 그의 시합 장면은 당시 가장 효과 좋은 광고였다. "국민 체력 세계 무대서 활약"이라는 아로나민의 광고 문구는 세계로 향한 경제 발전의 염원을 담고 있었다.[197] 1960년대 대형 광고의 주인공들은 거의 복싱 선수로서 '국력은 체력'을 연출했다. 이듬해 김기수가 첫 세계 챔피언에 도전할 때 잡힌 시합 날짜는 6월 25일이었다. 이날 박정희가 장충체육관에서 직접 관전했고, 시합 후 링 위에서 땀으로 범벅이 된 김기수의 양어깨를 꽉 잡고 챔피언 벨트를 감아주며 축하를 전했다. 그의 승리는 산업화의 피로와 야당의 한일회담 반대운동 등 정권의 부담을 일격에 날려버렸다.[198]

2년 뒤 김기수가 세계 챔피언 타이틀을 상실한 것은 장기간 한국 사회에 큰 공허감을 안겼다. 그러나 세계를 향한 한국의 산업화는 1970년대에 홍수환, 유제두 등 "4전 5기의 파이터" "제2의 일본인 킬러" 등 복싱 전사들

사진 6-1. 1974년 포항제철 광고(출처: 『동아일보』, 1974년 7월 3일).

일한 무승부를 기록했다. 사실상 김기수의 패배였으나 당시 거국적으로 김기수를 후원하는 분위기 속에서 무승부로 판정 났다고 한다. 2004년 10월 4일에 한 박성화 관장 인터뷰.

196) 노기창, 『사각 링에 펼쳐진 인생들』, p. 257; 『중앙일보』, 2004년 8월 26일.
197) 『동아일보』, 1965년 1월 30일.
198) 『동아일보』, 1966년 6월 28일.

과 함께 앞으로 나아갔다. 1973년 말 동양 챔피언을 5명 배출하고 2명 가량이 세계 도전을 앞두는 등 역동의 프로복싱은 '수출 입국' '조국 중흥'의 이미지와 밀착했다. 1974년 홍수환이 한국인으로서는 두번째로 세계 챔피언이 됐을 때, 중화학 공업의 기수 포항제철은 쇳물이 흐르는 거대한 용광로 사진을 배치한 준공 1주년 기념 전면 광고를 냈다.[199] 다른 회사들도 선수들이 복싱 대회에서 시원한 승리를 거둔 뒤에 기업 광고를 내는 감각을 발휘했다. 1970년대의 인기 복서 정순현(동양 주니어 페더급 챔피언)이 일본의 강호 가사하라笠原에게 5회 KO로 이겼을 때, 동명목재는 중장비 크레인, 공장, 선적 장면과 함께 "동명은 뜻을 모아 뛰고 있습니다"라는 문구를 넣은 전면 광고를 냈다.[200] 복서와 산업 전사의 연결은 완벽했다.

199) 『동아일보』, 1974년 7월 3일.
200) 『동아일보』, 1978년 7월 27일.

7장

재건의 노래

재건 체제의 형성은 문화 요소라는 재료도 필요로 했다. 새 국가는 노래와 영화를 통해서 자신을 현시했다. 역사적으로 나치와 사회주의 진영이 이 방면, 즉 예술과 정치 결합의 선두주자다. 소련 혁명 후 레닌, 트로츠키, 스탈린 등의 지도자들은 영화가 대중 선동의 가장 위대한 수단임을 인식하여 광활한 대륙을 달리는 열차 극장을 고안했고, 1922년 중앙 영화 조직인 고스키노Goskino를 조직했다. 고스키노의 영화들은 강건하고 쾌활한 노동자, 기계(진보의 상징), 지도자 등을 칭송했다. 독일 나치 정부는 1933~34년에 대중 계몽을 위해 선전부, 영화협회, 예술협회 등을 조직하고 영화법을 통해 검열과 본격적인 선전에 나섰다. 선전의 귀재 괴벨스 Paul Joseph Goebbels는 오락예술 전반이 정치성을 띠어야 한다고 보고 그런 맥락에서 기록영화를 중시했다. 영화 시작 전 보여준 독일의 승리를 선전하는 뉴스는 15~20분에 달했고 뉴스가 시작하면 관객 입장이 금지됐다. 극영화는 유대인, 영국인, 슬라브인을 3대 적으로 부각시키고 독일의 위대한 역사, 희생정신, 최고 지도자 히틀러 등을 노래했다. 레니 리펜슈탈의 나치 전당대회 기록물 「의지의 승리」(1935)는 청소년의 힘, 희생, 지도자 등을 기린 기록영화의 고전이다.[1] 이 영화는 참가자 20만 명의 도열, 생산과 건설의 상징인 삽을 든 행진, 히틀러유겐트의 합숙, 벗은 남성 등을 보여주면서 나치의 남성성을 과시한다.

1960년대 한국 지도자들의 뇌리에는 1930년대 만주의 개척이 조선과 일본 사회에 불러온 노래와 영화 붐, 그리고 만주국의 대중예술 정책이 생생했다. 만주의 비전은 일본의 좌우익을 막론하고 모든 개혁가의 상상력에 불을 지폈다. 수많은 출판물, 라디오, 영화가 흥분에 들떠 만주를 묘사하는 등 만주는 마르지 않는 자원의 보고였다. 규모의 차이는 있었지만 조선 사회도 사정은 마찬가지였다. 숱한 대중매체가 만주를 다루었다.[2] 양국에서 만주와 관련된 영화들이 속속 제작되었고 노래도 수백 곡이 만들어졌다. 만주 개척을 찬양한 영화 「복지만리」(1941)는 1년 반 동안 조선, 일본, 만주에서 촬영되었고 연인원 3천 명이 동원된 대작이다. 이 영화는 고려영화사와 만영의 합작으로, 상하이 출신 전창근(만영에 재직했던 일본인 감독 이와사키 아키라岩崎昶[3]와 친분이 있던 인물)에 의해 만들어졌다. 이것을 포함하여 만주를 소재로 한 조선 영화는 최소 약 10편이 확인된다.[4]

---

1) Richard Taylor, *Film Propaganda: Soviet Russia and Nazi Germany*, New York: I. B. Tauris, 1998, pp. 32~53, 144~70.

2) 김철, 「몰락하는 신생」, pp. 147~49.

3) 이와사키 아키라(1903~1981)는 일본의 좌익계 감독으로서 태평양전쟁 중 구금됐다가 출옥 후 만영의 도쿄 지사에서 잠시 일했다. 전후 미국의 히로시마 원자폭탄 투하와 일본 제국주의를 비판하는 영화들을 만들었다.

4) 김려실, 『투사하는 제국, 투영하는 식민지』, pp. 245~57.

무용과 재건

1960년대 한국 군정은 대중예술을 통해 건전, 우량, 강인한 정신을 국민들에게 고취시키고자 했다. 5·16 직후 문교부는 국민체육연구소의 협조로 건설의 노래와 무용을 제정했고, 이화여대 학생들이 이에 맞추어 무용 시범을 보였다.[5] 무용과 정치의 만남이 성사된 것은 일찍이 1930년대 만주 변방 '유격구'(중국공산당 영도하에 있던, 주로 조선인들의 항일 지역)의 '항일무장대오'의 춤에서였다. 중국공산당의 역사 기술에 의하면 원래 소수가 추던 군대식 춤이 후일 유격대원과 유격구 인민 1천여 명으로 구성된 '련환모임'에 의해 '기병대 춤' '붉은 수건 춤' '총동원가 춤' 등으로 발전했다고 한다.[6] 이 양식은 소련과 옌안 시절 중국공산당의 혁명 예술에 영향을 받았다고 추정된다.

무용과 정치의 만남은 동북아 최고의 무용가 최승희도 피할 수 없는 길이었다. 그녀가 일본에서 거둔 성공에는 일본의 쟁쟁한 문화인들(스승 이시이 바쿠石井漠, 야나기 무네요시柳宗悅, 가와바타 야스나리 등)의 후원,[7] 서구 무용 양식 속에서 동양 무용의 정진, 일본 제국의 에스닉에 대한 관심, 일본 지식인들의 '근대의 초극' 등이 배경에 있었다.[8] 그녀는 일본 영화 「반도의 무희」(1936)에서 주연을 맡았고, 중국 전선의 황군위문 공연에도 참여했다.[9] 최승희는 1937년 중일전쟁 발발 후 3년간 미국, 유럽, 남미 등지

5) 이진아, 「1960년대 대중음악에 나타난 근대성」, 동아대학교 석사학위논문, 2007, p. 42.

6) 북경대학조선문화, 『예술사: 중국조선민족문화대계 3』, 서울대학교출판부, 1994, pp. 240~43. 이 자료를 구해주신 옌볜 대학 손춘일 교수에게 감사드린다.

7) 야나기가 그녀의 섬세한 선을 보았다면, 가와바타는 (파시즘적 시선으로) 그녀의 큰 체구와 스케일, 힘, 즉 "섹슈얼리티를 소거한 고결한 육체"를 보았다는 차이가 있다. 이주미, 「최승희의 '조선적인 것'과 '동양적인 것'」, 『한민족문화연구』 23권, 2007, p. 346.

8) 이진아, 「문화번역으로서의 민족무용: 최승희의 경우」, 『사회와역사』, 2012년 가을호, pp. 171~80; 정병호, 『세계를 휘어잡은 조선여자 춤추는 최승희』, 현대미학사, 1995, p. 75.

9) 김려실, 『만주영화협회와 조선 영화』, 한국영상자료원, 2011, p. 81.

로 순회공연을 떠났고, 귀국 후에는 조선, 일본, 중국의 무용을 연구하고 나아가 무용의 동양주의를 모색하는 등 최고 무용가의 반열에 올랐다. 이 시이 바쿠는 1942년 신징에서 무용 인생 30돌 좌담회를 열었을 정도로 만주와 중국에서 왕성한 공연 활동을 벌인 인물이다. 조선 무용계의 거물 한성준, 조택원, 최승희도 1930년대 그를 따라 만주와 중국으로 향했다. 이후 1940년대에 최승희는 거의 매년 만주, 중국을 방문해 베이징, 상하이, 톈진, 펑톈, 하얼빈, 무단장 등지에서 공연을 하며 관객들을 사로잡았다. 최승희가 공연하는 날이면 조선인 관객들이 극장에 물밀듯 몰려들었고 일본인들도 "사이쇼키"(최승희의 일본 이름)를 부르며 "마구 엎어졌다."[10]

최승희는 1944년과 1951년 2회에 걸쳐 중국에서 동방무용연구소와 최승희무용연구반을 만들어 중국인과 조선족 무용 인재들을 양성하고자 했다. 그녀는 한국전쟁 시 북한을 선택했고 이후 북한의 지도급 예술가로서 소련과 동유럽에 순회공연을 다녔다. 냉전 시대에 소련은 북한을 비롯한 우방국과 제3세계에 볼쇼이 발레단을 보내며 무용을 헤게모니 구축에 활용했다. 최승희의 소련 공연은 공산권 내의 상호 교환이라는 의미가 있었다. 그녀의 남편 안막은 카프KAPF[11] 출신으로 월북 후 평양음악대학 학장, 문화부 차관을 역임하는 등 북한 문화예술계의 중추가 되었으나[12] 부부는 1960년경 숙청당했다.

최승희를 포함한 무용가들의 월북으로 무용계가 공동화되었을 때, 그녀의 아래 동서이자 제자인 김백봉이 월남한 것은 자유세계에 큰 선물이 됐

---

10) 북경대학조선문화, 『예술사』, p. 266.

11) 조선프롤레타리아예술가동맹. 1925~35년 사이에 존속했던 조선인 좌파 문인단체다.

12) 안막은 한국전쟁 시 "승리의 깃발과 구원자" 소련을 찬미하는 시를 썼고, 12줄의 전통 가야금을 24줄의 철가야금으로 개량하여 북한 권력층의 높은 평가를 받았다. 라기주, 「해방과 분단의 공간에 나타난 예술가들의 이념적 행보: 안막의 문학과 삶을 중심으로」, 『한국문예비평연구』 34권, 2011, pp. 415~21.

다. 김백봉은 1941년 도쿄의 최승희연구소에 입문하여 "무지무지한 훈련을" 받은 뒤 최승희가 이끈 일본·만주·중국 순회공연단의 일원이 됐다. 해방 후 베이징과 평양의 최승희연구소에서 다년간 동고동락했으나 1·4 후퇴 때 남편을 따라 월남했다.[13] 미국 공보원은 1950년대에 김백봉을 문화 선전의 핵심 인물로 삼고 「부채춤」 등 여러 공연을 후원했다. 그녀의 한국무용은 서양인을 위한 아시아의 볼거리(오리엔탈리즘적 시선의 대상)로 선택받아 문화 교류로 포장돼 여러 매체에 소개됐다.[14] 동료 무용가들이 현대적 실험에 치중할 때 한국무용으로 창작 방향을 뚜렷이 잡은 김백봉은 1960~70년대 한국무용의 간판이 됐다.[15]

노래와 재건

무용은 체제 간 경쟁 요소를 담고 있으나 전 국민을 대상으로 할 수 없다는 한계가 있었다. 군정이 단기적으로 주력한 것은 파급 효과가 직접적인 가요, 라디오, 영화를 통한 계몽이었다. 5·16 직후 군정은 언론 사전 검열을 실시하고 진보적 신문 『민족일보』를 포함하여 기존의 정기간행물 1,200여 종을 폐간 조치했다. 이른바 '사이비 기자'에 대한 검거도 시작했다.[16] 신문을 대대적으로 축소·정리한 데 비해, 방송에 대해서는 느슨한

---

13) 김백봉, 「최승희와 나」, 『북한』 8호, 1972, p. 279.

14) 김려실, 「댄스, 부채춤, USIS 영화: 문화 냉전과 1950년대 USIS의 문화 공보」, 『현대문학의 연구』 49집, 2013, pp. 359~60.

15) 그녀는 정부 주관의 수많은 국제 문화 교류에서 춤을 선보였다. 김백봉은 1960년 한국학생문화사절단 지도위원, 1962년 한국민속예술단 안무자 겸 주역, 1964년 도쿄 올림픽 파견 한국친선예술단 단장, 1968년 멕시코시티 올림픽 파견 한국민속예술단 안무자 겸 주역, 1970년 일본 엑스포와 1972년 뮌헨 올림픽 국제민속예술제 지휘 등 무수한 중책을 맡았다. 『조선일보』, 1963년 6월 6일; 안병주, 「김백봉의 예술 세계」, 『무용예술학연구』, 2005년 봄호, p. 133.

16) 강상현, 「1960년대 한국언론 변화의 주요 특징」, 한국정신문화연구원 엮음, 『1960년대 사회변화연

확대·지원 정책을 폈다. 당시 방송이 시장 개척을 위해 대중성이 높은 장르에 매달렸고, 사회성이 강한 저널리즘은 아직 미숙했기 때문이다.[17] 주로 KBS 라디오를 통해 체제 홍보와 우량 가요의 보급이 이루어졌다. 이것은 전형적인 헤겔적 계몽관(즉 전통과 근대를 암흑 대 광명으로 포진하는 이분법)에 바탕을 둔 운동이었다. 이 운동은 당시 "전통적 폐습의 일소"에 공명하여 "패배적인 트로트 가요의 배격"을 외친 근대화의 돌풍이었다. 트로트의 기원에 대해서는 의견이 분분하지만 제1차 세계대전 후 미국에서 발생한 폭스트롯이 1920년대에 레코드사들을 통해 일본에 진출하면서 조선에 유입되기 시작했다는 설이 주류다. 레코드 취입을 위한 조선 가수들의 일본행, 일본 가요의 영향 등 1930년대 대중가요의 출발이 일제 시기이므로 트로트는 곧 왜색이라는 등식이 뿌리 깊게 이어져왔다.[18]

5·16 직후 군정은 「5·16 혁명 행진곡」과 「국민가요」의 가사를 공모했다. 선정된 노래들은 "새 살림의 노래" "새 아침" "새 나라가 부른다" "생산으로 새로 세우자" 등 혁명의 정당성과 근로 의지, 반공 의식 등 새로운 사회 건설을 희망차게 노래했다.[19] 또한 군정은 "생활 재건에 힘을 북돋워주자"라는 슬로건으로 연예위문단을 발족, 50일에 걸쳐 전국 241곳을 돌며 280여 회의 공연을 벌였고 공연 틈틈이 계몽 좌담회를 열었다.[20] 아울러 음악인들에게 이른바 재건 가요 혹은 국민가요와 진중 가요를 다수 제작토록 했다. 1950년대 진중 가요의 가사에는 "전우의 시체를 넘고 넘어" "철조망은 녹슬고" 등 전쟁의 처참함이 배어 있다. 이 노래들은 주로 일제시대의 군가 혹은 군국가요풍이었다.[21] 이에 비해, 1960년대의 군가들은

구: 1963~1970』, 백산서당, 1999, pp. 154~58.

17) 조항제, 『한국방송의 역사와 전망』, 한울아카데미, 2003, pp. 248~49.

18) 이화진, 「한일 대중문화사의 비교 연구: 대중음악을 중심으로」, 『일어일문학』 15집, 2001, p. 246.

19) 『조선일보』, 1961년 10월 6일, 10월 7일.

20) 『조선일보』, 1962년 11월 13일.

전진, 긍정, 확신, 지도자, 군인, 남아의 기개를 노래한다는 차이가 있다.[22]

「새 아침」「새 살림의 노래」「국민가요」등 재건 가요는 노동, 명랑, 번영, 희망, 반공, 자유, 개척, 애국 등 새 시대의 개막을 읊었다. 이것은 여러 장르와 다양한 용도로 만들어져 KBS 라디오를 통해 관공서와 학교에 보급됐다.[23] 장르 불문하고 음악인과 문인 들은 5·16, 재건, 건설, 증산, 베트남 파병 등 1960년대의 여러 구비마다 숱한 선전 가요들을 제작했다.[24] 1962년 서울시청이 제정한 「시민의 노래」의 가사는 시인 조지훈이 붙였다. 1960년대에 KBS 라디오는 매일 아침 새 노래들을 10분씩 방송함으로써 전 국민의 일상 속에 스며들도록 했다. 전후에 일본 NHK 라디오가 건전 가요들을 발굴·보급하며 사회의 복구에 기여했듯, KBS도 건전 가요를 찾아 나섰다. 선전 가요들도 줄기차게 틀었다. 1960년대는 건전 가요와 선전 가요의 전성기였다. 그 결과, 5·16 직후 어린이들이 「새 아침」의 한 구절인 "재건, 재건, 만나면 인사"를 읊고 다니기도 했다.

한국의 유명 음악인 다수가 해방 전 만주에서 태어났거나 그곳에서 활동했다. 한국 작곡계 2세대를 대표하는 백병동은 1936년 만주 츠펑赤峯에서 태어났다.[25] 일본인 어머니를 둔 대중음악의 거장 신중현은 1941~45

---

21) 이준희, 「일제 시대 군국가요 연구」, 『한국문화』 46집, 2009, p. 141. 예컨대 남편을 전쟁터에 보내고 즐거움이 넘친다는 「아내의 노래」(1952)는 일제 말기의 작품인 「망향초 사랑」(1934)을 연상케 한다. 이영미, 『한국대중가요사』, p. 132.

22) 「빨간 마후라」「진짜 사나이」「월남에서 돌아온 김 상사」등이 그런 보기들이다.

23) 예컨대 「새 살림의 노래」는 "동이 텄다/맑고 밝은 새 아침이다/내딛는 걸음마다 힘이 솟는다/아침 인사 명랑하게 재건 재건/일터로 나아가자 발걸음도 가볍게/아, 아, 자유, 자유의 나라/받들자, 반공으로 굳게 받들자"라고 노래한다. 재건국민운동본부가 만든 「재건의 노래」는 힘찬 군가풍이다. 이 곡은 "펄펄펄 휘날리는 재건의 깃발 아래서/조국을 위해서라면 물불을 가리겠느냐/젊음의 피가 끓는다/일터로 달려가자/개척의 크나큰 영광/뭉치자 재건의 동지"라고 개척의 정신을 읊는다. 백야성이 작곡한 「재건호는 달린다」(1962)는 트로트풍으로 "칙칙폭폭 칙칙폭폭 기차가 달린다/희망을 싣고서 재건호는 달린다"라며 특급열차 재건호를 찬양했다.

24) 대표적으로 「새 살림의 노래」「새 아침」「재건의 노래」「국토건설대의 노래」「일하는 해의 노래」「맹호부대 노래」「청룡은 간다」「타오르는 횃불」「우리의 청룡 이인호 소령」등이 있다.

25) 이것을 일러주신 한국예술종합학교 민경찬 교수님에게 감사드린다.

년까지 유년 시절을 신징에서 보냈다.[26] 만주는 일본 군국 가요, 중국과 일본의 좌익 가요, 러시아의 항일 가요, 일본 창가와 혁명가 선율을 차용한 항일 가요, 조선으로부터 유입된 노래 등이 유행하는 실로 융합의 장소였다. 만주사변과 중일전쟁을 반영해 1930년대 일본에서는 군가와 중국 대륙을 소재로 한 달콤한 노래가 크게 유행했다.[27] 이 경향은 만주에서도 재현됐다. 1930년대 조선 악단들의 만주 순회공연이 줄을 잇는 등 조선의 새로운 음악도 지속적으로 보급됐다.

만주는 일본 클래식 음악의 발달에도 실로 중요한 계기였다. 러시아혁명 후 하얼빈 등지로 피난을 온 백계 러시아인(주로 유대인) 음악가들은 만주와 일본 클래식 음악의 창달에 기폭제가 됐다. 모스크바, 페테르부르크, 시베리아 등지로부터 거장 바이올리니스트 하이페츠Jascha Heifetz, 지휘자 에마뉘엘 메테르Emmanuel Metter를 포함한 탁월한 연주자들이 모여 관동군 특무부의 도움으로 1936년 하얼빈교향악단을 설립했다. 이것은 당시 아시아 최고의 악단이었다. 유대계 음악인들은 이 악단 이외에도 만주 의과대학 오케스트라(펑톈 소재), 신징음악단(교향악단)과 일본의 유망 연주자들을 지도했다. 신징음악단은 1937년 만주국 민정부와 협화회 후원하에 만주국 대표 악단 설립을 목표로 도쿄 고등음악원 교수 오쓰카 준大塚淳을 지휘자로 초빙했다. 하얼빈, 신징 양대 교향악단의 잦은 연주(조선과 일본 순회 포함)와 비싸지 않은 입장료 덕택에 만주 대도시들은 갑자기 음악의 도시가 됐고 주민, 특히 일본 거류민들이 쉽게 클래식을 접하게 됐다. 1940년에 신징음악단이 무려 284회, 하얼빈교향악단이 308회의 크고 작은 연주회를 열었으며, 1941년에는 하얼빈교향악단의 100번째 정기연주회가 열렸다. 이 악단들은 건국 10주년 등 만주국의 위신과 오족협화를 선

---

26) 『한겨레신문』, 2006년 6월 26일.
27) 이화진, 「한일 대중문화사의 비교 연구」, p. 251.

양하는 기관이기도 했다. 만주국 막후의 거물인 만영 이사장 아마카스 마사히코는 영화뿐 아니라 교향악단의 편성, 미술, 연극 등 문화 전반에 개입했다.[28]

또한 이 유대계 음악인들은 자주 일본을 방문하여 도쿄교향악단(1938년 설립), 일본교향악단(NHK 교향악단의 전신, 1926년 설립) 등 일본 클래식 음악계를 자극했다. 일본교향악단은 일본-러시아 교환 연주회를 모체로 설립됐다. 하얼빈교향악단의 지휘자 메테르는 전후 오사카방송교향악단과 교토대학교향악단을 지휘했고, 그의 제자 아사히나 다카시朝比奈隆는 1947년 간사이교향악단(오사카교향악단의 전신)을 창립하는 등 전후 일본의 간판 지휘자가 됐다. 또한 일본의 유망 연주자들은 만주에서 공연을 하며 유대계 음악인들과 교류했다.[29]

중요한 사건은 1942년부터 일본인 단원의 징집으로 만주 악단들에 결원이 생긴 일이다.[30] 이로 인해 강제 징용과 학도병 등을 피해 만주로 갔던 일본 유학 출신 조선 음악가들이 만주에서 일자리를 얻었다. 안병소, 이재옥, 「가고파」의 작곡가 김동진, 성악가 박용구, 동요 작곡가 김대현, 연주가 전봉초, 지휘자 김생려 등이 대거 신징음악단에 입단하여 조선인의 존재감을 과시했다.[31] 안병소는 신징음악단 악장, 김동진은 작곡가, 이재옥과 전봉초는 각각 바이올리니스트와 첼리스트로 활약했다. 대중음악 작곡가 백영호도 신징음악학원을 수료했다. 전봉초는 해방 직후 서양 음악의 개척자 현제명이 만든 고려교향악단에서 바이올리니스트 이계성(후

---

28) 岩野裕一, 『王道樂土の交響樂』, 音樂之友社, 1999, pp. 197~98, 217, 280.

29) 겐모토 마리嚴本眞理, 에토 도시야江藤俊哉, "천재 소녀" 쓰지 히사코辻久子가 그들이다. 세계적인 지휘자 오자와 세이지小澤征爾와 아마노 도시코天野壽子(스타우롭스키에 사사하고 전후 간사이교향악단의 수석 주자가 된 인물)는 평톈 태생이다. 增田芳雄, 『大陸からの音: クラシツク音樂の中繼地·滿洲』, 近代文藝社, 2014, pp. 64~77.

30) 같은 책, p. 79.

31) 민경찬, 「중국 조선족 노래에 관한 연구」, 『예술논문집』 44호, 2005, pp. 13~15.

일 북한국립교향악단 단장), 피아니스트 윤이상과 함께 트리오로 활약했으며 음악협회 이사장, 예술총연합회 회장을 역임했다. 부산 출신 백영호는 「동백 아가씨」로 이미자를 국민 가수 반열에 올렸고 무려 400곡을 남겨 서울시민상과 옥관문화훈장을 받았다.

만주 출신의 대표적인 인물은 임원식과 김성태다. 둘은 도쿄 고등음악원에서 작곡을 공부한 음악 유학 1세대였다. 의주의 기독교 가정에서 태어난 임원식은 6세 때 펑톈으로 이주한 뒤 하얼빈교향악단 계열의 하얼빈 제1음악학교를 다녔다. 그는 각고의 노력 끝에 하얼빈교향악단에 입단했다가 마침내 종전 직후 상임 지휘자로 데뷔해 짧게나마 활동했다.[32] 해방 후에는 KBS 교향악단의 초대 상임 지휘자를 맡았고 서울예술고등학교를 설립했다. 김성태는 일본 유학 후 고려교향악단의 지휘자, 신징음악단의 작곡가로 활동했고, 해방 후 서울대학교 음대 교수가 돼 백수를 넘길 때까지 수많은 클래식 음악과 가곡, 영화음악을 만든 한국의 대표적인 작곡가로 남았다.

해방 후 한국 음악인들은 대거 서울시교향악단, KBS 교향악단의 전신인 해군정훈음악대와 육군교향악단, 군가제정위원회 등에 참가했다.[33] 서울대학교 음대 명예교수 안형일에 의하면, 전시의 정훈음악대는 예술가들의 생계를 배려한 측면이 있었다.[34] 이들은 한국전쟁 시의 군가뿐 아니라 1960년대의 재건운동, 베트남전쟁 파병을 위한 선전 가요 제작에 참여하는 등 장르를 불문하고 활동했다. 김성태는 만영의 계민영화 「이는 무서워風はこわい」의 음악, 유현목의 명작 영화 「오발탄」의 음악, 1960년대 정부가 지원한 예그린악단과 국책성 영화를 위한 주제가들을 만드는 등 폭

---

32) 岩野裕一, 『王道樂土の交響樂』, pp. 138~40, 182, 264~66, 338.

33) 이강숙·김춘미 외, 『우리 양악 100년』, 현암사, 2001, pp. 246~63.

34) 『중앙일보』, 2013년 5월 29일.

넓은 활동을 벌였다. 1960년대 후반 이래 가수들은 베트남 참전 군인들을 위한 위문 공연에 대거 동원됐다. 유명 코미디언 밥 호프Bob Hope를 위시한 미국의 대중예술가들이 베트남 공연을 다녔듯 이미자, 김세레나, 정훈희, 남진, 현미 등 인기 가수들 이외에도 김대환 등 그룹사운드 멤버들 역시 '사지에서의 공연'을 수행했다.

1960년대 건전 가요의 화신은 전석환이다. 그는 짧게 깎은 머리에 유달영이 입었던 카키색 재건복과 비슷한 차림으로 통기타 하나를 들고 각지를 돌았다. 전석환은 전국의 학교와 직장을 방문하여 무려 2,500회나 노래를 지도하는 기록을 세웠다. 그가 학교를 방문하면 전교생이 휴강을 한 채 운동장에 모여 몇 시간씩 노래를 배웠다. 그는 트로트 가요 일색의 세상에서 외국 번안곡과 미군 행진곡, 그리고 민요와 우량 가요를 무려 300곡이나 수집해 소개했다. 전석환을 통해 알려진 건전 가요와 민요 들이 학원가에 메아리쳤다.[35] 민요도 재건운동과 함께 공식 교육의 세계로 편입됐다. 전석환의 자작곡 「정든 그 노래」에는 어둠을 딛고 새 시대를 여는 분위기가 담겨 있었다.[36] 그는 "뽕짝조, 왜색 퇴폐적인 노래, 일제 말 전쟁보국대를 보내며 한탄하고 탄식하던 가요 성향"에 분개했던 모던의 전령이었다.[37] 1969년 전석환의 주도로 음악계 원로와 함께 사단법인 대한노래부르기 중앙협의회가 설립돼 직장과 학교에 "고운 노래, 새 노래 배급"에 힘썼고 카세트, 레코드, 악보, 책자 등을 널리 보급했다. 한대수가 후일 「행복의 나라」(1974)에서 히피풍으로 "장막을 걷어라"라며 새로운 세상을 열어젖힌 데 비해,[38] 외양도 단정했던 전석환은 국가가 허용한 경계 속에서

---

35) 전석환 엮음, 『삼천만이 다 함께 부르는 노래의 메아리』, 동원사, 1971.
36) 이 노래는 "아름다운 노래 정든 그 노래가/우리 마을에 메아리쳐오면/어둡던 내 마음 멀리 사라지고/나도 모르게 노래 불러봐요"라는 가사로 시작한다.
37) 『조선일보』, 1972년 1월 29일.
38) 이 노래는 1970년대 전반 유신 정부의 마녀사냥인 '퇴폐 단속'에 걸려 금지곡으로 묶였다.

모범적인 새 세상을 제시했다.

KBS는 우량 가요들을 전국적으로 현상 모집하고 선정된 노래들을 묶은 책을 배포했다.[39] 선정 곡들이 일주일씩 아침 라디오에서 방송돼 학교와 지역사회가 우량 가요들로 뒤덮였다. 그 시절 마산의 음악 교사로 재직하던 이수인이 만든 노래들이 선정돼 화제가 됐다.[40] 마산은 "동양의 나폴리" 통영에 버금가는 예향이었다.[41] 마산은 한국전쟁 때 피난 온 만주 출신 작곡가 조두남이 정착해 후진을 길러낸 곳이기도 하다. KBS 라디오의 어린이 합창단 지휘자로 발탁된 이수인은 동요 500곡, 가곡 100곡을 작곡해 "한국의 슈베르트"로 불렸다.[42] KBS 라디오의 건전 가요 부르기 전통은 오늘날 KBS TV의 주말 인기 프로그램인 「열린 음악회」로 이어진다. 이 프로그램은 오랫동안 트로트나 팝송을 외면하고 클래식과 우량 가요 등으로 점잖을 유지했다. 그중에서 미국 민요들, 예컨대 미국인들도 잘 모르는 남부 노래인 「매기의 추억」 「내 고향으로 날 보내주」 등도 고정 레퍼토리였다. 「내 고향으로 날 보내주」는 "내 상전 위하여 땀 흘려가며 그 누런 곡식을 거둬들였네"라고 읊는, 남북전쟁 이전의 노예 제도가 반영된 노래였다. 이 노래들은 1960년대 중학교 음악 교과서에도 실렸다.

---

39) 독보적인 음악 출판사인 세광출판사에서 『학생애창곡집』 『민요합창곡집』 등을 출판했다.

40) 이수인과 동료 한빈규가 만든 「학도찬가」 「남해의 노래」 「예그리워」 「한산도」 등 여러 곡이 선정돼 KBS 라디오의 전파를 탔다. 전석환, 『노래의 메아리』, p. 116.

41) 통영은 유치진·유치환 형제, 박경리, 윤이상 등 거물 예술가들을 배출한 지역이다. 마산은 조각가 문신, 시인 김용호, 「고향의 봄」의 동화작가 이원수, 「가고파」 「동무생각」을 작사한 시조 시인이자 사학자 이은상을 배출했다.

42) 이수인은 「앞으로 앞으로」 「둥글게 둥글게」 같은 동요와 21세 때 만든 「별」을 포함해 「석굴암」 「고향의 노래」 「내 맘의 강물」 등 유명 가곡을 여럿 만들었다.

남과 북의 대결

남북한은 대중예술의 세계에서도 격하게 대립했다. 해방 공간의 가요계에도 좌우 대립이 벌어졌고 좌파들은 한국전쟁을 전후하여 북한을 택하는 일이 많았다. 해방 전「진주라 천리 길」과 신민요「울산 큰 애기」 등 히트곡들의 작곡가인 이면상은 월북 후 북한의 대표적인 음악가가 돼 '피바다 창작'을 주도했다.[43]「진주라 천리 길」은「목포의 눈물」과 더불어 해방 전 거의 국민가요 수준의 애창곡이었으나 이면상의 월북 이후 오랫동안 금지곡으로 묶였다.「꿈꾸는 백마강」 등 히트곡과 전시 가요들을 만든 작사가 조명암도 월북 후「조국 방위의 노래」「만경대의 노래」 등을 만드는 등 꾸준히 활동했다.[44]

그러나 이면상의 친구인 인기 가수 채규엽, 조선인 최초의 서양음악 작곡가 김순남, 대중음악의 귀재 김해송 등 월북·납북 음악인들은 이후 대부분 숙청되었고, 북한의 예술은 김일성의 항일운동 찬양 등 사상 공작에 복무했다. 한 예로, 김순남은 도쿄 고등음악원에서 수학하던 시절 프롤레타리아 음악가인 하라 다로原太郎의 영향을 받아 해방 후「건국행진곡」「한라산 빨치산」 등을 만들었다. 그는 월북한 뒤 1952년 소련의 거장 하차투란Aram Iliich Khachaturyan[45]의 초청으로 모스크바 국립음악원에서 연구원으로 지냈는데, 하차투란이 그의 노래 여럿을 편곡해 발표했을 정도로 아낌을 받았다.[46] 하지만 그 역시 남로당과 더불어 숙청되고 말았다. 김해

---

43) 강옥희 외,『식민지 시대 대중예술인 사전』, 소도, 2006, p. 249.

44) 貴志俊彦,『東アジア流行歌アワー』, p. 207.

45) 영화음악으로 사용돼 세계적으로 알려진「사브르 댄스」(1942)와「스파르타쿠스」(1954) 등을 만든 금세기 최고의 소련 작곡가다. 고향 아르메니아뿐 아니라 유럽의 민속음악을 소재로 애용했다.

46)「살짜기 옵서예」의 작곡가 최창권,「비목」「기다리는 마음」의 작곡가 장일남이 김순남의 제자들이다. 1990년대 월북 예술가들에 대한 해금으로, 남한의 방송인 딸 김세원을 그리며 만든「자장가」 등이 복원됐다. 김세원,『나의 아버지 김순남』, 나남, 1995 참조.

송은 「오빠는 풍각쟁이」 「선창」 「다방의 푸른 꿈」 등 다수의 히트곡을 만든 작곡가이자 가수요, 민요·재즈·스윙·블루스를 두루 섭렵한 연주자로서 해방 후 KPK악단을 이끌고 미군 부대에서 활동하며 여러 뮤지컬을 무대에 올린 특출한 인물이었다.[47] 그는 한국전쟁 때 납북되는 과정에서 사망했다고 추정되고 있다.

선전의 관점에서 보면 무수한 혁명 가요와 혁명 가극을 제작한 북한이 한 수 위였다. 남한은 북한이 자극하는 대로 따라가는 형국이었다. 그러나 남한의 대중예술은 일본, 만주국의 경험, 미국의 음악 등 동서양 음악과 토착 요소를 융합한 예술가들에 의해 자유롭게 비상했다. 일본의 근대 가곡은 대부분 독일 유학파 작곡가들이 만든 난해한 곡들인 까닭에 일반인들과 유리된 편이다. 이에 비해, 「가고파」에서 「그리운 금강산」까지 한국의 가곡 다수는 현대적 기법 이외에 한국적 정한과 민요적 분위기를 담아 애창곡이 됐다. KBS의 후원도 큰 몫을 했다. 「그리운 금강산」 「비목」 등은 방송을 타고 큰 인기를 얻었다.[48] 조두남의 노래들은 토속적 분위기가 물씬 풍겼고, 예그린악단의 한국형 뮤지컬인 「살짜기 옵서예」 「꽃님이 꽃님이 꽃님이」는 민요풍과 재즈를 결합한 작품이었다.[49]

북한의 대중예술은 혁명, 주체, 사회주의적 사실주의—즉 김일성의 항일 혁명 투쟁, 민족주의, 봉건의 속박을 딛는 각성 등—를 좇는다. 이름도 혁명 연극, 혁명 무용, 혁명 가극, 민족 가극 등으로 명명된다. 북한 음악의 경우, 크게 '미제국주의'와의 투쟁과 만주 항일 빨치산의 경험이 주요 주

---

47) 김해송은 해방 전 최고 인기 가수였던 이난영의 남편이기도 했다. 한국인으로서 최초로 미국 무대를 개척한 김 시스터즈(1962년 빌보드 차트 6위에 올랐던 「찰리 브라운」을 부른 중창단)의 아버지이기도 하다.
48) 이강숙·김춘미 외, 『우리 양악 100년』, pp. 281~82.
49) 김승현, 「한국 창작 뮤지컬의 초석을 놓은 국립 가무단」, 국립극장 엮음, 『국립극장 60년사』, 국립극장, 2010, p. 441.

제다. 전자에는 1950년대의 이른바 김일성 수령 영도의 전쟁 가요, 혁명 송가 등이 있다. 한국전쟁 중 수십 개가 만들어졌고 북한 당국은 그중에서 28개를 "뛰어난 곡"으로 선정했다. 북한 예술은 중국공산당의 옌안 시대에 만들어진 마오쩌둥 찬가 「둥팡훙東方紅」 등 항전, 혁명 가요나 무용의 영향을 받았다. 한국전쟁은 북한의 가요와 악극 제작의 기폭제였다. 중앙 예술단체, 군악연주단체 등이 왕성한 공연 활동으로 전사들을 격려했다. 가요 합창, 군중 가요 등이 장려되었고 1953년 전국예술경연축전 등을 통해 관현악, 극음악이 발전했다. 일부 전쟁 가요는 민요풍으로 제작되기도 했다.[50]

'유격구遊擊區'(만주 항일 빨치산의 근거지) 시절의 일체감을 나타내는 무용 공연들(배우와 관람객이 함께 춤판을 벌이는 방식)은 북한 정부 수립 후 혁명가요, 연극·체조·무용 등을 묶은 대형 종합예술인 혁명 가극으로 발전했다. 대표적인 것이 만주에서의 항일 투쟁을 그린 「피바다」(1971)로서 그 규모와 공연장의 크기가 남한에 커다란 충격을 주었다. 남한은 이에 맞서 1978년 5만 3천 제곱미터 규모의 세종문화회관을 건립했다. 남북통일 시 회의장으로 사용할 것을 염두에 둔 당시 최대 규모였다. 북한은 1976년 6만 제곱미터의 만수대 예술극장, 1989년 4만 3천 제곱미터의 동평양 대극장을 준공했고, 남한은 1988년 6만 8천 제곱미터의 예술의전당을 지었다. 1970~80년대 내내 남북한 간에 치열한 대형 공연장 건설 경쟁이 벌어진 것이다. 서울을 겨냥한 평양의 건설은 일찍이 한국전쟁 직후에 개시됐다. 모스크바, 바르샤바, 베를린을 모델로 하여 '조국해방전쟁(한국전쟁)

---

50) 「결전의 길로」「샘물터에서」「소년 빨치산」 등 전투 의식을 고취시키는 것들과 「조국의 품」「축복의 노래」「우리의 최고사령관」 등이 있다. 「얼룩소야 가자」「산천가」 등은 민요풍이다. 함덕일, 『조국 해방 전쟁 시기 음악 예술』, 평양: 사회과학출판사, 1987, pp. 65, 133, 172, 176. 이 책을 소개해준 한채호에게 감사한다.

의 승리'를 기념하는 김일성광장과 기념관을 위시해 주택, 학교, 병원, 공원, 도서관, 미장원 등을 갖춘 계획·전시 도시가 급조됐다.[51]

북한의 많은 작품들이 그러하듯, 혁명 가극 「피바다」도 김일성이 창작했다고 알려진 연극 「혈해」(1936)를 토대로 한다. 「혈해」는 1966년에 영화화된 이력을 갖고 있다. 불후의 고전 명작을 다른 예술 장르로 옮기는 1960년대의 흐름에서 「혈해」의 영화화는 역사적인 계기를 마련했다. "북간도 피바다에서 남편을 잃고" "북간도 거친 땅에"라는 대사들과 유격대 옷을 입고 투쟁하는 장면들이 등장하는 것으로 볼 때,[52] 「혈해」는 만주 유격구의 항일운동을 배경으로 한 것으로 판단된다. 혁명 가극 「피바다」는 1950~60년대 북한의 혁명 예술 발전사의 정점에 놓여 있다. 이것은 수백 명의 출연진, 절가, 방창, 민속악기와 서양악기를 배합한 관현악 편성, 무용 등이 어우러진 새로운 가극 장르다. 민경찬에 의하면, 절가는 정형시 형태의 여러 절로 나누어진 가사를 하나의 완결된 곡조에 맞추어 반복적으로 부르는 노래로, 북한 인민 음악의 기본 형식 중 하나다. 절가는 노동과 윤무 놀이 같은 집단생활 속에서 창작돼 시대정신을 재현할 뿐만 아니라, 인민의 기분과 활동을 조절하고 통일시키는 위력적인 수단이다. 방창傍唱은 등장인물이 아닌 제3자가 무대 밖에서 노래하는 형식으로 객관적 입장에서 인물의 내면세계를 그려낸다. 이것은 부정적인 인물을 조소·규탄하고 시대와 사회를 폭넓게 개괄하며 무대와 관중을 연결시키는 등 여러 기능이 있다.[53] 「피바다」의 내용, 형식, 기법은 「꽃 파는 처녀」(1972) 등 북한 5대 혁명 가극에 계승됐다.

---

51) Armstrong, *Tyranny of the Weak*, p. 71.

52) 이영미, 「북한 문학 연구와 텍스트의 해석: 남북한 통합 문학사에서의 텍스트 『피바다』」, 『한국현대문학연구』 33집, 2011, p. 406.

53) 민경찬, 「"피바다"식 혁명가극의 음악적 특징에 관한 연구」, 『한국음악사학보』 28집, 2002, pp. 127~32.

북한 영화 「민족과 운명」 시리즈는 2002년 무려 100부작으로 제작이 확정됐다. 거기에는 최홍희, 최덕신 등 월북 인사와 북한 지도자 최현, 작곡가 윤이상, 34년간 남한의 장기수로서 전향을 거부하고 송환된 이인모 등의 일대기가 포함됐다. 1960년대에는 집단 체조의 대중화도 추진돼 해마다 100만 명의 학생들이 참여하며 필수적인 생활 문화로 자리 잡았다. 집단 체조의 유명한 보기는 연인원 10만 명이 출연해 세계의 이목을 끌었던 「아리랑 축제」(2002)다. 이것은 항일 투쟁과 "민족의 태양," 즉 김일성 부자 영도하의 강성 대국을 노래하는 세기의 쇼였다. 이 쇼는 김정일의 60번째 생일을 맞이하여 개최된, 김정일 시대를 상징하는 새로운 장르였다.[54]

초대형 이벤트와 건축의 선구는 소련이다. 1918년 11월, 혁명 1주기를 맞아 페트로그라드의 한 극장에 6천 명의 배우가 무대에 올랐고, 1930년대 스탈린 시절 모스크바의 기념 무도회에 10만 명이 참가했다. 1938년 기념제에는 붉은광장에서 무려 150만 명이 퍼레이드를 벌였다. 모스크바에는 스탈린의 과대 망상 혹은 도전 불가능한 권위가 반영돼 승리와 업적을 자화자찬하는 초대형 거리, 건물, 아파트, 스타디움, 연회장, (세계 최대 규모를 겨냥한) 소비에트 궁전 등이 즐비하게 건설됐다.[55]

한편 소련에서는 재난도 초대형이었다. 1920년대 말 이래 스탈린은 집단 농장에서 분업, 협력, 거주하는 유토피아 건설을 추진했다. 하지만 중농인 쿨라크kulak의 저항에 부딪치자 이들을 포위하고 선전 포고를 했다. 식량 공급 차단, 처형, 약탈, 강제 수용소 수감을 자행해 약 500만 명을 삶의 터전에서 강제로 쫓아내 이 계층을 분해했다.[56] 기근까지 겹쳐 1천만 내지 2천만 명의 아사자가 발생했는데, 이것은 제1차 세계대전 때 소련인 희생

54) 박영정, 『21세기 북한 공연예술 대집단체조와 예술공연(아리랑)』, 월인, 2007, pp. 24~44.
55) Stites, *Revolutionary Dreams*, pp. 229, 238.
56) Scott, *Seeing Like a State*, pp. 208~209.

자와 혁명 직후 내전의 희생자를 합친 규모였다. 곳곳에 강제 수용소가 세워지고 맞추기식 검거와 장기 구금·처형·속성 매장이 벌어졌다. 부모를 잃은 아이들이 전국을 구걸하며 떠돌아다녔다. 제2차 세계대전 때의 희생을 합치면 20세기에 발생한 소련인 희생자는 5천만 명에 이른다.[57] 소련의 거석巨石, 거대 문화, 최대 재난은 북한의 대형 예술과 대재난, 장기 수용소의 원조였다.[58] 1990년대 중후반 북한에서는 기근으로 인해 수십만 명이 굶어 죽고 유기된 고아, 일명 "꽃제비"가 우글거렸다.[59] 하지만 이런 사회현실과 무관하게 김일성 사후 "대국상," 아리랑 축전, 거대한 혁명열사릉 및 조국해방전쟁 승리박물관을 건립하는 등 북한의 과시적 권력은 가히 "극장국가"라 불릴 만한 수준이었다.

남한의 대중예술은 북한의 강력한 예술 정책에 자극받았다. 라디오 황금시대였던 1960년대에 중앙공보부는 KBS를 통해 반공극 「김삿갓 북한방랑기」를 기획·창작·연출했다. 이것은 북한의 실상을 알리려는 작품으로서 30년 이상 방영됐으며 주제가 「눈물 젖은 두만강」이 큰 인기를 얻었다.[60] 그러나 남한에는 정부의 후원, 계몽 이외에도 자율적·상업적인 경쟁 또한 있었다. 예그린악단 창설이 이런 노력의 일환이었다. 이것은 1961년 김종필 당시 중앙정보부장의 주도로 민족예술의 국제화, 즉 "예藝의 어제를, 그리고 내일을 위하여"를 목표로 탄생했다.[61] 예그린악단은 김종필의 정치적 부침과 함께 1973년까지 6차례 해산과 재창단을 거듭했다. 이 악

---

57) Merridale, *Night of Stone*, pp. 11, 167, 176.

58) 그러나 소련과 다른 점도 있다. 예컨대 불멸의 카리스마적 권위(김일성 가문), 유격대 국가, 총의 찬양, 선군 정치 등이 그것이다. 권헌익·정병호, 『극장국가 북한: 카리스마 권력은 어떻게 세습되는가』, 창비, 2013, pp. 66, 107~108.

59) 박경숙에 의하면, 이 시기 남한에 퍼졌던, 아사자가 300만 명이라는 소문과는 달리 1993~2008년 사이의 인구 손실은 90만 명 정도로 추산된다. 박경숙, 『북한 사회와 굴절된 근대』, p. 331.

60) 유선영, 「1950~60년대 라디오 방송극과 청취자의 위상」, 『한국극예술연구』 35집, 2012, p. 214.

61) 김종필은 예술계 인사들과 폭넓게 교류했다. 그 자신도 피아노, 바이올린, 꽹과리를 다루는 등 문학, 미술, 음악에 일가견이 있었다. 『중앙일보』, 2009년 3월 13일.

단은 1962년 창단 공연인 「삼천만의 향연」을 시작으로 10여 개의 작품을 발표하며 한국 뮤지컬의 씨앗을 뿌렸다.[62] 이 작품은 북한의 대형 가무극을 의식해 해전 장면에 1천 명 이상의 엑스트라를 동원하기도 했다.[63] 한국적 창작 뮤지컬의 효시로 평가되는 「살짜기 옵서예」는 당시 최대 규모 제작비(300만 원)와 출연자(300명)를 자랑했다. 패티 김 등 스타들이 출연하여 대성공을 거두었고 수년간 앙코르 공연을 이어나갔다.[64] 미국, 일본 등지에서 활동했던 패티 김은 이 공연을 계기로 한국에 정착해 나라의 대표적인 가수로 우뚝 섰다.

이 악단의 성공은 민요풍과 서양음악의 결합에 있었다. 유행가의 음반화로 한국의 대중가요가 본격적으로 시작된 1930년대에 이미 「신 방아타령」 「노들 강변」 등 신민요의 인기는 트로트와 쌍벽을 이루었다. 당시 신민요는 사랑과 토속적 풍경을 노래했고 주로 농촌에서 유행했다. 이에 비해, 트로트는 일본의 심대한 영향을 받은, 망국의 한(실향과 방랑)이 반영된 도시인들의 노래였다.[65] 북한의 일부 선전 가요처럼 민요풍 노래는 거창한 이념이나 시대정신을 우회하며 사람들에게 다가가는 힘이 있다. 「양산도」 「신고산 타령」 등 북한의 민요는 "민족적 정서에 맞는 참다운 인민의 노래"라 하여 재창작됐다.[66] 남한에서는 작곡에만 3년이 걸렸다는 「대춘향전」의 작곡가 김희조가 1960년대 국악의 현대화를 개척했다. 한국전쟁 시 육군 군악대장, 1960년대 신설된 서울시립 국악관현악단의 지휘자를 지낸 김희조는 여러 민요를 경쾌하게 편곡하여 대중에게 전한 것은 물

---

62) 「살짜기 옵서예」(1966), 「꽃님이 꽃님이 꽃님이」(1967), 「대춘향전」(1968) 등을 제작했다.

63) 이진아, 「1960년대 대중음악에 나타난 근대성」, p. 19.

64) 김승현, 「한국 창작 뮤지컬의 초석을 놓은 국립 가무단」, 국립극장 엮음, 『국립극장 60년사』, pp. 440~42.

65) 이영미, 『한국대중가요사』, pp. 82, 101.

66) 전영선, 『북한의 문학과 예술』, 역락, 2004, p. 126.

론, 군악대와 의장대를 위한 행진곡으로도 다듬었다.[67] 민요의 세계에서
도 남북한 대결이 벌어진 것이다. 1960년대 남한에서 변화와 적응을 통해
대중 속에 자리 잡았던 트로트에 비해 신민요의 입지가 현저히 줄어들었
으나, 정부 지도자나 공무원에게 신민요는 안전한 장르였다. 이들은 자신
들의 공식 담론——"저속한 뽕짝"을 지양하고 "민족 문화의 창달"이라는
틀——에 구속돼 공개 석상에서 트로트를 부르거나 즐길 수 없었다. 그 결
과, 민요 가수 김세레나와 예그린악단은 관변 행사——'음지'에서 활동 중
인 중앙정보부 직원 가족을 위한 파티도 포함하여——에 거의 독점적으로
초청받았다.

저질과 퇴폐

건전의 이면은 저속과 퇴폐였다. 서양에서 안녕질서의 규제 혹은 공공
풍속의 법제화는 나치의 인종주의와 관련이 있다.[68] 한국의 풍속(혹은 음
란, 퇴폐 등 부적절한 정념, 정동情動) 단속은 일제 식민 체제의 것을 물려받
은 것이다. 일본에서 음란 단속이 줄어든 데 비해, 한국의 전후 냉전 체제
에서는 확대됐다.[69] '풍기문란' 단속은 일제 시기로 거슬러 올라간다. 극
장의 풍기문란 관찰은 임검臨檢 경찰의 핵심 업무였다.[70] 그런데 풍속 단
속의 연속성 혹은 동질성을 가정할 경우, 1950년대와 1960년대의 차이 혹
은 1960년대의 분출이 간과된다. 군정은 앞 시대의 무질서를 정리하는 구

---

67) 『중앙일보』, 2011년 2월 11일.
68) 조르조 아감벤, 『호모 사케르』, p. 324.
69) 권명아, 『음란과 혁명: 풍기문란의 계보와 정념의 정치학』, 책세상, 2013, pp. 58~59, 136~39.
70) 유선영, 「한국 대중문화의 근대적 구성 과정에 대한 연구: 조선 후기에서 일제 강점기까지를 중심으
로」, 고려대학교 박사학위논문, 1992, p. 368.

원자 혹은 근대의 담지자로서 등장해, 전통(즉 허례허식, 패배관 등)과 '저질' '퇴폐'(외국 영화의 무분별한 수입에서 제기된 문제)를 묶어 공격을 개시했다. 군정은 50년대 말, 60년대 초에 수입된 57편의 외화를 대상으로 대대적인 검열을 실시해 6편을 풍기 문제로 상영 금지시켰다.[71]

1960년대 초 허례허식 등 전통에 대한 비판은 공교육을 통해, 그리고 「대한 뉴스」 등에서 반복됐다. 이것은 가요계에도 적용됐다. 트로트는 "저질 뽕짝"이라는 말로 멸시받았다. 한국방송윤리위원회(1962)와 그 산하의 가요자문위원회(1965), 한국예술문화윤리위원회(1966) 등이 설립돼 음반의 사전 심의와 음악 방송 심의를 본격적으로 시행했다. 정부가 휘두른 칼은 이른바 '왜색' 가요 금지였다. 1960년대에는 왜색과 표절 논쟁이 끊이지 않았다. 1968년 상반기 방송 금지곡 총 38곡 중에서 왜색이라고 비판받은 것이 모두 28곡—본격 일본 가요 표절이 17곡, 일본 냄새를 짙게 풍기는 것이 11곡—이었다.[72]

방송사들은 저속하고 왜색 짙은 유행가를 TV에서 몰아내기 위해 가정 가요 운동을 전개했다. 경음악평론가협의회가 주최한 '건전을 위한 세미나'는 왜색 이외에도 "남녀의 육체적 특질을 묘사한 것, 정사의 묘사, 우리 고유의 것이 아닌 발성과 억양 등을 추방"해야 한다고 외쳤다.[73] 이런 분위기 때문에 공석, 사석 막론하고 트로트는 기피 대상이 되었다. 공무원이나 교사들은 가정에서도 라디오, 축음기로 트로트를 듣는 일이 억제됐다. 한창 유행하던 가요가 별안간 왜색으로 규정돼 금지곡으로 묶이기도 했다. 당시 100만 장이라는 경이적인 판매량을 자랑했던 이미자의 히트곡

---

71) 이순진, 「영화 「오발탄」의 검열 과정에 관한 연구」, 한국사회사학회·중앙대학교 사회연구소 심포지엄, "냉전 질서와 현대 한국 영화의 형성" 발표문, 2013.
72) 이진아, 「1960년대 대중음악에 나타난 근대성」, p. 39.
73) 『동아일보』, 1965년 10월 10일.

「동백아가씨」도 그렇게 금지됐다. 이 곡은 김종필의 실각과 결부돼 정치권에서도 금기시됐다. 방송윤리위원회의 가요 정화운동은 1960년대 후반에 점점 강화됐다. 방송윤리위원회는 1969년 1월까지 발표된 노래 중 339곡을 금지곡으로 결정했다. 저속한 가사, 퇴폐적 가락, 외국 작품 표절, 월북 작가의 작품 등이 문제로 열거됐다.[74]

대중문화에 대한 공격은 1970년대 초까지 이어졌다. 유신 선포 직후 익숙한 깡패 처단과 더불어 "퇴폐"에 대한 기습이 벌어졌다. 검찰총장은 "퇴폐 풍조를 엄단하겠다"는 성명을 통해 "음란 출판물, 도색 영화 및 음반, 접객업소의 탈선행위뿐 아니라 히피 장발족, 퇴폐적 전위예술 행위도 단속할" 것이라 선포했다.[75] (원래 예술계 용어인) '퇴폐'(데카당스)가 중요한 사회적 용어로 떠올랐다. 이것은 젊은이들에게 폭발적인 인기를 끌었던 포크송이나 춤뿐 아니라 시민들의 두발과 옷차림에까지 확대됐다. 서울시장이 고고춤 금지령을 내리고 계엄사령관 지시로 전국적인 퇴폐 사범 소탕 작전이 벌어졌다. 검경 합동으로 특별기동단속반이 설치돼 무허가 요정과 댄스홀, 접객업소, 고고 댄스장을 뒤졌다. 고고장을 출입하는 미성년자는 3개월 이하 징역에 처할 것이라고도 엄포를 놓았다. 경찰은 사람들의 긴 머리를 마구 자르고, 여성들의 치마 길이가 무릎 위 몇 센티미터인지 자로 쟀다. 종로경찰서는 하루 동안 319명의 머리칼을 잘랐는데 그것을 모아보니 다섯 바구니나 됐다고 한다.[76] 상습 댄스 공갈단, 춤바람, '풍속 사범' 등에 대한 단속도 벌어졌다. 약 10일간 전국적인 퇴폐 사범과 깡패를 소탕하는 가운데 91.2퍼센트의 찬성으로 유신헌법이 확정됐다.

---

74) 이미자의 「내 고향 101번지」「처녀엄마」, 남진의 「연예 0번지」, 남일해의 「사냥개」「나는 난봉자」 등도 금지됐다. 이진아, 「1960년대 대중음악에 나타난 근대성」, p. 47.

75) 『조선일보』, 1972년 10월 20일.

76) 『조선일보』, 1972년 10월 22일.

깡패 소탕이 슬그머니 막을 내린 뒤에도 퇴폐 단속은 계속됐다. 군인 혹은 군 출신 정치인들이 쿠데타나 유신 체제 등장의 개막 번제에 올릴 속죄양이 깡패였다면, 퇴폐는 필요할 때마다 꺼내 사용할 수 있는 만병통치약이었다. 퇴폐 단속을 통해 권력은 시민들의 일상 깊숙이 규제의 촉수를 뻗쳤다. "안보상 위기의 시대"에 쉼 없이 시민들의 일상을 규제하려 한 당국의 의지가 퇴폐를 통해 실현됐다. 퇴폐는 치안국에 의해 '경범'이라는 말로 정리됐고 쓰레기 투하, 술주정, 침 뱉기, 과도 노출, 장발, 미풍양속을 해치는 저속한 옷차림 등이 단속 대상이 되어 시민들의 생활에 영향을 끼쳤다. 여성의 과도 노출에 대한 정의도 내려졌다.

규제의 칼날은 곧장 퇴폐의 원류로 간주되는 대중예술로 향했다. '저질' TV 프로그램에 대한 비판이 일더니 한국영화제작협회가 배급 일원화, 안보영화 제작 등 7개 항을 결의했다. 정부는 영화법을 개정하여 등록제를 허가제로 바꾸었다. 영화법은 5·16 이듬해인 1962년 1월에 제정돼 그후 수차례 개정되었는데, 검열 기준 강화를 기도한 이때 것이 가장 강력했다.[77] 퇴폐는 곧 숙청을 뜻했다. 뇌물 수수 혐의로 영화계의 거물인 태창흥업 김태수 대표, 신필름의 (오랫동안 정부에 호응했던) 신상옥 대표, 엑스트라조합장 등이 구속됐다. 단속은 연예계 전반으로 확대됐다. 1975년 인도차이나 사태가 일어나자 전국적인 반공궐기대회와 더불어 "대마초 연예인" 검거 선풍이 일었다. 김추자와 신중현을 포함해 당시 가장 재능 있는 음악인들이 마녀사냥에 걸려들었다.

그러나 한국의 대중문화는 대단한 적응력으로 살아남았다. 트로트 격멸은 불가능한 일이었다. 1960년대에 트로트는 공직 사회(그리고 식자층·교육자들)의 여러 규제에도 불구하고 하층민, 중년층까지 편안히 즐길 수 있

---

77) 최진용 외, 『한국영화정책의 흐름과 새로운 전망』, 집문당, 1994, pp. 150~59.

는 가장 대중적인 양식이 됐다.[78] 이 시기에 이미자, 배호 등 불멸의 가수들이 나왔다. 일제 시기에 성장했던 정치 지도자들도 사석에서 트로트를 애창했다. 1960년대는 문화방송, 동아방송, 동양방송 등 여러 방송국이 개국하고 『선데이 서울』 등 상업적인 주간지와 본격적인 LP 음반 사업이 시작된 시기였다. 또한 연간 200편이 제작될 정도로 영화의 전성기였다.[79] 문화계 기반이 약한 상황에서 수요가 폭발적으로 늘자 작곡가나 시나리오 작가 들은 일본 방송이 잘 잡히는 부산, 영덕 등으로 내려가곤 했다. 이들은 여기서 단파 라디오로 방송을 채록하는 등 어떻게든 일본 노래를 베껴내려고 했다.[80]

일본의 「철도창가」를 번안한 「학도가」를 포함해, 개화기 이래 조선의 유행가와 창가는 대부분 일본 노래의 영향을 받은 것들이다. 유행가가 본격적으로 보급된 1930년대에 그것은 더욱 심화됐다. 일본의 1930년대는 구미 레코드사의 진출과 현지 법인화, 라디오, 잡지 등 매체와 재즈, 댄스홀, 카페의 번성에 힘입어 유행가의 전성기를 맞이한 시기였다.[81] 이때 일본 레코드사들은 조선에도 진출함으로써 손목인, 박시춘, 남인수 등 조선의 선구적 트로트 작곡가, 가수 들이 자연스럽게 일본의 영향을 받았다.[82] 일본의 작곡가 고가 마사오는 해방 전후를 통틀어 한국 대중음악계의 가장 중요한 참고 대상이었다. 1930년대 이래 고가풍의 분위기와 전주, 특정 소절이 박시춘을 비롯한 한국 작곡가들 사이에서 크게 유행했다. 이준희에

---

78) 이영미, 『한국대중가요사』, p. 207.

79) 이영미, 『한국대중가요사』, p. 172. 영화인들은 해방 후 첫 영화 전성시대를 한국전쟁의 종식과 텔레비전의 광역 보급 사이인 1955~72년으로 본다. Kelly Joung, "Nation Rebuilding and Postwar South Korean Cinema: The Coachman and The Stray Bullet," *The Journal of Korean Studies*, vol. 11, no. 1, 2006, p. 130.

80) 이미자의 「동백아가씨」 「황포돛대」, 남진의 「울려고 내가 왔나」 「사랑하고 있어요」 등 인기곡들은 짙은 왜색을 풍겼다.

81) 貴志俊彦, 『東アジア流行歌アワー』, pp. 15~21.

82) 전전 일본의 대표적 엔카들에 대해서는 「懷しの歌聲: 上, 下, 戰前編」, Nippon Columbia, 2012 참조.

422

의하면, 해방 전 그의 작품을 번안한 조선 노래가 확인된 것만 44곡에 이른다.[83] 대중가요는 종주국인 일본보다 더 오래 지속되고 있다.[84] 일제 시대의 가요들을 민족주의적 시각으로 재단할 필요는 없다. 이런 가요들은 조선 음악인들에게 학습의 기회였다. 그 생산에는 대중문화를 통제하려는 권력(조선총독부)의 논리 이외에도, 이에 순응하면서 미묘한 갈등 양상을 보이는 시장의 상황이 내재돼 있다. 만주 이민을 장려하는 노래들에도 만주가 "개척이민의 현장뿐 아니라 독립운동의 터전"이라는 은유가 투영됐다.[85]

해방 전 대중가요의 양대 산맥인 손목인, 박시춘은 해방 후에도 대중가요계의 지도자로 지냈다.[86] 이들과 박춘석 등 전후 거물 작곡가들은 고가의 영향을 받았으나 한국적 정서와 굴곡의 역사—만주·시베리아 이주, 한국전쟁, 건국의 고동 등—를 혼합해 기막힌 히트곡들을 양산했다. 한국 음악인들은 일본의 대중예술 이외에 해방 후 들이닥친 미국 문화를 재빨리 흡수했다. 미8군 무대에서 활동하던 여러 연주자를 통해 미국의 이지 리스닝easy listening 계열 곡들이 다수 번역·번안되고,「검은 장갑」「웨딩드레스」등 뛰어난 토착곡들이 제작됐다. 이런 과정을 거쳐 수십 년간 대중가요의 주류로 존속했던 트로트와 단절한 한국형 록과 포크송이 등장했다. 이 세계를 개척한 것은 1950년대 미군 부대에서 활동하던 신중현이다.[87] 명문대 출신과 외국에서 연주 경험이 있는 연예인들도 가세해[88] 대

---

83) 이준희,「일제 시대 인천 지역의 대중음악적 위상」,『인천학연구』9호, 2008, p. 16.
84) 예컨대 일본 TBS의 대중가요 프로가 21년간 방송되다 종영된 데 비해 KBS의「가요 무대」는 1985년부터 현재까지 30년간 지속되고 있다. 貴志俊彦,『東アジア流行歌アワー』, pp. 3~4.
85) 이준희,「일제 시대 군국가요 연구」, pp. 140, 157.
86) 손목인은 1947년 서울중앙방송(KBS의 전신)의 음악 담당, 1961년 한국음악저작권협회의 초대 회장을 지냈고 박시춘은 1958년 그 전신인 한국레코드작가협회의 초대 회장을 맡았다.
87) 신중현은 1963년 한국 최초의 로큰롤 밴드인 '애드포'를 결성해「빗속의 여인」「님아」「커피 한 잔」등을 발표하며 새 시대를 열었고, 뒷날 한국 최고의 음악인으로 활약했다.
88) 서울대학교 음대 출신의 박춘석, 고려대학교 출신 김상희, 서울대학교 법대 출신 최희준, 서울대학교 치대 출신으로 도쿄 아카사카에서 색소폰 연주자로 활동했던 길옥윤, 짧게나마 미국 라스베이거

중문화의 수준을 한 단계 높였다. 일본의 노래들이 오랜 기간 한국에 영향을 미쳤으나 길옥윤 시대의 노래들은 고가 마사오의 것을 뛰어넘었다.[89] 오랜 학습, 우회, 토착화의 기술을 통해 한국의 가요는 21세기에 케이팝이라는 장르로 중국, 일본, 동남아를 포함해 세계 시장을 넘보게 됐다.

영화와 재건

영화도 '재건'을 위해 복무했다. 그 모델이 바로 만주국이었다. 만주국 정부가 1937년에 설립한 만영은 이른바 '국책영화' 정책을 추진해, 영화산업 창출, 영화 제작·검열·수출입·배급, 영화인 양성 등 영화 전반을 장악했다.[90] 만영은 8년간 오민娛民(오락) 영화, 계민영화, 시사영화(만영통신과 만영시보) 등을 무려 972편이나 제작했다. 만영의 이사장 아마카스 마사히코는 중국인 중심의 제작 체제로 중국인 배우와 작가를 양성하는 등 중국인을 겨냥한 영화를 만들어 어느 정도 성공했다.[91] 만영이 설립되기 이전인 1920년대에는 만철 영화반이 만주를 소개하는 기록영화들을 제작했고, 협화회도 영화를 사회 교화와 국민교육을 위한 중요한 무기라고 파악해 "영화 공작"을 개시했다.[92] 만철 영화반은 만철 영화제작소로 발전했고, 만영이 설립되기 전까지 왕성한 활동을 벌여 1930년대 후반에 만철

스에서 노래했던 패티 김 등이 있다.

89) 예컨대 길옥윤의 「서울의 찬가」(1969)는 전전 고가의 히트곡 「도쿄 랩소디東京 ラブソディ」(1936)에서 영감을 받았으나 훨씬 역동적이고 화려하다.

90) 胡昶·古泉, 『滿映: 國策電映面面觀』, 北京: 中華書局, 1990, pp. 96~97; 홍수경, 「만주국의 사상전과 만주영화협회: 1937~1945」, 연세대학교 석사학위논문, 2007.

91) 山口猛, 『幻のキネマ滿映: 甘粕正彦と活動屋群像』, p. 223.

92) 山口猛, 『幻のキネマ滿映』, p. 32; 滿洲國 協和會 編, 「映畵工作提要」(1936), 西田勝 編, 『「滿洲國」文化細目』, p. 576.

의 제작 편수가 160편 이상에 이르렀다.[93]

1930년대에 이미 큰 규모로 성장했던 기존 일본 영화계를 '지도,' 즉 조정, 통제, 검열을 내재화하려던 일본 정부와, 조선영화인협회 설립(1942) 과 영화령 제정(1940) 등을 통해 조선 영화계를 통제하려던 조선총독부의 정책에 비해 만영의 영화 정책은 시기적으로 앞서고 강력한 것이었다.[94] 만주의 영화 정책은 조선과 일본에 영향을 끼쳤다. 국책영화의 개념과 정책은 5·16 이후의 영화 정책, 즉 영화법 제정과 1, 2차 개정을 통한 영화 산업의 통제와 영화를 통한 적극적인 계몽운동에 중요한 시사점이 됐다. 군정의 영화업계 정리는 일정 시설 요건, 등록사의 의무 제작 편수(1 년에 15편), 외화 수입 조건(제작 작품들의 양과 질, 영화제 입상 여부, 외국사와의 합작 등) 같은 '스튜디오 체제' 확립을 기했다. 이 같은 개편에서 신상옥의 신필름 등 6대 영화사만이 살아남았다.[95] 대국민 홍보와 선전을 위한 국립영화제작소 설치는 만영의 취지와 거의 흡사했다. 이것은 「대한 뉴스」, 문화영화, 오락영화, 교육영화 등을 제작했는데 만영의 계민영화, 시사영화 등의 장르를 연상케 했다. 만주국의 '국책영화' '국책' 등의 용어는 1960~70년대 한국에서 광범위하게 사용됐다.[96]

만영의 영화들은 만주국의 건국, 국병법國兵法(징병제) 제정, 일본 기원 2,600년제, 황제 푸이의 두 차례 일본 방문, 국민들의 충령탑 참배, 근로

93) 전경선, 「중국 동북에서의 만철의 정보 선전 활동」, 『중국사연구』 69집, 2010, p. 481.

94) Peter High, *The Imperial Screen: Japanese Film Culture in the Fifteen Years' War, 1931~1945*, Madison: University of Wisconsin Press, 2003, pp. 54, 59; 김려실, 『투사하는 제국, 투영하는 식민지』, pp. 188~94.

95) 박지연, 「박정희 근대화 체제의 영화 정책: 영화법 개정과 기업화 정책을 중심으로」, 주유신·변재란 외, 『한국영화와 근대성』, 소도, 2005, pp. 174~84; 이영일, 『이영일의 한국 영화사 강의록』, 소도, 2002, pp. 82~88.

96) 김세진, 「1970년대 한국 국책영화의 선전 형식 연구」, 한양대학교 석사학위논문, 2006, p. 19. 한국 최초의 여성 감독 박남옥의 회고에 의하면, 만주를 소재로 한 「망루의 결사대」(1943)를 당시 국책 영화라 불렀다고 한다. 박현희, 『문예봉과 김신재: 1932~1945』, 선인, 2008, p. 18.

동원, 학도 동원, 농사 합작사, 금융 합작사 운동 등 만주국의 역사나 새 정책을 홍보하는 주요 수단이었다. 만영과 만철이 만든 기록영화, 문화영화들의 주제와 음악, 분위기는 한국의 기록영화에 큰 영향을 주었다. 만철의 기록영화들은 철도와 관련된 만주의 대자연을 그렸다. 그리고 민족지적 영화들은 일본인들이 만주에 품은 "환상의 낙토관"을 만족시켜주었다.[97] 그리고 중일전쟁에 대한 뉴스들은 '전쟁은 곧 파괴'라는 상식을 깨고 격전 뒤의 철교 공정을 통해 '제국의 건설'이라는 이미지를 전했다. 만영의 극영화도 가세해 '매갱煤坑 영웅들,' 즉 탄광 산업 전사의 헌신과 보람, 희생, 증산 경쟁의 이미지를 전달했다. 1930년대부터 만주국 매체들은 (비행기, 기관차, 자동차, 트럭, 탱크, 선박을 제작하는) "공업 만주국"과 "결전 자원" "결전 증산 철강" "결전 고철 수송" 등을 외치고, 어린 학생들의 공장 작업, 근로 동원, 군복풍 옷을 입은 청년단과 소년단, 삽을 든 몸빼 부대 등을 조명하며 이 나라가 병참 기지이자 산업 전사의 현장임을 알렸다. 만영과 만철의 기록영화들은 건설, 위생, 증산, 전사자 기념, 건국체조, 특히 땀 흘리는 광부의 노천 탄광 채광 작업, 화면을 압도한 물이 솟구치는 댐, 제철공장에 흐르는 주물 등의 장면들로 "중단 없는 만주국의 생산과 물자 동원"을 고취했다.[98]

구체적인 장면들을 포함해 이런 분위기가 1960년대 초 한국의 기록영화와 계몽영화에 차용됐다. 박정희 의장이 창원 제련공장을 방문했을 때 화면 가득 채워 보여준 쇳물 흐르는 장면이 그런 보기다. 한국 기록영화들은 거의 만주국 시대의 기록영화를 방불케 하는 장면들을 국민들에게 전달했다. 국민후생주택 건설, 거대한 남강 댐과 춘천 댐, 영월 화력발전소,

---

97) 「비경러허秘境熱河」 「초원 바르가」 「낭낭묘회娘娘廟會」 등이 그 보기들이다. 김려실, 「만주영화협회의 '계민 영화' 연구」, 『영화연구』 57집, 2013, p. 12.
98) 滿映啓民映畵(1994: no. 8), 「慶祝日本紀元2600年」 등 만철, 만영의 영화 참조.

사진 7-1. 수풍 댐을 소재로 한 1940년대 후반
북한의 실(출처: 아런 무어 교수 제공).

순천 연립주택 공사, 호남 비료공장, 울산 정유공장, 석탄·시멘트 컨베이어, 용접, 캐터필러, 철로 건설, 기적 소리, 거대한 디젤 엔진, 고속 굴진 작업, 도로 확장, 식량 증산 등 건설과 산업 현장의 역동 등이 그에 해당한다.[99] 박정희는 주로 만주국 수도에만 머물렀던 정좌형 황제 푸이에 비해, 기공식과 착공식에 무수히 방문하며 자신을 건설과 산업의 상징으로 만드는 데 성공했다.

특히 동아시아 최대의 건설 작업인 수풍 댐의 기록영화는 일본 제국 최고의 영화 제작자들이 집결해 제작한 것으로서 과학기술과 거대 개발의 과시, 제국 홍보를 기한 대형 스펙터클 영화였다. 이것은 전후 일본과 남북한의 개발 홍보에 사용된 원자료, 원풍경이었다.[100] 그 영향으로 북한은 1940년대 후반 국장國章과 실seal에 수풍 발전소를 그려 넣었다.[101] 만영의 기록영화 중 특히 전쟁 준비와 생산 독려를 다룬 것들의 제목, 용어, 분위

---

99) 이 정보를 알려준 강수훈에게 감사한다.
100) 김은혜, 「아시아 개발주의 원原 풍경」, pp. 172~75.
101) 정안기, 「1930년대 조선형특수회사」, p. 41.

기[102])가 1960년대 한국으로 이어졌다. 예컨대 전투의 승전보, 반공궐기대회, 방공 연습, 시민·학생·어린이의 단련, 여학생 간호정신대, 성전 체제 확립, 학도 동원, 흥아청년대회, 만주국방부인회의 활동, 근로 봉사, 결전 철강 증산, 필승 증산, 여성 교통 전사, 산업 전사, 노동영웅, 수송 전사, 근로 봉사대, 제철 전선, 탄광의 산업 전사, 근로 보국, 석탄 증산 등이 그에 해당한다.

만영과 만철의 영화들은 당시 일본 영화계에 노출되었던 조선 영화인들에게, 그리고 해방 후 한국의 젊은 영화인들에게 영향을 주었다. 조선 영화의 개척자 이규환은 만영에서 수학했고, 스승인 스즈키 시게요시鈴木重吉와 「나그네」(1937)를 같이 만들었다. 1940년대 조선 영화계의 대표 감독 최인규는 만영 영화 붐의 맥락에서 일본의 명감독 이마이 다다시今井正와 함께 만주를 소재로 한 영화 「망루의 결사대」(1943)를 만들었다. 최인규는 세계 영화사의 조류인 네오리얼리즘이 당도하기 전에 그 기법을 먼저 선보인 조선 영화계의 실력자였다. 그는 일제 시기의 활동, 즉 조선총독부가 후원한 작품을 연출했던 일을 반성하고 해방 후 「자유 만세」(1946) 등 광복 영화 3부작을 만들었으나 한국전쟁 때 납북됐다. 한국 영화계를 이끈 신상옥, 홍성기, 정창화 등이 그의 밑에서 영화를 배웠다고 한다.[103]

「대한 뉴스」는 정치, 경제, 사회, 문화 방면을 아우르며 영화 상영 전 모든 관객을 볼모로 잡은 코너였다. 「대한 뉴스」는 만영의 기록영화를 이었다. 간혹 외국 소식—미국 대통령의 행보, 뉴욕의 아이스 쇼, 피겨스케이팅, 미인 선발대회, 세계 박람회, 캐나다 패션쇼, 스페인 무용, 특히 세계

---

102) 「滿映通信」, 山口猛 監修, TEN SHARP Collection, 1994; 「滿映時報」, TEN SHARP Collection, 1994.

103) 강옥희 외, 『식민지 시대 대중예술인 사전』, pp. 238, 344~45; 이영일, 『이영일의 한국 영화사 강의록』, pp. 151~57.

복싱대회 등──을 소개하는 오락성도 겸비했다. 그러나 그 주목적은 재건 사업의 홍보였다. 매주 산업화, '조국 근대화'의 거대한 사업 및 건설 현장이 빠지지 않고 등장했으며 그 중심에는 박정희 의장이 우뚝 서서 부단히 노력하는 정부의 의지를 과시했다. 약 2천 명이 투입된 진주 남강 댐 공사 현장에서 군대처럼 길게 도열해, 장총 대신 공구를 들고 현장으로 행진하는 노동자들과 뜨거운 용광로 옆에서 철을 추출하는 공원들이 화면에 등장하여 한국의 노동영웅인 '산업 역군'들의 이미지를 부각시켰다. 경제개발 5개년계획이 수행되던 1960년대 전반, 「대한 뉴스」는 건설 공사 소식으로 뒤덮였다. 카메라는 원근의 구도를 통해 광활한 대지에 무수히 건설되는 현장, 높게 솟은 공장 굴뚝, 일직선으로 뻗은 도로들을 비추며 무에서 유를 창조하는 과정을 보여주었다. 철도 공사와 새 특급열차 등 근대의 속도도 표출됐다. 시청각적으로는 각종 노래를 통해 재건 사회 건설을 독려했다. 1965년 「대한 뉴스」의 첫 영상은 노래, 「일하는 해」로 펼쳐졌다.

만주국의 계민영화 「이는 무서워」나 오민영화 「개대환희皆大歡喜」도 1960년대 한국 홍보성 기록영화, 극영화 들과 유사점이 많다. 전자는 발진티푸스 예방을 위해 만주국 민생부가 후원한 전형적인 위생 홍보영화로서 신징음악단의 김성태가 그 음악을 맡았다. 이 영화는 이를 괴물같이 그린 애니메이션을 통해, 즉물적·감각적 방법으로 시청자의 경각심을 일깨웠다.[104] 푸순 탄광 등 노동 환경이 열악한 곳에 만연했던 발진티푸스의 위험성과 청소의 중요성을 드높이고, 영국과 미국을 이에 비유해 소제 대상으로 삼았다.[105] 「대한 뉴스」도 1960년대 기생충, 콜레라 예방을 위한 위생교육 수단이었다. 이것은 만주 계몽영화보다 체계적으로 국가의 방역활동을 과시했다. 기생충과 콜레라의 생활사, 발생 상황에 관한 도표와 구

104) 滿映啓民映畵 編, 「虱はこわい」, TEN SHARP Collection, 1994.
105) 崔吉城, 「滿洲映畵「虱はこわい」考」, 『アジア文化研究』, 廣島大學出版社, 2005.

사진 7-2. 1971년 한국 영화 「팔도강산」 상영관에 몰린 관람객들(출처: 국가기록원, 관리번호: CET0057715).

체적인 예방법, 예방접종, 진료, 격리 등 국가의 기민한 방역 활동이 화면에 담겼다.

신징음악단이 음악을 맡고 중국인 배우를 기용한 「개대환희」는 특급열차 아시아호와 자동차로 신징의 자녀를 방문하는 할머니를 통해 만주국의 근대적 발전상을 과시한 영화다.[106] 할머니의 실종, 좌충우돌 등 코미디풍 전개에 중국인 중산층 가정의 거실, 탁자 같은 소품과 거리의 공중전화, 양복을 입은 남녀, 박람회를 통해 만주의 근대상을 보여준다. 아울러 러시아 음악, 여러 민족의 합창 등을 통해 '대동아' 혹은 '민족협화'를 표방했다. 이것은 1960년대 한국의 경제 발전을 자화자찬하는 극영화 「팔도

---

106) 滿映娛民映畵 編, 「皆大歡喜」, TEN SHARP Collection, 1994.

강산」(1967)과 비슷하다. 「팔도강산」에서는 노부부가 전국의 자식들을 찾아나서는 과정에서 산업화, 민족 단결, 고속도로 건설 등 국가의 치적을 그렸다. 1편당 평균 제작비가 1천만 원 미만이었던 시대에 공보부가 연방영화사라는 외피를 쓰고 최대 제작비 1,800만 원을 들여 이 영화를 제작했다. 이 영화의 주제는 10년간 장기 방영된 KBS 일일 연속극 「꽃피는 팔도강산」으로 이어졌다. 「팔도강산」은 성공적인 홍보영화로서 여러 아류가 뒤따랐다.[107]

그 외에도 재건 사회 건설에 동참한 계몽성 극영화들이 있었다. 농촌을 소재로 한 유사 작품들은 과거에도 있었으나, 계몽영화가 본격화된 것은 1960년대였다. 영화진흥공사의 (정의가 간단치 않은) 분류에 의하면, 1960년대에 제작된 영화 1,522편 중 계몽영화는 15편이다. 사회의 구조적(봉건적) 모순과 갈등을 이겨내며 변화의 당위성을 역설하거나, 오락적 요소를 가미한 것들이 있다.[108] 대표적인 것은 신상옥의 「상록수」(1961)와 「쌀」(1963) 등인데 여러 모방작이 잇따랐다. 자조 정신을 외치는 농촌 지도자의 불굴의 의지를 그린 「상록수」는 절묘하게도 5·16이 일어난 해에 출시돼 군정 지도자들을 매료시켰다. 그 후속작 「쌀」은 구자유당, 민주당 정권의 부패와 무능을 탓하고 마지막 부분에서 군부대의 지원으로 굴을 뚫어 수로를 확보하는 등 군사정부를 호의적으로 그린다. 상이군인 출신 농촌 지도자가 보이는 의지, 농민들의 단결, 여성의 현실 참여, 미신과 지연地緣 등 전근대적 가치관 비판, 배움의 중요성, 의식 계몽 등을 강조하며 시대의 목소리를 대변했다.

신영균과 최은희는 자력갱생과 인고의 후원을 표현하는 1960년대의 간

---

107) 김한상, 『조국 근대화를 유람하기』, 한국영상자료원, 2008, p. 132.
108) 전범성 엮음, 『한국영화총서』, 영화진흥공사, 1972; 이지윤, 「1960년대 한국계몽영화와 농촌의 근대화」, 동아대학교 석사학위논문, 2008, pp. 5, 8.

판 배우가 됐다. 최은희는 「지옥화」(1958)에서 억센 '양공주'를 연기한 바 있으나, 스크린 안팎에서 대체로 전통적인 역할을 맡았다. '조국의 계몽'에 헌신하는 "남성 영웅들을 뒷바라지하고 온갖 고초를 겪는 여성 역을 맡은" 그녀의 스타덤은 한국의 근대화, 영화의 부흥기와 일치했다.[109] 신영균의 신념 어린 눈빛은 새 지도자, 고난을 극복하는 의지의 인물, 새 국민국가의 표상이었다.

신상옥은 1960년대에 건설, 자립 등 근대를 충심으로 받아들이며 '조국 근대화' 사업에 공명한 인물이다. 스티븐 정에 의하면, 그는 맹목적 계몽이 아닌 멜로드라마와 계몽을 연결해 뛰어난 '문화 정치' 기술을 구사했다. 즉 비극적 사랑, 역전, 복잡한 모호성 등 멜로드라마의 형식을 통해 계몽을 서술한 것이다. 그는 남북한에서 일관되게 고난의 극복, 건설 등 근대의 주제와 대면했다.[110] 이 시기에 신상옥처럼 빈곤 타파의 시대적 소명에 동참하는 것은 다수 예술인에게 공통적인 현상이었다. 방송작가 한운사도 그런 인물이다. 그는 1962년 노래 「잘 살아보세」의 가사를 썼다. 1960년대 전반기의 계몽 작품들은 주로 전역 군인을 포함해 바깥 세상에 나갔다가 귀향한 인물(고향 출신이나 외부인)의 주도로 농촌 계몽이 이루어지는 양상을 다루었다. 이에 비해, 후반기 작품들은 「태양은 다시 뜬다」(1966)처럼 농촌 내부의 역할, 즉 계몽의 대상이었던 농민들이 스스로 일어서는 주체적인 노력을 강조한다.[111]

---

109) 곽현자, 「미망인과 양공주: 최은희를 통해 본 한국 근대여성의 꿈과 짐」, 주유신·변재란 외, 『한국 영화와 근대성』, p. 126.

110) Steven Chung, "Sin Sang-ok and Postwar Korean Mass Culture," PhD diss., University of California, Irvine, 2008, pp. 86, 150, 167. 자신의 박사학위논문을 보내준 프린스턴 대학교 스티븐 정 교수에게 감사드린다.

111) 이지윤, 「1960년대 한국계몽영화와 농촌의 근대화」, p. 74.

만주 웨스턴의 남성상

1960년대의 계몽영화들과 별개로 이에 공명한 오락 장르가 있었다. 항일 내셔널리즘을 주제로 한, 오늘날 '만주 웨스턴'으로 불리는 이른바 '대륙물' '만주물' 영화다.[112] 이것은 1950~60년대 초의 노골적인 항일물(이승만, 유관순의 생애를 소재로 한 것 등)과 애국물(「성웅 이순신」 등)에 식상해진 관객들에게 사건의 긴장과 할리우드 웨스턴풍의 액션을 선사하면서 중요 장르로 자리 잡았다. 숱한 아류와 저질 영화가 나오고 홍콩을 무대로 한 스파이물이 출현해 퇴조할 때까지, 만주 웨스턴은 거의 10년간 흥행에 성공했다. 거슬러 올라가면, 만주 웨스턴의 원조는 조선 영화의 아버지 나운규가 만주를 배경으로 만든 「사랑을 차저서」(1928, 원제는 '두만강을 건너서')일 것이다. 이것은 후일 민족주의로 전용된 해석과는 달리, 나운규가 할리우드 영화를 보고 익힌 것을 토대로 모험과 활극성을 맘껏 발휘한 작품이다. 할리우드 웨스턴 작품들을 방불케 하는 여러 장면, 즉 여자를 두고 벌이는 대결, 마적과의 전투, 낭만적이고 아나키즘적인 마적이 등장한 이 영화는 흥행에 크게 성공했다.[113]

만주 웨스턴은 만주의 시간대와 민족의 단층들을 무시하고 조선인 항일 투사와 일본군(관동군) 양자의 대결 구도를 잡았다. 북한의 장백산 항일 담론을 의식하여 사회주의자들의 항일운동을 삭제하고, 무대도 추상적

---

112) 이 장르는 안진수가 일렀듯 웨스턴물의 핵심인 시각성·풍경성이 부족하므로 웨스턴물과 전쟁물의 혼합인 '만주 액션영화'라 부르는 것이 정확하겠으나, 이 책에서는 한국 영화계에서 강력하게 통용되는 용어 '만주 웨스턴'을 수용하기로 한다. 안진수, 「만주 액션 영화의 모호한 민족주의」, 『만주연구』 8집, 2008, pp. 201~202. 웨스턴의 정의를 포함해 만주 웨스턴에 대한 자세한 논의는 한석정, 「만주 웨스턴과 내셔널리즘의 공간」 참조.

113) 서재길, 「나운규 영화와 만주」, 『인문연구』 70호, 2014, pp. 70~73.

인 만주로 만들었다. 즉 무장 투쟁이 거의 소멸했던 시기를 배경으로 항일 투사들을 등장시켜 활약을 벌이게 했다. 대부분의 작품에서 이들은 천신만고 끝에 살아남아 일본군을 패배시키는 남성 영웅으로 그려진다. 만주 웨스턴은 별별 재만 조선인들이 존재했다는 사실을 아랑곳하지 않는 초월의 대변이었다. 그 결과, 만주는 할리우드 첩보 영화 「007」 시리즈의 주인공처럼 결코 패배하지 않는 항일 영웅과 협객들이 나타나는 환상의 땅이 됐다. 역사 기술은 "이해될 수 있는 것과 망각돼야 할 것 사이의 선택"이라는 드 세르토의 명구처럼, 만주 웨스턴은 만주 근대사 중 항일 투쟁만을 선택했다.[114]

만주 웨스턴의 초기 작품 중 하나인 「두만강아 잘 있거라」(1962)의 첫 장면에서 주인공 영우는 서대문 형무소를 파괴하고 독립운동가를 풀어준 뒤 광복군 사령부가 있는 만주로 떠난다. 학생 복장의 영우를 통해 당시 4·19를 이끈 학생들에게 독립운동가 이미지가 중첩되었다. 어머니는 "만주 땅은 추운 곳"이라며 총살당한 항일운동가 아버지의 털옷을 입혀주면서 장도를 기원한다. 이범석의 작품 『우둥불』의 분위기를 연상시키는 장면들, 즉 독립군 군자금을 두고 벌어지는 음모, 북만주의 삭풍, 설원 위 마상馬上의 추격, 육감적인 청춘스타 김혜정의 연기, 방랑, 희생, 남성 간의 의리를 강조하며 여인을 두고 떠나는 남성주의 등 오락 요소는 만주 웨스턴의 필수 요소였다. 항일 내셔널리즘은 만주 웨스턴의 요건이자 권력과 시대의 시선이었다. 만주 웨스턴은 당시 공교육을 통해 내셔널리즘의 확산을 떠받친, 대단한 보충 교재였다. 당시 서울에서 히트한 만주 웨스턴의 관객 수는 1960년대 중반까지 5~10만 명을 유지했다.[115]

---

114) De Certeau, *The Writing of History*, p. 4.

115) 당시의 관객 수는 서울의 것만을 추정한 매우 저평가된 수치다. 1965년경 서울 인구가 약 350만 명이었던 것을 감안하면 1960년대 전반 관객 수는 엄청났다고 할 수 있다. 만주 웨스턴의 효시 「지

식민지 시대부터 1960년대 초까지, 한국 영화에는 오랜 기간 아버지의 부재(혹은 거세된 남성)가 있었다. 백문임의 말처럼, '팔려가는 딸'이라는 모티프는 "민족 수난에 대한 일종의 알레고리"였다. 남성은 여성의 유린된 정조에 분노하다 자책에 빠지고 파멸의 길을 걷는 등 가부장은 흔들린다.[116] 여배우 문예봉은 기생이나 희생적인 '군국 처녀' '총후 부인'의 역할을 맡았던, '반도 처녀' 혹은 조선의 얼굴이었다.[117] 『여성』 『신여성』 등 당시의 여성 잡지들도 자식을 위한 헌신, '힘찬 어머니' 등 전통적 여성상을 줄기차게 증폭시켰다.[118] 1960년대 현모양처 역의 대표적인 얼굴 최은희의 이미지는 문예봉에게서 비롯된다고 할 수 있다. 그리고 해방 직전의 작품들에서 최은희를 대체했던 김신재는 "신여성 유형의 누이요, 소녀"였다. 방종한 여성이라 지탄받았던 과거의 여배우들에 비해 이들은 사생활에서도 "현모양처의 전형으로, 총동원 체제가 요구했던 절제와 정숙"을 갖추고 있었다.[119] 신여성적 분위기였던 당대의 무용가 최승희도 현모양처로서의 규범을 실천했다. 이것은 당시 전문직 여성들의 일종의 생존 방식이었다.

해방 후에도 남성의 상실은 계속됐다. 예컨대 「오발탄」(1961)은 전쟁과 미군 주둔의 상황을 반영한 영화다. 「오발탄」의 등장인물들——하루 종일 망향의 한을 되뇌는 정신착란자 노모, 실업자 남동생, '양공주'가 된 여동생, 돈이 없어 병원에서 죽게 된 아내, 이들에 에워싸여 무너지는 가장——처럼 식민 시대와 한국전쟁, 미군 주둔을 겪었던 한국 민족, 특히 한국의

평선」(1961)은 무려 10만 명의 관객을 동원했다. 한국영화데이터베이스(http://www.kmdb.or.kr/) 참조.

116) 백문임, 『춘향의 딸들, 한국 여성의 반쪽짜리 계보학』, 책세상, 2001, pp. 62~63.

117) 김려실, 『투사하는 제국, 투영하는 식민지』, p. 198.

118) 김욱영, 「1920~30년대 한국 여성 잡지의 모성 담론에 관한 연구: 『신여성』 『신가정』 『여성』을 중심으로」, 『스피치와 커뮤니케이션』 2호, 2003, pp. 187~88.

119) 박현희, 『문예봉과 김신재』, pp. 46, 72, 176.

남성과 부성은 이산, 실향, 망향, 빈곤, 자조, 무력, 결핍 혹은 남근 상실로 일그러졌다. 켈리 정의 말대로, 이 영화에서 민족은 "강력하고 신제국주의적인 남성(미군)에게 점유당하는 존재로 여성화"[120]돼 있거나 방향, 비전, 능력이 결여돼 있었다. 마침내 「로맨스 빠빠」(1960), 「마부」(1961) 등에서 가부장제 가족(혹은 국가공동체)이 통합돼 불완전했던 아버지가 아들에게 국민국가의 대표를 위임한다.[121] 「마부」는 만난을 겪고도 희망을 잃지 않는 아버지와 사법고시에 합격하여 집안을 일으켜 세우는 아들을 통해 근대의 가능성을 본다.[122] 1960년대의 대배우 김승호는 시대의 아픔을 딛고 일어나 새 시대를 여는 아버지의 상징이 되고, 신영균은 집안(국가)을 일으키는 아들의 상징이 됐다.

웨스턴과 뮤지컬, 재즈는 냉전 시대 미국의 헤게모니와 깊은 관련을 맺은 장르다. 웨스턴은 (백인들의) 강한 남성상, 폭력을 통한 질서의 구축을, 뮤지컬은 여성, 가족, 조화를 통한 (미국 주도의) 국제적 공동체의 형성을 그렸다.[123] 또한 흑인들의 음악인 재즈는 1950년대 중반에 미국의 아킬레스건인 인종차별을 은폐하고 문화('자유와 민주주의')를 해외에 수출하게 한 외교 무기였다. 프랑스 레지스탕스와 지하의 공산권에서 항쟁과 자유의 대명사로 인식되었던 재즈의 진가를 아이젠하워 정부가 수용해 해외 순회 연주를 후원한 것이다.[124] 만주 웨스턴은 한국 국민국가의 헤게모니가 드리운, 강한 남성이 본격적으로 구성되는 장르다. 주인공들은 가족의

---

120) Jeong, "Nation Rebuilding and Postwar South Korean Cinema," p. 148.

121) 김선아, 「근대의 시간, 국가의 시간: 1960년대 한국 영화, 젠더 그리고 국가권력 담론」, 주유신·변재란 외, 『한국영화와 근대성』, pp. 52~55.

122) Chung, "Sin Sang-ok and Postwar Korean Mass Culture," p. 144. 「마부」는 1961년 베를린 영화제에서 은곰상을 수상했다.

123) Christina Klein, *Cold War Orientalism: Asia in the Middlebrow Imagination, 1945~1961*, Berkeley: University of California Press, 2003, pp. 192~93.

124) Penny von Essen, *Satchmo Blows Up the World: Jazz Ambassadors Play the Cold War*, Cambridge: Harvard University Press, 2004, pp. 9~10, 28, 98, 204.

상실, 이산, 실향, 배신, 장애 등 우여곡절을 겪은 뒤 마침내 배신자와 밀정을 처단하고 민족의 원수인 일본군을 패배시킨다. 그 과정에서 대부분은 장렬하게 전사하고 몇 사람만 살아남아 원수를 갚겠노라 맹세한다. 그 강인한 남성상은 냉전 상황에서 '조국 근대화'라는 목표를 떠맡은 한민족의 상징인 동시에 숭고한 헤겔적 담론의 담지자, 즉 봉건, 낙후, 암흑 등 전근대를 떨치고 발전의 희망을 향해 진군하는 주체였다.

만주 웨스턴의 융합성

만주 웨스턴은 흥미롭게도 전후 일본 대륙물을 바탕으로 개시됐다. 초기 작품인 「대지여 말해다오」(1962)는 일본의 전후 문제작 「인간의 조건」 3부작을 압축해 번안한 것이다. 해방 후 외부, 특히 일본과의 교류가 10여 년 단절되었지만 일본어 교육을 받은 한국 지식인들은 어떤 경로를 통해서든 일본 사정을 그런대로 청취하고 있었다. 만주 웨스턴은 해적판, 밀항, 밀수입이나 풍문, 상상, 귀동냥, 먼 기억의 산물이었다. 만주 웨스턴의 수입, 융합 범위는 드넓었다. 전후 일본의 대륙물에 그치지 않고, 1960년대 일본의 액션물과 웨스턴, 맹인 검객 자토이치 시리즈, 홍콩의 외팔이 검객 시리즈, 할리우드 영화들, 웨스턴 작품들, 그리고 한창 맹위를 떨친 스파게티 웨스턴까지 폭넓게 번안됐다.

먼 기억은 만주국 시대의 영화들이다. 「망루의 결사대」가 펼치는 승리의 대단원은 정형화된 비적, 광활한 대륙은 만주 웨스턴에 연결된다. 만영의 영화들도 만주 웨스턴에 영향을 주었다. 「소만국경」(1964), 「불붙는 대륙」(1965) 등에서 신징, 하얼빈 등의 술집에서 노래하는 김혜정은 한국판 리샹란이다.[125) 만주 웨스턴의 주연 김혜정은 허벅지까지 트인 치파오를 입고 「영춘화」(1942)의 리샹란처럼 노래한다. 만주 웨스턴의 간판 배우 장동휘의 이미지도 만영 작품에서 유래된 면이 다분하다. 그는 「소만국경」에서 얼굴에 긴 흉터를 새긴 채 중절모, 화려한 양복, 양복 윗주머니에 꽂은 손수건, 가죽장갑 차림으로 지하 술집에서 짐 빔 위스키를 마시는 암흑가 보스로 등장한다. 장동휘는 다수 작품에서 무뢰한이었다가 종국에 민족 반역자를 처단하며 옛 애인과 독립 투사를 구하고 장렬하게 죽는 안티히어로풍 인물을 연기한다. 이 암흑가의 의인, 분위기, 소품 등도 다분히 만영 작품에서 비롯된 것이다. 일본 배우 하세가와 가즈오長谷川一夫와 리샹란 콤비는 「지나支那의 밤」(1940)에서 연인으로 등장해 남자 주인공이 곤경에 처한 여성을 구하는 장면을 그려낸다. 선원인 하세가와는 밤 골목과 으슥한 술집을 탐험하는데 그의 중절모와 외투, 미로 같은 술집, 경찰의 사이드카 같은 소품이 만주 웨스턴에서도 애용됐다.

조선 영화인들은 1930년대 이래 일본의 제작기술을 빠르게 수입하고 토착화하며 영화 세계를 개척했다. 중일전쟁 후 조선 제작자들은 「복지만리」와 「군용 열차」(1938) 등 일본의 대륙 진출과 만주 개척에 호응하는 다수의 영화를 제작하며 조선 영화의 일대 붐을 일으켰다. 벤야민이 읊은 "매혹과 충격으로서의 근대,"[126] 그 현장인 영화는 급속히 조선인들의 삶의 일부가 됐다. 전국 상설관이 161개뿐이던 1940년대 초, 조선인은 연 1회 이상 영화를 볼 정도로 열정적이었다.[127] 영화 산업이 번창한 오늘날과 비교해도 대단한 열기다. 해방 전의 탁월한 예술 평론가 임화가 "혼종성

125) 뛰어난 가창력을 겸비한 리샹란은 만주, 중국을 소재로 만영이 제작한 혹은 일본 영화사들과 합작한 작품들에 출연해 일본, 조선, 중국 등지에서 큰 인기를 얻었던 인물이다.

126) Benjamin, *Illuminations*, pp. 163~70.

127) 유선영에 의하면, 1942년 함흥 인구의 94퍼센트, 경성 72퍼센트, 평양 69퍼센트, 대전 63퍼센트, 원산 52퍼센트, 신의주 48퍼센트, 부산 44퍼센트, 광주 43퍼센트가 1개월에 1회 관람했다. 유선영, 「한국 대중문화의 근대적 구성 과정에 대한 연구」, p. 323.

자체를 조선 영화의 특성으로 삼고 성육돼야 할 장점"이라 지적한 바 있다.[128] 만주 웨스턴의 혼종성은 후일 상하이, 홍콩, 부산 부두를 소재로 하는 해양성 영화와 한국형 필름 느와르, 할리우드의 '권격拳擊' 영화(쿵후 등 육탄전을 소재로 한 영화) 등과 접맥된다는 의의를 지닌다. 만주 웨스턴의 개척자 정창화 감독이 홍콩으로 건너가 만든 「죽음의 다섯 손가락」(1972)은 미국에 수출돼 파란을 일으켰는데, 이것은 홍콩 무술영화와 현대 액션 영화를 연결한 할리우드 권격영화의 신호탄이었다. 이런 역사를 바탕으로 한국 영화는 오늘날 종사자 수만 명, 약 3조 9,200억 원의 매출, 약 1,600만 달러의 해외 매출 규모(그리고 50개 이상의 대학 영화학과 개설 등)로 성장했다. 현재 한국 영화의 최대 수출국은 왕년에 한국 영화인들이 모방, 번안의 대상으로 삼았던 일본이다.[129]

---

128) 백문임, 「조선 영화의 존재론」, 『상허학보』 33집, 2011, p. 201.
129) 2011년 해외 매출 중 일본으로의 수출은 23.2퍼센트로 1위이며, 외국 영화의 한국 로케이션 유치 부문에서도 일본 영화사가 1위(82.1퍼센트)를 차지했다. 영화진흥위원회, 『2011 한국 영화산업실태 조사와 한국영화 투자 수익성 분석』, 커뮤니케이션북스, 2013, pp. 5, 33~41.

8장

맺으며
: 식민과 변용

본 연구는 한국인이 가진 근면의 뿌리를 1960년대 재건 체제, 나아가 만주국식 속도전과 결합된 개척의 에토스인 만주 모던에서 찾았다. 이것을 통해 국가 형성에 관한 기존 연구에서 결여된 부분, 즉 식민주의적 확산과 후발주자적 관점(이점과 속도)을 일깨우고자 했다. 만주국 자체가 일본 제국 사상 네번째의 국가 형성으로, 과거의 경험과 재료로 급속하게 이루어진 결과물이다. 1960년대 한국의 재건 체제 형성에도 만주국의 중요 요소가 이월되었다. 그리고 그것은 대단한 속도로 이루어졌다. 국가 형성은 무력의 독점과 질서 유지, 군대·관료의 양성, (국민을 먹여 살리는) 생산에 주력한다는 점에서 남성화 과정이다. 또한 일상의 침투, 자연과 신체에 대한 통제를 통해, 또는 대중예술이라는 문화 자원을 통해 자신의 존재를 드러내는 과정이다. 냉전 경쟁하에서 군 출신들이 신속하게 만들고 이끌었던 재건 체제 혹은 생산·안보 체제는 이런 과정을 여실히 드러낸다.

이것은 한국 현대사에서 복합적인 의미를 지닌다. 이 체제는 세계 최빈국을 탈출시킨 사령탑이었고, 동시에 자연 훼손과 (대형 사고에 이르는) 졸속의 근원이었다. 이것을 이해하기 위해 식민주의를 냉정하게 분해할 필요가 있다. 지난 1990년대에 김영삼 정부가 조선총독부 건물을 철거해버렸을 정도로 한국 사회에서 식민주의는 폭발성 화제다. 이와 달리 중국인들은 식민주의에 대해 흥미로운 실용주의를 드러낸다. 예컨대 창춘의 구만주국 관청 건물들은 모두 새 용도로 사용되고 있다. 관동군 사령부는 현재의 권부인 지린 성 공산당위원회 건물로, 만주국 경찰청 건물은 지린 성 공안 건물로, 황제 푸이의 (항복하는 통에 거주하지 못한) 새 황궁은 창춘 과학기술대학으로, 만주국 중앙은행은 은행으로, 국무원은 병원으로 사용되고 있다. 타이베이의 구총독부 건물도 현재 영빈관으로 쓰이고 있다. 마찬가지로 영국인들은 기원전 40년 이래 로마 제국이 수차례 원정하고 점령한 흔적을 관광 자원으로 활용하고 있다.

식민주의에 대한 해석은 간단치 않다. 이 시기 전체를 암흑으로 혹은 저항과 협력의 이분법으로 재단한다면 고난 너머 한국인들의 악착같은 따라잡기를 설명할 수 없다. 1930년대 중국 남부 왕징웨이 정부 시절을 소재로 삼은 뛰어난 영화 「색, 계」(2007)는 미묘한 회색 영역을 포착한다. 상하이 상류 사회 부인으로 가장하여 중국인 공안 책임자를 유혹해 암살하려는 여성 레지스탕스 요원은 임무 수행 중 혼란에 빠진다. 그녀는 사명과 애정(혹은 신체적 결합) 사이에서 고뇌한다. 그녀의 적도 마찬가지다. 마침내 그녀는 동료들에게 섹스의 절정에서 적이 자신의 몸 위로 엎어질 때, 그의 머리를 쏘아 피와 뇌수가 자기 몸을 적시게 해달라고 부탁한다. 영화는 몸의 비유를 통해 항일과 친일의 굳은 경계 혹은 제국주의나 내셔널리즘과 같은 거대 담론을 뒤흔든다. 즉 "이념들이 놓치는 지글지글한 현실" "의지와 욕망 사이의 혼란" "생존과 몸"에 초점을 맞춘다.[1] 전래의 이분법

---

1) Prasenjit Duara, "Collaboration and the Politics of the Twentieth Century," *The Asia-Pacific Journal: Japan Focus*, 2008. 7. 15.

은 드넓은 회색 지대를 보지 못한다.

　식민주의가 초래한 해외 이주도 꼭 비극적으로 해석할 필요가 없다. 한국의 숱한 인물들이 식민 시대에 국제적 경험을 쌓고 각계의 지도자가 됐다. 박정희를 비롯해 세계적인 지휘자 안익태, 한국의 대표적 작곡가 김성태, 임원식, 종교 지도자 강원용 목사, 중국 군가의 아버지 정율성, 미국의 저명인사가 된 여러 태권도인들에게 만주는 연쇄 이동의 출발지 혹은 경유지였다. 노니니 옹의 말처럼 이제 이산은 "긍정적인 뜻"을 내포한다.[2] 이산은 "유목민의 삶, 초국적 유동"의 특징을 갖는 오늘날 지구화[3]와 상당한 친화력이 있는 경험이다. 이산의 선구자인 화교들은 17세기에 중국을 떠나 동남아로 갔던 유민 출신이지만 현재 전 세계 6천만 명의 인구가 동남아 너머 일본, 미국, 유럽 등지로 연결되는 비즈니스 네트워크를 구축하여 국제적 세력으로 부상했다.[4] 이들은 복합적 정체성을 활용하여 다중 심적·탈영토적 세계 자본주의에 적응하고 있다. 한국 근세사에서 이산 혹은 압축적 세계화를 경험했던 재중동포(조선족)는 문화적 정체성을 끈질기게 유지한 채 중국의 개혁·개방에 적응해 상당한 자본 축적을 이루며 국내외에서 활약 중이다.[5]

　팔레스타인의 토착 종교였던 기독교가 로마 제국의 공인을 통해 동서양으로 확산되었듯, 식민주의는 주변적 문화의 세계화에도 기여할 수 있다. 팔레스타인 출신의 문학가 에드워드 사이드Edward Said는 각종 인종·사상

---

2) Donald Nonini & Aihwa Ong, "Chinese Transnationalism as an Alternative Modernity," Aihwa Ong & Donald Nonini(eds.), *The Cultural Politics of Modern Chinese Transnationalism*, New York: Routledge, 1997, p. 18.

3) 울리히 벡, 『지구화의 길』, pp. 80~83.

4) 왕경우, 『화교: 중국 밖의 또 다른 중국인』, 윤필준 옮김, 다락원, 2003, p. 131.

5) 중국에서 조선족 기업의 숫자는 현재 약 1만 7,500여 개로 성장했는데, 그 성공의 이면에는 한국과의 교류와 중국 문화의 이해라는 요인이 있다. 문철주·백권호, 「재중 조선족 기업 경영 성과에 미치는 요인에 관한 탐색적 실증 연구」, 『한중사회과학연구』 29호, 2013, pp. 84~85.

의 전시장(혹은 현대판 제국의 중심)인 뉴욕에서 활동하며 전 세계에 그의 주장을 알렸다. 콘래드의 걸작 『암흑의 핵심』『로드 짐』도 크게 본다면 영어권에 흡인된 2등 시민(폴란드 태생)의 작품이다. 프레드릭 제임슨이 지적했듯, 비록 해양과 모험이라는 "억제 전략"을 동원했지만 제국주의·자본주의의 확장을 콘래드만큼 예리하게 파악한 이도 드물다.[6] 식민자의 언어를 이용한 글쓰기는 자기 파괴라기보다는 피식민 지식인들이 여러 사조·경향과 대면하고, 자신의 세계와 독자를 넓히는 기회라 할 수 있다. 김철이 지적하듯, 이것은 "조선어와 조선 문학의 가능성이 시도되고, 전복의 가능성을 여는 일"이다.[7] 1950년대 이래 미주로 진출한 한인들도 탁월한 근면성, 기회 포착, 공격성으로 마침내 흑인 거주 지역뿐 아니라, 로스앤젤레스의 일본인 타운 등 기존 에스닉들의 상권을 침투해 장악했다. 이런 역사 또는 1930년대 조선인들의 만주 경험을 비극적 유랑 혹은 친제국주의의 단순 주제로 기술할 필요는 없다.

식민 시대는 접변과 변용의 한 계기다. 문화 요소는 물처럼 여러 곳으로 흘러간다. 중심과 주변 간의 흐름은 일방적인 것이 아니라 쌍방향적이다. 주변은 식민자들이 제국의 중심에서 할 수 없었던 일을 추진해보는 실험장이 되고, 동시에 이 실험은 중심과 탈식민 시대에 영향을 준다. 베트남의 호찌민, 인도의 네루, 가나의 은크루마Kwame Nkrumah 등 지도자들이 제국주의자들의 사고와 언어를 빌려 민족 항쟁을 이끌었듯, 식민주의는 탈식민과 이후의 진행에 중요한 실마리가 된다. 동양의 제국주의자 일본이 러일전쟁에서 승리했다는 소식은 한때 중국의 국부인 쑨원을 포함하여 서구 열강의 통치를 받았던 광대한 지역(이집트에서 아시아까지)의 유색인들을 고무시켰다. 그는 1924년 일본에서 한 연설에서 '피는 물보다 진

---

6) Jameson, *The Political Unconscious*, pp. 210~15.
7) 김철, 『복화술사들』, pp. 143, 167.

하다'라는 논리로 피압박 아시아인들의 단결과 서구 제국주의에 대한 저항을 호소했다.[8] 이 같은 아시아주의는 쑨원을 포함해, 특히 태평양전쟁 시 동남아시아 지도자들에게 상당한 호소력이 있었다. 버마의 국부 아웅 산 장군도 그런 보기다. 또한 동남아시아에서 일본 통치자들은 서양에 대항하기 위한 군사·정치 교육을 전개하는 과정에서, 발리에서처럼 기존의 카스트 제도를 뒤흔들었다.[9] 싱가포르에서의 "잔인한 법치"는 전후의 걸출한 지도자 리콴유에게 영향을 미쳐 그는 이후 엄격한 치안과 위생 정책을 시행하여 이곳을 세계에서 가장 깨끗한 도시 중의 하나로 만들었다.[10]

　두아라는 "동아시아적 근대"라는 개념을 통해, 19세기 말 서양의 근대 담론과 실행이 적절한 지역적 조율에 의해, 중일 간 교류(또한 중국, 조선 등에 역수출)를 통해 동아시아에 전파되었다고 주장한다. 그런데 일본 식민주의, 특히 만주국은 20세기 전후반 동아시아, 한국의 국가 형성 요소인 동원과 통제경제를 확산시켰다. '항일운동의 성지'라는 내셔널리즘 담론에 가려져 있지만, 1930~40년대 만주국은 대다수 조선인에게 기회의 땅이었다. 조선인들은 만주에서 여러 종류의 전망—노동 계급에 대한 강경애의 긍휼, 국제주의에 대한 한설야의 실험 등—을 투사하고, 개척과 건설의 열기를 목도했다. 만주국 건국 자체가 제국의 새 프로젝트였다. 만주국 후반기 일본인들의 징병으로 인한 공백을 맞아 일부 고학력 조선인들은 의료, 음악, 관공리, 교육, 상업 등 여러 분야를 파고들었다.

---

8) Sun Yat-sen, "The Three Peoples of the People," Prasenjit Duara(ed.), *Decolonization*, pp. 27~29.

9) Robinson, *The Dark Side of Paradise*, p. 85.

10) Lee Kuan Yew, *From Third World to First: Singapore and the Asian Economic Boom*, New York: Harper Collins, 2000, p. 213. 1941년 말 말레이를 침공한 6만 명의 일본군은 70일 간의 전투로 10만 명 이상의 영국군을 패배시키고 이듬해 2월 싱가포르를 함락시켰다. 그 뒤 화교 학살(2~5만 명), 영국군 집단 구금, 헌병대를 통한 일상적 감시 등을 자행했다. Mark Frost & Yu-Mei Balasingamchow, *Singapore: A biography*, Singapore: Editions Didier Millet & National Museum of Singapore, 2009, p. 290.

가려져 있던 존재, 만주국은 1960년대에 형성된 한국 불도저 체제의 원류다. 이때 한국은 정부 주도하에 군대식으로 사회를 조련하고, 경제계획에 시동을 걸며, 시·읍·면 단위의 표준화된 도시계획으로 전 국토에 직선으로 구획하고 땅을 파헤치기 시작했다. 식량 증산을 위해 바다를 메우고 산천을 뒤엎고 공유수면을 한 뼘 단위까지 관리했다. 강제 노동, 정착 사업들도 추진해나갔다. 대다수 국민들도 정부의 "잘 살아보자"라는 구호에 호응하여 세계 최빈국 탈출에 진력했다. 만주에서 수입된 급속 산업화·도시화, 개척과 건설, 동원의 에토스, 달리 말해 만주 모던은 1960년대 냉전 상황에서 발현돼, 결국 북한을 따라잡는 원동력이 됐다. 나아가 후일 일부 분야에서는 옛 식민자인 일본을 넘보는 자원이 되기까지 했다. 역설적으로, 이곳은 피식민자들의 실전 경험, 나아가 식민자를 위협하게 될 훈련의 장이었다.

바바가 일렀듯, 식민자는 "비슷하나 꼭 같지 않은" 피식민자를 만든다. 그런데 그가 보지 못했던, 식민자와 '꼭 같지 않은' 부족분에서 토착화와 추월의 여지가 생긴다. 도쿠가와 말기 이래 서양, 특히 네덜란드 문물 베끼기에 열중했던 일본인들은 뒷날 서구 대부분을 추월하는 경제 강국에 올랐다. 1960년대 한국 마라톤을 주름잡은 김봉래는 보조 주자 출신이었다. 선두주자를 위해 함께 달리던 그는 마침내 한국 최고 기록 수립과 함께 '20분 벽'을 돌파한 주인공이 됐다. 1970년대 중동에서 현대건설 등 한국 기업은 미국의 세계적 토목회사인 벡텔의 하청업체로 시작했으나 뒷날 그 경쟁자로 성장했다. 오늘날 세계적인 기업으로 올라선 삼성전자의 기업사는 오랜 기간 창업자 이병철의 일본 학습 기간과 "마누라 말고 다 바꿔라"라고 한 후계자 이건희의 창의적 경영이라는 두 시대로 이루어진다. 소니 등 일본의 명문 전자 산업을 추월한 후자의 창의력은 선대의 대일 벤치마킹 혹은 모방의 축적—정기적인 일본 방문, 일본과의 교류, 기술 정보 및 시장 정보 수집 등 이른바 '도쿄 구상'──이라는 토양에서 나온 것이다. 이병철은 일본이라는 창으로 세상을 보았다고 할 수 있다. 그는 임원들이 일본을 배우도록 파견했고 세 아들을 모두 일본에 유학 보냈다.[11] 19세기 말 이래 일본과 한국에서 모방은 거의 창조의 능력이었다. 현재 신흥 중국 대기업들(알리바바, 샤오미, 화웨이 등)이 벌이는 모방, 짝퉁의 위력은 삼성전자의 스마트폰을 포함해 세계 산업을 흔드는 형국이다. 변용과 추월은 모방에서 시작된다. 식민 상황에서 이것은 반식민 저항자나, 식민자와 꼭 같은 복제품(토착 엘리트 출신의 고학력자 혹은 제국의 일류 피식민자)이 아닌, 무언가 이류 혹은 서자풍의 (빈농이나 평민 출신으로 식민 체제의 중하급 지위에 오른) 피식민자에 의해 추진된다.

이 연구는 1960년대 한국에서 식민주의와 근대가 맺는 복잡한 관계를 논한 것이다. 전쟁은 파괴요, 새 출발이다. 제2차 세계대전 시의 동원 체제를 통해 미국은 전후 세계의 패권국이 됐다. 1930년대 총동원의 현장 만주국의 통제경제는 1960년대 한국의 체제 경쟁과 세계체제 내의 상향 이동에 공헌했다. 1960년대는 고속 산업화를 위한 불도저 체제가 가동된 분출의 시점이다. 군정 지도자들은 만주국의 관동군 스타일로 누대의 문제들을 쾌도난마로 해치우기 시작했다. 10년 이상 국민들을 근면하게 움직인 이 추동력은 사회의 극심한 회전력에 기여했다. 그러나 공기 단축에 드러난 속도와 자신감은 자연 파괴, 졸속, 현재에도 끊이지 않는 대형 사고를 대가로 했다.

한국의 오늘과 직결되는 만주는 장기간 억제되어왔다. 조선 농민들의 엑소더스, 경계의 확장, 광활한 대륙을 달리는 만철, 폭력과 근대, 급속한 산업화와 도시화, 오족협화, 고난과 개척, 이류들의 약진, 국방국가

---

11) 김영욱, 「이병철의 일본 모방과 추월에 관한 시론」, 『일본비평』 3호, 2010, pp. 199~201.

의 비전, 국제적 계보의 영화·음악 등이 만주를 설명하는 장면들이다. 1930~40년대 만주는 이러한 것들의 일종의 콜라주로, 그리고 1960년대 한국은 그 시대와의 중첩적 국면으로 파악될 수 있다. 그런데 만주는 "욕망으로 인지될 수 있는 욕망의 원인" "결핍의 상징"(라캉의 "대상 a" 같은 것)[12]으로 남아 있었다. 그 욕망이란 시대의 강박적 시선인 항일 내셔널리즘이다. 냉전의 시작으로 해방 당시 조선인 인구가 약 200만 명 정도로 치솟았던 만주의 기억은 편리하게 망각됐다. 이 공백 속에 오로지 항일 서사만이 살아남았다. 이 시선 앞에 만주 출신들──장교에서 관료, 협화회원, 관현악 단원, 문인, 교사, 만철 기술자들──은 모두 침묵으로 일관했다. 만주 체류는 곧 친일을 의미했다. 만주의 공백은 사람과 사물의 자연적 소멸에서 비롯된 것이 아니라, 억제와 침묵이 빚은 것이다. 만주는 욕망의 대상이요, 은닉의 상자였다. 이제 그 판도라의 상자를 열어젖힐 때가 되지 않았는가?

12) Jacques Lacan, *The Four Fundamental Concepts of Psychoanalysis: The Seminar of Jacques Lacan*, Book XI, A. Sheridan(trans.), New York: Norton, 1981, pp. 83, 103.

참고문헌

국문 자료

강경애, 『강경애 전집』, 이상경 엮음, 소명출판, 2002.

강대용, 「[새마을운동 성공 사례] 전국 최우수 퇴비 증산왕이 되다」, 『지방행정』 24권 261호, 1975.

강상현, 「1960년대 한국언론 변화의 주요 특징」, 한국정신문화연구원 엮음, 『1960년대 사회 변화연구: 1963~1970』, 백산서당, 1999.

강수훈, 「1960년대 남한 근대화 재현에 관한 연구」, 동아대학교 석사학위논문, 2011.

강옥희 외, 『식민지 시대 대중예술인 사전』, 소도, 2006.

강원용, 『역사의 언덕에서 1』, 한길사, 2003.

강유인화, 「한국 사회의 베트남전쟁 기억과 참전 군인의 기억투쟁」, 『사회와역사』, 2013년 봄호.

강주원, 『나는 오늘도 국경을 만들고 허문다: 국경도시 단둥을 읽는 문화인류학 가이드』, 글 항아리, 2013.

강진아, 「중국과 소련의 사회주의 공업화와 전후 만주의 유산」, 한석정·노기식 엮음, 『만주, 동아시아 융합의 공간』, 소명출판, 2008.

강진웅, 「북한의 항일무장투쟁 전통과 민족 만들기: 민족주의와 권력, 담론, 주체」, 『한국사회학』 46집 1호, 2012.

강진연, 「탈식민 국가 형성 연구의 비판적 검토와 통합적 시각의 모색」, 『한국사회학』 46집 4호, 2012.

강해수, 「최남선의 '만몽' 인식과 제국의 욕망」, 『역사비평』 76호, 2006.

강혜경, 「제1공화국시기 매춘여성과 성병관리」, 『한국민족운동사연구』 63집, 2010.

강, 힐디, 『검은 우산 아래에서』, 정선태·김진옥 옮김, 산처럼, 2011.

경찰청 역사편찬위원회, 『한국경찰사 5』, 경찰청, 2006.

고구치 히코타, 「만주국의 법」, 임상혁 옮김, 『법사연구』 27집, 2003.

고미숙, 『한국의 근대성, 그 기원을 찾아서: 민족, 섹슈얼리티, 병리학』, 책세상, 2001.

고재성, 「김용기 장로의 영성적 삶」, 『기독교사상』 504호, 2000.

공제욱, 「의복 통제와 국민 만들기」, 공제욱·정근식 엮음, 『식민지의 일상 지배와 균열』, 문화과학사, 2006.

─────, 「'혼분식 장려운동'과 식생활의 변화」, 공제욱 엮음, 『국가와 일상: 박정희 시대』, 한울, 2008.

공진항, 『이상향을 찾아서』, 탐암공진항희수기념문집간행위원회, 1970.

곽은희, 「전시 체제기 노동·소비 담론에 나타난 젠더 정치: 잡지 『여성』을 중심으로」, 『인문연구』 59호, 2010.

─────, 「프로파간다화된 만주 표상과 욕망의 정치학」, 『만주연구』 16집, 2013.

곽현자, 「미망인과 양공주: 최은희를 통해 본 한국 근대여성의 꿈과 짐」, 주유신·변재란 외, 『한국영화와 근대성』, 소도, 2005.

구해우·송홍근, 『북한이 버린 천재 음악가 정추』, 시대정신, 2012.

권보드래·천정환, 『1960년을 묻다』, 천년의상상, 2012.

권대웅, 「일제말기 조선저축운동의 실체」, 『민족문화논총』 7집, 1986.

권명아, 『역사적 파시즘: 제국의 판타지와 젠더 정치』, 책세상, 2005.

─────, 「심미주의의 〈분열〉」, 『작가세계』 75집, 2007.

─────, 『음란과 혁명: 풍기문란의 계보와 정념의 정치학』, 책세상, 2013.

권헌익, 『또 하나의 냉전: 인류학으로 본 냉전의 역사』, 이한중 옮김, 민음사, 2013.

권헌익·정병호, 『극장국가 북한: 카리스마 권력은 어떻게 세습되는가』, 창비, 2013.

김경일 외, 『동아시아의 민족 이산과 도시』, 역사비평사, 2004.

김광열, 『한인의 일본 이주사 연구: 1910∼1940년대』, 논형, 2010.

김규환, 「이스라엘의 농업협동조합」, 『사상계』, 1961년 8월호.

김근배, 「생태적 약자에 드리운 인간 권력의 자취: 박정희 시대의 쥐잡기운동」, 『사회와역
　　　사』, 2010년 가을호.

김기훈, 「만주의 코리안 디아스포라: 제국 내 이민 정책의 유산」, 한석정·노기식 엮음, 『만
　　　주, 동아시아 융합의 공간』, 소명출판, 2008.

김낙년 외, 『한국의 장기통계: 국민계정 1911∼2010』, 서울대학교출판문화원, 2012.

김남식, 「1948∼50년 남한내 빨치산활동의 양상과 성격」, 송건호 외, 『해방전후사의 인식
　　　4』, 한길사, 1989.

김대규, 「6·25 동란과 결핵」, 『보건 세계』 43집 3호, 1996.

───, 「민간항결핵단체의 발자취」, 『보건 세계』 43집 4호, 1996.

김대상, 『부산 경남 언론사 연구』, 대왕문화사, 1981.

김도규, 「국제기능올림픽대회 6연패의 의의와 과제」, 『기계산업』 102권, 1985.

김동노, 「식민지시기 인식의 새로운 방향 정립」, 김귀옥 외, 『한국사회사연구』, 나남, 2003.

───, 「한국의 통치 전략으로서의 민족주의」, 『현상과인식』, 2010년 가을호.

───, 「국가와 사회의 권력 관계의 양면성: 국가 자율성과 국가 역량의 재검토」, 『사회와
　　　역사』, 2012년 겨울호.

김동춘, 『전쟁과 사회』, 돌베개, 2006.

김두식, 「농진공의 해외 사업은 이렇게 해서 시작됐다」, 농어촌진흥공사 엮음, 『국토개조 반
　　　세기 증언』, 1999.

김려실, 「인터/내셔널리즘과 만주」, 『상허학보』 13집, 2004.

───, 『투사하는 제국, 투영하는 식민지: 1901∼1945년의 한국 영화사를 되짚다』, 삼인,
　　　2006.

───, 『만주영화협회와 조선 영화』, 한국영상자료원, 2011.

───, 「댄스, 부채춤, USIS 영화: 문화 냉전과 1950년대 USIS의 문화 공보」, 『현대문학의
　　　연구』 49집, 2013.

───, 「만주영화협회의 '계민 영화' 연구」, 『영화연구』 57호, 2013.

김만선, 「이중국적」 「한글강습회」 「압록강」, 『한국근대단편소설대계 4』, 태학사, 1988.

김명숙, 「국가동원과 '가족계획'」, 공제욱 엮음, 『국가와 일상: 박정희 시대』, 한울, 2008.

김민영, 『일제의 조선인 노동력 수탈 연구』, 한울아카데미, 1995.

김민철, 「일제하 식민 권력의 침투와 촌락 사회」, 『한국민족운동사연구』 64집, 2010.

김백봉, 「최승희와 나」, 『북한』 8호, 1972.

김병연, 「북한의 국민소득: 추정치와 평가」, 『수은북한경제』, 2008년 가을호.

김병환, 「칼빈과 김용기 장로의 사회봉사활동 비교연구」, 『한국개혁신학회논문집』 33권, 2012.

김붕구, 「한국 지식인의 생태」, 『사상계』, 1961년 9월호.

김사량, 「향수」, 김재용·박형덕 편저, 『김사량, 작품과 연구 1』, 역락, 2008[1941].

김석형 구술, 이향규 녹취·정리, 『나는 조선공산당원이오!』, 선인, 2001.

김선아, 「근대의 시간, 국가의 시간: 1960년대 한국 영화, 젠더 그리고 국가권력 담론」, 주유신·변재란 외, 『한국 영화와 근대성』, 소도, 2005.

김성수, 「현암 김종희 회장의 생애와 경영 이념 연구」, 『경영사학』 52호, 2009.

김성식, 「한국 지식인의 현재와 장래」, 『사상계』, 1961년 9월호.

김성태, 「문화계 1년의 반성: 다채로왔던 회고와 몇 가지 주문」, 『사상계』, 1961년 12월호.

김성호, 『1930년대 연변 민생단 사건 연구』, 백산자료원, 1999.

김세원, 『나의 아버지 김순남』, 나남, 1995.

김세진, 「1970년대 한국 국책영화의 선전 형식 연구」, 한양대학교 석사학위논문, 2006.

김승현, 「한국 창작 뮤지컬의 초석을 놓은 국립 가무단」, 국립극장 엮음, 『국립극장 60년사』, 국립극장, 2010.

김영미, 『그들의 새마을운동』, 푸른역사, 2009.

김영범, 『한국 근대 민족 운동과 의열단』, 창비, 1997.

김영욱, 「이병철의 일본 모방과 추월에 관한 시론」, 『일본비평』 3호, 2010.

김예림, 「전시기 오락 정책과 '문화'로서의 우생학」, 『역사비평』 73호, 2005.

———, 「전쟁 스펙타클과 전장 실감의 동력학」, 『동방학지』 147집, 2009.

김왕배·이수철, 「구술사의 방법론적 의의와 과제: 재만 조선족의 구술 사례를 중심으로」, 김도형 외 엮음, 『식민지 시기 재만 조선인의 삶과 기억』, 선인, 2009.

김용현, 「북한 군사국가화의 기원에 관한 연구」, 『한국정치학회보』 37집 1호, 2003.

김우중, 『세계는 넓고 할 일은 많다』, 김영사, 1989.

김옥영, 「1920~30년대 한국 여성 잡지의 모성 담론에 관한 연구: 『신여성』 『신가정』 『여성』을 중심으로」, 『스피치와 커뮤니케이션』 2호, 2003.

김운용, 『현명한 사람은 선배에게 길을 찾는다』, 중앙북스, 2009.

김웅기, 「일본의 만주형 발전 모델이 박정희 정부 산업화에 미친 영향」, 한국학중앙연구원 박사학위논문, 2007.

김원, 「1971년 광주대단지 사건 연구」, 『기억과전망』 18호, 2008.

────, 「'한국적인 것'의 전유를 둘러싼 경쟁: 민족중흥, 내재적 발전, 그리고 대중문화의 흔적」, 『사회와역사』, 2012년 봄호.

김원제, 『미디어스포츠 사회학』, 커뮤니케이션북스, 2005.

────, 『스포츠 코리아: 21세기 한국 사회와 스포츠, 그리고 미디어』, 한국학술정보, 2006.

김윤식, 『한일 학병 세대의 빛과 어둠』, 소명출판, 2012.

────, 『내가 읽고 만난 일본』, 그린비, 2012.

김은경, 「1950년대 신생활운동 연구: 가정개량론과 소비통제를 중심으로」, 『여성과역사』 11집, 2009.

김은혜, 「아시아 개발주의 원原풍경: 수풍 댐 이미지」, 『한림일본학』 22집, 2013.

김의환, 『부산 근대 도시 형성사 연구』, 연문출판사, 1973.

김재용, 『협력과 저항』, 소명출판, 2004.

──── 외 편역, 『식민주의와 비협력의 저항』, 역락, 2003.

김자야, 『내 사랑 백석: 백석 시인과 자야 여사의 애절한 사랑 이야기』, 문학동네, 1995.

김제원, 『국난을 이겨낸 민족: 이스라엘 민족의 교훈』, 백록출판사, 1972.

김중순, 『같은 공간, 다른 시간: 1960년대 한 법학도가 바라본 한국의 참모습』, 나남, 2015.

김진혁, 「한국 경찰 60년, 평가와 전망」, 『법학연구』 28집, 2007.

김창남, 「대중가요, 그 현실 순응의 이데올로기」, 백낙청 등 엮음, 『한국 문학의 현단계 3』, 창비, 1984.

김철, 「몰락하는 신생: '만주'의 오독과 『농군』의 오독」, 『상허학보』 9집, 2002.

────, 『복화술사들: 소설로 읽는 식민지 조선』, 문학과지성사, 2008.

────, 『식민지를 안고서』, 역락, 2009.

김춘선, 「광복 후 중국 동북 지역 한인들의 정착과 국내 귀환」, 『한국근현대사연구』 28집, 2004.

김태호, 「"통일벼"와 증산 체제의 성쇠: 1970년대 "녹색혁명"에 대한 과학기술사적 접근」, 『역사와현실』 74집, 2009.

김학이, 『나치즘과 동성애』, 문학과지성사, 2013.

김한상, 『조국 근대화를 유람하기』, 한국영상자료원, 2008.

김현, 『분석과 해석/보이는 심연과 안 보이는 역사 전망』(김현 문학전집 7), 문학과지성사, 1988.

김형아, 『박정희의 양날의 선택: 유신과 중화학공업』, 신명주 옮김, 일조각, 2005.

김형욱·박사월, 『김형욱 회고록 2』, 문화광장, 1987.

김효순, 『간도특설대』, 서해문집, 2014.

김흥수, 「한국전쟁 시기 기독교 외원단체의 구호활동」, 『한국기독교와 역사』 23호, 2005.

나카무라 미츠오·니시타니 게이지 외, 『태평양전쟁의 사상』, 이경훈·송태욱 외 옮김, 이매진, 2007.

나혜심, 「한인 간호 여성의 독일 이주사와 그 역사적 의미」, 정성화 엮음, 『박정희 시대와 파독 한인들』, 선인, 2013.

내무부 치안국, 『국립경찰통계연보』 4호, 1957.

내무부 치안본부, 『한국경찰사』, 1985.

내무부 통계국, 『대한민국통계연감』, 1957.

노기창, 『사각 링에 펼쳐진 인생들』, 국민체육진흥공단, 2002.

노동은, 「만주음악연구: 만주국의 근대 음악정책을 중심으로」, 동국대학교 한국문학연구소, "근대의 문화지리: 동아시아 속의 만주/만슈" 발표문, 2007.

노병엽, 『한국 복싱 80년 인물사』, 월드타임즈, 1997.

노상래, 「헤테로토피아, 제3의 눈으로 읽는 만주」, 『인문연구』 70권, 2014.

노평구 엮음, 『김교신을 말한다』(김교신 전집 별권), 부키, 2001.

농어촌진흥공사 엮음, 『한국의 간척』, 1996.

─── , 『국토개조 반세기 증언』, 1999.

다니자키 아츠코, 「현대 한국 중산층 주부 역할 형성 과정에 관한 분석: 6, 70년대 여성 잡지를 중심으로」, 서강대학교 석사학위논문, 2002.

대한국토·도시계획학회 엮음, 『이야기로 듣는 국토·도시계획 반백년』, 보성각, 2009.

대한지방행정공제회, 「[모범 영농 사례] 벼 다수확 왕이 되기까지: 광주시 보촌동 양지부락 정춘식 씨의 경우」, 『지방행정』 18권 193호, 1969.

대한체육회, 『대한체육회 90년사 1부: 1920~1990』, 2010.

라기주, 「해방과 분단의 공간에 나타난 예술가들의 이념적 행보: 안막의 문학과 삶을 중심으로」, 『한국문예비평연구』 34권, 2011.

라인보우, 피터, 『마그나카르타 선언: 모두를 위한 자유권들과 커먼즈』, 정남영 옮김, 갈무리, 2012.

라트카우, 요하임, 『나무시대: 숲과 나무의 문화사』, 서정일 옮김, 자연과생태, 2013.

류상영, 「8·15 이후 좌·우익 청년단체의 조직과 활동」, 송건호 외, 『해방전후사의 인식 4』, 한길사, 1989.

맥코맥, 개번, 『일본, 허울뿐인 풍요』, 한경구 외, 창비, 1998.

모리스 스즈키, 테사, 『북한행 엑서더스: 그들은 왜 북송선을 타야만 했는가?』, 한철호 옮김, 책과함께, 2008.

모스, 조지, 『대중의 국민화』, 임지현·김지혜 옮김, 소나무, 2008.

무페, 샹탈, 『정치적인 것의 귀환』, 이보경 옮김, 후마니타스, 2007.

문철주·백권호, 「재중 조선족 기업 경영 성과에 미치는 요인에 관한 탐색적 실증 연구」, 『한중사회과학연구』 29호, 2013.

미첼, 돈, 「경관」, 데이비드 앳킨스·피터 잭슨 외 엮음, 『현대 문화지리학』, 이영민·진종헌 외 옮김, 논형, 2011.

민경찬, 「"피바다"식 혁명가극의 음악적 특징에 관한 연구」, 『한국음악사학보』 28집, 2002.

───, 「중국 조선족 노래에 관한 연구」, 『예술논문집』 44호, 2005.

민족문학사연구소 엮음, 『일제말기 문인들의 만주체험』, 역락, 2007.

민주화운동기념사업회연구소 엮음, 『한국민주화운동사 1』, 돌베개, 2008.

바르트, 롤랑, 『신화론』, 정현 옮김, 현대미학사, 1995.

박강, 「만주사변 이전 일본과 재만 한인의 아편·마약 밀매 문제」, 『한국민족운동사연구』 35집, 2003.

박경숙, 「식민지 시기 조선의 인구 동태와 구조」, 『한국인구학』 32권 2호, 2009.

───, 『북한사회와 굴절된 근대: 인구, 국가, 주민의 삶』, 서울대학교출판문화원, 2013.

박길성, 『세계화: 자본과 문화의 구조 변동』, 나남, 1996.

박노자, 『당신들의 대한민국』, 한겨레출판, 2006.

박명규, 「해양 마케팅의 마도로스 대중가요에 대한 역사적 고찰」, 『연구논문집』 8집, 1999.

박민영, 「해방 후 만주국군 출신 한인의 귀환」, 『한국독립운동사연구』 22집, 2004.

박봉규, 『다시, 산업단지에서 희망을 찾는다』, 박영사, 2010.

박상현, 「20세기 자본주의 국가 형성의 두 가지 길: 나치와 뉴딜의 비교를 중심으로」, 『사회
　　　와역사』, 2010년 겨울호.

박영정, 『21세기 북한 공연예술 대집단체조와 예술공연(아리랑)』, 월인, 2007.

박영준, 「싹트는 대지」(구 「밀림의 여인」), 『20세기 중국조선족 문학사료전집 제6집』, 옌지:
　　　중국조선문화예술출판사, 2002[1941].

박정미, 「한국 성매매 정책에 관한 연구: '묵인-관리 체제'의 변동과 성판매 여성의 역사적
　　　구성, 1945~2005」, 서울대학교 박사학위논문, 2011.

박정희, 『조국 근대화의 지표』, 고려서적, 1967.

─────, 『한국 국민에게 고함』, 동서문화사, 2005.

박종철, 「남북한의 산업화 전략: 냉전과 체제 경쟁의 정치경제, 1950~1960년대」, 『한국정치
　　　학회보』 29집 3호, 1996.

박지연, 「박정희 근대화 체제의 영화 정책: 영화법 개정과 기업화 정책을 중심으로」, 주유
　　　신·변재란 외, 『한국 영화와 근대성』, 소도, 2005.

박진환, 「농업 근대화의 방향과 결정 요인」, 내각기획조정실 엮음, 『한국 경제 발전의 이론과
　　　현실 1』, 1969.

박찬경·클라우스 펠링, 『독일로 간 사람들』, 눈빛, 2003.

박찬승, 「20세기 한국 국가주의의 기원」, 『한국사연구』, 2002년 6월호.

─────, 「이선근의 한국사 연구와 역사관」, 김용덕·미야지마 히로시 엮음, 『근대교류사와 상
　　　호인식 3』, 아연출판부, 2008.

박철규, 「일제 시기 부산 지역 일본인 사회단체의 조직과 활동」, 부경역사연구소 엮음, 『일제
　　　시기 부산 지역 일본인 사회연구』, 2003.

박태균, 「1961~1964년 군사정부의 경제 개발 계획 수정」, 『사회와역사』, 2000년 여름호.

─────, 「한국군의 베트남 참전」, 『역사비평』 80호, 2007.

박현희, 『문예봉과 김신재: 1932~1945』, 선인, 2008.

방기중, 「백남운의 역사 이론과 한국사 인식」, 『역사비평』 11호, 1990.

방성수, 『조폭의 계보』, 살림, 2003.

백문임,『춘향의 딸들, 한국 여성의 반쪽짜리 계보학』, 책세상, 2001.

─── ,「조선 영화의 존재론」,『상허학보』 33집, 2011.

백석,「북방에서」「안동」, 김재용 엮음,『백석 전집』, 실천문학사, 2011.

백선엽,『노병은 죽지 않는다 다만 사라질 뿐이다』, 책밭, 2012.

백영훈,『아우토반에 뿌린 눈물: 잊어버린 경제 이야기』, 신리 옮김, 한국산업개발연구원,
      1997.

벡, 울리히,『지구화의 길』, 조만영 옮김, 거름, 2000.

─── ,『위험사회: 새로운 근대성을 향하여』, 홍성태 옮김, 새물결, 2006.

보건복지부,『보건사회통계연보』, 2008.

북경대학조선문화,『예술사: 중국조선민족문화대계 3』, 서울대학교출판부, 1994.

블랑쇼, 모리스·장-뤽 낭시,『밝힐 수 없는 공동체/마주한 공동체』, 박준상 옮김, 문학과지
      성사, 2005.

사상계연구팀,『냉전과 혁명의 시대 그리고『사상계』』, 소명출판, 2012.

산림청,『한국 임정 50년사』, 1997.

서갑경,『최고 기준을 고집하라: 철강왕 박태준의 경영 이야기』, 윤동진 옮김, 한국언론자료
      간행회, 1997.

서굉일,「일제하 북간도 기독교인들의 민족교회 형성에 관한 연구」,『국사관논총』 84집,
      1999.

서능욱,「박정희의 만군 인맥」,『월간조선』, 1986년 8월호.

서이종,「일본 제국군의 세균전 과정에서 731부대의 농안·신징 지역 대규모 현장 세균 실험
      의 역사적 의의」,『사회와역사』, 2014년 가을호.

서재길,「식민지 개척 의학과 제국의료의 극복: 이기영의 처녀지론」, 김재용·이해영 엮음,
     『만주, 경계에서 읽는 한국 문학』, 소명출판, 2014.

─── ,「나운규 영화와 만주」,『인문연구』 70호, 2014.

손수범,「이선근의『한민족의 국난 극복사』와 국사 교과서」,『역사와 역사교육』 19집, 2009.

손춘일,『滿洲國의 在滿韓人에 대한 土地政策 硏究』, 백산자료원, 1999.

송정덕,「이계순 총재가 박대통령에 보낸 밀서」, 농어촌진흥공사 엮음,『국토개조 반세기 증
      언』, 1999.

송한용,「일본의 식민지대학 교육정책 비교연구: 경성제국대학과 만주건국대학을 중심으

로」, 『중국사연구』 16집, 2001.

─── , 「정율성의 사상 형성과 지향: 1945년 이전 중국에서의 활동을 중심으로」, 『역사학연구』 29호, 2007.

숭실대학교 한국기독교박물관, 『기독교 민족사회주의자 김창준 유고』, 숭실대학교 한국기독교박물관, 2011.

스기하라 가오루, 『아시아간 무역의 형성과 구조』, 박기주·안병직 옮김, 전통과현대, 2002.

시모토마이 노부오, 『모스크바와 김일성: 냉전기의 북한 1945~1961』, 이종국 옮김, 논형, 2012.

신규섭, 「재만조선인의 만구국관 및 일본 제국관」, 『한국민족운동사연구』 36집, 2003.

신규환, 『국가, 도시, 위생: 1930년대 베이핑시정부의 위생행정과 국가의료』, 아카넷, 2008.

신명철, 「신명철의 스포츠 뒤집기: 북한 여자 배구의 추억 기사 공유하기」, 『스포츠서울』, 2011년 9월 23일.

신범식, 「시민적 자유와 사회적 자유」, 『사상계』, 1961년 10월호.

신상초, 「단군 이래의 자유의 파탄, 수습, 개전」, 『사상계』, 1961년 10월호.

─── , 「최근 국제 정세와 한국의 장래」, 『법학논총』 5권 1호, 1965.

신성일, 『청춘은 맨발이다』, 문학세계사, 2011.

신영전, 「식민지 조선에서 우생 운동의 전개와 성격: 1930년대 우생을 중심으로」, 『의사학』 15권 2호, 2006.

신영전·박세홍, 「노기순의 생애: 한국 보건의료의 변경사」, 『의사학』 18권 1호, 2009.

신용옥, 「박정희 정권기 국토계획의 전개 과정과 동해안 지역의 위상」, 『도서문화』 41집, 2013.

신욱희, 『순응과 저항을 넘어서: 이승만과 박정희의 대미정책』, 서울대학교출판문화원, 2010.

신윤환, 『동남아문화 산책: 신윤환의 동남아 깊게 읽기』, 창비, 2008.

신장섭·장하준, 『주식회사 한국의 구조조정』, 장진호 옮김, 창비, 2004.

신주백, 『만주 지역 한인의 민족운동사』, 아세아문화사, 1999.

─── , 「만주국군 속의 조선인 장교와 한국군」, 『역사문제연구』 9호, 2002.

─── , 「만주와 해방 후의 기억」, 『만주연구』 2집, 2005.

신진욱, 「근대와 폭력: 다원적 복합성과 역사적 불확정성의 사회이론」, 『한국사회학』 38집 4

호, 2004.

신호철, 「활기차게 시작한 계단식 개간」, 농어촌진흥공사 엮음, 『국토개조 반세기 증언』, 1999.

아감벤, 조르조, 『호모 사케르: 주권 권력과 벌거벗은 생명』, 박진우 옮김, 새물결, 2008.

아파두라이, 아르준, 『소수에 대한 두려움』, 장희권 옮김, 에코리브르, 2011.

안림, 「한국의 유통경제와 그 근대화」, 내각기획조정실 엮음, 『한국 경제 발전의 이론과 현실 1』, 1969.

안미정, 「부산 미군 하야리아 부대의 공간적 변용과 의미」, 『지방사와 지방문화』 16권 1호, 2013.

안병주, 「김백봉의 예술 세계」, 『무용예술학연구』, 2005년 봄호.

안성규, 「아래로 보던 박정희, 쿠데타 성공 뒤 껄끄러운 관계로: 최홍희 편」, 『중앙선데이』, 2008년 9월 7일.

안수길, 「토성」 「북향보」 「목축기」, 『20세기 중국조선족 문학사료전집 제6집』, 옌지: 중국조선민족문화예술출판사, 2004.

───, 『북간도』(안수길 전집 5), 글누림, 2011.

안재숙, 「전천후 농업 용수원 개발과 한해 대책」, 농어촌진흥공사 엮음, 『국토개조 반세기 증언』, 1999.

안전행정부, 『안전행정통계 연보』, 안전행정부 정보통계담당관실, 2013.

안진수, 「만주 액션 영화의 모호한 민족주의」, 『만주연구』 8집, 2008.

안태영, 「한국 서남해역의 간척활동과 그 영향」, 목포대학교 석사학위논문, 2004.

야나기타 구니오, 『일본 명치·대정시대의 생활문화사: 명치대정사 세상편』, 김정례·김용의 옮김, 소명출판, 2006.

야마우치 후미타카, 「일본 대중문화 수용의 사회사: 일제 강점기 창가와 유행가를 중심으로」, 『계간 낭만음악』, 2000년 겨울호.

양동주, 「해방 후 좌익운동과 민주주의민족전선」, 송건호 외, 『해방전후사의 인식 3』, 한길사, 1989.

양호민, 「민주주의와 지도 세력」, 『사상계』, 1961년 11월호.

언더우드, 릴리어스 호턴, 『언더우드 부인의 조선 견문록』, 김철 옮김, 이숲, 2008.

엘리아스, 노르베르트, 『문명화 과정 1』, 박미애 옮김, 한길사, 1996.

염인호, 『조선의용군의 독립운동』, 나남, 2001.

영화진흥위원회, 『한국영화연감』, 2008.

─────, 『2011 한국 영화산업 실태조사와 한국영화 투자 수익성 분석』, 커뮤니케이션북스, 2013.

오양호, 『일제강점기 만주 조선인 문학 연구』, 문예출판사, 1996.

오오누키 에미코, 『죽으라면 죽으리라: 가미카제 특공대의 사상과 행동』, 이향철 옮김, 우물이있는집, 2007.

오유석, 「야인시대 주인공 김두한은 협객이었나」, 『신동아』, 2002년 10월호.

오카다 히데키, 『문학에서 본 '만주국'의 위상』, 최정옥 옮김, 역락, 2008.

왕경우, 『화교: 중국 밖의 또 다른 중국인』, 윤필준 옮김, 다락원, 2003.

요시미 순야, 「국민의례로서의 운동회」, 요시미 순야 엮음, 『운동회: 근대의 신체』, 이태문 옮김, 논형, 2007.

우쓰미 아이코, 『조선인, BC급 전범, 해방되지 못한 영혼』, 이호경 옮김, 동아시아, 2007.

유권하, 『아름다운 기다림 레나테』, 중앙북스, 2010.

유달영, 「덴마크를 구원한 교육」, 『사상계』, 1961년 8월호.

─────, 『대추나무: 성천 유달영 교수 에세이 선집』, 성천문화재단, 2002.

유대용·유영휘 외, 『땅의 혁명』, 한솜미디어, 2007.

유상수, 「제2공화국 시기 국토건설 추진 요원의 양성과 활동」, 『한국민족운동사연구』 78집, 2004.

유석창, 『조용한 혁명: 선도 농가를 위하여』, 건국대학교출판부, 1967.

유선영, 「한국 대중문화의 근대적 구성 과정에 대한 연구: 조선 후기에서 일제 강점기까지를 중심으로」, 고려대학교 박사학위논문, 1993.

─────, 「1950~60년대 라디오 방송극과 청취자의 위상」, 『한국극예술연구』 35집, 2012.

유종호, 『나의 해방 전후』, 민음사, 2004.

유지광, 『대명 1』, 홍익출판사, 1984.

유진순, 「한국 경제 성장의 현단계」, 내각기획조정실 엮음, 『한국 경제 발전의 이론과 현실 1』, 1969.

윤대석, 「1940년대 전반기 황국 신민화 운동과 국가의 시간·신체 관리」, 『한국현대문학연구』 13집, 2003.

윤상우, 『동아시아 발전의 사회학』, 나남, 2005.

윤오섭, 「한국형 방조제 단면 및 끝막이 공법이 탄생되기까지」, 농어촌진흥공사 엮음, 『국토 개조 반세기 증언』, 1999.

윤충로, 「한국의 베트남전쟁 기념과 기억의 정치」, 『사회와역사』, 2010년 여름호.

──, 「베트남전쟁 시기 한국의 전쟁 동원과 일상」, 『사회와역사』, 2012년 가을호.

윤택림·함한희, 『새로운 역사 쓰기를 위한 구술사 연구방법론』, 아르케, 2006.

윤해동, 「식민지 근대와 공공성: 변용하는 공공성의 지평」, 윤해동·황병주 엮음, 『식민지 공 공성: 실체와 은유의 거리』, 책과함께, 2010.

윤휘탁, 「만주국의 '이등 국(공)민,' 그 실상과 허상」, 『역사학보』 169집, 2001.

──, 「만주국 정부의 민족 구성과 운영상의 특징」, 『중국근현대사연구』 43집, 2009.

──, 「복합 민족 국가의 파탄: 만주국의 붕괴와 만주국인의 충돌·수난」, 『중국사연구』 78 집, 2012.

이강숙·김춘미 외, 『우리 양악 100년』, 현암사, 2001.

이경란, 『일제하 금융조합 연구』, 혜안, 2002.

이경분, 『잃어버린 시간: 1938~1944』, 휴머니스트, 2007.

이경훈, 「식민지와 관광지: 만주라는 근대 극장」, 『사이』 6권, 2009.

이계완, 「제16회 국제기능올림픽대회 참가기」, 『대한금속·재료학회지』 5집 2호, 1967.

이기영, 『처녀지』, 삼중당서점, 1944.

이기준, 「생산과 산업 구조」, 내각기획조정실 엮음, 『한국 경제 발전의 이론과 현실 2』, 1971.

이나영, 「기지촌의 공고화 과정에 관한 연구(1950~60)」, 『한국여성학』 23권 4호, 2007.

이덕재, 「박정희 정부의 경제 정책: 양날의 칼의 정치경제학」, 『역사와현실』 74집, 2009.

이동진, 「민족과 국민 사이: 1940년의 체육행사에 나타나는 만주국, 조선인, 공동체」, 『만주 연구』 1집, 2004.

──, 「표상으로서의 스포츠: 조만대항경기대회를 사례로」, 『만주연구』 4집, 2006.

──, 「간도의 조선인 축구」, 『동북아역사논총』 40호, 2013.

──, 「윤동주의 국적」, 영남대학교 인문과학연구소 학회, "만주와 헤테로토피아" 발표문, 2014.

──, 「요람에서 무덤까지: 간도 조선인 디아스포라 송몽규와 윤동주 죽음과 기억」, 만 주학회·경북대학교 한중교류원 학회, "만주의 스펙트럼" 발표문, 2014.

이리에 가쓰미, 「근대 천황제와 메이지신궁 경기대회」, 요시미 순야 엮음, 『운동회: 근대의 신체』, 이태문 옮김, 논형, 2007.

이만갑, 「사회 개발의 구상」, 내각기획조정실 엮음, 『한국 경제 발전의 이론과 현실 2』, 1971.

이민주, 「울산 공업단지 개발에 관한 연구: 일제 강점기 후반부터 1960년대까지」, 울산대학교 석사학위논문, 2008.

이민주·한삼건, 「울산 공업단지 개발 과정에 관한 연구: 일제강점기 후반부터 1970년대까지」, 『대한건축학회 학술발표대회 논문집』 28권 1호, 2008.

이범석, 『우둥불』, 사상사, 1971.

이병량·주경일 외, 「관료의 충원방식을 통한 한국관료제의 형성과정에 대한 연구: 전 총무처장관 이석제의 역할을 중심으로」, 『한국행정논집』 16권 4호, 2004.

이병주, 『예낭풍물지』, 세대사, 1974.

──, 『대통령들의 초상』, 서당, 1991.

이병천 엮음, 『개발독재와 박정희시대: 우리 시대의 정치경제적 기원』, 창비, 2003.

이병한, 「냉전기 중국과 아시아(1): 가네포(GANEFO)를 중심으로」, 『대동문화연구』 78권, 2012.

이봉범, 「단정수립 후 전향의 문화사적 연구」, 『대동문화연구』 64집, 2008.

이상의, 「한국전쟁 이후의 노무 동원과 노동자 생활」, 『한국사연구』 145집, 2009.

이상이, 「한국 보건의료체계의 진단과 과제」, 『보건과 사회과학』 12집, 2002.

이상철, 「1960년대 한국 철강 공업의 성장과 육성 정책: 압연 부문을 중심으로」, 『경제사학』 43호, 2007.

이석우, 「전천후 농업 용수원 개발과 제주도 수문 조사」, 농어촌진흥공사 엮음, 『국토개조 반세기 증언』, 1999.

이선근, 『화랑도 연구』, 동국문화사, 1949.

──, 『건국 이념과 학생』, 신향사, 1954.

이선엽, 「한국 사회 변동과 경찰 제도의 억압성에 관한 연구: 해방 60년의 제도 변화」, 『한국행정사학지』 16호, 2005.

이수행·정상은, 「한중 간 도시화 과정의 비교 연구」, 『한중사회과학연구』 9권 3호, 2011.

이순진, 「영화 「오발탄」의 검열 과정에 관한 연구」, 한국사회사학회·중앙대학교 사회연구소 심포지엄, "냉전 질서와 현대 한국 영화의 형성" 발표문, 2013.

이영미, 『한국대중가요사』, 민속원, 2006.

─── , 「북한 문학 연구와 텍스트의 해석: 남북한 통합 문학사에서의 텍스트 『피바다』」, 『한
국현대문학연구』 33집, 2011.

이영석, 「노동 계급, 축구, 국민 정체성: 19세기 영국 사회와 축구」, 『당대비평』 19호, 2002.

이영일, 『이영일의 한국 영화사 강의록』, 소도, 2002.

이영희, 「일본 소설 속의 헤테로화하는 공간, 만주」, 『인문연구』 70호, 2014.

이용상, 「고속철도로 유라시아가 일일 생활권」(미발표문).

이원덕, 『한일 과거사 처리의 원점: 일본의 전후 처리 외교와 한일회담』, 서울대학교출판부,
1996.

이주미, 「최승희의 '조선적인 것'과 '동양적인 것'」, 『한민족문화연구』 23권, 2007.

이준식, 「박정희 시대 지배이데올로기의 형성: 역사적 기원을 중심으로」, 한국정신문화원 엮
음, 『박정희 시대 연구』, 백산서당, 2002.

이준희, 「일제 시대 인천 지역의 대중음악적 위상」, 『인천학연구』 9호, 2008.

─── , 「일제 시대 군국가요 연구」, 『한국문화』 46집, 2009.

이중웅, 「농지 개량조합운영의 당면과제와 개선방안」, 『한국농촌경제연구원논집』 11집 3호,
1988.

이지윤, 「1960년대 한국계몽영화와 농촌의 근대화」, 동아대학교 석사학위논문, 2009.

이진아, 「1960년대 대중음악에 나타난 근대성」, 동아대학교 석사학위논문, 2007.

─── , 「문화번역으로서의 민족무용: 최승희의 경우」, 『사회와역사』, 2012년 가을호.

이철호, 「저축 증강의 구체적 방안」, 『경상논집』 1집 1호, 1964.

이태섭, 『김일성 리더십 연구』, 들녘, 2001.

이태진·김재호 외, 『고종황제 역사 청문회』, 푸른역사, 2005.

이해주, 「식민지하의 부산경제」, 부산상공회의소·부산경제연구원 엮음, 『부산경제사』, 1989.

이헌, 「조선해양산업과 한국 사회」, 한국사회사학회 발표문, 2012.

이현재, 「국토 개발의 역사적 고찰」, 내각기획조정실 엮음, 『한국 경제 발전의 이론과 현실
8』, 1971.

이현희, 『한국경찰사』, 덕현각, 1979.

이호성, 『한국무술 미 대륙 정복하다』, 한국학술정보, 2007.

이호철, 『한국 능금의 역사, 그 기원과 발전』, 문학과지성사, 2002.

이화진, 「한일 대중문화사의 비교 연구: 대중음악을 중심으로」, 『일어일문학』 15집, 2001.

이효석, 「벽공무한」, 『새롭게 완성한 이효석 전집 5』, 창미사, 2003[1940].

———, 「하얼빈」, 『새롭게 완성한 이효석 전집 5』, 창미사, 2003[1940].

이희영, 「실패로 돌아간 농촌 근대화 시범 사업」, 농어촌진흥공사 엮음, 『국토개조 반세기 증
언』, 1999.

임대식, 「1960년대 초반 지식인들의 현실 인식」, 『역사비평』 65호, 2003.

임미리, 「1971년 광주대단지 사건의 재해석: 투쟁 주체와 결과를 중심으로」, 『기억과전망』
26호, 2012.

임상열, 「우리나라 히로뽕의 역사적 변천」, 『한국행정사학지』 14호, 2004.

임성모, 「만주국 협화회의 총력전 체제 구상 연구: '국민운동' 노선의 모색과 그 성격」, 연세
대학교 박사학위논문, 1997.

———, 「국방국가의 실험: 만주국과 일본 파시즘」, 『중국사연구』 16집, 2001.

———, 「동아협동체론과 '신질서'의 임계」, 백영서 외, 『동아시아의 지역질서』, 창비, 2005.

———, 「팽창하는 경계와 제국의 시선: 근대 일본의 만주 여행과 제국 의식」, 『일본역사연
구』 23집, 2006.

———, 「전후 일본 보수 정치의 '만주' 표상: 기시 노부스케의 내정과 외교」, 『일본학보』 78
집, 2009.

———, 「전시기 일본 식민정책학의 변용: 민족, 개발, 지정학」, 서정완·임성모 외 엮음, 『제
국일본의 문화권력』, 소화, 2011.

임송자, 「1961년 5·16 이후 국토건설사업과 국토건설단 운영 실태」, 『한국근현대사연구』,
2013년 겨울호.

임종명, 「여순 '반란' 재현을 통한 대한민국의 형상화」, 『역사비평』 64호, 2003.

———, 「해방 직후 이범석의 민족지상·국가지상론」, 『역사학연구』 45호, 2012.

임지현, 『적대적 공범자들』, 소나무, 2005.

장미경, 「1960~70년대 가정주부(아내)의 형성과 젠더정치: 『여원』 『주부생활』 잡지 담론을
중심으로」, 『사회과학연구』 15집 1호, 2007.

장세진, 『슬픈 아시아: 한국 지식인들의 아시아 기행(1945~1966)』, 푸른역사, 2012.

장영민, 「국사교육 강화와 국가주의」, 공제욱 엮음, 『국가와 일상: 박정희 시대』, 한울, 2008.

장유정, 『오빠는 풍각쟁이야: 대중가요로 본 근대의 풍경』, 민음인, 2006.

장창국,『육사졸업생』, 중앙일보사, 1984.

장혁주,「아귀도」, 호테이 토시히로 엮음,『장혁주 소설선집』, 태학사, 2002.

───,「개척지 시찰 보고」, 민족문학사연구소 엮음,『일제말기 문인들의 만주체험』, 역락, 2007.

───,「개척 정신」, 민족문학사연구소 엮음,『일제말기 문인들의 만주체험』, 역락, 2007.

전경선,「중국 동북에서의 만철의 정보 선전 활동」,『중국사연구』 69집, 2010.

───,「만주국의 신체 동원과 국민 만들기: 체육 정책의 전개를 중심으로」,『역사와세계』 39집, 2011.

───,「리턴조사단의 來滿과 만주국의 대외 선전」,『역사와경계』 92집, 2014.

전경옥·유숙란 외,『한국 근현대 여성사: 정치·사회 2』, 모티브북, 2011.

전범성 엮음,『한국영화총서』, 영화진흥공사, 1972.

전석환 엮음,『삼천만이 다 함께 부르는 노래의 메아리』, 동원사, 1971.

전영선,『북한의 문학과 예술』, 역락, 2004.

전우용,「전우용의 근대의 사생활: 그 흔하던 회충, 십이장충은 다 어디로 갔을까?」,『중앙일보』, 2010년 10월 26일.

전재호,「박정희 체제의 민족주의: 담론의 변화와 그 원인」,『한국정치학회보』 32권 4호, 1999.

───,「군정기 쿠데타 주도 집단의 담론 분석」,『역사비평』 55호, 2001.

───,「5·16 군사정부의 사회개혁정책: 농어촌고리채정리사업과 재건국민운동을 중심으로」,『사회과학연구』 34권 2호, 2010.

정근식,「식민지 위생 경찰의 형성과 변화, 그리고 유산」,『사회와역사』, 2011년 여름호.

정동구,「한국의 근대 올림픽 운동에 관한 연구 1948~1988」, 명지대학교 박사학위논문, 1991.

정병호,『세계를 휘어잡은 조선여자 춤추는 최승희』, 현대미학사, 1995,

정수일,『실크로드 문명기행』, 한겨레출판, 2006.

정안기,「만주 시장의 출현과 조선인 자본의 대응」, 한석정·노기식 엮음,『만주, 동아시아 융합의 공간』, 소명출판, 2008.

───,「1936년 선만 수뇌의 도문회담과 만선일여」,『만주연구』 12집, 2011.

───,「1930년대 조선형특수회사,「조선압록강수력발전(주)」의 연구」, 고려대학교 경제사

학회 발표문, 2015년 6월.

──, 「1930년대 재만 조선인, 이등국민론의 비판적 성찰」, 『동북아역사논총』 48호, 2015.

정인택, 「검은 흙과 흰 얼굴」, 민족문학사연구소 엮음, 『일제말기 문인들의 만주체험』, 역락, 2007.

정인하, 『김중업 건축론: 시적 울림의 세계』, 산업도서출판공사, 1998.

정일권, 『정일권 회고록』, 고려서적, 1996.

정일상, 「[투고] 협업농업의 문제점과 방향: '시범면단계 증산운동'과 관련하여」, 『지방행정』 15권 152호, 1966.

정일준, 「대만과 한국의 발전국가로의 전환 비교연구: 1950년대 미국의 아시아 냉전 전략을 중심으로」, 『사회와역사』, 2013년 겨울호.

정재호, 『중국 개혁-개방의 정치경제: 1980~2000』, 까치, 2002.

정재환, 『석당 일기: 석당선생 구미교육 시찰일지』, 산지니, 2013.

정종현, 「해방기 소설에 나타난 '귀환'의 민족 서사: '지리적' 귀환을 중심으로」, 『비교문학』 40집, 2006.

──, 「딱지본 대중소설에 나타난 '만주' 표상」, 『한국문학연구』 33집, 2007.

정주영, 『이 땅에 태어나서: 나의 살아온 이야기』, 솔, 2011.

정형아, 「근대도시 건설과 국제정치의 영향: 중국 대련시를 중심으로」, 『중국근현대사연구』 45집, 2010.

정호균, 「진해시 발달 과정 평가 및 정책 방향 제시」, 한양대학교 석사학위논문, 2007.

정호기, 「일상 공간 속의 영웅과 애국주의」, 공제욱 엮음, 『국가와 일상: 박정희 시대』, 한울, 2008.

조갑제, 「남로당과 박정희 소령 연구」, 『월간조선』, 1989년 12월호.

──, 『내 무덤에 침을 뱉어라』, 조선일보사, 1998.

조관자, 「제국일본의 낭만적 민족주의」, 서정완·임성모 외 엮음, 『제국일본의 문화권력』, 소화, 2011.

조기안, 「미군정기 정치행정체제의 구조분석: 조직, 법령 및 자원을 중심으로」, 성균관대학교 박사학위논문, 1997.

조병희, 「국가의 의료통제와 의료의 전문화: 한국 의료 체계의 갈등 구조의 역사적 배경」, 『한국사회학』 24집 1호, 1991.

조승철, 「기계화 농업이 이룩되기까지」, 농어촌진흥공사 엮음, 『국토개조 반세기 증언』, 1999.

조영란·이금희, 「서구 문화의 유입에 따른 중국 여성 복식의 변화와 그 유형에 대한 연구: 20세기 전반기를 중심으로」, 『복식문화연구』 16권 5호, 2008.

조영탁, 「1960년대 이후 양곡관리정책의 변화와 그 성격에 관한 연구: 국가개입방식의 변화와 그 효과를 중심으로」, 서울대학교 박사학위논문, 1993.

조은주, 「묘지로의 산책: 심연수, 유치환의 시에 나타난 만주 이미지와 그 의미」, 만주학회·국민대학교 한국학연구소 학회, "관전기貫戰期 동아시아와 만주" 발표문, 2014.

———, 『디아스포라 정체성과 탈식민주의의 시학』, 국학자료원, 2015.

조재선, 「이스라엘의 농촌개발 운동을 통한 상허의 농촌개발 사상의 구현」, 『상허사상』 7집, 1996.

조정우, 「선만척식회사와 식민지 개발주의」, 서울대학교 박사학위논문, 2014.

조항제, 『한국방송의 역사와 전망』, 한울아카데미, 2003.

조현설, 「민족과 제국의 동거: 최남선의 만몽문화론 읽기」, 『한국문학연구』 32집, 2007.

조희연, 『동원된 근대화』, 후마니타스, 2010.

주동진·장익란 외, 「대한체육회의 변천 과정과 지향 방안」, 『한국스포츠리서치』 16권 2호, 2005.

지방국 새마을지도과, 「퇴비 증산에 관한 연구」, 『지방행정』 22권 240호, 1973.

지수걸, 「일제 시기 브나로드운동, 재평가해야」, 『역사비평』, 1990년 여름호.

지젝, 슬라보예, 『삐딱하게 보기』, 김소연·유재희 옮김, 시각과언어, 1995.

진실·화해를위한과거사정리위원회, 『2010년 상반기 조사 보고서 6』, 2010.

짐멜, 게오르그, 『짐멜의 모더니티 읽기』, 김덕영·윤미애 옮김, 새물결, 2005.

채관식, 「농업증산운동의 방향」, 『지방행정』 13권 126호, 1964.

채오병, 「민족 형식과 민족주의: 제국 문화와 반식민 문화의 상동성」, 『한국사회학』 41집 4호, 2007.

———, 「지구화를 통한 지역화: 남한의 탈식민 국가 문화」, 『경제와사회』 80집, 2008.

채우공, 「재건국민운동의 사회교육활동에 대한 재조명」, 중앙대학교 석사학위논문, 2005.

천춘화, 「한국 근대소설에 나타난 만주 공간 연구」, 서울대학교 박사학위논문, 2014.

철도청, 『한국철도 100년사』, 한국철도공사, 1999.

최광승, 「유신 체제기 박정희 정권의 애국적 국민 생산 프로젝트: 화랑도와 화랑교육원을 중심으로」, 『한국학연구』 33집, 2014.

최남선, 「불함문화론」, 『육당 최남선 전집 2』, 현암사, 1974.

———, 「만몽문화」, 『육당 최남선 전집 10』, 현암사, 1974.

최명숙, 「우리나라 저축 구조의 특징에 관한 연구」, 경북대학교 석사학위논문, 1977.

최선근, 「국민저축운동의 회고와 저축조합 육성을 위한 행정상 제문제」, 서울대학교 석사학위논문, 1963.

최선우, 「부여 남면 지구 전천후 사업 기전 공사를 돌아보며」, 농어촌진흥공사 엮음, 『국토개조 반세기 증언』, 1999.

최용택, 「김해 장유천에서 처음 시작된 준설 사업」, 농어촌진흥공사 엮음, 『국토개조 반세기 증언』, 1999.

최유리, 「일제 말기 식민지 지배 정책 연구」, 『역사비평』, 1998년 여름호.

최원규, 「외국민간원조단체의 활동과 한국 사회사업 발전에 미친 영향」, 서울대학교 박사학위논문, 1996.

최응상, 「식량 생산과 소비 구조」, 내각기획조정실 엮음, 『한국 경제 발전의 이론과 현실 2』, 1971.

최인택, 「일제 시기 부산 지역 일본인 사회의 생활사」, 『역사와경계』 52집, 2004.

최재훈, 「분열 가능한 중재자: 세계화 과정 속 국가의 지위와 역할에 관한 하나의 시각」, 『한국사회학』 47집 2호, 2013.

최진용 외, 『한국영화정책의 흐름과 새로운 전망』, 집문당, 1994.

최창규, 「한국 민족주의의 본질」, 『윤리연구』 2권 1호, 1974.

———, 『한민족 근대화 정치론』, 사문학회, 1975.

최창호, 「새마을 모범 부락 비교 연구」, 『지방행정』 22권 242호, 1973.

최혜석, 「평생교육 관점에서의 가나안농군학교 사례 연구」, 아주대학교 석사학위논문, 2006.

최희경, 『한국의 의료갈등과 의료정책』, 지식산업사, 2007.

치아 유이 방, 「라오스에서 미국의 냉전정책과 몽족」, 기시 도시히코·쓰치야 유카 엮음, 『문화냉전과 아시아』, 김려실 옮김, 소명출판, 2012.

콘래드, 조지프, 『암흑의 핵심』, 이상옥 옮김, 민음사, 2000.

콜린스, 랜달, 『상식을 넘어선 사회학』, 진수미 옮김, 현상과인식, 1997.

푸코, 미셸,『성의 역사 1』, 이규현 옮김, 나남, 2004,

───,『성의 역사 3』, 이혜숙·이영목 옮김, 나남, 2004.

───,『헤테로토피아』, 이상길 옮김, 문학과지성사, 2014.

프랑크, 안드레 군더,『리오리엔트』, 이희재 옮김, 이산, 2014.

한국농촌경제연구원 엮음,『1945~2000 한국 농업·농촌 100년사 下』, 한국농촌경제연구원,
    2003.

한국보이스카우트60년사편찬위원회,『한국보이스카우트 60년사』, 한국보이스카우트연맹,
    1984.

한국영화진흥공사,『한국 영화자료편람: 초창기~1976년』, 영화진흥공사, 1977.

한국지반공학회,『준설매립』, 구미서관, 2005.

한국행정연구원,『한국행정60년 3』, 법문사, 2008.

한기춘,「조국 근대화와 제2차 경제개발 5개년계획」, 내각기획조정실 엮음,『한국 경제 발전
    의 이론과 현실 1』, 1969.

한석정,「동아시아 국가 만들기의 연결 고리: 만주국, 1932~1940」,『중국사연구』16집,
    2001.

───,「지역 체계의 허실: 1930년대 조선과 만주의 관계」,『한국사회학』37집 5호, 2003.

───,「만주 지향과 종속성: 1930~40년대 부산 일본 거류민의 세계」,『한국민족운동사연
    구』48집, 2006.

───,『만주국 건국의 재해석: 괴뢰국의 국가 효과, 1932~1936』, 동아대학교출판부,
    2007.

───,「만주의 기억」, 한일, 연대21 엮음,『한일 역사인식 논쟁의 메타히스토리』, 뿌리와이
    파리, 2008.

───,「만주 웨스턴과 내셔널리즘의 공간」,『사회와역사』, 2009년 겨울호.

───,「근대 만주의 예비적 탐사: 영남 지역의 만주 귀환자, 국내 만주 자료 그리고 문화
    연구」, 한석정 외,『근대 만주 자료의 탐색』, 동북아역사재단, 2009.

───,「「황해」 혹은 만주 이미지의 역전」,『만주연구』11집, 2011.

───,「만주국 시기 조선인의 사회적 지위」,『동북아역사논총』31호, 2011.

한석태,「한국 군부의 정치 개입」,『경남대학교논문집』4집, 1977.

한수영,『친일문학의 재인식: 1937~1945년 간의 한국소설과 식민주의』, 소명출판사, 2005.

———, 「내부 망명자의 고독: 안수길 후기 소설에 나타난 '망명의식'의 문제를 중심으로」, 『한국문학논총』 61집, 2012.

한용원, 『창군』, 박영사, 1984.

함덕일, 『조국 해방 전쟁 시기 음악 예술』, 평양: 사회과학출판사, 1987.

함석헌, 「새 나라를 어떻게 세울까」, 『사상계』, 1961년 6월호.

———, 「5·16을 어떻게 볼까」, 『사상계』, 1961년 7월호.

허은, 「5·16 군정기 재건국민운동의 성격: '분단국가 국민운동' 노선의 결합과 분화」, 『역사문제연구』 11호, 2003.

———, 「안보위기론의 주창자, 이선근」, 『내일을여는역사』 31집, 2008.

허준, 「잔등」, 이주형 외 엮음, 『한국근대단편소설대계 32』, 태학사, 1988[1946].

허진석, 『스포츠 공화국의 탄생: 제3공화국 스포츠-체육 정책과 대한체육회장 민관식』, 동국대학교출판부, 2010.

현경준, 「마음의 금선」, 『20세기 중국 조선족 문학사료 전집 제6집』, 옌지: 중국조선민족문화예술출판사, 2002.

현규환, 『한국유이민사 상』, 어문각, 1976.

현승종, 「현대적 사회개혁의 모델」, 『사상계』, 1961년 8월호.

홍성태, 「폭압적 근대화와 위험사회」, 이병천 엮음, 『개발 독재와 박정희 시대: 우리 시대의 정치경제적 기원』, 창비, 2003.

———, 『개발공사와 토건국가』, 한울, 2005.

홍수경, 「만주국의 사상전과 만주영화협회: 1937~1945」, 연세대학교 석사학위논문, 2007.

홍순권, 「일제 시기 부산 지역 일본인 사회의 인구와 사회계층구조」, 『역사와경계』 51집, 2004.

홍종욱, 「중일전쟁기(1937~1941) 조선 사회주의자들의 전향과 그 논리」, 『한국사론』 44집, 2000.

———, 「'식민지 아카데미즘'의 그늘, 지식인의 전향」, 『사이』 11호, 2011.

황병주, 「박정희 시대 축구와 민족주의: 국가주의적 동원과 국민 형성」, 『당대비평』 19집, 2002.

황석영, 『강남몽』, 창비, 2010.

황성모, 「근대화의 제과제: 사회 구조와 민주주의의 관련에서」, 『동아문화』 3집, 1965.

황정미, 「발전국가와 모성: 1960~1970년대 '부녀 정책'을 중심으로」, 심영희·정진성 외 엮음, 『모성의 담론과 현실』, 나남, 1999.

황혜성, 「왜 호모 미그란스Homo Migrans인가?: 이주사의 최근 연구 동향과 그 의미」, 『역사학보』 212집, 2011.

후지이 다케시, 『파시즘과 제3세계주의 사이에서: 족청계의 형성과 몰락을 통해 본 해방8년사』, 역사비평사, 2012.

후지타니 다카시, 「식민지 시대 말기 '조선' 영화의 휴머니즘, 보편주의, 그리고 인종 차별주의: 이마이 다다시의 경우를 중심으로」, 안진수 옮김, 연세대학교 미디어아트센터 엮음, 『한국 영화의 미학과 역사적 상상력』, 소도, 2006.

후쿠자와 유키치, 『후쿠자와 유키치 자서전』, 허호 옮김, 이산, 2006.

히라타 무네후미, 「일본의 운동회 역사」, 요시미 순야 엮음, 『운동회: 근대의 신체』, 논형, 2007.

중문 자료

姜念東 外, 『僞滿洲國史』, 吉林: 人民出版社, 1980.

紀風輝, 『哈爾濱尋根』, 哈爾濱: 哈爾濱出版社, 1996.

魯迅, 『吶喊』, 上海: 北新書局, 1926.

滿洲國 國務院 總務廳, 『滿洲國政府公報』, 新京, 1932~1945.

賽格, 『杜月笙 發迹秘史』, 北京: 華文出版社, 2008.

徐明勳, 『哈爾濱市朝鮮族百年史話』, 北京: 民族出版社, 2007.

李錦華 編著, 『張學良与體育』, 沈陽: 遼寧大學出版社, 2007.

解學詩, 『僞滿洲國史 新編, 4卷』, 北京: 人民出版社, 2005.

許雪姬 編, 『日治時期在滿洲的臺灣人』, 臺北: 中央研究院, 2001.

胡昶·古泉, 『滿映國策電映面面觀』, 北京: 中華書局, 1990.

黃定天 編, 『二十世紀中國東北邊疆文化研究』, 哈爾濱: 黑龍江省人民出版社, 2003.

일문 자료

加藤豊隆, 『滿洲國警察小史 I』, 松山: 元在外公務員援護會, 1968.

──, 『滿洲國警察小史 II』, 松山: 元在外公務員援護會, 1974.

姜尙中·玄武岩, 『興亡の世界史 18: 大日本·滿洲帝國の遺産』, 講談社, 2010.

建國大學 同窓會 編, 『建國大學同窓會名簿』, 2003.

犬塚康博, 「屹立する異貌の博物館: 滿洲國立中央博物館」, 『環』, 10輯(特集: 滿洲は何たっ
    たのか), 藤原書店, 2002.

高岡裕之, 「大日本體育會の成立: 總力戰體制とスポーツ界」, 坂上康博·高岡裕之 編, 『幻
    の東京オリンピックとその時代: 戰時期の都市·身體』, 靑弓社, 2009.

──, 『總力戰體制と「福祉國家」: 戰時期日本の「社會改革」構想』, 岩波書店, 2011.

高崎宗司, 『檢證 日韓會談』, 岩波新書, 1996.

高嶋航, 『帝國日本とスポーツ』, 塙書房, 2012.

高尾將幸, 「都市の惑: 名古屋市 瑞穂運動場の誕生」, 坂上康博·高岡裕之 編, 『幻の東京
    オリンピックとその時代: 戰時期の都市·身體』, 靑弓社, 2009.

古川隆久, 「革新官僚の思想と行動」, 『史學雜誌』 99輯 4号, 1991.

廣松渉, 『近代の超克論: 昭和思想史への一視覺』, 講談社, 2004. [한국어판: 히로마쓰 와타
    루, 『근대초극론』, 김항 옮김, 민음사, 2003].

具鳳會, 「風濤 波濤」, 大同學院 同窓會 編, 『友情の架橋: 海外同窓の記錄』, 1986.

宮崎學, 『近代やくざ肯定論: 山口組の90年』, 筑摩書房, 2010.

貴志俊彦, 『滿洲國のビジュアル·メデイア: ポスタ·繪はがき·切手』, 吉川弘文館, 2010.

──, 『東アジア流行歌アワ─: 越境する音 交錯する音樂人』, 岩波書店, 2013.

今田良一, 「滿洲農業移民における地主化とその論理」, 蘭信三 編, 『日本帝國をめぐる人
    口移動の國際社會學』, 不二出版, 2008.

吉見俊哉, 「幻の東京オリンピックをめぐって」, 津金澤聰廣·有山輝雄 編, 『戰時期日本の
    メデイア·イベント』, 世界思想社, 1998.

吉田凞生·曾根博義·鈴木貞美 編, 『日本文藝史 第七卷』, 河出書房新社, 2005.

金龍男 外, 『延邊朝鮮族蹴球運動史』, 延吉: 東北朝鮮民族敎育出版社, 1992.

大內隆雄, 「滿洲文學の特質」, 呂元明·鈴木貞美·劉建輝 編, 『滿洲浪漫 第五輯』, ゆまに書

房, 2002[1940].

大同學院 同窓會 編, 『大同學院同窓會名簿』, 2001.

東寶映畫社, 「蘇州夜曲」, 1940.

東三省官臣錄 刊行局, 『東三省官臣錄』, 大連, 1924.

頭山滿·犬養毅·杉山茂丸·內田良平, 『アジア主義者たちの聲, 上卷: 玄洋社と黑龍會』, 書肆心水, 2008.

藤森照信, 「ル·コルヴュジェと丹下健三」, 高階秀爾·鈴木博之·三宅理一·太田泰人 編, 『ル·コルヴュジェと日本』, 廣島: 廣島出版會, 1999.

蘭信三, 「日本帝國をめぐる人口移動の國際社會學をめざして」, 蘭信三 編, 『日本帝國をめぐる人口移動の國際社會學』, 不二出版, 2008.

瀨島龍三, 『瀨島龍三回想錄: 幾山河』, 扶桑社, 1995.

劉建輝, 『魔都上海: 日本知識人の「近代」體驗』, 講談社, 2000.

———, 「滿洲 幻想の成立とその射程」, 『アジア遊學』 44輯, 2002.

———, 「受け繼がれる帝國の記憶: 大連近代都市空間の成立とその變遷」, 國際日本文化研究センター國際 シンポジウム 21輯, 2004.

幕內滿進, 『滿洲國警察外史』, 三一書房, 1996.

滿洲國 公安局, 『滿洲國警察概要』, 新京: 1938.

滿洲國 國務院 總務廳 統計處, 『第一次 臨時人口調査報告書: 臨時國勢調査: 都市篇』, 新京, 1937.

———, 『第二次 臨時人口調査報告書: 臨時國勢調査』, 新京, 1937.

———, 『康德7年 臨時國勢調査報告: 全國篇』, 新京, 1942.

———, 『康德7年 臨時國勢調査: 都市篇』, 新京, 1942.

滿洲國 民政部, 『第二次統計年報』, 新京, 1936.

滿洲國 治安部, 『滿洲國 警察史 上卷』, 新京, 1942.

滿洲國 中央銀行史研究會, 『滿洲國中央銀行史: 通貨金融政策の軌跡』, 東洋經濟新聞社, 1988.

滿洲國史 編纂刊行會, 『滿洲國史 總論』, 第一法規出版, 1970.

———, 『滿洲國史 各論』, 第一法規出版, 1971.

滿洲國 通信社 編, 『滿洲國現勢』, クレス出判, 2000[1938, 1941, 1943].

滿洲國 協和會 編, 「映畵工作提要」, 西田勝 編, 『「滿洲國」文化細目』, 不二出版, 2005
　　　[1936].

滿洲大同學院同窓會, 『物語大同學院』, 創林社, 2002.

滿洲帝國協和會, 「國內における鮮系國民實態」, 1943.

滿鐵, 『滿鐵記錄映畵集』, 日本映畵新社, 1998.

滿鐵調査課 編, 「事變前 東北四省行政機構」, 1932.

梅定娥, 「古丁における飜譯その思想的變遷をさくる」, 『日本研究』38輯, 2008.

木村健二·幸野保典 解題, 日本 外務省 亞細亞局, 『戰前期中國在留日本人統計: 滿洲國
　　　及中華民國在留本邦人及外國人統計表』, 不二出版, 2004.

閔庚燦, 「滿洲國で朝鮮族がうたつた歌に關する研究」, 滿蒙開拓團 調査研究會·日本法政
　　　大學 國際文化學部 國際 シンポジウム, "朝鮮人滿洲移民" 發表文, 2005.

宝月理惠, 『近代日本における衛生の展開と受容』, 東信堂, 2010.

ボクシングマガジン 編輯部 編, 『世界フロボクシング史』, 2002.

濱口裕子, 『日本統治と東アジア社會』, 勁草書房, 1996.

山口猛, 『幻のキネマ滿映: 甘粕正彦と活動屋群像』, 平凡社, 1989.

山內文登, 「植民地朝鮮の'滿洲メロデイ'」, 滿蒙開拓團 調査研究會·日本 法政大學 國際
　　　文化學部 國際 シンポジウム, "朝鮮人滿洲移民" 發表文, 2005.

山本有造, 『「滿洲國」經濟史研究』, 名古屋大學出版會, 2003.

───, 『大東亞共榮圈 經濟史研究』, 名古屋大學出版會, 2011.

山室信一, 「植民帝國·日本の構成と滿洲國: 統治樣式の遷移と統治人才の周流」, ピー
　　　タードウス·小林英夫 編, 『帝國という幻想』, 青木書店, 1998.

───, 『增補版 キメラ: 滿洲國の肖像』, 中公新書, 2004. [한국어판: 야마무로 신이치, 『키
　　　메라: 만주국의 초상』, 윤대석 옮김, 소명출판, 2009].

───, 「アジアにおける滿洲國と日本人」, 『滿洲研究』2輯, 2005.

山室信一 外, 『滿洲の記錄: 滿映フィルムに映された滿洲』, 集英社, 1995.

山田豪一, 『滿洲國の阿片專賣: 「わがの滿蒙の特殊權益」の研究』, 汲古書院, 2002.

山中峰央, 「滿洲國人口統計の推計」, 『東京經大學會誌』245輯, 2005.

森久男, 『日本陸軍と內蒙工作: 關東軍はなぜ獨走したか』, 講談社, 2009.

───, 「チャハル作戰と金井章次の張家口接手工作」, 日文研シンポジウム「近代東アジ

アと張家口」發表文, 京都, 2015. 7. 31~8. 1.

森田芳夫, 『數字が語る在日韓國, 朝鮮人の歷史』, 明石書店, 1996.

三井登, 「日本體育會北海道支會の設立と軍人の關與: 1897年前後の分析を中心に」, 『北海道大學體育學部紀要』75輯, 1998.

三和良一 編, 『近現代日本經濟史要覽: 補訂版』, 東京大學出版會, 2010.

爽島節郎, 『滿洲武裝移民』, 教育社, 1979.

上田貴子, 「總說」, 蘭信三 編, 『日本帝國をめぐる人口移動の國際社會學』, 不二出版, 2008.

徐勝 編, 『東アジア冷戰と國家テロリズム: 米日中心の地域秩序と廢絶をめざして』, 御茶の水書房, 2004.

西田勝 編, 『「滿洲國」文化細目』, 不二出版, 2005.

西澤泰彦, 『海を渡つた日本人建築家』, 彰國社, 1996.

笹島恒輔, 「舊滿洲國の體育とスポーツ」, 『體育研究紀要』5輯 1号, 1965.

小都晶子, 「滿洲國における開發と農業移民: 第二松花江開發と廣島總合開拓團」, 蘭信三 編, 『日本帝國をめぐる人口移動の國際社會學』, 不二出版, 2008.

小林英夫, 『帝國日本と總力戰體制: 戰前·戰後の連續とアジア』, 有志舍, 2004.

———, 『滿洲と自民党』, 新潮社, 2005.

小林丈廣, 『近代日本と公衆衛生』, 雄山閣出版, 2001.

小林總名, 「南北朝鮮の原子力開發」, 加藤哲郎·井川充雄 編, 『原子力と冷戰: 日本とアジアの原發導入』, 花傳社, 2013.

松本俊郎, 『滿洲國から新中國へ: 鞍山鐵鋼からみた中國東北の再編過程 1940~1954』, 名古屋大學出版會, 2000.

宋連玉, 「日本の植民地支配と國家的 管理賣春」, 『朝鮮史研究會論文集』32輯, 1994.

松村高夫, 「日本帝國主義下における滿洲への朝鮮人移動について」, 『三田學會雜誌』63輯 6号, 1970.

水野直樹, 「'皇國臣民誓詞'·'皇國臣民誓詞之柱'について」, 關西·植民地史勉强會 發表文, 2005.

———, 「朴錫胤: 植民地期最高の朝鮮人エリート」, 趙景達 外 編, 『東アジアの知識人』, 有志舍, 2013.

──────, 「京都帝國大學·第三高等學校の朝鮮人留學生」, 『京都大學大學文書館だより』, 2014.

新雅史, 『東洋の魔女論』, イースト新書, 2013.

沈潔, 『「滿洲國」社會事業史』, 京都: ミネルヴァ書房, 1996.

辻政信, 『増補版 潜行三千里』, 毎日ワンズ, 2010.

阿莉塔, 「蒙疆文學の全貌」, 日文研シンポジウム「近代東アジアと張家口」發表文, 京都 日文研, 2015. 7. 31~8. 1.

アンヘレス, モヤ, 「記録映畫とフロパガンダ」, 立教大學 博士學位 論文, 2001.

安元稔, 『近代統計制度の國際比較』, 東京: 日本經濟評論社, 2007.

岩野裕一, 『王道樂土の交響樂』, 音樂之友社, 1999.

櫻林誠, 『産業報國會の組織と機能』, 御茶の水書房, 1985.

永井リサ, 「タイガの喪失」, 安富歩·深尾葉子 編, 『滿洲の成立: 森林の消盡と近代空間の 形成』, 名古屋大學出版會, 2009.

永井良和, 「大衆文化のなかの滿州」, 津金澤聰廣·有山輝雄 編, 『戰時期日本のメデイア· イベント』, 京都: 世界思想社, 1998.

外山幹夫, 『醫療福祉の祖 長与專齋』, 思文閣出版, 2002.

園田英弘, 「札幌」, 『日本文明77の鍵』, 文藝春秋, 2005.

源川眞希, 『近衛新體制の思想と政治: 自由主義克服の時代』, 有志舍, 2009.

越澤明, 『滿洲國の首都計劃』, 東京: 日本經濟評論社, 1997.

有山輝雄, 「健康優良兒: メデイアがつくった理想の少年少女」, 津金澤聰廣·有山輝雄 編, 『戰時期日本のメデイア·イベント』, 京都: 世界思想社, 1998.

柳澤遊, 『日本人の植民地經驗: 大連日本人商工業者の歴史』, 靑木書店, 1999.

李允模, 「私の今昔」, 大同學院 同窓會 編, 『友情の架橋: 海外同窓の記録』, 大同學院同窓 會, 1986.

李海燕, 「第二次世界大戰後における中國東北地區居住朝鮮人の引揚げの實態について」, 『一橋研究』27輯 2号, 2002.

──────, 「中國朝鮮族社會における土地改革と農業集團化の展開」, 『相關社會科學』22輯, 2012.

──────, 「延邊の地域權力構造と朝鮮族の推移」, 만주학회·국민대학교 한국학연구소 학회,

"관전기 동아시아와 만주" 발표문, 2014.

林書揚,「臺灣50年代白色恐怖: 意義 實態」, 徐勝 編,『東アジア冷戰と國家テロリズム: 米日中心の地域秩序と廢絶をめざして』, 御茶の水書房, 2004.

入江克己,「近代日本における植民地體育政策の硏究: 大東亞競技大會の開催と僞滿洲國の崩壊」,『敎育科學』38輯 2号, 1997.

笠原英彦·小島和貴,『明治期醫療衛生行政の硏究: 長与專齋から後藤新平へ』, ミネルヴァ, 2011.

長崎市,『出島』, 1995.

猪갑祐介,「滿洲體驗を語り直す」, 蘭信三 編,『日本帝國をめぐる人口移動の 國際社會學』, 不二出版, 2008.

前間孝則,『滿洲航空の全貌 1932~1945: 大陸を翔けた双貌の翼』, 草思社, 2013.

槇文彦,「ル·コルヴュジェシンドローム-日本の近代建築發展の過程において」, 高階秀爾·鈴木博之·三宅理一·太田泰人 編,『ル·コルヴュジェと日本』, 廣島: 廣島出版會, 1999.

田中隆一,「對立と統合の鮮滿關係: 內鮮一體, 五族協和, 滿鮮一如の諸相」,『ヒストリア』152輯, 1996.

───,「滿洲國協和會の在滿朝鮮人政策と徵兵制」,『日本文學硏究』33輯, 2002.

───,『「滿洲國」と日本の帝國支配』, 有志舍, 2007.

鄭光植,「日本植民地期朝鮮における民族派スポーツ統轄團體「朝鮮體育會」に關する硏究」,『體育史硏究』25輯, 2008.

井上雅人,『洋服と日本人: 國民服というモード』, 廣濟堂出版, 2001.

井上章一,「ハルビン紀行の日本人: 大日本帝國の慾望と裸になつたロシヤの女たち」, 井上章一 編,『性慾の硏究』, 平凡社, 2013.

井上章一·劉健輝,「上海モダンの風俗事情」, 井上章一 編,『性慾の硏究』, 平凡社, 2013.

井川充雄,「滿洲事變前後の『名古屋新聞』のイベント」, 津金澤聰廣·有山輝雄 編,『戰時期日本のメデイア·イベント』, 京都: 世界思想社, 1998.

朝鮮總督府,『朝鮮總督府統計年報』, 1935~37.

佐藤卓己,「ヒトラー·ユーゲントの來日イベント」, 津金澤聰廣·有山輝雄 編,『戰時期日本のメデイア·イベント』, 京都: 世界思想社, 1998.

佐佐木宏,「ル·コルヴユジェと日本の建築家たち」, 高階秀爾·鈴木博之·三宅理一·太田
　　泰人 編,『ル·コルヴユジェと日本』, 廣島: 廣島出版會, 1999.

佐佐木浩雄,「量産される集團體操: 國民精神總動員と集團體操の國家的イベント化」, 坂
　　上康博·高岡裕之 編,『幻の東京オリンピックとその時代: 戰時期の都市·身體』,
　　靑弓社, 2009.

竹內祐介,「滿鐵の貨物連絡輸送分析: 陸路經由から見る關東州·附屬地と滿洲國の經濟
　　關係」, 만주학회·국민대학교 한국학연구소 학회, "관전기 동아시아와 만주"발표
　　문, 2014.

竹內孝繪,「二つの東京オリンピック廣告グラフィズムの變容とプロパガンダ」, 坂上康博·
　　高岡裕之 編,『幻の東京オリンピックとその時代: 戰時期の都市·身體』, 靑弓社,
　　2009.

竹山昭子,「戰時期日本のメデイア·イベントとしてのニュース映畫」, 津金澤聰廣·有山輝
　　雄 編,『戰時期日本のメデイア·イベント』, 京都: 世界思想社, 1998.

中山大將,「總力戰體制と樺太廳中央試驗所: 1937年以降の樺太植民地社會における帝國
　　の科學」,『農業史研究』47号, 2013.

中生勝美,「民族研究所の構想と「民族學研究講座」」, 神奈川大學 國際常民文化研究叢書
　　講義錄 11号, 2011.

中村祐司,「大日本體育會の組織構成と事業について特に都道府縣支部を中心に」,『人間
　　科學研究』6輯 1号, 1993.

中村哲夫,「IOC會長バイエ=ラトウールから見た東京オリンピック」, 坂上康博·高岡裕之
　　編,『幻の東京オリンピックとその時代: 戰時期の都市·身體』, 靑弓社, 2009.

中村哲也·功刀俊雄,「學生野球の國家統制と自治: 戰時下の飛田穗洲」, 坂上康博·高岡
　　裕之 編,『幻の東京オリンピックとその時代戰時期の都市·身體』, 靑弓社, 2009.

增田芳雄,『大陸からの音: クラシック音樂の中繼地·滿洲』, 近代文藝社, 2014.

志志田文明,『武道の教育力: 滿洲國·建國大學における武道教育』, 日本圖書センター,
　　2005.

津金澤聰廣,「『大阪朝日』『大阪每日』による航空事業の競演」, 津金澤聰廣·有山輝雄 編,
　　『戰時期日本のメデイア·イベント』, 京都: 世界思想社, 1998.

淺野豊美,『帝國日本の植民地法制: 地域統合と帝國秩序』, 名古屋: 名古屋大學出版會,

2008.

川村湊, 『滿洲崩壞: 大東亞文學と作家たち』, 文藝春秋, 1997.

─────, 『滿洲鐵道まぼろし旅行』, 文藝春秋社, 1998.

靑木富貴子, 『731: 石井四郎と細菌戰部隊の闇を暴く』, 新潮社, 2012.

塚瀨進, 『滿洲國: 民族協和の實像』, 吉川弘文館, 1998.

─────, 『滿洲の日本人』, 吉川弘文館, 2004.

崔吉城, 「滿洲映畫「虱はこわい」考」, 『アジア文化研究』, 廣島: 廣島大學出版社, 2005.

太田泰人 編, 『ル・コルヴュジェと日本』, 廣島: 廣島出版會, 1999.

坂上康博, 「標的としての都市: 厚生省による運動施設擴充政策の展開」, 坂上康博・高岡
　　　　裕之 編, 『幻の東京とその時代: 戰時期の都市・身體』, 靑弓社, 2009.

─────, 「武道界の戰時體制化: 武道綜合團體「大日本武德會」の成立」, 坂上康博・高岡裕
　　　　之 編, 『幻の東京とその時代: 戰時期の都市・身體』, 靑弓社, 2009.

學校法人日本體育會百年史 編纂刊行會, 『學校法人日本體育會百年史』, 日本體育會, 1991.

廣岡淨進, 「滿洲國間島省の人官僚構成」, 松田利彦・やまだあつし 編, 『日本の朝鮮・臺灣
　　　　支配と植民地官僚』, 東京: 思文閣, 2009.

許壽童, 「日本の在滿朝鮮人敎育政策, 1932~1937」, 『一橋研究』 27輯 2号, 2002.

黑田勇, 『ラジオ體操の誕生』, 靑弓社, 1999.

滿映啓民映畫 編, 「虱はこわい」, TEN SHARP Collection, 1994.

滿映啓民映畫 編, 「協和靑年」, TEN SHARP Collection, 1994.

滿映娛民映畫 編, 「皆大歡喜」, TEN SHARP Collection, 1994.

滿映娛民映畫 編, 「迎春花」, TEN SHARP Collection, 1994.

「滿映時報」, TEN SHARP Collection, 1994.

「滿映時事報」, TEN SHARP Collection, 1994.

「他製作 滿洲映畫編 第1集」, TEN SHARP Collection, 1994.

「他製作 滿洲映畫編 第2輯」, TEN SHARP Collection, 1994.

「滿映通信」, TEN SHARP Collection, 1994.

滿映・東寶映畫社, 「白蘭の歌」, 1939.

松竹映畫社, 「蘇州の夜」, 1942.

영문 자료

Abbott, Andrew, "Process and Temporality in Sociology: The Idea of Outcome in U.S. Sociology," George Steinmetz(ed.), *The Politics of Method in the Human Sciences*, Durham, N.C.: Duke University Press, 2005.

Abe Kōbō, *The Woman in the Dunes*, Dale Saunders(trans.), New York: Vintage, 1991.

Abernethy, David B., *The Dynamics of Global Dominance: European Overseas Empires, 1415~1980*, New Haven: Yale University Press, 2000.

Abrams, Philip, "Notes on the Difficulty of Studying the State," *Journal of Historical Sociology*, vol. 1, 1988.

Adams, Julia, *The Familial State: Ruling Families and Merchant Capitalism in Early Modern Europe*, Ithaca: Cornell University Press, 2005.

Adas, Michael, *Dominance by Design: Technological Imperatives and America's Civilizing Mission*, Cambridge: Belknap Press of Harvard University Press, 2006.

Althusser, Louis, *For Marx*, London: Verso, 1990[1965].

Althusser, Louis & E. Balibar, *Reading Capital*, London: Verso, 1979.

Anderson, Benedict, *Imagined Communities*, London: Verso, 1983.

Anderson, Perry, *Lineages of the Absolutist State*, London: Verso, 1974.

Aoyama, Tomoko, "The Cooking Man in Modern Japanese Literature," Kam Louie & Morris Low(eds.), *Asian Masculinities: The Meaning and Practice of Manhood in China and Japan*, New York: Routledge Curzon, 2003.

Appadurai, Arjun, *Modernity at Large: Cultural Dimensions of Globalization*, Minneapolis: University of Minnesota Press, 1996. [한국어판: 아르준 아파두라이, 『고삐 풀린 현대성』, 채호석 외 옮김, 현실문화연구, 2004].

Archer, Margaret S., *The Reflexive Imperative in Late Modernity*, Cambridge: Cambridge University Press, 2012.

Armstrong, Charles K., *The North Korean Revolution, 1945~1950*, Ithaca: Cornell University Press, 2003.

――――, *Tyranny of the Weak: North Korea and the World, 1950~1992*, Ithaca: Cornell

University Press, 2013.

Arnaud, Pierre, "Sport and International Relations before 1918," Pierre Arnaud & James Riordan(eds.), *Sport and International Politics: Impact of Facism and Communism on Sport*, New York: E & FN SPON, 1998.

Arnold, David, *Colonizing the Body: State Medicine and Epidemic Disease in Nineteenth Century India*, Berkeley: University of California Press, 1993.

Arrighi, Giovanni, *The Long Twentieth Century: Money, Power, and the Origin of our Times*, London: Verso, 2010.

Bankoff, Greg, "A Curtain of Silence: Asia's Fauna in the Cold War," J. R. McNeill & Corinna Unger(eds.), *Environmental Histories of the Cold War*, Cambridge: Cambridge University Press, 2013.

Barlow, Tani, "Introduction," Tani Barlow(ed.), *Formations of Colonial Modernity in East Asia*, Durham, N.C.: Duke University Press, 1997.

Barnhart, Michael, *Japan Prepares for Total War: The Search for Economic Security, 1919~1941*, Ithaca: Cornell University Press, 1987.

Barshay, Andrew, *The Gods Left First: The Captivity and Repatriation of Japanese POWs in Northeast Asia, 1945~1956*, Berkeley: University of California Press, 2013.

Beck, Ulrich, *World Risk Society*, Cambridge: Polity Press, 2000.

Beck, Ulrich & Edgar Grande, "Varieties of Second Modernity: The Cosmopolitan Turn in Social and Political Theory and Research," *The British Journal of Sociology*, vol. 61, no. 3, 2010.

Benjamin, Walter, *Illuminations*, Hannah Arendt(ed.), New York: Schocken Books, 1968.

Bentley, Jerry, "Early Modern Europe and the Early Modern World," Charles Parker & Jerry Bentley(eds.), *Between the Middle Ages and Modernity: Individual Community in the Early Modern World*, New York: Rowman & Littlefield, 2007.

Benton, Lauren, *A Search for Sovereignty: Law and Geography in European Empire, 1400~1900*, Cambridge: Cambridge University Press, 2010.

Berman, Bruce & John Lonsdale, *Unhappy Valley: Conflict in Kenya and Africa*, Columbus: Ohio University Press, 1992.

Bhabha, Homi, "Dissemination: Time, Narrative, and the Margins of the Modern Nation," Homi Bhabha(ed.), *Nation and Narration*, London: Routledge, 1990. [한국어판: 호미 바바, 『국민과 서사』, 류승구 옮김, 후마니타스, 2011].

――――, *The Location of Culture*, New York: Routledge, 1994. [한국어판: 호미 바바, 『문화의 위치』, 나병철 옮김, 소명출판, 2012].

Bhaskar, Roy, *A Realist Theory of Science*, London: Verso, 1997[1975].

Blackbourn, David & Geoff Eley, *The Peculiarities of German History: Bourgeois Society and Politics in Nineteenth Century Germany*, Oxford: Oxford University Press, 1985. [한국어판: 데이비드 블랙번·제프 일리, 『독일 역사학의 신화 깨뜨리기』, 최용찬·정용숙 옮김, 푸른역사, 2007].

Brewster, Claire & Keith Brewster, "Mexico City 1968: Sombreros and Skyscrapers," Alan Tomlinson & Christopher Young(eds.), *National Identity and Global Sports Events: Culture, Politics, and Spectacle in the Olympics and the Football World Cup*, New York: State University of New York Press, 2006.

Brook, Timothy, "Collaborationist Nationalism in Occupied Wartime China," Timothy Brook & Andre Schimid(eds.), *Nation Work: Asian Elites and National Identities*, Ann Arbor: University of Michigan Press, 2000.

――――, "Collaboration in the History of Wartime East Asia," *Japan Focus*, 2008. 7. 15.

Broszat, Martin, *The Hitler State: The Foundation and Development of the Internal Structure of the Third Reich*, John Hiden(trans.), New York: Longman, 1981. [한국어판: 마르틴 브로샤트, 『히틀러국가: 나치 정치혁명의 이념과 현실』, 김학이 옮김, 문학과지성사, 2011].

Burns, Susan, "Constructing the National Body: Public Health and the Nation in Nineteenth-Century Japan," Timothy Brook & Andre Schimid(eds.), *Nation Work: Asian Elites and National Identities*, Ann Arbor: University of Michigan Press, 2000.

Butler, Judith, *Gender Trouble*, New York: Routledge, 1990. [한국어판: 주디스 버틀러, 『젠더 트러블』, 조현준 옮김, 문학동네, 2008].

――――, *Frames of War: When Is Life Grievable?*, New York: Verso, 2009.

Chakrabarty, Dipesh, "The Difference Deferral of a Colonial Modernity: Public Debates on

Domesticity in British Bengal," Frederick Cooper & Ann Laura Stoler(eds.), *Tensions of Empire: Colonial Cultures in a Bourgeois World*, Berkeley: University of California Press, 1997.

――――, *Provincializing Europe: Postcolonial Thought and Historical Discourse*, Princeton: Princeton University Press, 2000.

Chao, Kang, *The Economic Development of Manchuria: The Rise of a Frontier Economy*, Ann Arbor: University of Michigan Press, 1982.

Chatterjee, Partha, *The Nation and Its Fragments: Colonial and Postcolonial Histories*, Princeton: Princeton University Press, 1993.

Chaudhuri, K. N., *Trade and Civilization in the Indian Ocean: An Economic History from the Rise of Islam to 1750*, Cambridge: Cambridge University Press, 1985. [한국어판: 쵸두리, 『유럽 이전의 아시아: 이슬람의 발흥기로부터 1750년까지 인도양의 경제와 문명』, 임민자 옮김, 심산, 2011].

Choi, Chung-moo, "Guest Editor's Introduction," *positions: east asia cultures critique*, vol. 1, no. 1, 1994.

Choi, Yong-sok, "War, State, and Big Business in Modern Japan: The Intercorporate Structure and Diversification of Mitsui and Mitsubishi, 1968~1945," Phd diss., University of Chicago, 1998.

Chung, In-teak, "The Korean Minority in Manchuria, 1900~1937," Phd diss., American University, 1966.

Chung, Joseph, "Economic Planning in North Korea," Robert Scalapino & Jun-yop Kim(eds.), *North Korea Today: Strategic and Domestic Issues, Korea Research Monograph*, Berkeley: University of California Press, 1983.

Chung, Steven, "Sin Sang-ok and Postwar Korean Mass Culture," PhD diss., University of California, Irvine, 2008.

Cohn, Bernard, *Colonialism and Its Forms of Knowledge: The British in India*, Princeton: Princeton University Press, 1996.

Collingwood, Robin, *The Idea of History*, Oxford: Clarendon Press, 1946.

Collins, Sandra, "East Asian Olympic Desires: Identity on the Global Stage in the 1964

Tokyo, 1988 Seoul, and 2008 Beijing Games," *The International Journal of the History of Sport*, vol. 28, no. 16, 2011.

Colona, Fanny, "Educating Conformity in French Colonial Algeria," Frederick Cooper & Ann Laura Stoler(eds.), *Tensions of Empire: Colonial Cultures in a Bourgeois World*, Berkeley: University of California Press, 1997.

Connell, R. W., *Masculinities*, Berkeley: University of California Press, 2005. [한국어판: R. W. 코넬, 『남성성/들』, 현민·안상욱 옮김, 이매진, 2013].

Cooper, Frederick, "The Dialectics of Decolonization: Nationalism and Labor Movements in Postwar French Africa," Frederick Cooper & Ann Laura Stoler(eds.), *Tensions of Empire: Colonial Cultures in a Bourgeois World*, Berkeley: University of California Press, 1997.

Coox, Alvin, *Nomonhan: Japan against Russia, 1939*, Stanford: Stanford University Press, 1985.

———, "The Kwantung Army Dimension," Peter Duus, Ramon Myers & Mark Peattie(eds.), *The Japanese Informal Empire in China, 1895~1937*, Princeton: Princeton University Press, 1989.

Corbusier, Le, *Towards a New Architecture*, New York: BN Publishing, 2008[1931].

Craig, Gordon, *The Politics of the Prussian Army, 1640~1945*, Oxford: Oxford University Press, 1964.

Craven, Wesley, *The Legend of the Founding Fathers*, Ithaca: Cornell University Press, 1965.

Cumings, Bruce, *The Origins of the Korean War*, vol. 1, Princeton: Princeton University Press, 1981.

———, "The Origins and Development of the Northeast Asian Political Economy: Industrial Sectors, Product Cycles, and Political Consequences," *International Organization*, vol. 38, no. 1, 1984.

———, "The Abortive Abertura: South Korea in the Light of Latin American Experience," *New Left Review*, no. 173, 1989.

———, *The Origins of the Korean War*, vol. 2, Princeton: Princeton University Press, 1990.

———, "The Corporate State," Hagen Koo(ed.), *State and Society in Contemporary Korea*, Ithaca: Cornell University Press, 1993.

———, *Korea's Place in the Sun: A Modern History*, New York: Norton, 1997. [한국어판: 브루스 커밍스, 『브루스 커밍스의 한국현대사』, 김동노 외 옮김, 창비, 2001].

———, "Webs with No Spiders, Spiders with No Webs: The Genealogy of the Developmental State," Meredith Woo-Cumings(ed.), *The Developmental State*, Ithaca: Cornell University Press, 1999.

———, "The Asian Crisis, Democracy, and the End of "Late" Development," T. J. Pempel(ed.), *The Politics of the Asian Economic Crisis*, Ithaca: Cornell University Press, 1999.

Davin, Anna, "Imperialism and Motherhood," Frederick Cooper & Ann Laura Stoler(eds.), *Tensions of Empire: Colonial Cultures in a Bourgeois World*, Berkeley: University of California Press, 1997.

De Certeau, Michel, *The Writing of History*, Tom Conley(trans.), New York: Columbia University Press, 1988.

De Grazia, Victoria, *The Culture of Consent: Mass Organization of Leisure in Fascist Italy*, Cambridge: Cambridge University Press, 1981.

Dower, John, *War without Mercy: Race and Power in the Pacific War*, New York: Pantheon Books, 1986.

———, *Embracing Defeat: Japan in the Wake of World War II*, New York: W. W. Norton, 1999. [한국어판: 존 다우어, 『패배를 껴안고』, 최은석 옮김, 민음사, 2008].

Doyle, Michael, *Empires*, Ithaca: Cornell University Press, 1986.

Duara, Prasenjit, *Culture, Power, and the State: Rural North China, 1900~1942*, Stanford: Stanford University Press, 1988.

———, *Rescuing History from the Nation: Questioning Narratives of Modern China*, Chicago: University of Chicago Press, 1995. [한국어판: 프래신짓트 두아라, 『민족으로부터 역사를 구출하기: 근대 중국의 새로운 해석』, 문명기·손승회 옮김, 삼인, 2004].

———, "Why Is History Anthitheoretical?," *Modern China*, vol. 24, no. 2, 1998.

———, *Sovereignty and Authenticity: Manchukuo and the East Asian Modern*, New York: Rowman & Littlefield, 2003. [한국어판: 프래신짓트 두아라, 『주권과 순수성: 만주국과 동아시아적 근대』, 한석정 옮김. 나남, 2008].

———, "Introduction: The Decolonization of Asia and Africa in the twentieth century," Prasenjit Duara(ed.), *Decolonization: Perspectives from now and then*, New York: Routledge, 2004.

———, "Collaboration and the Politics of the Twentieth Century," *Japan Focus*, 2008. 7. 15.

———, "The Cold War as a Historical Period: An Interpretive Essay," *Journal of Global History*, vol. 6, 2011.

———, *The Crisis of Global Modernity: Asian Traditions and a Sustainable Future*, Cambridge: Cambridge University Press, 2015.

Dudden, Alexis, "Bullying and History don't mix," *The Asia-Pacific Journal: Japan Focus*, 2013. 2. 17.

Echenberg, Myron, *Colonial Conscripts: The Tirailleurs Senegalais in French West Africa, 1857~1960*, Portmouth: Heinemann, 1991.

Eckert, Carter, "Total War, Industrialization, and Social Change in Late Colonial Korea," Peter Duus, Ramon Myers & Mark Peattie(eds.), *The Japanese Wartime Empire, 1931~1945*, Princeton: Princeton University Press, 1996.

Eley, Geoff, "Distant Voices, Still Lives," Robert Rosenstone(ed.), *Revisioning History: Film and the Construction of a New Past*, Princeton: Princeton University Press, 1995.

Elias, Norbert, *Power and Civility: The Civilizing Process*, vol. 2, New York: Pantheon, 1982. [한국어판: 노르베르트 엘리아스, 『문명화 과정 2』, 박미애 옮김, 한길사, 1999].

Elkins, Caroline & Susan Pederson(eds.), *Settler Colonialism in the Twentieth Century*, New York: Routledge, 2005.

Fanon, Frantz, "On National Culture," Patrick Williams & Laura Chrisman(eds.), *Colonial Discourse and Post-colonial Theory: A Reader*, New York: Columbia University Press, 1994.

Featherstone, Mike, "The Body in Consumer Culture," M. Featherstone, M. Hepworth & B. Turner(eds.), *The Body*, London: Sage, 1991.

Fitzgerald, John, *Awakening China: Politics, Culture, and Class in the Nationalist Revolution*, Stanford: Stanford University Press, 1996.

Fogel, Joshua, "Integrating Chinese Society: A Comparison of Shanghai and Harbin," Sharon

Minichiello(ed.), *Japan's Competing Modernities*, Honolulu: University of Hawaii Press, 1998.

Fogel, Robert, *Explaining Long Term Trends in Health and Longevity*, Cambridge: Cambridge University Press, 2012.

Foster, John, Brett Clark & Richard York, *The Ecological Rift: Capitalism's War on the Earth*, New York: Monthly Review Press, 2010.

Fotsch, Paul, *Watching the Traffic Go By: Transportation and Isolation in Urban America*, Austin: University of Texas Press, 2007.

Foucault, Michel, *The Archaeology of Knowledge and the Discourse on Language*, Sheridan Smith(trans.), New York: Pantheon Books, 1972. [한국어판: 미셸 푸코, 『지식의 고고학』, 이정우 옮김, 민음사, 2000].

─────, "Nietzsche, Genealogy, History," Donald Bouchard(trans. & ed.), *Language, Counter-Memory, Practice: Selected Essays and Interviews by Michel Foucault*, Ithaca: Cornell University Press, 1977.

Freud, Sigmund, *Totem and Taboo: Some Points of Agreement Between the Mental Lives of Savages and Neurotics*, James Strachey(trans.), New York: W. W. Norton, 1989.

Frost, Mark & Yu-Mei Balasingamchow, *Singapore: A Biography*, Singapore: Editions Didier Millet & National Museum of Singapore, 2009.

Fujii, James, "Writing Out Asia: Modernity, Canon, and Natsume Soseki's Kokoro," Tani Barlow(ed.), *Formations of Colonial Modernity in East Asia*, Durham, N.C.: Duke University Press, 1997.

Fujitani, Tak, *Splendid Monarchy: Power and Pageantry in Modern Japan*, Berkeley: University of California Press, 1996. [한국어판: 다카시 후지타니, 『화려한 군주: 근대 일본의 권력과 국가 의례』, 한석정 옮김, 이산, 2004].

Galeno, Eduardo, *Soccer in Sun and Shadow*, Mark Fried(trans.), New York: Nation Books, 2013.

Garon, Sheldon, "Women's Groups and the Japanese State: Contending Approaches to Political Integration, 1890~1945," *Journal of Japanese Studies*, vol. 19, 1993.

─────, *Molding Japanese Minds: The State in Everyday Life*, Princeton: Princeton University

Press, 1997.

——, *Beyond Our Means: Why America Spends While the World Saves*, Princeton: Princeton University Press, 2012.

Geertz, Clifford, *Peddlers and Princes: Social Development and Economic Change in Two Indonesian Towns*, Chicago: University of Chicago Press, 1963.

——, *Negara: The Theatre State in Nineteenth Century Bali*, Princeton: Princeton University Press, 1980.

Gerald Gems, *The Athletic Crusade: Sport and American Cultural Imperialism*, Lincoln: University of Nebraska Press, 2006.

Gerschenkron, Alexander, *Economic Backwardness in Historical Perspective*, Cambridge: Cambridge University Press, 1966.

Giddens, Anthony, *The Nation State and Violence*, Berkeley: University of California Press, 1987. [한국어판: 앤서니 기든스, 『민족국가와 폭력』, 진덕규 옮김, 삼지원, 1993].

——, *The Consequences of Modernity*, Stanford: Stanford University Press, 1990.

Gluck, Carol, *Japan's Modern Myths: Ideology in the Late Meiji Period*, Princeton: Princeton University Press, 1985.

Goldstone, Jack, "The Problem of the "Early Modern" World," *Journal of the Economic and Social History of the Orient*, vol. 41, 1998.

Goody, Jack, *The Theft of History*, New York: Cambridge University Press, 2006.

Gorski, Philip, *The Disciplinary Revolution: Calvinism and Rise of the State in Early Modern Europe*, Chicago: University of Chicago Press, 2003.

Goswami, Manu, *Producing India: From Colonial Economy to National Space*, Chicago: University of Chicago Press, 2004.

Gottschang, Thomas & Diana Lary, *Swallows and Settlers: The Great Migration from North China to Manchuria*, Ann Arbor: Center for Chinese Studies, University of Michigan, 2000.

Grajdanzev, Andrew, *Modern Korea*, New York: Institute of Pacific Relations, 1944.

Griffin, Roger, *Modernism and Fascism: The Sense of a Beginning under Mussolini and Hitler*, New York: Palgrave Macmillan, 2007.

Gurvitch, Georges, *The Social Framework of Knowledge*, Margaret Thompson & Kenneth Thompson(trans.), New York: Harper & Row, 1971.

Guttman, Allen, "The 'Nazi Olympics' and the American Boycott Controversy," Pierre Arnaud & James Riordan(eds.), *Sport and International Politics: Impact of Facism and Communism on Sport*, New York: E & FN SPON, 1998.

――――, "Berlin 1936: The Most Controversial Olympics," Alan Tomlinson & Christopher Young(eds.), *National Identity and Global Sports Events: Culture, Politics, and Spectacle in the Olympics and the Football World Cup*, New York: State University of New York Press, 2006.

Hamashita, Takeshi, "The Tribute Trade System and Modern Asia," A. Laham & H. Kawakatsu(eds.), *Japanese Industrialization and the Asian Economy*, London: Routledge, 1994.

Han, Suk-Jung, "The Problem of Sovereignty: Manchukuo, 1932~1937," *positions: east asia cultures critique*, vol. 12, no. 2, 2004.

Han, Sung-Joo, *The Failure of Democracy in South Korea*, Berkeley: University of California Press, 1974.

Hardt, Michael & Antonio Negri, *Empire*, Cambridge: Harvard University Press, 2000. [한국어판: 안토니오 네그리·마이클 하트, 『제국』, 윤수종 옮김, 이학사, 2011].

――――, *Multitude: War and Democracy in the Age of Empire*, New York: The Penguin Press, 2004. [한국어판: 안토니오 네그리·마이클 하트, 『다중』, 정남영 외 옮김, 세종서적, 2008].

Harootunian, Harry, *Things Seen and Unseen*, Chicago: University of Chicago Press, 1988.

――――, *Overcome by Modernity: History, Culture, and Community in Interwar Japan*, Princeton: Princeton University Press, 2000.

――――, *History's Disquiet: Modernity, Cultural Space, and Question of Everyday Life*, New York: Columbia University Press, 2000. [한국어판: 해리 하루투니언, 『역사의 요동: 근대성, 문화, 일상생활』, 윤영실·서정은 옮김, 휴머니스트, 2006].

Harvey, David, *The Condition of Postmodernity: An Enquiry into the Origins of Cultural Change*, Cambridge: Basil Blackwell, 1990. [한국어판: 데이비드 하비, 『포스트모더니티의 조

건』, 구동회·박영민 옮김, 한울아카데미, 2013].

Hegel, Georg Wilhelm Friedrich, *The Philosophy of History*, J. Sibree(trans.), Kitchener: Botoche Book, 2001.

Henry, Mark, *The US Army in World War II*, vol. 1, New York: Osprey, 2000.

High, Peter, *The Imperial Screen: Japanese Film Culture in the Fifteen Years' War, 1931~1945*, Madison: University of Wisconsin Press, 2003.

Hintze, Otto, *The Historical Essays of Otto Hintze*, F. Gilbert(ed.), New York: Oxford University Press, 1975.

Ho Chi Minh, "The Path that led me to Leninism," Prasenjit Duara(ed.), *Decolonization: Perspectives from now and then*, New York: Routledge, 2004.

Ho, Samuel & Ralph Huenemann, *China's Open Door Policy: The Quest for Foreign Technology and Capital*, Vancouver: University of British Columbia Press, 1984.

Hobsbawm, Eric, *Nations and Nationalism since 1780: Programme, Myth, Reality*, Cambridge: Cambridge University Press, 1990. [한국어판: 에릭 홉스봄, 『1780년 이후의 민족과 민족주의』, 강명세 옮김, 창비, 1998].

Holt, Richard, "The Foreign Office and the Football Association: British Sport and Appeasement, 1935~1938," Pierre Arnaud & James Riordan(eds.), *Sport and International Politics: Impact of Facism and Communism on Sport*, New York: E & FN SPON, 1998.

Huang Xuelei, "The Cosmetics Industry and Changing Smellscapes in Urban China, 1910s~ 1940s," paper presented at Asian Studies Conference Japan, Meiji Gakuin University, June 2015.

Hung, Chang-tai, *Mao's New World: Political Culture in the Early People's Republic*, Ithaca: Cornell University Press, 2011.

Hunt, Lynn, *The Family Romance of the French Revolution*, Berkeley: University of California Press, 1992.

Huxley, Tim & Susan Willett, *Arming East Asia*, Oxford: Oxford University Press, 1999.

Hwang, David Henry, *M. Butterfly*, New York: Dramatists Play Service, 1988.

Ienaga, Saburo, *The Pacific War, 1931~1945: A Critical Perspective on Japan's Role in World War*

II, New York: Pantheon Books, 1978.

Inouye, Charles, "In the Scopic Regime of Discovery: Ishikawa Takuboku's Diary in Roman Script and the Gendered Premise of Self-Identity," Tani Barlow(ed.), *Formations of Colonial Modernity in East Asia*, Durham, N.C.: Duke University Press, 1997.

Isomae, Jun'ichi, *Religious Discourse in Modern Japan: Religion, State, and Shinto*, Galen Amstutz & Lynne Riggs(trans.), Boston: Brill, 2014.

Iwabuchi, Koichi, *Recentering Globalization: Popular Culture and Japanese Transnationalism*, Durham, N.C.: Duke University Press, 2002.

———, "Useful Popular Culture: Beyond Brand Nationalism, into Cultural Citizenship," paper presented at a conference, "Globalization, Localization, and Japanese Studies in the Asia Pacific Region," Chinese University of Hong Kong, 2005.

James, Harold, *Europe Reborn: A History, 1914~2000*, Princeton: Princeton University Press, 2003.

Jameson, Fredric, *The Political Unconscious: Narrative as a Socially Symbolic Act*, Ithaca: Cornell University Press, 1981. [한국어판: 프레드릭 제임슨, 『정치적 무의식』, 이경덕·서강목 옮김, 민음사, 2015].

Jencks, Charles, *The New Paradigm in Arichitecture: The Language of Post Modernism*, New Haven: Yale University Press, 2002.

Jeong, Kelly, "Nation Rebuilding and Postwar South Korean Cinema: *The Coachman* and *The Stray Bullet*," *Journal of Korean Studies*, vol. 11, no. 1, 2006.

Jessop, Bob, *State Theory: Putting States in Their Place*, University Park, Pa.: Pennsylvania State University Press, 1990.

———, "Narrating the Future of the National Economy and the National State: Remarks on Remapping Regulation and Reinventing Governance," George Steinmetz(ed.), *State/Culture: State-formation after the Cultural Turn*, Ithaca: Cornell University Press, 1999.

Johnson, Chalmers, *MITI and the Japanese Miracle: The Growth of Industrial Policy, 1925~1975*, Stanford: Stanford University Press, 1982.

———, "The Developmental State: Odyssey of a Concept," Meredith Woo Cumings(ed.), *The Developmental State*, Ithaca: Cornell University Press, 1999.

————, *Blowback: The Costs and Consequences of American Empire*, New York: Owl Books, 2000.

Jones, Francis C., *Manchuria since 1931*, Oxford: Oxford University Press, 1949.

Josephson, Paul, "War on Nature as Part of the Cold War: The Strategic and Ideological Roots of Environmental Degradation in the Soviet Union," J. R. McNeill & Corinna Unger(eds.), *Environmental Histories of the Cold War*, Cambridge: Cambridge University Press, 2013.

Kaplan, David & Alec Dubro, *Yakuza: The Explosive Account of Japan's Criminal Underworld*, New York: Macmillan, 1986.

Kasza, Gregory, *The Conscription Society: Administered Mass Organizations*, New Haven: Yale University Press, 1995.

Kelly, John D., *The American Game: Capitalism, Decolonization, Global Domination, and Baseball*, Chicago: Prickly Paradigm Press, 2006.

————, "One World, Real World, Memory and Dream: Shadows of the Past and Images of the Future in Contemporary Asian Sports Internationalisms," *The International Journal of the History of Sport*, vol. 27, no. 14, 2010.

Ketelaar, James, *Of Heretics and Martyrs in Meiji Japan: Buddhism and Its Persecution*, Princeton: Princeton University Press, 1990.

Khoo, Tseen, ""Angry Yellow Men": Cultural Space for Diasporic Chinese Masculinities," Kam Louie & Morris Low(eds.), *Asian Masculinities: The Meaning and Practice of Manhood in China and Japan*, New York: Routledge Curzon, 2003.

Kim, Byung-Yeon, Suk Jin Kim & Keun Lee, "Assessing the Economic Performance of North Korea, 1954～1989: Estimates and Growth Accounting Analysis," *Journal of Comparative Economics*, vol. 35, 2007.

Kim, Hoi-Eun, *Doctors of Empire: Medical and Cultural Encounters Between Imperial Germany and Meiji Japan*, Toronto: University of Toronto Press, 2014.

Kim, Kyung-Hyun, "Indexing Korean Popular Culture," Kyung-Hyun Kim & Young-min Choe(eds.), *The Korean Popular Culture Reader*, Durham, N.C.: Duke University Press, 2014.

Kim, Se-Jin, *The Politics of Military Revolution in Korea*, Chapel Hill: University of North Carolina Press, 1971.

Kingsberg, Miriam, *Moral Nation: Modern Japan and Narcotics in Global History*, Berkeley: University of California Press, 2014.

Klein, Christina, *Cold War Orientalism: Asia in the Middlebrow Imagination, 1945~1961*, Berkeley: University of California Press, 2003.

Klein, Maury, *A Call to Arms: Mobilizing America for World War II*, New York: Bloomsbury, 2013.

Koch, H. W., *The Hitler Youth: Origins and Development 1922~1945*, New York: Cooper Square Press, 2000.

Kohli, Atuhl, "Where Do High Growth Political Economies Come From? The Japanese Lineage of Korea's "Developmental State,"" Meredith Woo-Cumings(ed.), *The Developmental State*, Ithaca: Cornell University Press, 1999.

Koshiro, Yukiko, *Imperial Eclipse: Japan's Strategic Thinking about Continental Asia before August 1945*, Ithaca: Cornell University Press, 2013.

Kotkin, Stephen, *Magnetic Mountain: Stalinism as a Civilization*, Berkeley: University of California Press, 1995.

Kracauer, Siegfried, *The Mass Ornament: Weimar Essays*, Thomas Levin(trans.), Cambridge: Harvard University Press, 1995.

Kramer, Paul, "The Military-Sexual Complex: Prostitution, Disease, and the Boundaries of Empire during the Philippine-American War," *The Asia-Pacific Journal: Japan Focus*, 25 July 2011.

Krüger, Arnd, "The Role of Sport in German International Politics 1918~1945," Pierre Arnaud & James Riordan(eds.), *Sport and International Politics: Impact of Facism and Communism on Sport*, New York: E & FN SPON, 1998.

Kwon, Heonik, *After the Massacre: Commemoration and Consolidation in Ha My and My Lai*, Berkeley: University of California Press, 2006.

Lacan, Jacques, *The Four Fundamental Concepts of Psychoanalysis: The Seminar of Jacques Lacan, Book XI*, A. Sheridan(trans.), New York: Norton, 1981.

Lahusen, Thomas, "Introduction," *South Atlantic Quarterly*, vol. 99, no. 1, 2000.

―――, "Foreign Past and the Construction of Local Identity: The Case of Harbin," 「滿洲の 記憶と表象」, 일본 소피아 대학 학회 발표문, 2015. 8. 8.

Larson, Wendy, *From Ah Q to Lei Feng: Freud and Revolutionary Spirit in 20th Century China*, Stanford: Stanford University Press, 2009.

Latour, Bruno, *We Have Never Been Modern*, Catherine Porter(trans.), Cambridge: Harvard University Press, 1993. [한국어판: 브뤼노 라투르, 『우리는 결코 근대인이었던 적이 없다』, 홍철기 옮김, 갈무리, 2009].

Lattimore, Owen, *Manchuria: Cradle of Conflict*, New York: MacMillan, 1932.

Lebra, Joyce, *Japanese-Trained Armies in Southeast Asia*, New York: Columbia University Press, 1977.

Lee, Hoon K., *Korean Immigrants in Manchuria*, Pyengyang: Union Christian College Press, 1932.

Lee Kuan Yew, *From Third World to First: Singapore and the Asian Economic Boom*, New York: Harper Collins, 2000.

Lefebvre, Henri, *The Production of Space*, D. Nicholson Smith(trans.), Oxford: Basil Blackwell, 1991.

Levine, Steven, *Anvil of Victory: The Communist Revolution in Manchuria, 1945~1948*, New York: Columbia University Press, 1987.

Light, Richard, "Sport and the Construction of Masculinity in the Japanese Education System," Kam Louie & Morris Low(eds.), *Asian Masculinities: The Meaning and Practice of Manhood in China and Japan*, New York: Routledge Curzon, 2003.

Liu, Lydia, *Translingual Practice: Literature, National Culture, and Translated Modernity China, 1900~1937*, Stanford: Stanford University Press, 1995.

Liu, Michael Shiyung, "From Japanese Colonial Medicine to American-standard Medicine in Taiwan: A Case Study of the Transition in the Medical Profession and Practices in East Asia," Liping Bu, Darwin Stapleton & Ka-che Yip(eds.), *Science, Public Health and the State in Modern Asia*, London: Routledge, 2012.

Low, Morris, "The Emperor's Sons Go to War: Competing Masculinities in Modern Japan,"

Kam Louie & Morris Low(eds.), *Asian Masculinities: The Meaning and Practice of Manhood in China and Japan*, New York: Routledge Curzon, 2003.

Luhmann, Niklas, *Social Systems*, J. Bednarz(trans.), Stanford: Stanford University Press, 1995. [한국어판: 니클라스 루만, 『사회체계이론 1·2』, 박여성 옮김, 한길사, 2007].

Lupton, Deborah, *The Imperative of Health: Public Health and the Regulated Body*, London: Sage, 1995.

Lynn, Hyung Gu, "Malthusian Dreams, Colonial Imaginary: The Oriental Development Company and Japanese Emigration to Korea," Caroline Elkins & Susan Pederson(eds.), *Settler Colonialism in the Twentieth Century*, New York: Routledge, 2005.

MacAloon, John, "The Theory of Spectacle: Reviewing Olympic Ethnography," Alan Tomlinson & Christopher Young(eds.), *National Identity and Global Sports Events: Culture, Politics, and Spectacle in the Olympics and the Football World Cup*, New York: State University of New York Press, 2006.

Maier, Charles, "Between Taylorism and Technocracy: European Ideologies and the Vision of Industrial Productivity in the 1920s," *Journal of Contemporary History*, vol. 5, no. 2, 1970.

Malik, Khalid, "The Rise of the South: Human Progress in a Diverse World," *Human Development Report 2013*.

Mann, Michael, "The Autonomous Power of the State: Its Origins, Mechanisms, and Results," John Hall(ed.), *States in History*, Oxford: Basil Blackwell, 1986.

─────, "Book Review on Charles Tilly," *American Journal of Sociology*, vol. 96, 1990.

─────, *Incoherent Empire*, New York: Verso, 2003.

Marx, Karl, "On Imperialism in India," Robert Tucker(ed.), *The Marx Engels Reader: Second Edition*, New York: W. W. Norton, 1978.

Mason, Tony, "England 1966: Traditional and Modern?," Alan Tomlinson & Christopher Young(eds.), *National Identity and Global Sports Events: Culture, Politics, and Spectacle in the Olympics and the Football World Cup*, New York: State University of New York Press, 2006.

Mayer, Arno, *The Persistence of the Old Regime: Europe to the Great War*, New York: Pantheon, 1981.

McCormack, Gavan, "Manchukuo: Constructing the Past," *East Asian History*, vol. 2, 1990.

Mclelland, Mark, "Gay men, mansculinity and the media in Japan," Kam Louie & Morris Low(eds.), *Asian Masculinities: The Meaning and Practice of Manhood in China and Japan*, New York: Routledge, 2003.

McNeill, J. R. & Corinna Unger, "Introduction," J. R. McNeill & Corinna Unger(eds.), *Environmental Histories of the Cold War*, Cambridge: Cambridge University Press, 2013.

McNeill, William, *The Pursuit of Power: Technology, Armed Force, and Society since A.D. 1000*, Chicago: University of Chicago Press, 1982. [한국어판: 윌리엄 맥닐, 『전쟁의 세계사』, 신미원 옮김, 이산, 2005].

Mehta, Uday, "Liberal Strategies of Exclusion," Frederick Cooper & Ann Laura Stoler(eds.), *Tensions of Empire: Colonial Cultures in a Bourgeois World*, Berkeley: University of California Press, 1997.

Merlin, Mark & Ricardo Gonzalez, "Environmental Impacts of Nuclear Testing in Remote Oceania, 1946~1996," J. R. McNeill & Corinna Unger(eds.), *Environmental Histories of the Cold War*, Cambridge: Cambridge University Press, 2013.

Merridale, Catherine, *Night of Stone: Death and Memory in Twentieth-Century Russia*, New York: Penguin, 2000.

Meyer, John, "The Changing Cultural Content of the Nation-State," George Steinmetz(ed.), *State/Culture: State-formation after the Cultural Turn*, Ithaca: Cornell University Press, 1999.

Miles, William, *Hausaland Divided: Colonialism and Independence in Nigeria and Niger*, Ithaca: Cornell University Press, 1994.

Mimura, Janis, *Planning for Empire: Reform Bureaucrats and the Japanese Wartime State*, Ithaca: Cornell University Press, 2011.

Mitchell, Timothy, *Rule of Experts: Egypt, Techno-Politics, Modernity*, Berkeley: University of California Press, 2002.

Moon, Katharine H. S., *Sex among Allies*, New York: Columbia University Press, 1997.

Moore, Aaron, *Constructing East Asia: Technology, Ideology, and Empire in Japan's Wartime Era, 1931~1945*, Stanford: Stanford University Press, 2013.

Moore, Barrington, *Social Origins of Dictatorship and Democracy*, Boston: Beacon, 1966.

Myers, Ramon, *The Japanese Economic Development of Manchuria, 1932 to 1945*, New York: Garland, 1982.

Najita, Tetsuo, *Visions of Virtue in Tokugawa Japan: The Kaitokudo, Merchant Academy of Osaka*, Chicago: University of Chicago Press, 1987.

Natsume Soseki, *Travels in Manchuria and Korea; Rediscovering Natsume Soseki with the First English Translation*, Inger Brodey & Sammy Tsunematsu(trans.), Folkstone: Global Oriental, 2000.

Nie, Jing-Bao, "On the Altar of Nationalism and the Nation-state: Japan's Wartime Medical Atrocities, the American Cover-up, and Postwar Chinese Responses," Jing-Bao Nie et al(eds.), *Japan's Wartime Medical Atrocities: Comparative Inquiries in Science, History, and Ethics*, London: Routledge, 2010.

Nonini, Donald & Aihwa Ong, "Chinese Transnationalism as an Alternative Modernity," Aihwa Ong & Donald Nonini(eds.), *The Cultural Politics of Modern Chinese Transnationalism*, New York: Routledge, 1997.

Norman, E. H., "Japan and the Japanese Empire: General Consideration," a memoir to the U. S. Government, 1944. 9. 22.

Northrop, Douglas, *Veiled Empire: Gender and Power in Stalinist Central Asia*, Ithaca: Cornnell University Press, 2004.

Nunn, Nathan, "The Long-term Effects of Africa's Slave Trades," *The Quarterly Journal of Economics*, 2008. 2.

O'Donnell, Guillermo, "Reflections on the Patterns of Change in the Bureaucratic-Authoritarian State," *Latin American Research Review*, vol. 13, no. 1, 1978.

Ogura, Kazuo, *Japan of the East, Japan of the West: Styles of International Negotiation and Japan's Response*, Mark Ealey(trans.), Christchurch, New Zealand: Christchurch of Polytechnie Institute of Technology Press, 2000.

Park, Hyun-ok, *Two Dreams in One Bed: Empire, Social Life, and the Origins of the North Korean Revolution in Manchuria*, Durham, N.C.: Duke University Press, 2005.

Parker, Charles, "Introduction: Individual and Community in the Early Modern World," Charles Parker & Jerry Bentley(eds.), *Between the Middle Ages and Modernity: Individual Community in the Early Modern World,* New York: Rowman & Littlefield, 2007.

Paxton, Robert, *Vichy France: Old Guard and New Order, 1940~1944*, New York: Columbia University Press, 2001.

————, *The Anatomy of Fascism*, New York: Vintage, 2005.

Payne, Stanley, *A History of Fascism, 1914~1945*, Madison: University of Wisconsin Press, 1995.

Peattie, Mark, *Ishiwara Kanji and Japan's Confrontation with the West*, Princeton: Princeton University Press, 1975.

Pempel, T. J., "The Developmental Regime in a Changing World Economy," Meredith Woo-Cumings(ed.), *The Developmental State*, Ithaca: Cornell University Press, 1999.

Pomeranz, Kenneth, *The Great Divergence: China, Europe, and the Making of the Modern World Economy*, Princeton: Princeton University Press, 2000.

Pratt, Mary Louise, *Imperial Eyes: Travel Writing and Transculturation*, London: Routledge, 2008.

Pyle, Kenneth, "Advantage of Followship: German Economics and Japanese Bureaucrats, 1890~1925," *Journal of Japanese Studies*, vol. 1, no. 1, 1974.

Rabinbach, Anson, *The Human Motor: Energy, Fatigue, and the Origins of Modernity*, Berkeley: University of California Press, 1990.

Radkau, Joachim, *Nature and Power: A Global History of the Environment*, Thomas Dunlap(trans.), Cambridge: Cambridge University Press, 2008. [한국어판: 요아힘 라트카우, 『자연과 권력: 인간과 자연, 갈등과 개입 그리고 화해의 역사』, 이영희 옮김, 사이언스북스, 2012].

Rankin, Andrew, "21st-Century Yakuza: Recent Trends in Organized Crime in Japan," *The Asia-Pacific Journal: Japan Focus*, 2012. 2. 20.

Ray, Alexander, *Beriberi in Modern Japan: The Making of a National Disease*, New York: University of Rochester Press, 2012.

Ray, Rajat, "Asian Capital in the Age of European Domination: The Rise of the Bazaar, 1800~1914," *Modern Asian Studies*, vol. 29, no. 3, 1995.

Reynolds, Douglas, "Training Young China Hands: Toa Dobun Shoin and Its Precursors, 1886~1945," Peter Duss, Ramon Myers & Mark Peattie(eds.), *The Japanese Informal Empire, 1895~1937*, Princeton: Princeton University Press, 1989.

Ricoeur, Paul, *Time and Narrative*, vol. 1, Chicago: University of Chicago Press, 1984.

Riordan, James, "The Sports Policy of the Soviet Union, 1917~1941," Pierre Arnaud & James Riordan(eds.), *Sport and International Politics: Impact of Facism and Communism on Sport*, New York: E & FN SPON, 1998.

Robinson, Geoffrey, *The Dark Side of Paradise: Political Violence in Bali*, Ithaca: Cornell University Press, 1995.

Rodgers, Daniel, *The Work Ethic in Industrial America 1850~1920*, Chicago: University of Chicago Press, 1978.

Rogaski, Ruth, *Hygienic Modernity: Meanings of Health and Disease in Treaty Port China*, Berkeley: University of California Press, 2004.

———, "Vampires in Plagueland: The Multiple Meanings of Weisheng in Manchuria," Angela Ki Che Leung & Charlotte Furth(eds.), *Health and Hygiene in Chinese East Asia: Policies and Publics in the Long Twentieth Century*, Durham, N.C.: Duke University Press, 2010.

Rome, Adam, *The Bulldozer in the Countryside: Suburban Sprawl and the Rise of American Environmentalism*, Cambridge: Cambridge University Press, 2001.

Ryang, Sonia, "Introduction: Resident Koreans in Japan," Sonia Ryang(ed.), *Koreans in Japan: Critical Voices from the Margin*, London: RoutledgeCurzon, 2000.

———, "The Tongue That Divided Life and Death: The 1923 Tokyo Earthquake and the Massacre of Koreans," *The Asia-Pacific Journal: Japan Focus*, 3 September 2007.

Sassen, Saskia, *The Global City: New York, London, Tokyo*, Princeton: Princeton University Press, 1991.

Sawyer, Robert, *Military Advisors in Korea: KMAG in Peace and War*, Washington: Office of the Chief of Military History, Department of Army, 1962.

Schaller, Michael, *The American Occupation of Japan: The Origins of the Cold War in Asia*, Oxford: Oxford University Press, 1985.

Schivelbusch, Wolfgang, *The Railway Journey*, Berkeley: University of California Press, 1986.

Schmid, Andre, *Korea between Empires, 1895~1919*, New York: Columbia University Press, 2002.

Schmitter, Phillipe, "Still the Century of Corporatism?," Phillipe Schmitter & Gerhard Lehmbruch(eds.), *Trends Toward Corporatist Intermediation*, London: Sage, 1979.

Scott, James, *Weapons of the Weak: Everyday Forms of Peasant Resistance*, New Haven: Yale University Press, 1985.

――――, *Seeing Like a State: How Certain Schemes to Improve the Human Condition Have Failed*, New Haven: Yale University Press, 1998. [한국어판: 제임스 스콧, 『국가처럼 보기』, 전상인 옮김, 에코리브르, 2010].

Selden, Mark, *The Yenan Way in Revolutionary China*, Cambridge: Harvard University Press, 1971.

Sewell, William Jr., "The Political Unconscious of Social and Cultural History, or Confession of a Former Quantitative Historian," George Steinmetz(ed.), *The Politics of Method in the Human Sciences*, Durham, N.C.: Duke University Press, 2005.

Shao, Dan, *Remote Homeland, Recovered Borderland: Manchus, Manchoukuo, and Manchuria, 1907~1985*, Honolulu: University of Hawaii Press, 2012.

Sharrett, Christopher(ed.), *Mythologies of Violence*, Detroit: Wayne State University Press, 1999.

Silberman, Bernard, *Cages of Reason: The Rise of the Rational State in France, Japan, the United States, and Great Britain*, Chicago: University of Chicago Press, 1993.

Simmel, Georg, *The Philosophy of Money*, London: Routledge, 2011.

Singer, P. W., *Corporate Warriors: The Rise of Privatized Military Industry*, Ithaca: Cornell University Press, 2003.

Skocpol, Theda, *States and Revolution*, Cambridge: Cambridge University Press, 1979.

――――, "Bringing the State Back In: Strategies of Analysis in Current Research," Peter Evans,

Dietrich Rueschemeyer & Theda Skocpol(eds.), *Bringing the State Back In*, Cambridge: Cambridge University Press, 1985.

Smith, Warren, *Confucianism in Modern Japan: A Study of Conservatism in Japanese Intellectual History*, Tokyo: Hokuseido Press, 1973.

Starks, Tricia, *The Body Soviet: Propaganda, Hygiene, and the Revolutionary State*, Madison: University of Wisconsin Press, 2008.

Steinmetz, George, *Regulating the Social: The Welfare State and Local Politics in Imperial Germany*, Princeton: Princeton University Press, 1993.

———, "Introduction: Positivism and Its Others in the Social Sciences," George Steinmetz(ed.), *The Politics of Method in the Human Sciences*, Durham, N.C.: Duke University Press, 2005.

———, "The Epistemological Unconsciousness of U.S. Sociology and the Transition to Post-Fordism: The Case of Historical Sociology," Julia Adams, Elisabeth Clemens & Ann Shola Orloff(eds.), *Remaking Modernity: Politics, History, and Sociology*, Durham, N.C.: Duke University Press, 2005.

———, *The Devil's Handwriting: Precoloniality and the German Colonial State in Qingdao, Samoa, and Southwest Africa*, Chicago: University of Chicago Press, 2007.

Stites, Richard, *Revolutionary Dreams: Utopian Vision and Experimental Life in the Russian Revolution*, Oxford: Oxford University Press, 1989.

Stoler, Ann Laura, *Race and the Education of Desire: Foucault's History of Sexuality and the Colonial Order of Things*, Durham, N.C.: Duke University Press, 1995.

Stoler, Ann Laura & Frederick Cooper, "Between Metropole and Colony," Frederick Cooper & Ann Laura Stoler(eds.), *Tensions of Empire: Colonial Cultures in a Bourgeois World*, Berkeley: University of California Press, 1997.

Stora, Benjamin, *Algeria: 1830~2000*, Ithaca: Cornell University Press, 2001.

Sturken, Marita, "Absent Images of Memory: Remembering and Reenacting the Japanese Internment," Tak Fujitani, Geoffrey White & Lisa Yoneyama(eds.), *Perilous Memories: The Asia-Pacific War(s)*, Durham, N.C.: Duke University Press, 2001.

Subrahmanyam, Sanjay, "Forcing the Doors of Heathendom: Ethnography, Violence, and the Dutch East India Company," Charles Parker & Jerry Bentley(eds.), *Between the Middle Ages and Modernity: Individual Community in the Early Modern World*, New York: Rowman & Littlefield, 2007.

Sun Yat-sen, "The Three Peoples of the People," Prasenjit Duara(ed.), *Decolonization: Perspectives from now and then*, New York: Routledge, 2004.

Tamanoi, Mariko Asano, *Memory Maps: The State and Manchuria in Postwar Japan*, Honolulu: University of Hawaii Press, 2009.

Taylor, Louise, "How Little Star from North Korea were Taken to Middlesborough's Heart," *Guardian*, 2010. 6. 8.

Taylor, Richard, *Film Propaganda: Soviet Russia and Nazi Germany*, New York: I. B. Tauris, 1998.

Theweleit, Klaus, *Male Bodies: Psychoanalyzing the White Terror*, Erica Carter & Chris Turner(trans.), Minneapolis: University of Minnesota Press, 1989.

Thomas, Nicholas, *Colonialism's Culture: Anthropology, Travel, and Government*, Princeton: Princeton University Press, 1994.

Thompson, E. P., *The Making of the English Working Class*, New York: Vintage, 1966. [한국어판: E. P. 톰슨, 『영국 노동 계급의 형성』, 나종일 외 옮김, 창비, 2000].

――――, "Time, Work-discipline, and Industrial Capitalism," *Past and Present Society*, no. 38, 1967.

Thompson, Paul, *The Voice of the Past: Oral History*, Oxford: Oxford University Press, 2000.

Tian Xiaofei, "The Making of a Hero: Lei Feng and Some Issues of Historiography," William Kirby(ed.), *The People's Republic of China at 60: An International Assessment*, Harvard University Asia Center, 2011.

Tibebu, Tishale, *Hegel and the Third World: The Making of Eurocentrism in World History*, Syracuse: Syracuse University Press, 2011.

Tilly, Charles, "War making and State making as Organized Crime," Peter Evans, Dietrich Rueschemeyer & Theda Skocpol(eds.), *Bringing the State Back In*, Cambridge: Cambridge University Press, 1985.

――――, *Coercion, Capital, and European States, AD 990～1990*, Cambridge: Basil Blackwell,

1990.

Tomlinson, Alan & Christopher Young, "Culture, Politics and Spectacle in the Global Sports Event: An Introduction," Alan Tomlinson & Christopher Young(eds.), *National Identity and Global Sports Events: Culture, Politics, and Spectacle in the Olympics and the Football World Cup*, New York: State University of New York Press, 2006.

Traub, Rainer, "Lenin and Taylor: the Fate of "Scientific Management" in the (Early) Soviet Union," *Telos*, vol. 34, 1978.

Tsuneshi Keiichi, "Unit 731 and the Japanese Imperial Army's Biological Warfare Program," Jing-Bao Nie et al(eds.), *Japan's Wartime Medical Atrocities: Comparative Inquiries in Science, History, and Ethics*, London: Routledge, 2010.

Tucker, Richard, "Containing Communism by Impounding Rivers: American Strategic Interests and the Global Spread of High Dams in the Early Cold War," J. R. McNeill & Corinna Unger(eds.), *Environmental Histories of the Cold War*, Cambridge: Cambridge University Press, 2013.

Uchida, Jun, *Brokers of Empire: Japanese Settler Colonialism in Korea, 1876~1945*, Cambridge: Harvard University Asia Center, 2011.

Vattimo, Gianni, *The End of Modernity: Nihilism and Hermeneutics in Post-modern Culture,* Jon Snyder(trans.), Cambridge: Polity Press, 1988.

Vink, Markus, "Between Profit and Power: The Dutch East India Company and Institutional Early Modernities in the "Age of Mercantilism"," Charles Parker & Jerry Bentley(eds.), *Between the Middle Ages and Modernity: Individual Community in the Early Modern World*, New York: Rowman & Littlefield, 2007.

von Essen, Penny, *Satchmo Blows Up the World: Jazz Ambassadors Play the Cold War*, Cambridge: Harvard University Press, 2004.

von Hagen, Mark, *Soldiers in the Proletarian Dictatorship: The Red Army and the Soviet Socialist State, 1917~1930*, Ithaca: Cornell University Press, 1990.

Wade, Robert, "East Asia's Economic Success: Conflicting Perspectives, Partial Insights, Shaky Evidence," *World Politics*, vol. 44, no. 2, 1992.

Wakeman Jr., Frederic, *Policing Shanghai 1927~1937*, Berkeley: University of California

Press, 1995.

———, *The Shanghai Badlands: Wartime Terrorism and Urban Crime, 1937~1941*, Cambridge: Cambridge University Press, 1996.

———, "A Revisionist View of the Nanjing Decade: Confucian Fascism," *China Quarterly*, no. 150, 1997.

Wallerstein, Immanuel, "The Rise and Future Demise of the World Capitalist System: Concepts for Comparative Analysis," *Comparative Studies in Society and History*, vol. 16, no. 4, 1974.

———, "The Construction of Peoplehood," Etienne Balibar & Immanuel Wallerstein(eds.), *Race, Nation, Class*, London: Verso, 1991.

Wang, Horng-luen, "Educational Reform in Taiwan since the 1990s: Some Preliminary Observations and Reflections," paper presented at a conference, "Globalization, Localization, and Japanese Studies in the Asia-Pacific Region," Chinese University of Hong Kong, 2005.

Watanabe, Morio, "Imagery and War in Japan: 1995," Tak Fujitani, Geoffrey White & Lisa Yoneyama(eds.), *Perilous Memories: The Asia-Pacific War(s)*, Durham, N.C.: Duke University Press, 2001.

Watt, Lori, *When Empire Comes Home: Repatriation and Reintegration in Postwar Japan*, Cambridge: Harvard University East Asia Center, 2009.

Weber, Eugen, *Peasants into Frenchmen: The Modernization of Rural France, 1870~1914*, Stanford: Stanford University Press, 1976.

Weber, Max, *Economy and Society I: An Outline of Interpretive Sociology*, G. Roth & C. Wittich (eds.), Berkeley: University of California Press, 1978[1922]. [한국어판: 막스 베버, 『경제와 사회 1』, 박성환 옮김, 문학과지성사, 1997].

———, *General Economic History*, F. Knight(trans.) New Brunswick: Transaction Publishers, 1992[1927].

Weiss, Linda, *The Myth of the Powerless State*, Ithaca: Cornell University Press, 1998.

Westad, Odd, *The Global Cold War*, Cambridge: Cambridge University Press, 2005.

Woo-Cumings, Meredith, "Introduction: Chalmers Johnson and the Politics of Nationalism and Development," Meredith Woo-Cumings(ed.), *The Developmental State*, Ithaca: Cornell University Press, 1999.

Wright, Gwendolyn, *The Politics of Design in French Colonial Urbanism*, Chicago: University of Chicago Press, 1991.

Xiong, Ying, "Constraint Novelty: Literature and 'National Concordance' in Manchukuo," *The Journal of Northeast Asian History*, vol. 11, no. 1, 2014.

Xu, Guoqi, *Olympic Dreams: China and Sports, 1895~2008*, Cambridge: Harvard University Press, 2008.

Yago, Glenn, *The Decline of Transit: Urban transportation in German and U.S. Cities, 1900~1970*, Cambridge: Cambridge University Press, 1984.

Yeoh, Brenda S. A., *Contesting Space in Colonial Singapore: Power Relations and the Urban Built Environment*, Singapore: National University of Singapore Press, 2013.

Yoo, Theodore Jun, *The Politics of Gender in Colonial Korea: Education, Labor, and Health, 1910~1945*, Berkeley: University of California Press, 2008.

Yoon, In-Jin, *On My Own: Korean Businesses and Race Relations in America*, Chicago: University of Chicago Press, 1997.

Yosano, Akiko, *Travels in Manchuria and Mongolia*, Joshua Fogel(trans.), New York: Columbia University Press, 2001[1930].

Young, Louise, *Japan's Total Empire: Manchuria and the Culture of Wartime Imperialism*, Berkeley: University of California Press, 1998.

Yudin, Boris, "Research on Humans at the Khabarovsk Trial," Jing-Bao Nie et al(eds.), *Japan's Wartime Medical Atrocities: Comparative Inquiries in Science, History, and Ethics*, London: Routledge, 2010.

Zerubavel, Yael, *Recovered Roots: Collective Memory and the Making of Israeli National Tradition*, Chicago: University of Chicago Press, 1997.

Zizek, Slavoj, *The Sublime Object of Ideology*, London: Verso, 1989. [한국어판: 슬라보예 지젝, 『이데올로기의 숭고한 대상』, 이수련 옮김, 새물결, 2013].